Buch mit E-Book

Bei Galileo Press gehört zum Buch das E-Book dazu. So können Sie selbst entscheiden, wie und wo Sie lesen wollen. Zu Hause, im Büro oder unterwegs, gedruckt oder elektronisch, auf Ihrem PC, Smartphone oder Tablet-Computer. Soviel Lesefreiheit muss sein.

Und so schalten Sie Ihr E-Book frei. Gehen Sie auf unsere Verlagswebsite www.galileo-press.de und klicken Sie dort auf **Bibliothek**. Registrieren Sie sich und geben Sie den untenstehenden Zugangscode ein. Und schon steht Ihnen nach wenigen Klicks das E-Book zum Onlinelesen und Herunterladen zur Verfügung.

Weitere Infos und eine genaue Anleitung finden Sie auf unserer Website unter **Hilfe ▸ Buch mit E-Book**.

Ihr persönlicher Zugangscode:

Bitte beachten Sie, mit dem Freirubbeln des Zugangscodes erlischt Ihr Recht zur Rückgabe!

Hans-Peter Habelitz

Programmieren lernen mit Java

Galileo Press

Liebe Leserin, lieber Leser,

herzlich willkommen zu diesem Programmierkurs für Einsteiger! Dieses Buch ist genau das Richtige für Sie, wenn Sie das Programmieren von Grund auf lernen wollen. Mit Java lernen Sie außerdem eine moderne Programmiersprache kennen, die weit verbreitet und vielseitig einsetzbar ist. Vorkenntnisse benötigen Sie dafür keine: Interesse am Programmieren ist alles, was Sie mitbringen müssen.

Und so lernen Sie mit diesem Buch: Arbeiten Sie das Buch von Anfang bis Ende durch. In überschaubaren Lerneinheiten bauen Sie von Kapitel zu Kapitel Ihre Kenntnisse auf, angefangen bei den absoluten Grundlagen hin zu den fortgeschrittenen Programmiertechniken. Zu jedem Kapitel gibt es Übungsaufgaben, so dass Sie lernen, eigenständig Programmcode mit den bis dahin bekannten Mitteln zu schreiben. Sie müssen nicht jede Aufgabe lösen, aber zumindest einige davon sollten Sie ausprobieren. Falls Sie mal gar nicht weiterkommen: Auf der beiliegenden DVD-ROM finden Sie Musterlösungen.

Hat Ihnen dieses Buch gefallen? Wenn Sie Lob, Kritik oder weitere Anregungen zu diesem Buch haben, wenden Sie sich an mich. Ich freue mich über Ihre Rückmeldung.

Ihre Almut Poll
Lektorat Galileo Computing

almut.poll@galileo-press.de
www.galileocomputing.de
Galileo Press · Rheinwerkallee 4 · 53227 Bonn

Auf einen Blick

1	Einführung	15
2	Grundbausteine eines Java-Programms	61
3	Kontrollstrukturen	103
4	Einführung in Eclipse	129
5	Klassen und Objekte	159
6	Mit Klassen und Objekten arbeiten	199
7	Grundlegende Klassen	227
8	Grafische Benutzeroberflächen	263
9	Fehlerbehandlung mit Exceptions	317
10	Containerklassen	333
11	Dateien	363
12	Zeichnen	409
13	Animationen und Threads	453
14	Tabellen und Datenbanken	477

Impressum

Wir hoffen sehr, dass Ihnen dieses Buch gefallen hat. Bitte teilen Sie uns doch Ihre Meinung mit. Eine E-Mail mit Ihrem Lob oder Tadel senden Sie direkt an die Lektorin des Buches: *almut.poll@galileo-press.de*. Im Falle einer Reklamation steht Ihnen gerne unser Leserservice zur Verfügung: *service@galileo-press.de*. Informationen über Rezensions- und Schulungsexemplare erhalten Sie von: *britta.behrens@galileo-press.de*.

Informationen zum Verlag und weitere Kontaktmöglichkeiten finden Sie auf unserer Verlagswebsite *www.galileo-press.de*. Dort können Sie sich auch umfassend und aus erster Hand über unser aktuelles Verlagsprogramm informieren und alle unsere Bücher versandkostenfrei bestellen.

An diesem Buch haben viele mitgewirkt, insbesondere:

Lektorat Almut Poll
Fachgutachter Clemens Wagner, Köln
Korrektorat Friedericke Daenecke, Zülpich
Herstellung Denis Schaal
Typografie und Layout Vera Brauner
Einbandgestaltung Nils Schlösser, Siegburg
Coverbild iStockphoto Nr. 12493303 und 12316837 – Collection of coffee related icons © Marina Zlochin
Satz SatzPro, Krefeld
Druck und Bindung C. H. Beck, Nördlingen

Dieses Buch wurde gesetzt aus der TheAntiquaB (9,35/13,25 pt) in FrameMaker. Gedruckt wurde es auf chlorfrei gebleichtem Offsetpapier (90 g/m^2).

Der Name Galileo Press geht auf den italienischen Mathematiker und Philosophen Galileo Galilei (1564–1642) zurück. Er gilt als Gründungsfigur der neuzeitlichen Wissenschaft und wurde berühmt als Verfechter des modernen, heliozentrischen Weltbilds. Legendär ist sein Ausspruch *Eppur si muove* (Und sie bewegt sich doch). Das Emblem von Galileo Press ist der Jupiter, umkreist von den vier Galileischen Monden. Galilei entdeckte die nach ihm benannten Monde 1610.

Bibliografische Information der Deutschen Nationalbibliothek
Die Deutsche Nationalbibliothek verzeichnet diese Publikation in der Deutschen Nationalbibliografie; detaillierte bibliografische Daten sind im Internet über *http://dnb.d-nb.de* abrufbar.

ISBN 978-3-8362-2862-6
2. Auflage 2014
© Galileo Press, Bonn 2014

Das vorliegende Werk ist in all seinen Teilen urheberrechtlich geschützt. Alle Rechte vorbehalten, insbesondere das Recht der Übersetzung, des Vortrags, der Reproduktion, der Vervielfältigung auf fotomechanischem oder anderen Wegen und der Speicherung in elektronischen Medien.

Ungeachtet der Sorgfalt, die auf die Erstellung von Text, Abbildungen und Programmen verwendet wurde, können weder Verlag noch Autor, Herausgeber oder Übersetzer für mögliche Fehler und deren Folgen eine juristische Verantwortung oder irgendeine Haftung übernehmen.

Die in diesem Werk wiedergegebenen Gebrauchsnamen, Handelsnamen, Warenbezeichnungen usw. können auch ohne besondere Kennzeichnung Marken sein und als solche den gesetzlichen Bestimmungen unterliegen.

Inhalt

Danksagung 14

1 Einführung   15

1.1 Was bedeutet Programmierung? 16
    1.1.1 Von den Anfängen bis heute 16
    1.1.2 Wozu überhaupt programmieren? 17
    1.1.3 Hilfsmittel für den Programmentwurf 19
    1.1.4 Von der Idee zum Programm 21
    1.1.5 Arten von Programmiersprachen 25

1.2 Java 31
    1.2.1 Entstehungsgeschichte von Java 31
    1.2.2 Merkmale von Java 32
    1.2.3 Installation von Java 35

1.3 Ein erstes Java-Programm 39
    1.3.1 Vorbereiten der Arbeitsumgebung 40
    1.3.2 Wie sind Java-Programme aufgebaut? 41
    1.3.3 Schritt für Schritt zum ersten Programm 44

1.4 Übungsaufgaben 52

1.5 Ausblick 59

2 Grundbausteine eines Java-Programms   61

2.1 Bezeichner und Schlüsselwörter 61

2.2 Kommentare 63

2.3 Variablen und Datentypen 64
    2.3.1 Namenskonventionen für Variablen 66
    2.3.2 Wertzuweisung 67
    2.3.3 Die primitiven Datentypen im Einzelnen 68
    2.3.4 Praxisbeispiel 1 zu Variablen 70

	2.3.5	Häufiger Fehler bei der Variablendeklaration	74
	2.3.6	Praxisbeispiel 2 zu Variablen	75
	2.3.7	Der Datentyp »String«	81
	2.3.8	Der Dialog mit dem Anwender	82
	2.3.9	Übungsaufgaben	86
2.4	**Operatoren und Ausdrücke**		**88**
	2.4.1	Zuweisungsoperator und Cast-Operator	88
	2.4.2	Vergleiche und Bedingungen	90
	2.4.3	Arithmetische Operatoren	92
	2.4.4	Priorität	94
	2.4.5	Logische Operatoren	96
	2.4.6	Sonstige Operatoren	97
2.5	**Übungsaufgaben**		**98**
2.6	**Ausblick**		**101**

3 Kontrollstrukturen 103

3.1	**Anweisungsfolge (Sequenz)**		**103**
3.2	**Auswahlstrukturen (Selektionen)**		**104**
	3.2.1	Zweiseitige Auswahlstruktur (»if«-Anweisung)	105
	3.2.2	Übungsaufgaben zur »if«-Anweisung	112
	3.2.3	Mehrseitige Auswahlstruktur (»switch-case«-Anweisung)	114
	3.2.4	Übungsaufgabe zur »switch-case«-Anweisung	117
3.3	**Wiederholungsstrukturen (Schleifen oder Iterationen)**		**117**
	3.3.1	Die »while«-Schleife	118
	3.3.2	Die »do«-Schleife	119
	3.3.3	Die »for«-Schleife	120
	3.3.4	Sprunganweisungen	121
	3.3.5	Übungsaufgaben zu Schleifen	122
3.4	**Auswirkungen auf Variablen**		**125**
	3.4.1	Gültigkeitsbereiche	126
	3.4.2	Namenskonflikte	127
	3.4.3	Lebensdauer	127
3.5	**Ausblick**		**128**

4 Einführung in Eclipse ... 129

4.1 Die Entwicklungsumgebung Eclipse ... 129
- 4.1.1 Installation von Eclipse ... 130
- 4.1.2 Eclipse starten ... 133
- 4.1.3 Ein bestehendes Projekt in Eclipse öffnen ... 134

4.2 Erste Schritte mit Eclipse ... 138
- 4.2.1 Ein neues Projekt erstellen ... 138
- 4.2.2 Programm eingeben und starten ... 140

4.3 Fehlersuche mit Eclipse ... 148
- 4.3.1 Fehlersuche ohne Hilfsmittel ... 149
- 4.3.2 Haltepunkte (Breakpoints) ... 153

4.4 Ausblick ... 158

5 Klassen und Objekte ... 159

5.1 Struktur von Java-Programmen ... 159
- 5.1.1 Klassen ... 159
- 5.1.2 Attribute ... 161
- 5.1.3 Packages ... 161

5.2 Objekte ... 166
- 5.2.1 Zugriff auf die Attribute (Datenelemente) ... 168
- 5.2.2 Wertzuweisungen bei Objekten ... 170
- 5.2.3 Gültigkeitsbereich und Lebensdauer ... 173

5.3 Methoden ... 174
- 5.3.1 Aufbau von Methoden ... 174
- 5.3.2 Aufruf von Methoden ... 175
- 5.3.3 Abgrenzung von Bezeichnern ... 179

5.4 Werte übergeben ... 180
- 5.4.1 Methoden mit Parameter ... 180
- 5.4.2 Referenztypen als Parameter ... 182
- 5.4.3 Überladen von Methoden ... 184

5.5 Ergebnisse ... 185
- 5.5.1 Methoden mit Ergebnisrückgabe ... 186
- 5.5.2 Methoden ohne Ergebnisrückgabe ... 188

5.6	**Konstruktoren als spezielle Methoden**	188
	5.6.1 Konstruktoren mit Parametern	190
	5.6.2 Verketten von Konstruktoren	191
5.7	**Übungsaufgaben**	193
5.8	**Ausblick**	196

6 Mit Klassen und Objekten arbeiten — 199

6.1	**Gemeinsame Nutzung**	199
	6.1.1 Statische Attribute	199
	6.1.2 Statische Methoden	201
6.2	**Zugriffsmechanismen**	202
	6.2.1 Unveränderliche Attribute	202
	6.2.2 Datenkapselung	204
	6.2.3 Getter- und Setter-Methoden	205
6.3	**Beziehungen zwischen Klassen**	207
	6.3.1 Teil-Ganzes-Beziehung	208
	6.3.2 Delegation	209
	6.3.3 Abstammung	209
6.4	**Vererbung**	210
	6.4.1 Schnittstelle und Implementierung	215
	6.4.2 Objekte vergleichen	216
	6.4.3 Abstrakte Klassen und Interfaces	218
6.5	**Übungsaufgaben**	219
6.6	**Ausblick**	226

7 Grundlegende Klassen — 227

7.1	**Die Klasse »String«**	227
	7.1.1 Erzeugen von Strings	227
	7.1.2 Konkatenation von Strings	228
	7.1.3 Stringlänge bestimmen und Strings vergleichen	231
	7.1.4 Zeichen an einer bestimmten Position ermitteln	233

	7.1.5	Umwandlung in Groß- und Kleinbuchstaben	233
	7.1.6	Zahlen und Strings ineinander umwandeln	234
7.2	**Die Klassen »StringBuffer« und »StringBuilder«**		236
	7.2.1	Erzeugen eines Objekts der Klasse »StringBuilder«	237
	7.2.2	Mit »StringBuilder« arbeiten	238
7.3	**Wrapper-Klassen**		239
	7.3.1	Erzeugen von Wrapper-Objekten	240
	7.3.2	Rückgabe der Werte	241
	7.3.3	Vereinfachter Umgang mit Wrapper-Klassen durch Autoboxing	243
7.4	**Date & Time API**		245
	7.4.1	Technische Zeitangaben	246
	7.4.2	Datum und Uhrzeit	253
7.5	**Übungsaufgaben**		258
7.6	**Ausblick**		260

8   Grafische Benutzeroberflächen   263

8.1	**Einführung**		263
	8.1.1	JFC und Swing	263
	8.1.2	Grafische Oberflächen mit Jigloo	265
	8.1.3	Erstes Beispielprogramm mit Programmfenster	268
8.2	**Grundlegende Klassen und Methoden**		276
	8.2.1	»JFrame«, »Dimension« und »Point«	277
	8.2.2	Festlegen und Abfrage der Größe einer Komponente (in Pixel)	277
	8.2.3	Platzieren und Abfragen der Position einer Komponente	278
	8.2.4	Randelemente eines Fensters	278
	8.2.5	Veränderbarkeit der Größe eines Fensters	278
	8.2.6	Sichtbarkeit von Komponenten	279
	8.2.7	Löschen eines Fensters	279
	8.2.8	Die Reaktion auf das Schließen des Fensters festlegen	279
	8.2.9	Das Aussehen des Cursors festlegen	280
	8.2.10	Container eines Frames ermitteln	280
	8.2.11	Komponenten zu einem Container hinzufügen	281
8.3	**Programmfenster mit weiteren Komponenten**		281
	8.3.1	Die Komponentenpalette	281

	8.3.2	Standardkomponenten in einen Frame einbauen	282
	8.3.3	Layout festlegen	284
	8.3.4	Erstes Programm mit Label, TextField und Button	288
	8.3.5	Ereignisbehandlung in aller Kürze	294
	8.3.6	Programmierung der Umrechnung	297
	8.3.7	Werte aus einem TextField übernehmen	298
	8.3.8	Werte in ein TextField übertragen	299
	8.3.9	Zahlenausgabe mit Formatierung	300
	8.3.10	Maßnahmen zur Erhöhung des Bedienkomforts	303
8.4	**Übungsaufgaben**		310
8.5	**Ausblick**		315

9 Fehlerbehandlung mit Exceptions 317

9.1	**Umgang mit Fehlern**		317
	9.1.1	Fehlerbehandlung ohne Exceptions	317
	9.1.2	Exception als Reaktion auf Fehler	318
9.2	**Mit Exceptions umgehen**		320
	9.2.1	Detailliertere Fehlermeldungen	322
	9.2.2	Klassenhierarchie der Exceptions	324
9.3	**Fortgeschrittene Ausnahmebehandlung**		325
	9.3.1	Interne Abläufe beim Eintreffen einer Exception	325
	9.3.2	Benutzerdefinierte Exceptions	327
	9.3.3	Selbst definierte Exception-Klassen	329
9.4	**Übungsaufgaben**		331
9.5	**Ausblick**		332

10 Containerklassen 333

10.1	**Array**		333
	10.1.1	Array-Literale	340
	10.1.2	Mehrdimensionale Arrays	340
	10.1.3	Gezielter Zugriff auf Array-Elemente	341

	10.1.4	Hilfen für den Umgang mit Arrays	345
	10.1.5	Unflexible Array-Größe	346

10.2 »ArrayList« und »JList« 346

	10.2.1	Die Klasse »ArrayList«	347
	10.2.2	Die grafische Komponente »JList«	349
	10.2.3	JList mit Scrollbalken ausstatten	353
	10.2.4	Umgang mit markierten Einträgen	355

10.3 Übungsaufgaben 357

10.4 Ausblick 361

11 Dateien   363

11.1 Die Klasse »File« 363

	11.1.1	Beispielanwendung mit der Klasse »File«	365
	11.1.2	Verzeichnisauswahl mit Dialog	367

11.2 Ein- und Ausgaben in Java 370

	11.2.1	Ein- und Ausgabeströme	371
	11.2.2	Byteorientierte Datenströme	372
	11.2.3	Zeichenorientierte Datenströme	375

11.3 Das API nutzen 378

	11.3.1	Daten in eine Datei schreiben	378
	11.3.2	Daten aus einer Datei lesen	381
	11.3.3	Die Klasse »FilterWriter«	383
	11.3.4	Die Klasse »FilterReader«	385
	11.3.5	Textdatei verschlüsseln und entschlüsseln	388

11.4 Beispielanwendungen 391

	11.4.1	Bilder in Labels und Buttons	391
	11.4.2	Ein einfacher Bildbetrachter	396
	11.4.3	Sounddatei abspielen	403

11.5 Übungsaufgaben 405

11.6 Ausblick 407

12 Zeichnen — 409

12.1 In Komponenten zeichnen — 409
    12.1.1 Grundlagen der Grafikausgabe — 409
    12.1.2 Panel-Komponente mit verändertem Aussehen — 411
    12.1.3 Zeichnen in Standardkomponenten — 416

12.2 Farben verwenden — 435
    12.2.1 Die Klasse »Color« — 435
    12.2.2 Ein Farbauswahldialog für den Anwender — 437

12.3 Auswerten von Mausereignissen — 439
    12.3.1 Listener zur Erfassung von Mausereignissen — 440
    12.3.2 »MouseEvent« und »MouseWheelEvent« — 441
    12.3.3 Mauskoordinaten anzeigen — 443
    12.3.4 Die Maus als Zeichengerät — 445
    12.3.5 Die Klasse »Font« — 448

12.4 Übungsaufgaben — 449

12.5 Ausblick — 452

13 Animationen und Threads — 453

13.1 Multitasking und Multithreading — 453
    13.1.1 Was bedeutet Multitasking? — 454
    13.1.2 Was sind Threads? — 454

13.2 Zeitlich gesteuerte Abläufe programmieren — 455
    13.2.1 Eine einfache Ampelsteuerung — 455
    13.2.2 Ampelsteuerung mit Thread — 462
    13.2.3 Gefahren bei der Nutzung von Threads — 468
    13.2.4 Bewegungsabläufe programmieren (Synchronisation) — 469

13.3 Übungsaufgaben — 473

13.4 Ausblick — 476

14 Tabellen und Datenbanken 477

14.1 Die Klasse »JTable« 477
    14.1.1   Tabelle mit konstanter Zellenzahl 478
    14.1.2   Tabelle mit variabler Zeilen- und Spaltenzahl 484
    14.1.3   Tabelle mit unterschiedlichen Datentypen 488

14.2 Datenbankzugriff 493
    14.2.1   Datenbankzugriff mit JDBC 493
    14.2.2   Aufbau der Datenbankverbindung 494
    14.2.3   Datenbankabfrage 497

14.3 Übungsaufgaben 503

14.4 Ausblick 505

Anhang 507

A   Inhalt der DVD 507

B   Ein Programm mit Eclipse als ».jar«-File speichern 509

C   Musterlösungen 513

D   Quellen 521

Index 523

Danksagung

Dieses Buch war nur durch die Mithilfe vieler Menschen möglich. Ihnen möchte ich ausdrücklich für die Unterstützung danken. Mein Dank gilt den Mitarbeiterinnen und Mitarbeitern des Verlags Galileo Press. Ganz besonders danke ich meiner Lektorin Frau Anne Scheibe und Frau Almut Poll für die fachkundige, geduldige und freundliche Unterstützung. Ich danke Herrn Thomas Künneth für die vielen hilfreichen Anmerkungen und Hinweise zu meinem ersten Entwurf. Herrn Clemens Wagner möchte ich für das Fachgutachten zur 2. Auflage mit zahlreichen Tipps und Vorschlägen danken.

Meinem Bruder Klaus Habelitz danke ich für die vielen anregenden Gespräche und Diskussionen, die wir über viele Jahre geführt haben, und die mir besonders in den Anfängen meiner Beschäftigung mit informationstechnischen Themen sehr geholfen haben.

Der allergrößte Dank gebührt meiner Frau Martina und meinen Kindern Stephanie und Peter, die mich immer wieder in meinem Vorhaben bestärkt haben und damit wesentlich dazu beigetragen haben, dass ich dieses Vorhaben bewerkstelligen konnte. Ich widme dieses Buch meiner Frau und möchte damit meinen Dank für ihre Liebe und Geduld, die sie mir tagtäglich entgegenbringt, zum Ausdruck bringen.

Hans-Peter Habelitz

Für Martina

Kapitel 1
Einführung

Wer die Zukunft erforschen will, muss die Vergangenheit kennen.
(Chinesische Weisheit)

Dieses Buch möchte Sie beim Erlernen der erfolgreichen Programmiersprache Java unterstützen, die an vielen Schulen und Hochschulen als Basis für den Einstieg in die Programmierung verwendet wird. Besonderer Wert wurde bei der Erstellung darauf gelegt, dass keine Programmierkenntnisse vorausgesetzt werden, sodass Sie das Programmieren von Grund auf lernen können. Bei der Auswahl der Entwicklungsumgebung wurde darauf geachtet, dass diese eine komfortable Arbeit ermöglicht, dass sie frei und für alle gängigen Betriebssysteme (also Windows, Linux und OS X) gleichermaßen verfügbar ist. Eclipse ist für den Einstieg nicht ganz einfach, Sie werden aber in diesem Buch den Umgang damit lernen und leicht damit arbeiten können.

Dieses Buch führt Sie schrittweise in die Programmierung mit *Java* ein. Sie lernen alle wichtigen Sprachstrukturen anhand von Anwendungsbeispielen kennen, damit Sie schon bald Ihre eigenen Programme entwickeln können. An die meisten Kapitel schließen sich Übungsaufgaben an. Durch die Bearbeitung dieser Übungsaufgaben wird der Umgang mit den neuen Sprachelementen und Strukturen eingeübt und gefestigt. Musterlösungen zu den Übungsaufgaben finden Sie als Quellcodedateien auf der beiliegenden DVD oder im Anhang. Verweise auf die betreffenden Fundstellen sind im Text angegeben. Neben den Musterlösungen finden Sie auf der DVD die Versionen des JDK und der Entwicklungsumgebung Eclipse für die Betriebssysteme Windows, Linux und OS X als 32- und 64-Bit-Versionen. Auch das Standardwerk »Java ist auch eine Insel« ist auf der DVD zum Buch enthalten. Da in einem einführenden Buch nicht alle Sprachdetails bis in die letzten Einzelheiten behandelt werden können, stellt »Java ist auch eine Insel« eine sehr gute Ergänzung dar. Weitere Hinweise zu ergänzender Literatur, die zum Teil kostenlos im Internet zur Verfügung steht, sind im Literaturverzeichnis am Ende des Buches zusammengestellt.

Gelegentlich wird bereits auf Inhalte vorgegriffen, die erst zu einem späteren Zeitpunkt ausführlich behandelt werden. Es handelt sich dabei um Elemente, deren Verwendung recht einfach möglich ist, kein tieferes Verständnis erfordert und gleichzeitig große Vorteile oder Vereinfachungen bringt. Oft sind für ein tieferes Verständnis auch Voraussetzungen zu schaffen, die zum jeweiligen Zeitpunkt noch nicht vorliegen können. Sie finden dann entsprechende Verweise auf die Kapitel oder Abschnitte, in denen diese Inhalte ausführlich behandelt werden.

1.1 Was bedeutet Programmierung?

Bevor Sie mit dem Programmieren loslegen können, brauchen Sie ein Grundverständnis dafür, was Programmierung überhaupt ist und wie sie »funktioniert«. Das sollen Ihnen die nächsten Abschnitte näherbringen.

1.1.1 Von den Anfängen bis heute

Das erste Computerprogramm, das jemals erstellt wurde, wird einer Frau zugeschrieben. Die britische Mathematikerin *Ada Lovelace* (1815–1852) entwickelte einen schriftlichen Plan, wie man mithilfe der mechanischen Rechenmaschine von *Charles Babbage* (1791–1871) Bernoulli-Zahlen berechnen kann. Das ist umso erstaunlicher, als zu diesem Zeitpunkt lediglich Pläne für diese Rechenmaschine vorlagen. Diese mechanische Rechenmaschine (*Analytical Engine*), die zu Lebzeiten ihres Erfinders nie gebaut wurde, gilt als Vorläufer der heutigen Computer und der Plan von Ada Lovelace als das erste Computerprogramm.

Seit der Erfindung der ersten mechanischen Rechenmaschinen bis zu den heutigen elektronischen Computersystemen haben sich viele weitreichende Veränderungen eingestellt. Das gilt sowohl für die Hardware als auch für die Arbeitsmittel, die zur Programmierung verwendet werden. Die grundlegenden Zusammenhänge haben aber bis heute ihre Gültigkeit bewahrt. Die frühen Programmierwerkzeuge orientierten sich noch sehr an der Hardwarestruktur und machten es notwendig, dass der Programmierer die Bausteine des Prozessors explizit kannte und ansprechen konnte. Zum Addieren der beiden Zahlen 12 und 38 können Sie in Java einfach die Anweisung

```
x = 12 + 38;
```

verwenden. Diese Schreibweise ist nicht neu, denn wir verwenden sie auch in der Mathematik, wenn die Variable x die Summe der beiden Zahlen 12 und 38 annehmen soll. In anderen aktuellen Programmiersprachen wie C/C++ sieht eine Addition auch genau so aus, und sie gilt unabhängig vom verwendeten Rechner bzw. des darin verbauten Prozessors. In einer älteren hardwarenahen Sprache wie Assembler mussten Sie dafür etwa folgende Anweisungsfolge verwenden:

```
mov eax, 12
add eax, 38
```

Zuerst wurde die Zahl 12 in ein Prozessorregister mit dem Namen eax geschrieben (mov steht für das englische *move*), um in einem zweiten Schritt den Registerinhalt um den Wert 38 zu erhöhen. Der Programmierer musste z. B. wissen, wie die Register des Prozessors heißen und mit welchen Registern eine Addition ausgeführt werden kann. Dass unterschiedliche Prozessoren auch unterschiedliche Registerbezeichnungen verwenden können, hat das Programmieren zusätzlich erschwert.

Die frühen Computersysteme waren noch so einfach aufgebaut, dass dies auch noch zu leisten war. Moderne Computersysteme sind heute so komplex und entwickeln sich so schnell weiter, dass es nicht mehr möglich ist, die Prozessordetails zu kennen. Glücklicherweise haben sich in dem gleichen Maße, in dem die Komplexität der Systeme zugenommen hat, auch die Programmierwerkzeuge weiterentwickelt. Zu diesen Programmierwerkzeugen gehören Editoren, die schon beim Schreiben von Programmanweisungen auf mögliche Fehler aufmerksam machen und dabei helfen, den Programmtext übersichtlich zu formatieren. Auch Übersetzungsprogramme, die die Programmdateien so aufbereiten, dass sie auf unterschiedlichen Rechnern mit unterschiedlichen Prozessoren ausgeführt werden können, gehören dazu. Die Programmiersprachen haben sich der menschlichen Sprache angenähert und können wesentlich leichter erlernt werden als die frühen sehr hardwarenahen Sprachen.

1.1.2 Wozu überhaupt programmieren?

Die Programmierung, d. h. die Erstellung eines Computerprogramms, besteht darin, die Lösungsschritte für eine Problemstellung so zu formulieren, dass sie von einem Computersystem ausgeführt werden können. Das bedeutet, dass dem Programmierer die notwendigen Lösungsschritte bekannt sein müssen. Entweder muss er sich den Lösungsweg selbst erarbeiten, oder er wird ihm zur Verfügung gestellt. Beim Programmieren wird dieser allgemein formulierte Lösungsweg in eine Programmiersprache übertragen, die vom Computersystem weiterverarbeitet werden kann.

Da die Programmierung einen durchaus zeitaufwendigen Prozess darstellt, muss die Frage beantwortet werden, wann es sich lohnt, diese Zeit zu investieren. Die Übertragung einer Aufgabenstellung auf ein Computersystem ist dann sinnvoll, wenn dieses System seine speziellen Fähigkeiten auch ausspielen kann. Diese Fähigkeiten sind vor allem:

- die hohe Verarbeitungsgeschwindigkeit
- die hohe Zuverlässigkeit

Die hohe Arbeitsgeschwindigkeit kann nur genutzt werden, wenn die zeitaufwendige Programmerstellung nicht ins Gewicht fällt. Das ist immer dann der Fall, wenn das Programm häufig verwendet wird und oft seinen Geschwindigkeitsvorteil ausspielen kann. Das Gleiche gilt für die hohe Zuverlässigkeit. Im Gegensatz zum Menschen zeigt ein Computersystem bei der Ausführung sich ständig wiederholender Anweisungen keinerlei Ermüdungserscheinungen. Konzentrationsfehler wegen Übermüdung sind ihm vollkommen fremd.

Die Arbeitsschritte zur Lösung einer Problemstellung werden allgemein auch als *Algorithmus* bezeichnet. Dieser Begriff wurde ursprünglich für die Beschreibung von Lösungswegen in der Mathematik verwendet und später auf die Informatik übertragen. Jedem Computerprogramm liegt ein Algorithmus zugrunde. Deshalb liefert die Definition des Begriffs entscheidende Hinweise für die Beantwortung der Frage, ob eine Problemstellung mit einem Computerprogramm gelöst werden kann.

> **Merke**
> Die Arbeitsschritte, die zur Lösung einer Problemstellung führen, nennt man *Algorithmus*.

Ein Algorithmus muss die folgenden Anforderungen erfüllen:

- Er muss in einem endlichen Text vollständig beschreibbar sein und nach einer endlichen Zeit zum Ende kommen.
- Jeder Schritt muss zu einem eindeutigen Ergebnis führen.
- Er muss bei gleichen Rahmenbedingungen und gleichen Eingabewerten immer zum gleichen Ergebnis führen.
- Das Verfahren muss zum richtigen Ergebnis führen.
- Das Verfahren muss allgemeingültig sein, d. h., es muss auf alle möglichen Daten anwendbar sein.

Die letzte Eigenschaft macht deutlich, dass ein Algorithmus der Lösung eines allgemeinen Problems dienen muss. Ein Programm, das nur die Zahlen 3 und 5 addieren kann, ergibt keinen Sinn. Das Programm muss in der Lage sein, zwei beliebige Zahlen zu addieren. Das bedingt aber, dass dem Programm mitgeteilt werden muss, welche beiden Zahlen addiert werden sollen. Dieses einfache Beispiel zeigt, dass die Lösung allgemeiner Probleme den Dialog zwischen Anwender und Programm notwendig macht.

Der Entwurf eines Algorithmus als Vorstufe zur Programmierung erfordert häufig Kreativität und Einfallsreichtum. Er wird oft als der schwierigste Teil im Prozess der Programmentwicklung bezeichnet.

1.1.3 Hilfsmittel für den Programmentwurf

Der Entwurf eines Algorithmus kann unabhängig von der zu verwendenden Programmiersprache erfolgen. Alle Programmiersprachen stellen die gleichen Sprachstrukturen zur Verfügung. Es liegt deshalb nahe, allgemeingültige Hilfsmittel zur Entwicklung von Algorithmen zu entwickeln und einzusetzen.

Computerprogramme bestehen sehr schnell aus umfangreichen Textdateien, die dann entsprechend unübersichtlich werden. Gerade in der Planungsphase ist es wichtig, den Überblick zu behalten und eine Grobstruktur des fertigen Programms herauszuarbeiten, die in weiteren Phasen der Entwicklung verfeinert wird. Grafische Symbole eignen sich wesentlich besser zur übersichtlichen Darstellung von Programmstrukturen. Für die Programmierung werden hierfür *Programmablaufpläne* (DIN 66001) oder *Nassi-Shneiderman-Struktogramme* (DIN 66261) verwendet. Die Gegenüberstellung in Abbildung 1.1 zeigt die in beiden Darstellungsformen verwendeten Symbole.

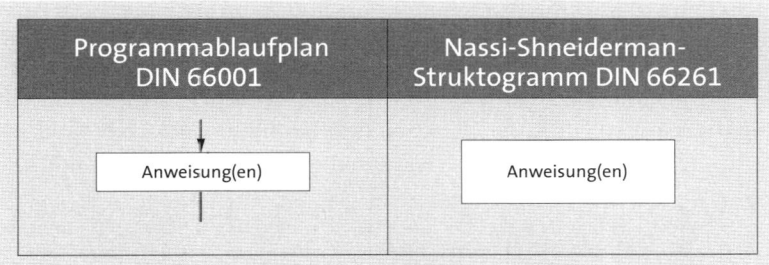

Abbildung 1.1 Einzelanweisung bzw. Anweisungsblock

In beiden Darstellungsformen wird das Rechtecksymbol zur Darstellung einer einzelnen Anweisung oder eines zusammengehörenden Anweisungsblocks verwendet. Damit kann die Darstellung einer Programmlogik sehr detailliert und nahe am späteren Programmtext oder aber auch sehr komprimiert dargestellt werden. In den Programmsymbolen können frei formulierte Aufgabenbeschreibungen stehen.

Mit einer *Anweisungsfolge* kann die Reihenfolge der Abarbeitung von Anweisungen verdeutlicht werden (siehe Abbildung 1.2). Im Programmablaufplan (PAP) wird die Reihenfolge der Abarbeitung zusätzlich durch Pfeile verdeutlicht. Die Abarbeitung in der Struktogrammdarstellung erfolgt grundsätzlich von oben nach unten.

Lediglich drei Grundstrukturen werden benötigt, um einen Algorithmus zu beschreiben:

▶ Anweisungsfolge (Sequenz)
▶ Auswahlstruktur (Selektion)
▶ Wiederholungsstruktur (Iteration)

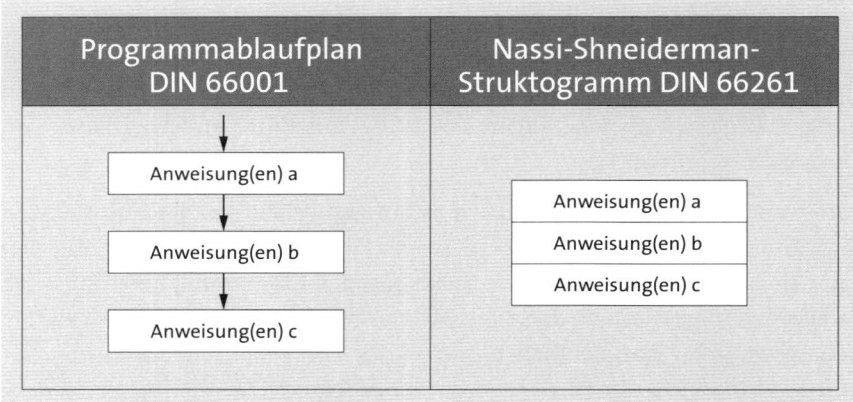

Abbildung 1.2 Anweisungsfolge

Zur Vereinfachung stellen Programmiersprachen unterschiedliche Varianten von Auswahl- und Wiederholungsstrukturen zur Verfügung.

Die einfachste Auswahlstruktur ist die *bedingte Verzweigung* (siehe Abbildung 1.3). Hierbei stehen zwei Alternativen zur Auswahl, die an eine Bedingung geknüpft sind. Ist die Bedingung erfüllt, wird die Anweisung bzw. werden die Anweisungen *a* ausgeführt, ansonsten die Anweisung bzw. die Anweisungen *b*.

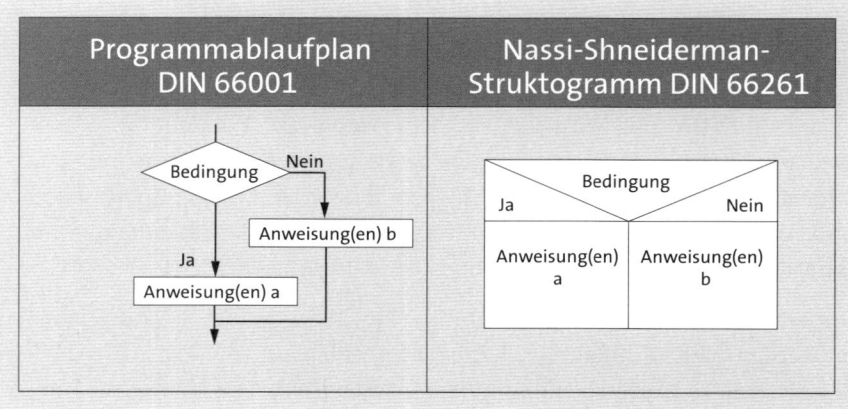

Abbildung 1.3 Bedingte Verzweigung

Wie diese Grundstrukturen in der Programmiersprache Java realisiert werden, erfahren Sie in Kapitel 3, »Kontrollstrukturen«. Im folgenden Abschnitt wird der gesamte Prozess der Anwendungsentwicklung an einem einfachen Beispiel erläutert.

1.1.4 Von der Idee zum Programm

Am Anfang des Entwicklungsprozesses steht immer eine Idee oder Vorstellung davon, was ein Programm leisten soll. Stellen Sie sich vor, Sie wollen ein kleines Computerspiel programmieren. Das Computerprogramm soll eine zufällig bestimmte ganze Zahl im Bereich von 1 bis 100 vorgeben, die vom Anwender erraten werden soll. Der Anwender soll beliebig viele Versuche haben, um die gesuchte Zahl zu erraten. Ist die gesuchte Zahl erraten, soll das Programm dem Anwender die Anzahl der benötigten Versuche mitteilen.

Diese kurze Beschreibung steht für die *Produktdefinition*. Im professionellen Bereich spricht man vom *Lastenheft*, das möglichst präzise beschreiben muss, was das fertige Programm leisten soll. Es stellt den Ausgangspunkt für den Entwicklungsprozess dar. Die Produktdefinition kann unter der Mitarbeit des Programmentwicklers entstehen oder auch vorgegeben sein.

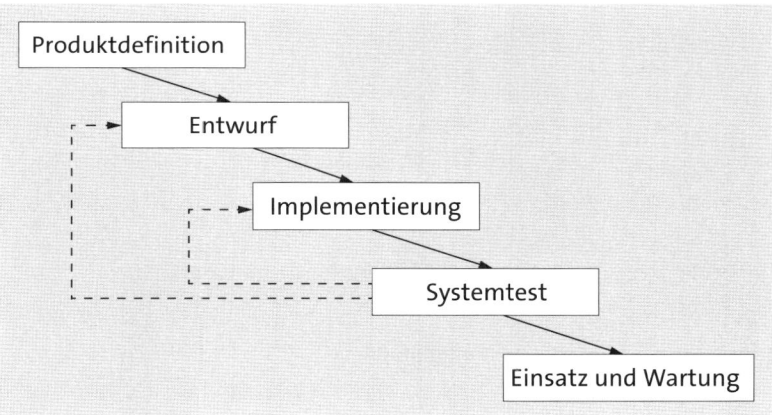

Abbildung 1.4 Phasen der Programmentwicklung

In Abbildung 1.4 ist dargestellt, dass sich an die Produktdefinition vier weitere Phasen anschließen. In der Entwurfsphase wird häufig noch unabhängig von der später zu verwendenden Programmiersprache ein Plan entwickelt. Das Ergebnis dieser Planung kann z. B. ein Programmablaufplan (siehe Abbildung 1.5) oder ein Nassi-Shneiderman-Struktogramm (siehe Abbildung 1.6) sein.

Die beiden in Abbildung 1.5 und Abbildung 1.6 gezeigten Darstellungsformen stehen gleichwertig nebeneinander. Während die Struktogrammdarstellung kompakter ist, ist der Programmablaufplan für Neueinsteiger etwas einfacher zu durchschauen.

Start
Zahl raten
Aufforderung zum Erraten einer Zahl im Bereich von 1 bis 100 ausgeben
Eine Zufallszahl im Bereich von 1 bis 100 ermitteln
Zahl erraten
Ja
Nein
Ratezahl erfragen
Versuch zählen
Ratezahl < Zufallszahl
Nein
Ja
Hinweis: »Zahl ist zu klein!«
Ratezahl > Zufallszahl
Nein
Ja
Hinweis: »Zahl ist zu groß!«
Glückwunsch: »Zahl ist erraten!«
Anzahl der Versuche anzeigen.
Stopp
Zahl raten

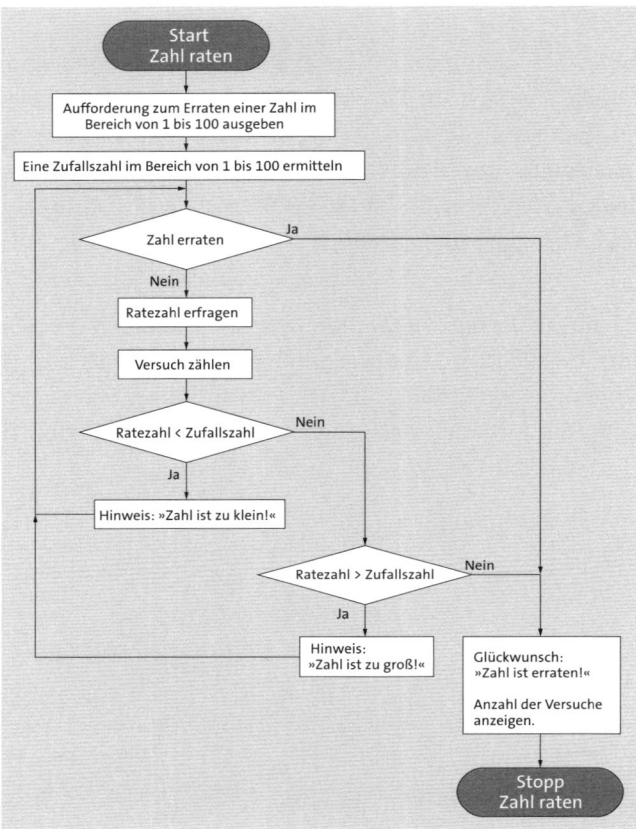

Abbildung 1.5 Programmentwurf als Programmablaufplan

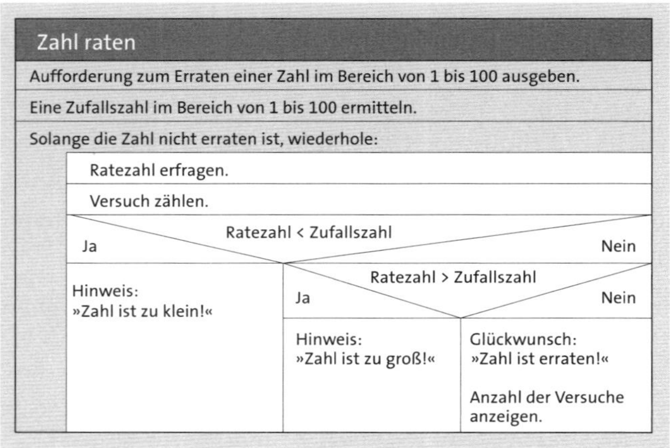

Zahl raten
Aufforderung zum Erraten einer Zahl im Bereich von 1 bis 100 ausgeben.
Eine Zufallszahl im Bereich von 1 bis 100 ermitteln.
Solange die Zahl nicht erraten ist, wiederhole:
Ratezahl erfragen.
Versuch zählen.
Ratezahl < Zufallszahl
Ja
Nein
Hinweis: »Zahl ist zu klein!«
Ratezahl > Zufallszahl
Ja
Nein
Hinweis: »Zahl ist zu groß!«
Glückwunsch: »Zahl ist erraten!«
Anzahl der Versuche anzeigen.

Abbildung 1.6 Programmentwurf als Nassi-Shneiderman-Struktogramm

Unter *Implementierung* versteht man die Realisierung des Entwurfs in einer konkreten Programmiersprache. zeigt das Ergebnis der Implementierung in der Programmiersprache Java.

```java
/*
 * Zahl raten
 * Version 1.0
 * 2011-11-30
 * Hans-Peter Habelitz
 */

package ratespiel;

import java.util.Random;
import javax.swing.JOptionPane;

public class Zahlraten {
    private int zufallszahl;
    private int ratezahl;

    Zahlraten() {
        ratezahl = -1;
    }

    void setZufallszahl(int z) {
        zufallszahl = z;
    }

    int getZufallszahl() {
        return zufallszahl;
    }

    void setRatezahl(int z) {
        ratezahl = z;
    }

    int getRatezahl() {
        return ratezahl;
    }

    public static void main(String[] args) {
        Zahlraten spiel;
```

```java
        spiel = new Zahlraten();
        boolean geraten = false;
        int versuchzaehler = 0;
        JOptionPane.showMessageDialog(null,
                "Erraten Sie eine ganze Zahl aus dem Bereich von 1 bis 100!");
        Random randomGenerator = new Random();
        spiel.setZufallszahl(randomGenerator.nextInt(101));
        while (!geraten) {
           spiel.setRatezahl(Integer.parseInt(
                   JOptionPane.showInputDialog("Welche Zahl wird gesucht?")));
           versuchzaehler++;
           if (spiel.getRatezahl() < spiel.getZufallszahl()) {
              JOptionPane.showMessageDialog(null, "Ihre Zahl ist zu klein!");
           } else {
              if (spiel.getRatezahl() > spiel.getZufallszahl()) {
                 JOptionPane.showMessageDialog(null, "Ihre Zahl ist zu groß!");
              } else {
                 geraten = true;
                 JOptionPane.showMessageDialog(null,
              "Glückwunsch! Sie haben die Zahl mit "
              + versuchzaehler + " Versuchen erraten!");
              }
           }
        }
     }
  }
}
```

Listing 1.1 »Zahl raten« als Java-Programm

Das Programm kann jetzt übersetzt und auf seine korrekte Funktion hin überprüft werden (*Systemtest*). Zeigen sich bei den Tests noch Fehler oder Unzulänglichkeiten, kann eine Überarbeitung des Entwurfs oder der Implementierung notwendig werden. Als letzte Phase schließt sich der Einsatz auf dem Zielsystem und die *Wartung* an. Zur Wartung gehören auch Erweiterungen und Anpassungen an veränderte Bedingungen im Umfeld.

Bereits dieses Beispiel zeigt, dass die grafischen Darstellungen wesentlich übersichtlicher ausfallen als der in der Programmiersprache erstellte Programmcode. Die verwendeten Wiederholungs- und Auswahlstrukturen fallen deutlich besser ins Auge. Es ist deshalb besonders wichtig, dass Sie die Hilfsmittel, die zur Übersichtlichkeit des Programmcodes beitragen, intensiv nutzen. Es handelt sich dabei um Richtlinien für die Schreibweise unterschiedlicher Programmkomponenten und um Einrückungen im Programmtext, die verdeutlichen, welche Codeteile zusammengehören. Diese Richtlinien werden Sie in Kapitel 2, »Grundbausteine eines Java-Programms«, kennenlernen.

Im folgenden Abschnitt möchte ich Ihnen einen Überblick über die unterschiedlichen Programmiersprachen geben. Sie sollen erfahren, welche unterschiedlichen Sprachen es gibt und worin sich diese unterscheiden. So können Sie die Programmiersprache Java in einem größeren Zusammenhang sehen.

1.1.5 Arten von Programmiersprachen

Programmiersprachen können nach folgenden unterschiedlichen Kriterien eingeteilt werden:

- Maschinennähe
- Anwendungsbereich
- Programmiermodell

Schauen wir uns im Folgenden diese drei Kriterien näher an.

Maschinennähe

Anwendungsprogramme werden erstellt, damit sie von einer Maschine ausgeführt werden können. Mit »Maschine« ist hier jegliches Gerät gemeint, das Software enthält. Neben einem Computer kann es sich genauso gut um einen DVD-Player oder ein Haushaltsgerät handeln. Damit ein Programm von einem Gerät ausgeführt werden kann, muss es in einer Sprache vorliegen, die von der Maschine verstanden wird. Die digitale Maschinensprache ist von unserer menschlichen Sprache sehr weit entfernt. Entwickeln Menschen Programme für Maschinen, so ist entsprechend eine sehr große Distanz zu überbrücken. Unmittelbar in Maschinensprache zu programmieren, würde bedeuten, dass man ausschließlich Zahlenkolonnen schreiben müsste, die sich aus Nullen und Einsen zusammensetzen (siehe Abbildung 1.7). Diese Art der Programmierung hat sich sehr früh schon als nicht praktikabel herausgestellt und wurde von der maschinennahen Programmierung abgelöst.

Man kann sich das in etwa so vorstellen, dass man für jede Zahlenkolonne ein Kürzel verwendet (z. B. add für »addiere«), das die Bedeutung der Zahlenkolonne verdeutlicht. Ein dafür erforderliches Übersetzungs-programm hat es damit relativ leicht, jeden einzelnen Befehl in seine Entsprechung als Maschinenbefehl zu übersetzen. Etwas verwirrend ist die Namensgebung für das Übersetzungsprogramm, das den maschinennahen Code in Maschinencode übersetzt. Es heißt ebenso wie die maschinennahe Sprache selbst *Assembler*.

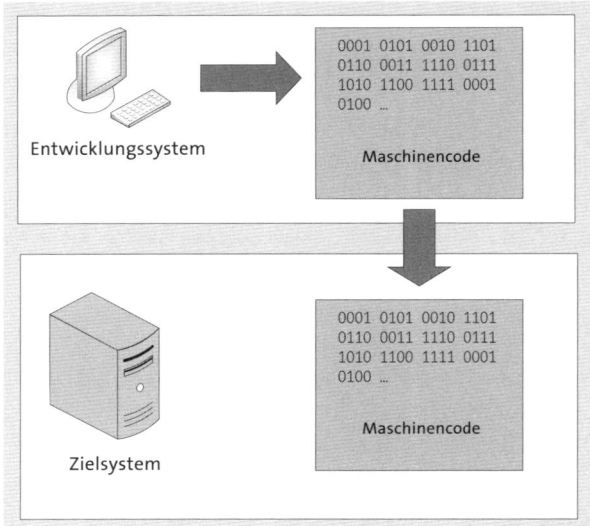

Abbildung 1.7 Programmieren in Maschinensprache

Maschinennahe Programmiersprachen haben den Vorteil, dass sie alle Möglichkeiten eines *Prozessors* ausnutzen und für den Programmierer trotzdem noch einigermaßen lesbar sind. Der Prozessor ist das Herzstück des Computers. Er ist für die Programmausführung und damit auch für die Geschwindigkeit der Programmausführung verantwortlich. Jeder Prozessor verfügt über einen bestimmten Befehlssatz. Beim Übersetzen eines Programms in Maschinensprache werden die in der Programmiersprache erstellten Programmanweisungen in Befehle dieses Befehlssatzes übersetzt (siehe Abbildung 1.8). Würde man unmittelbar in Maschinensprache programmieren, wäre keine Übersetzung erforderlich. Da sich maschinennahe Programmiersprachen sehr stark am Befehlssatz des Prozessors orientieren, lassen sich Programme optimal auf die Maschine abstimmen, die das Programm ausführen soll. Andererseits erfordern sie vom Programmierer sehr viel Spezialwissen und schränken ein erstelltes Programm sehr stark auf eine bestimmte Maschine ein. Computer verwenden unterschiedliche Prozessoren mit sehr unterschiedlichen Befehlssätzen. Ein maschinennahes Programm ebenso wie ein Maschinenprogramm kann nur auf einem Prozessortyp laufen, weil es unmittelbar auf den Befehlssatz abgestimmt ist. Damit das gleiche Programm auch auf einem anderen Prozessor ausführbar wird, muss es unter Verwendung des Befehlssatzes dieses Prozessors neu erstellt werden. Entsprechend verursachen maschinennahe Sprachen sehr großen Aufwand, wenn es um die Pflege und *Portierung* der Programme geht. Unter Portierung versteht man das Übertragen auf ein anderes System.

1.1 Was bedeutet Programmierung?

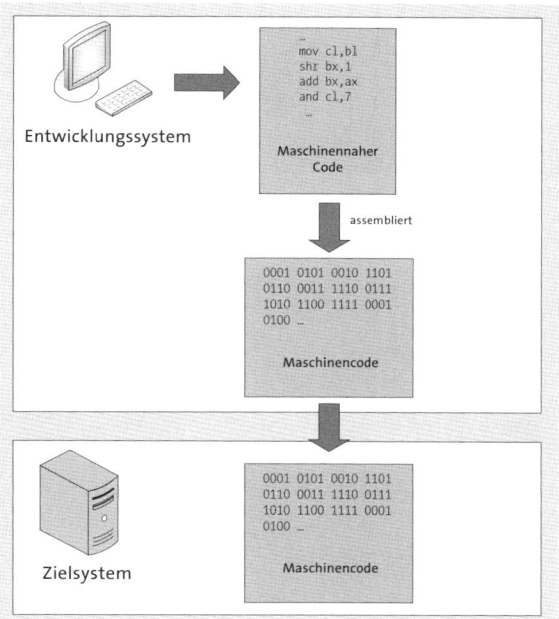

Abbildung 1.8 Maschinennahe Programmierung

Höhere Programmiersprachen, zu denen auch Java zählt, bilden den Gegenpol zu maschinennahen Sprachen. Sie setzen aufwendigere Übersetzungsprogramme ein. Der Programmierer erstellt das Programm in einem sogenannten *Quellcode*, der vor der Ausführung in den Maschinencode des Prozessortyps bzw. des darauf aufsetzenden Betriebssystems übersetzt wird (siehe Abbildung 1.9). Zur Portierung von Programmen auf andere Prozessoren bzw. Betriebssysteme müssen lediglich Übersetzungsprogramme für diese Umgebungen zur Verfügung gestellt werden. Der Quellcode des eigentlichen Programms kann unverändert weiterverwendet werden.

Übersetzungsprogramme, die den Quellcode komplett übersetzen und daraus eine eigenständige ausführbare Datei erstellen, nennt man *Compiler*. Unter dem Betriebssystem Windows sind solche von Compilern erzeugte Dateien an der Dateiendung *.exe* zu erkennen.

Übersetzungsprogramme, die den Quellcode bei der Ausführung nutzen und Anweisung für Anweisung übersetzen und an das Betriebssystem zur Ausführung weiterleiten, nennt man *Interpreter* (siehe Abbildung 1.10).

Kompilierte Programme haben Vorteile in der Ausführungsgeschwindigkeit, da der Code komplett übersetzt vorliegt und keine Zeit für die Übersetzung erforderlich ist. Der Programmierer kann seinen Quellcode gegen Kopieren schützen, indem er seine

Quellcodedateien nicht weitergibt. Für jede Plattform muss eine eigene Maschinencodedatei erstellt werden. Das kompilierte Programm benötigt auf dem Zielsystem keine weiteren Hilfsmittel.

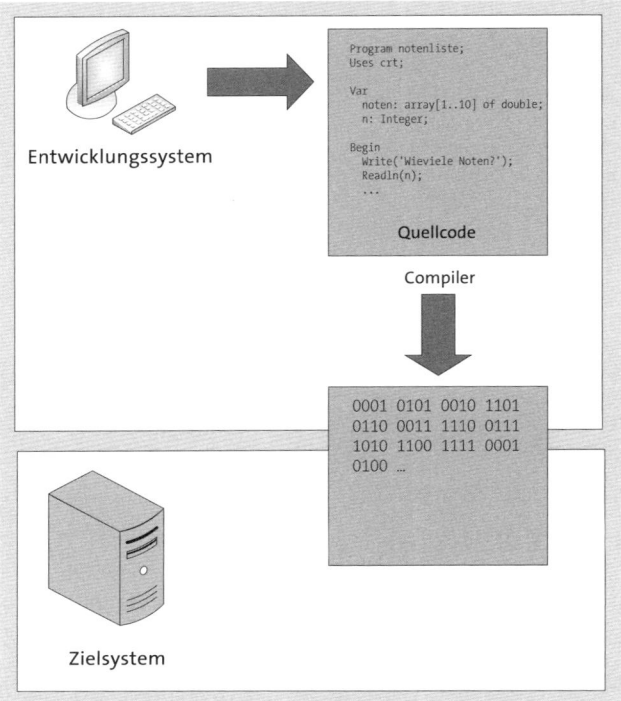

Abbildung 1.9 Hochsprachenprogrammierung mit Compiler

Interpretierte Programme verwenden bei der Ausführung immer die Quellcodedatei. Jede Anweisung wird aus der Quellcodedatei ausgelesen und unmittelbar vor der Ausführung übersetzt. Das erfordert jeweils Zeit und verlangsamt den Programmablauf. Der Programmierer muss bei der Weitergabe des Programms immer seinen Quellcode offenlegen. Auf der ausführenden Maschine muss außer dem Quellcode auch der passende Interpreter installiert sein, da er für die Übersetzung benötigt wird. Für den Entwickler vorteilhaft sind interpretierte Programme. Bei der Fehlersuche muss nicht vor jedem Testlauf das komplette Programm übersetzt werden. Auch wenn der Übersetzungsvorgang Fehler hervorbringt, kann das Programm zumindest bis zur fehlerhaften Stelle abgearbeitet werden und zeigt dem Programmierer Teilerfolge an. Außerdem kann das Programm »step by step«, d. h. Anweisung für Anweisung, abgearbeitet werden, und der Entwickler kann leicht nachvollziehen, welche Schritte jeweils abgearbeitet werden.

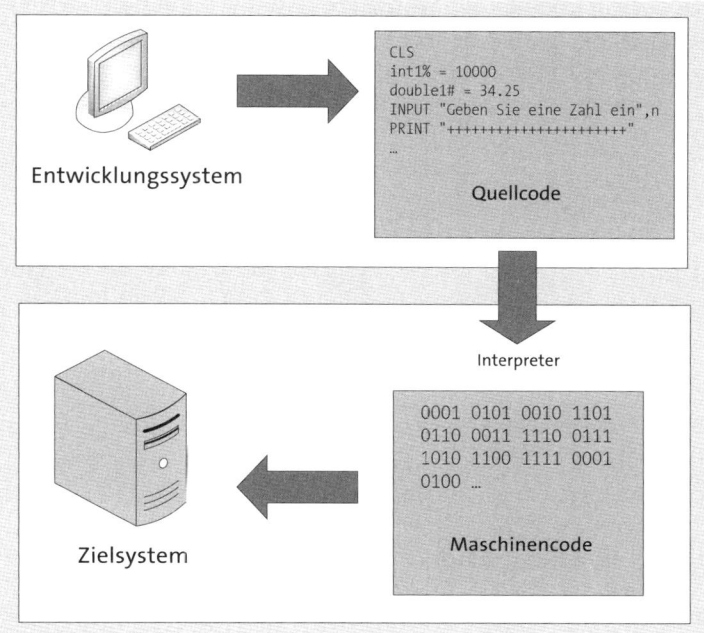

Abbildung 1.10 Hochsprachenprogrammierung mit Interpreter

Beide Sprachtypen haben ihre Berechtigung, da sie je nach Anwendungsfall ihre Stärken ausspielen können.

Anwendungsbereich

Programmiersprachen unterscheiden sich nicht nur technisch, sondern auch nach dem Anwendungsbereich, für den sie bestimmt sind oder für den sie sich besonders gut eignen. Generell kann zwischen Programmiersprachen unterschieden werden, die von vornherein für einen bestimmten Zweck entwickelt wurden, und solchen, die als universelle Programmiersprache entstanden sind. Auch die Entwicklung einer Programmiersprache entspricht dem Prozess einer Programmentwicklung. Eine Programmiersprache kann dem Programmierer viele Freiheiten lassen, die aber dazu führen, dass sehr schnell Fehler auftreten, die erst in der Testphase erkennbar werden und deren Ursachen nur sehr schwer aufzuspüren sind. Andererseits kann eine Programmiersprache die Möglichkeiten des Programmierers einschränken, um ihn zu zwingen, gut strukturiert zu programmieren, damit schon bei der Erstellung des Programms Fehler *vermieden* werden und eine Softwarepflege über einen längeren Zeitraum ohne großen Aufwand möglich ist.

Die Programmiersprachen *Pascal* und *Modula* wurden ursprünglich mit dem Ziel entwickelt, wohlstrukturierte Sprachen zur Verfügung zu stellen, die das Erlernen der Programmiergrundlagen erleichtern sollten. Inzwischen wurde Pascal um die Objektorientierung erweitert und steht unter dem Namen *Delphi* mit einer umfassenden Bibliothek visueller Komponenten zur Erstellung grafischer Benutzeroberflächen in direkter Konkurrenz zu *Visual C++* bzw. *C#*.

Fortran ist eine Programmiersprache, die sich besonders gut für naturwissenschaftlich-technische Anwendungen eignet. Sprachen wie *Perl* und *PHP* können ihre Stärken ausspielen, wenn es um die Programmierung für das *World Wide Web* geht. Mit ihnen lassen sich hervorragend Skripte erstellen, die auf einem Webserver ausgeführt werden und ihre Ergebnisse über Webseiten zur Verfügung stellen.

Eine der universellsten Programmiersprachen ist heute C bzw. mit den Erweiterungen zur objektorientierten Sprache C++. Sie gibt dem Programmierer sehr viele Freiheiten, die aber schnell zu den oben beschriebenen Problemen führen können.

Programmiermodell

Das Programmiermodell hat sich im Laufe der Jahre mehrfach geändert. Zuerst waren Programmiersprachen nach dem *imperativen Ansatz* gestaltet. Der Programmcode war aus linearen Listen von Anweisungen mit bedingten Anweisungen und Sprungbefehlen aufgebaut. Beispiele für diese Sprachen sind *Cobol* und *Fortran*. Prozedurale Sprachen sehen eine Trennung von Daten und Programmcode vor und bauen ein Programm aus Funktionen und Prozeduren auf, um den Gesamtcode zu strukturieren. Sprachen wie Pascal und Modula sind typische Vertreter dieser Programmiersprachen. Die genannten Programmiermodelle sind nicht die einzigen Modelle. Daneben existieren noch die weniger verbreiteten funktionalen (z. B. *LISP*) und logischen Programmiersprachen (z. B. *PROLOG*).

Die meisten modernen Programmiersprachen sind objektorientiert. Einige Sprachen wurden auch zu objektorientierten Sprachen ausgebaut. So wurde aus C durch die objektorientierte Erweiterung C++, und aus Pascal wurde Delphi. Beim objektorientierten Programmiermodell bilden Objekte die Grundlage. Das Ziel ist es, eine Analogie zur realen Welt zu bilden, die ebenfalls aus Objekten besteht. Objekte können durch ihre Eigenschaften und Fähigkeiten beschrieben werden. Dabei werden die Daten eines Programms als Eigenschaften von Objekten und Funktionen bzw. Prozeduren als Methoden oder Fähigkeiten der Objekte in diesen zusammengefasst. Ein Programm kann somit als Sammlung von Objekten gelten, die mithilfe ihrer Methoden miteinander kommunizieren. Da auch Java objektorientiert ist, werden Sie dieses Konzept noch ausführlich kennenlernen.

1.2 Java

Bevor wir beginnen, intensiv mit Java und *Eclipse* zu arbeiten, sollen hier einige Informationen über die Entstehung und Entwicklung unserer Werkzeuge gegeben werden. Das Wissen um die Motivation zur Entwicklung von Java und seine geschichtliche Entwicklung erleichtern das Verständnis an der einen oder anderen Stelle, wenngleich sie für das Erlernen der Sprache nicht zwingend notwendig sind. Auf diese Einführungen möchte ich nicht verzichten. Wer den schnellen Einstieg sucht, der kann den ersten Teil dieses Kapitels für spätere Mußestunden zurückstellen. Trifft das auf Sie zu, dann sollten Sie mit Abschnitt 1.2.3, »Installation von Java«, beginnen, denn dort werde ich die Installation und vorbereitende Arbeiten beschreiben.

1.2.1 Entstehungsgeschichte von Java

Was hat die Programmiersprache Java mit einer indonesischen Insel zu tun? Eigentlich gar nichts! Wie jede Neuentwicklung musste auch Java irgendwann einen Namen bekommen, und dabei war Java auch nicht unbedingt die erste Wahl. 1991 wurde bei *Sun Microsystems* eine Projektgruppe gegründet, die sich mit der künftigen Ausrichtung der Computer- und Softwareindustrie befassen sollte. Sie setzte sich zum Ziel, den Prototyp eines programmierbaren Geräts für die Steuerung von Haushaltsgeräten zu entwickeln.

Die erforderliche Software sollte klein und effizient, aber auch stabil und sicher sein. Es wurde eine neue Programmiersprache entwickelt, die objektorientiert war und sich zunächst stark an C++ orientierte. Leiter des Forschungsprojekts war *James Gosling*. Der Name der neuen Programmiersprache sollte *Oak* (*Object Application Kernel*) lauten. Inspiriert hatte Gosling der Anblick einer Eiche, die von einem der Bürofenster aus zu sehen war. Als Ergebnis der inzwischen als *Green Project* bezeichneten Projektgruppe entstand ein kleines Gerät mit dem Namen *7 (Star Seven)*. Die Vermarktung des Geräts war nicht von Erfolg gekrönt. Geblieben sind von *7 nur *Duke*, ein kleines Männchen, das dem Benutzer im Display die Bedienung erleichtern sollte und das heute noch das Maskottchen von Java ist (siehe Abbildung 1.11), sowie die Programmiersprache, die für die Programmierung von *7 genutzt wurde.

Abbildung 1.11 Duke, das Maskottchen von Java

Man erkannte, dass die kleine, objektorientierte, dabei plattformunabhängige und robuste Programmiersprache Oak sehr gut zum inzwischen massiv aufgekommen

World Wide Web passte. Somit stand plötzlich die Programmiersprache, die ursprünglich nur Teil eines Produkts sein sollte, selbst im Mittelpunkt der Entwicklung.

Da sich inzwischen herausstellte, dass der Name Oak geschützt war, musste ein anderer Name gefunden werden. Wahrscheinlich bei einer guten Tasse Kaffee einigte man sich auf den Namen *Java*. Diesen Gebrauch ihres Namens verdankt die Insel der Tatsache, dass auf ihrem Hochland ein exzellenter Kaffee angebaut wird. Folgerichtig ist das Logo von Java natürlich auch eine Kaffeetasse (siehe Abbildung 1.12).

Abbildung 1.12 Das Java-Logo

Die geringe Größe von Java-Anwendungen prädestinierten sie für den Download aus dem Internet. Das Potenzial war so offensichtlich, dass Java nur kurze Zeit später auch in die damals führenden Browser *Netscape Navigator* und *Internet Explorer* integriert wurde. Der 23. Mai 1995 wird von der Firma Sun Microsystems heute als die offizielle Geburtsstunde von Java angesehen. An diesem Tag wurde Java öffentlich vorgestellt, und *Marc Andreessen*, der Gründer von *Netscape*, hatte die Integration von Java in die Version 2.0 des Navigators angekündigt.

Die erste Version des *Java Development Kit* (*JDK 1.0*) wurde 1996 veröffentlicht. Seit Juli 2011 stehen die Version 1.7 und eine Vielzahl spezieller *APIs* (*Application Programming Interfaces*) zur Verfügung. Ein API ist eine Programmierschnittstelle. Dem Programmierer werden dadurch Funktionen zur Verfügung gestellt, mit deren Hilfe er in eigenen Programmen auf ein bestimmtes System zugreifen kann. Bei diesen Systemen kann es sich um spezielle Hardware, aber auch um Softwarekomponenten (wie z. B. eine grafische Oberfläche, ein Datenbanksystem oder ein soziales Netzwerk) handeln.

1.2.2 Merkmale von Java

Wie ist Java in die Reihe der Programmiersprachen einzuordnen? Java ist eine Hochsprache. Verwendet sie nun aber einen Compiler oder einen Interpreter? Mit Java wurde ein neuer Weg beschritten, indem sowohl ein Compiler als auch ein Interpreter verwendet wird (siehe Abbildung 1.13). Nach der Erstellung des Quellcodes wird dieser von einem Compiler übersetzt. Allerdings wird der Quellcode nicht direkt in einen ausführbaren Code übersetzt, der auf dem System lauffähig ist, sondern in einen Zwischencode. Diese Zwischenstufe wird als *Bytecode* bezeichnet. Der Java-Compiler erzeugt beim Übersetzen Bytecodedateien mit der Dateiendung *.class*. Dieser Umstand macht für die

Ausführung des Programms einen Interpreter erforderlich. Dieser interpretiert allerdings keinen Quellcode, sondern Bytecode. Der Java-Interpreter, der auf dem betreffenden System installiert sein muss, wird entweder als *virtuelle Maschine* (*VM*) oder als *Java Runtime Environment* (*JRE*) bezeichnet.

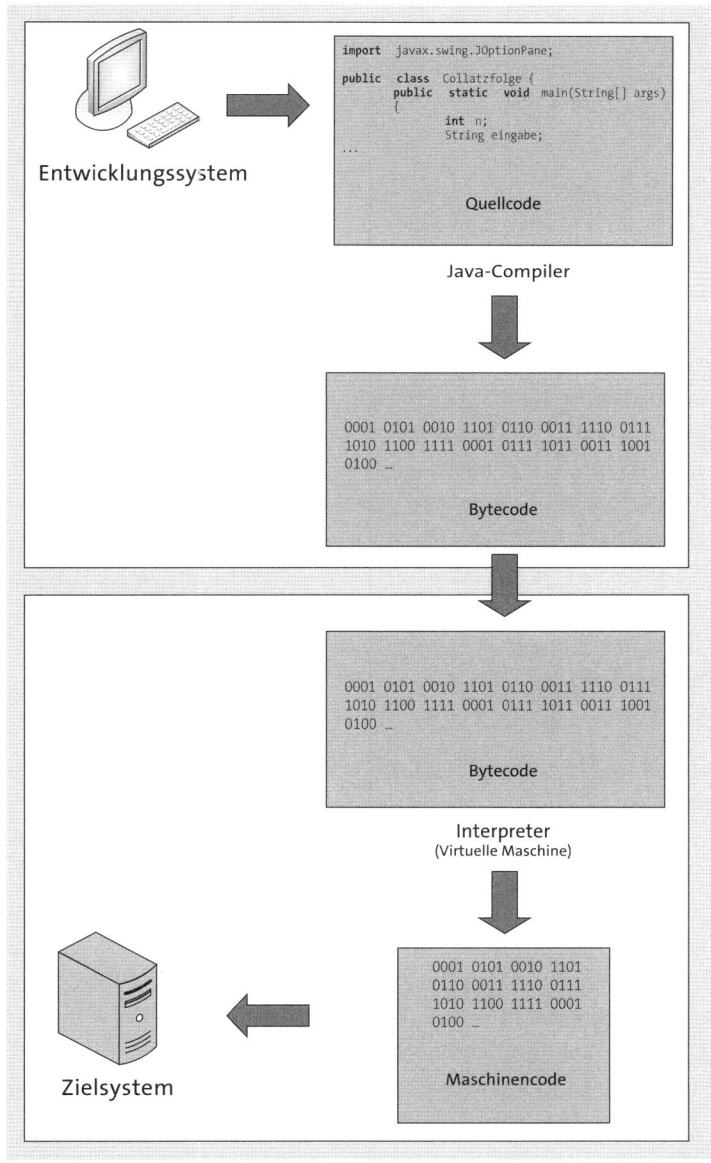

Abbildung 1.13 Hochsprachenprogrammierung mit Java

Java kombiniert die Vorteile eines Compiler- und eines Interpreter-Systems. Es soll nicht verschwiegen werden, dass mit der Verwendung eines Interpreters auf dem Zielsystem ein Geschwindigkeitsnachteil bei der Ausführung des Programms einhergeht. Die Übersetzung des Bytecodes ist allerdings weit weniger zeitaufwendig als eine Übersetzung aus dem Quellcode. Zusätzlich wurde eine Vielzahl von Optimierungen vorgenommen, sodass der Geschwindigkeitsnachteil vor allem unter Berücksichtigung der heutigen Prozessorgeschwindigkeiten nicht mehr gravierend ausfällt. Dennoch wird man bei zeitkritischen Anwendungen doch eher reine Compilersprachen wie C++ einsetzen.

Dadurch, dass für alle gebräuchlichen Betriebssysteme Java-Compiler und virtuelle Maschinen verfügbar sind, besteht ein wesentlicher Vorteil der Programmiersprache Java in der *Plattformunabhängigkeit*. Dem Anwender ist es oft gar nicht bewusst, dass sein System über eine virtuelle Maschine verfügt. Sie wird oft mit der Installation eines Java-Programms installiert und steht dann allen Java-Anwendungen zur Verfügung. Häufig gelangt sie auch schon bei der Installation des Betriebssystems auf den Computer. Ob eine virtuelle Maschine auf Ihrem Rechner bereits verfügbar ist, werden Sie feststellen, wenn Sie versuchen, ein Java-Programm zu starten. Fehlt die virtuelle Maschine, so werden Sie eine entsprechende Fehlermeldung erhalten. Unabhängig davon, ob Sie unter Windows, Linux oder OS X arbeiten, können Sie mit der Anweisung `java –version` abfragen, welche Java-Version installiert ist. Ist eine virtuelle Maschine installiert, so erhalten Sie einen entsprechenden Hinweis auf das *Runtime Environment* (die Laufzeitumgebung). Es handelt sich dabei um den englischen Fachbegriff für die virtuelle Maschine. Unter Windows starten Sie für die Eingabe dieser Anweisung aus der Programmgruppe ZUBEHÖR die EINGABEAUFFORDERUNG, unter Linux und OS X verwenden Sie aus der Programmgruppe DIENSTPROGRAMME das TERMINAL.

Java ist eine sehr universelle Programmiersprache, die sich für sehr viele unterschiedliche Einsatzbereiche eignet. Sie kann vor allem Stärken ausspielen, wenn es darum geht, plattformunabhängige, robuste und sichere Programme zu erstellen. Sie eignet sich gut für verteilte Systeme und Netze und nicht zuletzt für internetbasierte Anwendungen. Nicht geeignet ist Java für sehr hardwarenahe Programme, wie z. B. Treiber. Ein Java-Programm hat keine Möglichkeit, direkt auf Hardware zuzugreifen. Alle Zugriffe auf die Hardware werden über die zwischengeschaltete virtuelle Maschine abgewickelt. Das Programm selbst hat keinen Einfluss darauf, wie auf die Hardware zugegriffen wird. Das macht einerseits die Programme stabiler und plattformunabhängiger, führt aber dazu, dass der Bereich der Treiberprogrammierung Sprachen wie C/C++ überlassen werden muss.

Java wurde sehr stark an C++ angelehnt, was sich in der sehr ähnlichen Syntax auch noch zeigt. Java hat aber einige Änderungen erfahren, weil die Entwickler Schwächen des Konzepts von C++ vermeiden wollten. Auf problematische Elemente wie Zeiger und die Mehrfachvererbung wurde verzichtet. Stattdessen wurde ein besonders sicheres Konzept der Speicherverwaltung implementiert.

Im Gegensatz zu anderen Programmiersprachen, die – wie oben erläutert – aus anderen, nicht objektorientierten Sprachen hervorgegangen sind, konnte Java ohne Rücksichtnahme auf »ererbte« Überbleibsel aus nicht objektorientierten Konzepten entwickelt werden. So wurde auf bestimmte Konzepte verzichtet, die wesentlich dazu beitragen, dass Programme fehleranfällig und unsicher werden.

Für den anhaltenden Erfolg von Java gibt es mehrere Gründe. Einige sollen noch einmal zusammenfassend genannt werden:

- Es ist den Entwicklern von Java gelungen, die Programmiersprache, wie sie es selbst formuliert haben, als »einfache, objektorientierte, verteilte, interpretierte, robuste, sichere, architekturneutrale, portable, performante, nebenläufige, dynamische« Sprache zu entwickeln.
- Die Entwicklungswerkzeuge und die Laufzeitumgebung für alle gängigen Prozessoren und Betriebssysteme sind frei verfügbar.
- Java-Anwendungen können in normale Webseiten integriert werden, da HTML um das Applet-Tag erweitert wurde und die Browser einen Java-Interpreter und die Laufzeitumgebung enthalten. Dadurch sind sie in der Lage, kompilierten Java-Code auszuführen.

1.2.3 Installation von Java

Wenn von einer Java-Installation die Rede ist, muss grundsätzlich unterschieden werden zwischen der Installation des *JRE* (Java Runtime Environment) oder des *JDK* (Java Development Kit). Die Installation des JRE, das auch als *virtuelle Maschine* (VM) bezeichnet wird, ist erforderlich, um Java-Programme auf dem betreffenden Computer ausführen zu können. Es handelt sich dabei um die *Laufzeitumgebung* und den Java-Interpreter. Damit allein können aber noch keine Java-Programme erstellt werden. Hierfür werden zusätzlich der Java-Compiler und eine Vielzahl von Bibliotheken benötigt, die in Paketen organisiert sind. Wie oben erwähnt, wird für die Erstellung von Java-Programmen das JDK benutzt.

Sie finden die Version 8 des JDK als 32- und als 64-Bit-Version für Windows auf der DVD im Ordner *JavaJDK*. Für neuere Versionen und andere Betriebssysteme sei auf das Internet verwiesen. Seit der Übernahme von *Sun Microsystems* durch *Oracle* wird Java unter der Regie von Oracle weiterentwickelt und ist über den Link *http://www.oracle.com/technetwork/java/javase/downloads/index.html* verfügbar.

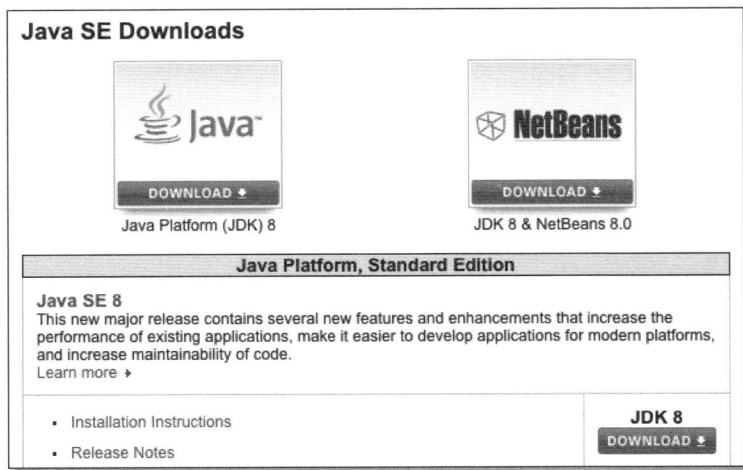

Abbildung 1.14 Download des Java-JDK

Für unsere Zwecke empfiehlt sich der Download des JDK ohne Ergänzungen. Entscheiden Sie sich also für die erste Auswahlmöglichkeit im Screenshot aus Abbildung 1.14. Da das JDK für alle erdenklichen Betriebssysteme verfügbar ist, müssen Sie vor dem Download die Plattform auswählen, auf der die Installation erfolgen soll (siehe Abbildung 1.15).

Product / File Description	File Size	Download
Linux ARM v6/v7 Hard Float ABI	83.51 MB	jdk-8-linux-arm-vfp-hflt.tar.gz
Linux x86	133.57 MB	jdk-8-linux-i586.rpm
Linux x86	152.47 MB	jdk-8-linux-i586.tar.gz
Linux x64	133.85 MB	jdk-8-linux-x64.rpm
Linux x64	151.61 MB	jdk-8-linux-x64.tar.gz
Mac OS X x64	207.72 MB	jdk-8-macosx-x64.dmg
Solaris SPARC 64-bit (SVR4 package)	135.5 MB	jdk-8-solaris-sparcv9.tar.Z
Solaris SPARC 64-bit	95.53 MB	jdk-8-solaris-sparcv9.tar.gz
Solaris x64 (SVR4 package)	135.78 MB	jdk-8-solaris-x64.tar.Z
Solaris x64	93.15 MB	jdk-8-solaris-x64.tar.gz
Windows x86	151.68 MB	jdk-8-windows-i586.exe
Windows x64	155.14 MB	jdk-8-windows-x64.exe

Abbildung 1.15 Auswahl der zum Betriebssystem passenden Version

Sie erhalten bei neueren Versionen eine Datei, die einen üblichen Installationsassistenten startet. Die Installation erfolgt bei jedem Betriebssystem unterschiedlich, aber grundsätzlich unkompliziert. Sie müssen im Wesentlichen Lizenzbedingungen akzeptieren, ein Zielverzeichnis bestätigen und auswählen, welche Zusatzdateien wie Demos installiert werden sollen.

Bei der Installation des JDK wird auch die Java-Laufzeitumgebung JRE mit installiert. Es handelt sich dabei um einen Minimalstandard, der erforderlich ist, um Java-Anwendungen laufen lassen zu können. Die JRE ist auf den meisten Rechnern bereits vorhanden, da sie von vielen anderen Programmen bei der Installation mit installiert wird. Sie sollten jedoch wissen, dass Java-Programme ohne JRE nicht gestartet werden können.

Das JDK wird standardmäßig unterhalb von *C:\Programme\Java* installiert. Abbildung 1.16 zeigt die dabei erstellte Ordnerstruktur.

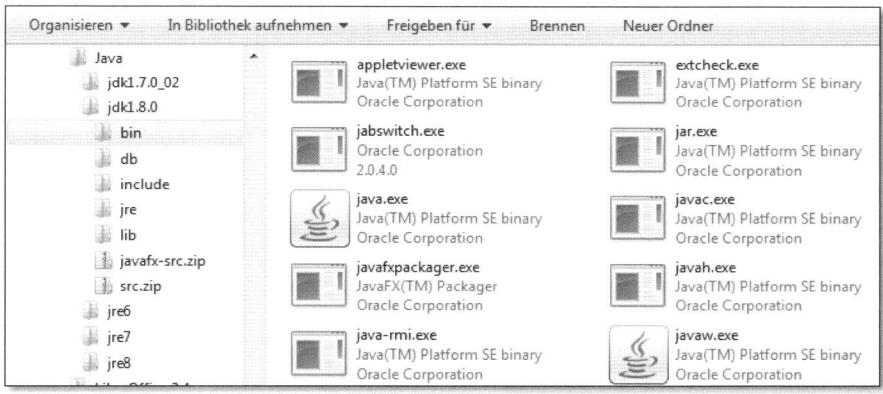

Abbildung 1.16 Ordnerstruktur des JDK

Sie sehen, dass durchaus auch mehrere JDK-Versionen nebeneinander existieren können. Im rechten Bildausschnitt ist der Inhalt des Ordners *bin* auszugsweise zu sehen. Dieser Ordner enthält alle Binärdateien. Das sind ausführbare Dateien (Programme), unter denen sich u. a. auch der Java-Compiler *javac.exe* befindet.

Damit der Java-Compiler später möglichst einfach verwendet werden kann, müssen Sie unter Umständen Ihrem Betriebssystem den Installationsort bekannt machen. Dieser Vorgang wird hier für Windows erläutert. Mac-User müssen keine entsprechenden Anpassungen vornehmen und können direkt mit Abschnitt 1.3, »Ein erstes Java-Programm«, fortfahren. Zum Starten eines Programms muss der Kommando-Interpreter des Betriebssystems wissen, wo sich ein Programm befindet. Wenn Sie ein Programm in dem Verzeichnis aufrufen, in dem Sie sich gerade befinden, wird der Kommando-Interpreter dieses finden. Ebenfalls unproblematisch ist es, wenn man eine vollständige Pfadangabe voranstellt (z. B. *c:\programme\test*). Wenn wie hier beides nicht der Fall ist, wird das Programm nicht gefunden. Um das Problem zu beheben, verfügt jedes Betriebssystem über einen sogenannten Suchpfad, der in einer Umgebungsvariablen (das ist eine

Variable des Betriebssystems) gespeichert ist. In einem Suchpfad können dem Betriebssystem alle Verzeichnisse bekannt gemacht werden, die der Kommando-Interpreter eines Betriebssystems in die Suche nach der Programmdatei einbeziehen soll.

Zum Anpassen der Umgebungsvariablen überprüfen Sie zunächst, in welchem Verzeichnis das JDK bzw. die JRE installiert wurde (z. B. *C:\Programme\Java\jdk1.8.0*). Für die Pfadangabe ist der Unterordner *\bin* noch anzuhängen (also: *C:\Programme\Java\jdk1.8.0\bin*). Um die Umgebungsvariable dauerhaft zu setzen, gehen Sie unter Windows 7 folgendermaßen vor:

1. SYSTEMSTEUERUNG öffnen
2. SYSTEM UND SICHERHEIT auswählen
3. SYSTEM auswählen
4. ERWEITERTE SYSTEMEINSTELLUNGEN auswählen
5. unter dem Reiter ERWEITERT die Schaltfläche UMGEBUNGSVARIABLEN betätigen (siehe Abbildung 1.17)

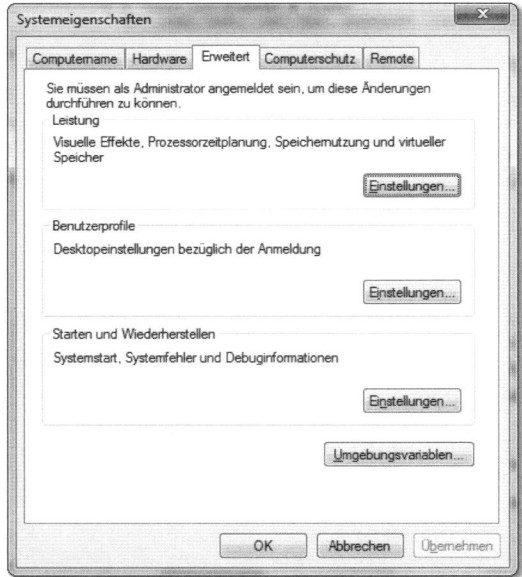

Abbildung 1.17 Erweiterte Systemeigenschaften

Über die Schaltfläche BEARBEITEN (siehe Abbildung 1.18) kann nun der Pfad erweitert werden. Sie schließen dazu die bisherige Angabe mit einem Semikolon (;) ab und ergänzen den Pfad zu Ihrer JDK-Installation so, wie oben beschrieben, ergänzt um den Unterordner *bin* (z. B. *C:\Programme\Java\jdk1.8.0\bin* wie in Abbildung 1.19).

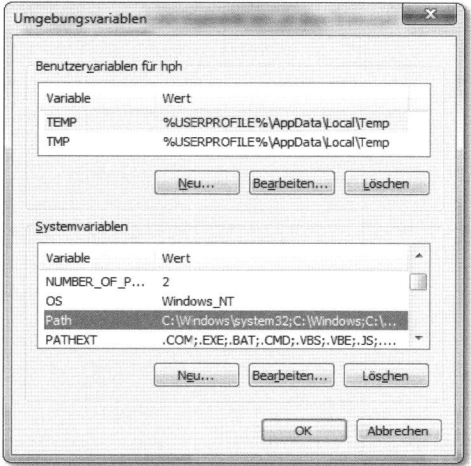

Abbildung 1.18 Umgebungsvariablen bearbeiten

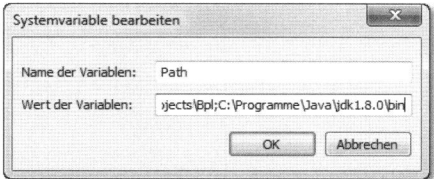

Abbildung 1.19 Path-Variable bearbeiten

> **Hinweis für Windows 8**
>
> Unter *Windows 8* erreichen Sie den entsprechenden Eingabedialog, indem Sie auf den Desktop wechseln und dort den Mauszeiger in die rechte untere Ecke bewegen. Über die Auswahl von Einstellungen wählen Sie wie unter Windows 7 Systemsteuerung • System und Sicherheit • System • Erweiterte Systemeinstellungen • Erweitert • Umgebungsvariablen.

1.3 Ein erstes Java-Programm

In diesem Abschnitt erstellen wir eine erste Anwendung. Dabei soll zunächst noch auf die Unterstützung durch eine Oberfläche wie *Eclipse* verzichtet werden, um zu demonstrieren, welche minimalen Voraussetzungen zur Erstellung einer Anwendung erforderlich sind. Außerdem werden bei dieser Vorgehensweise die Hintergründe der Java-Programmierung deutlich.

Von der Programmerstellung bis zur Ausführung eines Java-Programms müssen immer drei Schritte durchlaufen werden:

1. Erstellen des *Quellcodes*
2. Kompilieren (Übersetzen) des *Quellcodes* in den *Bytecode*
3. Starten des Programms durch Übergeben des Bytecodes an den Java-Interpreter

Der Quellcode ist der Programmtext, den wir in der Programmiersprache Java schreiben. Der gespeicherte Programmcode ist an der Dateinamenerweiterung *.java* zu erkennen. Der Bytecode ist ein Zwischencode, der für uns nicht mehr verständlich ist. Er ist in der Bytecodedatei mit der Dateinamenerweiterung *.class* gespeichert und kann vom Java-Interpreter ausgeführt werden. Der Java-Interpreter ist wesentlicher Bestandteil der virtuellen Maschine. Um ein Java-Programm zu starten, muss diese virtuelle Maschine (JRE) auf dem entsprechenden Computer installiert sein. Der Java-Compiler wird nur vom Programmersteller (Programmierer) benötigt und ist Bestandteil des JDK.

1.3.1 Vorbereiten der Arbeitsumgebung

Bevor wir die oben genannten drei Schritte zum ersten Mal durchlaufen, bereiten wir uns eine Arbeitsumgebung vor.

Es ist grundsätzlich zu empfehlen, eine Verzeichnisstruktur als Arbeitsumgebung zu erstellen. Bei der Arbeit mit Eclipse wird diese automatisch als sogenannte *Workbench* erstellt. In dieser Workbench werden dann alle Dateien gespeichert, die bei der Programmerstellung erzeugt werden. Wie es sich allgemein in der Programmierung durchgesetzt hat, sprechen wir bei unserer Arbeit von *Projekten*. Ein Projekt umfasst alle Dateien, die zu einem Programm gehören. Zum Beispiel kann eine Dokumentation hinzukommen und alles, was der Programmierer sonst noch als notwendig oder sinnvoll erachtet.

> **Merke**
>
> Ein *Projekt* umfasst alle Dateien, die zur Realisierung eines Programms notwendig bzw. hilfreich sind. In der Regel sollten Sie alle diese Dateien in einem gemeinsamen Projektordner verwalten.

Die meisten Entwicklungsumgebungen legen einen übergeordneten Ordner an, unter dem alle Programmierprojekte gespeichert werden. Eclipse verwendet für diesen Ordner den Namen *Workbench*. Auch wenn wir im Augenblick die Entwicklungsumgebung noch nicht verwenden, werden wir bereits jetzt diese Vorgehensweise anwenden.

Legen Sie also nun auf einem Laufwerk Ihrer Wahl einen Ordner mit dem Namen *Java* an. In diesem Buch wird durchgängig Laufwerk *H:* verwendet. Legen Sie entsprechend Abbildung 1.20 einen weiteren Unterordner mit dem Namen *Programme* an. Unterhalb dieses Ordners werden Sie unsere Programmierprojekte speichern. Als ersten Projektordner legen Sie *JavaUebung01* an. (Die Übungsnummern sollen die Zuordnung zu den Kapiteln erleichtern.)

Abbildung 1.20 Ordnerstruktur der Arbeitsumgebung

Auch wenn es eigentlich unproblematisch wäre, den Ordnernamen mit dem Umlaut zu schreiben, so sollten Sie sich an die englische Schreibweise halten und auf Umlaute für die Dateinamen und auch für die Bezeichner innerhalb des Java-Programms verzichten. Wenn Sie sich diese Vorgehensweise angewöhnen, so werden Sie sich auch beim Umstieg auf andere Umgebungen und Programmiersprachen leichter tun, denn in vielen Programmiersprachen sind keine Umlaute in Bezeichnern zulässig: Sie führen zu Übersetzungsfehlern und müssen vollständig ausgeräumt werden, damit der Compiler oder Interpreter den Programmtext zu einem lauffähigen Programm übersetzen kann.

1.3.2 Wie sind Java-Programme aufgebaut?

Ein Java-Programm besteht immer aus einer oder mehreren *Klassen* (`class`). Der Programmtext einer Klasse sollte jeweils in einer eigenen Datei gespeichert werden. Diese Programmtextdateien müssen die Dateiendung *.java* haben und müssen im gleichen Ordner gespeichert werden (siehe Abbildung 1.21).

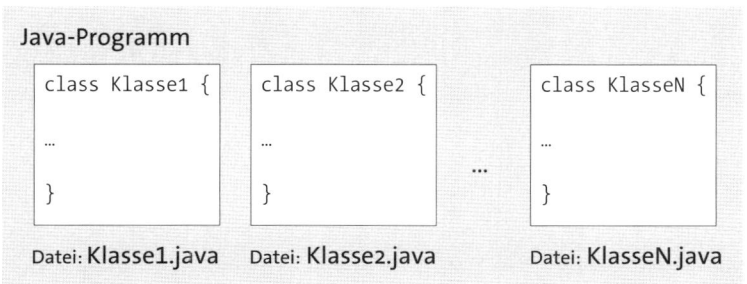

Abbildung 1.21 Aufbau eines Java-Programms

> **Merke**
> Der Name der Klasse und der Name der Datei, in der die Klasse deklariert ist, müssen identisch sein. Dabei müssen Sie die Groß- und Kleinschreibung beachten. Klassennamen sollten immer mit einem Großbuchstaben beginnen.

Wir wollen zunächst vom einfachsten Fall ausgehen. Das gesamte Java-Programm besteht dann aus einer einzigen Klasse (siehe Abbildung 1.22). Nicht jede Klasse kann als Programm ausgeführt werden. Nur wenn sie über eine main-Methode verfügt, kann die Klasse als Programm gestartet werden. Der Begriff *Methode* spielt in der objektorientierten Programmierung eine ganz entscheidende Rolle. In Abschnitt 5.3, »Methoden«, werden wir uns sehr ausführlich mit Methoden auseinandersetzen.

Java-Programm

```
public class HalloWelt {
  public static void main (String args[]) {
    System.out.println("Hallo Welt!");
  }
}
```

Datei: **HalloWelt.java**

Abbildung 1.22 Ein einfaches Java-Programm

Die Klasse HalloWelt wird mit folgendem Rahmen definiert:

```
public class HalloWelt {
}
```

Listing 1.2 Deklaration einer Klasse

Zwischen den geschweiften Klammern ist nun die Klasse näher zu beschreiben. Soll die Klasse ein ausführbares Programm darstellen, so muss dort eine main-Methode stehen. Diese wird mit der Zeile public static void main (String args[]) eingeleitet:

```
public static void main (String args[]) {
}
```

Listing 1.3 Rahmen der »main«-Methode

1.3 Ein erstes Java-Programm

> **Merke**
> Die main-Methode bildet immer den Einstiegspunkt in ein Java-Programm. Eine Klasse eines Java-Programms muss deshalb auf jeden Fall eine main-Methode besitzen, damit sie als Programm gestartet werden kann.

Zwischen den geschweiften Klammern stehen nun die Programmbefehle (Anweisungen), die beim Programmstart ausgeführt werden sollen. Wie Sie hier sehen, werden die geschweiften Klammern verwendet, um zusammengehörige Programmteile zu einem sogenannten *Block* zusammenzufassen. Sie legen hier z. B. eindeutig den Anfang und das Ende der Klassendefinition bzw. der main-Methode fest.

> **Merke**
> Mit geschweiften Klammern {} können Sie zusammengehörige Programmteile zu einem *Block* zusammenfassen.

Im Beispiel aus Abbildung 1.22 enthält die main-Methode nur eine einzige Anweisung. Mit der Anweisung System.out.println wird eine Textzeile ausgegeben. Welcher Text ausgegeben wird, wird hinter der Anweisung in runden Klammern angegeben. Der Text, der dort zwischen Anführungszeichen eingetragen ist, wird in exakt der gleichen Schreibweise ausgegeben. Abgeschlossen wird jede Anweisung mit einem Semikolon (;). Neben der Anweisung System.out.println steht Ihnen auch die Anweisung System.out.print zur Verfügung. Dadurch, dass bei ihr die beiden Buchstaben ln fehlen (ln ist die Abkürzung für das englische Wort »Line«), wird die ausgegebene Textzeile nicht abgeschlossen. Damit wird eine folgende Ausgabe in der gleichen Zeile weitergeschrieben. Nach einer mit println abgeschlossenen Zeile hingegen wird eine sich anschließende Ausgabe in einer neuen Zeile erfolgen.

> **Merke**
> Jede Anweisung wird mit einem Semikolon (;) abgeschlossen.

```java
public class HalloWelt {
   public static void main (String args[]) {
      System.out.println("Das ist eine erste Zeile!");
      System.out.print("Anfang der zweiten Zeile ");
      System.out.println("und Fortsetzung von Zeile 2!");
      System.out.println("Das ist die dritte Zeile!");
   }
}
```

Listing 1.4 Einsatz von »print« und »println«

1.3.3 Schritt für Schritt zum ersten Programm

Sie haben nun den grundsätzlichen Aufbau eines Java-Programms kennengelernt. Das Hallo-Welt-Programm, das Sie jetzt selbst schreiben sollen, können Sie als Minimalprogramm erstellen. Es besteht nur aus einer Klasse mit einer einzigen Methode mit dem Namen `main`.

Dieses Programm, das fast immer am Beginn eines Programmierkurses steht, ist ein Minimalprogramm, das sich dadurch bemerkbar machen soll, dass es den einfachen Gruß »Hallo Welt« ausgibt.

1. Schritt: Den Quellcode erstellen

Da wir zunächst noch auf Eclipse verzichten, öffnen Sie einen einfachen Editor, wie er etwa unter Windows in der Programmgruppe ZUBEHÖR unter dem Namen EDITOR zu finden ist. Linux-User werden von den zahlreich vorhandenen Editoren vielleicht *joe*, *vi* oder *emacs* verwenden, während Mac-User auf den Editor *TextEdit* zurückgreifen werden. Hier geben Sie den folgenden Quellcode ein. Speichern Sie die Datei unter dem Namen *HalloWelt.java*. Achten Sie dabei aber genau auf die Groß- und Kleinschreibung. Wenn Sie einen Editor verwenden, der unterschiedliche Formatierungen erlaubt, müssen Sie unbedingt darauf achten, dass Sie den Programmtext als reinen Text ohne Formatierungen speichern. So müssen Mac-User, die *TextEdit* verwenden, den Menüpunkt TEXTEDIT • EINSTELLUNGEN... aufrufen, auf REINER TEXT umstellen und das Häkchen bei INTELLIGENTE ANFÜHRUNGSZEICHEN entfernen.

```java
public class HalloWelt {
   public static void main (String args[]) {
       System.out.println("Hallo Welt!");
   }
}
```

Listing 1.5 Quellcode des Hallo-Welt-Programms

Ich möchte Ihnen bereits hier einige formale Richtlinien ans Herz legen. Für die Funktion des Programms ist es vollkommen unerheblich, auf wie viele Zeilen Sie Ihren Programmcode verteilen. Für die Lesbarkeit und damit für die Nachvollziehbarkeit des Programmcodes ist die Formatierung aber sehr wichtig. Sie werden sich bei der Arbeit mit Java immer wieder Anregungen und Hilfestellungen von Programmcodes anderer Programmierer holen und auf die zahlreich vorhandenen Tutorials im Internet zurückgreifen. Es vereinfacht die Einarbeitung in fremden Programmcode wesentlich, wenn sich alle an die gleichen Formatierungsrichtlinien halten. Sie finden die Formatierungsrichtlinien der Java-Entwickler an zentraler Stelle im Internet unter der Adresse *http://www.oracle.com/technetwork/java/codeconv-138413.html*.

Es wäre durchaus denkbar, den Programmtext folgendermaßen einzugeben, und es lassen sich auch durchaus Argumente für eine solche Formatierung finden. So würden z. B. öffnende und schließende Klammern, die zusammengehören, weil sie einen Block umschließen, untereinander stehen:

```
public class HalloWelt
{
   public static void main (String args[])
   {
      System.out.println("Hallo Welt!");
   }
}
```

Listing 1.6 Alternative Formatierung des Quellcodes

Die *Code Conventions* der Java-Entwickler geben vor, dass öffnende Klammern am Ende der Zeile stehen sollten, die den Block einleitet. In den folgenden Zeilen werden Einrückungen vorgenommen, bis die schließende Klammer wieder auf der gleichen Höhe wie die einleitende Zeile positioniert wird. Dadurch stehen die schließenden Klammern immer unter den Ausdrücken, die den Block einleiten. Der Programmcode wird dadurch etwas kompakter und trotzdem gut strukturiert.

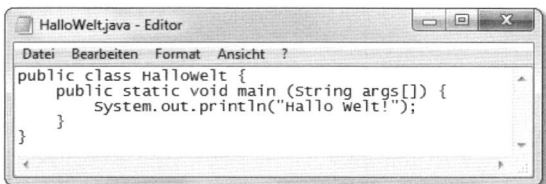

Abbildung 1.23 Hallo-Welt-Quellcode im Editor

Als Maß für die Einrückungen geben die Code Conventions vier Leerstellen vor. Aus Platzgründen wird in diesem Buch an der einen oder anderen Stelle von dieser Vorgabe etwas abgewichen. Das hat aber ausschließlich satztechnische Gründe.

Abbildung 1.23 zeigt die Struktur des Quellcodes im Editor. Den Quellcode speichern Sie unter dem Namen *HalloWelt.java* in dem Ordner *H:\Java\Programme\JavaUebung01*, den wir in Abschnitt 1.3.1, »Vorbereiten der Arbeitsumgebung«, angelegt haben.

> **Hinweis**
> Der Windows-Editor hängt beim Speichern grundsätzlich die Erweiterung *.txt* an den Dateinamen an. Dies ist im Dialog SPEICHERN bzw. SPEICHERN UNTER am eingestellten

> Dateityp zu erkennen. Unser Java-Quellcode muss aber die Erweiterung *.java* verwenden. Wenn Sie als Dateityp TEXTDATEIEN (*.TXT) eingestellt lassen, wird unsere Datei unter dem Namen *HalloWelt.java.txt* gespeichert. Damit kein *.txt* angehängt wird, ändern Sie die Einstellung des Dateityps in ALLE DATEIEN ab (siehe Abbildung 1.24). Dadurch wird beim Speichern exakt der von Ihnen eingetragene Dateiname verwendet.

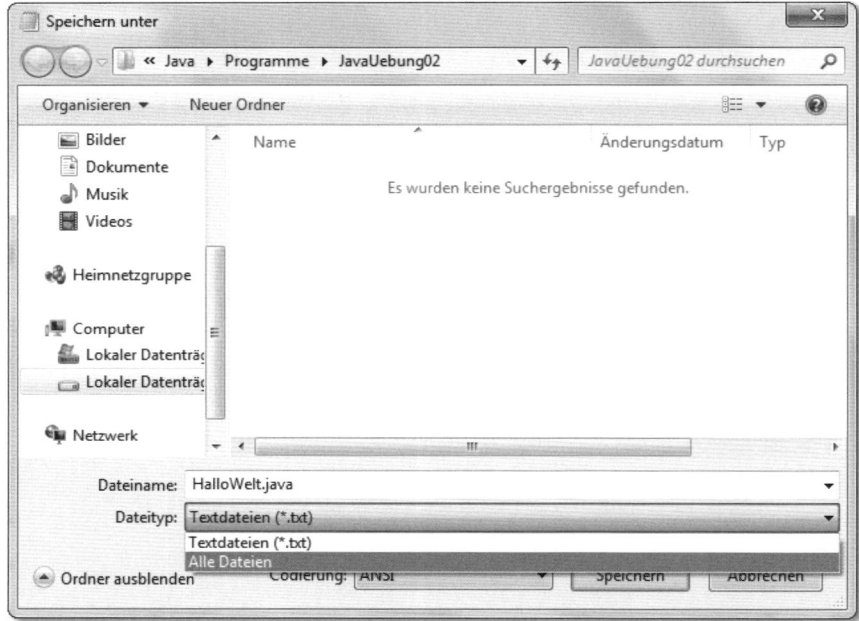

Abbildung 1.24 Dateityp im Editor festlegen

Der Quellcode unseres Programms ist damit komplett fertiggestellt.

2. Schritt: Den Quellcode in Bytecode übersetzen

Im folgenden Schritt übergeben Sie den Quellcode an den Java-Compiler. Dieser übersetzt den Quellcode in den sogenannten Bytecode, der für den Java-Interpreter verständlich ist. Für diesen Schritt starten Sie die Eingabeaufforderung über START • ALLE PROGRAMME • ZUBEHÖR • EINGABEAUFFORDERUNG (siehe Abbildung 1.25). Unter OS X entspricht dieses Programm dem TERMINAL, das Sie über FINDER • PROGRAMME • DIENSTPROGRAMME starten können. Linux-Usern steht das TERMINAL je nach Distribution meist unter ANWENDUNGEN • ZUBEHÖR zur Verfügung.

Alternativ können Sie die Eingabeaufforderung auch über START • PROGRAMME/DATEIEN DURCHSUCHEN starten (siehe Abbildung 1.26).

1.3 Ein erstes Java-Programm

Abbildung 1.25 Eingabeaufforderung aus der Programmgruppe »Zubehör«

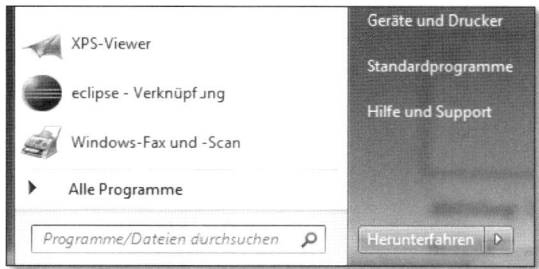

Abbildung 1.26 Eingabeaufforderung über »Start • Programme/Dateien durchsuchen«

Geben Sie hier cmd als Suchbegriff ein. Daraufhin erscheint im Startfenster unter PROGRAMME das Startsymbol der Eingabeaufforderung (siehe Abbildung 1.27). Die Eingabeaufforderung wird durch Aufruf der Datei *cmd.exe* gestartet. Diese befindet sich bei einer Standardinstallation von Windows im Ordner *C:\windows\system32*. Die Suchfunktion erleichtert Ihnen hier das Auffinden erheblich.

1 Einführung

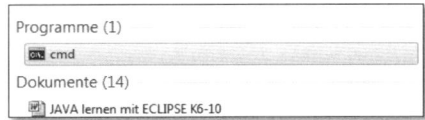

Abbildung 1.27 Programmsymbol der Eingabeaufforderung

Durch den Abschluss der Eingabe mit der ⏎-Taste oder mit einem Mausklick auf den Eintrag unter PROGRAMME starten Sie die Eingabeaufforderung (siehe Abbildung 1.28).

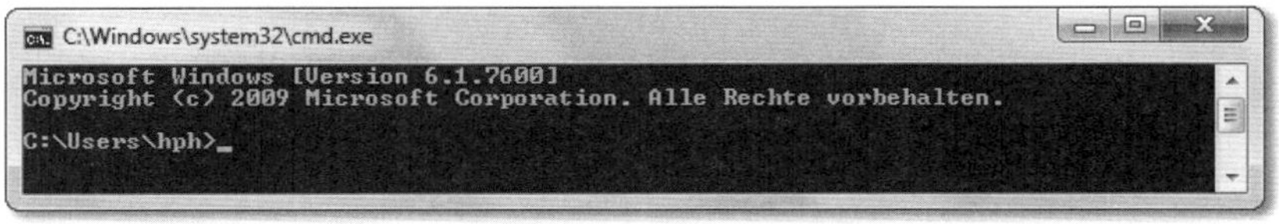

Abbildung 1.28 Eingabeaufforderung unmittelbar nach dem Start

Die Eingabeaufforderung ist eine *Textkonsole*, die als sogenannten *Befehlsprompt* eine Pfadangabe verwendet (siehe Abbildung 1.29). Diese Pfadangabe stellt den momentanen Aufenthaltsort dar. Standardmäßig wird hier zunächst der Stammordner des angemeldeten Benutzers verwendet. Wechseln Sie in den Ordner *JavaUebung01*, in dem auch unser Quellcode des Hallo-Welt-Programms gespeichert wurde. Mit folgenden Eingaben, die jeweils mit ⏎ bestätigt werden,

```
H:
cd Java\Programme\JavaUebung01
```

wechseln Sie in den Projektordner. Mit der Eingabe H: machen Sie das Laufwerk *H:* zum aktuellen Laufwerk. Mit der Anweisung cd (*change directory*) wechseln Sie in unseren Projektordner, indem Sie hinter cd den Pfad zu diesem Ordner angeben. Der Befehlsprompt zeigt Ihnen anschließend auch den entsprechenden Pfad an (siehe Abbildung 1.29). Hinter dem Befehlsprompt können Sie nun weitere Anweisungen eingeben. Zur Kontrolle geben Sie das *DOS-Kommando* dir ein. Es listet uns den Inhalt des Ordners auf (siehe Abbildung 1.30). Darin dürfte sich zu diesem Zeitpunkt nur der gespeicherte Quellcode als Datei *HalloWelt.java* befinden.

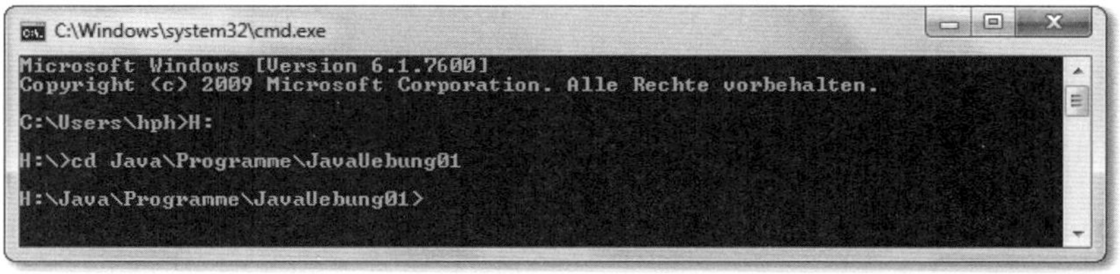

Abbildung 1.29 Eingabeaufforderung nach dem Ordnerwechsel

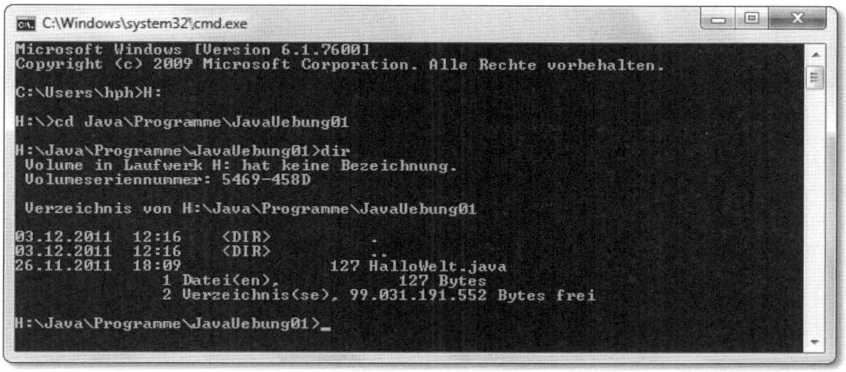

Abbildung 1.30 Eingabeaufforderung mit Ausgabe des Ordnerinhalts

Tatsächlich werden neben der Datei *HalloWelt.java* noch zwei Ordner mit der Kennung <DIR> (DIR steht für *Directory* und entspricht unserem *Ordner*) angezeigt. Hinter diesen beiden Ordnern mit den eigentümlichen Namen . und .. verbergen sich aber lediglich zwei Verweise auf Ordner, die das Betriebssystem zur Navigation im Ordnersystem benötigt.

Als Nächstes übergeben Sie unseren Programmtext an den Java-Compiler, damit dieser durch Übersetzen den Bytecode erstellt. Mit der Anweisung javac, gefolgt vom Namen der zu übersetzenden Datei, starten Sie den Übersetzungsvorgang (siehe Abbildung 1.31):

```
javac HalloWelt.java
```

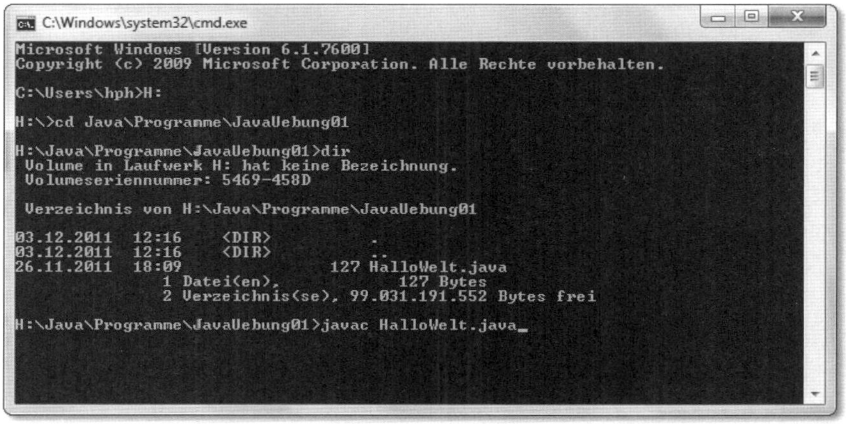

Abbildung 1.31 Aufruf des Java-Compilers

1 Einführung

Es wird einen Augenblick dauern, bis der Befehlsprompt wieder erscheint. Das ist die Zeit, die der Compiler zum Übersetzen und zur Speicherung des Bytecodes benötigt. Und hier gilt die Aussage: Keine Nachrichten sind gute Nachrichten. Falls hier Meldungen erscheinen, so handelt es sich um Fehlermeldungen oder Warnungen. Das bedeutet, dass unser gespeicherter Quellcode noch Fehler enthält und korrigiert werden muss, bevor der Bytecode erstellt werden kann.

Mit einem erneuten dir können Sie kontrollieren, ob der Bytecode erstellt wurde.

Wenn der Bytecode erstellt werden konnte, finden Sie jetzt zusätzlich die Datei *HalloWelt.class* in unserem Ordner (siehe Abbildung 1.32).

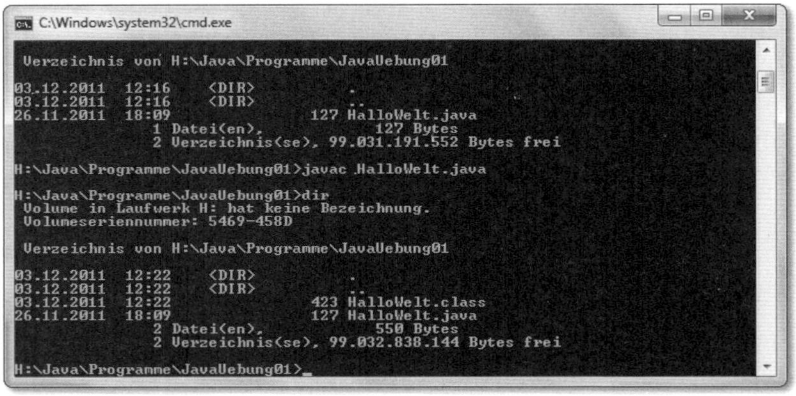

Abbildung 1.32 Inhaltsverzeichnis nach der Übersetzung

Abbildung 1.33 zeigt exemplarisch die Konsolenausgabe, wenn der Übersetzungsvorgang wegen eines Fehlers im Quellcode nicht durchgeführt werden konnte.

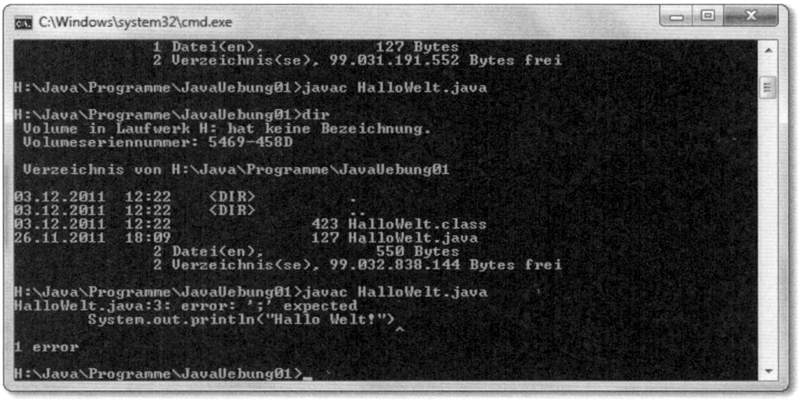

Abbildung 1.33 Übersetzungsversuch mit Fehlermeldung

Der Ausdruck ';' expected gibt einen Hinweis auf die Art des Fehlers. Hier trifft der Hinweis genau zu, denn es wurde im Quellcode ein Semikolon vergessen. Mit dem Caret-Symbol (^) wird eine Position im Quellcode markiert, an der der Fehler wahrscheinlich vorliegt. In diesem Beispiel liegt der Compiler genau richtig. Das sieht nicht immer so optimal aus. Häufig ist der Fehler auch in einer anderen Zeile zu suchen. Schließlich wird mit der zusammenfassenden Angabe 1 error angezeigt, auf wie viele Fehler der Compiler beim Übersetzungsversuch gestoßen ist. Dass diese Zahlenangabe, wenn sie sehr groß ausfällt, Sie nicht entmutigen sollte, wurde ebenfalls bereits gesagt.

3. Schritt: Den Bytecode an den Java-Interpreter zur Ausführung übergeben

Die Übergabe des Bytecodes zur Ausführung des Programms erfolgt mit der folgenden Tastatureingabe (siehe Abbildung 1.34):

```
java HalloWelt
```

Aus der Eingabe ist zu entnehmen, dass der Java-Interpreter *java* (genau genommen *java.exe*) heißt und dass als Parameter der Dateiname des Bytecodes übergeben wird. Die Interpreter-Datei *java.exe* ist übrigens ebenso wie der Compiler im Ordner *bin* des JDK zu finden. Achten Sie darauf, dass beim Namen der Bytecodedatei keine Dateinamenerweiterung (*.class*) angegeben werden darf.

Abbildung 1.34 Programmstart durch Aufruf des Interpreters

Als Ergebnis sehen Sie die Ausgabe des Programms, also folgender Anweisung (siehe Abbildung 1.35):

```
System.out.println("Hallo Welt!");
```

Sie haben die drei Schritte für unser erstes Programm nun durchlaufen. Sie konnten an ihm die wesentlichen Bestandteile erkennen, die Sie für die Programmierung mit Java benötigen. Sie konnten auch feststellen, dass Sie immer wieder die Anwendung wechseln mussten. Zunächst haben Sie Quellcode in einem Editor erstellt. Dann mussten Sie in die Eingabeaufforderung wechseln, um den Quelltext zu übersetzen und den Bytecode auszuführen.

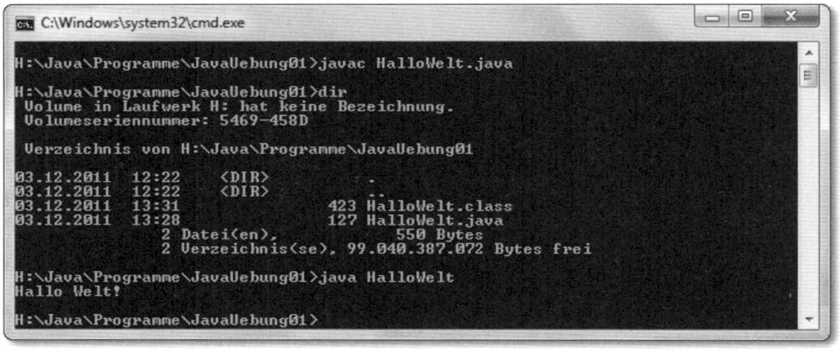

Abbildung 1.35 Ausgabe des Hallo-Welt-Programms

In der Regel werden Sie nach der Übersetzung sehr häufig wieder zum Editor zurückkehren müssen, weil ein Programm nach der ersten Eingabe selten bereits fehlerfrei sein wird. Nach jeder Korrektur müssen Sie durch eine erneute Übersetzung überprüfen, ob der Quelltext nun fehlerfrei ist, und dann den gesamten Ablauf eventuell noch mehrmals wiederholen.

1.4 Übungsaufgaben

Es folgen nun einige Übungsaufgaben, die Sie dazu nutzen können, die oben erläuterten Abläufe zu trainieren. Die Fehler, die bei der Eingabe mit ziemlicher Sicherheit auftreten werden, korrigieren Sie mithilfe der vom Compiler erzeugten Fehlermeldungen. Da noch keine Grundlagen der Programmiersprache behandelt wurden, sind die Quellcodes der Übungsaufgaben vollständig vorgegeben und müssen nur abgeschrieben werden. Es handelt sich schließlich noch nicht um Übungen zur Entwicklung von Java-Programmen, sondern um Übungen zur Handhabung von Compiler und Interpreter. Gleichzeitig sollen einige typische Features (wie die Parameterübergabe beim Programmstart und die Ausgabe grafischer Fenster) demonstriert werden. Verständnisprobleme, die den Quellcode betreffen, werden hier bewusst in Kauf genommen. Sie werden sich im weiteren Verlauf dieses Programmierkurses aber alle auflösen.

Aufgabe 1

Geben Sie in Ihrem Editor den folgenden Quellcode ein, und speichern Sie die Datei im Ordner *JavaUebung01* unter dem Namen *Uebergabe.java*. Übersetzen Sie anschließend den Quellcode in den Bytecode, indem Sie den Compiler aufrufen. Beseitigen Sie eventuell gemeldete Fehler, bis der Übersetzungsvorgang erfolgreich ist, und testen Sie das Programm durch Übergabe an den Interpreter.

```
public class Uebergabe {
  public static void main (String[] args) {
    System.out.println("Der Parameter war: " + args[0]);
  }
}
```

Listing 1.7 Programm mit Übergabeparameter

Beim Starten des Programms kann ein Parameter übergeben werden.

Der Aufruf

`java Uebergabe Hallo`

erzeugt folgende Ausgabe:

`Der Parameter war: Hallo`

Soll der Parameter aus mehreren Wörtern bestehen, so müssen Sie den ganzen Satz in Anführungszeichen setzen:

`java Uebergabe "Mehrere Wörter müssen in Anführungszeichen gesetzt werden."`

Den Parameter holt sich das Programm in den Platzhalter `args[0]`. Dadurch wird der Wert hinter dem Text `Der Parameter war:` ausgegeben. Das Programm erwartet auf jeden Fall einen Parameterwert. Wird beim Aufruf kein Parameter angegeben, so wird eine sogenannte *Exception* (Ausnahme) erzeugt und eine entsprechende Fehlermeldung ausgegeben.

Aufgabe 2

Erstellen Sie im gleichen Projektordner *JavaUebung01* folgendes Programm mit dem Namen *Kreisberechnung*:

```
/* Kreisberechnung: Für einen Kreis mit dem Radius 5 cm
werden der Umfang und die Fläche berechnet*/

public class Kreisberechnung {
  public static void main(String[] args ) {
    double radius, umfang, inhalt;
    radius = 5.0;
    umfang = 2.0 * 3.1415926 * radius;
    inhalt = 3.1415926 * radius * radius;
    System.out.print("Umfang: ");
    System.out.println(umfang);
```

```
      System.out.print("Flaeche: ");
      System.out.println(inhalt);
   }
}
```

Listing 1.8 »Kreisberechnung«

Das Programm berechnet für einen Kreis von 5,0 Längeneinheiten den Umfang und die Fläche des Kreises und zeigt die berechneten Ergebnisse in der Eingabeaufforderung an.

- Formel zur Berechnung des Kreisumfangs:
  $U = 2 \times \pi \times r$
- Formel zur Berechnung der Kreisfläche:
  $A = \pi \times r^2$

Das Programm verwendet Zahlenwerte, Rechenoperatoren und Platzhalter (Variablen). Die Erläuterungen dazu folgen, wie weiter oben bereits erwähnt, in den nachfolgenden Kapiteln. Übernehmen Sie einfach den Quellcode so wie vorgegeben, und beachten Sie, dass Kommazahlen wie im englischsprachigen Raum mit dem Punkt als Dezimaltrennzeichen geschrieben werden müssen.

Die ersten drei Zeilen werden durch die Zeichenfolge /* und */ eingeschlossen. Es handelt sich dabei um Kommentare, die vom Compiler bei der Übersetzung ignoriert werden. Mit Kommentaren kann der Programmierer seinen Quellcode für sich selbst als Gedächtnisstütze und für andere als Lesehilfe beschreiben und erläutern.

Aufgabe 3

Als dritte Übungsaufgabe erstellen Sie im Programmordner *JavaUebung01* das Programm *Kreisberechnung2*. In dem Programm soll die Übergabemöglichkeit von Parametern genutzt werden. Dem Programm soll als Parameter der Radius für den zu berechnenden Kreis übergeben werden, damit für einen beliebigen Kreisradius der Umfang und die Fläche berechnet werden können:

```
/* Kreisberechnung: Für einen Kreis werden der Umfang und der
 * Flächeninhalt berechnet.
 * Der Kreisradius wird beim Programmstart als Parameter
 * übergeben.
 */

public class Kreisberechnung2 {
  public static void main(String[] args) {
    double radius;
    double umfang, inhalt;
```

```
        radius = Double.parseDouble(args[0]);
        umfang = 2.0 * 3.1415926 * radius;
        inhalt = 3.1415926 * radius * radius;
        System.out.print("Umfang: ");
        System.out.println(umfang);
        System.out.print("Flaeche: ");
        System.out.println(inhalt);
    }
}
```

Listing 1.9 »Kreisberechnung2«

Aufgabe 4

Das Programm von Aufgabe 3 soll so ergänzt werden, dass als zweiter Parameter die Einheit (z. B. *m* oder *cm*) übergeben und bei der Ergebnisausgabe verwendet wird. Speichern Sie das Programm ebenfalls im Programmordner *JavaUebung01* unter dem Namen *Kreisberechnung3*.

```
/* Kreisberechnung: Für einen Kreis
 * werden der Umfang und der Flächeninhalt berechnet.
 * Der Radius wird beim Programmstart als erster Parameter und
 * die Einheit wird als zweiter Parameter übergeben.
 */

public class Kreisberechnung3 {
    public static void main(String[] args) {
        double radius, umfang, inhalt;
        String einheit;
        einheit = args[1];
        radius = Double.parseDouble(args[0]);
        umfang = 2.0 * 3.1415926 * radius;
        inhalt = 3.1415926 * radius * radius;
        System.out.print("Umfang: ");
        System.out.print(umfang);
        System.out.println(" " + einheit);
        System.out.print("Flaeche: ");
        System.out.print(inhalt);
        System.out.println(" " + einheit + '\u00fd');
    }
}
```

Listing 1.10 »Kreisberechnung3«

Wie Sie dem Quellcode entnehmen können, wird ein zweiter Parameter mit dem Ausdruck `args[1]` angesprochen. Beim Programmstart werden die Parameter durch eine Leerstelle getrennt hinter dem Programmnamen angegeben. Die Ausgabe der Hochzahlen in der Einheit der Kreisfläche wird durch die etwas eigentümlich anmutende Angabe `'\u00fd'` erreicht. Auch diesem Mysterium wird später noch sein Geheimnis entlockt werden.

Aufgabe 5

Das folgende Programm soll einen kleinen Einblick in die Möglichkeiten von Java liefern. Damit das Programm korrekt funktioniert, benötigen Sie eine Bilddatei. Im Quellcode ist die Bilddatei mit dem Namen *java-logo.jpg* angesprochen. Verwenden Sie entweder diese Bilddatei aus dem Ordner *JavaUebung01* von der dem Buch beiliegenden DVD, oder verwenden Sie eine beliebige andere Bilddatei, die dann im Programmfenster angezeigt werden soll. Kopieren Sie diese Bilddatei in den Ordner *JavaUebung01*, in dem sich auch Ihre Quellcodedatei befindet. Wenn Sie eine beliebige andere Bilddatei verwenden, sollten Sie daran denken, dass Sie im Quellcode den Dateinamen entsprechend anpassen müssen.

Erstellen Sie nun im Projektordner *JavaUebung01* das Programm *GrussMitProgrammfenster* mit folgendem Quellcode:

```java
/* Beispiel mit Programmfenster
*/

import java.awt.*;
import javax.swing.*;

public class GrussMitProgrammfenster extends JFrame {
  public GrussMitProgrammfenster() {
    super("Hallo");

    Icon icon = new ImageIcon("java-logo.jpg");
    JLabel label1 = new JLabel("Viel Erfolg beim", JLabel.CENTER);
    JLabel label2 = new JLabel("Programmieren mit Java!", JLabel.CENTER);
    JLabel label3 = new JLabel(icon);
    Font schrift = new Font("SansSerif", Font.BOLD, 24);
    label1.setFont(schrift);
    label1.setForeground(Color.red);
    label2.setFont(schrift);
    label2.setForeground(Color.red);
    Container c = getContentPane();
```

```
    c.setLayout(new FlowLayout());
    c.setBackground(Color.white);
    c.add(label1);
    c.add(label2);
    c.add(label3);
    setDefaultCloseOperation(EXIT_ON_CLOSE);
    setSize(300,250);
    setVisible(true);
  }

  public static void main(String [] args) {
    new GrussMitProgrammfenster();
  }
}
```

Listing 1.11 Programm mit Programmfenster

Die Ausgabe des jetzt schon etwas aufwendigeren Programms wird in einem Programmfenster erfolgen. Unter der Verwendung der Bilddatei *java-logo.jpg* zeigt sich das Ergebnis wie in Abbildung 1.36.

Abbildung 1.36 Programmfenster zu Aufgabe 5

Das Programm beenden Sie wie gewohnt, indem Sie das Programmfenster über das Symbol × in der rechten oberen Ecke schließen.

Das Beispiel zeigt, dass mit Java auch sehr ansprechende Programme erstellt werden können, dass dazu aber wesentlich mehr Programmieraufwand erforderlich ist. Wir werden zum Erlernen der Programmiersprache Java zunächst mit Programmen beginnen, die zwar nicht ganz so ansprechende Ausgaben erzeugen, dafür aber einfacher zu erstellen sind und die erforderlichen Programmierkenntnisse überschaubar halten. Unser Ziel soll es aber sein, am Ende auch ansprechende Programme mit grafischer Oberfläche zu erstellen.

Aufgabe 6

Als letzte Übungsaufgabe dieses Kapitels erstellen Sie nochmals ein Programm zur Kreisberechnung. Radius und Einheit sollen in diesem Programm aber nicht als Parameter beim Programmaufruf übergeben werden. Die beiden Werte sollen über die Tastatur eingegeben werden, nachdem das Programm gestartet wurde. Dazu soll von dem Programm jeweils ein Eingabedialog angezeigt werden, der zur Eingabe der betreffenden Angabe auffordert.

Die Eingabedialoge werden das Aussehen von Abbildung 1.37 und von Abbildung 1.38 haben.

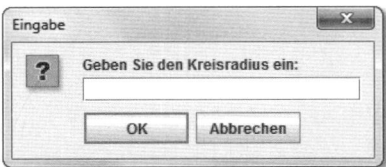

Abbildung 1.37 Eingabedialog für den Kreisradius

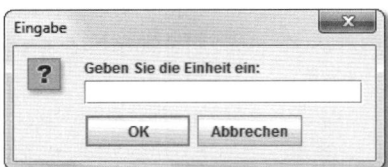

Abbildung 1.38 Eingabedialog für die Einheit

Erstellen Sie im Projektordner *JavaUebung01* das Programm *Kreisberechnung4* mit folgendem Quellcode:

```
/* Kreisberechnung: Der Radius für einen Kreis und die Einheit
 * werden über die Tastatur eingegeben. Anschließend
 * werden der Umfang und der Flächeninhalt berechnet.
 */

import javax.swing.*;

public class Kreisberechnung4 {
  public static void main(String[] args) {
    double radius, umfang, flaeche;
    String einheit, eingabe;
    eingabe = JOptionPane.showInputDialog("Geben Sie den Kreisradius ein: ");
```

```
    radius = Double.parseDouble(eingabe);
    eingabe = JOptionPane.showInputDialog("Geben Sie die Einheit ein: ");
    einheit = eingabe;
    umfang = 2.0 * 3.1415926 * radius;
    flaeche = 3.1415926 * radius * radius;
    System.out.print("Umfang: ");
    System.out.print(umfang);
    System.out.println(" " + einheit);
    System.out.print("Flaeche: ");
    System.out.print(flaeche);
    System.out.println(" " + einheit + '\u00fd');
  }
}
```

Listing 1.12 »Kreisberechnung4«

1.5 Ausblick

Das erste Kapitel hat Ihnen einige Informationen zu Java als Programmiersprache geliefert. Sie haben einiges über die unterschiedlichen Arbeitsweisen von Programmiersprachen erfahren und können Java jetzt in diesem Gesamtkontext einordnen. Sie haben außerdem Hinweise für die Installation von Java in Ihrer Arbeitsumgebung erhalten. Damit sind die Voraussetzungen für einen Start in die praktische Arbeit geschaffen. Sie kennen nun den Aufbau einfacher Java-Programme und haben erfahren, wie Sie mit minimalen Hilfsmitteln bereits Java-Programme erstellen und auf Ihrem Computersystem starten können. Es wurde dabei noch auf die Unterstützung eines Entwicklungssystems verzichtet, damit Sie auch einen Einblick in die Abläufe erhalten, die sich bei der Verwendung einer Entwicklungsumgebung im Hintergrund verborgen abspielen. Ein Verständnis dieser Abläufe ist immer dann hilfreich, wenn etwas nicht nach den eigenen Vorstellungen funktioniert und Abhilfe geschaffen werden soll. Man weiß die Vorteile einer Entwicklungsumgebung auch besser zu schätzen, wenn man die Erfahrung gemacht hat, welche Arbeitsabläufe durch sie vereinfacht werden.

Das folgende Kapitel wird Sie mit den Java-Grundlagen vertraut machen. Sie werden wichtige Bausteine eines Java-Programms kennenlernen. Dazu gehören Bezeichner und Schlüsselwörter, die in Java eine spezielle Bedeutung haben. Es werden unterschiedliche Möglichkeiten gezeigt, den Programmcode zu kommentieren, und Sie erfahren, wie Sie einfache Datentypen und Operatoren verwenden können, um die Rechenleistung des Computers zu nutzen.

Kapitel 2
Grundbausteine eines Java-Programms

Der große Weg ist sehr einfach, aber die Menschen lieben die Umwege.
(Laotse, Tao Te King, übers. Zensho W. Kopp)

Im vorigen Kapitel haben Sie bereits Java-Programme erstellt. Dabei waren die Quelltexte vorgegeben, weil Sie zunächst die grundlegenden Arbeitsabläufe und die Werkzeuge, die dafür benötigt werden, kennenlernen sollten. In diesem Kapitel stehen nun die Sprachelemente von Java im Mittelpunkt.

2.1 Bezeichner und Schlüsselwörter

Bezeichner sind Namen für Elemente, die im Programm verwendet werden. Sie sind nicht von Java vorgegeben, sondern werden vom Programmierer, also von Ihnen, als Namen für die Elemente festgelegt, die Sie verwenden möchten. Bezeichner können aus beliebig vielen Zeichen und Ziffern bestehen, müssen aber immer mit einem Buchstaben beginnen. Zu den Buchstaben gehören auch Währungszeichen (wie z. B. das Dollarzeichen $) und Sonderzeichen wie der Unterstrich _. Groß- und Kleinschreibung werden unterschieden. Das heißt, dass zahl ein anderer Bezeichner ist als Zahl. Bezeichner können frei gewählt werden, dürfen aber nicht mit *Schlüsselwörtern* der Sprache und den *Literalen* true, false und null übereinstimmen, die in Java eine bereits festgelegte Bedeutung haben.

Am Beispiel der Übungsaufgabe 2 des vorigen Kapitels können Sie leicht nachvollziehen, an welchen Stellen im Quellcode Bezeichner und Schlüsselwörter verwendet werden:

```
/* Kreisberechnung: Für einen Kreis werden der Umfang und der
 * Flächeninhalt berechnet.
 * Der Kreisradius wird beim Programmstart als Parameter
 * übergeben.
 */

public class Kreisberechnung2 {
```

```
  public static void main(String[] args) {
    double radius;
    double umfang, inhalt;
    radius = Double.parseDouble(args[0]);
    umfang = 2.0 * 3.1415926 * radius;
    inhalt = 3.1415926 * radius * radius;
    System.out.print("Umfang: ");
    System.out.println(umfang);
    System.out.print("Flaeche: ");
    System.out.println(inhalt);
  }
}
```

Listing 2.1 Quellcode der Aufgabe 2 aus Kapitel 1

In werden als Bezeichner Kreisberechnung2 sowie radius, umfang und inhalt verwendet.

Welche Bezeichner bereits als Schlüsselwörter vergeben sind, sehen Sie in Tabelle 2.1. Sie listet die in Java reservierten Schlüsselwörter auf.

Schlüsselwörter von Java			
abstract	double	int	super
assert	else	interface	switch
boolean	enum	long	synchronized
break	extends	native	this
byte	final	new	throw
case	finally	package	throws
catch	float	private	transient
char	for	protected	try
class	goto	public	void
const	if	return	volatile
continue	implements	short	while
default	import	static	
do	instanceof	strictfp	

Tabelle 2.1 Schlüsselwörter in Java

Die Bedeutung jedes einzelnen Schlüsselwortes soll im Augenblick nicht erläutert werden. Die Erläuterungen werden dort folgen, wo die Schlüsselwörter eingesetzt werden. Die Liste soll hier nur zeigen, welche Bezeichner Sie als Programmierer für eigene Zwecke *nicht* verwenden dürfen.

In Listing 2.1 werden als Schlüsselwörter vor dem Klassenbezeichner `Kreisberechnung2` z. B. `public class` verwendet, und vor den Bezeichnern `radius`, `umfang` und `inhalt` steht das Schlüsselwort `double`.

Die in Kapitel 1 erwähnten *Code Conventions* enthalten auch *Namenskonventionen* (*Naming Conventions*).

> **Namenskonventionen**
> - *Bezeichner* werden mit gemischter Groß- und Kleinschreibung geschrieben. Großbuchstaben dienen dem Trennen von Wortstämmen, z. B. `kreisRadius`, `mittlererWert`.
> - *Variablennamen* beginnen mit Kleinbuchstaben, z. B. `meinKonto`, `anzahlZeichen`. Namen von Konstanten werden mit Großbuchstaben geschrieben. Einzelne Wörter werden durch den Unterstrich _ getrennt, z. B. `MAX_WERT`.
> - *Klassennamen* beginnen mit einem Großbuchstaben, z. B. `ErstesBeispiel`. Da Klassennamen als Teil des Namens der Datei verwendet werden, die die Klasse im Bytecode enthält, unterliegen diese auch den Regeln des jeweiligen Betriebssystems.

Wie bereits erwähnt wurde, handelt es sich bei den genannten Konventionen um freiwillige Vereinbarungen, die keineswegs eingehalten werden müssen. Sie haben sich aber in weiten Bereichen durchgesetzt und sind Zeichen professionellen Programmierens.

2.2 Kommentare

Kommentare im Quellcode sind Texte, die vom Compiler beim Übersetzen nicht beachtet werden. Mit Kommentaren können Sie für sich selbst und für andere Leser Hinweise in den Quellcode einfügen.

In Java können drei unterschiedliche Arten von Kommentaren verwendet werden:

- **Einzeilige Kommentare**
  Sie beginnen mit // und enden automatisch mit dem Ende der Zeile.
  Beispiel:
  ```
  int anzahl; // zählt die gelesenen Zeichen
  ```

▶ **Mehrzeilige Kommentare**
Sie beginnen mit /* und enden mit */. Da für das Ende des Kommentars eine Zeichenfolge eingegeben werden muss, kann sich der Kommentar über mehrere Zeilen erstrecken.

Achtung: Der Kommentar darf die Zeichenfolge */ nicht enthalten, denn dadurch würde der Kommentar beendet.

Beispiel:
```
/* Dieser Kommentar ist etwas länger
und erstreckt sich über zwei Zeilen.
*/
```
Die Zeichenfolge /* und */ muss nicht am Zeilenanfang stehen. Der Kommentar kann an beliebiger Stelle beginnen.

▶ **Dokumentationskommentare**
Sie beginnen mit /** und enden mit */ und können sich ebenfalls über mehrere Zeilen erstrecken. Sie werden gesetzt, um vom JDK-Werkzeug *javadoc* automatisch eine Programmdokumentation erstellen zu lassen.

Nach den Code Conventions sollte jedes Programm mit einem beschreibenden Kommentar beginnen. Innerhalb des Programmtextes können weitere Kommentare eingefügt werden, um z. B. Aufgaben von Klassen, Methoden und Variablen zu erläutern.

2.3 Variablen und Datentypen

Sollen in einem Programm Daten zur Be- und Verarbeitung zur Verfügung gestellt werden, so werden *Variablen* als Behälter benötigt. Variablen können als Namen für einen Speicherplatz im Hauptspeicher aufgefasst werden. An diesem Speicherplatz wird der Wert der Variablen abgelegt. Der Wert kann dann im Laufe des Programmablaufs ausgelesen und verändert werden. Wie groß dieser Speicherplatz ist und welche Art von Daten darin abgelegt werden können, wird durch den Datentyp festgelegt. Durch die begrenzte Größe des Speicherbereichs ist auch der Wertebereich der Variablen begrenzt (siehe Abbildung 2.1).

Zur Deklaration geben Sie den Datentyp und – durch ein Leerzeichen getrennt – den Namen der Variablen an. Abgeschlossen wird die Deklaration wie jede Anweisung durch ein Semikolon:

```
Datentyp variablenname;
```

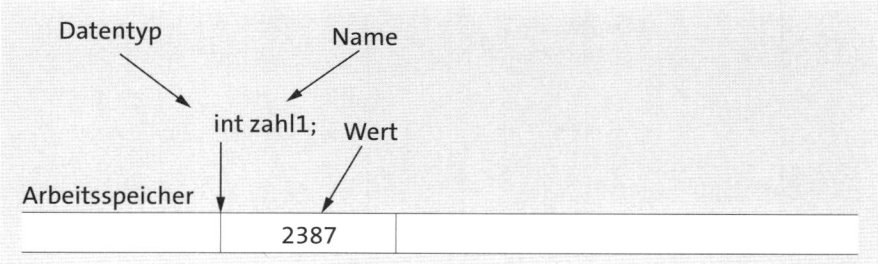

Abbildung 2.1 Variablendefinition

Werden mehrere Variablen des gleichen Typs benötigt, dann kann hinter dem Datentyp auch eine Liste der Variablennamen folgen. Die Liste besteht aus den durch Kommata getrennten Variablennamen:

Datentyp variablenname1, variablenname2, ...;

> **Merke**
> Eine Variablendeklaration besteht aus dem *Datentyp*, gefolgt von einem einzelnen *Variablenbezeichner* oder einer durch Kommata getrennten Liste von Variablenbezeichnern. Sie wird durch ein Semikolon abgeschlossen.

Java kennt acht sogenannte *primitive Datentypen*, die Sie in Tabelle 2.2 aufgelistet finden.

Datentyp	Verwendung	Größe in Byte	Größe in Bit	Wertebereich
boolean	Wahrheitswert	1	8	false, true
char	Zeichen	2	16	0 bis 65.535
byte	Ganzzahl	1	8	−128 bis 127
short	Ganzzahl	2	16	−32 768 bis 32.767
int	Ganzzahl	4	32	−2.147.483.648 bis 2.147.483.647
long	Ganzzahl	8	64	−9.223.372.036.854.775.808 bis 9.223.372.036.854.775.807

Tabelle 2.2 Primitive Datentypen

Datentyp	Verwendung	Größe in Byte	Größe in Bit	Wertebereich
float	Kommazahl	4	32	Betrag ca. $1{,}4 \times 10^{-45}$ bis $3{,}4 \times 10^{38}$ (Genauigkeit ca. sieben Stellen)
double	Kommazahl	8	64	Betrag ca. $4{,}9 \times 10^{-324}$ bis $1{,}7 \times 10^{308}$ (Genauigkeit ca. 15 Stellen)

Tabelle 2.2 Primitive Datentypen (Forts.)

Konkrete Werte wie die Zahlen 13, 28, 1.5 werden als *Literale* bezeichnet. Beachten Sie, dass im Java-Quellcode die englische Notation gilt. Deshalb ist bei Kommazahlen der Punkt als Dezimaltrennzeichen zu verwenden.

> **Merke**
> Bevor eine Variable in einem Programm verwendet werden kann, muss sie deklariert werden. Dabei werden der Datentyp und der Name (Bezeichner) festgelegt.
>
> Als Dezimaltrennzeichen wird der Punkt verwendet.

2.3.1 Namenskonventionen für Variablen

Die Namenskonventionen machen zu Variablenbezeichnern folgende Aussagen:

- Variablennamen werden in gemischter Groß-, Kleinschreibung geschrieben, beginnen aber immer mit einem Kleinbuchstaben, z. B. zahl1, mittelwert, kleinsteZahl.
- Setzen sich Variablennamen aus mehreren Wörtern zusammen, werden die internen Wörter mit Großbuchstaben begonnen, z. B. groessterRadius, anzahlSpieler.
- Variablenbezeichner sollten kurz und dennoch aussagekräftig sein, z. B. ggT statt groessterGemeinsamerTeiler.
- Variablenbezeichner, die nur aus einem Buchstaben bestehen, sollten vermieden werden. Sie sollten lediglich als kurzlebig verwendete Variablen, z. B. als Schleifenzähler, eingesetzt werden.

Die Variablenbezeichner kurz und aussagekräftig zu halten, ist in der deutschen Sprache nicht immer ganz einfach. Viele Programmierer weichen deshalb oft auch bei Variablenbezeichnern auf die englische Sprache aus.

Beispiele für Variablendeklarationen:

- `boolean gefunden;`
- `char zeichen;`
- `short s1, s2, s3, s4;`
- `int i, j, k;`
- `long grosseZahl;`
- `float ePreis;`
- `double radius, umfang;`

2.3.2 Wertzuweisung

Der Wert einer Variablen wird durch eine *Wertzuweisung* festgelegt. Die Wertzuweisung ist ein Speichervorgang, für den der *Operator* = verwendet wird. Dabei wird der Wert des Ausdrucks, der rechts vom Gleichheitszeichen steht, in der Variablen gespeichert, die links vom Gleichheitszeichen steht.

Durch die Wertzuweisung

```
zahl1 = 1234;
```

wird entsprechend in der Variablen `zahl1` der Wert `1234` gespeichert (siehe Abbildung 2.2). Dabei wird immer der ursprüngliche Wert der Variablen durch den neuen Wert überschrieben (Abbildung 2.3).

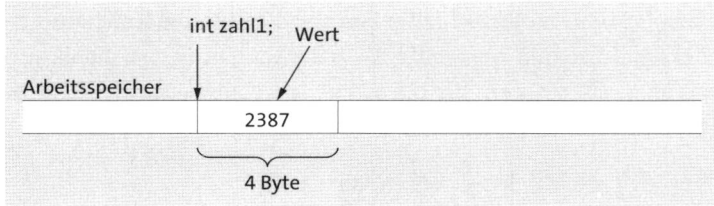

Abbildung 2.2 Variable vor der Wertzuweisung

Eine Wertzuweisung kann auch mit der Definition verbunden werden:

```
int zahl1 = 1234;
```

Dadurch wird bei der Variablendefinition direkt auch der Wert definiert, der in der Variablen gespeichert sein soll. Diese erste Zuweisung eines Wertes an eine Variable wird *Initialisierung* genannt.

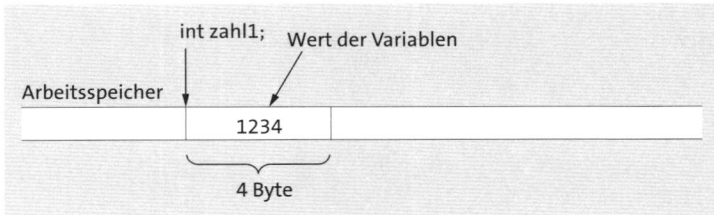

Abbildung 2.3 Variable nach der Wertzuweisung

2.3.3 Die primitiven Datentypen im Einzelnen

In den folgenden Abschnitten werden die primitiven Datentypen näher erläutert, bevor Sie in einigen Beispielen den Umgang mit diesen Datentypen üben können.

»boolean«

Dieser Datentyp wird als *Wahrheitswert* bezeichnet. Er kann nur einen von zwei Werten (Literalen) annehmen (true oder false). Er wird überall dort benötigt, wo Entscheidungen zu treffen sind.

»char«

Der *Zeichentyp* char dient dazu, ein einzelnes Zeichen des Unicode-Zeichensatzes zu speichern. Literale werden zwischen einfachen Anführungszeichen angegeben (z. B. 'a' für den Buchstaben *a*). Mithilfe sogenannter Escape-Sequenzen können auch Zeichen mit einer ganz speziellen Bedeutung angegeben werden. Eine Escape-Sequenz beginnt mit dem Backslash-Zeichen (\), dem das eigentliche Zeichen folgt. In der Zeichenfolge \t z. B. wird durch das Backslash-Zeichen angegeben, dass der Buchstabe t nicht als einfacher Buchstabe zu verstehen ist, sondern als ein Tabulatorzeichen. Tabelle 2.3 gibt einen Überblick über die wichtigsten Escape-Sequenzen.

Escape-Sequenz	Bedeutung
\b	Backspace
\t	Tabulator
\n	Neue Zeile (Newline)
\f	Seitenvorschub (Formfeed)
\r	Wagenrücklauf (Carriage return)

Tabelle 2.3 Escape-Sequenzen

Escape-Sequenz	Bedeutung
\"	Doppeltes Anführungszeichen "
\'	Einfaches Anführungszeichen '
\\	Backslash \

Tabelle 2.3 Escape-Sequenzen (Forts.)

> **Hinweis für OS X-User**
> Den Backslash (\) erreichen Sie auf der Mac-Tastatur mit der Tastenkombination ⇧ + alt + 7 .

»byte«, »short«, »int« und »long«

Die *Ganzzahlentypen* sind vorzeichenbehaftet. Das heißt, sie können positiv oder negativ sein. Wie in der Mathematik üblich, muss bei positiven Zahlenwerten das Vorzeichen nicht angegeben werden. Negative Werte erhalten wie gewohnt das vorangestellte negative Vorzeichen. Die vier unterschiedlichen Datentypen für ganze Zahlen unterscheiden sich lediglich durch den Wertebereich. Wie Sie Tabelle 2.2 entnehmen können, lassen sich im Datentyp byte nur Zahlenwerte von –128 bis 127 speichern. Für größere Zahlenwerte müssen Sie auf einen der drei übrigen Ganzzahltypen ausweichen. Je größer der Wertebereich eines Datentyps ist, desto mehr Speicherplatz wird durch ihn belegt. Bei den heute verfügbaren Speichergrößen spielt das Argument, dass man durch eine geschickte Wahl der Datentypen Speicherplatz einsparen kann, nicht mehr eine so große Rolle. Sie sollten deshalb den Standardtyp int für ganze Zahlen verwenden und nur dann davon abweichen, wenn Sie sicher sind, dass der Wertebereich nicht ausreicht oder auf jeden Fall unnötig groß gewählt ist.

»float« und »double«

Zur Speicherung von Kommazahlen stehen *Fließkommazahlentypen* zur Verfügung. Wie bei den ganzzahligen Datentypen unterscheiden sich diese beiden Typen durch den Wertebereich (siehe Tabelle 2.2), den die zu speichernden Zahlenwerte umfassen können. Zusätzlich unterscheiden sich die beiden Datentypen durch die Genauigkeit. In einem float können die Zahlenwerte auf circa sieben Nachkommastellen genau gespeichert werden. Der Datentyp double ermöglicht eine Genauigkeit von circa 15 Nachkommastellen. Als Standardtyp sollten Sie double verwenden. Literale von Fließkommazahlen werden in dezimaler Form geschrieben. Sie können aus einem Vorkommateil, einem Dezimalpunkt, einem Nachkommateil, einem Exponenten und einem Suffix bestehen. Es muss mindestens der Dezimalpunkt, der Exponent oder das Suffix vorhanden sein, damit das Literal von einer ganzen Zahl unterschieden werden kann. Wird ein Dezimalpunkt verwendet, so muss vor oder nach dem Dezimalpunkt eine Ziffernfolge stehen. Dem Vorkommateil und dem Exponenten kann ein Vorzeichen (+ oder –) vorangestellt werden. Der Exponent wird durch ein e oder E eingeleitet und steht für »mal 10 hoch dem Exponenten« ($\times 10^{Exponent}$). Wird kein optionales Suffix angegeben, wird das Literal als double interpretiert. Mit dem Suffix f oder F wird das Literal ausdrücklich zum float, mit dem Suffix d oder D wird es ausdrücklich zum double erklärt.

Beispiele für gültige Fließkommaliterale:

```
2.5       .3       -4.       -1.3e5      56.234f
```

2.3.4 Praxisbeispiel 1 zu Variablen

Die folgenden Darstellungen sollen helfen, die theorielastigen Ausführungen zu Variablen und Datentypen verständlicher zu machen. Wir erstellen dafür ein Java-Projekt mit dem Namen *JavaUebung02*. Legen Sie also in der Arbeitsumgebung neben dem Ordner *JavaUebung01* einen zweiten Ordner mit dem Namen *JavaUebung02* an.

Im Projekt *JavaUebung02* legen Sie zunächst eine Klasse mit dem Namen Variablen1 an. Dazu erstellen Sie eine neue Textdatei mit dem Namen *Variablen1*, in der Sie die gleichnamige Klasse mit ihrer main-Methode anlegen:

```java
public class Variablen1 {
    public static void main(String[] args) {
```

In der main-Methode dieser Klasse sollen die folgenden Variablen deklariert werden:

- bZahl **als** byte
- sZahl **als** short
- iZahl **als** int
- lZahl **als** long
- fZahl **als** float
- dZahl **als** double
- bestanden **als** boolean
- zeichen **als** char

Das können Sie bereits selbst. Vergleichen Sie Ihr Ergebnis mit Listing 2.2.

Nun sollen Sie den Variablen die in Tabelle 2.4 vorgegebenen Werte zuweisen. Vergleichen Sie Ihr Ergebnis wieder mit Listing 2.2.

Variable	Wert
bZahl	28
sZahl	−18453
iZahl	4356576
lZahl	345236577970
fZahl	4.37456678
dZahl	3645.564782
bestanden	true
zeichen	%

Tabelle 2.4 Wertzuweisungen

Wir wollen nun aber noch einen Schritt weitergehen und die Variablen mit der Anweisung System.out.println bzw. System.out.print in der Konsole ausgeben. Dabei sollen in jeweils einer Zeile der Name der Variablen und der Wert der Variablen, z. B. nach folgendem Muster, stehen:

```
bZahl = 28
```

Sie haben die Anweisung System.out.print bzw. println bereits in den ersten Übungsaufgaben verwendet. Die genauere Bedeutung der drei durch Punkte getrennten Bezeichner werden Sie in den Kapiteln 5, »Klassen und Objekte«, und 6, »Mit Klassen und Objekten arbeiten«, erfahren. Wie in Abschnitt 1.3.2, »Wie sind Java-Programme aufgebaut?«, erläutert wurde, unterscheiden sich print und println lediglich dadurch, dass println nach der Ausgabe noch einen Zeilenvorschub erzeugt. Dadurch stehen die folgenden Ausgaben in einer neuen Zeile. In den ersten Programmbeispielen wurden die beiden Methoden verwendet, um konstante Texte (Literale) auszugeben. Solche Text-Literale (Stringliterale) erkennen Sie daran, dass sie zwischen Anführungszeichen stehen. Das folgende Beispiel stammt aus dem Hallo-Welt-Programm:

```
System.out.println("Hallo Welt!");
```

Die beiden print-Anweisungen sind sehr flexibel und können nicht nur Texte ausgeben. Übergeben Sie in der Klammer einen Variablennamen, so wird von der print-Anweisung der Wert der Variablen ausgegeben. Damit können Sie diese Methoden sehr gut nutzen, um zu prüfen, ob Wertzuweisungen an Variablen erfolgreich ausgeführt wurden.

Zur Kontrolle der Wertzuweisungen ergänzen Sie jetzt noch die Ausgabeanweisungen mit `System.out.print` bzw. `System.out.println`. Verwenden Sie für jede Variable einen eigenen `println`-Befehl. Geben Sie jeweils zuerst mit `print` den Namen der Variable, gefolgt von einem Gleichheitszeichen, aus. Für die folgende Ausgabe des Variablenwertes verwenden Sie `println`, damit die folgende Ausgabe des nächsten Variablennamens in einer neuen Zeile steht. Hier nun der vollständige Quelltext:

```java
/* Programm zum Testen der Verwendung von Variablen
 * Datum: 2011-11-30
 * Hans-Peter Habelitz
 */

public class Variablen1 {
  public static void main(String[] args) {

    // Variablendeklarationen
    byte bZahl;
    short sZahl;
    int iZahl;
    long lZahl;
    float fZahl;
    double dZahl;
    boolean bestanden;
    char zeichen;

    // Wertzuweisungen
    bZahl = 28;
    sZahl = -18453;
    iZahl = 4356576;
    lZahl = 345236577970;
    fZahl = 4.37456678;
    dZahl = 3645.564782;
    bestanden = true;
    zeichen = '%';

    // Ausgabe der Variablenwerte
    System.out.print("bZahl=");
    System.out.println(bZahl);
    System.out.print("sZahl=");
    System.out.println(sZahl);
```

```
        System.out.print("iZahl=");
        System.out.println(iZahl);
        System.out.print("lZahl=");
        System.out.println(lZahl);
        System.out.print("fZahl=");
        System.out.println(fZahl);
        System.out.print("dZahl=");
        System.out.println(dZahl);
        System.out.print("bestanden=");
        System.out.println(bestanden);
        System.out.print("zeichen=");
        System.out.println(zeichen);
    }
}
```

Listing 2.2 Quelltext zu Aufgabe 1

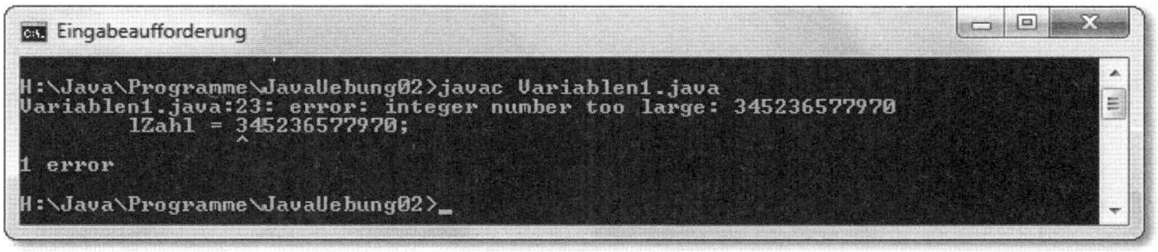

Abbildung 2.4 Fehlermeldung beim ersten Kompilieren

Auch wenn Sie den Quelltext fehlerfrei von oben übernommen haben, werden Sie beim Übersetzen die Fehlermeldung aus Abbildung 2.4 erhalten. Der Compiler meldet: integer number too large. Ein ganzzahliger Wert innerhalb des Quellcodes wird vom Java-Compiler immer als int-Wert (Standard für ganzzahlige Zahlenwerte) interpretiert. Das gilt auch, wenn wie hier auf der linken Seite der Wertzuweisung eine Variable vom Typ long angegeben ist. Soll ein ganzzahliger Zahlenwert als long interpretiert werden, so müssen Sie dies dem Compiler durch Anhängen des Buchstabens L (Klein- oder Großbuchstabe) anzeigen. Wegen der besseren Lesbarkeit sollte der Großbuchstabe verwendet werden, da der Kleinbuchstabe sehr leicht mit der Ziffer 1 (eins) verwechselt werden kann.

```
lZahl = 345236577970L;
```

Ergänzen Sie also die Zahlenangabe entsprechend, und starten Sie die Übersetzung erneut. Sie werden eine weitere Fehlermeldung erhalten (siehe Abbildung 2.5).

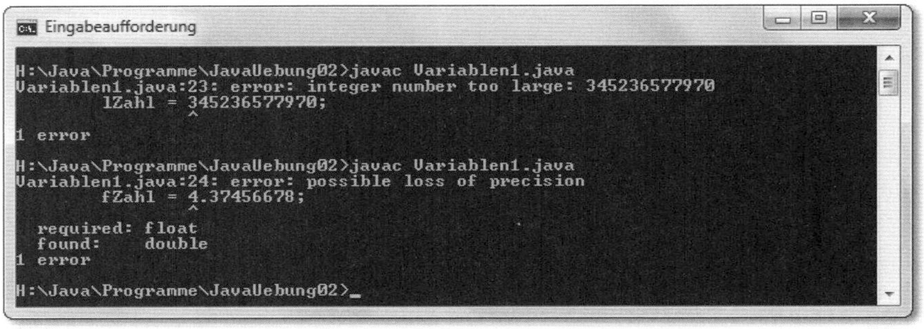

2 Grundbausteine eines Java-Programms

Abbildung 2.5 Fehlermeldung beim zweiten Übersetzungsversuch

Kommazahlen im Quellcode werden standardmäßig als double-Werte interpretiert. Der Zahlenwert soll aber einer float-Variablen zugewiesen werden. Sie ahnen es wahrscheinlich schon: Der Zahlenwert muss durch Anhängen des Buchstabens f oder F ausdrücklich als float-Typ kenntlich gemacht werden. Nach der Korrektur

```
fZahl = 4.37456678f;
```

ist der Übersetzungsvorgang erfolgreich, und das Programm sollte die in Abbildung 2.6 dargestellte Ausgabe zeigen.

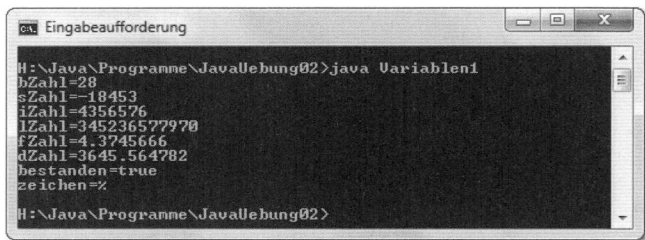

Abbildung 2.6 Ausgabe von Aufgabe 1

2.3.5 Häufiger Fehler bei der Variablendeklaration

Abbildung 2.6 zeigt die Ausgabe der println-Anweisungen aus Listing 2.2. Einen Fehler, den Programmieranfänger häufig begehen, möchte ich an dieser Stelle ansprechen. Der Quellcode ist fehlerbereinigt, denn der Compiler erzeugt keine Fehlermeldungen. Die Ausgabeanweisungen werden ausgeführt und zeigen die Variablenwerte an. Programmieranfänger geben sich mit diesen Überprüfungen zufrieden und sehen die Aufgabe als gelöst an. Das Testen eines als fertig angesehenen Programms ist eine der aufwendigsten Aufgaben beim Programmieren. Hier ist sehr große Sorgfalt geboten, d. h., dass die Programmergebnisse sehr genau überprüft werden müssen. In unserem Beispiel, in dem keinerlei Eingaben des Anwenders erfolgen, ist das noch relativ einfach. Ein genauer Blick auf die ausgegebenen Werte zeigt aber auch hier, wie leicht Fehler übersehen werden.

Überprüfen Sie die Ausgabe der Variable `fzahl`, indem Sie den ausgegebenen Wert mit dem zugewiesenen Wert vergleichen. Es wird offensichtlich ein etwas anderer Wert ausgegeben. Wo liegt die Ursache für diese Abweichung? Der zugewiesene Wert umfasst acht Nachkommastellen. In Tabelle 2.2 sind als Genauigkeit für `float`-Werte – und als solchen haben wir den Zahlenwert gekennzeichnet – sieben Nachkommastellen angegeben. Der Compiler war gezwungen, den Wert so anzupassen, dass er in den Speicherplatz passt, der für eine `float`-Variable zur Verfügung steht. Bei dieser Anpassung wird aber nicht ab- oder aufgerundet, sondern es entsteht ein abweichender Wert, der nur schwer vorhersehbar ist. Solche Verfälschungen kommen immer dann vor, wenn Zahlenwerte in Variablen gespeichert werden, für die sie eigentlich zu groß sind. Sie sollten deshalb die gültigen Wertebereiche für die gewählten Datentypen im Auge behalten.

Ich empfehle Ihnen, für Zahlenwerte die Standardtypen `int` und `double` zu verwenden. Sie sind für die meisten Anwendungen ausreichend groß bemessen, und das Argument, dass man mit den Datentypen `byte` und `short` bzw. `float` für Kommawerte Speicherplatz einsparen kann, spielt bei den heute zur Verfügung stehenden Speichergrößen kaum noch eine Rolle. Wenn Sie noch einmal einen Blick auf die Fehlermeldung in Abbildung 2.5 werfen, werden Sie feststellen, dass die Fehlermeldung des Compilers sehr präzise auf dieses Problem aufmerksam gemacht hat. Er hat dort gemeldet: `possible loss of precision` (möglicherweise droht ein Verlust an Genauigkeit). Es lohnt sich also, bei jeder Fehlermeldung genau hinzuschauen, was der Compiler meldet.

2.3.6 Praxisbeispiel 2 zu Variablen

Wir erstellen im Projekt *JavaUebung02* eine Klasse mit dem Namen `Variablen2`. In der `main`-Methode dieser Klasse sollen fünf Zeichen-Variablen mit den Namen z1, z2, z3, z4 und z5 deklariert werden. Die Variablen sollen mit den folgenden Werten der Tabelle 2.5 initialisiert und dann ausgegeben werden.

Variable	Wert
z1	a
z2	b
z3	A

Tabelle 2.5 Variablen und ihre Werte in Aufgabe 2

Variable	Wert
z4	©
z5	¾

Tabelle 2.5 Variablen und ihre Werte in Aufgabe 2 (Forts.)

Die ersten drei Werte dürften keine Probleme verursachen, denn die Zeichen sind direkt über die Tastatur erreichbar, und Sie können sie so eingeben:

```
char z1, z2, z3, z4, z5;
// Wertzuweisungen
z1 = 'a';
z2 = 'b';
z3 = 'A';
```

Listing 2.3 Wertzuweisungen bei »char«-Variablen

Wie aber erreichen Sie die letzten beiden Zeichen? Beachten Sie, dass das letzte Zeichen tatsächlich als ein Zeichen zu verstehen ist, auch wenn Sie zunächst meinen könnten, dass es sich um drei Zeichen (3, / und 4) handelt.

Um das Problem zu lösen, müssen Sie auf *Unicode* zurückgreifen. Grundsätzlich müssen Zeichen, die am Bildschirm dargestellt oder von einem anderen Gerät, wie z. B. einem Drucker, ausgegeben werden sollen, digital codiert werden. Diese Codierung besteht darin, dass jedem Zeichen, das dargestellt werden soll, ein Zahlenwert zugeordnet wird. Diese Zahl als Dualzahl entspricht dann der digitalen Darstellung des Zeichens. Neben dem ASCII-Code, dem ANSI-Code und vielen weiteren beschreibt der Unicode eine mögliche Codierung. Da nun Java Unicode verwendet, sollten wir uns diesen Code etwas genauer anschauen. Im Internet finden Sie eine Vielzahl von Seiten, die den Unicode in Tabellenform darstellen.

Unter der Adresse *http://www.utf8-zeichentabelle.de* finden Sie u. a. die Darstellung aus Tabelle 2.6.

Unicode-Codeposition	Zeichen	Name
U+000A		<control> Steuerzeichen Zeilenwechsel (New Line)
U+000D		<control> Steuerzeichen Wagenrücklauf

Tabelle 2.6 Auszug aus dem Unicode

Unicode-Codeposition	Zeichen	Name
U+0020		SPACE
U+0041	A	LATIN CAPITAL LETTER A
U+0042	B	LATIN CAPITAL LETTER B
U+0043	C	LATIN CAPITAL LETTER C
U+0044	D	LATIN CAPITAL LETTER D
U+0045	E	LATIN CAPITAL LETTER E
U+0046	F	LATIN CAPITAL LETTER F
U+00A9	©	COPYRIGHT SIGN
U+00AE	®	REGISTERED SIGN
U+00B2	²	SUPERSCRIPT TWO
U+00BD	½	VULGAR FRACTION ONE HALF
U+00BE	¾	VULGAR FRACTION THREE QUARTERS
U+00C4	Ä	LATIN CAPITAL LETTER A WITH DIAERESIS
U+00D6	Ö	LATIN CAPITAL LETTER O WITH DIAERESIS
U+00DC	Ü	LATIN CAPITAL LETTER U WITH DIAERESIS
U+00DF	ß	LATIN SMALL LETTER SHARP S
U+00E4	ä	LATIN SMALL LETTER A WITH DIAERESIS
U+00F6	ö	LATIN SMALL LETTER A WITH DIAERESIS
U+00FC	ü	LATIN SMALL LETTER A WITH DIAERESIS

Tabelle 2.6 Auszug aus dem Unicode (Forts.)

Da Unicode mit über 110.000 Zeichen sehr umfangreich ist, ist in Tabelle 2.6 nur ein Auszug dargestellt Die Tabelle beschränkt sich auf die deutschen Umlaute und einige interessante Sonderzeichen. In der ersten Spalte steht die Nummer des jeweiligen Zeichens allerdings in hexadezimaler Schreibweise. Diese Schreibweise ist wesentlich übersichtlicher und kürzer und wird deshalb in der Computertechnik als Kurzform für Dualzahlen verwendet. Die Zeichen mit den Codes von 0 bis 31 sind Steuerzeichen, die in einem Text quasi unsichtbar sind. Als Beispiel sind die beiden Steuerzeichen mit den Codes 10 (U+000A) und 13 (U+000D) aufgeführt. Das Zeichen mit dem Code 10 entspricht z. B. einem Zeilenvorschub. Das Zeichen mit dem Code 32 (U+0020) entspricht der Leerstelle und erscheint in einem Text als Lücke zwischen zwei Wörtern. Wie hilft uns nun diese Tabelle bei der Lösung unseres Problems aus Aufgabe 2?

Auf der Computertastatur kann immer nur ein kleiner Teil des umfangreichen Zeichencodes untergebracht werden. Alle anderen Zeichen können Sie mithilfe des Zeichencodes ansprechen. Aus der Tabelle können Sie für das Zeichen © den Code 00A9 und für das Zeichen ¾ den Code 00BE entnehmen. In einer Wertzuweisung kann der Zeichenvariablen einfach der Zahlencode des betreffenden Zeichens zugewiesen werden. Sie können dabei die dezimale Schreibweise z4 = 169; (für ©) ebenso wie die hexadezimale Schreibweise z4 = 0x00a9; verwenden. Dem Java-Compiler wird durch 0x kenntlich gemacht, dass die folgende Zeichenfolge als hexadezimale Zahl zu behandeln ist.

```
/* Programm zum Testen der Verwendung von Variablen
 * Datum: 2011-11-30
 * Hans-Peter Habelitz
 */

public class Variablen2 {
  public static void main(String[] args) {

    // Variablendeklarationen
    char z1, z2, z3, z4, z5;

    // Wertzuweisungen
    z1 = 'a';
    z2 = 'b';
    z3 = 'A';
    z4 = 169; // alternativ z4 = 0x00a9
    z5 = 190; // alternativ z5 = 0x00be

    // Ausgaben
    System.out.print("z1: ");
    System.out.println(z1);
    System.out.print("z2: ");
    System.out.println(z2);
    System.out.print("z3: ");
    System.out.println(z3);
    System.out.print("z4: ");
    System.out.println(z4);
```

```
        System.out.print("z5: ");
        System.out.println(z5);
    }
}
```

Listing 2.4 Quelltext zu Aufgabe 2

Das Programm wird Ihnen wahrscheinlich die Ausgabe aus Abbildung 2.7 liefern.

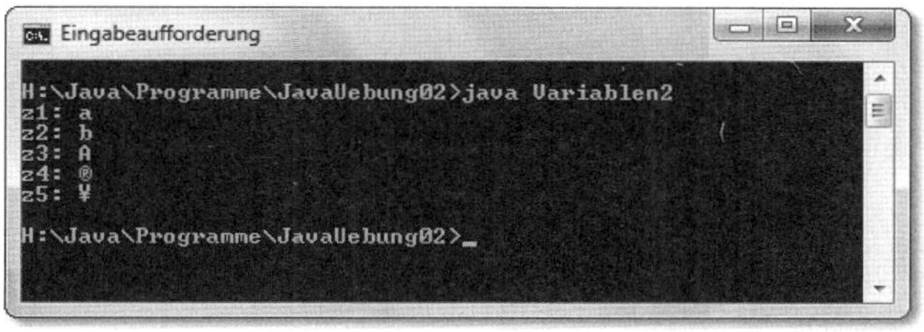

Abbildung 2.7 Ausgabe des Programms »Variablen2«

Sie werden feststellen, dass die letzten beiden Zeichen, die über den Zeichencode angesprochen wurden und Sonderzeichen anzeigen sollten, nicht die erwarteten Zeichen sind.

Wichtiger Hinweis für Windows-Anwender

Sollten Sie einmal unerwartete Zeichenausgaben feststellen, so kann das daran liegen, dass Ihr Betriebssystem nicht den passenden Zeichensatz verwendet. Sie sollten dann prüfen, welche Codepage Ihr System verwendet, und diese eventuell umstellen. Windows verwendet z. B. für die Eingabeaufforderung als Überbleibsel aus den frühen Tagen der Microsoft-Betriebssysteme noch eine Codepage, die Sonderzeichen anders als in der grafischen Oberfläche – und damit auch anders als im Unicode beschrieben – codiert. Mit dem Konsolenbefehl chcp (*change codepage*) ohne weitere Parameter können Sie die aktuell von der Eingabeaufforderung verwendete Codepage anzeigen lassen. Wahrscheinlich wird hierbei die Codepage 850 angezeigt. Zwei Umstellungen sind erforderlich, um die Eingabeaufforderung so einzustellen, dass sie den Unicode wie in anderen Umgebungen korrekt anzeigt.

Mit dem Konsolenbefehl chcp 1252 stellen Sie zunächst die entsprechende Codepage ein (siehe Abbildung 2.8).

Öffnen Sie anschließend die EIGENSCHAFTEN der Eingabeaufforderung durch einen Rechtsklick auf die Titelleiste der Eingabeaufforderung (siehe Abbildung 2.9).

Im Dialog aus Abbildung 2.10 stellen Sie die Schriftart auf eine der Alternativen zur Rasterschrift (z. B. Lucida) um.

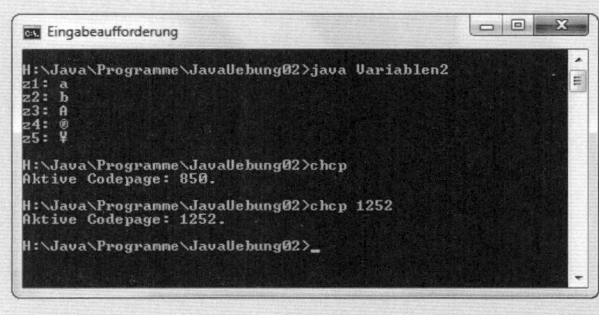

Abbildung 2.8 Umstellen der verwendeten Codepage

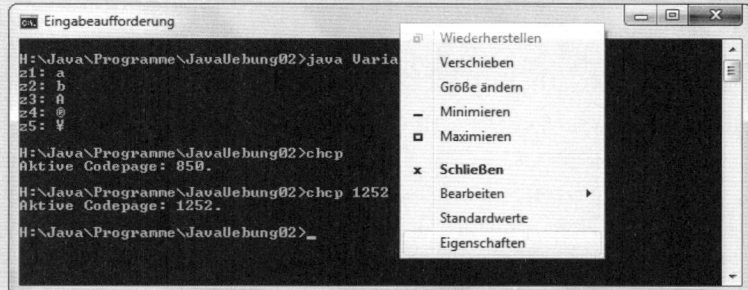

Abbildung 2.9 Kontextmenü zum Öffnen des »Eigenschaften«-Dialogs

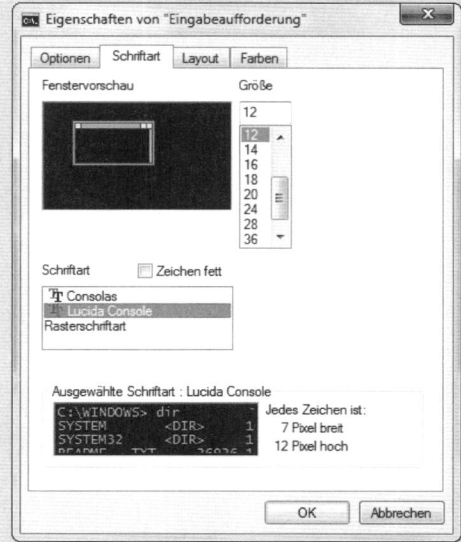

Abbildung 2.10 Ändern der Schriftart für die Eingabeaufforderung

Nach diesen Umstellungen verhält sich die Eingabeaufforderung so wie andere Umgebungen und zeigt auch die Unicodezeichen richtig an (siehe Abbildung 2.11).

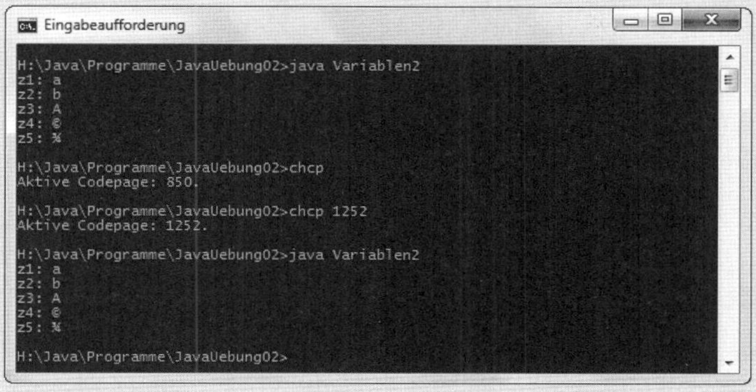

Abbildung 2.11 Ausgabe von »Variablen2« nach den Umstellungen

2.3.7 Der Datentyp »String«

Sie werden sich fragen, wieso der Datentyp String bei den Datentypen nicht angesprochen wurde. Der Datentyp String gehört nicht zu den primitiven Datentypen. Er gehört zu den Objekttypen, die wesentlich mächtiger sind und deshalb nicht mit wenigen Worten erschöpfend behandelt werden können. Andererseits ist dieser Datentyp so elementar wichtig, dass man auch in einfachen Programmen kaum ohne ihn auskommt. An dieser Stelle soll der Datentyp String deshalb zumindest so weit erläutert werden, dass Sie ihn nutzen können. Eine ausführlichere Beschreibung wird in Kapitel 7, »Grundlegende Klassen«, folgen, sobald die Grundlagen zu Objekten behandelt sind.

Zum Speichern einzelner Zeichen stellt Java den primitiven Datentyp char zur Verfügung. Ein ganzes Wort oder sogar ein ganzer Satz bildet eine Zeichenkette. Um eine solche Zeichenkette in einer einzigen Variablen zu speichern, steht kein primitiver Datentyp zur Verfügung. Er kann in einer Variablen vom Datentyp String gespeichert werden. Konstante Zeichenketten (Literale) werden in Java zwischen Anführungszeichen gesetzt. Eine Stringvariable wird wie jede Variable eines primitiven Datentyps mit

```
String variablenname;
```

deklariert bzw. mit

```
String variablenname = "Das ist der Wert der Variablen";
```

mit der Deklaration initialisiert.

Erinnern Sie sich noch an unser erstes Programmbeispiel, das Hallo-Welt-Programm? Bereits dort haben wir den Datentyp String in Form eines Literals verwendet, als wir mit der Anweisung System.out.println("Hallo Welt!") eine Bildschirmausgabe in der Konsole erzeugt haben. Dies unterstreicht die Bedeutung dieses Datentyps.

Die Ausgabe von Text mit System.out.print oder println ist ein wichtiges Element für den Dialog zwischen Programm und Anwender. Das Programm zeigt dem Anwender so die Ergebnisse seiner Arbeit an oder es gibt dem Anwender Hinweise zu erforderlichen Eingabedaten.

2.3.8 Der Dialog mit dem Anwender

Programme stehen immer im Dialog mit dem Anwender – und wenn es sich dabei nur um die Ausgabe von Fehlermeldungen handelt. Nahezu jedes Programm arbeitet nach dem *EVA-Prinzip* (siehe Abbildung 2.12). Das Kürzel EVA steht dabei für Eingabe–Verarbeitung–Ausgabe. Es besagt, dass dem Programm zunächst über die Eingabe Daten zur Verfügung gestellt werden. Mit diesen Daten arbeitet das Programm in einer Verarbeitungsphase, um dann in der Ausgabe die berechneten Ergebnisse dem Anwender mitzuteilen.

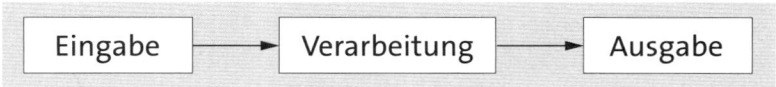

Abbildung 2.12 Das EVA-Prinzip

Den Informationsfluss vom Programm zum Anwender haben wir bisher hauptsächlich mit System.out.println bzw. System.out.print über die Konsole realisiert. Für die umgekehrte Richtung, d. h. zur Eingabe von Informationen vom Anwender zum Programm, haben wir die Aufrufparameter verwendet (siehe Kapitel 1, Aufgabe 1, Projekt *JavaUebung01, Uebergabe.java*).

Für den Fall, dass nach dem Programmstart das Programm dazu auffordern soll, Daten einzugeben, haben wir die Methode JOptionPane.showInputDialog verwendet (siehe Kapitel 1, Aufgabe 6, Projekt *JavaUebung01, Kreisberechnung4*).

Wir verwenden bei diesem Programm zur Ausgabe nicht wie sonst die Konsole. Früher, als die Betriebssysteme noch keine grafischen Oberflächen verwendeten, waren Konsolenprogramme die einzige Möglichkeit, einen Dialog zwischen Anwendungsprogramm und Anwender zu realisieren. Heute sind die Anwender gewohnt, mit grafischen Oberflächen zu arbeiten. Der Vollständigkeit halber möchte ich Ihnen aber das Einlesen von Benutzereingaben als Konsolenanwendung nicht vorenthalten. Sie werden feststellen, dass die Variante mit dem InputDialog sogar noch einfacher ist als diese primitiver anmutende Version:

```java
1:   import java.io.BufferedReader;
2:   import java.io.IOException;
3:   import java.io.InputStreamReader;
4:
5:   public class Kreisberechnung4Console {
6:     public static void main(String[] args) throws IOException {
7:       double radius, umfang, flaeche;
8:       String einheit, eingabe;
9:       BufferedReader eingabepuffer = new BufferedReader
                        (new InputStreamReader(System.in));
10:      System.out.print("Geben Sie den Kreisradius ein: ");
11:      eingabe = eingabepuffer.readLine();
12:      radius = Double.parseDouble(eingabe);
13:      System.out.print("Geben Sie die Einheit ein: ");
14:      eingabe = eingabepuffer.readLine();
15:      einheit = eingabe;
16:      umfang = 2.0 * 3.1415926 * radius;
17:      flaeche = 3.1415926 * radius * radius;
18:      System.out.print("Umfang: ");
19:      System.out.print(umfang);
20:      System.out.println(" " + einheit);
21:      System.out.print("Flaeche: ");
22:      System.out.print(flaeche);
23:      System.out.println(" " + einheit + '\u00b2');
24:    }
25:  }
```

Listing 2.5 »Kreisberechnung4« mit Tastatureingabe in der Konsole

Im Unterschied zu der Version aus Kapitel 1 werden mehrere import-Anweisungen (Zeile 1 bis 3) verwendet, damit anstelle der JOptionPane-Komponente die Komponenten IOException, BufferedReader und StreamInputReader zur Verfügung stehen. Zur Vorbereitung der Tastatureingabe wird in Zeile 9 als Zwischenspeicher eine zusätzliche Variable eingabepuffer vom Typ BufferedReader (er wird in Kapitel 11, »Dateien«, näher erläutert) angelegt und gleichzeitig mit der Standardeingabe System.in (normalerweise ist das die Tastatur) verbunden.

Nach diesen Vorarbeiten kann das eigentliche Einlesen der Tastatureingabe in Zeile 11 mit der Anweisung eingabepuffer.readLine() erfolgen. Dieser Aufruf liefert als Ergebnis eine Zeichenkette zurück, die der Variablen eingabe zugewiesen wird. Unmittelbar davor wird mit System.out.print eine Textzeile als Aufforderung ausgegeben. Ganz gleich über welche Methode Sie Tastatureingaben programmieren, werden die Eingaben als Zeichen bzw. Zeichenketten zurückgeliefert. Das bedeutet, dass in vielen Fällen, in denen es sich bei den Eingaben um Zahlenwerte handelt, mit denen anschließend gerechnet werden soll, diese Zeichenketten noch umgewandelt werden müssen. In unserem Beispiel soll als erste Eingabe der Kreisradius eingegeben werden. Die Zeichenkette wird in Zeile 12 mit der Anweisung Double.parseDouble(eingabe) umgewandelt und der Variablen radius zugewiesen.

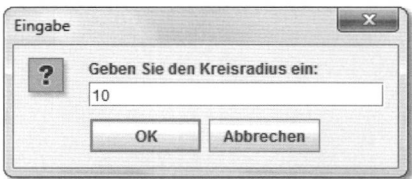

Abbildung 2.13 Eingabe mit »JOptionPane.showInputDialog«

Ein ganz wesentliches Vorhaben, das diesem Buch zugrunde liegt, besteht darin, Ihnen möglichst frühzeitig die Erstellung von grafisch orientierten Programmen zu ermöglichen. Deshalb möchte ich hier bereits auf die Verwendung der Konsole gänzlich verzichten und stattdessen das Programm aus Kapitel 1 so verändern, dass auch für die Ausgabe der Ergebnisse aus dem Paket javax.swing die Klasse JOptionPane verwendet wird (siehe Abbildung 2.13). Die Methode showMessageDialog können Sie dazu verwenden, ein Meldungsfenster zur Ausgabe einer Information einzublenden.

```
1:    import javax.swing.JOptionPane;
2:
3:    public class Kreisberechnung4JOptionPane {
4:      public static void main(String[] args) {
5:        double radius, umfang, flaeche;
6:        String einheit, eingabe;
7:        eingabe = JOptionPane.showInputDialog(
                      "Geben Sie den Kreisradius ein: ");
8:        radius = Double.parseDouble(eingabe);
9:        eingabe = JOptionPane.showInputDialog(
                        "Geben Sie die Einheit ein: ");
10:       einheit = eingabe;
11:       umfang = 2.0 * 3.1415926 * radius;
12:       flaeche = 3.1415926 * radius * radius;
```

```
13:        JOptionPane.showMessageDialog(
                null,"Umfang: " + umfang + " "
                + einheit +  "\nFläche: " + flaeche + " "
                + einheit + '\u00b2');
14:    }
15: }
```

Listing 2.6 »Kreisberechnung4« ohne Konsole

Die Methode `shcwMessageDialog` erwartet im Unterschied zu `showInputDialog` zwei durch Komma getrennte Werte. Der erste Wert wird erst in komplexeren Programmen relevant, die zur gleichen Zeit mehrere Programmfenster darstellen. Mit diesem Parameter können Sie den Messagedialog dann einem anderen Fenster unterordnen. Wird wie hier eine solche Unterordnung nicht benötigt, darf der Parameter aber nicht einfach wegfallen. Stattdessen wird der vordefinierte Wert `null` angegeben.

Der zweite Wert muss eine Zeichenkette sein. Sie stellt den Text dar, der als Hinweis ausgegeben wird. Das Beispiel zeigt sehr anschaulich, wie diese Zeichenkette mit dem +-Operator aus mehreren Teilen zusammengesetzt werden kann. Beachten Sie, dass Zeichenkettenliterale in doppelte Anführungszeichen gesetzt werden, einzelne Zeichen dagegen werden zwischen einfache Hochkommata gesetzt. Das Zeichen '\n' steht für den Zeilenvorschub und '\u00b2' für die hochgestellte 2. Das Ergebnis dieser Bemühungen sehen Sie in Abbildung 2.14.

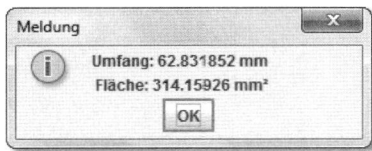

Abbildung 2.14 Ausgabe mit »JOptionPane.showMessageDialog«

In Bezug auf die hochgestellte 2 ist Ihnen als aufmerksamem Leser vielleicht eine Diskrepanz zwischen der Version aus Kapitel 1 und der hier geänderten Version aufgefallen. In Kapitel 1 wurde für die hochgestellte 2 das Zeichenliteral '\u00fd' verwendet. Für den Programmieranfänger wird diese Diskrepanz oft zu einem Stolperstein. Dabei gibt es eine recht einfache Erklärung dafür. Sie haben zu Beginn dieses Kapitels erfahren, dass Java den Unicode verwendet und deshalb eine sehr große Zahl unterschiedlicher Zeichen darstellen kann. Genau genommen muss man sagen, dass Java eine sehr große Zahl unterschiedlicher Zeichen codieren kann. Für die Darstellung ist aber die Umgebung verantwortlich, auf der das Java-Programm ausgeführt wird (siehe Abschnitt 2.3.6, »Praxisbeispiel 2 zu Variablen«). Gespeichert wird das Zeichen immer als Zahlenwert.

In Kapitel 1 wurde das Programm in der Eingabeaufforderung von Windows gestartet. Die Eingabeaufforderung verwendet zum Codieren und entsprechend auch zum Decodieren standardmäßig den erweiterten ASCII-Code. Die Codes der Standardzeichen sind im erweiterten ASCII-Code identisch mit den Codes im Unicode. Bei den Sonderzeichen – und dazu gehört neben den deutschen Umlauten auch die hochgestellte 2 – gibt es zwischen diesen beiden Codetabellen aber Abweichungen. Aus diesem Grund wurde in Kapitel 1 die Codierung der hochgestellten 2 aus der ASCII-Code-Tabelle entnommen.

Wenn Sie Programme in einer Entwicklungsumgebung wie Eclipse starten, die eine eigene Konsolendarstellung in einem Fenster verwendet, dann wird zur Decodierung von Zeichen unter Windows der ANSI-Code verwendet. Dieser Code entspricht auch bei den Sonderzeichen der Darstellung in Unicode. Deshalb konnten wir hier den Code für die hochgestellte 2 aus der Unicode-Tabelle entnehmen. Da auch die deutschen Umlaute der Darstellung in Unicode entsprechen, können auch diese viel unproblematischer verwendet werden.

2.3.9 Übungsaufgaben

An dieser Stelle sollen Sie noch ein bisschen üben, um ein besseres Verständnis für die Verwendung von Variablen zu entwickeln.

Aufgabe 1

Sind die folgenden Deklarationen korrekt und sinnvoll gewählt?

1. `int zahl_der_versuche;`
2. `char z1, z2, z3;`
3. `boolean ist_verheiratet;`
4. `float postleitzahl;`
5. `long kantenlaenge;`
6. `short byte;`
7. `int nummer, anzahl;`
8. `long telefonnummer; hausnummer;`
9. `nummer byte;`
10. `byte i, j;`
11. `boolean false;`
12. `double gehalt, abzuege;`
13. `boolean rund;`

14. `short long;`
15. `long laenge, breite, hoehe;`
16. `pi double;`
17. `char buchstabe, ziffer;`
18. `int summe/anzahl;`
19. `gebraucht boolean;`
20. `long zaehler, durchschnitt;`

Aufgabe 2

Sind die folgenden Wertzuweisungen richtig und sinnvoll? Geben Sie bei Fehlern eine Fehlerbeschreibung an!

1. `int zahl_der_versuche = 15;`
2. `double gehalt = 2645.34€;`
3. `int hausnummer = 24;`
4. `char 'A' = buchstabe;`
5. `byte b = 324;`
6. `short z = 15;`
7. `boolean ist_verheiratet = false;`
8. `double laenge = breite = hoehe;`
9. `long postleitzahl = 02365;`
10. `float umfang = 64537.34756;`
11. `long zahl = −23456786;`
12. `double telefonnummer = 0176.46578675;`
13. `boolean true = ist_gerade_zahl;`
14. `short i = 31556;`
15. `char zeichen = '\u00B1';`
16. `byte x = −112;`
17. `char zeichen = 174;`
18. `long 385799 = lange_zahl;`
19. `float 1.zahl = 4567.23545f;`
20. `double verlust = 34567,45;`
21. `double zahl1 = −1.7e7;`
22. `char zeichen = '\t';`

23. `char trenner = '\x2f';`
24. `float m = .3f;`
25. `char hk = '\'';`
26. `double wert = -.e;`
27. `short zahl13 = 13f;`
28. `double zahl12 = 24;`

Die Lösungen zu den Aufgaben 1 und 2 finden Sie in Anhang C, »Musterlösungen«.

2.4 Operatoren und Ausdrücke

Sie haben bereits einen Operator kennengelernt, ohne dass der Begriff *Operator* dafür verwendet wurde. Sie haben mit dem Operator = Variablen Werte zugewiesen. Die Wertzuweisung ist ein Beispiel für eine Operation, die in einem Programm ausgeführt wird. Für Operationen benötigen wir immer Operanden, mit denen eine Operation durchgeführt wird, und Operatoren, die angeben, welche Operation durchgeführt werden soll. Wir kennen z. B. arithmetische Operationen. Dabei dienen Zahlenwerte als Operanden und Rechenzeichen als Operatoren.

In Java gibt es eine Vielzahl von Operatoren. Die wichtigsten Operatoren sind die arithmetischen, logischen und Vergleichsoperatoren. Wie in der Mathematik können Sie mithilfe von Operatoren *Ausdrücke* bilden. Jeder Ausdruck hat einen Wert, der sich nach der Auswertung des Ausdrucks ergibt. Der Wert ergibt sich aus dem Typ der Operanden und dem Operator, der auf die Operanden angewendet wird. Wenn in einem Ausdruck mehrere Operatoren vorkommen, legen Prioritäten die Reihenfolge für die Anwendung der Operatoren fest. Dies kennen Sie bereits aus der Mathematik, wenn in einem arithmetischen Ausdruck mehrere Rechenoperationen vorzunehmen sind. Es gilt dann z. B. die Regel, dass die Punktrechnungen vor den Strichrechnungen auszuführen sind.

2.4.1 Zuweisungsoperator und Cast-Operator

Bei der *einfachen Zuweisung* (=) wird der rechts stehende Ausdruck ausgewertet, und das Ergebnis wird der links stehenden Variablen zugewiesen. Dabei müssen Sie darauf achten, dass der Typ des rechten Ausdrucks mit dem Typ der links stehenden Variablen kompatibel ist. Das heißt, dass die Typen identisch sein müssen oder aber der Typ des rechts stehenden Ausdrucks muss in den Typ der links stehenden Variablen umgewandelt werden können. Umwandlungen von einem »kleinen« in einen »größeren« Datentyp erfolgen automatisch, umgekehrt gilt das nicht. Umwandlungen von einem »größeren« Datentyp in einen »kleinen« Datentyp müssen explizit erfolgen. Die Größe eines Datentyps können Sie an dem von ihm benötigten Speicherplatz erkennen (siehe Tabelle 2.2).

Beispiel:

```
byte byteZahl;
int intZahl;
float floatZahl;
double doubleZahl;
```

Nach diesen Deklarationen sind folgende Wertzuweisungen möglich:

```
byteZahl = 100;             // keine Umwandlung erforderlich
intZahl = byteZahl;         // Umwandlung von byte nach int
floatZahl = intZahl;        // Umwandlung von int nach float
floatZahl = 23.345f;        // keine Umwandlung erforderlich
doubleZahl = floatZahl;     // Umwandlung von float nach double
```

Folgende Zuweisungen sind nicht möglich:

```
byteZahl = intZahl;
floatZahl = doubleZahl;
```

Sie erhalten bei diesen Zuweisungsversuchen den Fehlerhinweis »Type mismatch – cannot convert from int to byte« bzw. »from double to float«. Ist eine Umwandlung möglich, wird sie jeweils automatisch durchgeführt. Man nennt diese automatische Umwandlung auch *implizite Typumwandlung*.

Operator	Bedeutung	Priorität
=	einfache Zuweisung	13

Tabelle 2.7 Zuweisungsoperatoren

Neben der quasi automatisch ablaufenden impliziten Typumwandlung besteht auch die Möglichkeit, Umwandlungen zu erzwingen. Eine »erzwungene« Typumwandlung nennt man *explizite Typumwandlung*. Für eine solche Typumwandlung wird der Cast-Operator eingesetzt. Der Ausdruck (type)a wandelt den Ausdruck a in einen Ausdruck des Typs type um. Auch hierbei handelt es sich nicht um eine Wertzuweisung. Das bedeutet, dass a selbst dabei nicht verändert wird.

Mithilfe des Cast-Operators können Sie durchaus auch »größere« in »kleinere« Datentypen umwandeln. Logischerweise gehen dabei in der Regel aber Informationen verloren. So wird z. B. beim Umwandeln eines `double` in einen `int` der Nachkommateil abgeschnitten (nicht gerundet). Beim Umwandeln eines `short`-Ausdrucks in einen `byte`-Ausdruck wird ein Byte abgeschnitten. Das bedeutet, dass ein Teil verloren geht, weil für ihn in dem neuen Datentyp nicht genügend Speicherplatz zur Verfügung steht. Dabei wird der zu speichernde Wert unter Umständen so verfälscht, dass nur schwer nachzuvollziehende Fehler entstehen.

Beispiel:

```
double x = 3.89;
int y;
y = (int) x; // y wird der Wert 3 zugewiesen
```

So kann der `int`-Variablen y der Wert der `double`-Variablen x zugewiesen werden. Wie bereits erläutert, gehen dabei die Nachkommastellen verloren.

2.4.2 Vergleiche und Bedingungen

Relationale Operatoren vergleichen Ausdrücke anhand ihrer numerischen Werte miteinander. Als Ergebnis liefert ein solcher Vergleich einen Wert vom Typ `boolean`. Vergleichsoperatoren werden vorwiegend zur Formulierung von Bedingungen verwendet. Von solchen Bedingungen können Sie z. B. die Ausführung von Anweisungen abhängig machen.

Operator	Bedeutung	Priorität
<	kleiner	5
<=	kleiner oder gleich	5
>	größer	5
>=	größer oder gleich	5
==	gleich	6
!=	ungleich	6

Tabelle 2.8 Vergleichsoperatoren

Fließkommazahlen sollten Sie nicht auf exakte Gleichheit oder Ungleichheit hin überprüfen, da Rundungsfehler oftmals eine exakte Gleichheit verhindern. Stattdessen sollten Sie mit den Operatoren < oder > auf eine bestimmte Fehlertoleranz hin prüfen.

Beispiel:

```
boolean test;
test = (2.05-0.05) == 2.0;
```

Man sollte erwarten, dass der Klammerausdruck den Wert 2.0 ergibt. Der Vergleich des Klammerausdrucks mithilfe des ==-Operators auf Gleichheit sollte also true ergeben. Testen Sie das Resultat mit folgendem Quellcode:

```
public static void main(String[] args) {
  double a = 2.05;
  double b = 0.05;
  System.out.println(a);
  System.out.println(b);
  System.out.println(a-b);
  boolean test;
  test = (2.05-0.05) == 2.0;
  System.out.println(test);
  System.out.println(2.05-0.05);
  System.out.println(2.0);
}
```

Listing 2.7 Rundungsfehler beim Rechnen mit Fließkommawerten

Sie erhalten die in Abbildung 2.15 angezeigte Ausgabe in der Konsole.

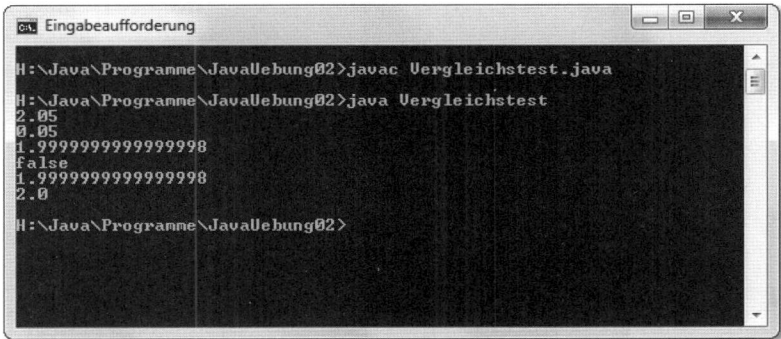

Abbildung 2.15 Rundungsfehler beim Rechnen mit Fließkommazahlen

Solche Rundungsfehler sind keine Seltenheit. Sie sollten deshalb immer daran denken, dass solche Fehler beim Rechnen mit Fließkommazahlen auftreten können. Nicht ohne Grund wird für diese Datentypen immer eine maximale Genauigkeit angegeben.

2.4.3 Arithmetische Operatoren

Die arithmetischen Operatoren haben numerische Operanden und liefern auch numerische Ergebnisse. Werden unterschiedliche Datentypen mit arithmetischen Operanden verknüpft, so erfolgt eine automatische Typumwandlung. Dabei wird grundsätzlich der kleinere Typ in den größeren Typ umgewandelt. Für die Größe des Datentyps ist der benötigte Speicherplatz entscheidend. Der Ergebnistyp entspricht dann immer dem größeren Typ. Tabelle 2.9 zeigt die in Java verfügbaren arithmetischen Operatoren.

Operator	Bedeutung	Priorität
+	positives Vorzeichen	1
-	negatives Vorzeichen	1
++	Inkrementierung	1
--	Dekrementierung	1
*	Multiplikation	2
/	Division	2
%	Modulo (Rest)	2
+	Addition	3
-	Subtraktion	3

Tabelle 2.9 Arithmetische Operatoren von Java

Hinweis

Bei der Verknüpfung zweier Ganzzahlen ist auch das Ergebnis ganzzahlig. Bei der Division ist dabei zu beachten, dass der Nachkommateil abgeschnitten wird. Es erfolgt keine Rundung des Ergebnisses. Möchten Sie als Ergebnis den tatsächlichen Kommawert haben, so müssen Sie dafür sorgen, dass zumindest einer der Operanden eine Kommazahl ist. Man schreibt z. B. statt 8/3 (das Ergebnis hätte den ganzzahligen Wert 2) dann 8./3 oder 8/3., damit das Ergebnis zu einem Kommawert wird.

Der Inkrement- und der Dekrement-Operator können nur auf Variablen angewendet werden. Sie erhöhen (inkrementieren) bzw. verringern (dekrementieren) den Wert einer Variablen um eins. Man unterscheidet hierbei die Postfix- und die Präfixform. Bei der Postfixform steht der Operator hinter der Variablen, bei der Präfixform steht er vor der Variablen. Der Unterschied zwischen beiden wird nur relevant, wenn der Operator innerhalb eines Ausdrucks verwendet wird. Beim Postfix wird die Variable erst nach dem Zugriff in- bzw. dekrementiert. Beim Präfix wird bereits vor dem Zugriff herauf- bzw. heruntergezählt. Dieser Sachverhalt wird an einem Beispiel verdeutlicht:

```
int a = 5;
System.out.println(a++);
System.out.print(a);
```

Hier wird das Inkrement von a als Postfix innerhalb der Ausgabeanweisung verwendet. Deshalb greift der Ausgabebefehl noch auf das nicht inkrementierte a zu und gibt den Wert 5 aus. Unmittelbar nach dem Zugriff durch System.out.println wird a dann um 1 erhöht. Dadurch wird beim nächsten Ausgabebefehl der Wert 6 ausgegeben.

```
int a = 5;
System.out.println(++a);
System.out.print(a);
```

Wählen Sie den Inkrementoperator als Präfix, so wird bereits vor dem ersten Zugriff mit der print-Anweisung die Erhöhung vorgenommen, und Sie erhalten jedes Mal den Wert 6 als Ausgabe.

Der Modulo-Operator % berechnet den Rest, der bei einer Division entsteht. Im Allgemeinen wird der Operator bei ganzzahligen Operatoren verwendet. So liefert 18 % 5 als Ergebnis 3, denn teilt man 18 ganzzahlig durch 5, so bleibt ein Rest von 3. Der Operator kann in Java auch auf Kommazahlen angewendet werden. Damit liefert 12.6 % 2.5 als Ergebnis 0.1.

Ich möchte Sie an dieser Stelle noch auf eine Besonderheit des +-Operators hinweisen. Sie besteht darin, dass der +-Operator auch Texte als Operanden akzeptiert. Als Ergebnis entsteht dabei immer ein neuer Text. Werden zwei Texte mit dem +-Operator verknüpft, wird als Ergebnis ein Text geliefert, der aus den beiden aneinandergehängten Texten besteht. Wird der +-Operator zur Verknüpfung zweier Zahlenwerte verwendet, so bezeichnen wir die Operation als Addition. Die Verknüpfung zweier Texte mit dem +-Operator kann nicht als Addition bezeichnet werden, da sie keinen numerischen Wert liefert. Sie wird stattdessen als *Konkatenation* (Verkettung) bezeichnet.

Im folgenden Beispiel werden die beiden Variablen nachname und vorname zu einer einzigen Zeichenkette verkettet, die dann mit System.out.println in der Konsole ausgegeben wird:

```
String nachname = "Habelitz";
String vorname = "Hans-Peter";
System.out.println(vorname + " " + nachname);
```

Listing 2.8 Verketten von Strings

Das Beispiel zeigt, dass die Konkatenation wie die arithmetische Addition beliebig oft hintereinandergeschaltet werden kann. Hier wird das Stringliteral, das nur aus einem Leerzeichen besteht, als Trennzeichen zwischen Vor- und Nachname gesetzt.

Wird ein Text mit einem numerischen Wert verknüpft, dann wandelt der Compiler den numerischen Wert in einen Textwert um und setzt dann die beiden Texte zum Ergebnistext zusammen.

Beispiel:

```
int a = 2;
System.out.println("Die Variable a hat den Wert " + a);
```

Die println-Anweisung gibt den folgenden Text aus:

```
Die Variable a hat den Wert 2.
```

2.4.4 Priorität

Bildet man Ausdrücke mit mehreren Operatoren, so bestimmt die Priorität die Reihenfolge, in der die Operatoren angewendet werden. Die Prioritäten entsprechen der Rangfolge, die von der Mathematik her bekannt ist. Mithilfe von runden Klammern kann die Reihenfolge der Auswertung wie in der Mathematik beliebig verändert werden. Die Klammern können dabei beliebig tief geschachtelt werden.

```
int a = 2;
int b = 3;
int c = 5;
int ergebnis = a+b*c;
System.out.print("a+b*c=");
System.out.println(ergebnis);     // liefert 17
ergebnis = (a+b)*c;
System.out.print("(a+b)*c=");
System.out.println(ergebnis);     // liefert 25
```

Listing 2.9 Klammern in Ausdrücken

Das Listing 2.9 kann kürzer formuliert werden, wenn Sie eine Ausgabezeile mit einer einzigen System.out.println erzeugen:

```
int a = 2;
int b = 3;
int c = 5;
int ergebnis = a+b*c;
```

```
System.out.println("a+b*c=" + ergebnis);
ergebnis = (a+b)*c;
System.out.print("(a+b)*c=" + ergebnis);
```

Listing 2.10 Text und Zahlenwert wurden mit »+« verknüpft.

Sie können den Quellcode noch weiter verkürzen, indem Sie die Berechnung auch noch in die `System.out.println`-Anweisung integrieren.

Aber Achtung! Komplexe Ausdrücke bergen die Gefahr, dass man den Überblick über die Art und Weise verliert, wie der Compiler Ausdrücke auswertet. Testen Sie folgenden Quellcode:

```
int a = 2;
int b = 3;
int c = 5;
System.out.println("a+b*c = " + a + b * c);
System.out.println("(a+b)*c = " + (a + b) * c);
```

Listing 2.11 Fehlerhafter Verkürzungsversuch

Das Programm liefert die in Abbildung 2.16 gezeigte Ausgabe.

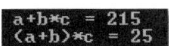

Abbildung 2.16 Fehlerhafte Ergebnisausgabe

Das Programm scheint falsch zu rechnen! Weshalb liefert die erste Berechnung nicht den Wert 17? Die Antwort gibt ein genaues Nachvollziehen der Vorgehensweise des Compilers. Alle Informationen, die Sie dazu brauchen, haben Sie in diesem Kapitel erhalten. Die Frage ist, wie wird der Ausdruck

`"a+b*c = " + a + b * c`

vom Compiler ausgewertet?

Der Ausdruck enthält drei Operatoren. Ein Blick auf die Prioritäten in Tabelle 2.9 bestätigt, dass wie in der Mathematik die Multiplikation (Priorität 2) vor der Addition (Priorität 3) auszuführen ist. Es gilt: Je kleiner der Zahlenwert der Priorität ist, desto höher ist die Priorität der Operation. Zuerst wird also die Multiplikation `b*c` mit dem Ergebnis 15 ausgeführt. Bleiben noch zwei +-Operationen auszuführen. Da beide die gleiche Priorität haben, werden die Operationen von links beginnend ausgeführt. Zuerst wird entsprechend die Verknüpfung des Textes `"a+b*c ="` mit dem Zahlenwert der Variablen a (2) als Konkatenation vorgenommen. Dabei entsteht wie oben erläutert der Textwert "a+b*c = 2", der mit dem Ergebnis der Multiplikation (15) verknüpft wird. Es wird also nochmals ein Text mit einem Zahlenwert verknüpft. Der Zahlenwert 15 wird in einen Text umgewandelt, und die Verknüpfung der beiden Textelemente "a+b*c = 2" und "15" liefert ganz konsequent als Ergebnis "a+b*c = 215". Wir lösen das Problem dadurch, dass wir die gesamte numerische Berechnung in Klammern einschließen, damit auf jeden Fall zuerst die komplette numerische Berechnung erfolgt, bevor das Zusammensetzen des Ausgabetextes erfolgt:

```
int a = 2;
int b = 3;
int c = 5;
System.out.println("a+b*c = " + (a + b * c));
System.out.println("(a+b)*c = " + (a + b) * c);
```

Listing 2.12 Korrigierte Ergebnisausgabe mit Klammern

An diesem Beispiel sehen Sie, dass es für jedes auf den ersten Blick auch noch so merkwürdige Programmergebnis einen nachvollziehbaren Grund gibt.

2.4.5 Logische Operatoren

Logische Operatoren verknüpfen Wahrheitswerte miteinander. In Java stehen die Operatoren UND, ODER, NICHT und Exklusives ODER zur Verfügung.

Operator	Bedeutung	Priorität
!	NICHT	1
&	UND mit vollständiger Auswertung	7
^	Exklusives ODER (XOR)	8
|	ODER mit vollständiger Auswertung	9
&&	UND mit kurzer Auswertung	10
||	ODER mit kurzer Auswertung	11

Tabelle 2.10 Logische Operatoren

Der NICHT-Operator ! kehrt den logischen Operanden ins Gegenteil um. Hat a den Wert true, so hat !a den Wert false. Hat a den Wert false, dann hat !a den Wert true.

Tabelle 2.11 zeigt die möglichen Verknüpfungen mit den Ergebnissen der übrigen Operatoren.

a	b	a & b a && b	a ^ b	a | b a || b
true	true	true	false	true
true	false	false	true	true
false	true	false	true	true
false	false	false	false	false

Tabelle 2.11 Logische Verknüpfungen zweier Wahrheitswerte

UND und ODER gibt es in zwei Varianten. Die *kurze Auswertung* (&& bzw. ||) führt dazu, dass die Auswertung des Gesamtausdrucks abgebrochen wird, sobald das Ergebnis feststeht. Eine *vollständige Auswertung* (& bzw. |) bewirkt, dass grundsätzlich immer der gesamte Ausdruck abgearbeitet wird. Im folgenden Beispiel wird der Unterschied gezeigt:

```
int a = 1;
boolean x = true;
boolean y = false;
System.out.println(y && (++a == 2));
System.out.println("a = " + a);
```

Die verkürzte Auswertung der UND-Verknüpfung in der ersten `System.out.println`-Anweisung sorgt dafür, dass der Klammerausdruck nicht mehr ausgewertet werden muss. Da y den Wert `false` hat, kann das Ergebnis der Verknüpfung nur `false` lauten. Dadurch, dass der Klammerausdruck nicht ausgewertet wird, entfällt auch das Inkrementieren (++) von a. Die Variable a behält ihren Wert. Testen Sie die Anweisungsfolge mit dem &-Operator für die vollständige Auswertung, und Sie werden feststellen, dass a inkrementiert wird und entsprechend den Wert 2 annimmt.

2.4.6 Sonstige Operatoren

Sie haben bis hierher die wichtigsten Operatoren kennengelernt. Java stellt aber noch einige weitere Operatoren zur Verfügung, die in einigen Situationen sehr hilfreich sein können. Es handelt sich dabei um die *Bit-* und *Bedingungsoperatoren*. Da diese Operatoren seltener Anwendung finden und für den Einstieg in die Programmierung keine große Bedeutung haben, werden sie hier nicht weiter behandelt.

Einen Operator möchte ich Ihnen aber noch vorstellen, weil Sie in fremden Java-Programmen durchaus öfter darauf stoßen werden. In Abschnitt 2.4.1, »Zuweisungsoperator und Cast-Operator«, war von der einfachen Zuweisung die Rede. Diese Formulierung hat bereits angedeutet, dass es neben der einfachen Zuweisung noch eine andere gibt. Es handelt sich dabei um die *kombinierte Zuweisung*, die die Wertzuweisung mit einem arithmetischen Operator oder einem der hier nicht behandelten Bitoperatoren kombiniert. Zum Beispiel bedeutet a += 1 das Gleiche wie a = a + 1, also wird a um 1 erhöht und als neuer Wert der Variablen a wieder zugewiesen. Kurz gesagt: a wird um 1 erhöht.

Operator	Bedeutung	Priorität
op=	Kombinierte Zuweisung; op steht für *, /, %, +, – oder einen Bitoperator	13

Tabelle 2.12 Kombinierte Zuweisung

a op= b entspricht der Schreibweise a = a op b. Dabei können Sie für op einen der in Tabelle 2.12 angegebenen arithmetischen oder bitweisen Operatoren einsetzen.

2.5 Übungsaufgaben

Für die folgenden Aufgaben wird vorausgesetzt, dass die folgenden Variablen deklariert wurden:

```
int a = 3;
int b = 5;
int c = 6;
double x = 1.5;
double y = 2.3;
int int_ergebnis;
double double_ergebnis;
```

Aufgabe 1

Welche Werte liefern die folgenden Ausdrücke rechts des =-Zeichens, und ist die Wertzuweisung möglich?

```
int_ergebnis = a * b + c;
int_ergebnis = c + a * b;
int_ergebnis = c - a * 3;
int_ergebnis = c / a;
int_ergebnis = c / b;
int_ergebnis = a + b / c;
double_ergebnis = c / b;
```

```
double_ergebnis = c + a / b;
double_ergebnis = x + y * b;
double_ergebnis = (x + y) * b;
double_ergebnis = y - x * b;
```

Aufgabe 2

Welche Ausgaben werden von folgendem Quellcode erzeugt?

```
System.out.println("b + c * 6 = " + b + c * 6);
System.out.println("b - c * 6 = " + b - c * 6);
System.out.println("(x * c - a) = " + (x * c - a));
System.out.println("x + c * 6 = " + x + c * 6);
System.out.println("y - c / a = " + (y - c / a));
System.out.println("b + a * x + y = " + b + a * x + y);
System.out.println("b + a * x * y = " + b + a * x * y);
System.out.println("b + a * x - y = " + b + a * x - y);
```

Aufgabe 3

Welche Ausgaben werden von folgendem Quellcode erzeugt?

```
System.out.println("a++: " + a++);
System.out.println("a: " + a);
System.out.println("++a: " + ++a);
System.out.println("a: " + a);
System.out.println("b + a--: " + b + a--);
System.out.println("a: " + a + " b: " + b);
System.out.println("b + a--: " + (b + a--));
System.out.println("a: " + a + " b: " + b);
System.out.println("b + --a: " + (b + --a));
System.out.println("a: " + a + " b: " + b);
System.out.println("a**: " + a**);
```

Aufgabe 4

Welche Ausgaben werden von folgendem Quellcode erzeugt?

```
System.out.println("c > b = " + c > b);
System.out.println("c > b = " + (c > b));
System.out.println("b < a = " + (b < a));
System.out.println("c == b = " + (c == b));
System.out.println("c > a < b = " + (c > a < b));
System.out.println("a = b = " + (a = b));
System.out.println("a = " + a + " b = " + b);
```

```java
System.out.println("x > y = " + (x > y));
y = y + 0.1;
y = y + 0.1;
System.out.println("y == 2.5 = " + (y == 2.5));
System.out.println("y = " + y);
double z = 1.0;
z = z + 0.1;
z = z + 0.1;
System.out.println("z == 1.2 = " + (z == 1.2));
System.out.println("z = " + z);
```

Aufgabe 5

Welche Ausgaben werden durch folgende Ausgabebefehle erzeugt?

```java
boolean b_wert;
b_wert = a == c;
System.out.println("a == b = " + (a == c));
System.out.println(b_wert);
System.out.println(!b_wert);
b_wert = a == b && c > b;
System.out.println("a == b && c > b = " + b_wert);
b_wert = b < c & a++ == 4;
System.out.println("b < c & a++ == 4 = " + b_wert);
b_wert = b < c & ++a == 5;
System.out.println("b < c & ++a == 5 = " + b_wert);
a = 3;
b_wert = b < c & ++a == 4;
System.out.println("b < c & ++a == 4 = " + b_wert);
a = 3;
b_wert = a > b && c++ == 6;
System.out.println("a > b & c++ == 6 = " + b_wert);
System.out.println("c = " + c);
b_wert = !y > x;
System.out.println("!y > x = " + !y > x);
b_wert = !(y > x);
System.out.println("!(y > x) = " + !(y > x));
b_wert = a > b & c++ == 6;
System.out.println("a > b & c++ == 6 = " + b_wert);
System.out.println("c = " + c);
c = 6;
b_wert = a < b || c++ == 6;
```

```
System.out.println("a < b || c++ == 6 = " + b_wert);
System.out.println("c = " + c);
b_wert = a < b | c++ == 6;
System.out.println("a < b | c++ == 6 = " + b_wert);
System.out.println("c = " + c);
c = 6;
b_wert = a > b | c++;
System.out.println("a > b | c++ = " + b_wert);
```

Die Musterlösungen zu den Aufgaben 1 bis 5 finden Sie in Anhang C, »Musterlösungen«.

2.6 Ausblick

In diesem Kapitel haben Sie wesentliche Sprachelemente von Java kennengelernt. Sie kennen die einfachen Datentypen und die Operatoren, die auf diese Datentypen angewendet werden können. Sie haben mit Ausdrücken in eigenen Programmen gearbeitet und wissen jetzt, wie Java diese Ausdrücke auswertet.

Im folgenden Kapitel werden Sie erfahren, welche Sprachmittel Java zur Verfügung stellt, um den Programmablauf zu steuern. Sie werden Kontrollstrukturen kennenlernen, mit deren Hilfe Sie dafür sorgen können, dass Programmteile nur unter bestimmten Bedingungen ausgeführt werden. Auch das mehrfache Wiederholen von Programmteilen ist ein wesentliches Instrument für die Erstellung leistungsfähiger Programme.

Sie werden darüber hinaus einiges über die Gültigkeitsbereiche von definierten Variablen und über mögliche Namenskonflikte erfahren.

Kapitel 3
Kontrollstrukturen

*Weisheit ist ebenso sehr eine Angelegenheit des Herzens wie des Kopfes.
Wenn sich auch die Grundlagen einer Wissenschaft rasch erwerben lassen,
so erwächst doch der Anteil des Herzens an der Weisheit nur aus vielen
Erfahrungen in Freud und Leid, Hoffnung, Enttäuschung, Anstrengung,
Erfolg und Misserfolg.*
(William McDougall, 1871–1938)

Sie haben in Kapitel 2 erfahren, welche Datentypen Java zur Verfügung stellt und welche Operationen mit diesen Daten ausgeführt werden können. Dieses Kapitel widmet sich nun dem Programmablauf. Sie werden erfahren, wie Sie den Programmablauf steuern können. Die Elemente, die eine Programmiersprache dafür bereithält, werden *Kontrollstrukturen* genannt. Sie haben bereits in Abschnitt 1.1.3, »Hilfsmittel für den Programmentwurf«, einiges über die Kontrollstrukturen gelesen. Während das Thema dort noch allgemein und unabhängig von einer konkreten Programmiersprache behandelt wurde, werden Sie nun erfahren, wie diese Strukturen in der Programmiersprache Java realisiert werden.

3.1 Anweisungsfolge (Sequenz)

Die bisherigen Programmbeispiele bestanden aus einzelnen Anweisungen, die der Reihe nach von oben nach unten abgearbeitet wurden. Man nennt eine solche *Anweisungsfolge* auch *Sequenz*. Werden solche Anweisungsfolgen in geschweiften Klammern eingeschlossen, so werden sie zu einer Einheit und können wie eine einzelne Anweisung behandelt werden. Solche zusammengefassten Anweisungsfolgen werden als *Block* bezeichnet. Die Sequenz ist die einfachste Kontrollstruktur. Sie benötigt keine speziellen Schlüsselwörter und bildet den Standard für die Abarbeitung von Anweisungen.

Für die Programmplanung werden Kontrollstrukturen häufig durch grafische Symbole dargestellt und veranschaulicht. Häufig verwendete Darstellungen sind, wie in Abschnitt 1.1.3 vorgestellt, der *Programmablaufplan* (PAP) oder das *Struktogramm*.

Eine Anweisungsfolge oder Sequenz wird wie in Abbildung 3.1 dargestellt.

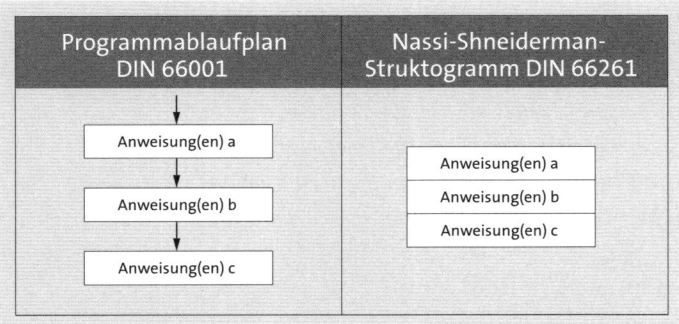

Abbildung 3.1 Anweisungsfolge

Bei einer Anweisungsfolge werden die einzelnen Anweisungen in der Reihenfolge, in der sie vom Programm abgearbeitet werden sollen, hintereinandergeschrieben. Jede einzelne Anweisung sollte in einer neuen Zeile stehen, sodass die Anweisungen wie im PAP oder Struktogramm untereinander stehen. Entsprechend sieht die allgemeine Schreibweise folgendermaßen aus:

```
Anweisung1;
Anweisung2;
Anweisung3;
```

Alle bisherigen Programme waren bisher als Sequenz aufgebaut, indem z. B. mehrere Ausgabeanweisungen nacheinander ausgeführt wurden:

```
System.out.println("Das ist eine erste Zeile!");
System.out.print("Anfang der zweiten Zeile ");
System.out.println("und Fortsetzung von Zeile 2! ");
System.out.println("Das ist die dritte Zeile! ");
```

Listing 3.1 Beispiel für eine Sequenz in Java

3.2 Auswahlstrukturen (Selektionen)

Eine Verzweigung ermöglicht die bedingte Ausführung von Anweisungen. Sie wird auch als *Selektion* bezeichnet. Dadurch kann die Ausführung einzelner Anweisungen oder auch ganzer Blöcke davon abhängig gemacht werden, dass eine ganz bestimmte Bedingung erfüllt ist.

3.2.1 Zweiseitige Auswahlstruktur (»if«-Anweisung)

Die zweiseitige Auswahlstruktur wird wie in Abbildung 3.2 dargestellt.

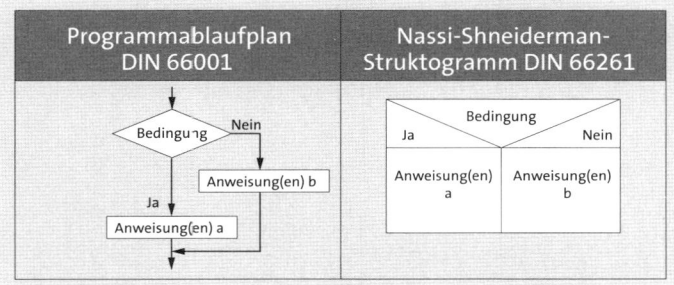

Abbildung 3.2 Zweiseitige Auswahlstruktur

Ist die formulierte Bedingung erfüllt, so wird der Programmablauf mit den Anweisungen fortgesetzt, die mit Ja gekennzeichnet sind. Ist die Bedingung nicht erfüllt, wird der Bereich ausgeführt, der mit Nein gekennzeichnet ist. Somit wird also immer nur einer der beiden Bereiche abgearbeitet. Ganz wichtig ist hier der Begriff *Bedingung*.

> **Was ist eine Bedingung?**
> Unter einer Bedingung versteht man einen beliebigen Ausdruck, dessen Auswertung einen Wahrheitswert (true oder false) liefert.

Typische Beispiele für Bedingungen sind Vergleiche:

- a == 0
- b > 10
- zahl <= 100

Kompliziertere Bedingungen entstehen durch Verknüpfung mehrerer Vergleiche mit den logischen Operatoren:

((a < 5) && (b > 2)) ...

Bei solchen zusammengesetzten Bedingungen müssen Sie auf die Operatorpriorität bzw. auf eine korrekte Klammersetzung achten.

Auch eine einfache boolesche Variable können Sie als Bedingung verwenden, denn sie hat selbst schon einen Wahrheitswert und ist deshalb true oder false:

```
boolean bestanden = true;
if (bestanden) ...
```

3 Kontrollstrukturen

Jede Programmiersprache kennt Auswahlstrukturen. In der Sprachsyntax von Java werden Verzweigungen folgendermaßen formuliert:

```
if (Bedingung) {
    Anweisung1;
    Anweisung2;
    Anweisung3;
} else {
    Anweisung4;
    Anweisung5;
}
```

Listing 3.2 Syntax der Auswahlstruktur

Eine Bedingung muss als Ausdruck formuliert werden, dessen Auswertung einen Wahrheitswert (`true` oder `false`) ergibt. Häufig werden hier zwei Werte verglichen und geprüft, ob der erste Wert größer, kleiner oder gleich dem zweiten Wert ist. Ergibt die Auswertung `true`, so werden die Anweisungen im Block nach dem `if` ausgeführt. Liefert der Ausdruck `false` zurück, wird der Anweisungsblock hinter dem `else` ausgeführt.

Ein Sonderfall der Verzweigung ist die einseitige Auswahlstruktur. Hierbei soll in dem Fall, dass die Auswertung der Bedingung `false` ergibt, keine Anweisung ausgeführt werden. Stehen hinter dem `else` keine Anweisungen, können Sie das Schlüsselwort `else` auch komplett weglassen. Ein `else` ohne vorhergehendes `if` kann es dagegen aber nicht geben. Die Java-Syntax (Schreibweise) bei fehlendem `else`-Zweig lautet:

```
if (Bedingung) {
    Anweisung1;
    Anweisung2;
    Anweisung3;
}
```

Listing 3.3 Einseitige Auswahlstruktur

Einfache if-Anweisungen

Hier folgt ein erstes Programmbeispiel mit einer `if`-Anweisung. Erstellen Sie in Ihrem Programmordner einen Ordner *JavaUebung03*, und erstellen Sie darin das folgende Java-Programm unter dem Namen *Selektion1.java*.

```
1:    /* Java-Programm mit if-Anweisung
2:    */
3:    import javax.swing.JOptionPane;
4:
5:    public class Selektion1 {
```

```
6:     public static void main(String[] args) {
7:       double alter;
8:       String eingabe;
9:       eingabe = JOptionPane.showInputDialog(
                           "Geben Sie Ihr Alter ein: ");
10:      alter = Double.parseDouble(eingabe);
11:      if (alter < 18) {
12:        JOptionPane.showMessageDialog(
                   null, "Sorry, noch nicht volljährig!");
13:      } else {
14:        JOptionPane.showMessageDialog(null,
15:                 "Glückwunsch! Sie sind volljährig!");
16:      }
17:    }
18:  }
```

Listing 3.4 Das Programm »Selektion1«

Wir verwenden hier die Komponenten, die in den Abschnitten 2.3.7, »Der Datentyp ›String‹«, und 2.3.8, »Der Dialog mit dem Anwender«, erläutert wurden. Es werden zwei Variablen deklariert: eine double-Variable, in der das Alter des Anwenders gespeichert werden soll, und eine Variable vom Datentyp String. Sie wird dazu verwendet, die Tastatureingabe des Anwenders in das Programm zu übernehmen.

Mit der Deklaration String eingabe; stellen wir eine Variable mit dem Namen eingabe zur Verfügung, die eine Zeichenkette speichern kann. Mit JOptionPane.showInputDialog wird ein Eingabefenster für die Tastatureingabe angezeigt (siehe Abbildung 3.3).

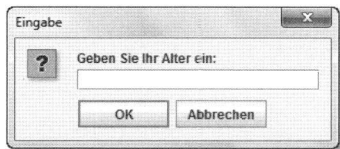

Abbildung 3.3 Eingabedialog für das Alter

Der Datentyp String wird hierbei zweimal verwendet. In Klammern geben wir beim Aufruf von showInputDialog die Zeichenkette an, die über der Eingabezeile erscheinen soll. Im Beispiel von oben verwenden wir dort die konstante Zeichenkette (Stringliteral) "Geben Sie Ihr Alter ein:" als Aufforderung. Schließt der Anwender den Dialog mit der Schaltfläche OK, dann gibt der Dialog die in der Eingabezeile eingetragene Zeichenkette als String zurück, die mit der Wertzuweisung

```
eingabe = JOptionPane.showInputDialog(...);
```

in der Stringvariablen eingabe gespeichert wird. Auch wenn der Anwender einen Zahlenwert in die Eingabezeile eingibt, wird dieser Wert als Zeichenkette zurückgeliefert. Erwarten wir wie im Beispiel, dass ein numerischer Wert eingegeben wird, dann kann dieser Wert trotzdem nur als String übernommen werden. Soll die Eingabe als Zahlenwert, z. B. in einer double-Variablen, gespeichert werden, dann ist dies nur mithilfe einer Umwandlung möglich. Mit Zeichenketten kann nicht gerechnet werden. In den meisten Fällen ist das der Grund, weshalb man die Eingabe als numerischen Datentyp speichern möchte. Im Beispielprogramm soll das Alter in einer double-Variablen gespeichert werden.

Zeichenketten können in alle Zahlentypen umgewandelt werden. Diese Umwandlung kann natürlich nicht immer erfolgreich sein. Für eine erfolgreiche Umwandlung muss die Zeichenkette der Schreibweise entsprechen, die für den jeweiligen Zahlentyp zulässig ist. Gelingt die Umwandlung nicht, wird in der Konsole eine Fehlermeldung ausgegeben. Sie enthält auch Hinweise, welche Zeichenkette umgewandelt werden sollte. In Tabelle 3.1 sind die Anweisungen zusammengestellt, die für die Umwandlung von Zeichenketten in Zahlenwerte zur Verfügung stehen.

Zieldatentyp	Umwandlungsanweisung
short	Short.parseShort
int	Integer.parseInt
long	Long.parseLong
float	Float.parseFloat
double	Double.parseDouble

Tabelle 3.1 Umwandlung von Zeichenketten in numerische Datentypen

In Zeile 10 des Beispielprogramms erfolgt die Umwandlung der Zeichenkette in einen double-Wert. In Klammern wird der Umwandlungsanweisung die Zeichenkette übergeben, die umgewandelt werden soll.

Das Umwandlungsergebnis wird der double-Variablen alter zugewiesen. In der if-Anweisung wird geprüft, ob das eingegebene Alter kleiner als 18 ist. Ist die Bedingung erfüllt, wird die Meldung »Sorry, noch nicht volljährig!« ausgegeben (siehe Abbildung 3.4). Für die Ausgabe wird wie oben erläutert die Methode JOptionPane.showMessageDialog verwendet.

3.2 Auswahlstrukturen (Selektionen)

Abbildung 3.4 Ausgabe der Rückmeldung

An diesem einfachen Programmbeispiel können Sie bereits erkennen, an wie vielen Stellen der Datentyp `String` verwendet wird. Diese besondere Bedeutung ist maßgeblich dafür, dass `String` in Java als sehr mächtige Klasse implementiert wurde. Ein Dilemma besteht darin, dass der Datentyp sehr früh eingesetzt werden soll, andererseits aber zum umfassenden Verständnis Vorkenntnisse erforderlich sind, die noch nicht vorliegen können. Ich habe mich dafür entschieden, hier eine kurze Einführung zu liefern, die ausreichen soll, um den Datentyp zu verwenden. Detailliertere Informationen, die für das Nutzen der vielfältigen Möglichkeiten dieses Datentyps erforderlich sind, folgen in Kapitel 7, »Grundlegende Klassen«. Gleiches gilt für die Methoden `showInputDialog` und `showMessageDialog`. Eingaben und Ausgaben sind elementare Operationen für den Dialog zwischen Programm und Anwender. Beide können sehr einfach für Ein- und Ausgaben eingesetzt werden, ohne dass sie sehr detailliert behandelt werden müssen.

Verschachtelte »if«-Anweisungen

Das folgende Programmbeispiel demonstriert, dass `if`-Anweisungen auch verschachtelt werden können. Wir erstellen im Projekt *JavaUebung03* ein Programm mit dem Namen *Vokaltest*, das nach Eingabe eines Buchstabens prüft, ob es sich um einen Vokal handelt. Wir verwenden für die Eingabe wieder `JOptionPane.showInputDialog` und für die Ausgabe `JOptionPane.showMessageDialog`. Um das Programm etwas zu vereinfachen, gehen wir davon aus, dass nur Kleinbuchstaben und keine Umlaute eingegeben werden. Es wird Ihnen sicher keine Probleme bereiten, das Programm so zu erweitern, dass auch die Großbuchstaben und die Umlaute berücksichtigt werden.

```
/* Programm zum Testen auf Vokal
 *
 * Hans-Peter Habelitz
 * 2011-12-11
 */

import javax.swing.JOptionPane;
```

```java
public class Vokaltest {
  public static void main(String[] args) {
    String eingabe;
    char c;
    boolean istVokal;
    eingabe = JOptionPane.showInputDialog(
                        "Geben Sie einen Buchstaben ein: ");
    c = eingabe.charAt(0);
    if (c == 'a') {
      istVokal = true;
    } else {
        if (c == 'e') {
           istVokal = true;
        } else {
           if (c == 'i') {
              istVokal = true;
           } else {
               if (c == 'o') {
                  istVokal = true;
               } else {
                   if (c == 'u') {
                      istVokal = true;
                   } else {
                      istVokal = false;
                   }
               }
           }
        }
    }
    if (istVokal == true) {
       JOptionPane.showMessageDialog(null, c +
                                  " ist ein Vokal!");
    } else {
       JOptionPane.showMessageDialog(null, c +
                                  " ist kein Vokal!");
    }
  }
}
```

Listing 3.5 Beispielprogramm mit verschachtelten »if«-Anweisungen

Die Verschachtelung wird noch etwas deutlicher, wenn man das Programm als Struktogramm darstellt (siehe Abbildung 3.5). Wie zu erkennen ist, kann der *Dann*- ebenso wie der *Sonst*-Zweig einer if-Anweisung selbst wieder eine if-Anweisung beinhalten. Sind in den *Dann*- und *Sonst*-Zweigen ganze Anweisungsblöcke in geschweiften Klammern unterzubringen, dann kann eine solche Konstruktion sehr unübersichtlich werden. Eine gut strukturierte Darstellung des Quellcodes mit entsprechenden Einrückungen ist immer sehr hilfreich, wenn es darum geht, den Überblick zu behalten.

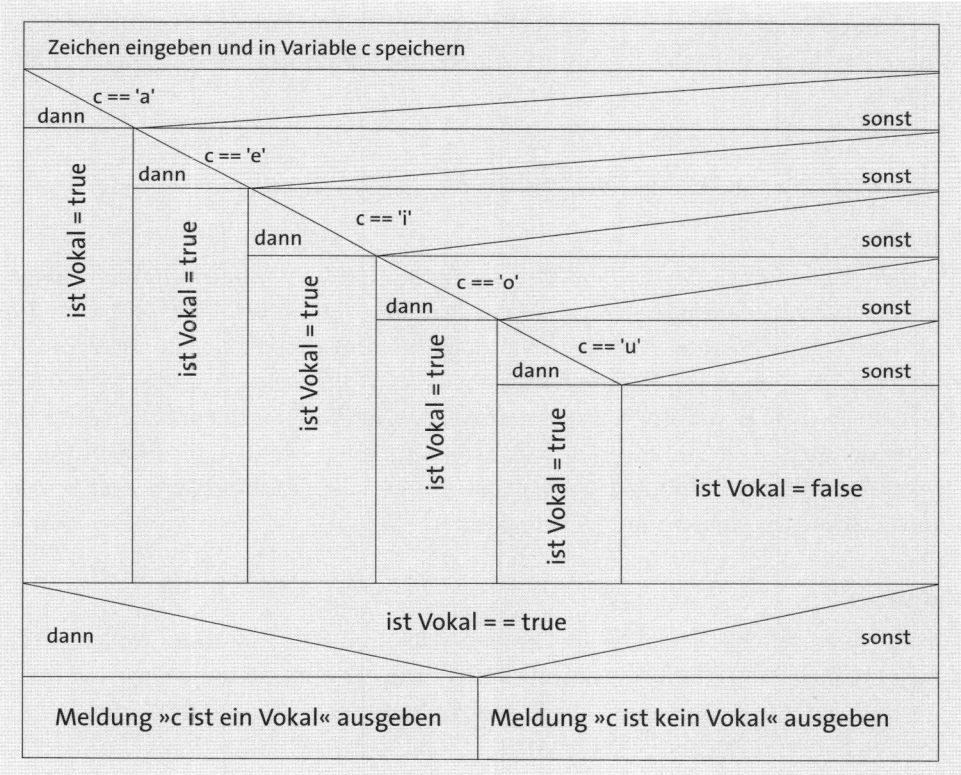

Abbildung 3.5 Verschachtelte »if«-Anweisung

Noch einige Anmerkungen zum Quellcode des Programms. Es wird eine boolesche Variable istVokal verwendet. In dieser Variablen wird jeweils vermerkt, wenn das Zeichen als Vokal identifiziert wurde. Beachten Sie auch, dass eine Tastatureingabe von JOptionPane immer als String zurückgeliefert wird. Das gilt selbstverständlich auch, wenn nur ein einzelnes Zeichen eingegeben wird.

Für den Vergleich mit einem Vokal muss auch die Eingabe als Zeichen (char) vorliegen. Wir nutzen hier die Mächtigkeit des Datentyps String aus. Im Gegensatz zu den primitiven Datentypen, die nur in der Lage sind, Daten zu speichern, kann ein String die gespeicherten Daten auch untersuchen und uns Ergebnisse zurückliefern. Mit der Methode charAt können wir einen String anweisen, uns ein einzelnes Zeichen der Zeichenkette zurückzuliefern. In Klammern geben wir dazu die Position innerhalb der Zeichenkette an. Wie in Java üblich, wird mit 0 beginnend durchnummeriert. Deshalb geben wir mit eingabe.charAt(0) an, dass uns das erste Zeichen der Eingabe interessiert. Damit ist es auch unerheblich, ob der Anwender aus Versehen oder absichtlich mehr als ein Zeichen eingibt. Wir werten immer das erste Zeichen der Eingabe aus.

3.2.2 Übungsaufgaben zur »if«-Anweisung

Aufgabe 1

Erstellen Sie im Projekt *JavaUebung03* ein Programm (class) mit dem Namen *Zahlentest*. In einem Eingabedialog (JOptionPane.showInputDialog) soll eine Zahl vom Typ double eingegeben werden. Das Programm soll prüfen, ob die Zahl negativ ist. Wenn die Zahl negativ ist, dann soll in einem Ausgabefenster (JOptionPane.showMessageDialog) der Text »Die Zahl ist negativ!« ausgegeben werden. Andernfalls soll in einem Ausgabefenster der Text »Die Zahl ist nicht negativ!« ausgegeben werden. Als Muster für die Verwendung von Ein- und Ausgabedialogen können Sie das Programm *Kreisberechnung4JOptionPane* aus Kapitel 2 verwenden.

Aufgabe 2

Für eine quadratische Gleichung der Form $ax^2 + bx + c = 0$ soll bestimmt werden, ob die Gleichung eine, zwei oder keine Lösung besitzt. Die Antwort auf diese Frage liefert die Berechnung der Diskriminanten *D*. Die Diskriminante *D* kann aus den Werten für *a*, *b* und *c* folgendermaßen berechnet werden:

```
D = b * b - 4 * a * c
```

Verwenden Sie für jeden der Koeffizienten a, b und c jeweils einmal JOptionPane.showInputDialog. Anschließend lassen Sie die Diskriminante D berechnen. Anhand des Ergebnisses können Sie überprüfen, wie viele Lösungen die Gleichung hat. Es gilt: D = 0: eine Lösung; D > 0: zwei Lösungen; D < 0: keine Lösung. Die Anzahl der Lösungen soll in einem Ausgabefenster ausgegeben werden. Erstellen Sie das Programm im Projektordner *JavaUebung03* unter dem Programmnamen *LoesungenQuadratischeGleichung*.

Aufgabe 3

Erstellen Sie im Projekt *JavaUebung03* ein Programm mit dem Namen *Schaltjahr*. In einem Eingabefenster soll eine Jahreszahl eingegeben werden. Das Programm soll überprüfen, ob es sich um ein Schaltjahr handelt. Wenn es ein Schaltjahr ist, soll in einem Ausgabefenster der Text »Das Jahr xxxx ist ein Schaltjahr!« ausgegeben werden. Ansonsten soll der Text »Das Jahr xxxx ist kein Schaltjahr!« ausgegeben werden. Dabei soll anstelle von xxxx noch einmal die eingegebene Jahreszahl ausgegeben werden.

Wenn Sie gefragt werden, wie viele Tage ein Jahr dauert, so würden Sie vermutlich »365 Tage« antworten. Das stimmt aber nur ungefähr. Eigentlich vergehen etwa 365,25 Tage, bis der Zyklus, den wir ein Jahr nennen, von Neuem beginnt. Würden wir unseren Kalender immer exakt nach 365 Tagen wieder mit dem 1. Januar beginnen lassen, dann würden sich die Jahreszeiten allmählich immer weiter verschieben. Irgendwann würden wir dann im Sommer Weihnachten feiern. Um das zu vermeiden, wurden die Schaltjahre eingeführt. Sie sorgen also dafür, dass wir unsere Feiertage immer in den gewohnten Jahreszeiten feiern können.

Für die Überprüfung, ob ein Jahr ein Schaltjahr ist, müssen Sie also wissen, nach welchen Regeln diese Festlegung erfolgt. Gemeinhin sagt man zwar, dass alle durch 4 teilbaren Jahreszahlen Schaltjahre sind. Das ist aber nicht ganz korrekt, denn es gibt Ausnahmen. Genau genommen gilt folgende Regelung: Ist die Jahreszahl durch 4 teilbar, dann ist es ein Schaltjahr, außer die Jahreszahl ist gleichzeitig auch durch 100 teilbar, dann ist das Jahr kein Schaltjahr – es sei denn, die Jahreszahl ist gleichzeitig auch durch 400 teilbar, dann ist es doch wieder ein Schaltjahr.

Überprüfung, ob eine Zahl durch eine andere Zahl teilbar ist
Der Modulo-Operator % berechnet den Rest einer Division. Liefert diese Berechnung als Ergebnis 0, dann ist die Zahl ohne Rest teilbar.

Einige Beispiele, mit denen Sie Ihr Programm überprüfen können:

- 1996 – Schaltjahr
- 1997 – kein Schaltjahr
- 1998 – kein Schaltjahr
- 1999 – kein Schaltjahr
- 2000 – Schaltjahr
- 2100 – kein Schaltjahr

Die Lösungen zu den Übungsaufgaben 1 bis 3 finden Sie auf der beiliegenden DVD im Ordner *Arbeitsumgebung*.

3.2.3 Mehrseitige Auswahlstruktur (»switch-case«-Anweisung)

Zur Erläuterung der mehrseitigen Auswahlstruktur möchte ich das Programmbeispiel zur Verschachtelung von if-Anweisungen aus Listing 3.5 nochmals aufgreifen. Wir haben dort geprüft, ob ein eingegebenes Zeichen ein Vokal ist.

Die Aufgabe lässt sich mithilfe der Mehrfachauswahl eleganter lösen. Sie werden sehen, dass die Fallunterscheidungen sehr übersichtlich links untereinander angeordnet werden können, während die in den jeweiligen Fällen abzuarbeitenden Anweisungen rechts ebenfalls sehr übersichtlich untereinander stehen. Die verschachtelte if-Anweisung dagegen erfordert mehrfach öffnende und schließende Klammern, die eine häufige Fehlerquelle darstellen. Die Darstellung im Programmablaufplan bzw. Struktogramm sieht aus wie in Abbildung 3.6.

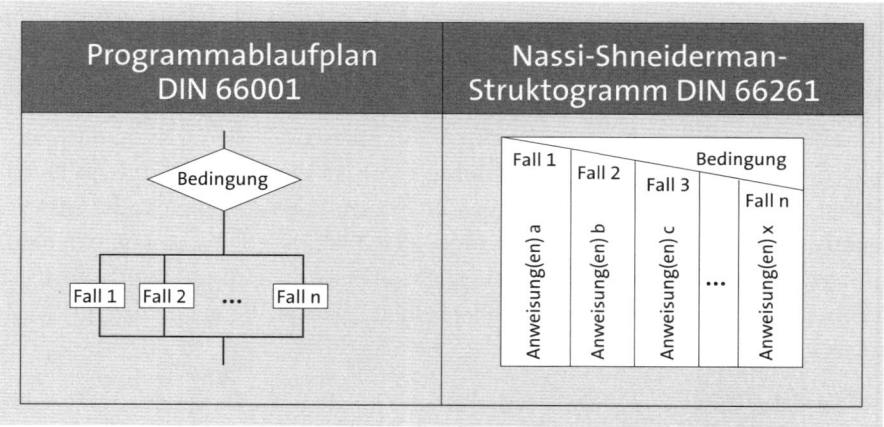

Abbildung 3.6 Mehrseitige Auswahl

In der Syntax von Java wird diese Anweisung folgendermaßen formuliert:

```
switch (Ausdruck) {
    case Konstante1: Anweisung1;
                    Anweisung2;
    case Konstante2: Anweisung3;
    case Konstante3: Anweisung4;
    case Konstante4: Anweisung5;
                    Anweisung6;
                    Anweisung7;
    default:        Anweisung8;
}
```

Listing 3.6 Java-Syntax der Mehrfachauswahl

3.2 Auswahlstrukturen (Selektionen)

Das Schlüsselwort `switch` kann dabei etwa übersetzt werden mit »für den Fall, dass«. Übersetzen Sie das Schlüsselwort `case` mit »entspricht«, dann ergibt sich für die Schreibweise der `switch-case`-Anweisung etwa folgende Bedeutung: Für den Fall, dass der in Klammern stehende Ausdruck der Konstante1 entspricht, so sind die hinter dem Doppelpunkt stehenden Anweisungen bis zur nächsten `break`-Anweisung auszuführen. Hinter dem Schlüsselwort `default` können am Ende Anweisungen aufgelistet werden, die ausgeführt werden sollen, wenn keiner der zuvor aufgeführten Fälle zutrifft.

Dabei ist Folgendes zu beachten:

- Das Ergebnis des Ausdrucks hinter dem Schlüsselwort `switch` darf nur einer der folgenden Datentypen sein: `char`, `byte`, `short` oder `int`.

> **Hinweis**
> Seit Java 7 ist es auch möglich, hinter dem Schlüsselwort `switch` den Datentyp `String` zu verwenden. Dies bedeutet eine deutliche Vereinfachung, wenn das Programm auf unterschiedliche Zeichenketten, wie z. B. die Wochentage »Montag«, »Dienstag« usw., reagieren soll.

- Die Werte hinter dem Schlüsselwort `case` müssen Konstanten sein und alle einen unterschiedlichen Wert haben.
- Hinter dem Doppelpunkt können jeweils eine oder auch mehrere Anweisungen stehen. Stehen dort mehrere Anweisungen, ist keine Blockbildung mit geschweiften Klammern erforderlich.
- Es werden die Anweisungen hinter der Konstante ausgeführt, deren Wert mit dem Ergebnis des Ausdrucks übereinstimmt. Die Anweisungen aller folgenden Sprungmarken werden ebenfalls ausgeführt, bis auf eine `break`-Anweisung gestoßen wird. Ohne `break`-Anweisung werden also die Anweisungen aller folgenden `case`-Fälle ausgeführt.
- Die Anweisungen hinter `default` werden dann ausgeführt, wenn zu dem Wert des Ausdrucks keine passende `case`-Konstante vorgefunden wird. Der `default`-Teil kann auch komplett entfallen.
- In vielen Fällen soll grundsätzlich nur ein `case`-Block ausgeführt werden. Sie müssen dann als letzte Anweisung jedes `case`-Blocks die Anweisung `break` eintragen.

```
/* Vokaltest mit switch - case
 * Nach der Eingabe eines Zeichens wird geprüft,
 * ob es sich um einen Vokal handelt.
 * Das Ergebnis wird in einem MessageDialog ausgegeben.
 * Hans-Peter Habelitz
```

```
 * 2011-12-11
 */

import javax.swing.JOptionPane;

public class VokaltestSwitchCase {
  public static void main(String[] args) {
    String eingabe;
    char c;
    eingabe = JOptionPane.showInputDialog(
                        "Geben Sie einen Buchstaben ein: ");
    c = eingabe.charAt(0);
    switch (c) {
    case 'a': // kein break; fallthrough erwünscht
    case 'e': // kein break; fallthrough erwünscht
    case 'i': // kein break; fallthrough erwünscht
    case 'o': // kein break; fallthrough erwünscht
    case 'u':
      JOptionPane.showMessageDialog(null, c + " ist ein Vokal!");
      break;
    default:
      JOptionPane.showMessageDialog(null, c +
                                    " ist kein Vokal!");
    }
  }
}
```

Listing 3.7 Programm »Vokaltest« mit »switch-case«-Anweisung

An diesem Beispiel können Sie gut erkennen, dass es durchaus sinnvolle Anwendungsfälle gibt, in denen man die Tatsache nutzt, dass ab der ersten Übereinstimmung alle weiteren case-Fälle abgearbeitet werden. Es erspart uns hier, nach jedem Zutreffen eine boolesche Variable auf true zu setzen oder eine Ausgabeanweisung einzusetzen. Eine häufige Fehlerquelle besteht darin, dass an der entscheidenden Stelle die break-Anweisung gesetzt werden muss. Probieren Sie es aus. Löschen Sie die break-Anweisung. Die default-Anweisung wird dann auch ausgeführt, wenn ein Vokal eingegeben wird. Sie erhalten dadurch zuerst die Meldung, dass c ein Vokal ist und anschließend als zweite Meldung, dass c kein Vokal ist.

Es ist offensichtlich, dass in diesem Fall die switch-case-Anweisung wesentlich eleganter ist. Im Zweifelsfall erweitern Sie einfach mal die beiden Versionen so, dass auch die

Großbuchstaben und die Umlaute berücksichtigt werden. Spätestens dann werden Sie erkennen, dass die Verschachtelung von `if`-Anweisungen deutlich aufwendiger ist.

Andererseits ist festzuhalten, dass die `if`-Anweisung die universellere Anweisung ist. Die `switch-case`-Anweisung lässt als Ausdruck nur ganz wenige Datentypen zu. Die `if`-Anweisung verlangt lediglich, dass die Bedingung einen Wahrheitswert ergibt. Solche Bedingungen lassen sich aber mit allen Datentypen formulieren.

3.2.4 Übungsaufgabe zur »switch-case«-Anweisung

Erstellen Sie im Projektordner *JavaUebung03* ein Programm mit dem Namen *Zahlraten*. Das Programm soll den Anwender auffordern, eine ganze Zahl zwischen 0 und 10 zu erraten. Definieren Sie dazu eine `Integer`-Variable, und initialisieren Sie die Zahl mit dem Wert 6. Nach dem Starten des Programms soll mithilfe eines `JOptionPane.showInputDialog` eine ganze Zahl zwischen 0 und 10 abgefragt werden. Auf die eingegebene Zahl soll mithilfe einer `switch-case`-Anweisung reagiert werden.

Wird die 6 eingegeben, soll mit einem `JOptionPane.showMessageDialog` der Text »Treffer!« angezeigt werden. Ist die eingegebene Zahl 4, 5, 7 oder 8, so soll in einem `JOptionPane.showMessageDialog` die Meldung »Knapp daneben!« ausgegeben werden. Bei allen anderen Zahlen soll der Hinweis »Daneben!« ausgegeben werden.

3.3 Wiederholungsstrukturen (Schleifen oder Iterationen)

Ein weiteres Instrument zur Programmsteuerung besteht darin, bestimmte Anweisungsblöcke nicht nur einmalig, sondern mehrmals ausführen zu lassen. Anstatt die gleichen Anweisungen mehrfach untereinanderzuschreiben, ermöglicht die Verwendung von Schleifen, dass die Anweisungen nur einmal geschrieben werden und dabei angegeben wird, dass sie mehrmals ausgeführt werden sollen. Ähnlich wie bei der `if`-Anweisung ist die Entscheidung, ob ein Anweisungsblock wiederholt werden soll, von einer Bedingung abhängig. Es gibt Wiederholungsstrukturen, die diese Bedingung prüfen, bevor der Anweisungsblock ausgeführt wird. Andere Wiederholungsstrukturen führen den Anweisungsblock zuerst einmal aus und prüfen dann, ob der Anweisungsblock ein weiteres Mal durchlaufen werden soll. Je nachdem werden diese Schleifen als *abweisende* (kopfgesteuerte) oder als *nicht abweisende* (fußgesteuerte) *Schleifen* bezeichnet. Eine abweisende Schleife prüft vor der ersten Ausführung. Dadurch kann es sein, dass der Anweisungsblock nicht ein einziges Mal durchlaufen wird. Die beiden Schleifentypen stehen fast gleichwertig nebeneinander. In welcher Situation welche Schleife zu bevorzugen ist, hängt meistens von der Antwort auf die Frage ab, ob die Anweisungen auf jeden Fall einmal durchlaufen werden sollen. In diesem Fall ist die nicht abweisende Schleife zu verwenden. Gibt es dagegen Konstellationen, wo die Anweisungen direkt übersprungen werden sollen, so ist die abweisende Schleife zu verwenden. In vielen Situationen kann eine Aufgabenstellung aber auch mit beiden Schleifentypen gleichwertig gelöst werden.

3.3.1 Die »while«-Schleife

Die while-Schleife ist eine abweisende Schleife. Die zugehörige Ausführungsbedingung wird also vor dem Eintritt in die Schleife überprüft. Abbildung 3.7 zeigt die entsprechenden symbolischen Darstellungen.

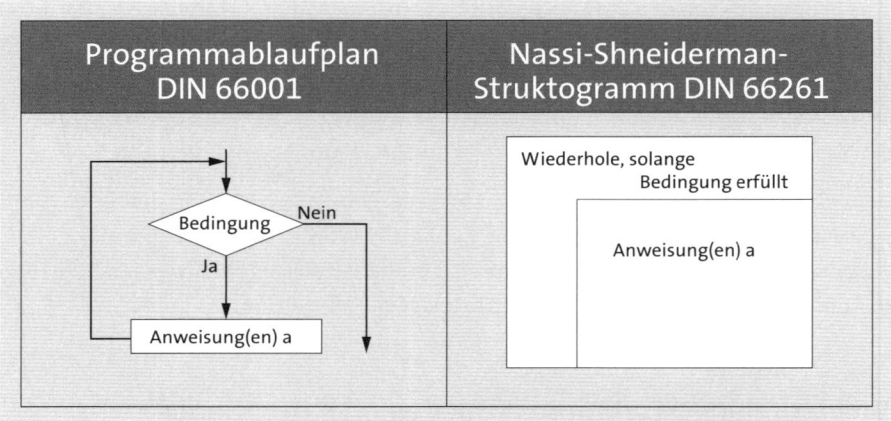

Abbildung 3.7 Abweisende (kopfgesteuerte) Schleife

Die Java-Syntax lautet:

```
while (Bedingung) {
  Anweisung(sfolge);
}
```

Das folgende Beispielprogramm mit einer while-Schleife gibt die Zahlen von 1 bis 100 untereinander aus:

```
public class BeispielWhile {
  public static void main(String[] args) {
    int zahl = 1;

    while (zahl <= 100) {
      System.out.println(zahl);
```

```
      zahl++;
    }
  }
}
```
Listing 3.8 Beispie programm mit while-Schleife

3.3.2 Die »do«-Schleife

Die do-Schleife ist eine nicht abweisende Schleife. Die Ausführungsbedingung wird erst nach dem Durchlaufen der Anweisungsfolge überprüft. Dadurch wird die Anweisungsfolge immer mindestens einmal ausgeführt. Die symbolische Darstellung sieht aus wie in Abbildung 3.8.

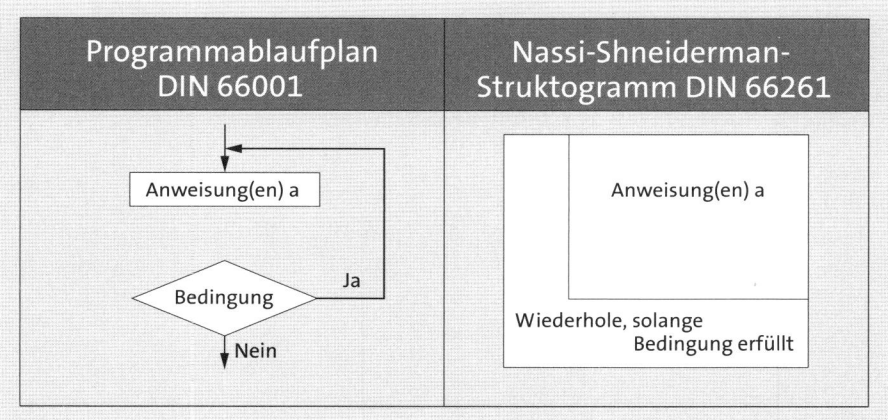

Abbildung 3.8 Nicht abweisende (fußgesteuerte) Schleife

Die Java-Syntax lautet:

```
do {
  Anweisung(sfolge);
} while (Bedingung);
```

Hier sehen Sie das gleiche Beispielprogramm von oben mit der do-Schleife:

```
public class BeispielDo {
  public static void main(String[] args) {
    int zahl = 1;
    do {
      System.out.println(zahl);
      zahl++;
```

```
   } while (zahl <= 100);
  }
}
```

Listing 3.9 Beispielprogramm mit »do«-Schleife

3.3.3 Die »for«-Schleife

Eine spezielle Form der abweisenden Schleife ist die for-Schleife. Sie wiederholt die Anweisungsfolge abhängig von Kontrollausdrücken. Da es sich um eine abweisende Schleife handelt, entspricht das Struktogrammsymbol dem der while-Schleife.

Die Java-Syntax lautet:

```
for (Initialisierung; Bedingung; Aktualisierung) {
  Anweisung(sfolge);
}
```

Hier sehen Sie das Beispiel von oben mit der for-Schleife realisiert:

```
public class BeispielFor {
  public static void main(String[] args) {
    for (int zahl = 1; zahl <= 100; zahl++) {
      System.out.println(zahl);
    }
  }
}
```

Listing 3.10 Beispielprogramm mit for-Schleife

Im Unterschied zur while-Schleife wird im Kopf der Schleife nicht nur die Bedingung abgeprüft, sondern mit Initialisierung wird ein Anfangszustand definiert und mit Aktualisierung wird festgelegt, welche Anweisung(en) jeweils nach einem Durchlauf der Anweisungsfolge auszuführen ist (bzw. sind).

Sie sehen in Listing 3.10, dass die for-Schleife die Deklaration der Zählvariable als Initialisierung und das Erhöhen des Zählers, das bei den anderen beiden Schleifen im Anweisungsteil erfolgt, als Aktualisierung in ihrer Kopfzeile zusammenfasst. Die for-Schleife bietet sich in Situationen an, in denen beim Eintritt in die Schleife bereits feststeht, wie viele Wiederholungen erfolgen sollen.

Sie haben nun die Kontrollstrukturen, die Java zur Verfügung stellt, kennengelernt und in einigen Übungsaufgaben angewendet. Damit steht Ihnen das Werkzeug zur Realisierung aller erdenklichen Programmabläufe zur Verfügung. Der Vollständigkeit halber werde ich nun noch einige Möglichkeiten vorstellen, die Java zwar anbietet, die für die Programmsteuerung aber eigentlich nicht erforderlich sind, weil sie alle durch die bislang vorgestellten Strukturen ersetzt werden können.

3.3.4 Sprunganweisungen

Sprunganweisungen sollten in gut strukturierten Programmen nicht verwendet werden. Grundsätzlich sind sie auch nicht erforderlich, denn sie können immer durch if-Anweisungen ersetzt werden. Es gibt aber Situationen, in denen sie den Quellcode vereinfachen können und übersichtlicher gestalten. Sprunganweisungen werden hier zwar erläutert, Sie sollten sie aber nur in Ausnahmefällen verwenden, um eventuell tief verschachtelte if-Anweisungen zu vermeiden.

Die Anweisung break beendet eine switch-, while-, do- oder for-Anweisung, die die break-Anweisung unmittelbar umgibt.

Beispiel:

```
1:   String eingabe;
2:   int x;
3:   while (true) {
4:     eingabe = JOptionPane.showInputDialog(
                       "Geben Sie eine Zahl ein: ");
5:     x = Integer.parseInt(eingabe);
6:     if ( x > 10 ) {
7:       break;
8:     } else {
9:         System.out.println(x);
10:    }
11:  }
```

Listing 3.11 Verlassen einer Endlosschleife mit »break«

Das Beispiel zeigt eigentlich eine Endlosschleife. Mit true in Zeile 3 wird eine Bedingung angegeben, die nie false werden kann. Somit kann die Schleife nicht regulär enden. Es wird aber überprüft, ob die eingegebene Zahl größer als 10 ist. Ist das der Fall, wird die Schleife mit der break-Anweisung in Zeile 7 verlassen. Der Programmablauf wird dadurch mit der ersten Anweisung hinter der while-Schleife fortgesetzt.

Die Anweisung continue unterbricht den aktuellen Schleifendurchlauf einer while-, do- oder for-Schleife und springt an die Wiederholungsbedingung der unmittelbar umgebenden Schleife.

Beispiel:

```
1:  for (int i = 1; i <= 10; i++) {
2:    if (i == 5) {
3:      continue;
4:    }
5:    System.out.println(i);
6:  }
```

Listing 3.12 Überspringen einer Ausgabe mit »continue«

Das Beispiel zeigt eine for-Schleife, die die Zahlen von 1 bis 10 ausgeben soll. Durch die if-Anweisung in Zeile 2 bis 4 wird die Schleife beim Zählerstand i = 5 verlassen, bevor die Ausgabeanweisung erreicht wird. Die Schleife wird mit dem neuen Zählerstand 6 fortgesetzt. Dadurch werden nur die Zahlen von 1 bis 4 und von 6 bis 10 ausgegeben. Die Zahl 5 wird übersprungen.

3.3.5 Übungsaufgaben zu Schleifen

Aufgabe 1

Erstellen Sie im Projekt *JavaUebung03* ein Programm (Class) mit dem Namen *ZahlendreieckWhile*, das folgende Ausgabe in der Konsole erzeugt:

```
0
0 1
0 1 2
0 1 2 3
0 1 2 3 4
0 1 2 3 4 5
0 1 2 3 4 5 6
0 1 2 3 4 5 6 7
0 1 2 3 4 5 6 7 8
0 1 2 3 4 5 6 7 8 9
```

Verwenden Sie dazu die while-Schleife.

Aufgabe 2

Erstellen Sie im Projekt *JavaUebung03* das Programm (Class) mit dem Namen *ZahlendreieckDo*, das die gleiche Ausgabe wie in Aufgabe 1 erzeugt, aber die do-Schleife verwendet.

Aufgabe 3

Werten Sie das Struktogramm in Abbildung 3.9 aus, indem Sie ermitteln, welche Ausgabe erzeugt wird, wenn für m der Wert 12 und für n der Wert 81 eingegeben wird. Testen Sie anschließend mit beliebigen anderen Werten, und finden Sie heraus, wofür das Programm geeignet ist.

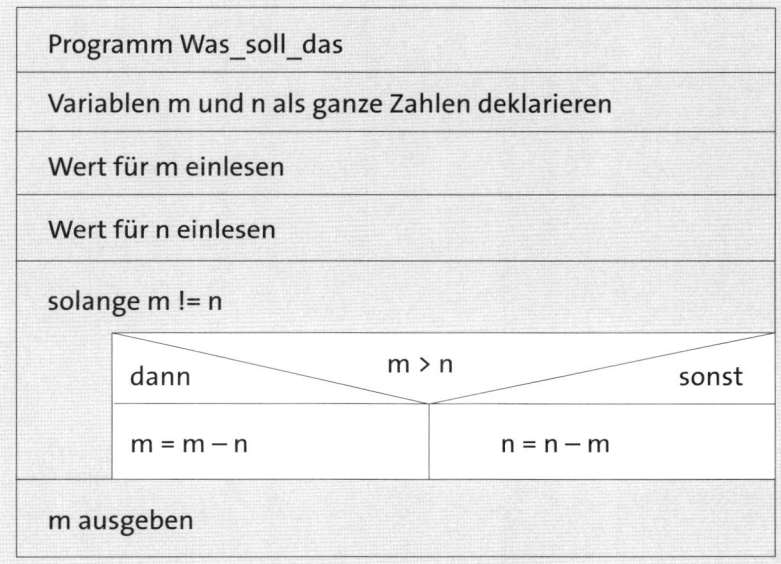

Abbildung 3.9 Struktogramm zum Programm »WasSollDas?«

Aufgabe 4

Erstellen Sie im Projekt *JavaUebung03* das Programm (Class) zum Struktogramm aus Aufgabe 3, und testen Sie, ob es richtig rechnet. Überprüfen Sie, welches Ergebnis geliefert wird, wenn für m und n Werte eingegeben werden, die kein Kürzen ermöglichen.

Aufgabe 5

Der größte gemeinsame Teiler (ggT) kann nach unterschiedlichen Verfahren berechnet werden. Euklid hat einen Algorithmus entwickelt, der durch das Struktogramm in Abbildung 3.10 beschrieben wird.

Erstellen Sie das zugehörige Java-Programm im Projekt *JavaUebung03*, und nennen Sie die Klasse *ggtEuklid*.

3 Kontrollstrukturen

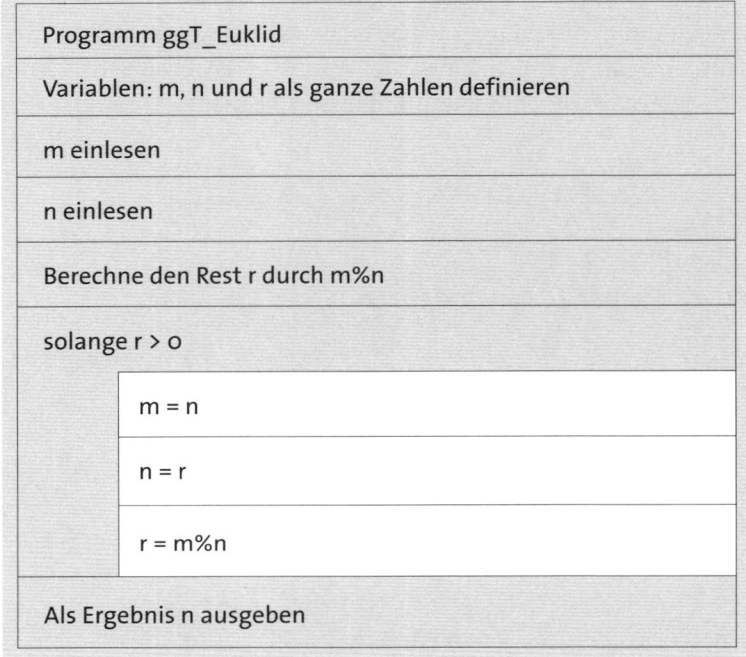

Abbildung 3.10 ggT nach Euklid

Aufgabe 6

Erstellen Sie das Programm *Guthabenentwicklung*, das die Wertentwicklung eines Guthabens auf einem Sparkonto für einen Zeitraum von zehn Jahren berechnet. Nach der Eingabe des Guthabens und des Zinssatzes soll das Programm den Kontostand nach jedem Jahr ausgeben. Am Ende jeden Jahres wird der Zins auf das Konto gutgeschrieben und im folgenden Jahr mitverzinst. Das Guthaben nach einem Jahr berechnet sich folgendermaßen:

$G_1 = G_0 \times (1 + z : 100)$

Aufgabe 7

Erstellen Sie ein Programm, das zu einer eingegebenen Startzahl x_n eine bestimmte Zahlenfolge ausgibt. Für eine Folge kann für jede Zahl, also auch für die Startzahl, die darauffolgende Zahl bestimmt werden. Für die auszugebende Zahlenfolge gilt folgendes Bildungsgesetz:

Für ein gerades x_n ist die nächste Zahl halb so groß ($x_{n+1} = x_n : 2$).

Für eine ungerade Zahl x_n ist die nächste Zahl zu berechnen mit $x_{n+1} = 3x_n + 1$.

Für die Startzahl $x_0 = 6$ ergibt sich z. B. die Folge:

6, 3, 10, 5, 16, 8, 4, 2, 1, 4, 2, 1, ...

Sie sehen, dass sich die Zahlen 4, 2, 1 ständig wiederholen. Diese Zahlenfolge hat sehr interessante Eigenschaften und stellt den Mathematikern ein bis heute ungelöstes Problem. Sie wird nach dem Mathematiker Collatz, der dieses Problem vorstellte, *Collatzfolge* genannt. Es scheint so, dass es keine andere zyklische Zahlenfolge gibt als 4, 2, 1. Außerdem scheint für alle Startzahlen zu gelten, dass irgendwann die zyklische Folge 4, 2, 1 erreicht wird. Allerdings konnte bisher nicht mathematisch nachgewiesen werden, dass dies wirklich für alle Collatzfolgen gilt.

a) Erstellen Sie mit einem Zeichenprogramm (z. B. Paint) ein Struktogramm zur Ausgabe einer Collatzfolge für eine beliebige Startzahl. Die Ausgabe der Folge soll enden, wenn zum ersten Mal die Zahl 1 als Folgeglied auftritt.

b) Erstellen Sie zu dem Struktogramm das zugehörige Java-Programm mit dem Namen *Collatzfolge* im Projekt *JavaUebung03*.

Aufgabe 8

Erweitern Sie das Programm aus Aufgabe 7 so, dass für die Collatzfolge zwei wichtige Eigenschaften bestimmt und am Ende ausgegeben werden. Die erste Eigenschaft ist die Länge der Collatzfolge, d. h. die Anzahl der Elemente der Folge. Dabei wird die Startzahl mitgezählt, aber die erste 1 der Folge wird nicht mehr mitgezählt. Das bedeutet, dass die Länge der Collatzfolge mit der Startzahl 6 eine Länge von 8 Elementen hat. Die zweite wichtige Eigenschaft ist das größte Element (Maximum), das in der Collatzfolge vorkommt. Für die Collatzfolge mit der Startzahl 6 ist die Zahl 16 das Maximum.

a) Erstellen Sie das zugehörige Struktogramm.

b) Erstellen Sie das zugehörige Java-Programm als Klasse `Collatzfolge2` im Projekt *JavaUebung03*.

Die Lösungen zu den Aufgaben 7a) und 8a) finden Sie in Anhang C, »Musterlösungen«.

3.4 Auswirkungen auf Variablen

Variablen können an unterschiedlichen Stellen innerhalb eines Quellcodes definiert werden. Welche Auswirkungen die Wahl der Positionierung von Variablendeklarationen hat, wird in den folgenden Abschnitten erläutert.

3.4.1 Gültigkeitsbereiche

Sie wissen bereits, dass Anweisungsfolgen mit geschweiften Klammern zu einem Block zusammengefasst werden können. Ein solcher Block kann dann wie eine einzelne Anweisung behandelt werden. Dieser Zusammenhang hat weiter reichende Folgen, als man zunächst vielleicht vermutet.

In einem Block sind alle Arten von Anweisungen erlaubt. Dies bedeutet, dass in einem solchen Block auch Variablendefinitionen erlaubt sind. Eine Variablendefinition hat ab dem Ort, an dem sie steht, bis zum Ende des Blocks, in dem sie steht, Gültigkeit. Der Programmbereich, in dem eine Definition gilt, heißt *Gültigkeitsbereich* (oder engl. *scope*).

Das folgende Beispiel soll diesen Zusammenhang veranschaulichen. Es berechnet die Summe der ersten 100 Quadratzahlen:

```
 1:    /* Programm Summation zur Veranschaulichung von
 2:     *  Gültigkeitsbereichen
 3:     *  Hans-Peter Habelitz
 4:     *  2011-12-13
 5:     */
 6:    public class Summation {
 7:      public static void main(String[] args) {
 8:        int n = 100;
 9:        int summe = 0;
10:        int z = 0;
11:        while (z < n) {
12:          int quadrat = z * z;
13:          z++;
14:          summe += quadrat;
15:        }
16:        System.out.println(summe);
17:      }
18:    }
```

Listing 3.13 Berechnung der Summe der ersten 100 Quadratzahlen

Die Variable int z wird innerhalb des Blocks von public static void main definiert. Sie hat deshalb im gesamten Block inklusive der enthaltenen Blöcke (Zeilen 10 bis 17) Gültigkeit. Man erkennt dies daran, dass auch innerhalb der while-Schleife auf die Variable z zugegriffen wird.

Die Variable int quadrat wird innerhalb des Blocks der while-Schleife definiert und initialisiert. Dies ist dann sinnvoll, wenn sicher ist, dass diese Variable außerhalb der Schleife keine Bedeutung haben soll. Ihre Gültigkeit reicht vom Ort der Definition bis zum Ende der while-Schleife (Zeilen 12 bis 15). Außerhalb der Schleife besitzt die Variable keine Gültigkeit. Man kann dort nicht auf die Variable zugreifen. Probieren Sie es doch einfach mal aus, indem Sie nach der Ausgabe der Summe noch die letzte Quadratzahl ausgeben.

3.4.2 Namenskonflikte

Wie oben gezeigt, können im Gültigkeitsbereich einer Variablen untergeordnete Blöcke eingebettet sein, die dann zum Gültigkeitsbereich dazugehören. Durch diesen Sachverhalt können Namenskonflikte auftreten.

Benennen Sie die Variable quadrat im obigen Beispielprogramm um in n. Die Zeile int n = z * z; wird daraufhin als fehlerhaft mit dem Hinweis »Duplicate local variable n« markiert. Da der Gültigkeitsbereich der ersten Variablen n auch die eingebettete while-Schleife einschließt, kann dort nicht nochmals eine Variable mit dem gleichen Namen definiert werden. Bei dem Versuch, auf die Variable n zuzugreifen, wäre nicht abgrenzbar, welche der beiden Variablen n gemeint ist. Deshalb verbietet Java diese Definition. Innerhalb des Gültigkeitsbereichs einer Variablen darf es im Quellcode keine weitere Variable mit dem gleichen Namen geben.

Andere Programmiersprachen lassen dies durchaus zu. Dort ist dann festgelegt, dass ein Zugriff immer auf die zuletzt definierte Variable erfolgt. Auf die zuerst definierte Variable ist dann kein Zugriff mehr möglich. Bei dieser Vereinbarung besteht aber die Gefahr von Missverständnissen mit oft schwer zu findenden Programmierfehlern. Solchen Missverständnissen soll durch die Festlegungen in Java vorgebeugt werden.

3.4.3 Lebensdauer

Neben dem Gültigkeitsbereich einer Variablen ist auch deren Lebensdauer zu beachten. Die Lebensdauer einer Variablen ist das Zeitintervall, in dem die Variable zur Laufzeit des Programms existiert.

Eine Variable, die in einer Schleife definiert ist, wird beim Ablauf des Programms unter Umständen mehrfach erzeugt und auch wieder zerstört. Im Programm *Summation* wird die Variable quadrat bei zehn Schleifendurchläufen entsprechend zehnmal erzeugt. Nach jedem Schleifendurchlauf endet der Block und damit auch die Lebensdauer der darin erzeugten Variablen. Es existiert also zu jedem Zeitpunkt nur eine Variable mit dem Namen quadrat.

Java fordert, dass im Quellcode innerhalb des Gültigkeitsbereichs einer Variablen keine weitere Variable mit gleichem Namen stehen darf, und diese Forderung ist hier eindeutig erfüllt. Dass die Definition innerhalb einer Schleife steht, stellt kein Problem dar, weil, wie oben bereits erläutert wurde, zu keinem Zeitpunkt mehr als eine Variable mit dem Namen quadrat existiert.

3.5 Ausblick

Die Ablaufsteuerung stand im Mittelpunkt des zurückliegenden Kapitels. Sie kennen jetzt die Kontrollstrukturen, die Java bereitstellt, um den Programmablauf zu steuern. Auswahl- und Wiederholungstrukturen in unterschiedlichen Ausgestaltungen haben Sie in einigen Beispielprogrammen und Übungsaufgaben eingesetzt.

Wenn wir künftig Eclipse verwenden, müssen immer wieder die drei Schritte

- Erstellen des Quellcodes,
- Übersetzen des Quellcodes in den Bytecode und
- Übergeben des Bytecodes an den Interpreter

durchlaufen werden. Eclipse erleichtert uns die Arbeit u. a. dadurch, dass wir nicht mehr ständig die Anwendung wechseln müssen. Eclipse beinhaltet einen Editor und bietet uns aus der Programmoberfläche heraus den Zugriff auf den Java-Compiler zur Übersetzung des Quellcodes und auf den Java-Interpreter zur Ausführung des Bytecodes. Damit sind alle Schritte innerhalb einer einzigen Programmoberfläche (der Entwicklungsumgebung) möglich.

Eine weitere große Hilfe besteht in der Syntaxkontrolle. Der Editor prüft bereits bei der Eingabe des Quelltextes auf mögliche Fehler und gibt Hilfestellungen.

Kapitel 4
Einführung in Eclipse

*All that's to come
and everything under the sun is in tune
but the sun is eclipsed by the moon.*
(Roger Waters, aus dem Song »Eclipse« von Pink Floyd)

Für die Java-Entwicklung benötigen Sie auf dem Computer neben dem Java-Compiler, den Sie über das Java Development Kit (JDK) beziehen, eigentlich nur einen einfachen Texteditor. Unter Windows können Sie den unter START • ALLE PROGRAMME • ZUBEHÖR erreichbaren Editor, unter Linux einen der vielen Texteditoren (*vi*, *emacs*, *joe* etc.) verwenden. So richtig viel Freude kann dabei aber nicht aufkommen. Eine professionelle Entwicklungsumgebung bietet mit dem integrierten Editor wesentlich mehr Komfort und erleichtert u. a. durch Syntax-Highlighting, Formatierungshilfen und Codeassistenten das fehlerfreie Erstellen von Quellcodes ganz entscheidend.

4.1 Die Entwicklungsumgebung Eclipse

Neben einigen kommerziellen Entwicklungsumgebungen für Java existieren auch eine ganze Reihe freier IDEs unterschiedlicher Komplexität. Eine IDE (*Integrated Development Environment*) vereinigt unter einer gemeinsamen Programmoberfläche eine Vielzahl von Hilfsmitteln für die Programmentwicklung. Für den Einstieg werden meistens die übersichtlichen, weniger komplexen Entwicklungsumgebungen wie z. B. *BlueJ* empfohlen. Je nach Lernfortschritt werden Sie sich früher oder später Features wünschen, die solche einfachen IDEs nicht bieten können. Ein Umstieg ist absehbar unvermeidlich. Aus diesem Grund werden wir von Beginn an auf eine professionelle Entwicklungsumgebung setzen. Um die Übersichtlichkeit zu wahren, werden wir uns auf die für uns wesentlichen Features beschränken und die Entwicklungsumgebung selbst nur so weit zum Thema der Ausführungen machen, wie es für unsere Zwecke sinnvoll und hilfreich ist. Wer die Entwicklungsumgebung in allen ihren Einzelheiten kennenlernen und nutzen möchte, der sei auf die zahlreich verfügbaren Quellen im Internet und spezielle Fachliteratur verwiesen.

Für dieses Buch ist *Eclipse* (englisch für »Verdunkelung, Finsternis«) die Entwicklungsumgebung unserer Wahl (siehe Abbildung 4.1). Im Internet finden Sie das ursprünglich von *IBM* entwickelte Tool unter der Adresse *http://www.eclipse.org*.

Eine sehr ausführliche und teilweise video-unterstützte Anleitung zu Eclipse (in englischer Sprache) finden Sie unter der Adresse *http://eclipsetutorial.sourceforge.net/workbenchlessons.html*. Eine deutschsprachige Einführung finden Sie unter *http://www.del-net.com/download/Eclipse31Einfuehrung.pdf*. In Anhang D finden Sie Hinweise auf Bücher, die sich intensiver mit den unzähligen Features dieses Werkzeugs befassen.

Eclipse ist *Open Source* und damit frei verfügbar. Dies war eine ganz wesentliche Grundvoraussetzung, aber nicht hinreichend für unsere Entscheidung für Eclipse als Entwicklungsumgebung.

Abbildung 4.1 Das Eclipse-Logo

Eclipse startete zwar als Java-IDE, kann inzwischen durch seine Flexibilität aber als ein sehr universelles Werkzeug angesehen werden. Bei der Verwendung als Entwicklungsumgebung wird neben Java nahezu jede Programmiersprache unterstützt. Nicht nur in klassischen Sprachen wie C und C++ kann mit Eclipse entwickelt werden, sondern Eclipse lässt sich auch für die Webentwicklung mit HTML und Scriptsprachen wie PHP oder zur Datenbankentwicklung mit *SQL* verwenden. Dazu kann Eclipse durch zahllose verfügbare *Plug-ins* an die unterschiedlichsten Bedürfnisse angepasst werden. Diese vielfältigen Einsatzbereiche sind eine große Stärke von Eclipse und machen die Einarbeitung zu einem lohnenden Unterfangen. Nicht unerwähnt bleiben soll die Tatsache, dass Eclipse in Java programmiert wurde. Damit liefert unsere Entwicklungsumgebung selbst auch einen Nachweis der Qualitäten von Java.

4.1.1 Installation von Eclipse

Auf der beiliegenden DVD finden Sie Eclipse in der Version *Eclipse Standard 4.3.2* für Windows als 32-Bit- und als 64-Bit-Version im Ordner *Eclipse*. Sie können sie auch als gepacktes Archiv aus dem Internet über die Adresse *http://www.eclipse.org/downloads/* beziehen. Auch hier können Sie auf der Download-Seite wählen, für welches Betriebssystem Sie Eclipse herunterladen wollen (siehe Abbildung 4.2).

Abbildung 4.2 Auswahl der passenden Eclipse-Version

Vor der Installation sollten Sie das JDK so installiert haben, wie in Abschnitt 1.2.3, »Installation von Java«, beschrieben, denn Eclipse ist selbst in Java programmiert und benötigt entsprechend zum Start eine Java-Laufzeitumgebung. Beim Programmstart sucht Eclipse nach einem passenden JDK.

Die Installation von Eclipse ist ebenfalls vollkommen unkompliziert. Doppelklicken Sie auf die Datei *eclipse-standard-kepler-SR2-win32.zip* bzw. *eclipse-standard-kepler-SR2-win32-x86_64.zip*, um das gepackte Archiv zu extrahieren. Entpacken Sie das Archiv in den Ordner, in dem Sie Eclipse installieren wollen (z. B. *C:\Programme*). Sie finden nach dem Entpacken im Installationsziel einen Unterordner mit dem Namen *eclipse* vor. In diesem Ordner liegt unter Windows eine gleichnamige *.exe*-Datei mit dem Eclipse-Icon. Ein Doppelklick auf diese Datei startet Eclipse.

Wenn Sie jetzt versuchen, die Anwendung zu starten, werden Sie in der Regel mit einer Fehlermeldung begrüßt, die in etwa folgenden Text anzeigt:

> *A Java Runtime Environment (JRE) or Java Development Kit (JDK) must be available in order to run Eclipse. No Java virtual machine was found after searching the following locations: ...*

Wenn Sie diese Fehlermeldung erhalten, fehlt dem Betriebssystem in den Umgebungsvariablen eine Angabe zum Installationsort von Java. Sie haben vielleicht den Abschnitt 1.2.3 übersprungen oder inzwischen eine Neuinstallation von Java vorgenommen. Führen Sie also nun die in Abschnitt 1.2.3 beschriebene Erweiterung der PATH-Variablen aus, um diese Fehlerursache zu beseitigen.

Die Installationsroutine von Eclipse könnte durchaus auch nach dem Pfad zur JRE suchen und die Umgebungsvariable entsprechend anpassen. Das ist aber nicht erwünscht, denn es sind oftmals mehrere unterschiedliche JREs installiert. Welche zusammen mit Eclipse verwendet werden soll, kann die Installationsroutine aber nicht erkennen. Damit nicht irgendein Pfad zu einer nicht gewünschten JRE gesetzt wird und dann später bei der Verwendung schwer nachvollziehbare Effekte auftreten, wurde auf diesen Automatismus verzichtet. Der Benutzer soll sich bewusst für eine JRE entscheiden und den Pfad selbst setzen.

Nach dieser Anpassung sollte Eclipse ohne Fehlermeldung mit dem folgenden Begrüßungsfenster aus Abbildung 4.3 starten.

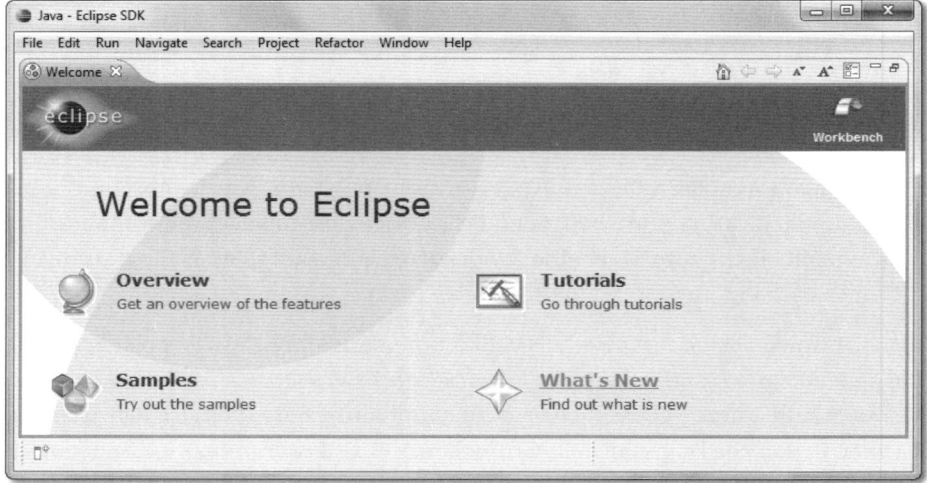

Abbildung 4.3 Begrüßungsfenster von Eclipse

Die ersten Programme haben wir ohne eine Entwicklungsumgebung erstellt. Diese Vorgehensweise wurde bewusst gewählt, weil die drei Arbeitsschritte

- Erstellen des Quellcodes,
- Übersetzen des Quellcodes in den Bytecode und
- Starten des Programms durch Übergabe des Bytecodes an den Interpreter

so sehr gut nachzuvollziehen sind. Es ist nun an der Zeit, die Vorzüge einer Entwicklungsumgebung kennenzulernen. Ebenso wie für die Übungen zu den vorherigen Kapiteln sollten Sie für die Programmbeispiele dieses Kapitels einen Projektordner mit dem Namen *JavaUebung04* erstellen. Bisher haben Sie diesen ersten Arbeitsschritt mit den Bordmitteln des Betriebssystems erledigt. Bereits hier beginnen die Arbeitserleichterungen, die eine Entwicklungsumgebung wie Eclipse mit sich bringt.

4.1.2 Eclipse starten

Beim Programmstart von Eclipse wird mit dem Abfragefenster aus Abbildung 4.4 festgelegt, in welchem Ordner die Projekte angelegt werden sollen.

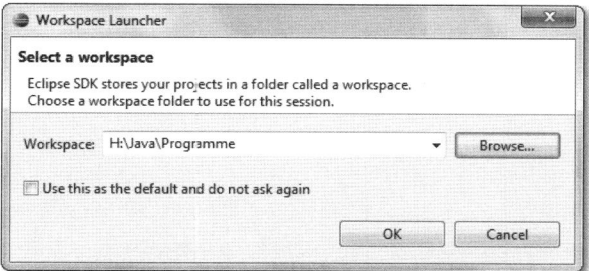

Abbildung 4.4 Festlegen des Workspace

Tragen Sie den vorbereiteten Basisordner unserer Arbeitsumgebung *H:\Java\Programme*, in dem sich unsere Übungsprogramme befinden, als Workspace ein. Eclipse bezeichnet den Basisordner der Arbeitsumgebung als *Workspace*. Beim Erstellen eines neuen Projekts legt Eclipse einen entsprechenden Ordner in diesem Basisordner an.

Das Willkommensfenster (siehe Abbildung 4.3) bietet vier Links an, die den Anwender zu einem Überblick, Tutorials, Beispielen oder den Neuerungen der aktuellen Eclipse-Version weiterleiten. Eclipse bringt hier eine umfangreiche Sammlung von Informationen mit, die aber eher für den User geeignet sind, der mit der Programmierung bereits vertraut ist und sich speziell in Eclipse einarbeiten möchte. Wir wollen aber Eclipse als Hilfsmittel zum Erlernen von Java nutzen. Deshalb werden nur die Features von Eclipse genutzt und vorgestellt, die diesem Zweck dienen. Alles andere würde zu sehr von den eigentlichen Lerninhalten ablenken und sogar verwirren. Schließen Sie deshalb das Willkommensfenster über das Schließen-Symbol, das sich – vielleicht etwas ungewohnt – am oberen linken Rand befindet.

Die Entwicklungsumgebung zeigt sich anschließend mit der Oberfläche, die Sie in Abbildung 4.5 sehen.

Die Oberfläche besteht aus mehreren Bereichen, die unterschiedliche Aufgaben erfüllen. Da Eclipse nicht ausschließlich für die Java-Programmierung bestimmt ist und jeder Anwendungsfall unterschiedliche Anforderungen an die Oberfläche stellt, wurde diese sehr variabel gestaltet. Eclipse stellt für viele Anwendungen spezielle Oberflächenelemente zur Verfügung, die in sogenannten *Perspektiven* als Arbeitsumgebung zusammengestellt sind. Speziell auf die Java-Programmierung ausgerichtet ist die Perspektive JAVA, die auch als *Default* (d. h. standardmäßig) voreingestellt ist. Sie können jede Perspektive auch verändern und nach Ihren eigenen Vorstellungen anpassen.

4   Einführung in Eclipse

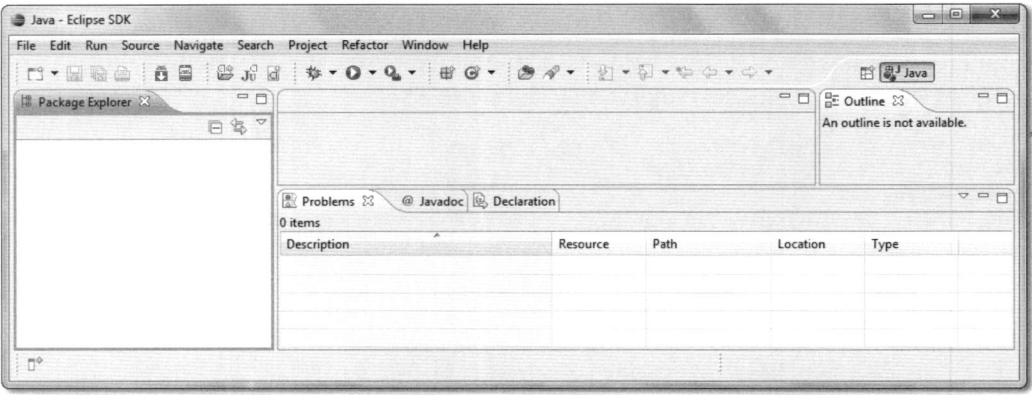

Abbildung 4.5 Startfenster von Eclipse

Die unterschiedlichen Perspektiven können Sie über den Menüpunkt WINDOW • OPEN PERSPEKTIVE auswählen. Sollten Sie einmal aus Versehen eine ungewohnte Oberfläche vorfinden, können Sie über diese Menüoption zur gewohnten Perspektive zurückgelangen. Die gewählte Perspektive wird auch am rechten oberen Rand angezeigt (siehe Abbildung 4.6).

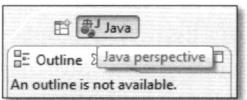

Abbildung 4.6 Aktuell eingestellte Perspektive

Die einzelnen Bereiche der recht umfangreichen Oberfläche werden wir nach und nach kennenlernen. Am linken Rand finden Sie den *Package Explorer*. Er stellt in einer Baumstruktur unsere Java-Projekte mit ihren Bestandteilen dar und ähnelt der Ordnerstruktur, in der unsere Projekte abgelegt werden. Der Inhalt entspricht also in etwa unserem Ordner *H:\Java\Programme*. Sie werden sich nun vielleicht wundern, weshalb der Package Explorer noch leer ist, obwohl wir doch schon einige Projekte und Programme in unserer Arbeitsumgebung angelegt haben. Bereits hier ist erkennbar, dass der Package Explorer nicht einfach die Ordnerstruktur 1:1 abbildet. Der Anwender kann selbst entscheiden, welche Projekte im Package Explorer angezeigt und welche Projekte ausgeblendet werden sollen.

4.1.3   Ein bestehendes Projekt in Eclipse öffnen

Wir wollen nun, dass unser Projektordner *JavaUebung01* angezeigt wird. Dazu erstellen Sie ein neues Projekt über FILE • NEW • JAVA PROJECT (siehe Abbildung 4.7).

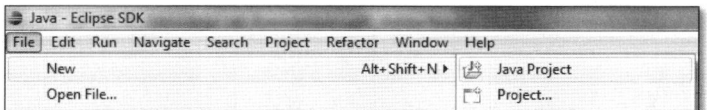

Abbildung 4.7 Neues Projekt erstellen

Im folgenden Dialog geben Sie als Projektnamen exakt den Projektnamen ein (*Java-Uebung01*), den Sie im Explorer verwendet haben (siehe Abbildung 4.8).

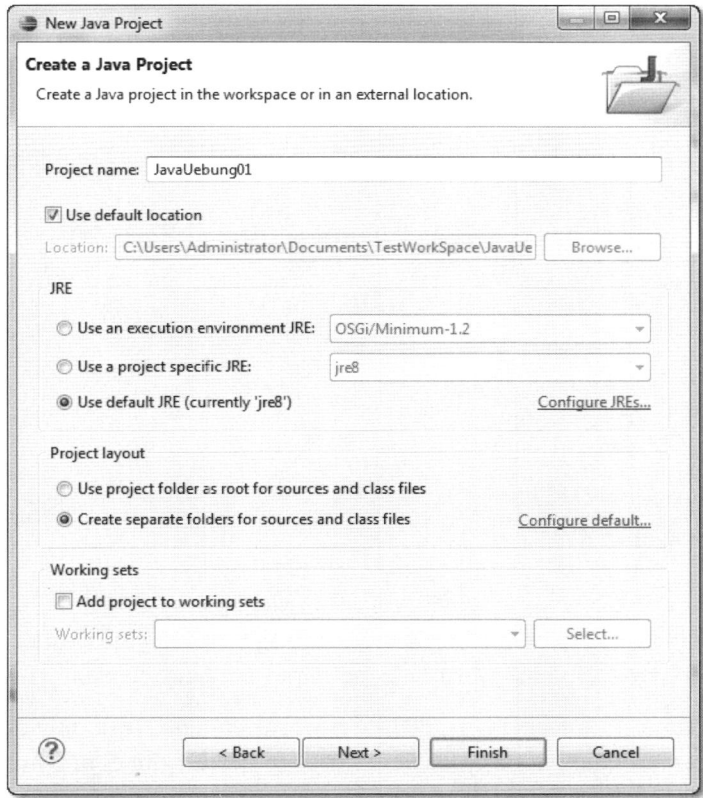

Abbildung 4.8 Projektnamen festlegen

Bereits bei der Eingabe des Projektnamens prüft Eclipse, ob es sich tatsächlich um ein neues Projekt handelt oder ob das Projekt bereits existiert. Bei dieser Überprüfung weist Eclipse Sie auch auf eine falsche Schreibweise hin, wenn sich der Projektname, den Sie eingeben, nur in der Klein-/Großschreibung unterscheidet. Abbildung 4.9 zeigt die Fehlermeldung, die erscheint, wenn Sie sich nicht exakt an die Schreibweise von *Java-Uebung01* halten.

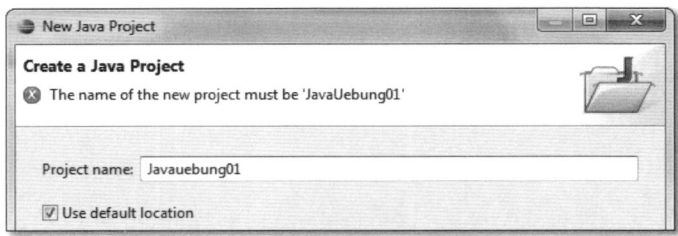

Abbildung 4.9 Meldung bei Nichtbeachtung der Klein-/Großschreibung

Alle weiteren Einstellungen des Dialogs lassen Sie unverändert und schließen den Dialog mit FINISH. Der Package Explorer zeigt uns jetzt den Projektordner *JavaUebung01* mit unseren Übungsprogrammen an (siehe Abbildung 4.10).

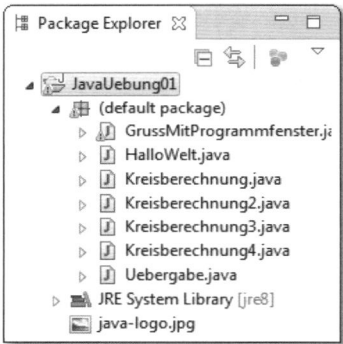

Abbildung 4.10 Projekt »JavaUebung01« im Package Explorer

Der Vergleich mit dem Windows-Explorer zeigt, dass der Package Explorer die Ordnerstruktur nicht 1:1 abbildet (siehe Abbildung 4.11). Folgende Unterschiede fallen auf:

- Der Package Explorer zeigt unterhalb des Ordners *JavaUebung01* mit einem Paketsymbol den Ordner *(default package)* an. Einen solchen Ordner gibt es im Windows-Explorer nicht. In Java werden die Quellcodedateien häufig in sogenannten *Packages* zusammengefasst. Auch wenn wir kein Package definiert haben, fasst Eclipse die Dateien intern in einem Package zusammen und nennt dieses dann *default package*. Sie werden später sehen, wenn Sie ein Package definieren, dass dann auch ein realer Ordner in der Ordnerstruktur angelegt wird.
- Im Package Explorer wird mit einem Bücherstapel-Symbol die *JRE System Library* eingeblendet. Diese Teile der Laufzeitumgebung werden für unsere Programme benötigt. Sie liegen aber in der Windows-Ordnerstruktur an einem völlig anderen Ort.

- Der Windows-Explorer zeigt zwei Dateien (*.classpath* und *.project*) an, die im Package Explorer nicht zu sehen sind. Es handelt sich dabei um Verwaltungsdateien, die von Eclipse angelegt werden, aber unsichtbar bleiben sollen.
- Der Windows-Explorer zeigt auf der gleichen Ebene wie *JavaUebung01*, d. h. direkt unterhalb unseres Basisordners für die Java-Projekte, einen Ordner mit der Bezeichnung *.metadata* an. In diesem Ordner verwaltet Eclipse die Strukturen, die vom Package Explorer angezeigt werden. Jede Änderung, die wir im Package Explorer vornehmen, wird in diesem Ordner vermerkt. Dadurch ist es möglich, dass sich die Ordnerstrukturen der beiden Explorer unterscheiden. Letztendlich lässt sich damit auch erklären, warum nach dem Start von Eclipse unsere Projekte im Package Explorer nicht angezeigt wurden. Sie waren in der *.metadata* nicht registriert. Jedes Projekt, das wir mit Eclipse erstellen, wird direkt in *.metadata* registriert und damit im Package Explorer angezeigt. Ein Projekt, das wir nur im Package Explorer löschen, wird zunächst nur aus *.metadata* entfernt und kann auch wieder in *.metadata* aufgenommen werden. Ein Projekt, das im Windows-Explorer gelöscht wurde, kann nicht mehr ohne Weiteres in den Package Explorer zurückgeholt werden (außer es lässt sich aus dem Papierkorb wiederherstellen).

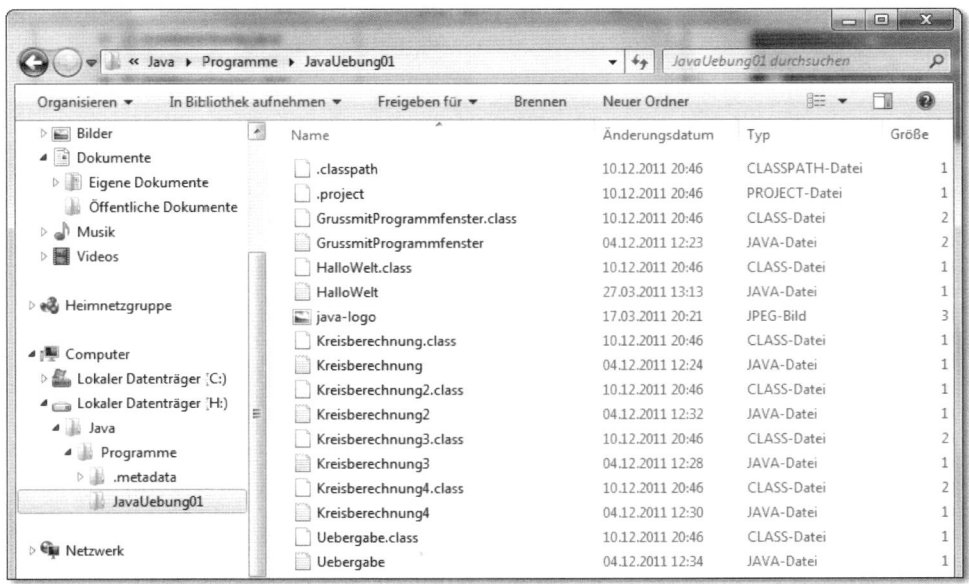

Abbildung 4.11 Ordnerstruktur im Windows-Explorer

Mit diesen Erläuterungen dürfte sich auch geklärt haben, weshalb Sie ein bereits bestehendes Projekt über den Menüpunkt FILE • NEW • JAVA PROJECT einbinden mussten.

Sie müssen den Begriff »neues Projekt« aus der Sicht von Eclipse verstehen. Für die Entwicklungsumgebung handelt es sich bei jedem Projekt, das noch nicht in *.metadata* registriert ist, um ein neues Projekt, und in diese Struktur haben Sie unser bestehendes Projekt aufgenommen.

4.2 Erste Schritte mit Eclipse

Nachdem Sie gelernt haben, wie bereits erstellte Projekte in die Entwicklungsumgebung integriert werden können, sollten Sie auch die Programme aus Kapitel 2, »Grundbausteine eines Java-Programms«, und Kapitel 3, »Kontrollstrukturen«, (*JavaUebung02* und *JavaUebung03*) entsprechend in Eclipse einbinden. Die folgenden Projekte werden Sie nun direkt in der Entwicklungsumgebung erstellen.

4.2.1 Ein neues Projekt erstellen

Für das Kapitel 4 erstellen wir nun ein wirklich neues Projekt mit dem Namen *JavaUebung04*. Öffnen Sie mit FILE • NEW • JAVA PROJECT den entsprechenden Dialog, und tragen Sie als Projektnamen *JavaUebung04* ein. Im Gegensatz zu vorhin schließen Sie den Dialog über die Schaltfläche NEXT (siehe Abbildung 4.12).

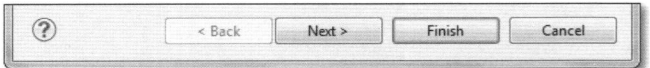

Abbildung 4.12 Schließen des Dialogs über die Schaltfläche »Next«

Ich möchte gar nicht auf alle Einstellungen eingehen, die Sie in den JAVA SETTINGS (siehe Abbildung 4.13) vornehmen können, aber der Dialog zeigt uns einige Details auf, die sich auf die Ordnerstruktur auswirken werden. Unter dem Ordnernamen *JavaUebung04* ist zu erkennen, dass Eclipse einen eigenen Ordner für den Quellcode vorsieht. Als Ordnername ist *src* (source) vorgesehen. Im unteren Bereich wird als DEFAULT OUTPUT FOLDER ein Ordner mit dem Namen *bin* (binär) vorgesehen. In diesem Ordner wird der Compiler den Bytecode ablegen.

Über die Reiter PROJECTS und LIBRARIES könnten wir noch Einfluss darauf nehmen, welche Komponenten zusätzlich in den Projektordner aufgenommen werden. In den meisten Fällen können Sie sich hierbei jedoch auf die Voreinstellungen verlassen. Nehmen Sie deshalb an den von der Entwicklungsumgebung vorgeschlagenen Einstellungen keine Änderungen vor, und beenden Sie den Dialog mit FINISH. Im Package Explorer ist damit *JavaUebung04* als weiteres Projekt aufgenommen worden (siehe Abbildung 4.14).

Abbildung 4.13 Der Dialog »Java Settings« für ein neues Projekt

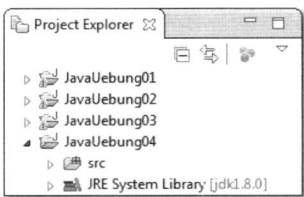

Abbildung 4.14 »JavaUebung04« im Package Explorer

Hier sehen Sie, dass der Ordner *src* im Package Explorer angezeigt wird. Der Ordner *bin* bleibt dagegen verborgen. Ein Blick in den Windows-Explorer zeigt aber, dass der Ordner erstellt wurde und dass daneben noch ein weiterer versteckter Ordner mit der Bezeichnung *.settings* aus dem Erstellen eines neuen Projektes hervorgegangen ist (siehe Abbildung 4.15). Der Ordner wird von Eclipse für interne Daten verwendet und braucht uns nicht weiter zu interessieren.

Alle für die Programmentwicklung wichtigen Dateiinformationen werden im Package Explorer dargestellt. Für die Programmentwicklung unbedeutende Dateien und Ordner werden verborgen, damit uns der Blick auf die Details frei gehalten wird, die für die Programmierung und Fehlersuche wichtig sind. Ein Blick hinter die Kulissen ist aber durchaus sinnvoll, da Sie die bei der Programmerstellung entstehenden Ordnerstrukturen gelegentlich auch außerhalb der Entwicklungsumgebung bearbeiten wollen.

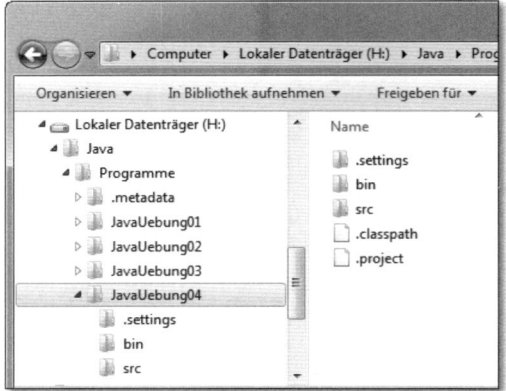

Abbildung 4.15 »JavaUebung04« in der Ordnerstruktur des Windows-Explorers

4.2.2 Programm eingeben und starten

Nun ist es aber an der Zeit, dass Sie mit Eclipse auch Ihr erstes Programm schreiben. Ich möchte hier bereits darauf hinweisen, dass im Package Explorer vor den nächsten Schritten der Name des Projekts (hier *JavaUebung04*) markiert sein sollte, zu dem das zu erstellende Programm gehört, denn nur an der Markierung kann Eclipse erkennen, wo die entsprechenden Dateien angelegt werden müssen. Jedes Java-Programm ist eine sogenannte *Klasse* (class). Diesen Begriff werden wir in einem späteren Kapitel noch sehr intensiv erläutern. Wählen Sie zum Erstellen unseres Quellcodes aus dem Hauptmenü FILE • NEW die Option CLASS (siehe Abbildung 4.16).

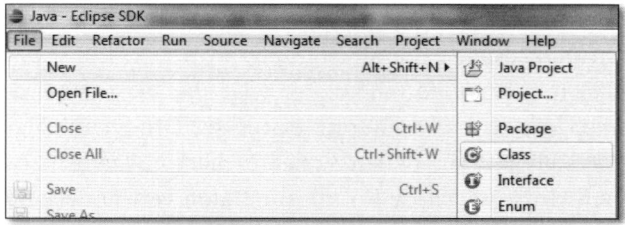

Abbildung 4.16 Erstellen einer neuen Klasse

Im folgenden Dialog ist der Ordner *JavaUebung04\src* bereits als Speicherort eingetragen (siehe Abbildung 4.17).

4.2 Erste Schritte mit Eclipse

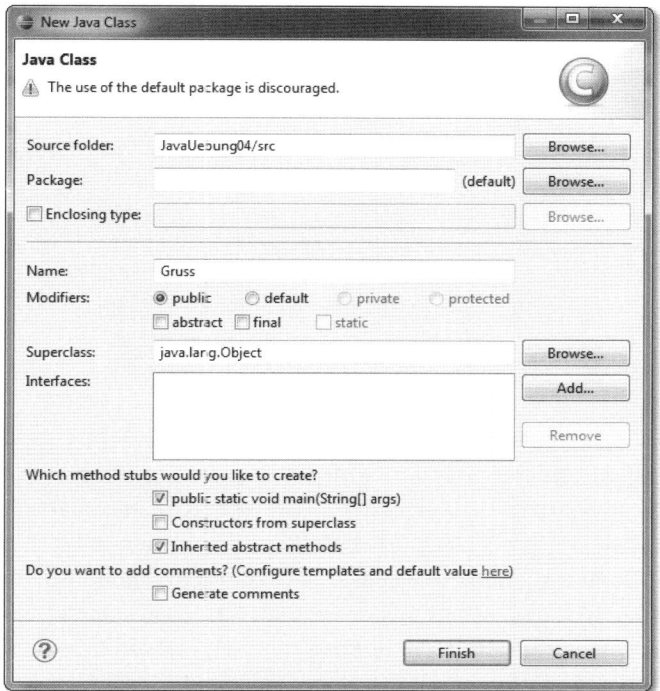

Abbildung 4.17 Der Dialog »New Java Class«

Geben Sie als Namen der Klasse Gruss an. Bevor Sie den Dialog schließen, lohnt ein genauerer Blick auf die weiteren Optionen. Hinter der Frage WHICH METHOD STUBS WOULD YOU LIKE TO CREATE? verbirgt sich die Möglichkeit, von Eclipse einige Quellcodezeilen automatisch erstellen zu lassen. Es werden drei Optionen vorgeschlagen, von denen für uns die erste durchaus interessant ist. Jedes Java-Programm benötigt eine sogenannte main-Methode. Die Kopfzeile dieser Methode lautet eigentlich immer gleich, deshalb kann uns Eclipse hier bereits etwas Schreibarbeit abnehmen. Sie können diese Option bei den folgenden Programmen jeweils mit einem Haken versehen und den Dialog schließen.

Im Package Explorer wird unterhalb des *src*-Ordners *(default package)* unsere Quelltextdatei *Gruss.java* eingeblendet (siehe Abbildung 4.18). Im mittleren Bereich der Oberfläche sehen Sie den Inhalt der Datei im integrierten Editor. Der Quellcode ist bereits mit dem Eintrag public class Gruss { } vorbereitet, und die main-Methode ist entsprechend unserer Vorgabe angelegt. Der Kommentar // TODO ... weist darauf hin, dass an dieser Stelle noch einiges zu tun ist.

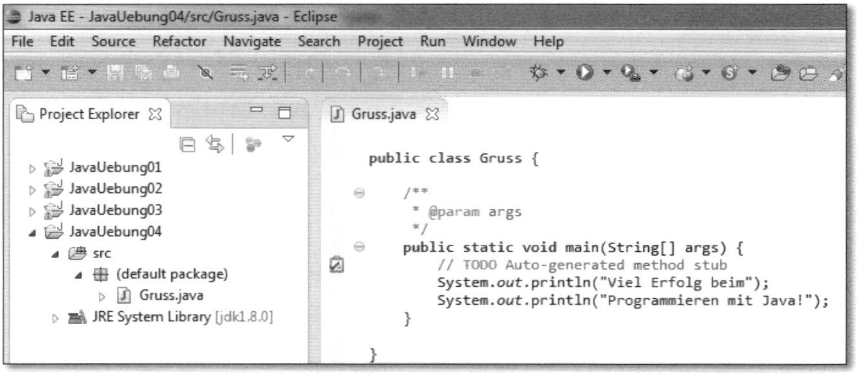

4 Einführung in Eclipse

![Screenshot Eclipse mit Klasse Gruss]

Abbildung 4.18 Die Klasse »Gruss«

Hier zeigt sich bereits ein ganz wesentlicher Vorzug des integrierten Editors. Er ist in der Lage, speziell im Sinne des Programmierers zu formatieren. Der Text wird automatisch farblich unterschiedlich gestaltet, z. B. werden Schlüsselwörter und Kommentare farbig hervorgehoben. Auch Einrückungen werden vom Editor eigenständig vorgenommen. Zuständig für alle Formatierungen ist eine Komponente mit dem Namen *Formatter*. Sie können die Vorgaben für den Formatter sehr detailliert beeinflussen und auf Ihre eigenen Vorstellungen abstimmen. Öffnen Sie über WINDOW • PREFERENCES den Dialog aus Abbildung 4.19.

> **Hinweis**
>
> Unter OS X finden Sie den Dialog nicht unter dem Menüpunkt WINDOW, sondern unter ECLIPSE • EINSTELLUNGEN.

Unter JAVA • CODE STYLE • FORMATTER stehen bereits einige Profile zur Verfügung. Im Preview-(Vorschau-)Bereich können Sie sehen, wie der Editor typische Java-Strukturen im jeweiligen Profil formatieren wird. Sie können über die Schaltfläche NEW auch ein neues eigenes Profil erstellen und unter einem neuen Namen speichern. Sie sollten als ACTIVE PROFILE die Vorgabe JAVA CONVENTIONS wählen. Diese Einstellungen entsprechen den in Kapitel 1, »Einführung«, erwähnten Empfehlungen der Java-Entwickler. Bei allen neuen Eingaben im Editor werden diese Einstellungen verwendet. Damit der bereits eingegebene Text auch mit diesen Vorgaben formatiert wird, markieren Sie den gesamten Quellcode und wählen aus dem Menü SOURCE die Option FORMAT. Noch schneller erreichen Sie diese Option über die Tastenkombination [Ctrl]+[Alt]+[F].

4.2 Erste Schritte mit Eclipse

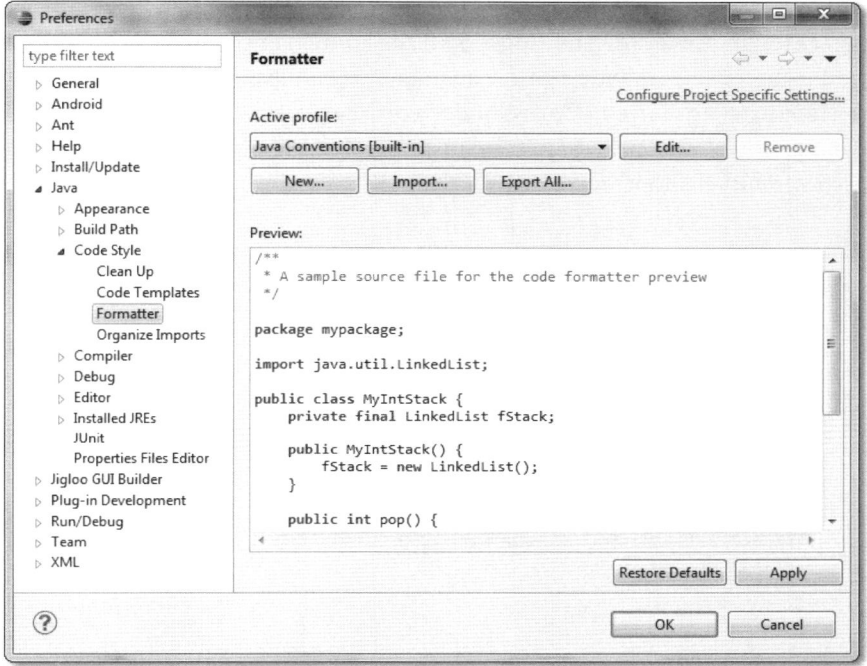

Abbildung 4.19 »Window • Preferences«

Ergänzen Sie den Quellcode folgendermaßen, und achten Sie dabei auf die Formatierungen, die der in Eclipse integrierte Editor vornimmt:

```
public class Gruss {
    public static void main(String[] args) {
        System.out.println("Viel Erfolg beim");
        System.out.println("Programmieren mit Java und Eclipse!!!!");
    }
}
```

Listing 4.1 Das Listing von »Gruss« neu formatiert

Bereits bei der Eingabe dieses kurzen Quelltextes ist die Unterstützung von Eclipse erkennbar. Eclipse stellt Schlüsselwörter farbig dar (*Syntax-Highlighting*), es ergänzt selbstständig schließende Klammern (*Code Assist*) und rückt den Text sinnvoll ein (*Formatter*), um bestimmte Strukturen deutlich hervorzuheben. Eine weitere Erleichterung bei der Erstellung fehlerfreier Anweisungen ist die Codevervollständigung (*Code Completion*). Ihnen ist sicher aufgefallen, dass sich z. B. jedes Mal beim Schreiben des Punktes innerhalb der Anweisung System.out.println ein Fenster mit einer Auswahlliste öffnet (siehe Abbildung 4.20). In dieser Auswahlliste werden alle gültigen Ergänzungen für den eingegebenen Anweisungsteil angeboten. Sie können entweder einfach weiterschreiben oder die entsprechende Option aus der Auswahlliste auswählen. Die hier erwähnten Hilfen stellen nur eine Auswahl der von Eclipse zur Verfügung gestellten Features dar. Sie sind aber die, die bereits beim ersten Kontakt offensichtlich sind und die Arbeit schon deutlich erleichtern.

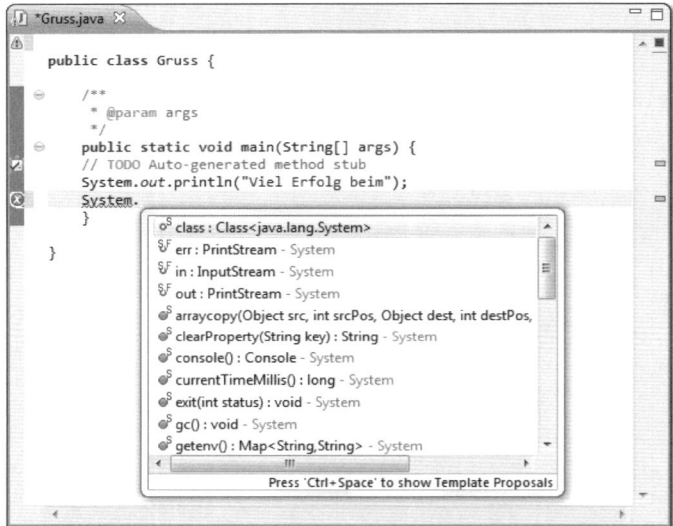

Abbildung 4.20 Codevervollständigung

Nach der Eingabe des Quelltextes kann das Programm auch direkt aus der Entwicklungsumgebung heraus gestartet und getestet werden. Wählen Sie dazu aus dem Menü RUN die Option RUN AS und darunter JAVA APPLICATION aus (siehe Abbildung 4.21). Etwas schneller geht es wieder mit der entsprechenden Tastenkombination ⟨Alt⟩ + ⟨⇧⟩ + ⟨X⟩ und anschließendem Betätigen von ⟨J⟩.

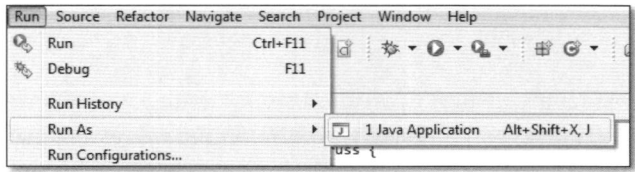

Abbildung 4.21 Programm starten

Beim Programmstart stellt Eclipse mit dem Dialog aus Abbildung 4.22 sicher, dass die Änderungen, die im Quelltext vorgenommen wurden, auch gespeichert sind. Der Compiler greift nämlich auf die Datei *Gruss.java* zurück und nicht auf den im Editor sichtbaren Text. Erst nach dem Speichern können Sie sicher sein, dass der sichtbare Text mit dem Inhalt der Datei *Gruss.java* übereinstimmt.

Abbildung 4.22 Dialog zum Speichern der vorgenommenen Veränderungen

Nach dem Übersetzungsvorgang und damit dem Erstellen des Bytecodes in der Datei *Gruss.class*, die Sie im Ordner *bin* finden, wird das Programm gestartet. Zur Darstellung der Bildschirmausgaben wird spätestens jetzt im unteren Bereich der Eclipse-Oberfläche die Ansicht CONSOLE als Ersatz für die Eingabeaufforderung eingeblendet (siehe Abbildung 4.23).

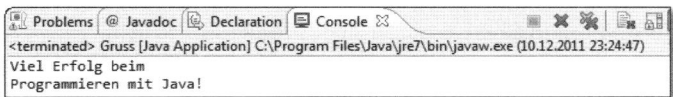

Abbildung 4.23 »Console«-Ansicht zur Darstellung der Programmausgaben

Über den Programmausgaben erhalten Sie einige Hinweise. Neben dem Zustand (*terminated*, also beendet) wird angezeigt, dass die Ausgaben vom Programm *Gruss* stammen, das als Java Application (Anwendung) ausgeführt und beendet wurde. Sollte einmal die Ansicht CONSOLE nicht angezeigt werden, können Sie sie jederzeit über WINDOW • SHOW VIEW • CONSOLE einblenden (siehe Abbildung 4.24; Tastenkombination Alt + ⇧ + Q und anschließend C).

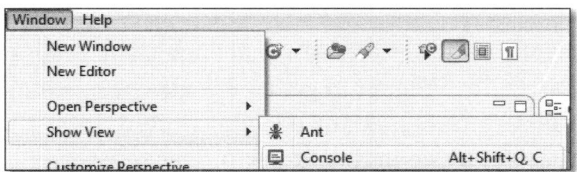

Abbildung 4.24 Die »Console«-Anischt einblenden

In vielen Fällen wird der Quellcode beim Versuch, das Programm zu starten, noch Fehler enthalten. In diesen Fällen wird bereits beim Übersetzungsversuch der Hinweis aus Abbildung 4.25 angezeigt.

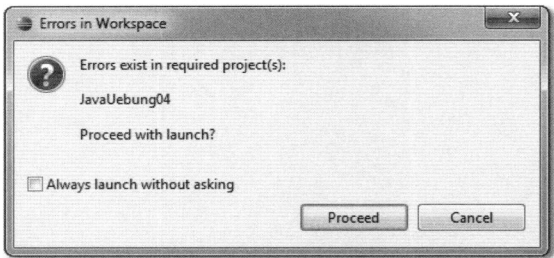

Abbildung 4.25 Fehlerhinweis von Eclipse

Die Kopfzeile ERRORS IN WORKSPACE weist darauf hin, dass sich der Hinweis auf den gesamten Workspace bezieht. Der Fehler muss sich also nicht unbedingt in der aktuell bearbeiteten Quellcodedatei befinden. Sie haben deshalb die Möglichkeit, mit CANCEL den Startversuch abzubrechen oder mit PROCEED den Programmstart trotz des Hinweises fortzusetzen. Scheitert der Startvorgang, so erhalten Sie wie in der Eingabeaufforderung auch die entsprechenden Fehlerhinweise in der Ansicht CONSOLE.

Wenn Sie, wie in Abbildung 4.26 dargestellt, bewusst einen Fehler einbauen und am Ende einer Anweisung das Semikolon löschen, werden Sie feststellen, dass Eclipse Ihnen sofort Hinweise auf den Fehler einblendet. Sie sehen am linken Rand des Editors ein weißes x in einem roten Kreis. Am rechten Rand des Editors sehen Sie zusätzlich ein kleines rotes Rechteck. Der rote Kreis befindet sich immer exakt in der Zeile, auf die sich der Fehler bezieht. Das rote Rechteck zeigt die relative Lage in Bezug auf die Dokumentgröße an. Das bedeutet, dass der rote Kreis nur sichtbar ist, wenn sich die fehlerhafte Zeile im sichtbaren Bereich des Editors befindet. Das rote Rechteck ist unabhängig davon immer sichtbar. Klickt man das rote Rechteck an, wird der Cursor in die entsprechende fehlerhafte Zeile gesetzt und damit die entsprechende Textpassage in den sichtbaren Bereich geholt. Bewegen Sie den Mauszeiger auf den roten Kreis oder das rote Rechteck, werden zusätzliche Hinweise zur Fehlerursache eingeblendet (siehe Abbildung 4.27).

Zuletzt starten wir nun noch das soeben erstellte Programm unabhängig von Eclipse, um zu zeigen, dass ein mit Eclipse erstelltes Programm genau das gleiche Ergebnis liefert wie ein Programm, das mit dem einfachen Editor erstellt wurde. Starten Sie dazu die Eingabeaufforderung, und wechseln Sie in den Projektordner *H:\Java\Programme\ JavaUebung04*. Mit `dir` lassen Sie sich den Ordnerinhalt anzeigen (siehe Abbildung 4.28).

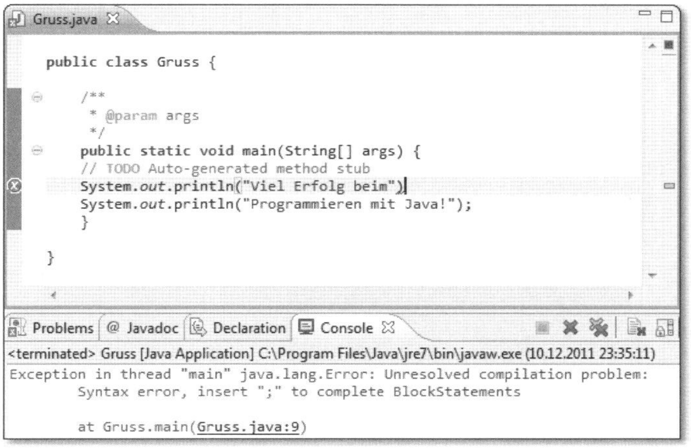

Abbildung 4.26 Fehlermeldung bei fehlendem Semikolon

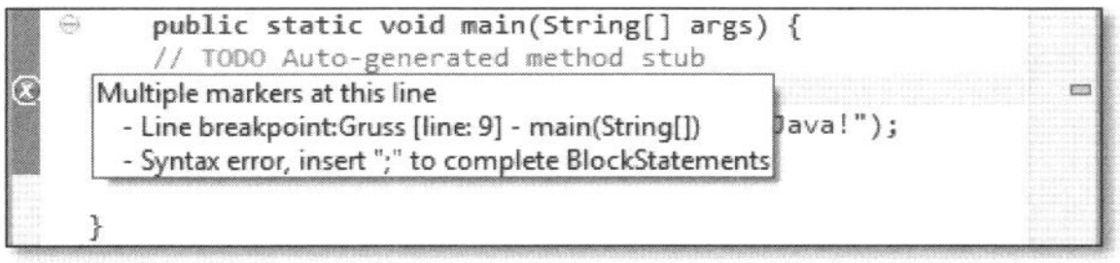

Abbildung 4.27 Hinweise zur Fehlerursache

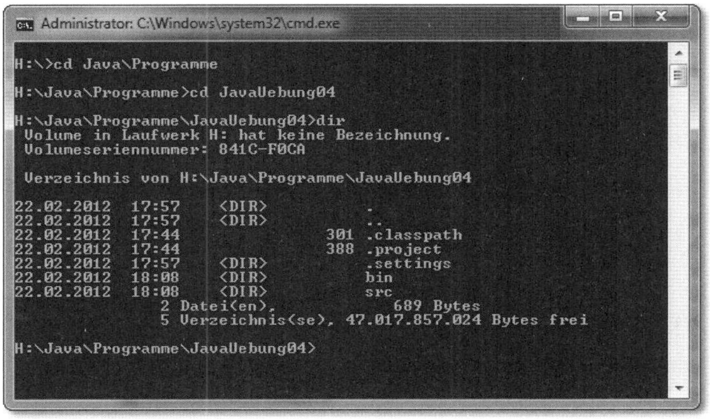

Abbildung 4.28 »JavaUebung04« in der Eingabeaufforderung

Sie sehen neben den beiden Ordnern *bin* und *src* einen Ordner *.settings* und die zwei Dateien mit den Namen *.classpath* und *.project*. Unser übersetztes Programm befindet sich entsprechend der obigen Erläuterungen im Ordner *bin*. Wechseln Sie mit cd bin in diesen Ordner, und starten Sie unser Programm mit java Gruss. Die Programmausgaben erscheinen, wie nicht anders zu erwarten, nun direkt in der Konsole (siehe Abbildung 4.29). Sie erhalten hier die Bestätigung dafür, dass die Programmausgabe exakt der Ausgabe entspricht, die Eclipse in der Ansicht CONSOLE anzeigt.

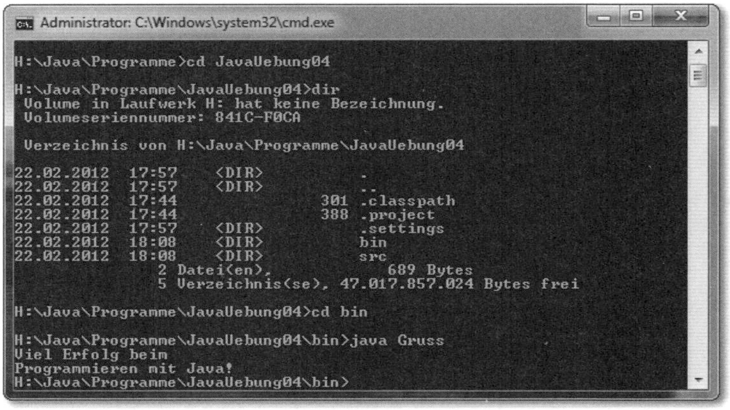

Abbildung 4.29 Programmstart in der Eingabeaufforderung

4.3 Fehlersuche mit Eclipse

Es gibt kaum ein Programm, das von Anfang an fehlerfrei entwickelt wird. Zu unterscheiden sind syntaktische Fehler und logische Fehler. Syntaktische Fehler liegen vor, wenn Programmanweisungen falsch geschrieben sind. Wenn Sie z. B. am Ende einer Anweisung oder nach einer Variablendeklaration das abschließende Semikolon vergessen oder wenn Sie die Anweisung System.out.println mit einem kleinen s beginnen, liegen syntaktische Fehler vor. Solche Fehler führen dazu, dass der Compiler den Quellcode nicht übersetzen kann. Sie erhalten beim Übersetzungsvorgang entsprechende Fehlermeldungen, weil der Compiler die verwendete Schreibweise nicht kennt. Logische Fehler liegen vor, wenn die verwendeten Anweisungen zwar richtig geschrieben sind und deshalb auch vom Compiler übersetzt werden können, aber nicht zur korrekten Lösung der Problemstellung führen. Wenn Sie z. B. eine Schleife mit zehn Durchläufen programmieren müssen, den Schleifenzähler aber so verwenden, dass die Schleife nur neunmal durchlaufen wird, liegt ein logischer Fehler vor. Bevor ein Programm ausgeliefert werden kann, müssen alle Fehler beseitigt werden.

Syntaktische Fehler können Sie mithilfe einer guten Entwicklungsumgebung leicht vermeiden, denn Sie erhalten bereits beim Erstellen des Quellcodes viele Hinweise. Weitaus schwieriger ist das Auffinden von logischen Fehlern. Ein logischer Fehler kann von der Entwicklungsumgebung nicht erkannt werden, denn wenn das Programm keine syntaktischen Fehler mehr enthält, kann der Compiler das Programm problemlos übersetzen, und der Interpreter kann den Bytecode auch ausführen. Das bedeutet, dass das Programm zwar startet, aber während der Ausführung stellt man fest, dass das Programm nicht die erwarteten Ergebnisse liefert. Besonders problematisch sind Fehler, die nur unter ganz bestimmten Bedingungen auftreten. Das sind z. B. Fehler, die nur bei der Eingabe von ganz bestimmten Zahlenwerten auftreten. Eine kritische Eingabe könnten z. B. die Zahl 0 oder besonders kleine oder besonders große Zahlenwerte sein. Eine gute Entwicklungsumgebung wie Eclipse stellt aber auch für das Auffinden von logischen Fehlern wichtige Hilfsmittel zur Verfügung.

In den folgenden Abschnitten finden Sie Hinweise, die Ihnen helfen, Programmfehler aufzuspüren. Das Beispielprogramm verwendet Programmstrukturen, die erst später näher erläutert werden. Sie können die Abschnitte zur Fehlersuche auch zunächst überspringen und zu einem späteren Zeitpunkt nachholen, wenn Sie in der Situation sind, Fehler aufspüren zu müssen. Dennoch möchte ich Ihnen die Hinweise jetzt bereits geben, um Sie auf diese Möglichkeiten aufmerksam zu machen.

4.3.1 Fehlersuche ohne Hilfsmittel

Bevor ich einige Hilfsmittel von Eclipse vorstelle, möchte ich kurz aufzeigen, wie Sie auch ohne Unterstützung einer Entwicklungsumgebung logische Fehler aufspüren können. Zum Beispiel können zusätzliche Ausgabebefehle von Zählerständen oder anderen Variableninhalten wichtige Hinweise auf fehlerhafte Programmteile liefern. Solche zusätzlichen Ausgabeanweisungen werden für die Fehlersuche eingefügt und nach Fertigstellung des Programms wieder entfernt oder auskommentiert. Auf diese Art kann etwa festgestellt werden, bis zu welcher Stelle das Programm noch korrekte Werte berechnet und ab wann die Werte fehlerhaft werden.

Zur Demonstration der Fehlersuche wird folgendes fehlerhaftes Programm zur Berechnung der Mehrwertsteuer verwendet:

```java
public class Mehrwertsteuer {

    public static void main(String[] args) {
    double betrag;
    int mwstsatz = 19;
    double mwst;

    betrag = Integer.parseInt(JOptionPane
        .showInputDialog("Geben Sie den Rechnungsbetrag in € ein: "));
    mwst = mwstsatz / 100 * betrag;
```

```
        System.out.println("Mehrwertsteuer: " + mwst + " €");
    }
}
```

Listing 4.2 Fehlerhaftes Programm zur Berechnung der Mehrwertsteuer

Auf den ersten Blick könnte man meinen, dass das Programm fehlerfrei funktioniert. Startet man das Programm aber, stellt man fest, dass es für die Mehrwertsteuer immer den Betrag 0,00 berechnet. Zusätzlich eingefügte Ausgabebefehle und das Zerlegen der Berechnungsformel in mehrere Zwischenschritte helfen bei der Eingrenzung der fehlerhaften Operation.

```
import javax.swing.JOptionPane;

/* Programm zur Berechnung der Mehrwertsteuer
 * Hans-Peter Habelitz
 * 2011-12-11
 */
public class Mehrwertsteuer {

    public static void main(String[] args) {
    double betrag;
    int mwstsatz = 19;
    double mwst;

    betrag = Integer.parseInt(JOptionPane
            .showInputDialog("Geben Sie den Rechnungsbetrag in € ein: "));
    System.out.println("Betrag: " + betrag);
    System.out.println("Schritt1: " + mwstsatz/100);
    System.out.println("Schritt2: " + mwstsatz/100*betrag);
    mwst = mwstsatz / 100 * betrag;
    System.out.println("Mehrwertsteuer: " + mwst + " €");
    }
}
```

Listing 4.3 Quellcode mit zusätzlichen Ausgabebefehlen

Bei der Ausgabe zeigt sich, dass die Operation `mwstsatz/100` bereits das fehlerhafte Ergebnis 0 liefert. Die Division zweier ganzzahliger Werte liefert auch als Ergebnis einen ganzzahligen Wert. Nachkommastellen werden dabei immer abgeschnitten. Der Fehler kann also durch Ändern des Datentyps für den Mehrwertsteuersatz von `int` nach `double` korrigiert werden.

Ein weiterer häufig auftretender Fehler sehen Sie im folgenden Programm:

```java
/* Programm zur Zeichensatzausgabe
 * Hans-Peter Habelitz
 * 2011-12-11
 */

public class Zeichensatz {

    public static void main(String[] args) {

    byte zahl = 30;
    String zeichensatz = "";

    while (zahl < 128) {
       zeichensatz = zeichensatz + (char) zahl;
       zahl++;
    }
    System.out.println(zeichensatz);
    }

}
```

Listing 4.4 Fehlerhaftes Programm zur Zeichensatzausgabe

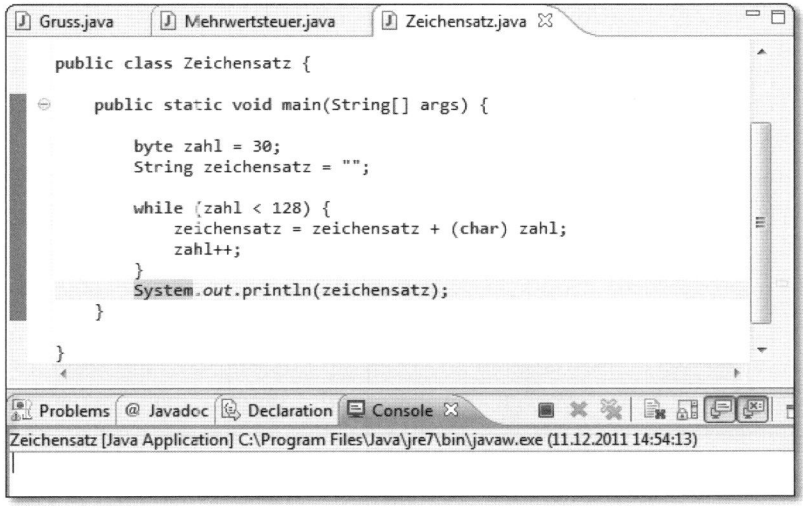

Abbildung 4.30 Endlosschleife in Eclipse

Trotz `System.out.println` erzeugt das Programm in der Konsole keine Ausgabe. Das Programm scheint keine Aktionen auszuführen. Dass das Programm gestartet wurde, wird durch eine etwas unscheinbare kleine quadratische Schaltfläche rechts vom Reiter der Ansicht CONSOLE angezeigt (siehe Abbildung 4.30). Das Programm befindet sich in einer versehentlich programmierten Endlosschleife, aus der es nicht mehr herauskommt.

Der rote Terminate-Schalter zeigt an, dass das gestartete Programm aktiv ist. Endet das Programm, nimmt der Schalter wieder die graue Farbe an. Wenn, wie in diesem Beispiel, unbeabsichtigt eine Endlosschleife vorliegt, wird das Programm nicht mehr von allein enden. In diesem Fall können Sie das Programm mit dem roten Terminate-Schalter »gewaltsam« beenden.

Häufig helfen zusätzliche Ausgabeanweisungen zur Beobachtung der Variablenwerte, die z. B. in Schleifenbedingungen verwendet werden. Die `while`-Schleife würde enden, wenn die Variable `zahl` den Wert 128 annehmen würde. Da die Variable bei jedem Schleifendurchlauf um 1 erhöht wird, müsste sie auch irgendwann den Wert 128 erreichen und damit die Schleife verlassen. Wie kann die Ursache dieses Fehlers aufgespürt werden?

Ein weiteres effektives Verfahren zur Fehlersuche ist der Schreibtischtest. Beim Schreibtischtest wechseln wir unsere Perspektive und schlüpfen in die Rolle des Prozessors, der das Programm ausführt. Folgende Arbeitsschritte sind wichtig:

- Festlegen von Anfangsbedingungen, z. B. eingegebene Anfangswerte für Variablen
- Abarbeiten der Programmschritte und Aktualisieren der Variableninhalte

Auf diese Art können Sie bei gewissenhafter Abarbeitung des Quellcodes feststellen, ab welcher Anweisung und unter welchen Bedingungen unerwartete Reaktionen und Ergebnisse auftreten. Gewissenhaftes Abarbeiten bedeutet z. B., dass Sie die aktuellen Variablenwerte notieren und keine Anweisungen oder Schleifendurchläufe überspringen, weil Sie vermuten, die Auswirkungen auf Variablenwerte abschätzen zu können.

Der Schreibtischtest hat den Vorteil, dass Sie die sehr schnellen Abläufe während des Programmablaufs in Ruhe Schritt für Schritt ausführen und die Zustände von Variablen zu jedem Zeitpunkt des Programmablaufs überblicken können. Von Nachteil ist der sehr große Zeitaufwand, der damit verbunden ist, und die Tatsache, dass der Programmierer Denkfehler, die er beim Erstellen des Programms gemacht hat, auch beim Schreibtischtest wiederholt.

Deutlich komfortabler wird die Fehlersuche, wenn Sie die Hilfsmittel nutzen, die Eclipse mitbringt. Die grundsätzliche Vorgehensweise entspricht dabei eigentlich der beim Schreibtischtest.

Die Fehlersuche in Programmen wird auch als *Debuggen* bezeichnet. Entsprechend fasst man die Hilfsmittel zur Fehlersuche, die eine Entwicklungsumgebung zur Verfügung stellt, unter dem Begriff *Debugger* zusammen. Der Begriff heißt übersetzt »Entwanzer«. Das kommt daher, dass in der Anfangszeit der Computertechnik tatsächlich oft kleine Wanzen, die zwischen den Schaltkontakten von Relais steckten, die Ursache für fehlerhafte Programmausführungen waren. Der Begriff hat sich bis heute gehalten, obwohl schon lange keine Tiere mehr für die Programmfehler verantwortlich sind.

4.3.2 Haltepunkte (Breakpoints)

Während Sie beim Schreibtischtest nicht umhinkommen, alle Programmschritte von Anfang an auszuführen, bieten in Eclipse Haltepunkte die Möglichkeit, ein Programm bis zu einer festgelegten Programmzeile auszuführen und dort anhalten zu lassen. Ist das Programm angehalten, bietet Eclipse viele Möglichkeiten, den Zustand von Variablen und die aktuellen Bildschirmausgaben genauer zu studieren.

Haltepunkte setzen Sie im Quelltexteditor am linken Rand vor der entsprechenden Programmzeile durch einen Doppelklick auf den blauen senkrechten Streifen. Mit einem weiteren Doppelklick entfernen Sie die Haltepunkte wieder.

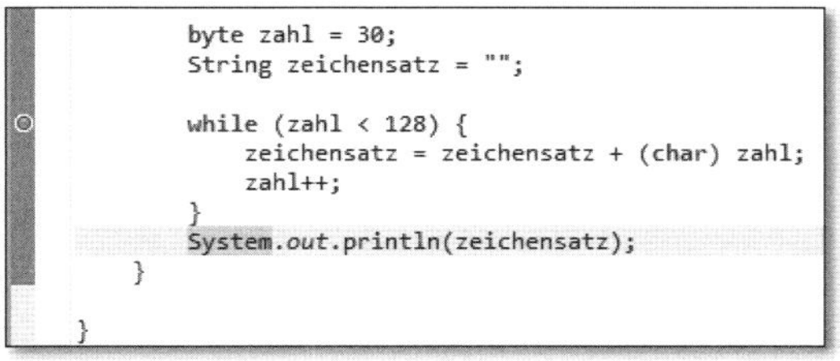

```
        byte zahl = 30;
        String zeichensatz = "";

        while (zahl < 128) {
            zeichensatz = zeichensatz + (char) zahl;
            zahl++;
        }
        System.out.println(zeichensatz);
    }
}
```

Abbildung 4.31 Gesetzter Haltepunkt

Ein blauer Kreis deutet dabei auf einen gesetzten Haltepunkt hin, der aktiv ist (siehe Abbildung 4.31). Das mit einem Rechtsklick aufrufbare Kontextmenü eines Haltepunktes bietet u. a. die Möglichkeit, den Haltepunkt mit der Option DISABLE BREAKPOINT zu deaktivieren (siehe Abbildung 4.32).

```
  Toggle Breakpoint
  Disable Breakpoint
  Go to Annotation            Ctrl+1
```

Abbildung 4.32 Kontextmenü eines Haltepunktes

Ein deaktivierter Haltepunkt wird als weißer Kreis dargestellt.

Setzen Sie einen Haltepunkt wie in Abbildung 4.31 vor die Zeile, die mit dem Schlüsselwort while beginnt. Starten Sie nun das Programm, ist festzustellen, dass sich der Haltepunkt nicht auswirkt. Soll ein Haltepunkt genutzt werden, starten Sie das Programm über das RUN-Menü und wählen dort den Menüpunkt RUN • DEBUG AS (Tastenkombination: [Alt]+[⇧]+[D], [J]). Unter dieser Option wählen Sie dann wie bei einem normalen Programmstart JAVA APPLICATION (siehe Abbildung 4.33).

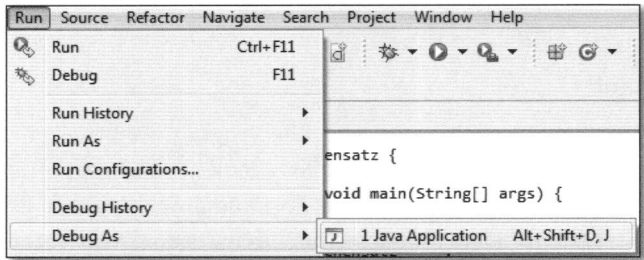

Abbildung 4.33 Programmstart zum Debuggen

Sie werden darauf hingewiesen, dass Eclipse in die Debug-Perspektive wechselt (siehe Abbildung 4.34). Nach dem Schließen des Dialogs mit YES zeigt die Entwicklungsumgebung ein verändertes Aussehen (siehe Abbildung 4.35).

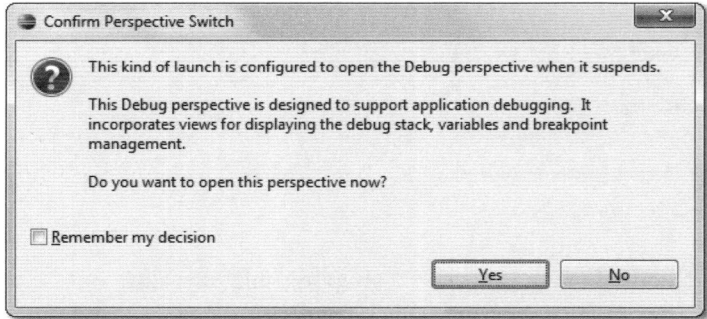

Abbildung 4.34 Hinweis auf den Start der Debug-Perspektive

Das Programm wird gewissermaßen eingefroren, bevor die mit dem Haltepunkt versehene Anweisung ausgeführt wird. Rechts oben haben Sie jederzeit die Möglichkeit, zwischen der DEBUG- und der JAVA-Perspektive hin- und herzuschalten.

Unmittelbar unter den Umschaltern finden Sie in der VARIABLES-Ansicht die Programmvariablen und die zum aktuellen Zeitpunkt darin gespeicherten Werte. Im Java-Quellcodeeditor ist die Zeile markiert, an der das Programm angehalten wurde.

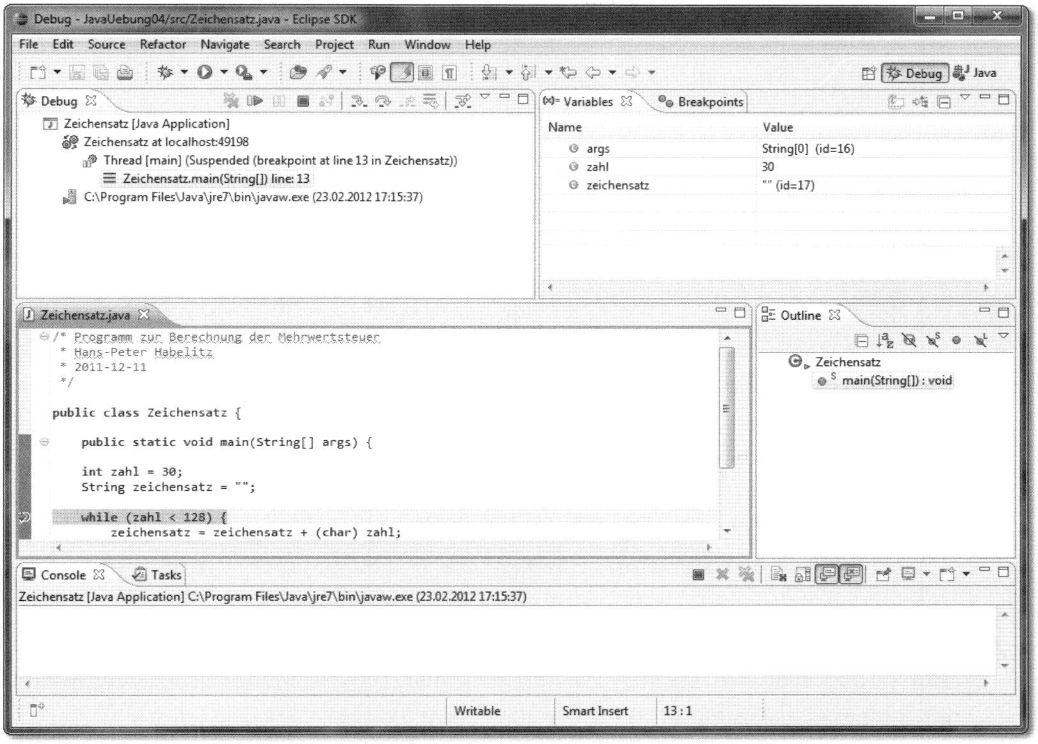

4.3 Fehlersuche mit Eclipse

Abbildung 4.35 Debug-Perspektive

Das RUN-Menü zeigt im oberen Bereich eine Reihe von Optionen, die es Ihnen ermöglichen, die Programmausführung gezielt weiterlaufen zu lassen (siehe Abbildung 4.36).

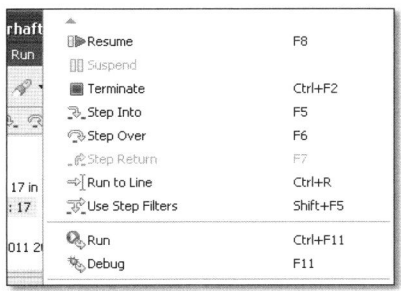

Abbildung 4.36 Steuerung des Programmablaufs im Debug-Modus

- RESUME ([F8]) startet den Programmablauf so, dass es bis zum nächsten Haltepunkt weiterläuft. Gibt es keinen weiteren Haltepunkt, läuft das Programm ohne weitere Stopps durch.

- SUSPEND unterbricht das Programm, als wäre ein Haltepunkt erreicht worden. Dies ist z. B. bei Endlosschleifen sinnvoll, wenn Sie das Programm nicht komplett abbrechen möchten, um den Zustand von Variablen zu untersuchen, während sich das Programm in der Endlosschleife befindet.
- TERMINATE (`Strg`+`F2`) bricht das Programm ab.
- Mit den STEP-Befehlen können Sie das Programm schrittweise durchlaufen. Dies ist immer dann möglich, wenn der Programmablauf mit SUSPEND oder durch einen Haltepunkt unterbrochen wurde.
- STEP OVER (`F6`) führt die im Editor markierte Zeile aus, und die Markierung rückt auf die nächste Anweisung vor. Handelt es sich um einen Ausgabebefehl für die Konsole, so können Sie im Konsolenfenster die Ausgabe begutachten. Wurde eine Wertzuweisung ausgeführt, können Sie in der VARIABLES-Ansicht die Veränderung des Variableninhalts verfolgen.
- STEP INTO (`F5`) ist von Bedeutung, wenn die markierte Anweisung ein Methodenaufruf ist. Es wird dann ebenfalls die markierte Anweisung ausgeführt. Der Programmablauf verzweigt dann in die Methode und bleibt bei der ersten ausführbaren Methodenanweisung stehen.
- STEP INTO SELECTION (`Strg`+`F5`) führt dazu, dass der Programmablauf in eine zuvor im Quellcode markierte Methode springt. Das Programm bleibt dann wieder bei der ersten ausführbaren Anweisung der Methode stehen.
- Eine weitere Methode der schrittweisen Ausführung besteht in STEP WITH FILTERS (`⇧`+`F5`). Hierbei wird ab der markierten Zeile das Programm wieder ausgeführt und an der nächsten Methode, die nicht ausgefiltert wurde, wieder angehalten. Filter können Sie unter dem Menüpunkt WINDOW • PREFERENCES • JAVA • DEBUG • STEP FILTERING festlegen.
- Mit STEP RETURN (`F7`) wird das Programm innerhalb einer Methode bis zur nächsten return-Anweisung ausgeführt.
- RUN TO LINE (`Strg`+`R`) führt ein Programm bis zur zuvor markierten Zeile aus.

Die hier beschriebenen Menüoptionen werden nicht nur über das RUN-Menü angeboten. Die wichtigsten Optionen finden Sie in der DEBUG-Perspektive auch rechts neben den Reitern der DEBUG-Ansicht.

Die vorgestellten Möglichkeiten werden jetzt genutzt, um den Fehler im oben vorgestellten Quellcode aufzuspüren. Führen Sie nun mit STEP OVER bzw. der Funktionstaste `F6` mehrmals hintereinander die nächste Anweisung aus. Sie werden feststellen, dass die Programmausführung von der Anweisung zahl++ zur Zeile mit dem Schlüsselwort while zurückspringt. Die beiden Anweisungen unter der while-Zeile werden ständig wiederholt. Wie sich dabei die in den Variablen `zahl` und `zeichensatz` gespeicherten Werte verändern, können Sie in der Ansicht VARIABLES mitverfolgen. Die Variable `zahl` wird bei jedem Durchlauf um eins erhöht. Das beobachtete Verhalten ist durchaus erwünscht. Die Wiederholung der beiden Anweisungen sollte aber enden, wenn die Variable `zahl` den Wert 128 erreicht. Führen Sie das Programm mit der Funktionstaste (F6) so weit aus, bis die Variable `zahl` den Wert 127 erreicht hat. Beim nächsten Durchlauf müsste die Variable den Wert 128 erreichen. Führen Sie das Programm weiter aus, so werden Sie feststellen, dass nicht der Wert 128, sondern –128 als nächster Wert angezeigt wird (siehe Abbildung 4.37).

Name	Value
args	String[0] (id=16)
zahl	-128
zeichensatz	" !"#$%&'()*+,-./0123456789:;<=>

Abbildung 4.37 Die »Variables«-Ansicht mit einem Zahlenüberlauf der Variablen »zahl«

Da die Variable `zahl` nie den Wert 128 erreicht, wird die while-Schleife auch nie verlassen und der darunter platzierte Ausgabebefehl mit `System.out.println` wird nie ausgeführt.

Wie kann dieser Effekt, dass die Variable `zahl` beim Addieren von 1 vom Wert 127 zum Wert –128 springt, erklärt werden? Die Variable `zahl` ist vom primitiven Datentyp `byte`. In Tabelle 2.2 ist als Wertebereich –128 bis 127 angegeben. Erhöht man den Wert einer ganzzahligen Variablen, die den größten Wert ihres Wertebereichs erreicht hat, um 1, so nimmt die Variable den kleinsten Wert des Wertebereichs an. Dieser Effekt wird auch als *Zahlenüberlauf* bezeichnet. Sie sollten also immer genau prüfen, ob der Wertebereich eines Datentyps für die betreffende Anwendung ausreicht. Ist das nicht der Fall, kann das leicht zu unerwarteten Effekten führen.

Verlassen Sie nun die DEBUG-Perspektive, und kehren Sie mit der Java-Schaltfläche in der rechten oberen Ecke des Eclipse-Fensters zur JAVA-Perspektive zurück. Um den Fehler zu beheben, ändern Sie den Datentyp der Variablen `zahl` von `byte` in `int`, und das Programm wird, wie erwartet, mit der Ausgabe der Variablen `zeichensatz` beendet. In dieser Variablen sind die Zeichen mit den Zeichencodes zwischen 30 und 128 hintereinander abgelegt.

Dieser kleine Ausflug in die DEBUG-Perspektive sollte Ihnen neben typischen Programmierfehlern auch ein hervorragendes Instrument zur schrittweisen Verfolgung von Programmabläufen näherbringen. Es rechtfertigt seinen Einsatz nicht nur, wenn Programmfehler aufzuspüren sind, sondern auch, wenn Sie sich über eine Programmlogik nicht ganz im Klaren sind und diese nachvollziehen möchten.

4.4 Ausblick

Sie haben nun einen ersten Einblick in die Arbeit mit Eclipse erhalten und einige der zahlreichen Hilfsmittel kennengelernt, die das fehlerfreie Erstellen von Java-Quellcodes erleichtern. Sicherlich wollen Sie nun nicht mehr auf die Vorzüge einer integrierten Entwicklungsumgebung (IDE) verzichten und sind damit einverstanden, wenn wir hier zum letzten Mal die Eingabeaufforderung zum Übersetzen und Starten eines Java-Programms benutzt haben.

Nach diesem Kapitel, das sich mehr mit der Entwicklungsumgebung, die wir nun verwenden wollen, befasst hat, soll nun wieder die Programmiersprache Java im Vordergrund stehen. Sie werden im nun folgenden Kapitel die Objektorientierung kennenlernen. Die Objektorientierung ist ein wesentliches Merkmal moderner Programmiersprachen. Sie werden dabei mit einigen neuen Begriffen wie *Klasse*, *Objekt* und *Methode* konfrontiert werden, und Sie werden einiges darüber erfahren, was die Erweiterung der Programmiersprachen um die Objektorientierung an Vorteilen bringt. Sie werden eigene Klassen definieren, in Programmen Objekte nach diesem Klassenbauplan erstellen, und Sie werden dabei feststellen, dass Sie damit die Funktionalität von existierenden Klassen sehr einfach erweitern können.

Kapitel 5
Klassen und Objekte

Sich den Objekten in der Breite gleichstellen, heißt lernen; die Objekte in ihrer Tiefe auffassen, heißt erfinden.
(Johann Wolfgang von Goethe, 1749–1832)

Ein wesentliches Merkmal der Programmiersprache Java ist ihre *Objektorientierung*. Auch andere moderne Programmiersprachen – wie Delphi, C++, C# oder Visual Basic – sind objektorientiert. Die Objektorientierung ist heute aus der Programmierung nicht mehr wegzudenken. Hier soll zunächst geklärt werden, wodurch sich dieses Merkmal auszeichnet.

5.1 Struktur von Java-Programmen

Im Zusammenhang mit der objektorientierten Programmierung haben Begriffe wie *Klasse*, *Objekt*, *Attribut*, *Methode*, *Vererbung* und *Interface* eine ganz besondere Bedeutung.

5.1.1 Klassen

Die bisher verwendeten Datentypen byte, short, int, long, float, double, char und boolean sind in Java vordefiniert. Sie werden auch als *primitive Typen* bezeichnet. Sie erfordern einen sehr geringen Aufwand für Compiler und Interpreter und bringen damit Geschwindigkeitsvorteile. Sie repräsentieren einfache Werte (Zahlenwerte oder Zeichen) und benötigen nur wenig Speicherplatz. Deshalb wurde in Java nicht wie in einigen anderen objektorientierten Programmiersprachen (z. B. Smalltalk) komplett auf sie verzichtet. Klassen definieren neue Typen, die Sie als Programmierer komplett an die eigenen Bedürfnisse zuschneiden können. Sie sind wesentlich leistungsfähiger als primitive Typen, denn sie können nicht nur einen, sondern auch eine Vielzahl von Werten speichern, die ihren Zustand als Eigenschaften beschreiben. Zusätzlich können sie auf Botschaften reagieren und selbst aktiv werden.

Anmerkung
Neue Typen können auch mit älteren, nicht objektorientierten Programmiersprachen gebildet werden. Diese Typen beschränken sich dann aber darauf, mehrere, auch unterschiedliche primitive Typen zu einem größeren Verbund zusammenzufassen. Eine Klasse im Sinne der objektorientierten Programmierung geht weit darüber hinaus.

Wir wollen uns nicht lange mit grauer Theorie aufhalten, sondern definieren gleich mal eine eigene Klasse, und zwar einen Zahlentyp, den es in der Programmiersprache Java ebenso wenig wie in vielen anderen Programmiersprachen gibt. An diesem Beispiel werden wir dann einige Besonderheiten der Objektorientierung kennenlernen.

Der neue Zahlentyp, den wir erzeugen, soll einen Bruch darstellen. Ein Bruch besteht aus einem Zähler und einem Nenner, die beide ganzzahlig sind. Da Zähler und Nenner durch ihren Zahlenwert komplett beschrieben sind, können wir für die Erzeugung entsprechend auf den primitiven Datentyp int für die Bestandteile unseres neuen Typs zurückgreifen. Wie eine Variable müssen wir den neuen Typ mit einem eindeutigen Namen (Bezeichner) ausstatten. Es hat sich eingebürgert, als Typnamen englische Begriffe zu verwenden und den ersten Buchstaben immer großzuschreiben. Wir weichen von dieser Vereinbarung insofern ab, als wir statt des englischen Ausdrucks den deutschen Ausdruck »Bruch« verwenden.

Allgemein besteht eine Klassendefinition aus folgender Konstruktion:

```
class Bezeichner {
    ... Einzelheiten der Definition ...
}
```

Listing 5.1 Allgemeine Beschreibung einer Klassendefinition

Entsprechend sieht die Klassendefinition unseres Typs folgendermaßen aus:

```
class Bruch {
  int zaehler;
  int nenner;
}
```

Listing 5.2 Definition der Klasse »Bruch«

Merke
Eine Klasse beschreibt den Aufbau eines komplexen Datentyps. Eine Klasse wird durch *Eigenschaften* (Datenelemente oder Attribute) und ihre *Fähigkeiten* (Methoden) beschrieben.

5.1.2 Attribute

Unsere Klasse `Bruch` besteht aus zwei *Datenelementen*. Wie Sie in Listing 5.2 sehen, werden diese Datenelemente wie Variablen definiert. In unserem Fall sind beide Datenelemente vom primitiven Typ `int`.

> **Merke**
> Für Attribute können Sie sowohl primitive Datentypen als auch Klassen verwenden.

Attribute sind fester Bestandteil einer Klasse und werden deshalb innerhalb der Klassendefinition festgelegt. Die Schreibweise unterscheidet sich nicht von der Definition der bisher verwendeten lokalen Variablen. Die Attribute müssen innerhalb einer Klasse eindeutig benannt sein. Es gelten die bekannten Regeln für die Vergabe von Bezeichnern (siehe Abschnitt 2.1, »Bezeichner und Schlüsselwörter«). Es werden in der Regel kleingeschriebene englische Substantive verwendet.

Unsere Klasse `Bruch` kann als neuer Typ angesehen werden, der gleichberechtigt neben den primitiven Typen `short`, `int`, `double` usw. steht. Im Unterschied zu den primitiven Typen besteht `Bruch` aus mehreren Bestandteilen, die einzeln angesprochen werden können.

Typen, die mehrere Bestandteile haben, werden auch *Referenztypen* genannt. Ein großer Vorteil einer Klasse besteht darin, dass ihre Bestandteile untrennbar miteinander verbunden sind. In unserem Beispiel sind Zähler und Nenner in der Klasse `Bruch` zusammengefasst. Der Zugriff auf die einzelnen Bestandteile ist nur über die Klasse, zu der sie gehören, möglich.

5.1.3 Packages

Jedes Java-Programm ist selbst immer als eine Klasse realisiert. Wie in Abschnitt 1.3.2, »Wie sind Java-Programme aufgebaut?«, erläutert wurde, besteht das gesamte Programm im einfachsten Fall aus dieser einen Klasse. Dass eine einzige Klasse ausreicht, ist aber sehr selten der Fall. Normalerweise werden in einem Programm mehrere Klassen verwendet. In der Regel wird jede einzelne Klasse in einer eigenen Quellcodedatei definiert. Daraus folgt, dass ein Java-Programm dann aus mehreren Quellcodedateien bestehen kann (siehe Abbildung 1.21).

> **Merke**
> Packages dienen dazu, mehrere logisch zusammengehörige Klassen zusammenzufassen und damit die Verwaltung größerer Programme zu vereinfachen.

In einer einzelnen Quellcodedatei können zwar theoretisch mehrere Klassen definiert werden, aber spätestens beim Kompilieren erstellt der Java-Compiler für jede Klasse eine eigene Bytecodedatei. Es macht deshalb durchaus Sinn, bereits beim Erstellen des Quellcodes darauf zu achten, dass in einer Quellcodedatei auch nur eine Klasse definiert wird.

Klassen müssen nur innerhalb eines Packages eindeutige Namen haben. Gleichnamige Klassen in anderen Packages erzeugen keine Namenskonflikte. Das erleichtert die Namensgebung für Klassen sehr. Da in ein Programm mehrere Packages eingebunden werden können, schränkt diese Namensgleichheit die Verwendbarkeit aber keineswegs ein.

Wenn wir davon ausgehen, dass jede Klasse in einer Datei abgelegt wird und ein Package mehrere Klassen organisatorisch zusammenfasst, dann sind Packages sehr gut mit Ordnern innerhalb des Dateisystems vergleichbar. Sie werden auch entsprechend in gleichnamigen Ordnern angelegt. Sie können auch wie Ordner geschachtelt werden. Dadurch wird eine hierarchische Struktur mit Packages und Subpackages erzeugt (siehe Abbildung 5.1).

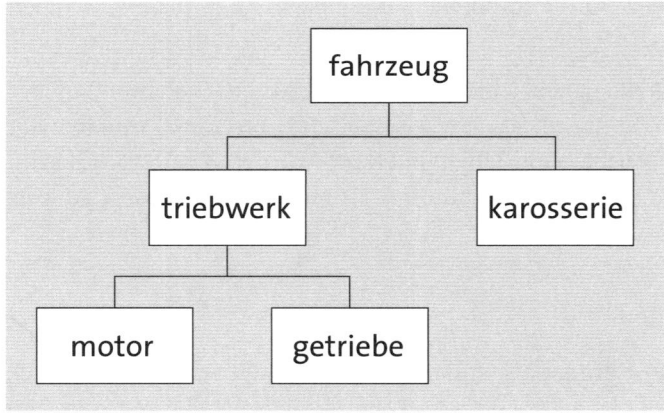

Abbildung 5.1 Beispiel für geschachtelte Packages

Zur Verdeutlichung erstellen wir als neues Projekt *JavaUebung05*. In diesem Projekt legen Sie als neue Klasse (FILE • NEW • CLASS) die Definition unserer Klasse Bruch an.

Solange Sie wie bisher das Textfeld PACKAGE leer lassen, weist Eclipse Sie darauf hin, dass es nicht gutgeheißen wird, das *default package* zu verwenden (siehe Abbildung 5.2).

5.1 Struktur von Java-Programmen

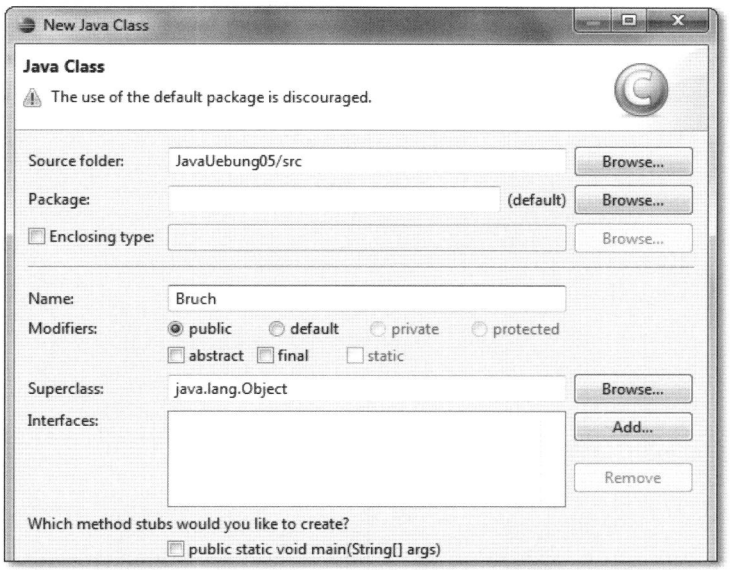

Abbildung 5.2 Erstellen der Klasse »Bruch«

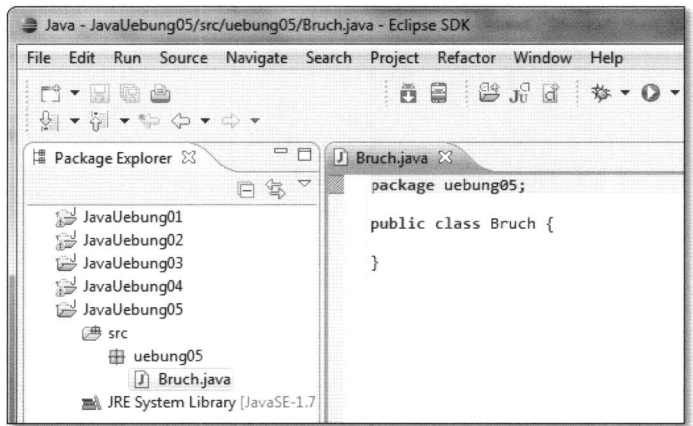

Abbildung 5.3 Projektansicht im Package Explorer

Sie sollten sich diesen Einwurf von Eclipse zu Herzen nehmen und für das Package einen Namen angeben. Auch diese Namenseingabe wird von Eclipse überwacht. Wenn Sie z. B. den Package-Namen mit einem Großbuchstaben beginnen, erscheint der Hinweis, dass Package-Namen mit einem Kleinbuchstaben beginnen sollten. Für die Bezeichnung von Packages gelten die gleichen Regeln wie für Variablen und Klassen. Nennen Sie das Package *uebung05*. Sie sollten diesmal auf die Erstellung der main-

Methode verzichten, denn die Klasse Bruch soll kein eigenständiges Programm sein, sondern lediglich eine Klasse, die in einem Programm verwendet werden kann.

Wie Sie in Abbildung 5.3 sehen, wird die Quellcodedatei der Klasse Bruch im Package *uebung05* eingeordnet. Die im Quellcode erforderliche Anweisung package uebung05; wird von Eclipse automatisch eingetragen.

Ergänzen Sie den Quellcode um die Definition der Attribute:

```
package uebung05;
class Bruch {
    int zaehler;
    int nenner;
}
```

Listing 5.3 Definition der Klasse »Bruch«

Diese Quellcodedatei kann nicht als Anwendung gestartet werden. Was sollte sie auch ausführen? Beim Versuch, die Datei als Java-Anwendung zu starten, werden Sie feststellen, dass Eclipse im Menü RUN AS keine Option JAVA APPLICATION anbietet und dass beim Versuch, direkt mit RUN zu starten, nur eine Fehlermeldung erscheint (siehe Abbildung 5.4).

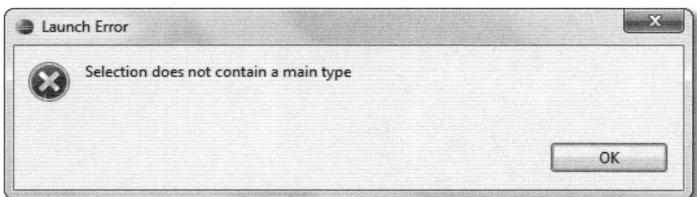

Abbildung 5.4 Fehlermeldung beim Versuch, die Klasse »Bruch« als Anwendung zu starten

Die Klasse Bruch selbst ist kein Programm, sondern eine Klasse, die in einem Programm verwendet werden kann. Man kann die Klasse Bruch mit einem Datentyp wie int vergleichen. Auch der Datentyp int ist keine Anwendung, die ausgeführt werden kann, sondern ein Element, das von einer Anwendung zur Speicherung von Informationen verwendet wird. Um die Klasse Bruch zu testen, müssen Sie eine Anwendung erstellen, die diese Klasse verwendet.

Innerhalb des Projekts *JavaUebung05* erstellen Sie eine neue Klasse mit dem Namen Bruchtest1 (siehe Abbildung 5.5). Achten Sie dabei darauf, dass als Package-Name *uebung05* eingetragen ist. Diesen Eintrag nimmt Eclipse automatisch vor, wenn Sie im Package Explorer das Package selbst oder einen dem Package untergeordneten Eintrag markiert haben. Sie können den Eintrag aber auch von Hand vornehmen. Zusätzlich

5.1 Struktur von Java-Programmen

können Sie sich die Arbeit erleichtern, indem Sie unter der Frage WHICH METHOD STUBS WOULD YOU LIKE TO CREATE? das Häkchen vor dem Eintrag PUBLIC STATIC VOID MAIN(STRING[] ARGS) setzen. Diese Methode macht eine Klasse zu einem ausführbaren Programm. Haben Sie die Absicht, eine als Programm ausführbare Klasse zu erstellen, dann müssen Sie diese main-Methode erstellen. Sie bildet den Startpunkt des Programmablaufs. Der Java-Interpreter sucht beim Aufruf in der ihm übergebenen Binärdatei nach der Methode mit dem Namen main und beginnt dort mit der Abarbeitung der Anweisungen.

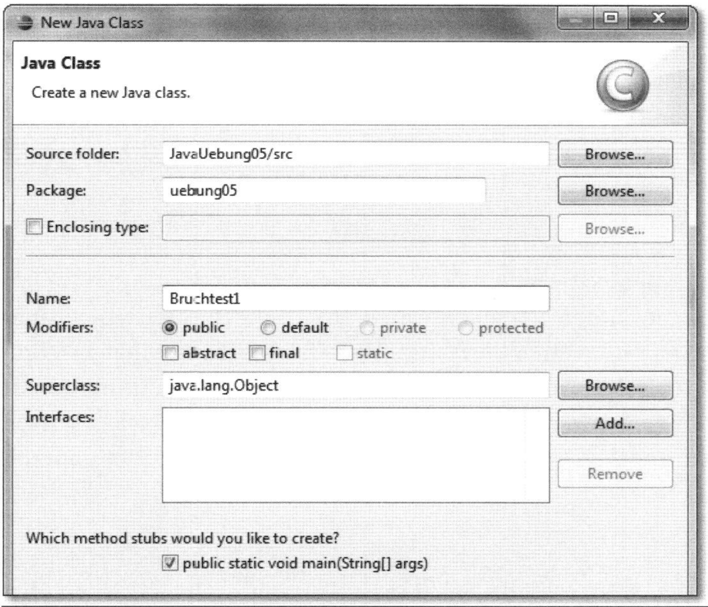

Abbildung 5.5 Erstellen der Anwendung »Bruchtest1«

Den von Eclipse erstellten Quellcode zeigt Abbildung 5.6.

Abbildung 5.6 Von Eclipse erstellter Programmrahmen

Ersetzen Sie den markierten Kommentar, der Sie mit dem Hinweis TODO auffordert, hier die eigenen Ergänzungen vorzunehmen, durch die folgenden Anweisungen:

```
Bruch b = new Bruch();
b.zaehler = 3;
b.nenner = 4;
System.out.print("Bruch b = " + b.zaehler + "/" + b.nenner);
```

Es wird eine Variable vom Typ `Bruch` definiert. Eine solche Variable, die als Typ eine Klasse verwendet, wird *Objekt* genannt. Ihr wird der Wert ¾ zugewiesen, und schließlich wird die Variable zur Kontrolle mit `System.out.print` ausgegeben.

Der folgende Abschnitt erläutert, wie sich die Verwendung einer Klasse von der Verwendung eines primitiven Datentyps unterscheidet.

5.2 Objekte

Verwenden Sie primitive Typen, so reicht die Definition einer Variablen von diesem Typ bereits aus, und Sie können diesen Variablen Daten zuweisen. Die Definition einer Klasse darf nicht mit der Definition einer Variablen verwechselt werden. Mit der Definition einer Klasse ist nur festgelegt, wie eine später zu definierende Variable aufgebaut ist. Man kann die Definition einer Klasse als Bauplan auffassen. Eine Variable, die nach diesem Plan anschließend angelegt wird, nennt man *Objekt*, *Instanz* oder *Exemplar* der Klasse.

> **Merke**
>
> Ein Objekt ist ein Exemplar (Instanz), das nach dem Bauplan einer Klassendefinition erstellt wurde. Die Klasse stellt den Bauplan dar (siehe Abbildung 5.7). Das Objekt ist eine Variable, die nach diesem Plan aufgebaut ist.

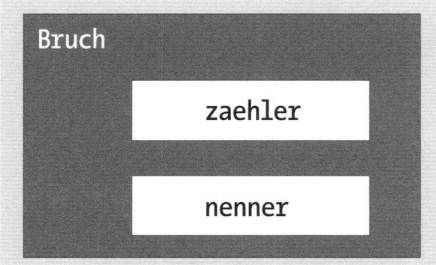

Abbildung 5.7 Bauplan der Klasse »Bruch«

Nach dem Bauplan der Klasse können beliebig viele Objekte (Instanzen) erzeugt werden.

Eine Instanz ist mit einer Variablen eines primitiven Typs vergleichbar, weist aber in der Handhabung deutliche Unterschiede auf. Wie in Kapitel 2, »Grundbausteine eines Java-Programms«, beschrieben, wird z. B. mit

`int zahl1;`

eine Variable definiert. Damit ist im Arbeitsspeicher unmittelbar auch Speicherplatz verfügbar, auf den über den Bezeichner zugegriffen werden kann.

Die Verwendung einer Klasse stellt sich nicht ganz so einfach dar. Nach der Erstellung eines Bauplans durch die oben beschriebene Definition steht der neue Typ zur Verfügung. Damit kann eine Variable dieses Typs mit der Anweisung

`Bruch b;`

definiert werden.

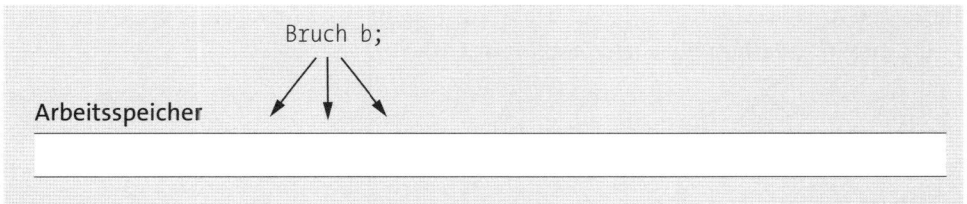

Abbildung 5.8 Definition einer Variablen vom Typ »Bruch«

Wie Abbildung 5.8 zeigt, ist mit dieser Anweisung nur ein Bezeichner definiert, der in der Lage ist, auf eine Instanz der Klasse Bruch zu verweisen. Man nennt sie deshalb auch *Referenzvariable*. Im Gegensatz zu den bisher verwendeten Typen ist damit aber im Hauptspeicher noch kein Platz für die einzelnen Attribute zaehler und nenner reserviert. Auch die Adresse, an der sich die Instanz befindet, steht noch nicht fest. Es existiert im Hauptspeicher noch keine Instanz. Die Variable b hat zu diesem Zeitpunkt den vordefinierten Wert null. Dieser Wert beschreibt sehr gut, dass die Variable noch keine Instanz referenziert. So kann z. B. in einer if-Anweisung

`if (b != null) ...`

überprüft werden, ob sich hinter einem Bezeichner tatsächlich schon eine Instanz einer Klasse verbirgt. Nur wenn die Bedingung (b != null) den Wert true zurückliefert, existiert bereits eine Instanz der Klasse Bruch, und nur dann kann auch auf die Attribute dieser Instanz zugegriffen werden.

Eine neue Instanz der Klasse Bruch erzeugen Sie mit dem Operator new (siehe Abbildung 5.9):

new Bruch();

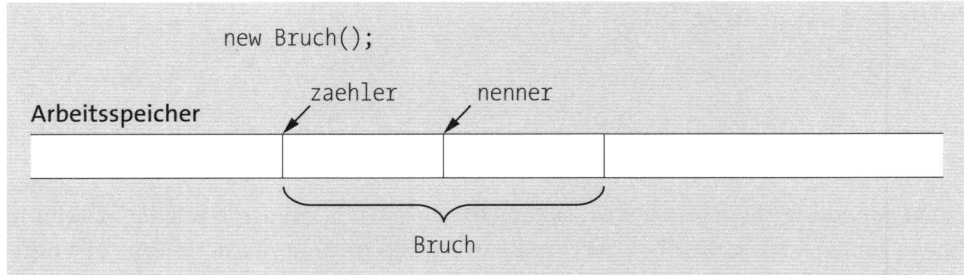

Abbildung 5.9 Erzeugen einer Instanz des Typs »Bruch«

Wie Sie aus Abbildung 5.9 entnehmen können, fehlt hier die Verbindung zu einem Bezeichner, über den Sie auf das Objekt zugreifen können. Deshalb werden in der Regel die beiden Anweisungen Bruch b; und new Bruch(); zu einer Anweisung der Form Bruch b = new Bruch(); verbunden (siehe Abbildung 5.10).

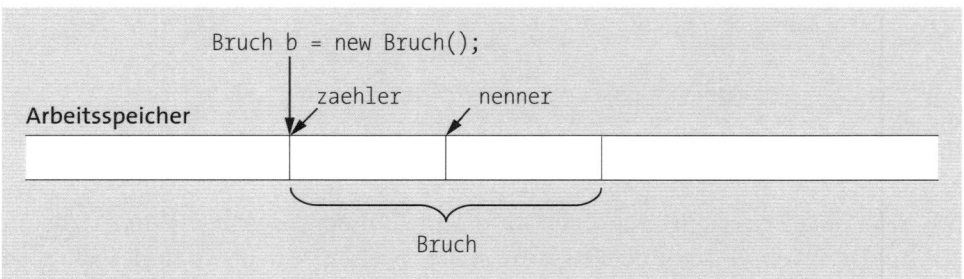

Abbildung 5.10 Erzeugen einer Variablen als Instanz der Klasse »Bruch«

Nun besteht über den Bezeichner b eine Verbindung zu dem für das Objekt im Speicher reservierten Speicherbereich, und Sie können auf das Objekt zugreifen.

5.2.1 Zugriff auf die Attribute (Datenelemente)

Die Instanz einer Klasse enthält die in der Klassendefinition festgelegten Attribute. In unserem Beispiel sind dies die Attribute zaehler und nenner. Diese Datenelemente können einzeln angesprochen werden. Die Syntax für den Elementzugriff lautet:

variable.elementname

In unserem Beispiel mit der Referenzvariablen b können Sie auf den Zähler des Bruchs mit b.zaehler und auf den Nenner mit b.nenner zugreifen. Somit können Sie mit den Wertzuweisungen

```
b.zaehler = 3;
b.nenner = 4;
```

der Variablen b den Wert ¾ zuweisen. Damit stellt sich ein Blick in den Hauptspeicher so dar wie in Abbildung 5.11.

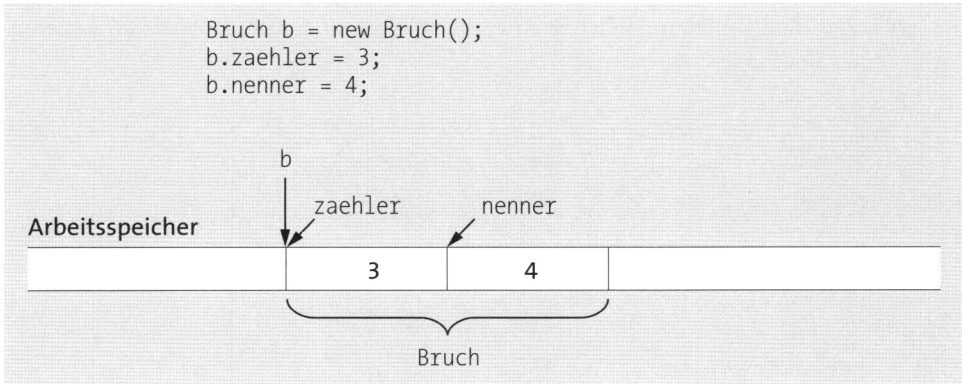

Abbildung 5.11 Variable »b« nach der Wertzuweisung

> **Merke**
>
> Die Attribute eines Objekts werden über den Objektnamen angesprochen. Auf den Objektnamen folgt, durch einen Punkt getrennt, der Name des Attributs. Diese Zugriffsmöglichkeit (von außen) kann und soll sogar vom Programmierer unterbunden werden (siehe Abschnitt 6.2.2, »Datenkapselung«). Sie wird hier nur der Vollständigkeit halber beschrieben.

Mit den Attributen eines Objekts können Sie in gleicher Weise operieren wie mit lokalen Variablen des gleichen Typs. Dementsprechend sind z. B. die folgenden Operationen möglich:

```
b.zaehler++; // Inkrementierung des Zählers
if (b.nenner != 0) //Prüfen, ob der Nenner ungleich null ist
```

An der Schreibweise mit dem Punkt zwischen Objektbezeichner und Datenelementbezeichner können Sie erkennen, dass hier mit dem Attribut eines Objekts und nicht mit einer lokalen Variablen gearbeitet wird.

5.2.2 Wertzuweisungen bei Objekten

Eine häufige Fehlerquelle beim Umgang mit Objekten besteht darin, dass Wertzuweisungen falsch vorgenommen werden. Objekte sind Referenztypen. Bei solchen Typen hat eine Wertzuweisung andere Folgen als bei den primitiven Typen. Die Zusammenhänge sollen hier an Beispielen deutlich gemacht werden.

Gehen wir zunächst von zwei Variablen des primitiven Typs int aus. Die Anweisung

```
int zahl1 = 2387;
```

hat zur Folge, dass im Hauptspeicher eine Variable zahl1 mit dem Wert 2387 angelegt wird (siehe Abbildung 5.12).

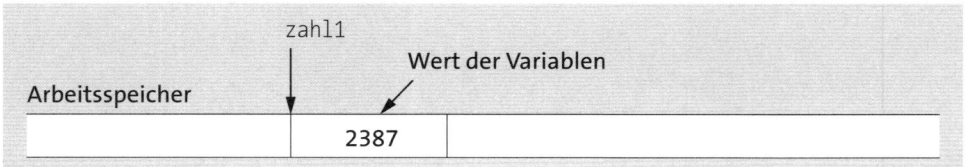

Abbildung 5.12 Anlegen einer »int«-Variablen

Folgt als weitere Anweisung

```
int zahl2 = zahl1;
```

wird eine weitere Variable mit dem gleichen Inhalt angelegt (siehe Abbildung 5.13).

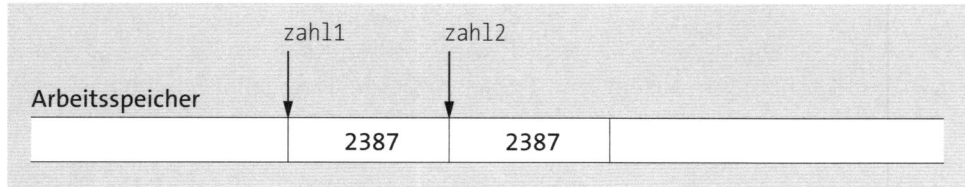

Abbildung 5.13 Erstellen einer Kopie der Integer-Variablen

Es existieren anschließend zwei Variablen mit unterschiedlichen Bezeichnern, die beide den gleichen Wert haben. Ändern Sie mit

```
zahl1 = 46;
```

den Inhalt von zahl1, so hat dies keinen Einfluss auf den Inhalt von zahl2 (siehe Abbildung 5.14).

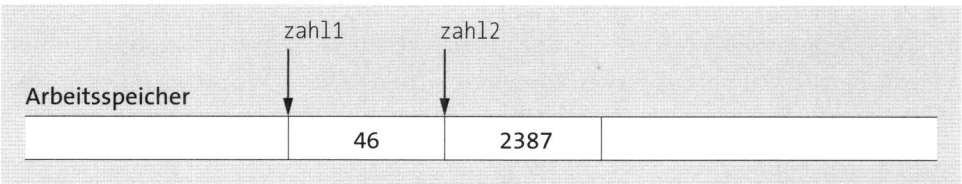

Abbildung 5.14 Wertzuweisung an die erste Variable

Das scheint so weit ganz selbstverständlich und sollte keine Schwierigkeiten bereiten. Wenn Sie nun aber mit Referenzvariablen wie bei den Objekten arbeiten, ergeben sich davon abweichende Verhältnisse.

Angenommen, Sie definieren ähnlich wie oben eine Variable, weisen dieser einen Wert zu und definieren anschließend eine zweite Variable, der Sie den Wert der ersten zuweisen, nur dass Sie jetzt Objekte statt primitiver Typen verwenden. Sie lassen z. B. die folgenden Anweisungen ausführen:

```
Bruch a = new Bruch(); // a als Bruch definiert
a.zaehler = 3; // dem Bruch den Wert ¾ zuweisen
a.nenner = 4;
Bruch b = a; // b als Bruch mit dem Wert von a
```

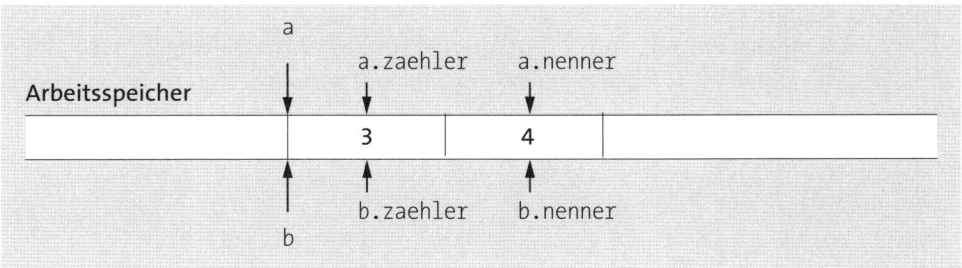

Abbildung 5.15 Wertzuweisung bei Objekten

Wie Sie Abbildung 5.15 entnehmen können, existiert jetzt kein zweites Objekt mit gleichem Zähler und Nenner wie beim ersten, sondern es existiert lediglich ein zweiter Bezeichner, der aber auf das identische Objekt im Hauptspeicher verweist. Dieses Verhalten hat jetzt aber weitreichende Folgen. Zum Beispiel werden durch das Verändern von Zähler und Nenner des zweiten Objekts

```
b.zaehler = 5;
b.nenner = 8;
```

zugleich auch der Zähler und der Nenner des ersten Objekts verändert, denn es handelt sich ja eigentlich immer nur um ein einziges Objekt, auf das Sie mithilfe von zwei unterschiedlichen Bezeichnern zugreifen können. Man nennt dieses Verhalten auch *Aliasing*, denn ein und dasselbe Objekt besitzt dadurch einen Alias-Bezeichner.

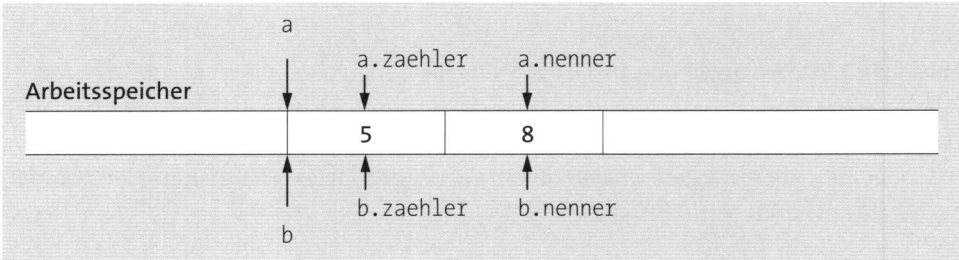

Abbildung 5.16 Auswirkung der Wertzuweisung an ein Objekt

Dieses Aliasing wirkt sich jetzt auch auf Vergleiche von Objekten aus. Vergleicht man z. B. in einer if-Anweisung die beiden Brüche a und b mit

```
if (a == b) ...
```

so liefert der Vergleich nur dann true als Ergebnis zurück, wenn es sich tatsächlich um ein und dasselbe Objekt mit zwei unterschiedlichen Bezeichnern handelt (siehe Abbildung 5.16). Im folgenden Beispiel werden zwei unterschiedliche Objekte erzeugt, deren Zähler und Nenner identisch sind. Vergleichen Sie diese beiden Objekte aber, so liefert der Vergleich immer false zurück, auch wenn sie vom gespeicherten Wert her eigentlich gleich sind (siehe Abbildung 5.17):

```
Bruch a = new Bruch(); // a als Bruch definieren
a.zaehler = 3; // dem Bruch den Wert ¾ zuweisen
a.nenner = 4;
Bruch b = new Bruch(); // b als zweiten Bruch definieren
b.zaehler = a.zaehler; // b den Wert von a zuweisen
b.nenner = a.nenner;
if (a == b) ... // liefert false zurück
```

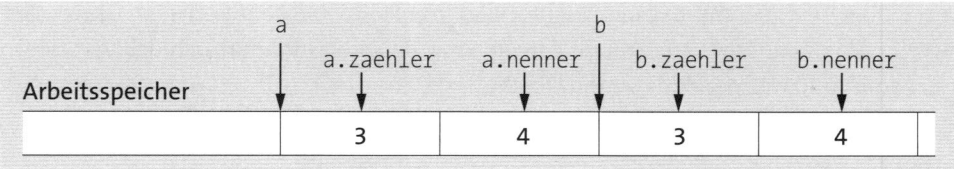

Abbildung 5.17 Echte Kopie eines Objekts

Was sich hier zunächst als etwas problematisch darstellt, ist in der Praxis überhaupt nicht problematisch. Java vermeidet aus Gründen der Performance und des Speicherplatzbedarfs, bei jeder Wertzuweisung eine komplette Kopie eines Objekts anzulegen. In den wenigen Fällen, in denen Sie tatsächlich eine exakte Kopie eines Objekts benötigen, gehen Sie dann in der zuletzt beschriebenen Form vor.

5.2.3 Gültigkeitsbereich und Lebensdauer

Auch was den Gültigkeitsbereich und die Lebensdauer betrifft, gibt es Unterschiede zwischen lokalen Variablen und den Datenelementen eines Objekts. Wie bereits bei der Behandlung der lokalen Variablen bemerkt, gelten diese nur innerhalb des Blocks, in dem sie definiert wurden. Die Attribute eines Objekts haben dagegen unabhängig von der Stelle, an der sie definiert wurden, innerhalb der gesamten Klasse Gültigkeit.

Die Lebensdauer von lokalen Variablen beginnt in dem Augenblick, in dem das Programm die Stelle ihrer Definition erreicht, und sie endet mit dem Verlassen des Blocks, innerhalb dessen die Definition erfolgte.

Beispiel:

```
if (x > 10) {
  Bruch b = new Bruch();
  b.zaehler = 2;
  b.nenner = 3;
}
System.out.println(b.zaehler);
```

Listing 5.4 Zugriffsversuch nach Ablauf der Lebensdauer

Der Bruch b wird nur erzeugt, wenn x größer als 10 ist. Aber auch in diesem Fall erfolgt die Erzeugung des Bruchs b innerhalb des Blocks, der mit der geschweiften Klammer nach der Bedingung (x > 10) beginnt. Die Lebensdauer endet somit mit der schließenden Klammer. Danach ist kein Zugriff mehr auf b möglich. Die System.out.println-Anweisung wird entsprechend eine Fehlermeldung verursachen.

Die Attribute eines Objekts existieren immer so lange, wie das Objekt selbst existiert. Erzeugt wird ein Objekt mit der new-Anweisung. Damit ist das auch der Zeitpunkt, zu dem die Attribute des Objekts entstehen. Die Lebensdauer des Objekts endet automatisch, sobald es im Programm keine Referenz mehr auf das Objekt gibt. Wann genau das passiert, kann nicht eindeutig vorhergesagt werden, denn darüber entscheidet das Laufzeitsystem. Man kann aber sagen, dass es spätestens dann passiert, wenn keine Zugriffsmöglichkeit (Referenz) mehr besteht und der verfügbare Speicherplatz zur Neige geht.

5.3 Methoden

Eine Erweiterung, zu der es bei den primitiven Datentypen nichts Vergleichbares gibt, sind die Methoden einer Klasse. Methoden können in Klassen neben den Datenelementen definiert werden. Sie beschreiben das Verhalten einer Klasse bzw. die Operationen, die mit den Attributen der jeweiligen Klasse ausgeführt werden können. Im Vergleich dazu beschreiben die Datenelemente einer Klasse den Aufbau und den Zustand einer Instanz.

5.3.1 Aufbau von Methoden

Eine Methode besteht aus dem Kopf, der quasi als Überschrift dient, und dem Rumpf. Im Rumpf wird festgelegt, welche Vorgänge mit dem Aufruf der Methode ablaufen sollen. Im Kopf werden der Rückgabetyp, der Bezeichner der Methode und in runden Klammern die Datentypen und Bezeichner von Übergabeparametern festgelegt. Im Rumpf befinden sich Java-Anweisungen, die wie ein Programm abgearbeitet werden.

Der allgemeine Aufbau einer Methode hat die folgende Form:

```
Rückgabetyp Methodenname(Parametertyp Parameter1, ...)
```

Als erstes Beispiel definieren wir eine Methode, die dafür sorgt, dass ein Objekt der Klasse Bruch in einem bestimmten Format ausgegeben wird.

```
void ausgeben() { // Kopf der Methode
    System.out.print(zaehler + "/" +nenner);// Rumpf der Methode
}
```

Das im Kopf verwendete Schlüsselwort void ist bereits von der Zeile public static void main(String[] args) bekannt. Methoden können Daten als Ergebnis zurückliefern. Von welchem Datentyp das Ergebnis ist, müssen Sie bei der Methodendefinition vor dem Methodennamen angeben. Liefert eine Methode kein Ergebnis zurück, müssen Sie als Pseudodatentyp das Schlüsselwort void angeben. Es bedeutet so viel wie: Die Methode liefert nichts zurück.

Der Rumpf der Methode besteht in diesem Beispiel aus einer einzigen Anweisung, kann aber durchaus auch sehr komplex und umfangreich ausfallen. Die geschweiften Klammern, die den Methodenrumpf einleiten und abschließen, müssen Sie immer verwenden, auch wenn wie hier nur eine einzige Anweisung im Methodenrumpf steht. Das ist ein wesentlicher Unterschied zu den Kontrollstrukturen, wo die geschweiften Klammern in einem solchen Fall auch wegfallen können.

5.3.2 Aufruf von Methoden

Abbildung 5.18 zeigt die um die Methode ausgeben() erweiterte Version der Klasse Bruch. Im Programm *Bruchtest* wird die Ausgabe nicht mehr direkt über den Aufruf von System.out.print realisiert, sondern indirekt über den Aufruf der Methode ausgeben(). Es handelt sich hierbei um eine Instanzmethode. So wie jede Instanz der Klasse Bruch über ihre eigenen Attribute verfügt, so verfügt jede Instanz auch über ihre eigenen Instanzmethoden. Sie sehen, dass der Zugriff auf eine Instanzmethode in gleicher Weise erfolgt wie der Zugriff auf die Attribute eines Objekts. Sie geben hinter dem Objektbezeichner mit Punkt getrennt den Methodennamen und in Klammern eventuell zu verwendende Parameter an.

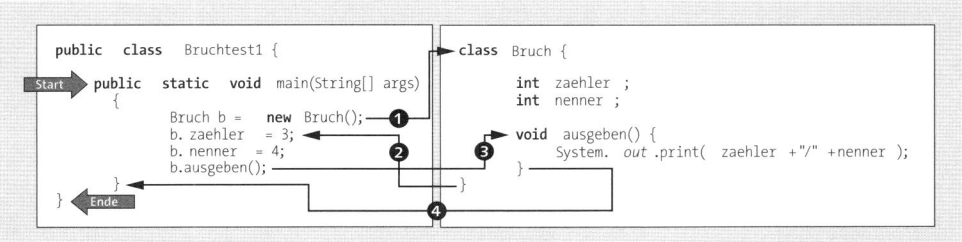

Abbildung 5.18 Methodenaufruf

Die Pfeile links zeigen, dass der Programmablauf immer mit der Methode main beginnt und mit dem Erreichen vom Ende des Methodenrumpfes endet (d. h. mit der schließenden geschweiften Klammer).

Bei Erreichen der Anweisung new Bruch(); wird der erste Zugriff auf die Datei mit der Definition der Klasse Bruch erforderlich ❶. Mit dieser Anweisung wird die gesamte Struktur der Klasse Bruch im Hauptspeicher angelegt und über den Variablennamen b zugreifbar gemacht. Im Hauptspeicher entsteht quasi ein Abbild des Dateiinhalts. Werden mehrere Objekte der gleichen Klasse mit new erzeugt, so werden die Methoden im Hauptspeicher allerdings nur ein einziges Mal erzeugt. Alle Objekte verwenden dann die gleiche Implementierung der Methoden. Danach wird die nächste Anweisung im Programm abgearbeitet ❷. In diesem Fall wird dem Zähler unseres Bruchs der Wert 3 und dem Nenner der Wert 4 zugewiesen.

Mit der Anweisung b.ausgeben(); wird nun auf das Abbild im Hauptspeicher zugegriffen ❸ und die Methode ausgeben() des Objekts Bruch abgearbeitet. In diesem Fall wird also die Anweisung System.out.print ausgeführt. Nachdem das Ende des Methodenrumpfes erreicht wurde, wird mit der nächsten Anweisung im Programm fortgefahren ❹. In unserem Fall ist damit das Ende des Methodenrumpfes von main erreicht, und das Programm wird beendet.

Unser Beispiel zeigt nun auch, wie eine Methode benutzt wird. Wie beim Zugriff auf ein Attribut eines Objekts richtet sich auch der Aufruf einer Methode immer an ein bestimmtes Objekt einer Klasse. Ohne diese Zuordnung zu einer bestimmten Instanz kann keine Methode aufgerufen werden. Die Syntax (Schreibweise) entspricht der beim Zugriff auf ein Attribut. In der Form

`variablenname.methodenname();`

wird also zunächst der Variablenname und, mit einem Punkt abgetrennt, der Methodenname angegeben. In unserem Beispiel verwenden wir entsprechend `b.ausgeben()`, um den Bruch mit dem Variablennamen b auszugeben.

Der Aufruf einer Methode erfolgt immer in drei Schritten:

▶ Der aufrufende Block wird unterbrochen.
▶ Der Methodenrumpf wird ausgeführt.
▶ Der aufrufende Block wird mit der Anweisung nach dem Aufruf fortgesetzt.

Ein Block kann so beliebig viele Aufrufe ein und derselben Methode beinhalten (siehe Abbildung 5.19). Es wird dementsprechend beliebig oft unterbrochen, um immer wieder den gleichen Anweisungsteil der Methode zu durchlaufen (zweiter Aufruf mit ❺ und ❻).

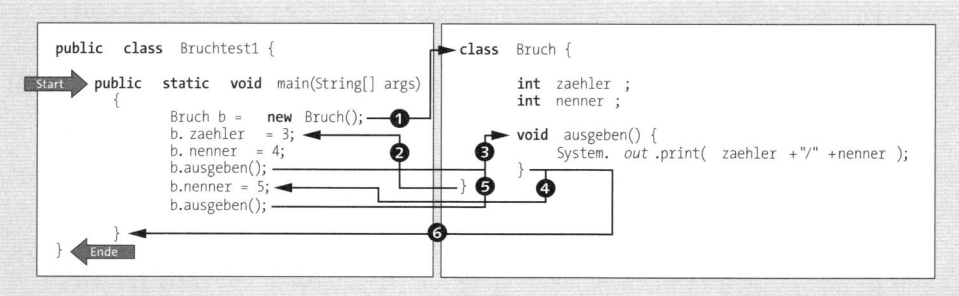

Abbildung 5.19 Mehrfacher Methodenaufruf

Der Methodenrumpf stellt in der gleichen Bedeutung, wie wir ihn bisher kennengelernt haben, einen Block dar. Innerhalb dieses Blocks sind beliebige Anweisungen (damit auch alle Kontrollstrukturen) zulässig. Es können auch lokale Variablen definiert werden, die dann nur innerhalb des Methodenrumpfes gültig sind. Sie werden bei jedem Methodenaufruf neu erzeugt und nach dem Aufruf wieder zerstört. Zur Erinnerung: Die Datenelemente des Objekts werden mit der Ausführung der new-Anweisung erstellt. Sie werden erst zerstört, wenn das Objekt insgesamt aus dem Speicher entfernt wird.

Wir erweitern unsere Definition nun um eine Methode, die es dem Bruch ermöglicht, sich zu kürzen. Ein Bruch kann mit dem größten gemeinsamen Teiler (ggT) gekürzt werden. Wir verwenden also unseren Algorithmus zur Berechnung des ggT nach Euklid, den wir in Kapitel 3, »Kontrollstrukturen«, programmiert haben.

Unser Testprogramm ändern wir so ab, dass der Bruch zunächst den Wert $^{3}/_{12}$ hat. Zur Kontrolle wird der Bruch ungekürzt ausgegeben, dann wird er gekürzt und schließlich noch einmal in gekürzter Form ausgegeben:

```java
public static void main(String[] args) {
  Bruch b = new Bruch();
  b.zaehler = 3;
  b.nenner = 12;
  b.ausgeben();
  System.out.print("\n Und nach dem Kürzen: ");
  b.kuerzen();
  b.ausgeben();
}
```

Listing 5.5 »main«-Methode von »Bruchtest1«

In der Klasse Bruch wird die folgende Methode zum Kürzen ergänzt:

```java
void kuerzen() {
  int m, n, r;   //lokale Variablen
  m = zaehler;
  n = nenner;
  r = m % n;
  while (r > 0) {
    m = n;
    n = r;
    r = m % n;
  }
  zaehler = zaehler / n;   //in n steht jetzt der ggT
  nenner = nenner / n;
}
```

Listing 5.6 Methode der Klasse »Bruch« zum Kürzen

Das Beispiel zeigt, dass beim Zugriff auf Datenelemente der Klasse (zaehler und nenner) innerhalb eines Methodenrumpfes desselben Objekts keine ausführliche Schreibweise für den Elementzugriff notwendig ist. Sie schreiben einfach zaehler, wenn Sie auf dieses Element zugreifen wollen. Von außerhalb, d. h. von einem Anwendungsprogramm aus, müssen Sie den Objektnamen mit angeben (b.zaehler). Sowohl Datenelemente als auch Methoden stehen innerhalb einer Klasse ohne weitere Maßnahmen direkt zur Verfügung. Dadurch ist es auch möglich, dass eine Methode eine andere Methode der Klasse aufruft. Diesen Sachverhalt zeigt die folgende Erweiterung unserer Klasse Bruch. Wir ergänzen eine weitere Methode, die einen Bruch gekürzt ausgibt:

```
void gekuerztausgeben() {
  kuerzen();
  ausgeben();
}
```

Die Methode fällt dadurch, dass wir auf die bereits definierten Methoden kuerzen() und ausgeben() zurückgreifen können, sehr kurz und übersichtlich aus. Im Testprogramm können Sie die beiden Anweisungen

```
b.kuerzen();
b.ausgeben();
```

durch die Anweisung

```
b.gekuerztausgeben();
```

ersetzen.

Wie das Beispiel zeigt, können Methoden auch aus anderen Methoden heraus aufgerufen werden. Abbildung 5.20 verdeutlicht die Abläufe beim gegenseitigen Methodenaufruf. Sie entsprechen den Abläufen, wie sie für den Aufruf einer Methode aus einer Anwendung heraus bereits erläutert wurden.

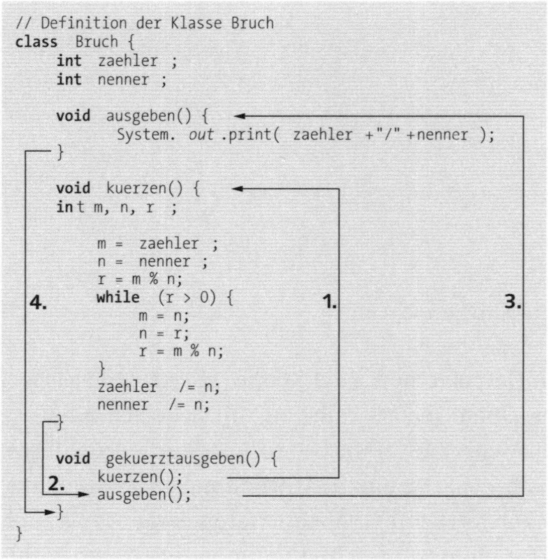

```
// Definition der Klasse Bruch
class Bruch {
    int zaehler ;
    int nenner ;

    void ausgeben() {
        System. out .print( zaehler +"/" +nenner );
    }

    void kuerzen() {
    int m, n, r ;

        m = zaehler ;
        n = nenner ;
        r = m % n;
        while  (r > 0) {
            m = n;
            n = r;
            r = m % n;
        }
        zaehler  /= n;
        nenner  /= n;
    }

    void gekuerztausgeben() {
        kuerzen();
        ausgeben();
    }
}
```

Abbildung 5.20 Methodenaufruf aus einer Methode

5.3.3 Abgrenzung von Bezeichnern

Da innerhalb von Methoden neben den Datenelementen auch lokale Variablen verwendet werden können und beim Zugriff auf Datenelemente kein Objektname vorangestellt ist, kann im Quellcode nicht zwischen einem Zugriff auf eine lokale Variable und einem Zugriff auf ein Datenelement unterschieden werden. Außerdem ist zu beachten, dass Namen von lokalen Variablen und Datenelementen nicht kollidieren. Dadurch ist es durchaus möglich, dass innerhalb einer Methode eine lokale Variable definiert wird, die den gleichen Namen trägt wie ein im Objekt bereits definiertes Datenelement. Zum Beispiel könnte, wie im unten stehenden Beispiel gezeigt, in der Methode ausgeben() eine lokale Variable mit dem Namen zaehler definiert werden, ohne dass der Compiler eine Fehlermeldung erzeugt.

```
void ausgeben() {
  int zaehler = 0; //namensgleiche lokale Variable
  System.out.print(zaehler + "/" + nenner);
}
```

Die Frage, die sich nun stellt, lautet: Worauf greift die Methode ausgeben() zurück?

Wenn Sie das Programm testen, werden Sie feststellen, dass mit b.ausgeben() für den zaehler immer der Wert 0 ausgegeben wird. Das bedeutet, dass die in der Methode ausgeben() definierte lokale Variable zaehler das gleichnamige Datenelement des Objekts überdeckt. Dies gilt grundsätzlich bei Namensgleichheit von lokalen Variablen und Datenelementen.

Damit Sie bei einer Überdeckung dennoch an das verdeckte Datenelement einer Klasse bzw. eines Objekts herankommen, existiert in jeder Methode automatisch eine Variable mit dem Namen this. Diese Variable wird als *Selbstreferenz* bezeichnet, weil sie immer auf das eigene Objekt verweist. Das eigene Objekt ist dasjenige Objekt, innerhalb dessen die Methode definiert wurde. In unserem Beispiel verweist this also auf die Klasse Bruch bzw. das Objekt b. Wenn wir also in der Methode ausgeben() die System.out.print-Anweisung folgendermaßen abändern

```
System.out.print(this.zaehler + "/" + nenner);
```

so wird der Wert des Datenelements zaehler korrekt mit dem Wert 3 ausgegeben.

Die hier erläuterte Anwendung zum Auflösen von Namenskollisionen ist aber nicht die einzige Anwendung der Selbstreferenz this. Auf diese Anwendungen wird später noch eingegangen.

5.4 Werte übergeben

Unsere bisher erstellten Methoden können ihre Arbeit verrichten, ohne dass sie dafür zusätzliche Informationen benötigen, bzw. die Methode kann wie beim Kürzen selbst ermitteln, mit welchem Wert (ggT) der Bruch gekürzt werden kann. In vielen Fällen sollen einer Methode beim Aufruf Informationen übergeben werden. Dadurch wird eine Methode flexibler, weil sie, von unterschiedlichen Werten ausgehend, entsprechend auch unterschiedliche Ergebnisse zurückliefern kann.

Als Beispiel soll die Klasse Bruch um eine Methode erweitern() ergänzt werden. Beim Erweitern eines Bruchs werden Zähler und Nenner mit dem gleichen Wert multipliziert. Mit welchem Wert multipliziert wird, kann die Methode aber nicht selbst »wissen« oder ermitteln. Den Wert legt der Anwender bzw. der Programmierer bei jedem Aufruf fest. Das bedeutet, dass Sie der Methode beim Aufruf »sagen« müssen, mit welchem Wert erweitert werden soll. Aber wie sag ich's der Methode?

5.4.1 Methoden mit Parameter

Die Übergabeparameter sind die Lösung. Wir haben sie bei unseren bisherigen Beispielen nicht benötigt. Sie wurden aber im Zusammenhang mit der allgemeinen Schreibweise einer Methodendefinition schon erwähnt. Werden keine Übergabeparameter verwendet, so bleibt die Klammer hinter dem Methodennamen leer. Wie bei einer Variablendefinition können in der Klammer Platzhalter zur Übergabe an die Methode eingetragen werden. In unserem Beispiel benötigen Sie einen ganzzahligen Wert, mit dem erweitert werden soll. Angenommen, Sie wollen den Bruch mit dem Wert 4 erweitern, dann müsste die Methode folgendermaßen aufgerufen werden:

```
b.erweitern(4);
```

Damit die Methode diese Information übernehmen kann, muss sie entsprechend einen Behälter vorsehen, in den die Information passt. In unserem Fall benötigt die Methode einen Behälter für die ganze Zahl, die in der Klammer übergeben wird. Entsprechend sieht die Methodendefinition folgendermaßen aus:

```
void erweitern(int a) {
  zaehler *= a;
  nenner *= a;
}
```

Listing 5.7 Methodendefinition mit Übergabeparameter

Zur Erinnerung:

zaehler *= a; ist gleichbedeutend mit zaehler = zaehler * a;.

Abbildung 5.21 zeigt, wie beim Aufruf der Methode erweitern der in Klammern beim Aufruf angegebene Zahlenwert in die int-Variable kopiert wird. Die in der Methodendefinition in Klammern stehenden Variablen werden als *Parameter* bezeichnet. Die beim Aufruf in Klammern stehenden Werte nennt man *Argumente*. Daher rührt übrigens auch der Name args in der Methode main. Es handelt sich hierbei um den Namen der Parameter, die als Argumente dem Hauptprogramm von der Kommandozeile übergeben werden.

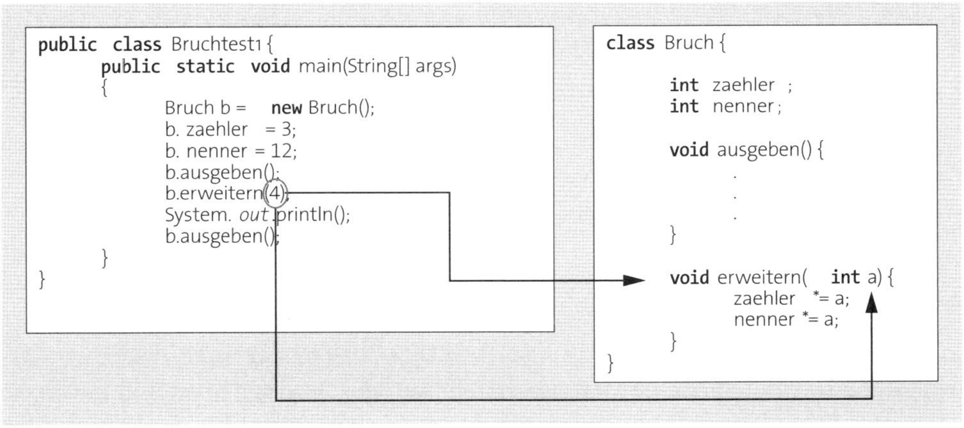

```
public class Bruchtest1 {                          class Bruch {
    public static void main(String[] args)
    {                                                  int zaehler ;
        Bruch b = new Bruch();                         int nenner;
        b. zaehler = 3;
        b. nenner = 12;                                void ausgeben() {
        b.ausgeben();                                      .
        b.erweitern(4)                                     .
        System. out.println();                             .
        b.ausgeben();                                  }
    }
}                                                      void erweitern( int a) {
                                                           zaehler *= a;
                                                           nenner *= a;
                                                       }
                                                   }
```

Abbildung 5.21 Parameterübergabe beim Methodenaufruf

Der bei der Methodendefinition gewählte Name (hier a) spielt für den Aufruf keine Rolle, denn der Bezeichner wird nur innerhalb der Methode verwendet.

Innerhalb der Klammern einer Methodendefinition können Sie auch mehrere Parameter angeben. Sie werden dann als Liste mit durch Kommata getrennten Definitionen angegeben:

```
void methodenname(typ1 name1, typ2 name2, ...)
```

Beim Aufruf werden dann auch die Argumente als durch Kommata getrennte Liste angegeben. Dabei müssen Sie beachten, dass die Reihenfolge der Argumente bestimmt, welcher Wert in welche Variable kopiert wird. Es wird der erste Wert in die erste Variable kopiert usw. Entsprechend muss die Anzahl der Argumente identisch mit der Anzahl der Parameter in der Definition sein. Es muss sich bei den Argumenten nicht um konstante Werte handeln. Es können dort beliebige Ausdrücke stehen, die bei der Auswertung zu einem Ergebnis führen, das zum Parametertyp passt. In unserem Beispiel könnte z. B. auch ein zu berechnender Ausdruck stehen:

```
b.erweitern(6 - 2);
```

Damit würde das Ergebnis der Berechnung (also der Wert 4) an die Methode übergeben.

In Abschnitt 5.3.2 wurden die drei Schritte angegeben, in denen ein Methodenaufruf abgewickelt wird. Diese drei Schritte gelten für Methodenaufrufe ohne Parameter. Werden Parameter benutzt, dann werden auch mehr Schritte notwendig:

- Die Werte aller Argumente werden berechnet.
- Die Parameter werden angelegt.
- Die Argumentwerte werden an die Parameter übergeben.
- Der aufrufende Block wird unterbrochen.
- Der Methodenrumpf wird abgearbeitet.
- Die Parameter werden wieder zerstört.
- Der aufrufende Block wird fortgesetzt.

5.4.2 Referenztypen als Parameter

Es können auch Referenztypen (d. h. also auch Objekte) als Parameter übergeben werden. Als Beispiel soll hier eine Methode erstellt werden, die einen Bruch mit einem als Parameter übergebenen Bruch multipliziert. Das Ergebnis bildet die neuen Werte für Zähler und Nenner des Objekts, dessen Multiplikationsmethode aufgerufen wurde. Die Methode mit dem Namen multipliziere kann folgendermaßen codiert werden:

```
void multipliziere(Bruch m) {
  zaehler *= m.zaehler;
  nenner *= m.nenner;
}
```

Listing 5.8 Methode mit einem Referenztyp als Parameter

Sie können bereits an der Codierung der Methode erkennen, dass hier kein neues Objekt erstellt wird, denn es wird nirgendwo der Operator new eingesetzt. Somit stellt m nur einen Alias für das beim Aufruf verwendete Argument dar. Der folgende Programmcode nutzt die Multiplikationsmethode (siehe Abbildung 5.22).

Das beim Aufruf der Methode verwendete Argument b wurde mit new erzeugt. Beim Aufruf der Methode wird nur eine neue Referenz (ein neuer Verweis) auf das Argument mit dem Namen m erzeugt. Das bedeutet, dass beim Zugriff auf m eigentlich immer auf das »Original« b zugegriffen wird.

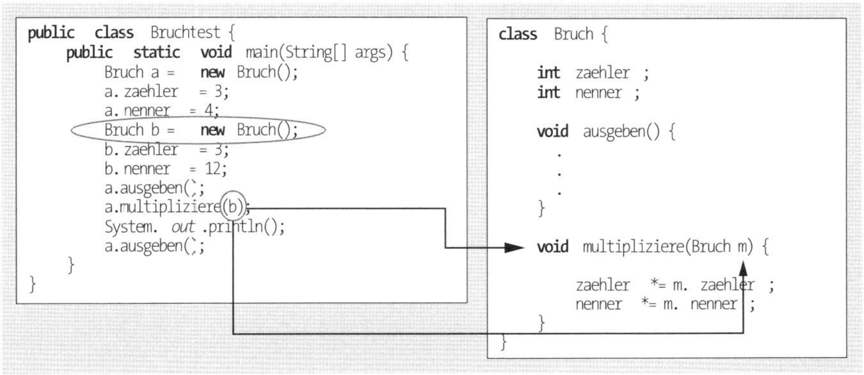

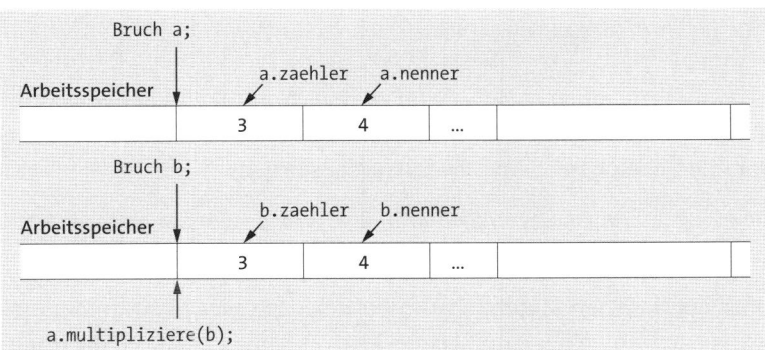

Abbildung 5.22 Referenztyp als Parameter

Sie sehen, dass bei der Verwendung von Referenzvariablen als Parametern keine Kopie des Objekts, sondern lediglich eine Kopie der Referenz erstellt wird (siehe Abbildung 5.23).

Abbildung 5.23 Zugriff auf einen Referenztyp

Der Aufruf a.multipliziere(b); bewirkt, dass die Methode mit m als Referenz auf b abgearbeitet wird. Problematisch kann dieses Verhalten sein, wenn Sie in der Methode schreibend auf die Parameter zugreifen. Ändern Sie z. B. mit der Anweisung m.zaehler = 34; den Wert des Zählers von m, dann haben Sie damit eigentlich den Wert von b.zaehler geändert. Dies müssen Sie bei Schreibzugriffen auf Parameter beachten, die als Referenz übergeben werden. Primitive Datentypen werden nicht als Referenz übergeben, sondern als echte Kopie. Damit wirken sich dort Schreibzugriffe nicht auf die Aufrufargumente aus.

5.4.3 Überladen von Methoden

Innerhalb einer Klasse können mehrere Methoden mit gleichem Namen existieren. Das kann aber nur funktionieren, wenn es ein eindeutiges Unterscheidungsmerkmal gibt. Dieses Unterscheidungsmerkmal ist die Parameterliste. Wenn Sie eine Methode mit einem Namen erstellen, der bereits für eine andere Methode verwendet wurde, dann bezeichnet man das als *Überladen* einer Methode.

Dieses Überladen bietet sich immer an, wenn Sie mehrere Methoden für eine ähnliche Funktion benötigen. Ein Beispiel für solche Methoden sind Methoden, die ein Objekt auf einen definierten Anfangszustand, vergleichbar mit einer Initialisierung, setzen. So können wir folgende beiden Methoden mit dem Namen `setze` definieren:

```java
void setze(int z) {
  zaehler = z;
  nenner = 1;
}
void setze(int z, int n) {
  zaehler = z;
  nenner = n;
}
```

Listing 5.9 Beispiel für das Überladen einer Methode

Die erste Methode erwartet nur einen ganzzahligen Wert als Argument und übernimmt diesen Wert als Zähler. Den Nenner setzt die Methode immer auf den Wert 1. Damit entspricht der Wert, der übergeben wird, dem Gesamtwert des Bruchs.

Die zweite Methode erwartet zwei ganzzahlige Parameter, von denen der erste als Wert für den Zähler und der zweite als Wert für den Nenner übernommen wird.

Bei der Auswahl einer überladenen Methode ist es für den Compiler nicht immer eindeutig, welche Methode zu wählen ist. Zum Beispiel kann es sein, dass durch die implizite Typumwandlung mehrere Methoden geeignet wären. Eine Methode, die einen `double`-Wert erwartet, kann auch mit einem `int` als Argument aufgerufen werden. Die folgende Methode kann nur mit einem Integer-Wert als Argument aufgerufen werden:

```java
void erweitern(int a) {
    ...
}
```

Der Aufruf `a.erweitern(5);` wäre gültig. Dagegen wäre der Aufruf `a.erweitern(5.0);` ungültig.

Wurde die Parameterliste folgendermaßen definiert

```
void erweitern(double a) {
    ...
}
```

dann sind die beiden Aufrufe `a.erweitern(5);` und `a.erweitern(5.0);` gültig.

Es ist nun aber auch möglich, dass beide Methoden existieren:

```
void erweitern(int a) {
    ...
}

void erweitern(double a) {
    ...
}
```

Da sie sich in der Parameterliste unterscheiden, stellt das kein Problem dar. Es stellt sich aber die Frage, welche der beiden Methoden tatsächlich vom Compiler ausgewählt wird, wenn der für beide Methoden passende Aufruf `a.erweitern(5);` verwendet wird.

Lösung: Der Compiler geht bei der *Overload-Resolution* nach folgenden Regeln vor: Zuerst werden alle passenden Methoden gesammelt; auch die Methoden, bei denen eine implizite Typumwandlung erforderlich ist, werden dabei mit einbezogen. Bleibt nur eine Methode übrig, wird diese ausgewählt. Passt überhaupt keine Methode, dann ist der Aufruf fehlerhaft und wird nicht übersetzt. Passen mehrere Methoden, wird diejenige ausgewählt, die am besten passt. Passen mehrere Methoden gleich gut, dann ist der Aufruf nicht eindeutig und wird nicht übersetzt. In unserem Beispiel passt die Methode genauer, bei der keine Typumwandlung erforderlich ist.

5.5 Ergebnisse

Mit der Übergabe von Argumenten an die Parameter einer Methode teilen wir der Methode mit, mit welchen Werten sie arbeiten soll. Es fließen Informationen von der aufrufenden Anweisung an die Methode. Häufig soll auch eine Information von der Methode zurück an die aufrufende Anweisung möglich sein. Zum Beispiel berechnet die Methode aus den Parametern einen Ergebniswert, der dann an die aufrufende Methode zurückgeliefert werden soll.

5.5.1 Methoden mit Ergebnisrückgabe

In unserer Klasse `Bruch` können wir z. B. eine Methode erstellen, die den Wert des Bruchs als Dezimalzahl zurückliefern soll. Folgende Schritte sind dazu erforderlich:

- Vor dem Methodennamen wird anstelle von `void` der Typ des Ergebnisses angegeben.
- Im Rumpf der Methode steht eine `return`-Anweisung, die einen Ausdruck enthält, der dem Typ des Ergebnisses entspricht.

Allgemein sieht der Aufbau einer Methode mit Ergebnisrückgabe folgendermaßen aus:

```
Datentyp methodenname(...) {
  return ausdruck;
}
```

Listing 5.10 Allgemeiner Aufbau einer Methode mit Rückgabewert

Der Ausdruck hinter `return` gibt den Wert an, der von der Methode zurückgegeben wird. Die oben als Beispiel genannte Methode kann dann folgendermaßen aussehen:

```
double dezimalwert() {
  return (double) zaehler/nenner;
}
```

Listing 5.11 Methode zur Rückgabe des Wertes als Dezimalzahl

Der Name der Methode kann nun überall dort verwendet werden, wo ein `double`-Wert stehen kann. Das heißt: In allen Ausdrücken und Anweisungen, die einen `double`-Wert verarbeiten können, kann die Methode `dezimalwert` verwendet werden. Als Beispiel wird hier die Ausgabe mit `System.out.print` gezeigt. Mit dieser Anweisung kann ein `double`-Wert auf der Konsole ausgegeben werden.

```
System.out.print(a.dezimalwert());
```

Die `print`-Anweisung ruft die Methode `dezimalwert` auf, die keine Parameter benötigt. Diese liefert als Ergebnis einen `double`-Wert zurück, der dann von der `print`-Anweisung ausgegeben wird. Im folgenden Beispiel wird der Methodenaufruf in einer `if`-Anweisung verwendet:

```
if (a.dezimalwert() < 3.5) {
    ...
}
```

Listing 5.12 Verwendung eines Methodenaufrufs in einer »if«-Anweisung

In einer Methode können auch mehrere return-Anweisungen stehen. Die nach der Programmlogik zuerst erreichte return-Anweisung entscheidet über den tatsächlich zurückgelieferten Wert, denn mit dem Erreichen der ersten return-Anweisung kehrt der Programmablauf zum Aufruf der Methode zurück.

Die folgende Methode signum liefert den Wert 1, wenn der Bruch einen Wert größer als 0 hat. Hat der Bruch einen Wert kleiner als 0, dann liefert sie den Wert –1 zurück, und wenn der Bruch den Wert 0 hat, liefert auch die Methode den Wert 0 zurück.

```
int signum() {
  if (this.dezimalwert() == 0) {
    return 0;
  }
  if (this.dezimalwert() > 0) {
    return 1;
  }
  return -1;
}
```

Listing 5.13 Methode »signum« der Klasse »Bruch«

Die dritte return-Anweisung wird nur erreicht, wenn keine der beiden if-Bedingungen erfüllt ist. Dies bestätigt die oben gemachte Aussage, dass die Methode nur bis zum Erreichen der ersten return-Anweisung abgearbeitet wird.

Als Programmierer müssen Sie sicherstellen, dass in jedem Fall eine return-Anweisung erreicht wird. Falls Sie in der obigen signum-Methode die letzte return-Anweisung auskommentieren, meldet Eclipse einen Fehler und weist darauf hin, dass diese Methode einen int-Wert zurückliefern muss. Dies kann sie aber nur durch Erreichen einer entsprechenden return-Anweisung.

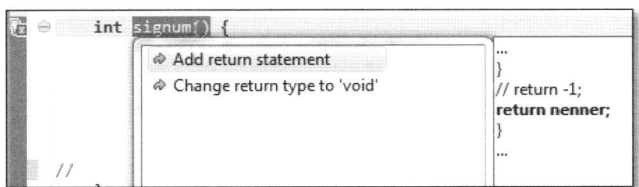

Abbildung 5.24 Hinweis auf fehlende »return«-Anweisung

Abbildung 5.24 zeigt den Hinweis von Eclipse. Ein Klick auf das Fehlersymbol am linken Rand des Editorfensters bringt die als *Quick-Fix* bezeichneten Vorschläge von Eclipse zum Vorschein. Im linken Bereich werden in diesem Fall zwei Vorschläge gemacht. Sie können eine return-Anweisung hinzufügen, oder Sie können als Rückgabewert void angeben und so auf jegliche Rückgabe verzichten. Natürlich macht hier nur der erste Vorschlag richtig Sinn.

Je nachdem, welchen Vorschlag Sie markieren, wird im rechten Bereich angezeigt, welche Änderungen im Quellcode erforderlich sind. Ein Doppelklick auf einen der beiden Vorschläge bringt Eclipse dazu, den Eintrag im Quellcode vorzunehmen. Auch wenn die Vorschläge selten zu 100 % passen, so stellt Eclipse mit Quick-Fix eine insgesamt sehr komfortable Möglichkeit zur Fehlerkorrektur zur Verfügung. Es reichen als eigene Änderungen meist geringfügige Anpassungen.

5.5.2 Methoden ohne Ergebnisrückgabe

Soll eine Methode kein Ergebnis zurückliefern, wird als Ergebnistyp der Ausdruck void angegeben. Es handelt sich dabei um einen *Pseudo-Typ*, der so viel bedeutet wie »nichts«. Wir haben solche Methoden bereits mehrmals verwendet. Sie können aus einer solchen Methode an jeder Stelle mit einer return-Anweisung ohne Ergebnisausdruck, also mit

```
return;
```

zur aufrufenden Anweisung zurückkehren.

Am Ende einer Methode ohne Ergebnisrückgabe kehrt der Programmablauf automatisch zur aufrufenden Anweisung zurück. Sie müssen dort keine return-Anweisung einfügen. Entsprechend kann bei einer solchen Methode die return-Anweisung komplett fehlen. Sie wird am Ende der Methode quasi implizit ergänzt.

Beim Überladen von Methoden müssen Sie beachten, dass überladene Methoden sich nicht ausschließlich durch den Ergebnistyp unterscheiden dürfen. Sie müssen sich also zusätzlich noch in der Parameterliste unterscheiden. Da der Ergebnistyp beim Aufruf nicht angegeben wird, könnte der Compiler nicht entscheiden, welche Methode verwendet werden soll.

5.6 Konstruktoren als spezielle Methoden

Objekte werden mit dem new-Operator erzeugt. Nach dem Erzeugen eines Objekts sollte es sich grundsätzlich in einem definierten Anfangszustand befinden. Der Zustand eines Objekts unserer Klasse Bruch wird durch die Werte der Attribute zaehler und nenner beschrieben. Wenn wir davon ausgehen, dass nach dem Erzeugen eines Objekts der Klasse Bruch beide Attribute den Wert 0 haben, dann befindet sich unser Bruch in einem Zustand, der in der Mathematik als ungültig angesehen wird. Um dies zu vermeiden, können Sie nach der Erzeugung eines Objekts grundsätzlich zuerst den Wert mit der Methode `setze` auf einen definierten Wert festlegen:

```
Bruch b = new Bruch();
b.setze(0);
```

Die Verwendung eines Konstruktors vereinfacht diese Vorgehensweise dadurch, dass er die Aufgabe, das Objekt in einen definierten Anfangszustand zu versetzen, mit der Erzeugung des Objekts zu einer einzigen Anweisung zusammenfasst. Ein Konstruktor ist zunächst nichts anderes als eine Methode. Es gibt aber einige Besonderheiten, die einen Konstruktor von einer gewöhnlichen Methode unterscheiden:

- Der Name eines Konstruktors entspricht immer exakt dem Namen der Klasse.
- Die Definition eines Konstruktors beginnt immer mit dem Namen, ohne vorangestelltes `void` oder eine andere Typangabe.
- Ein Konstruktor wird automatisch mit dem `new`-Operator aufgerufen.

Die letzte Aussage wirft die Frage auf, welcher Konstruktor in unseren Beispielprogrammen aufgerufen wurde, denn bisher haben wir noch keinen Konstruktor definiert.

Wurde vom Programmierer kein Konstruktor definiert, so erzeugt der Compiler beim Übersetzen der Klasse einen *Default-Konstruktor*, der keine weiteren Anweisungen beinhaltet. Somit besitzt jede Klasse einen Konstruktor: entweder einen vom Programmierer definierten oder den Standardkonstruktor (Default-Konstruktor) mit leerer Parameterliste und leerem Rumpf. Da der Konstruktor den gleichen Namen wie die Klasse besitzt, heißt dieser z. B. für unsere Klasse `Bruch`

```
Bruch()
```

und genau diesen Konstruktor rufen wir mit der Zeile

```
Bruch b = new Bruch();
```

auf. Der Standardkonstruktor existiert also für jede Klasse, ohne dass wir ihn definieren müssen. Anstelle des Default-Konstruktors können wir als Programmierer einen selbst definierten Konstruktor erstellen, der das Objekt in einen definierten Anfangszustand versetzt. Ein Konstruktor wird genauso definiert wie eine andere Methode. Es müssen lediglich die oben genannten Besonderheiten beachtet werden. Entsprechend muss der Name des Konstruktors dem Objektnamen entsprechen, und es wird kein Datentyp bzw. kein `void` vorangestellt. Um den Bruch auf den Wert 0 vorzubesetzen, können wir entsprechend folgenden Konstruktor definieren:

```
Bruch() {
  zaehler = 0;
```

```
    nenner = 1;
}
```
Listing 5.14 Selbst definierter Konstruktor der Klasse »Bruch«

Der Nenner könnte ebenso gut auf einen anderen Wert ungleich 0 gesetzt werden. Entscheidend ist, dass der `zaehler` auf 0 und der `nenner` auf einen Wert ungleich 0 gesetzt wird. Damit hat der Bruch unmittelbar nach der Erzeugung mit

`Bruch a = new Bruch();`

den rechnerischen Wert 0. Wurde der Default-Konstruktor einmal überschrieben, wird grundsätzlich der neue Konstruktor verwendet. Auch der neue Konstruktor heißt Standard- oder Default-Konstruktor, solange er eine leere Parameterliste verwendet.

5.6.1 Konstruktoren mit Parametern

Es können beliebig weitere Konstruktoren mit Parametern definiert werden, so wie wir es von den Methoden her kennen. Beim Erzeugen eines Objekts wird dann immer der von der Parameterliste her passendste Konstruktor verwendet. Konstruktoren mit Parameter heißen *Custom-Konstruktoren* (spezielle Konstruktoren).

Der folgende Konstruktor ist z. B. geeignet, um einen Bruch direkt beim Erzeugen auf einen Wert ungleich 0 zu setzen:

```
Bruch (int z, int n) {
    zaehler = z;
    nenner = n;
}
```

Mit der Anweisung `Bruch a = new Bruch(2, 3);` wird der Wert des Bruchs bei der Erzeugung direkt auf den Wert $\frac{2}{3}$ gesetzt. Hier wird nun endgültig deutlich, dass hinter dem `new`-Operator ein Methodenaufruf steht.

Im Zusammenhang mit Konstruktoren ist Ihnen vielleicht aufgefallen, dass die Attribute eines Objekts nicht initialisiert werden. Vor dem Überschreiben des Default-Konstruktors unseres Bruchs trat kein Fehler auf. Würde man eine lokale Variable verwenden, ohne dass ihr explizit ein Wert zugewiesen wird, würde das Programm nicht übersetzt werden und der Fehler »The local variable may not have been initialized« würde angezeigt werden. Werden hingegen Attribute (Datenelemente) eines Objekts nicht initialisiert, werden Default-Werte verwendet. Welche das sind, hängt vom jeweiligen Datentyp ab (siehe Tabelle 5.1).

Datentyp	Default-Wert
int	0
double	0.0
boolean	false
char	\u0000
Referenztypen	null

Tabelle 5.1 Initialisierung von Attributen

Wurden die Attribute einer Klasse mit der Definition bereits initialisiert, so nehmen sie diese Werte zeitlich bereits vor der Ausführung des Konstruktors an. Das bedeutet, dass ein anschließender Konstruktoraufruf diese Werte wieder überschreibt.

5.6.2 Verketten von Konstruktoren

Die meisten Konstruktoren müssen mehr Aufgaben als die Initialisierung von Attributen erledigen. Diese Aufgabe könnten Sie, wie oben gezeigt, auch ohne Konstruktoren durch explizite Initialisierungen realisieren. Oft finden in Konstruktoren bereits Überprüfungen statt, die in aufwendigen Kontrollstrukturen vorgenommen werden. Damit Sie diese Abläufe nicht in jedem einzelnen Konstruktor codieren müssen, können Sie Konstruktoren verketten. Bei der Verkettung erstellen Sie einen Konstruktor, der alle allgemeingültigen Abläufe beinhaltet, und rufen dann in weiteren Konstruktoren zuerst diesen Konstruktor auf, bevor Sie die zusätzlich zu erledigenden Abläufe hinzufügen. Für den Aufruf eines Konstruktors innerhalb eines anderen Konstruktors brauchen Sie das Schlüsselwort this. This() dient dazu, einen Konstruktor der Superklasse aufzurufen. Der folgende Quellcodeausschnitt zeigt diese Vorgehensweise am Beispiel unserer Klasse Bruch:

```
// Definition der Klasse Bruch mit verketteten Konstruktoren
class Bruch {
  int zaehler;
  int nenner;
  Bruch (int z, int n) {
    int hz, hn, r;
    if (n == 0) {
      System.out.print("Fehler! Der Nenner darf nicht 0 sein!");
    } else {
        hz = z;
```

```
        hn = n;
        r = hz % hn;
        while (r > 0) {
          hz = hn;
          hn = r;
          r = hz % hn;
        } // in hn steht jetzt der ggT
        zaehler = z/hn;
        nenner = n/hn;
     }
   }
   Bruch() {
     this(0, 1);
   }

   Bruch(int n) {
     this(n, 1);
   }
}
```

Listing 5.15 Definition der Klasse »Bruch« mit verketteten Konstruktoren

Es wird zuerst ein Konstruktor definiert, der zwei Parameter für Zähler und Nenner erwartet. Die beiden Parameter werden zur Initialisierung des Bruchs verwendet. Der Konstruktor übernimmt hier zusätzliche Aufgaben. Zuerst wird geprüft, ob der Nenner 0 ist. Da dies zu einem ungültigen Bruch führt, wird eine Fehlermeldung ausgegeben. Ist der Nenner nicht 0, so ist der Bruch gültig. Es könnte aber sein, dass der Bruch noch gekürzt werden kann. Deshalb wird zuerst der ggT berechnet und damit der gekürzte Wert für Zähler und Nenner bestimmt. Initialisiert werden Zähler und Nenner dann mit den gekürzten Werten.

Es folgt die Definition eines Konstruktors, der keinen Parameter erwartet. Er soll den Bruch mit dem Wert Null (Zähler = 0 und Nenner = 1) initialisieren. Diese Aufgabe kann aber der erste Konstruktor übernehmen. Er wird mit der Anweisung `this(0, 1);` aufgerufen.

Ebenso wird mit dem zweiten Konstruktor verfahren. Dieser erwartet einen Parameter n und soll den Bruch mit dem ganzzahligen Wert des Parameters, also n/1, initialisieren. Auch diese Aufgabe wird einfach an den ersten Konstruktor mit `this(n, 1);` übertragen.

Ein verketteter Konstruktoraufruf mit `this` muss immer als erste Anweisung im Konstruktorrumpf stehen. Anschließend können andere Anweisungen folgen, die nur für diesen Konstruktor gelten.

5.7 Übungsaufgaben

Aufgabe 1

Erstellen Sie im Projekt *JavaUebung05* im Package *uebung05* eine Klasse mit dem Namen Kreis. Die Klasse soll nur über ein Datenelement (Attribut) mit dem Namen radius verfügen, in dem der Radius als Kommazahl festgehalten wird. Erstellen Sie einen Konstruktor mit leerer Parameterliste, der den Radius mit dem Wert 0 initialisiert, und einen Konstruktor, dem als Parameter eine Kommazahl zur Initialisierung des Radius übergeben wird. Die Klasse soll über folgende Methoden verfügen:

```
double getRadius();
setRadius(double r);
double getUmfang();
double getFlaeche();
```

Erstellen Sie dazu ein Testprogramm mit dem Namen *Kreistest*, das mit einem JOptionPane.showInputDialog den Radius eines Kreises einliest und anschließend durch Aufruf der drei Methoden den Radius, den Umfang und die Fläche des Kreises in der Konsole (mit System.out.println) ausgibt.

> **Hinweis**
> Als Hilfestellung können Sie auf die Programme zur Kreisberechnung aus Kapitel 1, »Einführung«, und Kapitel 2, »Grundbausteine eines Java-Programms«, zurückgreifen.

Aufgabe 2

Erstellen Sie im Projekt *JavaUebung05* im Package *uebung05* eine Klasse mit dem Namen Rechteck. Die Klasse soll über die Attribute laenge und breite als double-Werte verfügen. Erstellen Sie einen Konstruktor mit leerer Parameterliste, der die beiden Kantenlängen jeweils mit dem Wert 0 initialisiert. Ein weiterer Konstruktor mit zwei double-Parametern soll die beiden Kantenlängen mit den übergebenen Werten initialisieren. Die Klasse soll zusätzlich über die folgenden Methoden verfügen:

```
setLaenge(double l);
setBreite(double b);
setSeiten(double l, double b);
double getLaenge();
double getBreite();
double getLangeSeite();
double getKurzeSeite();
```

```
double getDiagonale();
double getFlaeche();
double getUmfang();
```

Erstellen Sie ein Programm mit dem Namen *Rechtecktest*, das ein Objekt der Klasse Rechteck verwendet. Länge und Breite des Rechtecks sollen mit JOptionPane.showInputDialog eingegeben werden, und anschließend sollen die lange und die kurze Seite, die Diagonale, die Fläche und der Umfang in der Konsole ausgegeben werden.

Aufgabe 3

Erstellen Sie in der Klasse Rechteck die Methode laengeAusgeben(), wie unten vorgegeben. In der Methode wird eine lokale Variable mit dem gleichen Namen erstellt, wie er schon für das Attribut der Länge verwendet wurde, und ihr wird der Wert 5,4 zugewiesen.

```
void laengeAusgeben() {
    double laenge = 5.4;
    System.out.println("Länge: " + laenge);
}
```

Listing 5.16 Methode zum Ausgeben der Länge

Frage: Wird die Variable als Fehler markiert, weil der Name schon für das Attribut verwendet wurde?

Rufen Sie die Methode laengeAusgeben() als letzte Anweisung im Programm *Rechtecktest* auf.

Frage: Welcher Wert wird ausgegeben? Ist es der Wert des Attributs, den Sie beim Programmstart eingeben, oder ist es immer der Wert der lokalen Variablen laenge (5,4)?

Aufgabe 4

Erweitern Sie die Klasse Rechteck um folgende Methoden:

```
void laengeVergroessern(double l)
void breiteVergroessern(double b)
void laengeVerkleinern(double l)
void breiteVerkleinern(double b)
```

Die beiden Methoden vergrößern bzw. verkleinern die Länge bzw. die Breite des Rechtecks um den als Argument übergebenen Wert.

Testen Sie die Methoden im Programm *Rechtecktest*, indem Sie die eingegebenen Werte vor der Ausgabe vergrößern bzw. verkleinern.

Aufgabe 5

Erweitern Sie die Klasse Kreis um die folgenden Methoden:

void setUmfang(double u)
void setFlaeche(double f)

Die Methoden berechnen den Radius für einen Kreis mit dem übergebenen Umfang bzw. der übergebenen Fläche und setzen das Attribut radius auf den berechneten Wert.

Aufgabe 6

Erstellen Sie im Projekt *JavaUebung05* im Package *uebung05* ein Programm mit dem Namen *Kreistabelle*. Die Anwendung soll die Klasse Kreis verwenden und nach Eingabe (JOptionPane.showInputDialog) eines Startwertes für den Radius und einer Radiuserhöhung eine 30-zeilige Tabelle mit Radius, Umfang und Fläche nach folgendem Muster ausgeben:

Radius	Umfang	Fläche
5.0	31.41592653589793	78.53981633974483
10.0	62.83185307179586	314.1592653589793
15.0	94.24777960769379	706.8583470577034
20.0	125.66370614359172	1256.6370614359173
25.0	157.07963267948966	1963.4954084936207
30.0	188.49555921538757	2827.4333882308138
35.0	219.9114857512855	3848.4510006474966
40.0	251.32741228718345	5026.548245743669
45.0	282.7433388230814	6361.725123519332
50.0	314.1592653589793	7853.981633974483
55.0	345.57519189487726	9503.317777109125
60.0	376.99111843077515	11309.733552923255
65.0	408.4070449666731	13273.228961416875
...		

Tabelle 5.2 Ausgabe des Programms Kreistabelle

> **Hinweis**
> Verwenden Sie als Trennzeichen zwischen den einzelnen Ausgabewerten einer Zeile mehrere Tabulatorzeichen.

Aufgabe 7

Erstellen Sie im Projekt *JavaUebung05* eine Klasse `FlaechengleicherKreis` als Anwendungsprogramm, das ein Objekt der Klasse `Rechteck` und ein Objekt der Klasse `Kreis` verwendet.

Zuerst sollen die Länge und die Breite eines Rechtecks eingelesen werden (mit `JOptionPane.showInputDialog`). Anschließend ist der Radius des Kreises so zu bestimmen, dass er den gleichen Flächeninhalt wie das Rechteck hat.

Zur Kontrolle sollen die Länge, Breite und Fläche des Rechtecks und der Radius und die Fläche des Kreises untereinander in der Konsole ausgegeben werden. Die Ausgabe des Programms soll folgendermaßen aussehen:

```
Rechtecklänge:  10.0
Rechteckbreite: 20.0
Rechteckfläche: 200.0

Kreisradius: 7.978845608028654
Kreisfläche: 200.0
```

5.8 Ausblick

Sie kennen jetzt den für die moderne Programmierung so eminent wichtigen Begriff der Objektorientierung. Sie können neue Klassen mit Attributen und Methoden definieren und nach diesem Bauplan Objekte für Ihre Programme erzeugen. Sie können damit die zur Verfügung stehenden Datentypen gewissermaßen um eigene Typen erweitern, die zudem wesentlich leistungsfähiger sind und besser an Ihre Bedürfnisse angepasst werden können. Sie können damit die Vorteile der Objektorientierung nutzen.

Dadurch, dass Methoden zum Bestandteil der Klassen bzw. Objekte geworden sind, ergibt sich eine zwangsläufig sinnvolle Zuordnung. Die Methoden befinden sich immer dort, wo sie auch hingehören. Gerade in größeren Projekten ist es damit wesentlich einfacher, den Überblick zu behalten. Jedes Programm dient letztendlich dazu, Abläufe und Gegenstände der Realität abzubilden. Objekte erhöhen die Nähe zur Realität, denn auch in der Realität haben wir es mit Objekten zu tun, die sich durch Eigenschaften (Attribute) und Fähigkeiten (Methoden) auszeichnen. Was liegt also näher, als diese Sichtweise auch in die Programmierung zu übernehmen? Nicht zuletzt vereinfacht die Nutzung der Objektorientierung die Wiederverwendbarkeit einmal erstellten Programmcodes.

Sie haben bereits bei der Verwendung der Klasse `JOptionPane` feststellen können, dass es mit wenig Programmcode möglich ist, sehr leistungsfähige Objekte in eigenen Programmen zu verwenden. Sie müssen nichts über den sicher sehr komplexen Programmcode wissen, mit dem die Komponenten programmiert wurden. Aber Sie müssen diese Objekte einbinden und erzeugen können, indem Sie deren Konstruktoren aufrufen, und Sie müssen sich über die verfügbaren Attribute und Methoden informieren, damit Sie diese für Ihre eigenen Zwecke einsetzen können. Spätestens bei der Erstellung von grafischen Oberflächen werden Sie davon reichlich Gebrauch machen.

Sie haben damit einen ganz wichtigen Schritt auf dem Weg, den Sie eingeschlagen haben, hinter sich und sind damit gut vorbereitet, um die weiteren Kapitel erfolgreich zu meistern und noch weitere Vorteile der Objektorientierung zu nutzen.

Auch das folgende Kapitel wird sich um die Objektorientierung drehen. Sie werden erfahren, wie Sie auf bestehende Klassen zurückgreifen und daraus neue Klassen ableiten können. Sie können somit sehr effektiv auf bereits erstellte Funktionalitäten zurückgreifen, um diese zu modifizieren und um neue Fähigkeiten zu erweitern.

Kapitel 6
Mit Klassen und Objekten arbeiten

Was du ererbt von Deinen Vätern hast, erwirb es, um es zu besitzen.
(Johann Wolfgang von Goethe, 1749–1832)

In diesem Kapitel möchte ich Ihnen den Umgang mit Klassen und Objekten näherbringen. Sie haben im letzten Kapitel bereits einiges über die Unterschiede von Objekten und primitiven Datentypen erfahren. Aus diesen Unterschieden ergeben sich zwangsläufig auch Konsequenzen für den Umgang mit Objekten. Sie sollten die erweiterten Funktionalitäten kennenlernen, damit Sie diese auch sinnvoll einsetzen können.

6.1 Gemeinsame Nutzung

Die bisher verwendeten Attribute beschreiben den Zustand eines Objekts als Instanz einer Klasse. Jedes erzeugte Objekt verfügt über seine eigenen Attribute. Es gibt Situationen, in denen sich die Objekte einer Klasse Attribute teilen sollten. Ändert ein Objekt den Wert eines solchen Attributs, dann wird diese Veränderung unmittelbar für alle Objekte der gleichen Klasse sichtbar.

6.1.1 Statische Attribute

Statische Attribute gehören zur Klasse. Das bedeutet, dass ein in einer Klasse als statisch definiertes Attribut unabhängig von der Anzahl der existierenden Objekte der Klasse nur ein einziges Mal pro Klasse vorkommt.

Ein häufig verwendetes Beispiel ist ein Instanzenzähler. Der Zähler soll die Anzahl der existierenden Objekte einer Klasse zählen. Er kann innerhalb unserer Klasse Bruch folgendermaßen definiert werden:

```
static int anzahlBrueche;
```

Das Schlüsselwort `static` wird als *Modifier* (Modifizierer) bezeichnet, weil es die Eigenschaften eines Attributs modifiziert (verändert). Der Modifier `static` macht also ein

Attribut unabhängig von den Objekten einer Klasse (siehe Abbildung 6.1). Es existiert auch ohne dass ein Objekt der Klasse erzeugt wurde.

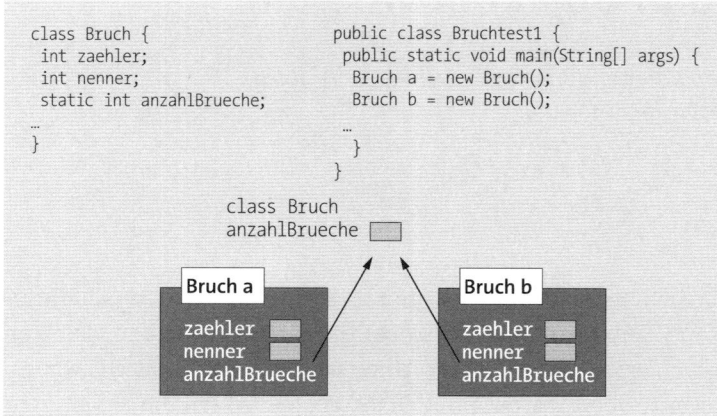

Abbildung 6.1 Statisches Attribut zum Zählen der Instanzen der Klasse »Bruch«

Dadurch lässt sich das Attribut auch schon ansprechen, bevor überhaupt ein Objekt mit new erzeugt wurde. Es wird dann mit dem Klassennamen angesprochen. So kann der aktuelle Zählerstand mit der folgenden Anweisung an der Konsole ausgegeben werden:

```
System.out.println(Bruch.anzahlBrueche);
```

Damit der Zähler die Anzahl der aktuell erzeugten Objekte der Klasse Bruch wiedergibt, muss bei der Definition mit dem Wert 0 initialisiert

```
static int anzahlBrueche = 0;
```

und in jedem Konstruktor der Wert des Zählers mit

```
anzahlBrueche++;
```

erhöht werden. Bei der Verkettung müssen Sie darauf achten, dass die Erhöhung tatsächlich pro erzeugtes Objekt auch nur einmal erfolgt.

Ein weiteres Beispiel für die Verwendung von static sind öffentliche Konstanten. In *JavaUebung01* und in *JavaUebung05* haben Sie für die Kreisberechnung die Kreiszahl Pi verwendet. Sie haben die Zahl dort als Literal 3.1415926 verwendet. Anstelle des Literals können Sie auch den Ausdruck Math.PI einsetzen und damit auf die als öffentliche Konstante definierte Kreiszahl zugreifen. Es handelt sich bei Math um eine Klasse, in der eine Vielzahl mathematischer Funktionen und Konstanten zur Verfügung gestellt werden. Unter anderem ist dort auch die Kreiszahl als

```
static final double PI
```

definiert. Wie Sie sehen, werden hier zwei Modifier `static` und `final` kombiniert. Die Bedeutung von `final` werden Sie in Abschnitt 6.2.1, »Unveränderliche Attribute«, kennenlernen. Mit `static` wird `Math.PI` zu einem statischen (von Objekten unabhängigen) Datenelement. Damit muss vor der Verwendung der Konstanten keine Instanz der betreffenden Klasse erzeugt werden.

6.1.2 Statische Methoden

Von der `main`-Methode her kennen Sie `static` bereits als Modifier für eine Methode. Mit `static` modifizierte Methoden bezeichnet man auch als *Klassenmethoden*. Wie bei den Attributen sorgt der Modifier dafür, dass die betreffende Methode unabhängig von Objekten ist. Dadurch kann eine solche Methode verwendet werden, ohne dass zuvor ein Objekt der Klasse mit `new` erzeugt werden muss. Das ist besonders wichtig für die `main`-Methode. Sie bildet den Startpunkt eines jeden Java-Programms. Zum Zeitpunkt des Programmstarts kann noch keine `new`-Anweisung ausgeführt und damit auch noch kein Objekt erstellt worden sein. Aus diesem Grund kann diese Methode nur mit dem Zusatz `static` ausführbar gemacht werden.

Ein weiteres Beispiel für eine `static`-Methode kann uns auch dabei helfen, bereits bevor ein `Bruch`-Objekt angelegt wurde, auf den Instanzenzähler (`anzahlBrueche`) der Klasse `Bruch` zuzugreifen:

```
static int getAnzahlBrueche() {
  return anzahlBrueche;
}
```

Im Gegensatz zu Instanzmethoden können Klassenmethoden auch über den Klassenbezeichner angesprochen werden, auf den ein Mehodenbezeichner folgt. Beide Bezeichner werden durch einen Punkt voneinander getrennt. Die Methode `getAnzahlbrueche` kann mit `Bruch.getAnzahlbrueche()` aufgerufen werden und liefert, bevor ein Objekt der Klasse existiert, den Wert 0 zurück.

```
public class BruchMitSeriennummer {
  public static void main(String args[]) {
    System.out.println("Anzahl der Brüche: " +
                       Bruch.getAnzahlBrueche());
    Bruch a = new Bruch(1,2);
    ...
```

Listing 6.1 Zugriff auf die Anzahl vor Erzeugung einer Instanz

Bei der Verwendung statischer Methoden müssen Sie beachten, dass sie aufgrund der oben beschriebenen Zusammenhänge zwangsläufig

- nur auf statische Datenelemente (Attribute) direkt zugreifen können
- nur andere statische Methoden aufrufen können und
- `this` nicht verwenden können, weil es kein zugeordnetes Objekt geben kann.

6.2 Zugriffsmechanismen

In den folgenden Abschnitten möchte ich Ihnen näher bringen, wie Sie Attribute gegen unerwünschte Veränderungen schützen können, und wie Sie den Zugriff auf Attribute grundsätzlich organisieren sollten.

6.2.1 Unveränderliche Attribute

In Abschnitt 5.4.2, »Referenztypen als Parameter«, habe ich im Zusammenhang mit der Bruchmultiplikation dargestellt, dass es oftmals nicht erwünscht ist, dass eine Methode die Attribute eines Objekts verändert.

Wie bei der Multiplikation, die wir mit Standardzahlentypen ausführen

```
c = a * b;
```

sollten die beiden Operanden a und b durch die Multiplikation nicht verändert werden. Stattdessen sollte ein neues Objekt erzeugt werden, das als Variable c verwendet werden kann. Die erste Frage, die sich stellt, ist: Wie können Sie dafür sorgen, dass ein Attribut eines Objekts nicht einfach verändert werden kann?

Bei Attributen verhindert der Modifier `final`, dass ein einmalig initialisiertes Attribut nachträglich mit einem anderen Wert überschrieben wird. Die Initialisierung des Attributs muss in einem Konstruktor oder durch eine Initialisierung direkt bei der Definition erfolgen.

Zum Beispiel können Sie den Wert eines Bruchs mit der folgenden Definition und nach der Initialisierung nicht mehr verändern:

```
class Bruch {
  final int zaehler;
  final int nenner;
...
```

Die nach folgendem Muster erstellte Methode `multipliziere` erzeugt für das Ergebnis ein neues Bruch-Objekt und gibt dieses an den Aufruf zurück:

```
Bruch multipliziere(Bruch m) {
  int z = zaehler * m.zaehler;
  int n = nenner * m.nenner;
  Bruch produkt = new Bruch(z, n);
  return produkt;
}
```

Damit kann das Programm Bruchmultiplikation folgendermaßen erstellt werden:

```
import javax.swing.JOptionPane;

public class Bruchmultiplikation {
  public static void main(String args[]) {
    String eingabe;
    int z, n;
    eingabe = JOptionPane.showInputDialog(
              "Geben Sie den Zähler von Bruch a ein: ");
    z = Integer.parseInt(eingabe);
    eingabe = JOptionPane.showInputDialog(
              "Geben Sie den Nenner von Bruch a ein: ");
    n = Integer.parseInt(eingabe);
    Bruch a = new Bruch(z, n);
    eingabe = JOptionPane.showInputDialog(
              "Geben Sie den Zähler von Bruch b ein: ");
    z = Integer.parseInt(eingabe);
    eingabe = JOptionPane.showInputDialog(
              "Geben Sie den Nenner von Bruch b ein: ");
    n = Integer.parseInt(eingabe);
    Bruch b = new Bruch(z, n);
    Bruch c = a.multipliziere(b);
    System.out.println("Bruch a: "+a.bruchtoString());
    System.out.println("Bruch b: "+b.bruchtoString());
    System.out.println("Bruch c: "+c.bruchtoString());
  }
}
```

Listing 6.2 Beispielprogramm zur Bruchmultiplikation

Für das Ergebnis der Multiplikation wird nun ein neues Objekt erstellt. Die als Operanden verwendeten Brüche werden durch die Multiplikationsmethode nicht verändert.

Verwenden Sie final als Modifier, dann sind einige bereits erstellte Methoden der Klasse Bruch nicht mehr verwendbar und müssen gelöscht oder auskommentiert werden. Es handelt sich dabei um all die Methoden, die nach der Erzeugung und Initialisierung versuchen, die Werte von Zähler oder Nenner zu verändern. Das bedeutet, dass ein Bruch z. B. nicht mehr gekürzt oder erweitert werden kann. Das kann aber eigentlich nicht sinnvoll sein.

Der Modifier `final` eignet sich also nur für Attribute, deren Werte tatsächlich nie mehr verändert werden sollen. Solche Attribute können konstante Werte (wie z. B. die Kreiszahl Pi oder die Lichtgeschwindigkeit) sein.

6.2.2 Datenkapselung

Ein Ausweg aus der oben beschriebenen Misere, dass Sie einerseits Attribute gegen unerwünschte Änderungen schützen, aber andererseits in bestimmten Situationen Änderungen zulassen möchten, besteht darin, anstelle des Modifiers `final` den Modifier `private` zu verwenden:

```
class Bruch {
  private int zaehler;
  private int nenner;
...
```

Durch den Modifier `private` ist ein Zugriff (schreibend und lesend) auf die Attribute des Objekts *von außen* nicht mehr möglich. »Von außen« bedeutet, dass innerhalb von Methoden des Objekts der lesende und schreibende Zugriff uneingeschränkt möglich ist.

Beim Versuch, mit `System.out.println(a.zaehler)` von einem Programm aus lesend auf das Attribut `zaehler` des Bruchs `a` zuzugreifen, wird als Fehler angezeigt, dass das Attribut `zaehler` nicht sichtbar ist. Die Methoden, die schreibend auf die Attribute zugreifen (`kuerzen`, `erweitern` etc.), können dagegen wieder verwendet werden. Nach dem Entfernen der Kommentare werden dort keine Fehler mehr angezeigt.

Den Modifier können Sie nicht nur für Attribute verwenden. Auch Methoden können Sie in gleicher Weise durch diesen Modifier vor einer Nutzung von außen schützen. Diese Methoden können Sie dann nur noch innerhalb anderer Methoden der Klasse verwenden.

Der erste Vorschlag, den Quick-Fix macht (CHANGE VISIBILITY OF 'ZAEHLER' TO 'DEFAULT'; siehe Abbildung 6.2), bedeutet, dass der Modifier `private` wieder entfernt werden sollte. Auf den zweiten Vorschlag gehe ich im folgenden Abschnitt ein.

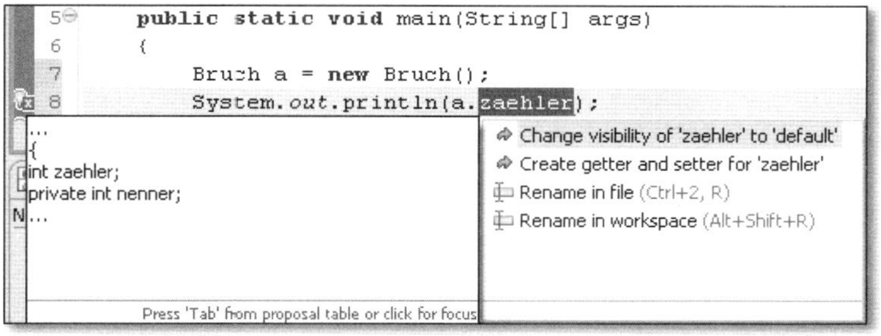

Abbildung 6.2 Quick-Fix-Hinweis beim Versuch, auf private Attribute zuzugreifen

6.2.3 Getter- und Setter-Methoden

Der Zugriff von außen auf ein Attribut, das mit dem Modifier `private` geschützt ist, ist nur noch indirekt möglich. Sie müssen das jeweilige Objekt quasi veranlassen, selbst Auskunft über das Attribut zu geben bzw. Änderungen am Attribut vorzunehmen. Sie erstellen dazu Methoden, die genau diese Aufgabe übernehmen. Eine Methode, die Auskunft über den aktuellen Wert eines Attributs gibt, wird als *Getter-Methode* oder einfach als *Getter* bezeichnet.

Sie erstellen also eine Methode, die als Ergebnis den Wert des betreffenden Attributs zurückliefert. Üblicherweise verwendet man als Namen für eine solche Methode den Bezeichner `getAttributname`. Am Beispiel des Attributs `zaehler` unserer Klasse `Bruch` sieht das dann folgendermaßen aus:

```
private int zaehler;
private int nenner;
int getZaehler() {
  return zaehler;
}
...
```

Listing 6.3 Getter-Methode für den Zähler

Wollen Sie auch schreibenden Zugriff ermöglichen, so erstellen Sie analog eine Methode der Klasse, die von außen einen Wert übernimmt und dann diesen Wert dem mit `private` geschützten Attribut zuweist. Man nennt eine solche Methode *Setter-Methode* oder einfach *Setter*. Als Bezeichner verwendet man üblicherweise `setAttributname`.

Folgendermaßen sieht das für einen Setter des Attributs `zaehler` der Klasse `Bruch` aus:

```
private int zaehler;
private int nenner;
void setZaehler(int z) {
  zaehler = z;
}
...
```

Listing 6.4 Setter-Methode für den Zähler

Mit diesen Methoden hat der Programmierer detaillierte Möglichkeiten, festzulegen, wie der Zugriff auf Attribute von außen erfolgt.

Jetzt stellt sich die Frage, welche Vorteile es bringt, die Attribute zuerst über den Modifier `private` zu schützen und anschließend mit Getter- und Setter-Methoden den Zugriff wieder freizugeben. Folgende Vorteile sprechen für den Mehraufwand:

- In einer Setter-Methode kann bei jeder Änderung eines Attributs geprüft werden, ob der Wert überhaupt zulässig ist. In unserer Klasse `Bruch` z. B. ist der Wert 0 für den Nenner nicht zulässig. Ist dieses Attribut frei zugänglich, lässt sich nicht verhindern, dass in einer Anwendung, die die Klasse `Bruch` verwendet, dieser ungültige Wert zugewiesen wird.

- Die Fehlersuche wird durch die Verwendung von `private`-Attributen zusammen mit Setter-Methoden deutlich vereinfacht. Soll der Zustand von Objekten überwacht werden, dann ist jede Änderung von Interesse. In diesem Fall ist ein Setter eine eindeutig zu identifizierende Position, an der Sie Kontrollausgaben platzieren können. Ansonsten müsste das gesamte Anwendungsprogramm nach schreibenden Zugriffen abgesucht werden.

- Es ist möglich, intern andere Strukturen zu verwenden, als sie nach außen hin sichtbar erscheinen. In unserem Beispiel, der Klasse `Bruch`, könnte der Wert des Bruchs intern in einem einzigen Wert als `double` (0,75 statt ¾) gespeichert werden. Für den Zugriff von außen könnte man dennoch nur die beiden Getter `getZaehler` und `getNenner` zur Verfügung stellen, die beide beim Aufruf aus dem Wert den Zähler bzw. den Nenner berechnen und als `Integer` zurückliefern.

- Interne Optimierungen werden ebenfalls erleichtert. So könnten Sie z. B. den Bruch grundsätzlich im ungekürzten Zustand belassen. Erst wenn der Getter ausgeführt wird, würden die gekürzten Zähler und Nenner berechnet und zurückgeliefert. Von außen erscheinen die Brüche dann grundsätzlich gekürzt, obwohl sie intern nicht immer gekürzt vorliegen.

Eclipse kann Sie bei der Erstellung von Getter- und Setter-Methoden unterstützen. Markieren Sie im Editor die Klasse, für deren Attribute Sie Getter- und Setter-Methoden erstellen wollen. Mit der Menüoption SOURCE • GENERATE GETTERS AND SETTERS rufen Sie den Dialog aus Abbildung 6.3 auf.

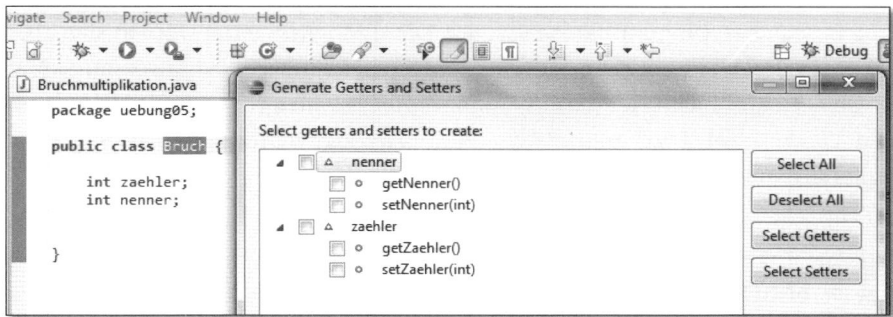

Abbildung 6.3 Eclipse erstellt Getter- und Setter-Methoden

In diesem Dialog können Sie einstellen, für welche Attribute welche Methoden erstellt werden sollen. Wollen Sie für ein einzelnes Attribut Getter- und/oder Setter-Methoden erstellen lassen, dann markieren Sie das Attribut und rufen die Menüoption REFACTOR • ENCAPSULATE FIELD auf.

Mit dem Modifier `private` wird die Sichtbarkeit von Attributen und Methoden eingeschränkt. Neben diesem einen Extrem, das die Sichtbarkeit sehr stark einschränkt, kann mit dem Modifier `public` jegliche Einschränkung der Sichtbarkeit aufgehoben werden. Die Default-Einstellung (ohne ausdrückliche Verwendung eines Modifiers) bewirkt, dass die Attribute und Methoden für alle Klassen aus dem gleichen Paket sichtbar sind. Diese Stufe wird deshalb auch als *Paketsichtbarkeit* bezeichnet.

Der Vollständigkeit halber sei noch die vierte und letzte Möglichkeit, die Sichtbarkeit einzustellen, erwähnt, und zwar mit dem Modifier `protected`. Sie entspricht der Paketsicherheit, erweitert diese aber so, dass Unterklassen auf die so deklarierten Attribute Zugriff haben, auch wenn sie in anderen Paketen liegen.

6.3 Beziehungen zwischen Klassen

In einem Programm wird in der Regel eine ganze Reihe von Klassen und Objekten dieser Klassen verwendet. Die Klassen können aber nicht isoliert voneinander betrachtet werden. Ein Programm stellt immer ein Modell für eine real existierende Problematik dar. Jede Klasse übernimmt dabei die Rolle eines in der realen Welt existierenden Objekts.

Die abzubildende Problematik entsteht immer durch das Zusammenspiel dieser unterschiedlichen Objekte. Man könnte auch sagen, dass sie dadurch entsteht, dass die Objekte in unterschiedlichen Beziehungen zueinander stehen. Beim Progammieren besteht eine wesentliche Aufgabe darin, diese Beziehungen zu identifizieren und realitätsnah umzusetzen. Es wird immer unterschiedliche Möglichkeiten geben, eine solche Beziehung im eigenen Programm umzusetzen. Diese Möglichkeiten werden sich aber immer in Aufwand, Effektivität und Eleganz unterscheiden. Für die Umsetzung einer Beziehung bieten die objektorientierten Programmiersprachen sehr gut geeignete Konstrukte an. Welches Konstrukt an welcher Stelle verwendet werden sollte, ist eine ganz entscheidende Frage, die geklärt werden sollte.

Die Behandlung der unterschiedlichen Beziehungen zwischen Klassen ist ein sehr komplexes Thema. Es kann in diesem Buch, das dem Einstieg in die Java-Programmierung gewidmet ist, nicht umfassend behandelt werden. Hier sollen deshalb nur die für den Einstieg wichtigen Grundlagen gelegt werden und ein Bezug zu den von Java zur Verfügung gestellten Techniken hergestellt werden. Wer tiefer in die Programmierung einsteigen möchte, dem sei weiterführende Literatur, wie z. B. das in Anhang D aufgelistete Openbook »Objektorientierte Programmierung« von Bernhard Lahres und Gregor Rayman empfohlen.

Welche Beziehungen sollten unterschieden werden? Ich möchte in den folgenden Abschnitten die wichtigsten Unterscheidungen aufzeigen, die unterschieden werden sollten.

6.3.1 Teil-Ganzes-Beziehung

Eine Teil-Ganzes Beziehung liegt vor, wenn der folgende Satz zutreffend ist:

Objekt A besteht aus Objekt B, Objekt C, ...

Sie haben eine solche Beziehung bereits kennengelernt. Ein Bruch besteht aus Zähler und Nenner. In unserem Beispiel wurden zur Beschreibung von Zähler und Nenner zwar keine Objekte, sondern primitive Datentypen verwendet. Diese könnten aber jederzeit auch durch Objekte ersetzt werden. Auf jeden Fall stehen Zähler und Nenner mit dem Bruch in einer Teil-Ganzes-Beziehung. Teil-Ganzes-Beziehungen können noch weiter differenziert werden. So können Beziehungen unterschieden werden, bei denen das Ganze unbedingt auf ein Teil angewiesen ist. Die CPU eines Computers ist z. B. ein solches Teil, denn ohne CPU ist ein Computer nicht mehr als solcher funktionsfähig. Ein Drucker ist auch ein Teil eines Computers. Allerdings funktioniert der Computer auch, wenn der Drucker ausgeschaltet oder komplett vom Rechner getrennt wird. Solche weiteren Differenzierungen sind für uns nicht entscheidend und sollen deshalb auch nicht weiter betrachtet werden.

6.3.2 Delegation

Soll eine neue Klasse B über einzelne Fähigkeiten einer anderen Klasse A verfügen, ohne dass man sagen kann, dass diese Klasse A insgesamt Teil der neuen Klasse ist, dann stehen diese Klassen nicht in einer Teil-Ganzes-Beziehung. Bei der Umsetzung einer solchen Beziehung geht man wie bei der Teil-Ganzes-Beziehung vor und integriert ein Objekt der Klasse A als Attribut der Klasse B. Werden Funktionalitäten von A benötigt, übernimmt dieses Attribut die Aufgaben. Die Aufgaben werden damit an dieses Attribut delegiert. Entsprechend bezeichnet man eine solche Beziehung als Delegation. Durch Delegation können natürlich auch Aufgaben an mehrere unterschiedliche Klassen delegiert werden.

6.3.3 Abstammung

Stehen zwei Klassen in einer Beziehung, für die gilt, dass eine neue Klasse B als eine Spezialisierung oder Erweiterung einer allgemeineren Klasse A aufgefasst werden kann, so kann man sagen, dass die Klasse B von der Klasse A abstammt. In diesem Fall übernimmt (man sagt auch »erbt«) die Klasse B alle Eigenschaften und Fähigkeiten der Klasse A und erweitert sie entsprechend ihrer Spezialisierung. Ganz wichtig ist es, festzuhalten, dass die neue Klasse B immer nur eine Erweiterung von Klasse A sein kann. Die neue Klasse B kann einmal geerbte Eigenschaften und Fähigkeiten nicht mehr loswerden. Diese Umsetzung dieser Art von Beziehung ist die wohl wichtigste Errungenschaft der objektorientierten Programmierung. Gleichwohl sollte sie bewusst und gezielt eingesetzt werden, damit die eigenen Anwendungen auch leicht nachvollziehbar und damit gut zu warten bleiben.

Die Teil-Ganzes-Beziehung und die Delegation sind im Quelltext nicht zu unterscheiden und – weil kein spezielles Schlüsselwort erforderlich ist – auch nicht so leicht zu identifizieren. Eine Abstammungsbeziehung wird durch Vererbung realisiert und ist im Quellcode an dem speziellen Schlüsselwort extends (*extends* bedeutet, dass eine Erweiterung stattfindet) zu erkennen. Die Vererbung sollte aber wirklich nur dann angewandt werden, wenn der Satz

Objekt B ist ein Objekt A

zutrifft. So könnte z. B. eine allgemeine Klasse Vogel definiert und von dieser Klasse die speziellen Klassen Amsel, Specht und Strauß abgeleitet werden. Die Aussagen »eine Amsel ist ein Vogel«, ein »Specht ist ein Vogel« und »ein Strauß ist ein Vogel« treffen jeweils zu. In diesem Beispiel wird auch deutlich, dass bei der Planung genau überlegt werden muss, welche Attribute und Fähigkeiten die allgemeine Klasse bereits besitzen darf. Die Fähigkeit »fliegen« darf nicht in der Klasse Vogel realisiert werden, denn sonst würde die abgeleitete Klasse Strauß diese Fähigkeit ebenfalls erben. Einmal geerbte Fähigkeiten könnte der Strauß nicht mehr loswerden.

Da die Abstammungsbeziehung wie oben erwähnt für die objektorientierte Programmierung eine so entscheidende Errungenschaft darstellt, soll auf die Realisierung durch Vererbung nun detailliert eingegangen werden.

6.4 Vererbung

Neue Klassen müssen nicht immer komplett neu geschrieben werden. In vielen Fällen lassen sich bereits bestehende Klassen als Basis für neue Klassen verwenden. Die neue Klasse wird dann von der bestehenden Klasse abgeleitet, indem sie deren Attribute und Methoden übernimmt und nur Erweiterungen, wie z. B. weitere Attribute und Methoden, hinzufügt. Die Übernahme von Attributen und Methoden von einer bereits definierten Klasse bezeichnet man als *Vererbung*.

Die »neue« Klasse (*Subklasse*) erbt Attribute und Methoden von der »alten« Klasse (*Superklasse* oder *Basisklasse*). Für die folgenden Beispiele verwenden wir als Ausgangsbasis die unten stehende Klasse TeilMitRundung:

```java
public class TeilMitRundung {
  double radius;
  TeilMitRundung() {
      radius = 1;
  }
  TeilMitRundung(double r) {
     radius = r;
  }
  double getRadius() {
    return radius;
  }
  void setRadius(double r) {
    radius = r;
  }
  void radiusVergroessernUm(double vr) {
    radius = radius + vr;
  }
}
```

Listing 6.5 Definition der Klasse »TeilMitRundung«

Diese Definition ist sehr allgemein gehalten, denn es ist lediglich festgehalten, dass es sich um ein Teil handelt, das über eine Rundung verfügt. Eine Rundung wird durch den Radius der Rundung definiert. Durch diese allgemein gehaltene Definition eignet sich die Klasse sehr gut, um weitere Klassen davon abzuleiten. Stellen Sie sich vor, Sie möchten eine neue Klasse Kreis definieren. Ein Kreis ist vielleicht das einfachste Teil mit Rundung. Die Klasse Kreis kann von der Klasse TeilMitRundung folgendermaßen abgeleitet werden:

```
public class Kreis extends TeilMitRundung {

  Kreis(double r) {
    Radius = r;
  }

  double getUmfang() {
    return 2*Math.PI*radius;
  }

  double getFlaeche() {
    return Math.PI*radius*radius;
  }
}
```

Listing 6.6 Von »TeilMitRundung« abgeleitete Klasse »Kreis«

Um eine Klasse von einer bereits definierten Klasse abzuleiten, wird in der Kopfzeile der neuen Klasse hinter dem Namen das Schlüsselwort extends, gefolgt vom Namen der zu erweiternden Klasse, verwendet. Das Attribut radius wird ebenso wie die Methoden getRadius, setRadius und radiusVergroessernUm geerbt und muss nicht neu definiert werden. Zusätzliche Methoden wie in diesem Beispiel getUmfang und getFlaeche werden ergänzt.

Es soll nun eine weitere Klasse Kreissegment erstellt werden. Ein Kreissegment kann als unvollständiger Kreis aufgefasst werden. Daraus ergibt sich eine gewisse Verwandtschaft mit einem Kreis. Da die Frage »Ist ein Kreissegment ein Kreis?« aber nicht mit »Ja« beantwortet werden kann, sollte die Klasse Kreis nicht als Vorgänger (Superklasse) für die neue Klasse Kreissegment verwendet werden (auch wenn das rein technisch möglich ist). Unsere allgemeinere Klasse TeilMitRundung dagegen eignet sich sich gut als Kandidat zur Ableitung von Kreissegment, denn ein Kreissegment besitzt eine Rundung und ist damit ein Teil mit Rundung. Zusätzlich zum Radius ist zur Beschreibung eines Kreissegments die Angabe eines Winkels erforderlich. Daraus ergibt sich die Notwendigkeit, TeilMitRundung um ein Attribut für diesen Winkel zu erweitern (siehe Abbildung 6.4).

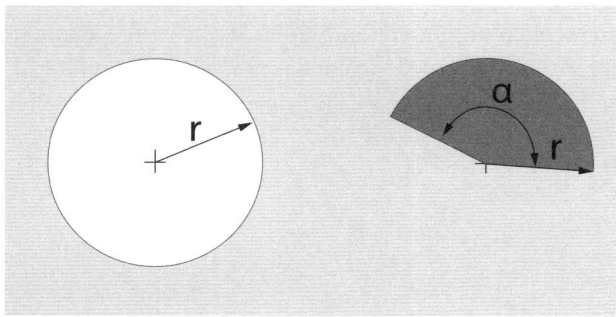

Abbildung 6.4 Kreis und Kreissegment als Klassen

Entsprechend können Sie die neue Klasse Kreissegment folgendermaßen von der Klasse TeilMitRundung ableiten:

```
public class Kreissegment extends TeilMitRundung {
  double winkel;
}
```

Damit erweitern Sie die Klasse Kreis zunächst nur um das Attribut für den Winkel. Die neue Klasse verfügt nicht nur über das Attribut winkel, sondern auch über alle Attribute und Methoden der Klasse TeilMitRundung. Das folgende Testprogramm zeigt dies am Beispiel der Methoden getRadius und radiusVergroessernUm:

```
public class Kreissegmenttest {
  public static void main(String args[]) {
    Kreissegment segment = new Kreissegment();
    System.out.println("Radius des Kreissegments: " +
                                    segment.getRadius());
    segment.radiusVergroessernUm(2);
    System.out.println("Radius des Kreissegments: " +
                                    segment.getRadius());
  }
}
```

Listing 6.7 Programm zum Testen der vererbten Attribute und Methoden der Klasse »Kreissegment«

Die Ausgaben des Programms zeigen, dass nach dem Konstruktoraufruf der Radius auf den Wert 1 gesetzt ist. Das zeigt, dass der parameterlose Konstruktor der Superklasse

TeilMitRundung aufgerufen wurde, denn dort wird der Radius auf den Standardwert 1 gesetzt. Versuchen Sie, den Konstruktor mit einem Parameter für den Radius aufzurufen, erhalten Sie eine Fehlermeldung mit dem Hinweis, dass kein Konstruktor für Kreissegment mit einem Parameter existiert. Konstruktoren werden also nicht automatisch fortgeschrieben. Sie können aber in neu definierten Konstruktoren durchaus verwendet werden. So können Sie z. B. einen Konstruktor mit zwei Parametern definieren, der zum Setzen des Radius den Konstruktor der Klasse TeilMitRundung (also der Superklasse) verwendet. Aufgerufen wird ein Konstruktor der Superklasse mit dem Schlüsselwort super:

```
public class Kreissegment extends TeilMitRundung {
  double winkel;
  Kreissegment(double r, double w) {
    super(r);
    winkel = w;
  }
}
```

Listing 6.8 Aufrufen des Konstruktors der Superklasse

Wie bei den Ausführungen zu Konstruktoren bereits erläutert wurde, müssen Sie beachten, dass der parameterlose Standardkonstruktor nicht mehr verfügbar ist, sobald ein eigener Konstruktor definiert wurde. Deshalb ergänzen wir noch einen parameterlosen Konstruktor, der den Radius mit dem Konstruktor der Superklasse auf den Wert 1 und den Winkel selbst auf den Wert 90 (Grad) setzt:

```
public class Kreissegment extends TeilMitRundung {
  double winkel;
  Kreissegment() {
    super();
    winkel = 90;
  }
  Kreissegment(double r, double w) {
    super(r);
    winkel = w;
  }
}
```

Listing 6.9 Konstruktoren der Klasse »Kreissegment«

Nicht alle geerbten Methoden behalten für die abgeleitete Klasse unverändert ihre Gültigkeit. Die Getter- und Setter-Methode für den Radius gelten für die Klassen Kreis und

Kreissegment genau so, wie sie für die Klasse TeilMitRundung implementiert wurden. Die Getter-Methoden für die Fläche und den Umfang müssen allerdings angepasst werden, da sie ansonsten nicht die korrekten Werte zurückliefern.

```
public class Kreissegment extends TeilMitRundung {
  double winkel;

  Kreissegment() {
    super();
    winkel = 90;
  }
  Kreissegment(double r, double w) {
    super(r);
    winkel = w;
  }
  double getFlaeche() {
    return Math.PI * radius * radius * winkel/360;
  }
  double getUmfang() {
    return 2 * Math.PI * radius * winkel/360 + 2 * radius;
  }
}
```

Listing 6.10 Klasse »Kreissegment«

Listing 6.10 zeigt, wie geerbte Methoden einer abgeleiteten Klasse angepasst werden können. Diese Methoden können ihre Bezeichner beibehalten und werden für die abgeleitete Klasse einfach nochmals erstellt. Man überschreibt damit die geerbte Methode. Wie das Listing zeigt, kann dabei mit super auch auf die Methode der Superklasse zugegriffen werden. Der Bezeichner super ersetzt jeweils den Bezeichner der Superklasse, also den Bezeichner, der hinter dem Schlüsselwort extends in der Kopfzeile der Klassendefinition steht. In diesem Beispiel steht super also für den Bezeichner TeilMitRundung.

Mit dem folgenden Programm können Sie die Klasse Kreissegment testen:

```
public class Kreissegmenttest {
  public static void main(String args[]) {
    Kreissegment segment = new Kreissegment(2, 180);
    System.out.println("Radius des Kreissegments: "
                       + segment.getRadius());
    segment.radiusVergroessernUm(2);
    System.out.println("Neuer Radius des Kreissegments: "
                       + segment.getRadius());
```

```
    System.out.println("Fläche des Kreissegments: "
                        + segment.getFlaeche());
    System.out.println("Umfang des Kreissegments: "
                        + segment.getUmfang());

  }
}
```

Listing 6.11 Programm zum Testen der Klasse »Kreissegment«

6.4.1 Schnittstelle und Implementierung

Bei der Verwendung von Klassen muss der Anwender (in diesem Fall ist das der Programmierer) nur die Definition der Attribute und die Methodenköpfe kennen, um damit umgehen zu können. Wie die Methoden implementiert (programmiert) sind, ist für ihn unerheblich.

Bruch
private int zaehler;
private int nenner;
void setZaehler(int zaehler)
int getZaehler()
Bruch (int z, int n)
Bruch()
Bruch(int n)
void setze(int z)
void setze(int z, int n)
void ausgeben() // Kopf der Methode ausgeben
void kuerzen()
void gekuerztausgeben()
void erweitern(int a)
Bruch multipliziere(Bruch m)
double dezimalwert()
String bruchtoString()
Bruch addiere(Bruch m)
Bruch subtrahiere(Bruch m)

Abbildung 6.5 Schnittstelle der Klasse »Bruch«

Die Angaben aus Abbildung 6.5 sind vollkommen ausreichend für den Programmierer, um zu sehen, welche Attribute und Methoden verfügbar sind und wie die Methoden aufgerufen werden können. Man nennt diese Angaben auch die *Schnittstelle* (in diesem Fall die Schnittstelle der Klasse Bruch), weil sie dem Programmierer Zugriff auf alle Eigenschaften und Fähigkeiten der Klasse ermöglicht.

Sie erkennen daran, dass der Benutzer einer Klasse nicht wissen muss, wie die Klasse programmiert wurde. Es ist völlig unwichtig, wie die Methode kuerzen programmiert wurde. Man nennt die Programmierung auch die *Implementierung*. Die Implementierung der Methode kuerzen ist also für den Benutzer der Methode nicht relevant.

Die Tatsache, dass die Implementierung unwesentlich für die Anwendung ist und die Kenntnis der Schnittstelle vollkommen ausreicht, erleichtert die Verwendung fremder Programmteile ungemein. Diese einfache Wiederverwendbarkeit von Programmteilen (Klassen) wird sich vor allem beim Erstellen grafischer Oberflächen deutlich zeigen.

6.4.2 Objekte vergleichen

Vergleicht man Objekte mit dem Operator ==, liefert der Vergleich nur dann true, wenn es sich nicht um zwei unterschiedliche Objekte handelt, sondern nur um zwei Bezeichner, die auf dasselbe Objekt verweisen. Dieser Zusammenhang wurde bereits bei der Erzeugung von Objekten angesprochen.

```
Bruch a = new Bruch(); // a als Bruch definiert
a.setZaehler(3); // dem Bruch den Wert ¾ zuweisen
a.setNenner(4);
Bruch b = a; // b als Bruch mit dem Wert von a definiert
```

Wie bereits in Abschnitt 5.2.2, »Wertzuweisungen bei Objekten«, detailliert erläutert wurde, existiert nach den obigen Anweisungen lediglich ein zweiter Bezeichner b, der aber auf dasselbe Objekt a im Hauptspeicher verweist. Ein Vergleich a == b liefert in diesem Fall true, denn es wird geprüft, ob beide Bezeichner auf das gleiche Objekt verweisen. In den meisten Fällen soll aber beim Vergleich zweier Objekte geprüft werden, ob sie den gleichen Wert besitzen. Im Fall eines Bruchs liegt Gleichheit vor, wenn beide Brüche nach dem Kürzen gleiche Zähler und Nenner besitzen. Das Beispiel zeigt, dass Gleichheit nicht unbedingt bedeuten muss, dass alle Attribute die gleichen Werte haben müssen.

Im folgenden Beispiel werden zwei Brüche mit gleichen Zählern und Nennern erzeugt:

```
Bruch a = new Bruch(); // a als Bruch definiert
a.setZaehler(3); // dem Bruch den Wert ¾ zugewiesen
a.setNenner(4);
Bruch b = new Bruch(); // b als zweiten Bruch definiert
b.setZaehler(3); // dem Bruch ebenfalls den Wert ¾ zugewiesen
b.setNenner(4);
if (a == b) ... // liefert false zurück
```

Listing 6.12 Vergleich zweier wertmäßig gleicher Bruch-Objekte

Der Vergleich in der `if`-Anweisung liefert hier `false` zurück, denn die beiden Bezeichner verweisen auf unterschiedliche Objekte. Dabei spielt es keine Rolle, dass die beiden Brüche wertmäßig gleich sind.

Da sehr häufig der wertmäßige Vergleich benötigt wird, sollten Sie einem Objekt eine Methode spendieren, die diesen wertmäßigen Vergleich vornimmt. Vordefinierte Objekte bringen sehr häufig eine solche Methode mit dem Bezeichner `equals` mit – so z. B. der Datentyp `String`, der nicht als primitiver Datentyp, sondern als Klasse definiert ist. Ein Vergleich zweier Stringobjekte mit dem `==`-Operator liefert deshalb genau dann `true`, wenn es sich um ein- und dasselbe Objekt handelt, auf das zwei Bezeichner verweisen. Ein Vergleich, der prüft, ob zwei unterschiedliche Stringobjekte den gleichen Text speichern, ist durch Aufruf der Methode `equals` zu realisieren.

```
String a = "Das ist ein Test";
String b = "Das ist ein Test";
if (a.equals(b)) {
   ...
}
...
```

Listing 6.13 Wertmäßiger Vergleich zweier Stringobjekte

Die Schnittstelle einer `equals`-Methode ist eigentlich immer gleich. Sie liefert einen booleschen Wert zurück und erwartet als Parameter ein Objekt der gleichen Klasse. Entsprechend können Sie eine `equals`-Methode für die Klasse `Bruch` definieren:

```
boolean equals(Bruch x) {
  if (x == null) {
    return false;
  } else {
    Bruch a = new Bruch(this.zaehler, this.nenner);
    Bruch b = new Bruch(x.zaehler, x.nenner);
    a.kuerzen();
    b.kuerzen();
    if ((a.zaehler == b.zaehler) && (a.nenner == b.nenner)) {
      return true;
    } else {
      return false;
    }
  }
}
```

Listing 6.14 Die »equals«-Methode der Klasse »Bruch«

Die Methode definiert zwei lokale Objekte der Klasse Bruch und initialisiert diese mit den Werten des Bruchs, dessen equals-Methode aufgerufen wird, bzw. mit den Werten des übergebenen Bruchs. Damit wird sichergestellt, dass die ursprünglichen Zähler und Nenner durch das anschließende Kürzen nicht verändert werden.

6.4.3 Abstrakte Klassen und Interfaces

Abstrakte Klassen legen Gemeinsamkeiten von Klassen fest. Sie geben vor, über welche Attribute und Methoden alle abgeleiteten Klassen auf jeden Fall verfügen müssen. Die Beschreibung abstrakter Klassen beginnt mit dem Schlüsselwort abstract. Sie können von einer abstrakten Klasse kein Objekt erzeugen. Sie können aber eigene Klassen davon ableiten, von denen dann auch Objekte erzeugt werden können (außer Sie definieren auch diese Klasse als abstrakt). In abstrakten Klassen können Sie Methoden anlegen, die aber noch nicht mit Anweisungen ausgestattet sind. Die Methoden werden erst beim Ableiten konkreter Klassen implementiert. Als konkrete Klassen werden also die Klassen bezeichnet, die über die Implementierungen ihrer Methoden verfügen und von denen entsprechend auch Objekte erzeugt werden können. Damit wird sichergestellt, dass alle abgeleiteten Klassen über eine Methode mit diesem Bezeichner verfügen. Die Methode wird dann aber je nach Objekt, zu dem sie gehört, andere Aktionen auslösen. Sollen in einem Programm verschiedene Vogelarten mit ihrem Gesang nachgebildet werden, so könnten Sie zunächst eine abstrakte Klasse Vogel definieren:

```
public abstract class Vogel {
  boolean kannFliegen;
  Vogel(boolean kf) {
    kannFliegen = kf;
  }
  public abstract void singe();
}
```

Listing 6.15 Abstrakte Klasse »Vogel«

Jede Klasse, die von Vogel abgeleitet werden soll, verfügt über das Attribut, das beschreibt, ob der Vogel fliegen kann. Der Wert des Attributs muss beim Aufruf des Konstruktors festgelegt werden. Außerdem muss für jede abgeleitete konkrete Klasse die Methode singe implementiert werden, die beschreibt, welche Laute der Vogel beim Singen von sich gibt. Die konkrete Klasse Kuckuck könnte z. B. folgendermaßen implementiert werden:

```java
public class Kuckuck extends Vogel {

  Kuckuck(boolean kf) {
    super(true);
  }

  public void singe() {
    System.out.println("Kuckuck");
  }
}
```

Listing 6.16 Abgeleitete konkrete Klasse »Kuckuck«

Mit *Interfaces* verhält es sich ähnlich wie mit abstrakten Klassen. Interfaces sind Beschreibungen von Schnittstellen. Sie können nur Konstanten, abstrakte Methoden und innere Schnittstellen und Klassen beinhalten. Damit wird beschrieben, was mit der Schnittstelle möglich ist. Damit diese Möglichkeiten dann auch zur Verfügung stehen, müssen die deklarierten Methoden aber erst überschrieben und mit Leben gefüllt werden.

Interfaces können von Klassen implementiert werden. Durch das Implementieren wird sichergestellt, dass Klassen, die ansonsten nichts gemeinsam haben, dann aber über die gleichen Methoden verfügen. Das Implementieren erfolgt durch das Schlüsselwort implements am Ende der Kopfzeile. Wird ein Interface von einer nicht abstrakten Klasse implementiert, dann muss diese Klasse alle Methoden des Interfaces implementieren.

Interfaces können im Gegensatz zu Klassen auch von mehreren anderen Interfaces abgeleitet werden. Das erleichtert die Verwaltung von Gemeinsamkeiten unterschiedlicher Klassen.

Sie haben nun die wesentlichen Merkmale der objektorientierten Programmierung kennengelernt. Anhand der folgenden Aufgaben sollten Sie die neuen Inhalte ohne weitere Hilfestellung bewältigen können und den Umgang mit Objekten vertiefen.

6.5 Übungsaufgaben

Aufgabe 1

Erstellen Sie im Projekt *JavaUebung06* im Package *uebung06* eine neue Klasse mit dem Namen Konto. Die Klasse soll über folgende Attribute verfügen, die als private deklariert werden sollen:

- Kontonummer als String
- Kontostand als double

Erstellen Sie einen Konstruktor, der zwei Parameter verwendet. Als erster Parameter soll die Kontonummer und als zweiter Parameter soll der Kontostand übergeben werden. Der Konstruktor soll dann die übergebenen Werte in die Attribute übertragen.

Erstellen Sie für die Klasse Konto die folgenden Methoden:

- getKontostand liefert den aktuellen Kontostand zurück.
- getKontonummer liefert die Kontonummer zurück.
- einzahlen erhöht den Kontostand um einen bestimmten Betrag.
- auszahlen hebt einen Betrag vom Konto ab.

Testen Sie die Klasse mit einem Programm namens *Kontotest*. Das Programm soll ein Konto mit der Kontonummer 0000000001 und einem Kontostand von 1.000 € anlegen. Zur Kontrolle sollen Kontonummer und Kontostand ausgegeben werden. Anschließend sollen 500 € eingezahlt und 750,50 € ausgezahlt werden. Zur Kontrolle werden danach nochmals Kontonummer und Kontostand ausgegeben.

Aufgabe 2

Leiten Sie von der Klasse Konto aus Aufgabe 1 die Subklasse Girokonto ab.

Die Attribute der Klasse Girokonto

- ererbte Attribute der Klasse Konto
- limit als double

Das Attribut limit gibt an, welches Kreditlimit dem Kunden für das Überziehen zur Verfügung steht. Beim Auszahlen soll jeweils geprüft werden, ob die geforderte Auszahlung ohne Überschreitung des Kreditlimits möglich ist.

Konstruktoren der Klasse Girokonto

Die Klasse soll einen Konstruktor mit drei Parametern verwenden. Die ersten beiden Attribute stehen für die Werte von Kontonummer und Kontostand (wie bei der Klasse Konto). Der dritte Parameter wird für die Initialisierung des Kreditlimits verwendet.

Methoden der Klasse Girokonto

- double getLimit()
- void setLimit(double l)

Die Methode `getLimit` soll keine Parameter verwenden und als Ergebnis das Kreditlimit zurückliefern. Die Methode `setLimit` soll kein Ergebnis zurückliefern und als Parameter das neue Kreditlimit erwarten.

Die ererbte Methode `auszahlen` soll so überschrieben werden, dass nur dann der auszuzahlende Betrag vom Saldo abgezogen wird, wenn nach dem Abzug das Kreditlimit nicht überschritten wird. Ansonsten soll eine Fehlermeldung in der Konsole ausgegeben werden.

Testen Sie die Klasse `Girokonto` mit dem folgenden Programm:

```
public class Girokontotest {
  public static void main(String args[]) {
    Girokonto gk=new Girokonto("0000000001", 10000.0, 1000.0);
    gk.auszahlen(11000.0);
    System.out.println("Kontostand: " + gk.getKontostand());
    gk.einzahlen(11000.0);
    gk.auszahlen(11001.0);
    System.out.println("Kontostand: "+gk.getKontostand());
  }
}
```

Listing 6.17 Programm zum Testen der Klasse »Girokonto«

Das Programm muss die folgenden Ausgaben in der Konsole erzeugen:

- `Kontostand: -1000.0`
- `Fehler: Kreditlimit überschritten!`
- `Kontostand: 10000.0`

Aufgabe 3

Verwenden Sie für die folgende Aufgabenstellung die hier gezeigte Klasse `Bruch` als Ausgangspunkt:

```
class Bruch {
  private int zaehler;
  private int nenner;

  Bruch() {
    zaehler = 0;
    nenner = 1;
  }
```

```
Bruch(int x) {
  zaehler = x;
  nenner = 1;
}

Bruch(int x, int y) {
  zaehler = x;
  nenner = y;
}

int getZaehler() {
  return zaehler;
}

int getNenner() {
  return nenner;
}

void setZaehler(int z) {
  zaehler = z;
}

void setNenner(int n) {
  nenner = n;
}

void ausgeben() {
  System.out.print(zaehler + "/" + nenner);
}

String Bruchstring() {
  return zaehler + "/" + nenner;
}

void kuerzen() {
  int m, n, r;   //lokale Variablen
  m = zaehler;
  n = nenner;
  r = m % n;
    while (r > 0) { // Berechnung des ggT
      m = n;
```

```
        n = r;
        r = m % n;
      }
      zaehler /= n;   //in n steht jetzt der ggT
      nenner /= n;
    }

    void gekuerztausgeben() {
      kuerzen();
      ausgeben();
    }

    boolean equals(Bruch x) {
      Bruch a = new Bruch(this.zaehler, this.nenner);
      Bruch b = new Bruch(x.zaehler, x.nenner);
      a.kuerzen();
      b.kuerzen();
      if ((a.zaehler == b.zaehler) && (a.nenner == b.nenner)) {
        return true;
      } else {
          return false;
      }
    }
  }
```

Listing 6.18 Klasse »Bruch« als Ausgangsbasis

Ergänzen Sie die Klasse Bruch um drei Methoden:

- Bruch addiere(Bruch b)
- Bruch subtrahiere(Bruch b)
- double dezimalwert()

Die ersten beiden Methoden übernehmen als Argument einen Bruch, den sie zu dem Bruch hinzuaddieren, dessen addiere-Methode aufgerufen wird, bzw. den sie von dem Bruch abziehen, dessen subtrahiere-Methode aufgerufen wird. Achten Sie darauf, dass die beiden Methoden das Ergebnis als neuen Bruch zurückliefern und dass die Attribute zaehler und nenner der beiden Ausgangsbrüche nicht verändert werden.

Die Methode dezimalwert liefert den Wert des Bruchs als Kommazahl (double) zurück.

Aufgabe 4

Leiten Sie von der Klasse Bruch aus Aufgabe 3 die Subklasse BruchMitSeriennummer ab. Ergänzen Sie die Klasse um ein ganzzahliges Attribut mit dem Namen seriennummer. In dem Attribut soll jeder Bruch seine Seriennummer speichern. Der zuerst erzeugte Bruch soll die Seriennummer 1 erhalten, der zweite Bruch die Seriennummer 2 usw. Für jeden weiteren Bruch wird die Seriennummer also um 1 erhöht.

> **Hinweis**
> Verwenden Sie zusätzlich ein statisches Attribut, um die jeweils korrekte Seriennummer zu ermitteln. Die Seriennummer eines Objekts soll als unveränderliches (final) Attribut definiert werden. Für die Abfrage der Seriennummer soll die Klasse eine Getter-Methode zur Verfügung stellen.

Erstellen Sie ein Programm mit dem Namen *Seriennummerntest*, das fünf Brüche definiert und anschließend die Brüche mit ihren Seriennummern in der Konsole ausgibt.

Aufgabe 5

Verwenden Sie als Ausgangsbasis die Klasse Bruch aus Aufgabe 3, und erstellen Sie eine abgeleitete Subklasse mit dem Namen Anteil.

Ein Anteil soll den Bruchteil eines Gesamtbestands darstellen. Das bedeutet, dass ein Anteil immer einen Bruch darstellt, der aber maximal den Wert 1 annehmen kann. Das bedeutet, dass in einem Programm nur so lange Instanzen der Klasse Anteil definiert werden können, bis der Gesamtbestand auf Anteile verteilt ist. Deshalb soll über ein Attribut verteilt überwacht werden, wie viel des Gesamtbestands bereits verteilt ist. Stellt man sich den Gesamtbestand z. B. als ein zu verteilendes Vermögen von 200.000 € vor, dann ist der maximale Anteil das Gesamtvermögen. Damit wäre dann auch das Gesamtvermögen bereits verteilt.

Die Attribute der Klasse Anteil sind:

- die von Bruch geerbten Attribute zaehler und nenner
- verteilt als Bruch mit dem Modifier static

Das Attribut verteilt soll die Summe der bereits verteilten Anteile speichern. Es soll mit dem Wert 0 initialisiert werden.

Die Klasse Anteil soll zwei Konstruktoren besitzen:

- Anteil() setzt den Anteil auf den Wert 0.
- Anteil(int z, int n) setzt Zähler und Nenner auf die übergebenen Werte.

Ein Konstruktor ohne Parameter soll den Anteil auf den Wert 0 (Zähler = 0, Nenner = 1) setzen.

Der zweite Konstruktor soll zwei Parameter verwenden. Wie beim Bruch sollen die beiden Parameter für den Zähler und den Nenner einen Wert übernehmen. Mit der Definition eines Anteils muss auch der Wert des Attributs verteilt angepasst werden. Der Wert der verteilten Anteile muss um den Wert des Anteils erhöht werden. Ist der Gesamtwert der verteilten Anteile größer als 1, soll eine Fehlermeldung in der Konsole ausgegeben werden.

Die Klasse Anteil benötigt zwei Methoden:

- getVerteilt soll ohne Parameter aufgerufen werden und als Ergebnis den Wert des Bruchs verteilt als double zurückliefern.
- getRest soll ebenfalls ohne Parameter aufgerufen werden und den Wert des noch nicht verteilten Anteils als Bruch zurückliefern.

Testen Sie die Klasse Anteil mit dem folgenden Programm mit dem Namen *Anteiltest*:

```
public class Anteiltest {
  public static void main(String args[]) {
    int vermoegen = 200000;
    Anteil a1 = new Anteil(1,4);
    Anteil a2 = new Anteil(1,2);
    System.out.println("Anteil a1: " + a1.Bruchstring());
    System.out.println("Betrag von a1 :" + vermoegen *
                                    a1.dezimalwert());
    System.out.println("Anteil a2: " + a2.Bruchstring());
    System.out.println("Betrag von a2: " +
                        vermoegen*a2.dezimalwert());
    System.out.println("Verteilt: " + a1.verteilt.Bruchstring());
    System.out.println("Rest: " + a1.getRest().Bruchstring());
    System.out.println("Restbetrag: " + vermoegen *
                                    a1.getRest().dezimalwert());
  }
}
```

Listing 6.19 Programm zum Testen der Klasse »Anteil«

Das Programm müsste die folgende Ausgabe erzeugen:

Anteil a1: 1/4

Betrag von a1: 50000.0

```
Anteil a2: 1/2

Betrag von a2: 100000.0

Verteilt: 6/8

Rest: 2/8

Restbetrag: 50000.0
```

6.6 Ausblick

Mit den Kapiteln 5 und 6 haben Sie die Grundlage für den Umgang mit der Objektorientierung gelegt. Sie kennen nun das Prinzip, das hinter der objektorientierten Programmierung steckt. Sie können mit Klassen und Objekten umgehen, neue Klassen erstellen, und Sie können von bestehenden Klassen neue ableiten, die von ihren Vorgängern Attribute und Methoden erben. In den folgenden Kapiteln wird es nun darum gehen, diese erworbenen Kenntnisse und Fähigkeiten effektiv für die Erstellung eigener Programme einzusetzen, und dabei das Konzept der Objektorientierung einzuüben und zu vertiefen.

Im folgenden Kapitel werden Sie einige Klassen kennenlernen, die Java bereits mitbringt und die für die Erstellung eigener Anwendungen sehr wichtig sind. Beim Umgang mit diesen Komponenten werden Sie feststellen, wie wichtig die Inhalte aus den vorangegangenen Kapiteln sind. Nur mit diesen Vorkenntnissen sind Sie in der Lage, das Potenzial dieser Klassen effektiv zu nutzen.

Kapitel 7
Grundlegende Klassen

Die Welt ist in zwei Klassen geteilt, in diejenigen, welche das Unglaubliche glauben, und diejenigen, welche das Unwahrscheinliche tun.
(Oscar Wilde, 1854–1900)

In den letzten beiden Kapiteln haben Sie die Grundlagen der objektorientierten Programmierung und den Umgang mit Klassen bzw. Objekten kennengelernt. Einige grundlegende Datentypen sind in Java bereits als Klassen definiert. Einer dieser Datentypen ist der String. Mit den Kenntnissen aus Kapitel 5 und 6 sind Sie nun in der Lage, die Schnittstellen solcher Klassen zu verstehen und die Vorteile solcher Klassen effektiv zu nutzen. Einige grundlegende als Klassen definierte Datentypen sollen in diesem Kapitel vorgestellt werden.

7.1 Die Klasse »String«

Über die Bedeutung des Datentyps String habe ich bereits gesprochen, und sie hat sich auch dadurch bestätigt, dass dieser Datentyp bereits in den ersten Programmen verwendet wurde. Er dient dazu, Zeichenketten zu speichern und ist als Klasse implementiert. Da alle Eingaben des Anwenders und alle Ausgaben, die das Programm erzeugt, in Form von Zeichenketten verarbeitet werden, kommt man in nahezu keinem Programm ohne diesen Datentyp aus. Eine Besonderheit dieser Klasse macht ihre Verwendung im Vergleich zu anderen Klassen besonders einfach.

7.1.1 Erzeugen von Strings

Ihnen ist vielleicht schon aufgefallen, dass bisher nie der new-Operator im Zusammenhang mit der Definition einer Variablen vom Typ String verwendet wurde. Man sollte erwarten, dass eine Stringvariable mit der Anweisung

```
String a = new String("Das ist eine Zeichenkette!");
```

erstellt wird. Das ist auch durchaus möglich, aber nicht notwendig. Sie können eine Stringvariable in gleicher Weise wie eine Variable eines primitiven Datentyps erstellen.

```
String a = "Das ist eine Zeichenkette!";
```

reicht vollkommen aus. Das bedeutet, dass hier der new-Operator implizit verwendet wird. Der Compiler setzt die notwendigen Operationen um, ohne dass Sie diese explizit auslösen müssen. Das ist eine Besonderheit, die außer auf die Klasse String auf nur wenige andere Klassen zutrifft.

Die Schnittstelle der Klasse String besteht aus einer Vielzahl von Methoden. Diese können und sollen hier nicht im Detail vorgestellt werden. Es lohnt sich sicher, einmal einen Blick in die Dokumentation des JDK zu werfen und sich einen Überblick über die definierten Methoden zu verschaffen. Sie finden die Dokumentation unter der Internetadresse *http://docs.oracle.com/javase/7/docs/api/*. Ich möchte Ihnen an dieser Stelle einige Methoden vorstellen, die in vielen Anwendungen Verwendung finden. Erstellen Sie für dieses Kapitel wieder ein Java-Projekt mit dem Namen *JavaUebung07*, und legen Sie darin im Package *uebung07* eine Klasse Stringtest an. Als Ausgangsbasis für folgende Übungen verwenden Sie den folgenden Quellcode:

```
package uebung07;

public class Stringtest {
  public static void main(String[] args) {
    String a = "Das ist ";
    String b = "eine Zeichenkette!";
  }
}
```

Listing 7.1 Ausgangsbasis für die folgenden Übungen

7.1.2 Konkatenation von Strings

Unter dem Begriff *Konkatenation* versteht man das Verketten oder Aneinanderhängen von Zeichenketten. Sie haben in dem in Listing 7.1 dargestellten Programmfragment zwei Zeichenketten definiert. Mit der Methode

```
a = a.concat(b);
```

wird die Zeichenkette a um die Zeichenkette b verlängert und die Verkettung als neuer Wert der Variablen a zugewiesen. Entsprechend gibt die Anweisung System.out.println(a) den kompletten Satz in der Konsole aus.

Ich möchte an dieser Stelle noch mal auf die äußerst hilfreichen Einblendungen von Eclipse aufmerksam machen. Geben Sie die Anweisung a.concat(b) nur bis zu dem Punkt ein, und Eclipse blendet Ihnen alle Methoden ein, die für die betreffende Klasse (in unserem Fall ist das die Klasse String) verfügbar sind. Mit jeder weiteren Eingabe aktualisiert sich die Anzeige und zeigt die zur Eingabe passende(n) Methode(n) an.

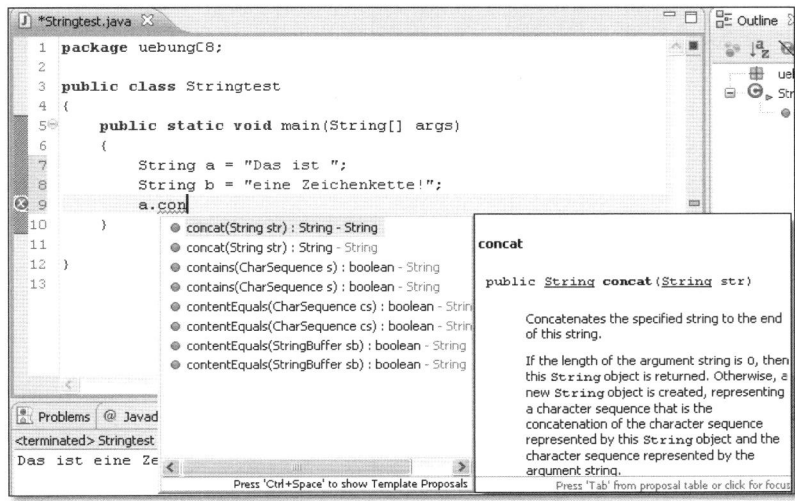

Abbildung 7.1 Autovervollständigung von Eclipse

Verweilen Sie doch einmal nach der Eingabe des Punktes, und scrollen Sie durch das eingeblendete Hinweisfenster (siehe Abbildung 7.1). So können Sie sich auch ohne die Dokumentation des JDK einen Überblick über die verfügbaren Methoden verschaffen.

Jede Angabe von Eclipse ist so wie in Abbildung 7.2 dargestellt aufgebaut.

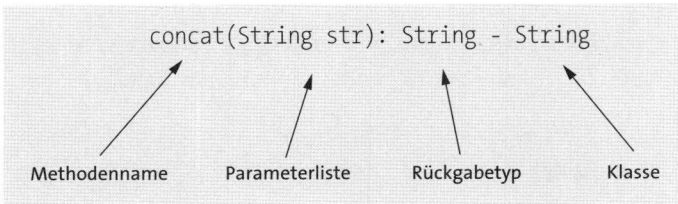

Abbildung 7.2 Aufbau der Eclipse-Hinweise

Im rechten Bereich (siehe Abbildung 7.1) zeigt Eclipse zu dem markierten Eintrag der Liste die Schnittstellendefinition, die z. B. zusätzlich die Modifier beinhaltet, und Erläuterungen an, wie Sie sie in der JDK-Dokumentation finden können. Die Erläuterungen sind allerdings alle in englischer Sprache gehalten. Sie können sich auch Schreibarbeit ersparen, wenn Sie einen Eintrag der Liste doppelt anklicken. Eclipse übernimmt den Methodennamen dann automatisch in den Quelltext und gibt Platzhalter für die erwarteten Argumente vor.

229

Nach diesem kurzen Abstecher zur Autovervollständigung von Eclipse kommen wir nun aber wieder zurück zur Verkettung von Zeichenketten. Anstelle der Methode concat können Sie die Verkettung auch mit dem +-Operator vornehmen:

```
a = a + b;
```

Es ist der einzige eigentliche Rechenoperator, der auch auf Strings angewendet werden kann. Diese Möglichkeit wurde in einigen Beispielprogrammen bereits verwendet und muss deshalb hier nicht mehr näher erläutert werden.

Die internen Abläufe beim Verketten von Strings gelten für jede Veränderung, die man am Wert eines Strings vornimmt. Sie werden hier also stellvertretend beschrieben.

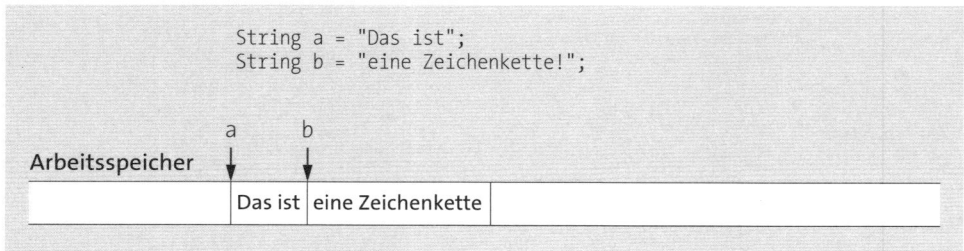

Abbildung 7.3 Anlegen von zwei Stringvariablen

In Abbildung 7.3 ist das Speicherabbild nach dem Anlegen von zwei Stringvariablen modellhaft dargestellt. Die bei der Initialisierung angegebene Zeichenkette bestimmt, wie viel Speicherplatz von der Variablen a belegt wird. Unmittelbar hinter der Variablen a werden dann weitere Variablen, hier z. B. b, angelegt. Soll jetzt durch Aufruf der Methode concat die in der Variablen a gespeicherte Zeichenkette verlängert werden, so ist das nicht ohne Überschreiben der Inhalte der folgenden Variablen möglich.

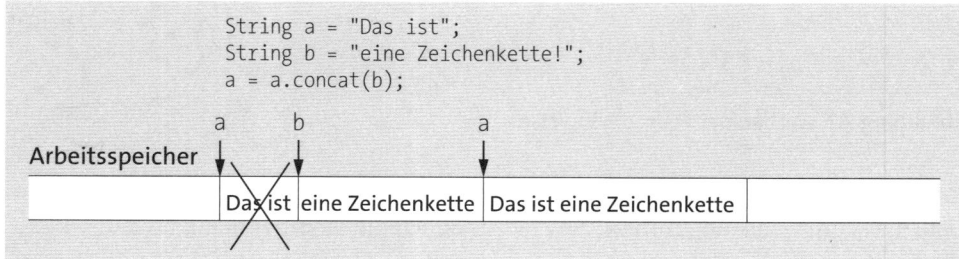

Abbildung 7.4 Verketten von Stringvariablen

Die Lösung besteht darin, dass die Variable a an einer anderen Position im Arbeitsspeicher völlig neu angelegt und mit der verlängerten Zeichenkette initialisiert wird.

Abbildung 7.4 zeigt, dass die ursprüngliche Variable a zerstört und der Arbeitsspeicher dort freigegeben wird. Im Gegensatz zu den primitiven Zahlentypen `int`, `double` usw. steht bei der Verwendung eines `String` nicht automatisch fest, wie viel Speicherplatz für den String benötigt wird. Erst nach der Wertzuweisung steht der Speicherbedarf fest. Nachdem einer String-Variablen ein Wert zugewiesen wurde, kann dieser Wert nicht mehr verändert werden. Ein String ist unveränderlich (*immutable*). Der Aufruf von

```
a.concat(b)
```

verändert deshalb nicht den Wert der Variablen a, sondern erzeugt einen neuen String, der den Wert von a, verlängert um b, speichert.

Es gibt neben dem String noch weitere Klassen, die *immutable* sind. Wenn Sie Zeichenketten-Variablen verwenden, deren Wert verändert werden soll, stellt Java weitere Klassen, wie z. B. `StringBuffer` oder `StringBuilder`, zur Verfügung. Die Klasse `String` ist zwar die naheliegendste, keinesfalls aber die einzige Klasse, die für die Zeichenkettenverarbeitung zur Verfügung steht.

7.1.3 Stringlänge bestimmen und Strings vergleichen

Die aktuelle Länge eines Strings können Sie mit der Methode `length` bestimmen. Die Schnittstelle lautet:

```
public int length()
```

Die Methode erwartet eine leere Parameterliste und liefert als Ergebnis einen `int`-Wert zurück. Mit der Anweisung

```
System.out.print(a.length());
```

können Sie in der Konsole z. B. die aktuelle Länge der Variablen a ausgeben. Beachten Sie hierbei, dass natürlich auch Leerstellen Zeichen sind und entsprechend mitgezählt werden.

Die Problematik beim Vergleichen von Objekten habe ich bereits ausführlich in Abschnitt 6.4.2, »Objekte vergleichen«, angesprochen. Konsequenterweise verfügt die Klasse `String` über eine Methode `equals` mit folgender Schnittstelle:

```
public boolean equals(Object anObject)
```

Die Methode liefert einen Wahrheitswert zurück, der Auskunft über Gleichheit oder Ungleichheit gibt. Es wird Sie vielleicht verwundern, dass als Parameter nicht `String`, sondern `Object` verwendet wird. Die Klasse `Object` ist gewissermaßen der Vorfahre aller

Klassen, die in Java definiert werden. Diese Klasse vererbt einige Methoden an alle Klassen. Die Methode equals ist eine dieser Methoden, über die jede Klasse verfügt. Sie muss durch Überschreiben an die jeweiligen Bedingungen der neuen Klasse angepasst werden.

Diese Tatsache hat zur Folge, dass der Methode nicht nur ein String, sondern jedes beliebige andere Objekt übergeben werden kann, ohne dass der Compiler eine Fehlermeldung erzeugt. Ein Vergleich kann aber immer nur mit dem Ergebnis true enden, wenn das übergebene Objekt ein Stringobjekt ist und die darin abgelegte Zeichenkette identisch mit der des aufrufenden Stringobjekts ist. Der Vergleich in der if-Anweisung

```
if (a.equals(b)) ...
```

wird im Programmbeispiel von oben entsprechend false zurückliefern.

Die Methode equals kann nur auf absolute Gleichheit prüfen. Sie wollen in vielen Fällen aber auch wissen, ob ein String nach einem lexikalischen Vergleich vor oder hinter dem Vergleichsstring einzuordnen ist. Für diesen Vergleich bringt die Klasse String die Methode compareTo mit. Die Schnittstelle lautet:

```
public int compareTo(String anotherString)
```

Sie erwartet einen String als Argument und liefert eine ganze Zahl zurück, die beschreibt, ob der String vor oder hinter dem Argument einzuordnen ist. Ein negatives Ergebnis bedeutet, dass der String vor dem übergebenen Argument einzuordnen ist. Der String ist gewissermaßen kleiner als der übergebene String. Bei einem Ergebnis größer als 0 ist der String hinter dem übergebenen String einzuordnen, und wenn das Ergebnis 0 ist, dann sind die beiden Strings exakt gleich. Bei diesem lexikalischen Vergleich wird zeichenweise entsprechend der Unicode-Tabelle verglichen. Das führt zu einer alphabetischen Reihenfolge, bei der z. B. alle Ziffern (0 bis 9) vor den Buchstaben und alle Großbuchstaben vor den Kleinbuchstaben stehen. Die deutschen Umlaute folgen mit etwas Abstand auf die Kleinbuchstaben (siehe die Unicode-Tabelle z. B. unter *http://unicode-table.com/de*). Die Anweisung

```
System.out.println(a.compareTo(b));
```

gibt an der Konsole den Wert –33 aus.

Zur Erinnerung:

```
String a = "Das ist ";
String b = "eine Zeichenkette!";
```

Das bedeutet zunächst, dass der String a lexikalisch vor dem String b eingeordnet wird. Bereits das erste Zeichen ('D' und 'e') entscheidet hier über das Ergebnis, weil die Großbuchstaben im Unicode (wie in anderen Codetabellen auch) vor den Kleinbuchstaben angeordnet sind. Der Wert −33 ergibt sich aus der Differenz des Unicodes von 'D' (68) und 'e' (101).

7.1.4 Zeichen an einer bestimmten Position ermitteln

Wollen Sie ermitteln, welches Zeichen an einer bestimmten Position innerhalb eines Strings steht, dann können Sie die Methode charAt verwenden. Die Schnittstelle lautet:

```
public char charAt(int index)
```

Die Methode liefert ein Zeichen zurück und erwartet als Argument die Position des Zeichens als ganze Zahl. In unserem Beispielprogramm erhalten Sie mit der Anweisung

```
System.out.println(a.charAt(1));
```

das Zeichen 'a' als Ausgabe in der Konsole. Wenn Sie jetzt als Zeichen an der Position 1 den Großbuchstaben 'D' erwartet hätten, dann liegt das daran, dass Sie von der falschen Vorstellung ausgegangen sind, dass die Positionen mit der 1 beginnend nummeriert werden. Hier beginnt – wie in der Datenverarbeitung sehr häufig – die Nummerierung mit 0.

7.1.5 Umwandlung in Groß- und Kleinbuchstaben

Die Schreibweise einer Zeichenkette kann mit den beiden Methoden toUpperCase bzw. toLowerCase insgesamt umgewandelt werden. Die Methode toUpperCase wandelt alle Kleinbuchstaben der Zeichenkette in Großbuchstaben um. Entsprechend werden alle Großbuchstaben durch toLowerCase zu Kleinbuchstaben umgewandelt. Die beiden Methoden erwarten keine Parameter und wirken sich nur auf Buchstaben und Zeichen aus, für die es eine Klein- und Großschreibung gibt (diakritische Zeichen). Sonderzeichen, Ziffern usw. bleiben unverändert erhalten. Die Schnittstellen

```
String toUpperCase()
String toLowerCase()
```

zeigen, dass ein neuer String zurückgeliefert wird. Der Originalstring bleibt unverändert erhalten, denn Strings sind ja *immutable*.

7.1.6 Zahlen und Strings ineinander umwandeln

Soll eine Zahl als Zeichenkette in einer Stringvariablen gespeichert werden, hilft die Methode `valueOf` weiter. Die Methode existiert für alle einfachen Zahlentypen. Entsprechend kann eine ganze Liste von Schnittstellen angegeben werden:

```
public static String valueOf(int i)
public static String valueOf(long l)
public static String valueOf(double d)
public static String valueOf(float f)
...
```

Wie Sie sehen, sind die Methoden als `static` definiert. Sie können also auch ohne existierende Instanz mit dem Klassenbezeichner `String` aufgerufen werden. Die Anweisung

```
String s=String.valueOf(34.5);
```

wandelt das Kommazahlliteral `34.5` in eine Zeichenkette um und speichert sie in der Stringvariablen `s`.

Diese Umwandlung wird sehr häufig benötigt, wenn Zahlenwerte mit Komponenten ausgegeben werden sollen, die Strings als Argumente erwarten. In unseren bisherigen Programmen haben wir meistens mit `System.out.print` Ausgaben in der Konsole realisiert. Da `System.out.print` auch mit Zahlentypen als Argumenten umgehen kann und bei der Verkettung von Strings und Zahlentypen mit dem +-Operator automatische Konvertierungen von Zahlentypen in Zeichenketten vorgenommen werden, war eine Umwandlung nicht erforderlich. Das wird sich aber ändern, wenn grafische Benutzeroberflächen verwendet werden und reine Zahlenausgaben ohne vorherige Verkettung erforderlich werden.

Die Umwandlung von Strings in Zahlen haben wir in einigen Programmbeispielen bereits benutzt. Da Eingaben eines Anwenders immer als Zeichenketten behandelt werden, liegen auch Zahlenwerte zunächst als Zeichenkette vor. Sollen mit diesen Zahlenwerten aber Berechnungen vorgenommen werden, so ist eine Umwandlung in den entsprechenden Zahlentyp erforderlich. Für jeden Zahlentyp existieren sogenannte Wrapper-Klassen, die für eine solche Umwandlung genutzt werden können. Wie Sie sich erinnern werden, haben wir z. B. mit der Anweisung `Integer.parseInt(eingabe)` den String `eingabe` in eine Integer-Zahl umgewandelt. An dieser Stelle möchte ich nicht weiter auf die Umwandlung eingehen, da die Wrapper-Klassen in einem eigenen Abschnitt detaillierter beschrieben werden.

Das folgende Beispielprogramm zeigt die Verwendung einiger vorgestellter Methoden. Nach Eingabe von Vor- und Nachname werden einige Informationen über die eingegebenen Zeichenketten ausgegeben:

```java
package uebung07;
import javax.swing.JOptionPane;

public class Stringtest {
  public static void main(String[] args) {
    String vorname = JOptionPane.showInputDialog("Ihr Vorname:");
    String nachname = JOptionPane.showInputDialog(
                                            "Ihr Nachname:");
    String altersangabe = JOptionPane.showInputDialog(
                                            "Ihr Alter: ");
    double alter = Double.parseDouble(altersangabe);
    String name = vorname + " " + nachname;
    System.out.println("Sie heißen " + name);
    System.out.println("Ihr Vorname besteht aus " +
                            vorname.length() + " Zeichen");
    System.out.println("Ihr Nachname beginnt mit " +
                                      nachname.charAt(0));
    if ((alter - 18) >= 0) {
      System.out.println("Sie sind seit " +
          String.valueOf(alter - 18)+ " Jahren volljährig!");
    } else {
        System.out.println("Sie werden in " +
          String.valueOf(18 - alter)+ " Jahren volljährig!");
    }
    if (vorname.compareTo(nachname) < 0) {
      System.out.println("Ihr Vorname ist lexikalisch vor " +
                            "dem Nachnamen einzusortieren!");
    } else {
        if (vorname.compareTo(nachname) > 0) {
          System.out.println("Ihr Vorname ist lexikalisch " +
                      "hinter dem Nachnamen einzusortieren!");
        } else {
            if (vorname.compareTo(nachname) == 0) {
              System.out.println("Ihr Vorname ist identisch " +
                                    "mit dem Nachnamen!");
            }
        }
    }
```

```
      System.out.println(name.toUpperCase());
      System.out.println(name.toLowerCase());
   }
}
```

Listing 7.2 Beispielprogramm zur Klasse »String«

Die Klasse `String` ist für Ein- und Ausgaben von ganz besonderer Bedeutung. Sie verfügt über eine große Zahl sehr hilfreicher Methoden, von denen Sie nun eine Auswahl gelernt haben. Ich möchte Ihnen noch zwei Klassen zur Speicherung von Zeichenketten vorstellen.

7.2 Die Klassen »StringBuffer« und »StringBuilder«

Ein wesentlicher Nachteil der Klasse `String` besteht darin, dass sie unveränderlich ist. Der Wert eines Strings kann aber nur verändert werden, indem das Objekt komplett neu im Speicher angelegt wird. Insofern handelt es sich dann ja wieder um ein neues Stringobjekt. Das muss Sie als Programmierer nicht weiter stören, denn den Aufwand müssen nicht Sie betreiben. Der hohe Aufwand bleibt in Ihrem Quellcode hinter einer einzigen Anweisung verborgen. Der Aufwand ist von der Laufzeitumgebung während des Programmablaufs zu betreiben. Bei vielen solchen Operationen leidet deshalb die Geschwindigkeit (Performance) eines Programms. Zur Bearbeitung von Zeichenketten, deren Inhalt ohne großen Aufwand geändert werden kann, stellt Java eigene Klassen mit den Namen `StringBuffer` und `StringBuilder` zur Verfügung.

`StringBuffer`, `StringBuilder` und `String` dienen alle dem Zweck, Zeichenketten zu speichern. Entsprechend besteht zwischen ihnen eine enge Verwandtschaft. Es ist deshalb wichtig, das Augenmerk auf die Unterschiede zwischen den Klassen zu legen, denn damit wird auch deutlich, wann welche Klasse zum Einsatz kommen sollte. Die Klassen `StringBuffer` und `StringBuilder` sind sogar so eng miteinander verwandt, dass sie als Zwillinge bezeichnet werden. Beide bieten dieselbe Funktionalität und bringen dieselben Methoden mit. Der Unterschied zwischen den beiden besteht darin, dass `StringBuilder` nicht threadsicher ist. Wenn nicht auszuschließen ist, dass mehrere Threads Zugriff benötigen, sollte `StringBuffer` anstelle von `StringBuilder` verwendet werden. Werden keine Threads verwendet, was in sehr vielen Fällen zutrifft, so sollte eher `StringBuilder` verwendet werden, weil die Verarbeitungsgeschwindigkeit in den meisten Fällen bei `StringBuilder` höher ist. (Threads werden übrigens in Kapitel 13, »Animationen und Threads«, erläutert.) Im folgenden Abschnitt wird die Klasse `StringBuilder` näher erläutert. Die Ausführungen gelten in gleicher Weise aber auch für die Klasse StringBuffer, denn – wie oben erläutert wurde – es handelt sich bei beiden Klassen ja um Zwillinge.

7.2.1 Erzeugen eines Objekts der Klasse »StringBuilder«

Im Gegensatz zum String erfordert der StringBuilder beim Erzeugen eines Objekts wie jede andere Klasse den new-Operator (siehe Abbildung 7.5). Es stehen drei verschiedene Konstruktoren zur Auswahl:

- StringBuilder()
- StringBuilder(int capacity)
- StringBuilder(String str)

Der erste Konstruktor erstellt einen leeren StringBuilder, der maximal für 16 Zeichen Platz bereitstellt. Der zweite Konstruktor erwartet als ganze Zahl die Anzahl der Zeichen, für die der StringBuilder Platz bereitstellen soll. Der dritte Konstruktor speichert die als Argument übergebene Zeichenkette und stellt Platz für weitere 16 Zeichen bereit.

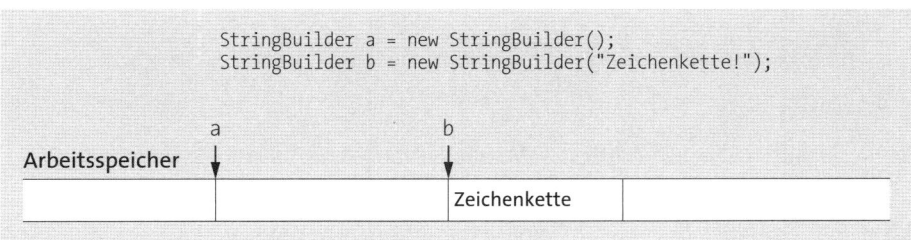

Abbildung 7.5 Definition zweier »StringBuilder«

Im Gegensatz zum String, der immer nur so viel Speicherplatz belegt, wie er für die bei der Initialisierung übergebene Zeichenkette benötigt, können StringBuilder und StringBuffer ihren internen Speicher für spätere Verlängerungen dynamisch vergrößern.

Die Klasse StringBuilder ist sehr flexibel, denn die Puffergröße stellt im Gegensatz zum String keine absolute Grenze dar. Reicht der Platz nicht aus, kann die Puffergröße auch jederzeit ausgeweitet werden. Werden also beim Ablauf des Programms mehr Zeichen in den StringBuilder geschrieben, als dort Platz zur Verfügung steht, dann wird der Bereich vom Laufzeitsystem vergrößert. Es handelt sich dabei aber wieder um sehr aufwendige Speicheranforderungen, die in einem »performance-kritischen« Umfeld zu vermeiden sind. Es kann sich lohnen, sich vor der Verwendung eines StringBuilder Gedanken über die maximal notwendige Puffergröße zu machen.

7.2.2 Mit »StringBuilder« arbeiten

Wie die Klasse String so stellt auch der StringBuilder eine große Zahl von Methoden bereit. Die Schnittstellen der wichtigsten Methoden werden in Tabelle 7.1 exemplarisch vorgestellt.

Methode	Beschreibung
int length()	Liefert die Länge zurück.
int capacity()	Liefert die Größe des internen Puffers zurück.
char charAt(int index)	Liefert das Zeichen an der Position index.
void setCharAt(int index, char ch)	Ersetzt das Zeichen an der Position index durch das Zeichen ch.
StringBuilder insert(int index, String str)	Fügt den String str an der Position index ein.
StringBuilder append(String str)	Hängt den String str an das Ende an.
String toString()	Wandelt in ein Stringobjekt um.
StringBuilder delete(int start, int end)	Löscht Zeichen ab der Position start bis zur Position end.

Tabelle 7.1 Schnittstellen der wichtigsten Methoden von »StringBuilder«

Beachten Sie, dass bei der Angabe von Positionen innerhalb eines StringBuilder-Objekts wie auch bei der Klasse String mit 0 beginnend durchnummeriert wird.

Das folgende Beispielprogramm verwendet einen StringBuilder, der mehrmals verändert wird. Es gibt jeweils den Inhalt und Informationen über die aktuelle Länge des Inhalts und die Puffergröße aus.

```java
package uebung07;

public class StringBuildertest {
  public static void main(String[] args) {
    StringBuilder puffer=new StringBuilder();
    System.out.println("Puffergröße: " + puffer.capacity());
    System.out.println("Länge des Pufferinhalts: " + puffer.length());
    System.out.println(puffer);
    puffer.append("Drei Chinesen");
    System.out.println("Puffergröße: " + puffer.capacity());
```

```
    System.out.println("Länge des Pufferinhalts: " + puffer.length());
    System.out.println(puffer);
    puffer.setCharAt(2, 'i');
    puffer.setCharAt(9, 'i');
    puffer.setCharAt(11, 'i');
    System.out.println(puffer);
    puffer.delete(0, puffer.length());
    System.out.println(puffer);
    System.out.println("Puffergröße: " + puffer.capacity());
    System.out.println("Länge des Pufferinhalts: " + puffer.length());
    puffer.append("Drei Chinesen");
    puffer.append(" mit dem Kontrabass");
    System.out.println(puffer);
    System.out.println("Puffergröße: " + puffer.capacity());
    System.out.println("Länge des Pufferinhalts: " + puffer.length());
  }
}
```

Listing 7.3 Beispielprogramm mit »StringBuilder«-Objekt

7.3 Wrapper-Klassen

Für jeden der acht primitiven Datentypen existiert eine *Wrapper-* oder *Hüllklasse* (siehe Tabelle 7.2). *Wrapper-Klassen* speichern jeweils Werte des betreffenden Datentyps und stellen zugleich eine Reihe von Methoden für den Zugriff und Umgang mit diesen Werten zur Verfügung. Eine der häufigsten Anwendungen haben Sie bereits kennengelernt. Es handelt sich um die Umwandlung von Zeichenketten in Zahlenwerte, die bereits in Abschnitt 7.1.6, »Zahlen und Strings ineinander umwandeln«, besprochen wurde.

Primitiver Datentyp	Wrapper-Klasse
boolean	Boolean
byte	Byte
char	Character
short	Short
int	Integer

Tabelle 7.2 Primitive Datentypen und ihre Wrapper-Klassen

Primitiver Datentyp	Wrapper-Klasse
long	Long
float	Float
double	Double

Tabelle 7.2 Primitive Datentypen und ihre Wrapper-Klassen (Forts.)

Die Bezeichner der Wrapper-Klassen unterscheiden sich in der Schreibweise nur dadurch, dass die Wrapper-Klasse mit einem Großbuchstaben beginnt. Ausnahmen bilden int und char, deren Wrapper-Klassen ausgeschrieben werden.

Der Wert, den ein Wrapper-Objekt speichert, wird bei der Erzeugung durch den Konstruktor festgelegt und kann anschließend nicht mehr verändert werden. Entsprechend existiert kein Konstruktor mit leerer Parameterliste.

7.3.1 Erzeugen von Wrapper-Objekten

Mit Ausnahme der Wrapper-Klasse Character verfügen alle Wrapper-Klassen über zwei Konstruktoren, denen entweder ein Wert des entsprechenden primitiven Datentyps oder ein String übergeben wird, der sich in den Wert des primitiven Datentyps umwandeln lässt.

So kann ein Integer-Objekt alternativ mit den Konstruktoraufrufen

```
Integer i=new Integer(14);
```

oder

```
Integer i=new Integer("14");
```

erzeugt werden. Die Wirkung ist jeweils gleich. Es wird eine Wrapper-Klasse vom Typ Integer erstellt, die den primitiven Wert 14 speichert.

```
Boolean(boolean val)
Boolean(String str)
Character(char val)
Byte(byte val)
Byte(String str)
Short(short val)
Short(String str);
Integer(int val)
```

```
Integer(String str)
Long(long val)
Long(String str)
Float(float val)
Float(double val)
Float(String str)
Double(double val)
Double(String str)
```

Listing 7.4 Schnittstellenbeschreibung der Konstruktoren

Eine zweite Möglichkeit zur Erzeugung von Wrapper-Objekten besteht darin, deren Methode `valueOf` aufzurufen. Da die Methoden mit dem Modifier `static` ausgezeichnet sind, können sie mit dem Klassenbezeichner aufgerufen werden. Die allgemeine Schreibweise der Schnittstelle lautet:

`static Wrappertyp valueOf(String str)`

Dabei kann für **Wrappertyp** Boolean, Byte, Short, Integer, Long, Float oder Double eingesetzt werden. Für die ganzzahligen Datentypen kann außerdem noch die Methode

`static Wrappertyp valueOf(String str, int basis)`

verwendet werden. Dabei wird als Parameter `basis` die Basis des Zahlensystems angegeben. So können Zahlenangaben in beliebigen Zahlensystemen bei der Erzeugung angegeben werden. Mit der Anweisung

`Integer.valueOf("3F",16);`

wird durch Angabe der Hexadezimalzahl (Zahlenbasis 16) ein `Integer` mit dem Wert 63 erzeugt. Da `System.out.print` auch mit Wrapper-Klassen umgehen kann, können Sie das leicht mit der Anweisung

`System.out.println(Integer.valueOf("3F",16));`

überprüfen.

7.3.2 Rückgabe der Werte

Der letzte Abschnitt hat gezeigt, dass die Wrapper-Klassen sehr vielseitige Möglichkeiten zum Erstellen entsprechender Objekte mitbringen. Die größte Stärke der Wrapper-Klassen liegt aber in der großen Flexibilität, wie die gespeicherten Werte zurückgegeben werden können. Ich möchte die wichtigsten Methoden zur Rückgabe hier vorstellen.

Die Standardmethoden zur Rückgabe der gespeicherten Werte sind folgendermaßen definiert:

```
boolean booleanValue()
char charValue()
byte byteValue()
short shortValue()
int intValue()
long longValue()
float floatValue()
double doubleValue()
```

Die Methoden sind selbsterklärend und müssen sicher nicht weiter erläutert werden.

Die Werte der Wrapper-Klassen Integer und Long können sehr einfach in verschiedenen Zahlensystemen zurückgegeben werden:

```
static String toBinaryString(Wrappertyp w)
static String toOctalString(Wrappertyp w)
static String toHexString(Wrappertyp w)
```

Die Methoden liefern die Werte der als Argument übergebenen Wrapper-Objekte als String in dualer (Zahlenbasis 2), oktaler (Zahlenbasis 8) oder hexadezimaler (Zahlenbasis 16) Schreibweise zurück.

Bei der Umwandlung von Zahlenwerten in Strings handelt es sich um eine der häufigsten Anwendungen, da sie bei vielen Ausgabeoperationen verwendet wird. Für jeden Zahlentyp steht eine eigene Methode mit der Vorsilbe parse zur Verfügung. Da die Methoden als static definiert sind, können sie unabhängig von der Existenz einer Instanz mit dem Klassenbezeichner aufgerufen werden. In einigen Anwendungen haben wir die Umwandlung z. B. mit

```
Integer.parseInt(eingabe)
```

bereits verwendet, ohne dass auf die Hintergründe dieser Anweisungen näher eingegangen wurde.

Bei dem, was Sie inzwischen über Klassen, Objekte und speziell über die Wrapper-Klassen wissen, muss an dieser Stelle nicht mehr viel erläutert werden. Es reicht aus, die verfügbaren Schnittstellen aufzulisten, die alle als Übergabeargument einen String erwarten, den sie dann als Zahlenwert umgewandelt zurückliefern:

```
static byte parseByte(String str)
static short parseShort(String str)
```

```
static int parseInt(String str)
static long parseLong(String str)
static float parseFloat(String str)
static double parseDouble(String str)
```

Listing 7.5 Schnittstellen der Umwandlungsmethoden von Strings in Zahlen

Jede numerische Wrapper-Klasse besitzt die Konstanten MIN_VALUE und MAX_VALUE. Sie sind folgendermaßen definiert:

```
static final wrappertyp MIN_VALUE
static final wrappertyp MAX_VALUE
```

Der Bezeichner wrappertyp steht stellvertretend für eine der Klassen byte, short, int, long, float oder double. Da die Konstanten als static angelegt sind, existieren sie nur einmal je Klasse und können durch die Angabe final auch nicht verändert werden. Das würde auch wenig Sinn machen, denn die Konstanten stellen die Ober- und Untergrenzen des Wertebereichs für den jeweiligen Datentyp dar. Sie können so jederzeit abgefragt werden.

Die Klassen Float und Double besitzen zusätzlich noch die Konstanten NaN (Not a Number), NEGATIVE_INFINITY und POSITIVE_INFINITY. NaN entsteht bei der Division, wenn die Kommazahldivision 0,0:0,0 ausgeführt wird. Das Ergebnis dieser Division ist nicht definiert. Wird eine positive Zahl durch 0,0 dividiert, entsteht als Ergebnis Infinity. Wird eine negative Zahl durch 0,0 dividiert, entsteht als Ergebnis -Infinity.

7.3.3 Vereinfachter Umgang mit Wrapper-Klassen durch Autoboxing

Der Compiler vereinfacht den Umgang mit Wrapper-Klassen durch das sogenannte *Autoboxing* ganz entscheidend. Stellen Sie sich vor, Sie verwenden in einem Programm primitive Datentypen und Wrapper-Klassen:

```
int a = 5;
integer b = new Integer(3);
```

Stellen Sie sich nun weiter vor, Sie wollen Rechenoperationen in gemischten Ausdrücken vornehmen. Sie wollen z. B. a mit b multiplizieren. Der Ausdruck müsste eigentlich so formuliert werden:

```
int c = a * b.intValue();
```

Sie müssen also den im Wrapper-Objekt b gespeicherten Wert als primitiven Typ int zurückliefern lassen, damit er mit dem anderen primitiven Typ multipliziert werden kann. Wagen Sie doch einfach einmal den Versuch, die Operation so zu formulieren, als wären beide Variablen primitive Datentypen. Schreiben Sie also:

```
int c = a * b;
```

Sie werden feststellen, dass der Compiler ohne Fehlermeldung auch diese Schreibweise akzeptiert. Das ist nicht ganz selbstverständlich, denn der Compiler formuliert im Hintergrund die Operation so um, wie sie eigentlich formuliert werden müsste, und baut den Aufruf von `intValue` ein. Dieser Vorgang wird als *Autounboxing* bezeichnet. Das bedeutet letztendlich, dass primitive Datentypen und ihre zugehörigen Wrapper-Objekte weitgehend kompatibel zueinander verwendet werden können. Deshalb funktionieren z. B. auch Ausgaben mit `System.out.print` exakt so, als würden sie einen primitiven Datentyp ausgeben:

```
System.out.print(b);
```

gibt den Wert des Wrapper-Objekts b an der Konsole auch ohne Aufruf der Methode `intValue` aus.

Das folgende Beispielprogramm demonstriert den Umgang mit Wrapper-Klassen:

```
package uebung07;

import javax.swing.JOptionPane;

public class Wrappertest {
  public static void main(String[] args) {
    String eingabe;
    eingabe=JOptionPane.showInputDialog(
                    "Geben Sie eine ganze Zahl ein: ");
    Integer i=new Integer(eingabe);
    System.out.println("Eingegebene Zahl: " + i);
    System.out.println("als Dualzahl: "
                    + Integer.toBinaryString(i));
    System.out.println("als Oktalzahl: "
                    + Integer.toOctalString(i));
    System.out.println("als Hexzahl: "
                    + Integer.toHexString(i));
    System.out.println("Obergrenze von int: "
                    + Integer.MAX_VALUE);
    System.out.println("Untergrenze von int: "
                    + Integer.MIN_VALUE);
```

```
        eingabe=JOptionPane.showInputDialog(
                        "Geben Sie eine Kommazahl ein: ");
        double d=Double.parseDouble(eingabe);
        System.out.println(i + "/" + d + "=" + (i / d));
        System.out.println(i.intValue() + "/" + d + "="
                        + (i.intValue()/d));  //unnötig kompliziert
        Double wd = new Double(0.0);
        System.out.println(d + "/" + wd + "=" + d / wd);
        Double wd2 = 2.5;  //Ausnutzen von Autoboxing
        System.out.println(-wd2 + "/" + 0 + "=" + -wd2 / 0);
        System.out.println(0.0 + "/" + 0.0 + "=" + 0.0 / 0.0);
    }
}
```

Listing 7.6 Beispiel zur Verwendung von Wrapper-Klassen

7.4 Date & Time API

Mit Java 8 steht eine neue Datums- und Zeit-API zur Verfügung. Sie ersetzt die bisher nicht ganz einfach einzusetzende Datums- und Zeit-Unterstützung. Viele Programmierer haben bisher auf Bibliotheken gesetzt, die den Umgang mit Datums- und Zeitangaben vereinfacht haben. Eine solche Bibliothek ist die *Joda-Time*-Bibliothek von Stephen Colebourne. Sie wird von sehr vielen Programmieren eingesetzt und ist weithin bekannt. Mit der neuen Datum-Zeit-API bringt Java selbst nun eine sehr flexible und gut zu handhabende Unterstützung von Datums- und Zeitangaben mit, auf die ich hier eingehen möchte.

Grundsätzlich werden aus der Sicht von Java zwei unterschiedliche Arten von Zeitangaben unterschieden (siehe Abbildung 7.6).

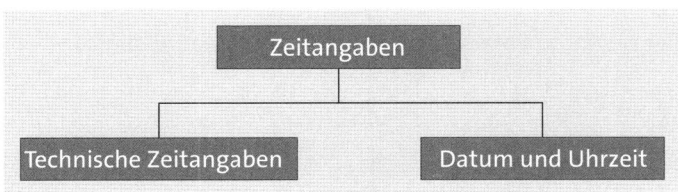

Abbildung 7.6 Zwei Kategorien von Zeitangaben

Für beide Kategorien von Zeitangaben stellt die Datum- und Zeit-API eine ganze Reihe von Klassen zur Verfügung.

7.4.1 Technische Zeitangaben

Was ich hier als technische Zeitangaben bezeichne, wird im Englischen als *continuous time* bezeichnet. Dieses Zeitmaß ist besonders für Anwendungen geeignet, in denen es darum geht, Zeitmessungen vorzunehmen. Als Modell für die Umsetzung in Java dient hier eine Zeitachse mit einem zentralen Nullpunkt. Dieser Nullpunkt liegt definitionsgemäß auf dem 1.1.1970 0 Uhr und wird als *Epoch* bezeichnet. Zeitangaben in diesem technischen Zeitmaß entsprechen dem Abstand zu diesem Nullpunkt. Der Abstand zu diesem Nullpunkt wird in Nanosekunden gemessen. Dadurch spielen Probleme, die sich bei kalendarischen Zeitangaben ergeben können und die z. B. durch die Schaltjahre verursacht werden, keine Rolle.

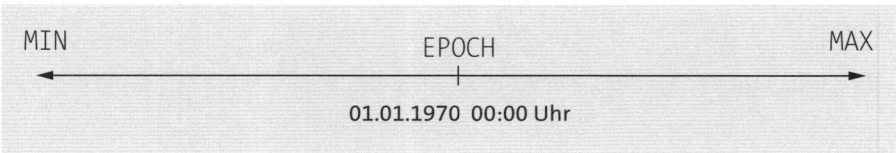

Abbildung 7.7 Technische Zeitangaben (continuous time)

Mit der Anweisung

```
System.currentTimeMillis();
```

kann z. B. der Abstand des aktuellen Zeitpunkts zu diesem Nullpunkt ermittelt werden. Anders ausgedrückt: Die Methode liefert bei den früheren Java-Versionen als Ergebnis zurück, wie viele Millisekunden seit dem 1.1. 1970 um 0 Uhr vergangen sind. Mit Java 8 stehen Klassen zur Verfügung, die diese Zeitangaben nicht mehr in Millisekunden (0,001 s), sondern in Nanosekunden (0,000.000.001 s) ermitteln lassen. Die Zeitangaben werden also um 6 Stellen genauer möglich. Es können Zeitpunkte angegeben werden, die bis zu 1 Milliarde Jahre vor dem Nullpunkt und 1 Milliarde Jahre nach dem Nullpunkt liegen.

Für technische Zeitangaben bringt Java 8 zwei neue Klassen mit (siehe Tabelle 7.3).

Klasse	Beschreibung
Instant	Ein Zeitpunkt auf der Zeitachse
Duration	Eine in Nanosekunden gemessene Zeitspanne

Tabelle 7.3 Klassen zur Repräsentation technischer Zeitangaben

Die Klasse »Instant«

Mit der Klasse Instant lassen sich Zeitpunkte auf der oben beschriebenen Zeitachse mit einer Genauigkeit von 1 Nanosekunde beschreiben. Die Klasse Instant definiert drei Fixpunkte auf der Zeitachse als Konstanten vom Typ Instant (siehe Tabelle 7.4).

Konstantenname	Beschreibung
static Instant EPOCH	Nullpunkt auf der Zeitachse (1.1.1970 0 Uhr)
static Instant MIN	Kleinstmögliche Zeitangabe (1 Milliarde Jahre vor dem Nullpunkt)
static Instant MAX	Größtmögliche Zeitangabe (1 Nanosekunde weniger als 1 Milliarde und 1 Jahr nach dem Nullpunkt)

Tabelle 7.4 Konstanten der Klasse »Instant«

Mit den folgenden Anweisungen können die Konstanten ausgegeben werden:

```
System.out.println("Epoch: " + Instant.EPOCH);
System.out.println("Min: " + Instant.MIN);
System.out.println("Max: " + Instant.MAX);
```

Die Anweisungen erzeugen in der Konsole die folgenden Ausgaben:

```
Epoch: 1970-01-01T00:00:00Z
Min: -1000000000-01-01T00:00:00Z
Max: +1000000000-12-31T23:59:59.999999999Z
```

Die Ausgabeformatierung von System.out.print bzw. System.out.println entspricht der Norm ISO-8601. An der Ausgabe ist zu erkennen, dass Zeitpunkte vor dem Nullpunkt mit negativem Vorzeichen versehen sind und dass bei der Konstanten MAX lediglich eine Nanosekunde fehlt, um das erste Jahr nach einer Milliarde voll zu machen.

Objekte der Klasse Instant sind unveränderbar (*immutable*). Wie bei der Erläuterung der Klasse String beschrieben, bedeutet dies, dass einem Objekt nur bei dessen Erzeugung ein Wert zugewiesen werden kann. Dieser Wert kann anschließend nicht mehr verändert werden. Aus diesem Grund stellt die Klasse Instant eine ganze Reihe von Methoden bereit, die alle ein Objekt vom Typ Instant zurückliefern (siehe Tabelle 7.5)

Mit der Anweisung

```
Instant zeitpunkt = Instant.now();
```

Methode	Beschreibung
static Instant now()	Liefert ein Instant mit der aktuellen Systemzeit zurück.
static Instant ofEpochSecond(long epochSecond)	Liefert ein Instant zurück, das epochSecond Sekunden nach dem Nullpunkt liegt.
static Instant parse(CharSequence text)	Liefert ein Instant zurück. Der Wert wird als Text im ISO-8601-Format übergeben.

Tabelle 7.5 Die wichtigsten Methoden zum Erzeugen eines Objekts von Typ »Instant«

wird ein Instant mit dem Namen zeitpunkt erzeugt, dessen Wert der aktuellen Systemzeit entspricht. Eine anschließende Ausgabe mit

```
System.out.println(zeitpunkt);
```

gibt die aktuelle Systemzeit im ISO-8601-Format aus:

```
2013-11-09T13:01:53.622Z
```

Die Ausgabe zeigt, dass die Systemzeit nicht auf eine Nanosekunde genau, sondern »nur« auf eine Millisekunde genau ausgegeben wird. Dass tatsächlich Zeitangaben auf eine Nanosekunde gespeichert werden können, können Sie überprüfen, indem Sie die parse-Methode zur Erzeugung eines Instants verwenden:

```
Instant zeitpkt = Instant.parse("2013-11-08T16:35:07.37512345Z");
```

Die Ausgabe mit System.out.println liefert das folgende Ergebnis:

```
2013-11-08T16:35:07.375123451Z
```

Da die Objekte der Klasse Instant unveränderbar sind, bringt die Klasse Methoden mit, um die Zeitangabe um einen bestimmten Wert zu erhöhen oder zu verringern. Die Methoden können ja nicht den Wert des Instant-Objekts verändern, dessen Methode zum Erhöhen des Wertes aufgerufen wird. Sie liefern stattdessen ein neues Objekt vom Typ Instant zurück, dessen Wert um den entsprechenden Wert größer ist als der des Objekts, dessen Methode aufgerufen wird. Abbildung 7.8 soll diesen Vorgang verdeutlichen.

Die Abbildung zeigt, dass die plus-Methode eines Instant-Objektes nicht den Wert des aufrufenden Instant-Objektes selbst um 10 Sekunden erhöht, sondern dass ein neues Instant-Objekt erzeugt wird, dessen Wert um 10 Sekunden größer ist als der Wert des aufrufenden Objektes selbst. In Tabelle 7.6 sind die minus-Methoden zusammengestellt.

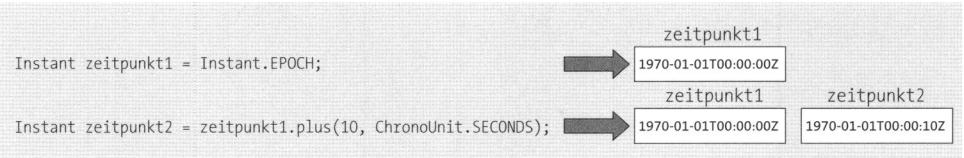

Abbildung 7.8 Aufruf der »plus«-Methode

Methode	Beschreibung
Instant minusMillis(long wert)	Liefert ein Instant, das um wert Millisekunden kleiner ist.
Instant minusNanos(long wert)	Liefert ein Instant, das um wert Nanosekunden kleiner ist.
Instant minusSeconds(long wert)	Liefert ein Instant, das um wert Sekunden kleiner ist.
Instant minus(long wert, TemporalUnit einheit)	Liefert ein Instant, das um wert kleiner ist. Dabei gibt einheit an, welche Zeiteinheit verwendet werden soll.

Tabelle 7.6 »minus«-Methoden der Klasse »Instant«

Zum Erzeugen eines Instant, dessen Wert um ein bestimmtes Maß größer sein soll, stehen entsprechende Methoden mit identischen Parameterangaben zur Verfügung. In den Methodennamen ist jeweils minus durch plus zu ersetzen.

Die flexibelsten Methoden sind die Methoden minus und plus, die über die beiden Parameter wert und einheit die Informationen erhalten, um welchen Wert und in welcher Einheit verringert bzw. erhöht werden soll. Der Wert muss vom Datentyp long sein. Für die Angabe der Einheit stehen aus der Klasse ChronoUnit unter anderen die Werte zur Verfügung, die in Tabelle 7.7 aufgeführt sind.

Konstantenname	Beschreibung
DAYS	Tage
HOURS	Stunden
MICROS	Mikrosekunden

Tabelle 7.7 Zeiteinheiten der Klasse »ChronoUnit«

Konstantenname	Beschreibung
MILLIS	Millisekunden
MINUTES	Minuten
MONTHS	Monate
NANOS	Nanosekunden
SECONDS	Sekunden
WEEKS	Wochen
YEARS	Jahre

Tabelle 7.7 Zeiteinheiten der Klasse »ChronoUnit« (Forts.)

Mit den Anweisungen

```
Instant start = Instant.now();
Instant ende = start.plus(10, ChronoUnit.MINUTES);
```

wird ein Zeitpunkt start erzeugt, der die aktuelle Systemzeit enthält. Der Zeitpunkt ende liegt 10 Minuten später.

Die Klasse »Duration«

Für die Verarbeitung von Zeitintervallen eignet sich die Klasse Duration. Ein Zeitintervall ist der zeitliche Abstand zwischen zwei Zeitpunkten (*Instants*) auf der Zeitachse. Ein Instant kann auch als Abstand und damit als Zeitintervall aufgefasst werden, bezieht sich aber immer auf den absoluten Nullpunkt (*Epoch*). Ein Objekt der Klasse Duration beschreibt den Abstand zwischen zwei beliebigen Zeitpunkten. Auch ein Zeitintervall kann einen negativen Wert annehmen, wenn der Endpunkt vor dem Anfangspunkt liegt (siehe Abbildung 7.9).

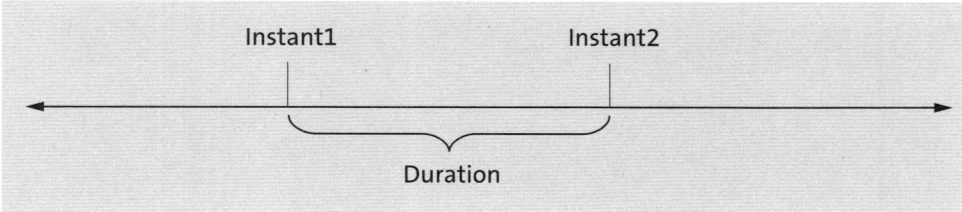

Abbildung 7.9 Duration

Ein Objekt der Klasse Duration kann den Abstand zwischen zwei Zeitpunkten in Sekunden oder in Nanosekunden erfassen. Duration ist ebenso wie Instant immutable. Es erhält bei der Erzeugung einen Wert, der anschließend nicht mehr verändert werden kann. Tabelle 7.8 enthält eine Auswahl der Methoden zum Erstellen eines Duration-Objekts:

Methode	Beschreibung
static Duration ofDays(long anzahl)	Erstellt ein Zeitintervall von anzahl Tagen.
static Duration ofHours(long anzahl)	Erstellt ein Zeitintervall von anzahl Stunden.
static Duration ofMinutes(long anzahl)	Erstellt ein Zeitintervall von anzahl Minuten.
static Duration ofSeconds(long anzahl)	Erstellt ein Zeitintervall von anzahl Sekunden.
static Duration ofMillis(long anzahl)	Erstellt ein Zeitintervall von anzahl Millisekunden.
static Duration ofNanos(long anzahl)	Erstellt ein Zeitintervall von anzahl Nanosekunden.
static Duration of(long wert, TemporalUnit einheit)	Erstellt ein Zeitintervall von der Größe wert. Die Angabe von einheit bestimmt, welche Zeiteinheit wert hat.
static Duration (Temporal anfang, Temporal ende)	Erstellt ein Zeitintervall, dessen Größe dem Abstand zwischen den beiden übergebenen Zeitpunkten anfang und ende entspricht. (anfang und ende können zwei Instant-Objekte sein.)

Tabelle 7.8 Methoden zum Erzeugen von Objekten der Klasse »Duration«

Mit der Anweisung

```
Duration dauer = Duration.of(10, ChronoUnit.MINUTES);
```

wird ein Objekt dauer erzeugt, das eine Dauer von 10 Minuten repräsentiert.

Auch die Klasse Duration bringt eine Reihe von Methoden mit, um ein Zeitintervall um einen bestimmten Betrag zu verkleinern oder zu vergrößern. Dabei werden wie bei

Instant jeweils Kopien des Ausgangsintervalls erstellt, deren Wert um den entsprechenden Betrag vergrößert oder verkleinert wird. Mit der Anweisung

```
Duration verlaengerung = dauer.plusHours(3);
```

wird ein Zeitintervall verlaengerung erzeugt, das 3 Stunden größer ist als das oben erstellte Intervall mit dem Namen dauer. Auch für Duration stehen allgemeine plus- und minus-Methoden zur Verfügung, die als Parameter einen Zahlenwert vom Typ long und eine Einheit vom Typ TemporalUnit erwarten. Damit kann das Objekt verlaengerung auch folgendermaßen erzeugt werden:

```
Duration verlaengerung = dauer.plus(3, ChronoUnit.HOURS);
```

Ein Objekt der Klasse Duration kann sehr einfach mit System.out.print bzw. System.out.println ausgegeben werden.

Die Anweisung System.out.println(verlaengerung); führt zur folgenden ebenfalls der Norm ISO-8601 entsprechenden Ausgabe:

```
PT3H10M
```

Nach ISO-8601 kann ein Zeitintervall in dem Format PTnHnMn.nS angegeben werden. Es kann zusätzlich ein einleitendes Vorzeichen vor dem Buchstaben P stehen. Auf P folgen mit dem Buchstaben T (Time) eingeleitet die Angaben für die Anzahl (n) der Stunden (H), die Anzahl (n) der Minuten (M) und die Anzahl (n.n) der Sekunden (S). Wie die oben stehende Beispielausgabe zeigt, werden nur die benötigten Zeiteinheiten ausgegeben.

Das folgende kleine Beispielprogramm demonstriert die Verwendung von Instant und Duration. Dabei wird der Anwender aufgefordert, seinen Namen in einem Eingabedialog einzugeben. Beim Aufruf des Eingabedialogs wird die Systemzeit als Instant startEingabeAufforderung erfasst. Beendet der Anwender den Eingabedialog, wird nochmals die Systemzeit in einem zweiten Instant endeDerEingabe erfasst. Mithilfe dieser beiden Zeitpunkte wird ein Objekt dauer der Klasse Duration erzeugt, in dem die Dauer der Eingabe als Zeitintervall hinterlegt ist.

```java
import java.time.Duration;
import java.time.Instant;
import javax.swing.JOptionPane;

public class Eingabedauer {
  public static void main(String[] args) {
    Instant startEingabeAufforderung = Instant.now();
    JOptionPane.showInputDialog("Geben Sie Ihren Namen ein");
    Instant endeDerEingabe = Instant.now();
```

```
    Duration dauer = Duration.between(startEingabeAufforderung,
                                      endeDerEingabe);
    System.out.println("Dauer nach ISO-8601: " + dauer);
    System.out.println("Dauer in Minuten: " + dauer.toMinutes());
    System.out.println("Dauer in Sekunden: " +
                                      dauer.getSeconds());
    System.out.println("Dauer in Millisekunden: " +
                                      dauer.toMillis());
  }
}
```

Listing 7.7 Verwendung von »Instant« und »Duration« zur Messung der Eingabedauer

Neben der Ausgabe im ISO-8601-Format werden alternativ drei Beispielausgaben vorgenommen, die Umrechnungsmethoden verwenden. Duration verfügt über Methoden zur Umrechnung in Tage (toDays()), in Stunden (toHours()), in Minuten (toMinutes()), in Millisekunden (toMillis()) und in Nanosekunden (toNanos()). Alle Methoden zur Umrechnung liefern das Ergebnis als long zurück (Nachkommastellen werden abgeschnitten). Wenn Sie nun eine Umrechnung in Sekunden vermissen, so ist das damit zu begründen, dass hierzu keine Umrechnung erforderlich ist. Duration speichert das Zeitintervall in einem Attribut vom Typ long, auf das mit der Getter-Methode getSeconds() zugegriffen werden kann. Es werden hier also nur die ganzen Sekunden gespeichert. Für die Nachkomastellen werden in einem Attribut vom Typ int die Nanosekunden gespeichert. Zugriff ist über die Getter-Methode getNano() möglich.

> **Vorsicht**
> Die Getter-Methode getNano() liefert nur den Teil des Intervalls, der kleiner als eine Sekunde ist. Das gesamte Intervall besteht aus der Summe von getSeconds() und dem Nachkommateil, den getNano() liefert. Die Umrechnungsmethode toNanos() liefert das gesamte Zeitintervall umgerechnet in Nanosekunden zurück.

7.4.2 Datum und Uhrzeit

Im alltäglichen Umgang mit Zeitangaben sind wir gewohnt, kalendarische Daten und Uhrzeiten zu verwenden. Für diesen Zweck stellt Java 8 weitere Klassen zur Verfügung, die den Umgang mit solchen Angaben einfach gestalten sollen. Die API ist in diesem Bereich sehr umfangreich, weshalb hier jeweils nur Ausschnitte dargestellt werden können.

Für Datums- und Zeitangaben, die keine Informationen über die verwendete Zeitzone enthalten, bringt die Date-Time-API von Java 8 sechs Klassen mit (siehe Tabelle 7.9).

Klasse	Beschreibung
LocalDate	Datum bestehend aus Jahr, Monat und Tag
YearMonth	Monat eines bestimmten Jahres
MonthDay	Tag eines bestimmten Monats
Year	Ein bestimmtes Jahr
LocalTime	Zeitangabe als Uhrzeit
LocalDateTime	Zeitangabe bestehend aus Datum und Uhrzeit

Tabelle 7.9 Die Klassen der Date-Time-API von Java 8

Die Klasse »LocalDate«

Zur Verarbeitung von kalendarischen Datumsangaben ist die Klasse LocalDate vorgesehen. Auch diese Klasse ist unveränderlich, sodass nur bei der Erzeugung ein Wert zugewiesen werden kann. Tabelle 7.10 zeigt die beiden als static definierten Attribute, die das kleinst- und größtmögliche Datum enthalten.

Konstantenname	Beschreibung
static LocalDate MAX	Größtmöglicher Datumswert: 31. Dezember im Jahr 999999999 n. Chr. (+999999999-12-31)
static LocalDate MIN	Kleinstmöglicher Datumswert: 1. Januar im Jahr 999999999 v. Chr. (-999999999-01-01)

Tabelle 7.10 Konstanten der Klasse »LocalDate«

Zur Erzeugung bringt LocalDate zahlreiche statische Methoden mit, die ein Objekt der Klasse LocalDate zurückliefern. Die wichtigsten Methoden zeigt Tabelle 7.11.

Methode	Beschreibung
static LocalDate now()	Liefert das jeweilige Systemdatum zurück.
static LocalDate (int jahr, int monat, int tag)	Liefert das durch die int-Werte jahr, monat und jahr definierte Datum.

Tabelle 7.11 Die wichtigsten Methoden zur Erzeugung eines Datums der Klasse »LocalDate«

7.4 Date & Time API

Methode	Beschreibung
static LocalDate ofEpochDay(long epochDay)	Liefert ein Datum, das um epochDay Tage nach dem 01.01.1970 liegt.
static LocalDate parse(CharSequence text)	Liefert das als Text (z. B. »2014-01-12«) übergebene Datum zurück.

Tabelle 7.11 Die wichtigsten Methoden zur Erzeugung eines Datums der Klasse »LocalDate«

In Tabelle 7.12 sind einige interessante (aber bei Weitem nicht alle) Methoden der Klasse LocalDate zusammengestellt. Diese Methoden zeigen deutlich, dass sich hinter der LocalDate eine sehr mächtige Klasse verbirgt, die weit mehr verkörpert als drei int-Werte für Tag, Monat und Jahr.

Methode	Beschreibung
String format(DateTimeFormatter formatter)	Liefert einen formatierten Datumsstring zurück.
int getDayOfMonth()	Liefert den Tag als int.
int getMonthValue()	Liefert den Monat als int.
int getYear()	Liefert das Jahr als int.
boolean isLeapYear()	Liefert true, wenn das Jahr ein Schaltjahr ist.
int lengthOfMonth()	Liefert die Tage des Monats.
int lengthOfYear()	Liefert die Länge des Jahres in Tagen.
boolean isAfter(ChronoLocalDate datum)	Liefert true, wenn das Datum des aufrufenden Objekts nach dem übergebenen Datum liegt.
Boolean isBefore(ChronoLocalDate datum)	Liefert true, wenn das Datum des aufrufenden Objekts nach dem übergebenen Datum liegt.

Tabelle 7.12 Auszug aus den Methoden der Klasse »LocalDate«

Die Klasse »YearMonth«

Die Klasse YearMonth dient dazu, den Monat eines bestimmten Jahres wie z. B. Februar 2014 zu erfassen. Die ebenfalls unveränderliche Klasse erhält ihren Wert bei der Erzeugung und bringt dazu analog zu der oben beschriebenen Klasse LocalDate die Methoden now() und of(int jahr, int monat) mit. Auch die Prüfmethoden isAfter, isBefore und isLeapYear können analog zu LocalDate verwendet werden.

Die Klasse »MonthDay«

Spielt das Jahr keine Rolle und möchte man lediglich den Tag eines bestimmten Monats verarbeiten, so steht hierfür die Klasse MonthDay zur Verfügung. Mit den Methoden now() und of(int monat, int tag) lassen sich unveränderliche Objekte aus dem aktuellen Systemdatum bzw. entsprechend der übergebenen Parameterwerte erzeugen.

Die Klasse »Year«

Ist nur die Jahreszahl von Bedeutung, bietet sich aus der Java-8-Date-Time-API die Klasse Year an. Auch diese Klasse bringt die Methoden now() und of(int jahr) für die Erstellung und die entsprechenden Prüfmethoden mit.

Die Klasse »LocalTime«

Zur Verarbeitung von Tageszeiten ist die unveränderliche Klasse LocalTime vorgesehen. Der Zusatz Local gibt einen Hinweis darauf, dass dem gespeicherten Wert keine Information über die verwendete Zeitzone zu entnehmen ist. Es wird als einzige Information eine Uhrzeit gespeichert (siehe Tabelle 7.13).

Konstantenname	Beschreibung
static LocalTime MAX	Größtmöglicher Wert der Tageszeit (23:59:59,999999999)
static LocalTime MIDNIGHT	Tagesbeginn Mitternacht (00:00)
static LocalTime MIN	Kleinstmögliche Tageszeit (00:00)
static LocalTime NOON	Mittag (12:00)

Tabelle 7.13 Konstanten der Klasse »LocalTime«

Zur Erzeugung bringt LocalTime zahlreiche statische Methoden mit, die ein Objekt der Klasse LocalTime zurückliefern. Die wichtigsten Methoden zeigt Tabelle 7.14.

7.4 Date & Time API

Methode	Beschreibung
`static LocalTime now()`	Liefert die aktuelle Systemzeit zurück.
`static LocalTime of(` `    int stunde, int minute)`	Liefert die durch die `int`-Werte stunde und minute definierte Uhrzeit zurück.
`static LocalTime of(int stunde,` `    int minute, int sekunde)`	Liefert die durch die `int`-Werte stunde, minute und sekunde definierte Uhrzeit zurück.

`static LocalTime of(int stunde,`
`    int minute, int sekunde,`
`    int nanosekunde)`
	Liefert die durch die `int`-Werte stunde, minute, sekunde und nanosekunde definierte Uhrzeit zurück.

`static LocalTime parse(` `    CharSequence text)`	Liefert die als Text (z. B. »11:15«) übergebene Uhrzeit zurück.

Tabelle 7.14 Einige Methoden zur Erzeugung von »LocalTime«-Objekten

In Tabelle 7.15 sind einige interessante (aber bei Weitem nicht alle) Methoden der Klasse `LocalTime` zusammengestellt. Diese Methoden zeigen deutlich, dass sich hinter der `LocalTime` eine sehr mächtige Klasse verbirgt.

Methode	Beschreibung
`LocalDateTime atDate(` `    LocalDate datum)`	Ergänzt die Uhrzeit um das übergebene Datum und liefert das Ergebnis als `LocalDateTime`-Objekt zurück.
`String format(` `    DateTimeFormatter formatierer)`	Liefert einen gemäß dem übergebenen Formatierer formatierten Zeitstring zurück.
`int getHour()`	Liefert die Stundenangabe als `int` zurück.
`int getMinute()`	Liefert die Minutenangabe als `int` zurück.
`int getSecond()`	Liefert die Sekundenangabe als `int` zurück.
`int getNano()`	Liefert die Nanosekunden als `int` zurück.

Tabelle 7.15 Einige Methoden der Klasse »LocalTime«

Neben den oben aufgeführten Methoden stehen selbstverständlich wie bei der Klasse `LocalDate` auch die Vergleichsmethoden `isBefore`, `isAfter` und Methoden zur Erhöhung (`plus`) und zur Verringerung (`minus`) der Uhrzeitangaben zur Verfügung. Da Local-

Time wie LocalDate unveränderliche Objekte sind, liefern die zuletzt genannten Methoden neue LocalTime-Objekte zurück.

Die Klasse »LocalDateTime«

Sollen Zeitangaben sowohl das Datum als auch die Uhrzeit umfassen, können beide Angaben gemeinsam in einem Objekt der Klasse LocalDateTime erfasst werden. Die Klasse stellt eine Kombination aus den beiden oben erläuterten Klassen LocalDate und LocalTime dar. LocalDateTime stellt alle bereits für die beiden Klassen beschriebenen Methoden zur Verfügung, die deshalb hier nicht nochmals beschrieben werden müssen. Zur Beschreibung der Grenzen von LocalDateTime bringt die Klasse die beiden Attribute MIN und MAX mit (siehe Tabelle 7.16).

Konstantenname	Beschreibung
static LocalDateTime MAX	Größtmöglicher Wert (+999999999-12-31T23:59:59.999999999)
static LocalDateTime MIN	Kleinstmöglicher Wert (-999999999-01-01T00:00:00)

Tabelle 7.16 Attribute der Klasse »LocalDateTime«

Zur Erzeugung eines Objekts der Klasse LocalDateTime stehen neben der Methode now() zahlreiche statische Methoden bereit, denen alle denkbaren Argumente zur Beschreibung von Datum und Uhrzeit übergeben werden.

7.5 Übungsaufgaben

Aufgabe 1

Erstellen Sie im Projekt *JavaUebung07* im Package *uebung07* ein Programm mit dem Namen *Vokalzaehler*, das mit JOptionPane.showInputDialog einen String einliest. Das Programm soll anschließend überprüfen, wie oft in dem String die Vokale *a*, *e*, *i*, *o* und *u* vorkommen. Das Ergebnis soll anschließend in der Konsole ausgegeben werden.

Aufgabe 2

Erstellen Sie als Programm *Vokalzaehler2* das Programm aus Aufgabe 1 so, dass auch die als Großbuchstaben vorkommenden Vokale gezählt werden.

Hinweis
Erstellen Sie dazu eine Kopie der Eingabe, die Sie in Kleinbuchstaben umwandeln.

Aufgabe 3
Erstellen Sie das Programm *Stringrueckwaerts*, das mit `JOptionPane.showInputDialog` einen Text einliest und diesen dann in der Konsole rückwärts ausgibt.

Aufgabe 4
Erstellen Sie das Programm aus Aufgabe 3 noch mal unter dem Namen *Stringrueckwaerts2* mit dem Unterschied, dass Sie für die Ausgabe nicht die Konsole, sondern `JOptionPane.showMessageDialog` verwenden.

Hinweis
Legen Sie den Eingabetext rückwärts zuerst in einer zusätzlichen Variablen ab, und geben Sie diesen dann mit `showMessageDialog` aus.

Sie finden auf der DVD zum Buch ein Programm *Stringrueckwaerts3*, das die Aufgabe einmal mit der Klasse `String` und einmal mit der Klasse `StringBuffer` löst. Zusätzlich stoppt das Programm die Zeit, die jeweils benötigt wird, um den Text rückwärts zusammenzubauen. Sie können damit experimentieren und beobachten, wie groß der zeitliche Vorteil von `StringBuffer` ist. Bei der Verwendung von `String` muss bei jedem Anhängen eines Zeichens das Objekt komplett neu erzeugt werden. Sie werden feststellen, dass ein nennenswerter Unterschied erst bei relativ langen Eingaben feststellbar ist. Sie müssen schon Eingaben von mehreren hundert Zeichen machen. Bei kurzen Eingaben ist auch die Version mit `String` so schnell, dass in Millisekunden gemessen kein Unterschied feststellbar ist.

Aufgabe 5
Erstellen Sie ein Programm mit dem Namen *Stringsort*. Das Programm soll mithilfe von `JOptionPane.showInputDialog` drei Eingaben einlesen und in drei Stringvariablen speichern. Anschließend sollen die drei Strings lexikalisch sortiert ausgegeben werden.

Aufgabe 6
Erstellen Sie ein Programm mit dem Namen *Vokalloescher*. Nachdem mit `JOptionPane.showInputDialog` ein Text in einen String eingelesen wurde, sollen alle Vokale aus dem String gelöscht werden. Zur Kontrolle soll anschließend der Stringinhalt mit `JOptionPane.showMessageDialog` ausgegeben werden.

> **Hinweis**
> Sie sollten bedenken, dass die Klasse String immutable ist und dass Sie die eingelesene Zeichenkette zum Löschen der Vokale zunächst in ein Objekt der Klasse StringBuilder übertragen.

Aufgabe 7

Erstellen Sie das Programm *Zahlensysteme*. Lesen Sie mit JOptionPane.showInputDialog eine ganze Zahl ein, und geben Sie die Zahl anschließend mit einem JOptionPane.showMessageDialog untereinander (Zeilenumbrüche können Sie als "\n" eintragen) als Dezimal-, Dual- und Hexadezimalzahl aus. Bei der hexadezimalen Schreibweise sollen die Großbuchstaben verwendet werden.

Aufgabe 8

Erstellen Sie ein Programm mit dem Namen *Hexumrechner*. Nach Eingabe einer Hexadezimalzahl in einem JOptionPane.showInputDialog soll das Programm mit JOptionPane.showMessageDialog die Zahl als Dezimalzahl und als Dualzahl ausgeben.

Aufgabe 9

Erstellen Sie ein Programm mit dem Namen *Eingabetest*. Ein Eingabedialog (JOptionPane.InputDialog) soll den Anwender auffordern, die Textzeile »Fischers Fritz fischt frische Fische« einzugeben. Das Programm soll prüfen, ob die Eingabe korrekt ist und wie viel Zeit der Anwender für die Eingabe benötigt hat. Beides soll als Ergebnis in der Konsole ausgegeben werden. Die Ausgabe soll bei fehlerfreier Eingabe folgendermaßen aussehen:

Fehlerfrei! Zeit: 0 Minuten, 7 Sekunden und 231 Millisekunden

7.6 Ausblick

Das zurückliegende Kapitel hat Ihnen Klassen zum Umgang mit Texten, Zahlen und Zeitangaben nähergebracht. Java bringt diese Klassen mit, weil es kaum ein Programm gibt, das ohne sie auskommt. Die Wrapper-Klassen sind wichtig, weil sie den primitiven Datentypen Zugang zur Welt der Klassen und Objekte verschaffen. Der Zugriff auf bestehende Klassen wird ganz besonders für den Einstieg in die Entwicklung von Programmen für eine grafische Benutzeroberfläche wichtig werden.

Meiner Erfahrung nach wünschen die meisten Einsteiger das Kapitel zum Einstieg in die Entwicklung von Programmen für eine grafische Benutzeroberfläche am sehnlichsten herbei. Nun ist es endlich so weit. Mit dem folgenden Kapitel beginnt der Einstieg in die Welt der Programme mit grafischer Benutzeroberfläche. Damit der Weg auch tatsächlich schnell zu ansehnlichen Erfolgen führt, sollen dabei auch Hilfsmittel zum Einsatz kommen, die dem Programmierer stumpfsinnige, arbeitsintensive und zeitaufwendige Arbeiten abnehmen.

Sie werden als Erweiterung von Eclipse *Jigloo* installieren. Jigloo wird Ihnen bei der Erstellung der Oberflächen sehr viel Arbeit abnehmen. In ersten Beispielanwendungen werden Sie dann die Arbeitsweise von Jigloo kennenlernen. Sie werden die ersten grundlegenden Komponenten von grafischen Benutzeroberflächen, die Java als Swing-Komponenten mitbringt, kennenlernen und in ersten Anwendungen einsetzen.

Da es sich bei all diesen Komponenten um Klassen handelt, werden Sie sehr schnell feststellen, wie wichtig das Voranstellen der Kapitel 5, »Klassen und Objekte«, und Kapitel 6, »Mit Klassen und Objekten arbeiten«, war und dass sich die vielleicht etwas mühsam erscheinende Vorarbeit jetzt auszahlt.

Kapitel 8
Grafische Benutzeroberflächen

Man muss Dinge auch so tief sehen, dass sie einfach werden.
(Konrad Adenauer, 1876–1967)

Die Bedienung von Anwendungsprogrammen hat sich mit der Einführung grafischer Benutzeroberflächen dramatisch verändert. Sie haben einen Eindruck von der Arbeit ohne eine solche Benutzerschnittstelle beim Einstieg in die Java-Programmierung erhalten. Sie haben dort die Eingabeaufforderung verwendet, um Programme wie den Java-Compiler zu starten. Wer einmal mit einer grafischen Entwicklungsumgebung gearbeitet hat, möchte nicht mehr auf den Komfort einer solchen Oberfläche verzichten. Ebenso wenig möchte ein Anwender, der unsere Programme verwendet, heute auf die Vorteile einer grafischen Benutzeroberfläche verzichten. Ich halte jetzt den Zeitpunkt für gekommen, in die Erstellung von Programmen mit grafischer Oberfläche einzusteigen. Die Konsole soll künftig nur noch Verwendung finden, um Ihnen als Programmierer Kontrollausgaben darzustellen.

8.1 Einführung

Die Verwendung von grafischen Oberflächen macht die Programme wesentlich komplexer und unübersichtlicher. Deshalb ist es durchaus sinnvoll, für den Einstieg in die Java-Programmierung darauf zu verzichten. Sie werden aber feststellen, dass beim Einsatz der entsprechenden Hilfsmittel auch grafische Oberflächen einfach zu realisieren sind. Vor allem finde ich aber, dass es wesentlich mehr Spaß bereitet, die eigenen Programme mit ansprechender Oberfläche zu präsentieren.

8.1.1 JFC und Swing

JFC ist die Abkürzung für *Java Foundation Classes*. Die JFC sind eine Reihe von Features für das Erstellen von grafischen Benutzeroberflächen (*GUI, Graphical User Interface*) und das Ausstatten von Java-Programmen mit zahlreichen grafischen Elementen und Funktionen zur Interaktion mit dem Anwender. Tabelle 8.1 zeigt die Features der JFC.

Feature	Beschreibung
Swing-GUI-Komponenten	Sammlung von Komponenten, angefangen bei Schaltern über geteilte Fensterbereiche bis hin zu Tabellen, die bereits sehr viele komplexe Fähigkeiten wie das Sortieren, Drag & Drop usw. mitbringen.
Anpassbares Look & Feel	Das Look & Feel von Swing-Anwendungen ist nicht fest vorgegeben. Sie können jederzeit zwischen unterschiedlichem Aussehen wählen. Sie können z. B. zwischen der typischen Java- oder der Windows-Optik wählen. Außerdem wird das Look & Feel GTK+ unterstützt. Dadurch sind Hunderte verschiedener Optiken aus unterschiedlichsten Quellen verfügbar.
Accessibility-API (Zugriffs-API)	Macht Assistenzsysteme wie Braille-Displays für Blindenschrift und Screenreader (Bildschirmlesesoftware mit Sprachausgabe) verfügbar.
Java 2D-API	Ermöglicht dem Entwickler das Einbinden von hochqualitativer 2D-Grafik, Texten und Bildern in eigene Anwendungen und Applets. Java 2D beinhaltet aufwendige APIs zur Erzeugung und zum Übertragen von qualitativ hochwertigen Ausgaben auf Drucker.
Internationalisierung	Sie ermöglicht das Entwickeln von Anwendungen, die mit Anwendern aus der ganzen Welt in ihren eigenen Sprachen und gemäß ihrer kulturellen Konventionen interagieren. Der Programmierer hat mit dem Eingabe-Framework die Möglichkeit, Anwendungen zu erstellen, die Text auch in solchen Sprachen akzeptieren, die Tausende unterschiedlicher Schriftzeichen verwenden (Chinesisch, Japanisch, Koreanisch etc.).

Tabelle 8.1 Features der JFC

Das *Java-Swing-API* ist ungeheuer mächtig, umfangreich und flexibel. Es besteht aus insgesamt 18 öffentlichen Paketen, von denen aber meistens nur ganz wenige benötigt werden (siehe Tabelle 8.2).

`javax.accessibility`	`javax.swing.plaf`	`javax.swing.text`
`javax.swing`	`javax.swing.plaf.basic`	`javax.swing.text.html`

Tabelle 8.2 Die 18 öffentlichen Pakete des Swing-APIs

javax.swing.border	javax.swing.plaf.metal	javax.swing.text.html.parser
javax.swing.colorchooser	javax.swing.plaf.multi	javax.swing.text.rtf
javax.swing.event	javax.swing.plaf.synth	javax.swing.tree
javax.swing.filechooser	javax.swing.table	javax.swing.undo

Tabelle 8.2 Die 18 öffentlichen Pakete des Swing-APIs (Forts.)

Für sehr viele Anwendungen reicht es aus, nur ein oder vielleicht zwei Pakete einzubinden. Es handelt sich dabei um die beiden Pakete javax.swing und javax.swing.event. Oftmals reicht sogar das Einbinden des ersten Paketes bereits aus.

Da wir im weiteren Verlauf für unsere Anwendungen *Jigloo* als Hilfsmittel verwenden, werden in der Regel die erforderlichen Komponenten aus den oben genannten Paketen automatisch in den Quellcode eingebunden. Jigloo ist ein speziell für Eclipse entwickeltes *Plug-in* (Erweiterung), das die Verwendung von grafischen Elementen wesentlich vereinfacht.

8.1.2 Grafische Oberflächen mit Jigloo

Eclipse lässt sich sehr einfach in seiner Funktionalität erweitern. Zu diesem Zweck ist eine Vielzahl von sogenannten Plug-ins verfügbar. Ein Plug-in, das bei der Erstellung grafischer Oberflächen sehr gute Dienste leistet, ist Jigloo von *CloudGarden*. Es kann zur nichtkommerziellen Verwendung kostenlos von *www.cloudgarden.com/jigloo* heruntergeladen werden. Jigloo ist nicht das einzige Plug-in, das bei der Erstellung grafischer Oberflächen unterstützt. Da es in zahlreichen Tests gut abgeschnitten hat, werden wir für die weitere Programmierung aber auf dieses bewährte Hilfsmittel setzen.

Die Installation von Plug-ins kann grundsätzlich auf zwei Arten erfolgen.

Variante 1

Der Rechner, auf dem die Installation erfolgen soll, verfügt über einen Internetzugang. Aus dem HELP-Menü rufen Sie den Menüpunkt INSTALL NEW SOFTWARE auf (siehe Abbildung 8.1).

Im folgenden Dialog wählen Sie mit der Schaltfläche ADD die Option zum Hinzufügen einer neuen Softwareadresse (siehe Abbildung 8.2).

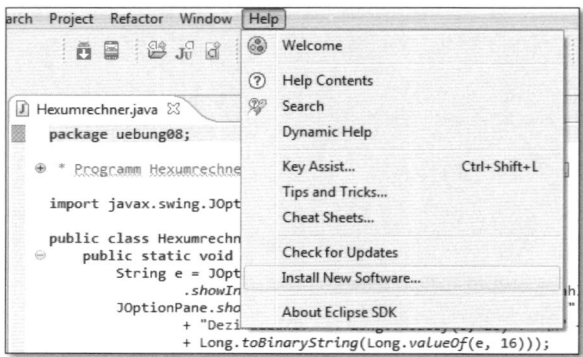

Abbildung 8.1 Das Plug-in als neue Software installieren

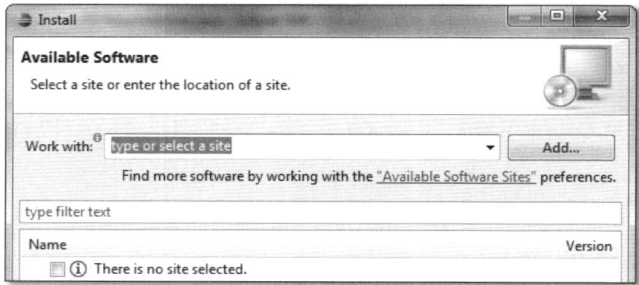

Abbildung 8.2 Auswahldialog zum Hinzufügen einer neuen Softwareadresse

Im abschließenden Dialogfenster tragen Sie einen Namen für das zu installierende Plug-in und als Adresse *http://cloudgarden.com/update-site* ein (siehe Abbildung 8.3).

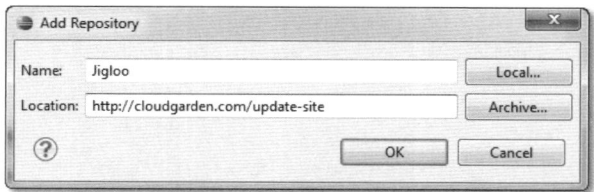

Abbildung 8.3 Adressangabe zum Download von Jigloo

Anschließend wird Jigloo von dieser Adresse heruntergeladen und installiert und kann zu späteren Zeitpunkten immer wieder auf den neuesten Stand gebracht werden. Über die Schaltfläche LOCAL bzw. ARCHIVE können Sie das Plug-in einbinden, wenn Sie es bereits auf der Festplatte entpackt bzw. als *.zip*-Archiv vorliegen haben.

Variante 2

Verfügt der Rechner nicht über einen Internetzugang, so besorgen Sie sich zunächst das entsprechende Plug-in als Download über einen anderen Rechner aus dem Internet oder eine andere Quelle, wie z. B. die beiliegende DVD. Mit dem Download aus dem Internet verfügen Sie immer über die aktuellste Version (siehe Abbildung 8.4).

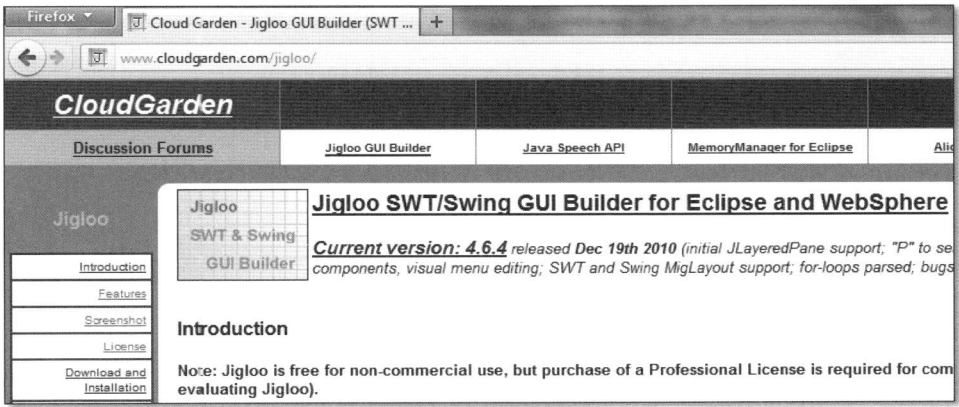

Abbildung 8.4 Download der aktuellen Version von Jigloo

Meist wird das Plug-in als gepackte Datei (z. B. als *.zip*-File) zur Verfügung gestellt. Sie enthält einen Ordner mit dem Namen *features* und einen Ordner mit dem Namen *plug-ins*. Zur Installation kopieren Sie den Inhalt des Ordner *features* in den gleichnamigen Ordner im Installationsverzeichnis von Eclipse und den Inhalt des Ordners *plugins* in den gleichnamigen Ordner des in das Installationsverzeichnis von Eclipse (siehe Abbildung 8.5). Jigloo ist dann nach dem nächsten Start von Eclipse verfügbar.

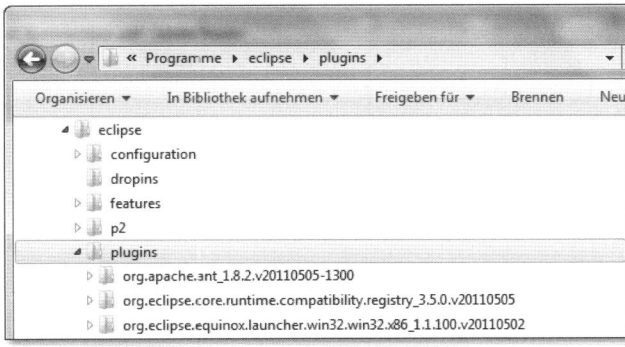

Abbildung 8.5 Plugin-Ordner von Eclipse

Die folgenden Ausführungen erläutern, wie Sie Jigloo zur Erstellung eines Programms mit grafischer Oberfläche nutzen.

Zunächst sind aber noch einige Anmerkungen zum *Abstract Windowing Toolkit* (*AWT*) von Java erforderlich, das als Grundlage für die Entwicklung grafischer Oberflächen zur Verfügung steht. Ein Auszug, der die wesentlichen Objekte der Klassenhierarchie zeigt, verdeutlicht einige wichtige Zusammenhänge (siehe Abbildung 8.6).

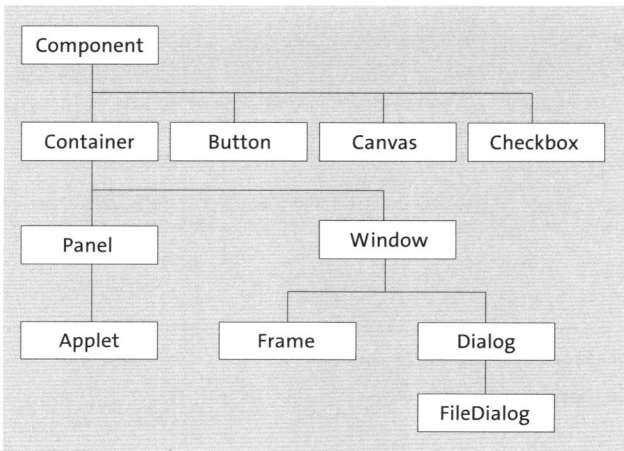

Abbildung 8.6 Klassenhierarchie des AWT

Die oberste Fensterklasse der Hierarchie als Ursprung aller AWT-Klassen ist Component. Es handelt sich dabei um eine *abstrakte Klasse*, die eine Position und Größe besitzt und eine Vielzahl von Ereignissen senden und auf solche Ereignisse reagieren kann. Diese Eigenschaften und Fähigkeiten bilden die Grundlage jeder Komponente einer grafischen Benutzeroberfläche.

Container ist ebenfalls eine abstrakte Klasse. Sie ist bildet die Grundlage für Komponenten, die andere Komponenten aufnehmen sollen. Sie verfügt über Methoden zum Hinzufügen, Entfernen und Positionieren der enthaltenen Komponenten. Das Panel ist die einfachste konkrete Klasse, die als Element in ein Programm eingebaut werden kann. Nähere Details zu den einzelnen Komponenten werden bei der Verwendung deutlich werden.

8.1.3 Erstes Beispielprogramm mit Programmfenster

Erstellen Sie nun Ihr erstes Programm mit grafischer Benutzeroberfläche (*GUI*). GUI steht für *Graphical User Interface*, also grafische Benutzerschnittstelle. Wir sind es inzwischen gewohnt, dass sich ein gestartetes Programm mit einem Programmfenster auf dem Bildschirm zeigt. Ein solches Programmfenster ist nichts anderes als ein Objekt mit einer ganzen Reihe von Eigenschaften (Attributen) und Fähigkeiten (Methoden), auf Benutzeraktionen zu reagieren. So hat das Programmfenster eine bestimmte Größe, Bildschirmposition usw., und es lässt sich z. B. mithilfe der Maus auf dem Bildschirm verschieben, vergrößern, verkleinern und schließlich auch wieder schließen. Ein einfaches Programmfenster wird auch *Formular* oder auf Englisch *Form* genannt und beinhaltet meist eine ganze Reihe weiterer Komponenten, die für sich wiederum Objekte mit Eigenschaften und Fähigkeiten sind.

Ich werde für die grafischen Komponenten künftig anstelle des Begriffs *Attribut* den Begriff *Eigenschaft* verwenden. Der Begriff entspricht als Übersetzung exakt dem von Jigloo verwendeten englischen Begriff *Property*.

Erstellen Sie als Basis für die folgenden Programmbeispiele und Übungen ein neues Projekt mit dem Namen *JavaUebung08*. Markieren Sie das Projekt im Package Explorer, und erstellen Sie über FILE • NEW • OTHER (siehe Abbildung 8.7) aus dem Bereich GUI-FORMS • SWING einen JFRAME.

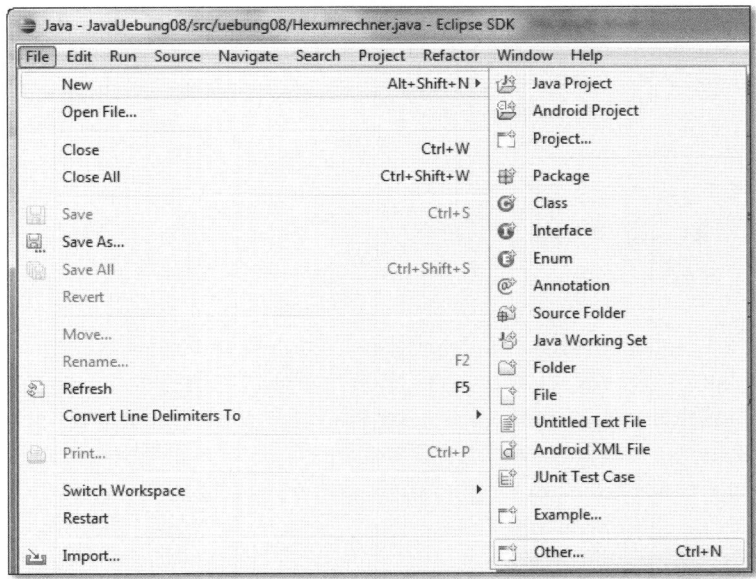

Abbildung 8.7 Auswahl einer Komponente aus dem erweiterten Bereich

Die Komponenten der GUI FORMS stehen jetzt durch die Installation von Jigloo unter den *Wizards* zur Auswahl (siehe Abbildung 8.8).

Wählen Sie als Packagenamen *gui*, und nennen Sie den JFrame `JFrame1` (siehe Abbildung 8.9).

8 Grafische Benutzeroberflächen

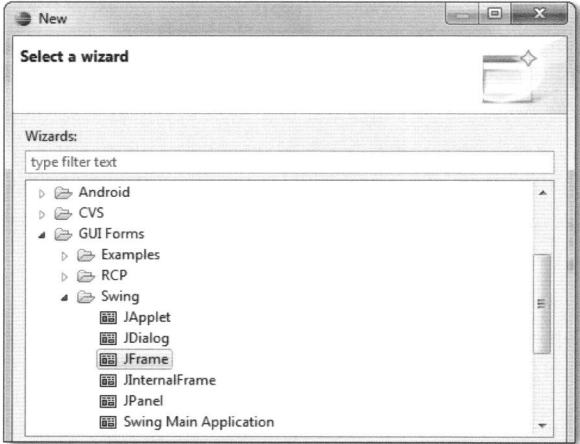

Abbildung 8.8 Auswahl eines JFrame aus GUI Forms

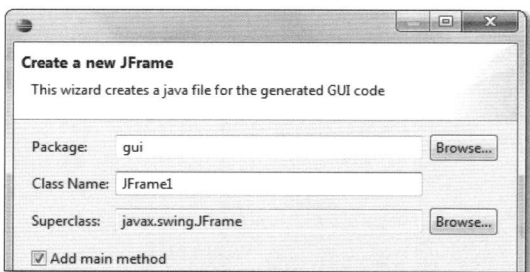

Abbildung 8.9 Namen für das Package und die Klasse festlegen

Ein *JFrame* ist ein frei bewegliches Fenster und eignet sich somit sehr gut als Basisobjekt für das Programmfenster einer Anwendung. Wie oben beschrieben, bringt es bereits eine Vielzahl von Fähigkeiten mit, die dem Anwender die Möglichkeit bieten, das Fenster zu verschieben, in seiner Größe zu verändern und auch wieder zu schließen. Dies können Sie bereits testen, indem Sie das Programm als Java-Anwendung starten.

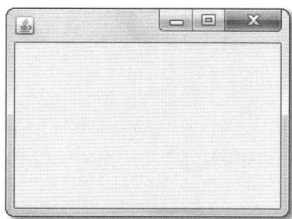

Abbildung 8.10 Leeres Programmfenster nach dem Start des Programms

Nach dem Start zeigt sich das leere Programmfenster, das über die oben beschriebenen Funktionalitäten verfügt (siehe Abbildung 8.10). Diese sind über den Rahmen und die bekannten Schalter in der Kopfzeile nutzbar.

Jigloo zeigt innerhalb der Eclipse-Oberfläche neben dem gewohnten Quellcode des Programms auch den erstellten Frame in einer Vorschauansicht. Die zwei unscheinbaren Pfeilsymbole am oberen Rand der Quellcodeansicht bzw. am unteren Rand der Vorschauansicht stellen Schalter dar, mit denen Sie zwischen den beiden Ansichten hin- und herwechseln. Alternativ können Sie die einzelnen Fensterbereiche aber auch verkleinern, damit Sie Vorschau und Quellcode gleichzeitig einsehen können.

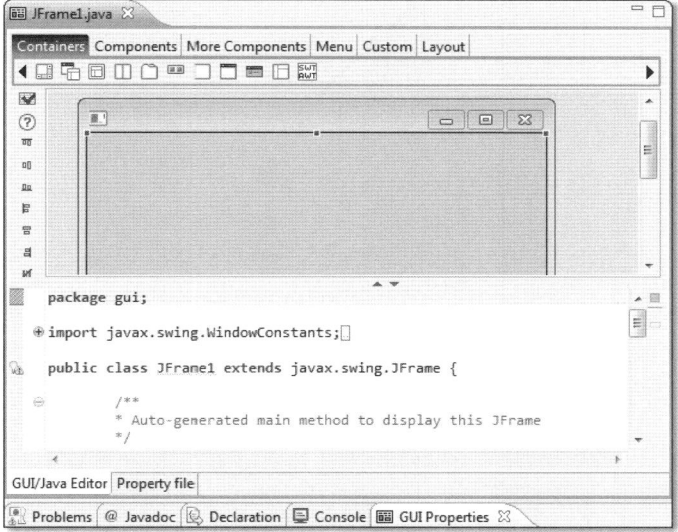

Abbildung 8.11 Vorschauansicht des Frames

Abbildung 8.11 zeigt z. B. Vorschauansicht und Quelltext untereinander. Meist ist die aufgeteilte Darstellung aber zu unübersichtlich, da man entweder von der Vorschau oder aber vom Quelltext nur einen kleinen Ausschnitt sieht. Bewegen Sie den Mauszeiger auf die Trennlinie zwischen Vorschauansicht und Quellcode, so wird der Mauszeiger zum Doppelpfeil, und Sie können die Trennlinie beliebig nach oben oder unten verschieben.

Jigloo hat nach der oben beschriebenen Vorgehensweise folgenden Programmcode als Basis für ein bereits lauffähiges Programm erstellt:

```
package gui;

import javax.swing.WindowConstants;
```

```java
import javax.swing.SwingUtilities;

public class JFrame1 extends javax.swing.JFrame {

    /**
    * Auto-generated main method to display this JFrame
    */
    public static void main(String[] args) {
        SwingUtilities.invokeLater(new Runnable() {
            public void run() {
                JFrame1 inst = new JFrame1();
                inst.setLocationRelativeTo(null);
                inst.setVisible(true);
            }
        });
    }

    public JFrame1() {
        super();
        initGUI();
    }

    private void initGUI() {
        try {
            setDefaultCloseOperation(
                            WindowConstants.DISPOSE_ON_CLOSE);
            pack();
            setSize(400, 300);
        } catch (Exception e) {
          //add your error handling code here
            e.printStackTrace();
        }
    }

}
```

Listing 8.1 Von Eclipse und Jigloo generierter Quellcode

Sie sehen, dass die Entwicklungsumgebung allein durch die Auswahl eines Frames als zu erstellende Klasse einen recht umfangreichen Quellcode erzeugt. Es bedarf deshalb zunächst einer Erläuterung der einzelnen Programmteile, die für Programme mit grafischer Benutzeroberfläche typisch sind.

Die main-Methode startet mit SwingUtilities.invokeLater(new Runnable() einen neuen lauffähigen *Thread*, ohne die normale Sequenz der Ereignisbehandlung zu stören. Als Thread wird in einem multitaskingfähigen Betriebssystem ein eigenständiger Prozess bezeichnet. Jedes Programm, das unter einem solchen Betriebssystem gestartet wird, ist zunächst ein Thread. Sie werden später sehen, dass auch ein einziges Programm mehrere Threads starten kann, die dann quasi parallel abgearbeitet werden.

Die run()-Methode des Runnable-Objekts wird nur ausgeführt, wenn sie das Ende der Ereigniswarteschlange erreicht. Immer wenn eine Swing-Komponente außerhalb einer Listener-Methode verändert werden soll, muss invokeLater verwendet werden. Das mag im Augenblick vielleicht etwas verwirrend klingen, aber Sie brauchen sich darüber keine Gedanken zu machen, denn die Methode wird richtigerweise hier von Jigloo eingesetzt und muss von Ihnen auch nicht verändert werden.

In der run()-Methode wird mit JFrame1 inst = new JFrame1(); eine Instanz des Objekts JFrame1 erzeugt. Mit inst.setLocationRelativeTo(null); wird der Frame auf dem Bildschirm zentriert, und inst.setVisible(true); setzt die Eigenschaft visible auf true und stellt sicher, dass der Frame auch dargestellt wird.

Der Konstruktor aus Listing 8.2 ruft zuerst den Konstruktor der Vorfahrenklasse auf und initialisiert anschließend – wie der Name schon zum Ausdruck bringt – die grafische Benutzeroberfläche.

```java
public JFrame1() {
  super();
  initGUI();
}
```

Listing 8.2 Konstruktor von »JFrame1«

In dieser Schablonenmethode wird der Frame auf die spätere Darstellung vorbereitet:

```java
private void initGUI() {
  try {
    setDefaultCloseOperation(WindowConstants.DISPOSE_ON_CLOSE);
    pack();
    setSize(400, 300);
  } catch (Exception e) {
      e.printStackTrace();
  }
}
```

Listing 8.3 Die Methode »initGUI«

In einem try-catch-Konstrukt wird auf eventuell auftretende *Exceptions* reagiert, wenn die folgenden Anweisungen ausgeführt werden. Eine Exception ist eine Ausnahmesituation, die eigentlich nicht vorkommen sollte. Sie entsteht, wenn ein Fehler auftritt. Ein Programm soll z. B. etwas von der Festplatte lesen, die aber einen Defekt aufweist. In diesem Fall wird eine Exception ausgelöst. Auf Exceptions und die in diesem Kontext verwendete try-catch-Struktur werde ich später noch ausführlich eingehen.

setDefaultCloseOperation(WindowConstants.DISPOSE_ON_CLOSE);

legt fest, welche Aktion beim Schließen des Frames ausgelöst wird, z. B. beim Klick auf das ×-Symbol am rechten oberen Rand des Frames. Die übergebene Konstante WindowConstants.DISPOSE_ON_CLOSE legt hier fest, dass der Frame nicht nur unsichtbar wird, sondern auch komplett aus dem Speicher entfernt wird. Das bedeutet, dass das Fenster nicht mehr einfach sichtbar gemacht werden kann. Dieses Verhalten ist für das Beenden des Programms – und dem soll das Schließen des Fensters hier gleichkommen – auch sinnvoll.

Tabelle 8.3 zeigt, welche weiteren Konstanten Sie verwenden können, um das Verhalten beim Schließen des Frames festzulegen.

Konstante	Beschreibung
DO_NOTHING_ON_CLOSE	Keine Aktion, d. h., das Fenster schließt auch nicht. Es schließt erst, wenn das übergeordnete Fenster (falls es ein solches gibt) geschlossen wird.
HIDE_ON_CLOSE	Der Frame wird lediglich unsichtbar, er verbleibt aber im Speicher und kann wieder sichtbar gemacht werden.
DISPOSE_ON_CLOSE	Der Frame wird geschlossen und aus dem Speicher entfernt.
EXIT_ON_CLOSE	Schließt den Frame und beendet das Programm mit System.exit(0).

Tabelle 8.3 Mögliche Konstanten zur Beschreibung des Schließverhaltens

Die Methode pack(); setzt die Größe des Frames so, dass er minimal klein ist, aber alle beinhalteten Komponenten in ihrer bevorzugten Größe (preferredSize) Platz darin finden (bei unserem Primitivbeispiel beinhaltet der Frame noch keine weiteren Komponenten.

Der Aufruf von setSize(400, 300); setzt die neue Größe auf eine Breite von 400 und eine Höhe von 300 Pixel. Das entspricht hier der Größe, die von Jigloo im Vorschaufenster angezeigt wird bzw. die in den Eigenschaften height und width eingetragen wurde.

Das Aussehen des Frames können Sie in der Entwicklungsumgebung auf mehrere Arten beeinflussen. Die einfachste Art besteht darin, direkt in der Vorschauansicht von Jigloo z. B. die Größe mithilfe der Maus zu verändern.

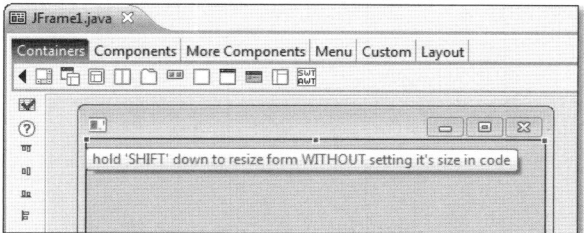

Abbildung 8.12 Größenänderung des Frames in der Vorschauansicht

Über die roten Markierungspunkte um den Clientbereich des Frames können Sie die Größe verändern (siehe Abbildung 8.12). Beachten Sie die eingeblendeten Hinweise. Hier werden Sie informiert, dass bei gleichzeitiger Betätigung der ⇧-Taste die Veränderung nur die Vorschau betrifft. Die Größenänderung würde sich dann nicht auf die Fenstergröße auswirken, die im Quellcode eingetragen ist.

Im unteren Bereich des Eclipse-Fensters finden Sie jeweils zu dem in der Vorschauansicht markierten Objekt Informationen über dessen Eigenschaften in der Ansicht GUI PROPERTIES. Falls Sie diese Ansicht in der Benutzeroberfläche nicht sehen können, müssen Sie diese über das WINDOW-Menü mit WINDOW • SHOW VIEW • OTHER • JIGLOO • GUI PROPERTIES oder mit dem in Abbildung 8.13 dargestellten Schalter aus der Ansicht OUTLINE einblenden lassen.

Abbildung 8.13 Schaltersymbol zum
Einblenden der »GUI Properties«

Die Ansicht GUI PROPERTIES ist in drei Spalten eingeteilt (siehe Abbildung 8.14). In unserem Fall befindet sich in der Vorschau als grafische Komponente lediglich der Frame. Entsprechend werden dessen *Eigenschaften* (PROPERTIES) ganz links angezeigt. Die Angaben zum LAYOUT erscheinen in der Mitte, und rechts sehen Sie die möglichen *Ereignisse* (Events), die definiert werden können. In jeder der drei Spalten finden Sie links einen Bezeichner und rechts einen zugehörigen Wert. Über den Bezeichner können Sie die jeweilige Eigenschaft auch im Quellcode ansprechen – genauso, wie Sie es für die Objektattribute kennengelernt haben. Die in der VALUE-Spalte angegebenen Werte entsprechen den Werten, die die Eigenschaften beim Programmstart besitzen.

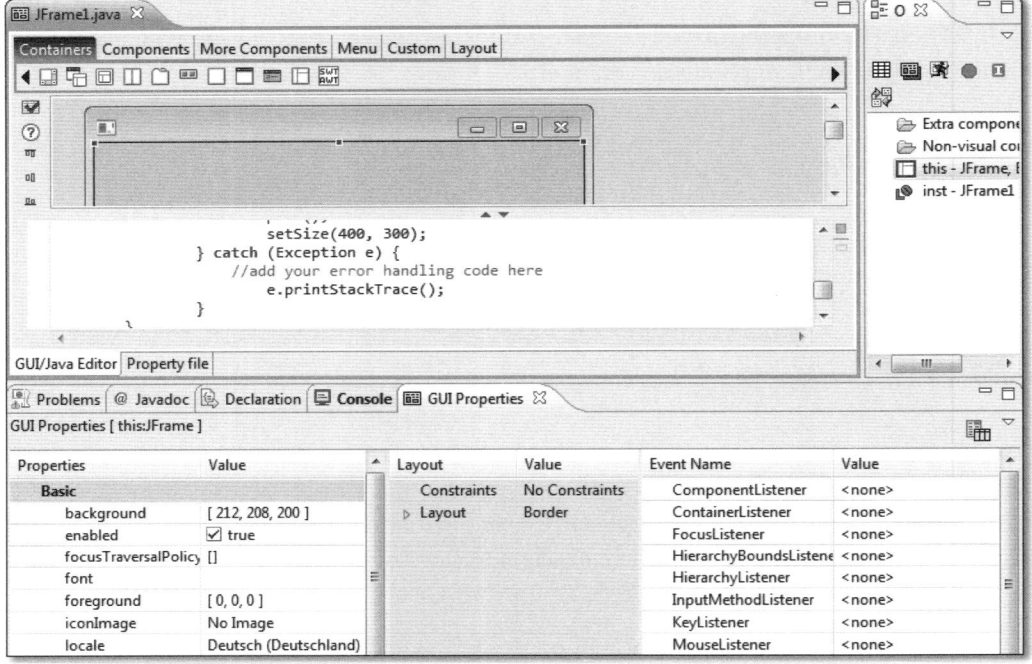

Abbildung 8.14 »GUI Properties«

Unter den Eigenschaften (PROPERTIES) finden Sie z. B. auch die Breite und Höhe als Angaben unter size mit [400,300]. Wenn Sie in diesem Eigenschaftenfenster Werte verändern, so werden die neuen Werte in die Initialisierungsroutine initGUI() übernommen. Das können Sie leicht nachvollziehen: Wenn Sie die Größenangaben verändern, so wird die Anweisung setSize(400, 300); entsprechend angepasst.

Unter Ereignissen sind die Reaktionen auf Anwenderaktionen zu verstehen. Hierüber können Sie definieren, welche Ereignisse eintreten sollen, wenn z. B. eine bestimmte Mausaktion ausgelöst wird. Aber dazu später mehr, wenn wir weitere Komponenten in unser Programmfenster (Frame) einbauen.

8.2 Grundlegende Klassen und Methoden

JFrame ist eine wichtige Grundlage für viele Programmfenster. Hier werden deshalb zunächst wichtige Klassen und Methoden vorgestellt, die mit dieser Klasse im Zusammenhang stehen.

8.2.1 »JFrame«, »Dimension« und »Point«

Zur Erzeugung eines JFrames stehen zwei Konstruktoren zur Verfügung:

- `JFrame()`
- `JFrame(String title)` – Dieser Konstruktor setzt den als Parameter übergebenen Text als Titel in der Kopfleiste.

Zum Zugriff auf den in der Titelleiste angezeigten Text stehen die folgenden Getter- und Setter-Methoden bereit:

- `void setTitle(String title)` setzt nachträglich den als Parameter übergebenen Text als Titel in die Kopfleiste.
- `String getTitle()` liefert den in der Kopfleiste stehenden Text zurück.

Die Klasse `Dimension` aus dem Paket `java.awt` besitzt die Eigenschaften Höhe (`height`) und Breite (`width`) und wird als Eigenschaft von zweidimensionalen Komponenten eingesetzt, um deren Abmessungen festzulegen. Die beiden Eigenschaften sind als `public` deklariert, und auf sie können Sie deshalb von außen zugreifen. Zur Erzeugung besitzt die Klasse den Konstruktor `Dimension(int width, int height)`.

Ebenfalls im Paket `java.awt` ist die Klasse `Point` definiert, die einen Punkt mit seinen Koordinaten *x* und *y* repräsentiert. Die beiden Koordinaten sind als `public`-Eigenschaften definiert. Dem Konstruktor `Point(int x, int y)` werden die Koordinaten als Parameter übergeben.

Für die Bearbeitung von Fenstern und der darin befindlichen Komponenten sind eine Reihe identischer Vorgänge immer wieder erforderlich. Zu diesem Zweck stehen entsprechende Methoden zur Verfügung. Ein Teil davon ist als Methode der Klasse `Component` definiert. Wie Sie Abbildung 8.6 entnehmen können, ist diese Klasse Vorfahr aller Komponenten, die damit alle diese Methoden erben. Speziellere Methoden, die nur im Zusammenhang mit Fenstern relevant sind, sind in der Klasse `Window` definiert und werden entsprechend nur an davon abgeleitete Nachfahren weitergegeben.

8.2.2 Festlegen und Abfrage der Größe einer Komponente (in Pixel)

Um die Größe einer sichtbaren Komponente festzulegen, steht Ihnen die Methode `setSize` zur Verfügung. Eine Version dieser Methode erwartet die Breite und Höhe der Komponente als `Integer`-Werte. Einer zweiten Version können Sie die Abmessungen über ein Objekt des Typs `Dimension` übergeben:

```
void setSize(int width, int height)
void setSize(Dimension d)
```

Die aktuelle Größe einer Komponente können Sie mit der Methode `getSize` abfragen:

```
Dimension getSize()
```

Das Ergebnis wird in einem Objekt des Typs `Dimension` zurückgeliefert.

8.2.3 Platzieren und Abfragen der Position einer Komponente

Dabei werden die Koordinaten der linken oberen Ecke der Komponente bezogen auf das Koordinatensystem des Containers festgelegt, in dem sich die Komponente befindet. Der Ursprung (0,0) liegt immer in der linken oberen Ecke des Containers. Dabei ist zu beachten, dass die positive x-Richtung zwar wie gewohnt nach rechts, die positive y-Richtung aber nach unten zeigt.

```
void setLocation(int x, int y)
void setLocation(Point p)
```

Die entsprechende Getter-Methode zur Ermittlung der aktuellen Bildschirmposition einer Komponente lautet:

```
Point getLocation()
```

8.2.4 Randelemente eines Fensters

Die Randelemente eines Fensters (Rahmen und Titelleiste) sind um das sogenannte *Panel* gruppiert, auf dem Sie weitere Komponenten platzieren können. Die Breite dieser Randelemente wird durch die Klasse `java.awt.Insets` repräsentiert. Sie besitzt die `public`-Eigenschaften `top`, `bottom`, `left` und `right` vom Typ `int`. Der Konstruktor erwartet als Parameter die entsprechenden ganzzahligen Werte:

```
Insets(int top, int left, int bottom, int right)
```

Die Getter-Methode liefert die aktuellen Werte der Eigenschaften in einem Objekt der Klasse `Insets` zurück:

```
Insets getInsets()
```

8.2.5 Veränderbarkeit der Größe eines Fensters

Sie können für einen Frame festlegen, ob der Anwender die Größe des Fensters verändern kann. Die Setter-Methode hierfür erwartet als Parameter einen Wahrheitswert.

`void setResizable(boolean b)` legt fest, ob der Anwender die Größe verändern kann. `boolean isResizable()` liefert zurück, ob der Anwender die Größe des Fensters verändern kann.

8.2.6 Sichtbarkeit von Komponenten

Komponenten, die in einer Anwendung definiert sind, müssen nicht zwangsläufig immer sichtbar sein. Oftmals sollen Komponenten nur in bestimmten Situationen für den Anwender sichtbar sein. Damit diese Komponenten nicht jedes Mal komplett aus dem Speicher entfernt werden müssen, wenn sie unsichtbar sein sollen, und im nächsten Moment, in dem die Komponenten wieder sichtbar sein sollen, wieder erzeugt werden müssen, gibt es eine Eigenschaft mit dem Namen `visible` und dem Typ `boolean`, über die definiert wird, ob die Komponente gerade sichtbar oder unsichtbar ist:

`void setVisible(boolean b)`

Entsprechend können Sie mit der von `JComponent` geerbten Methode

`boolean isVisible()`

abfragen, ob die Komponente aktuell sichtbar ist.

In diesem Zusammenhang ist wichtig, dass die Methode `getInsets` nur dann korrekte Werte liefert, wenn das betreffende Fenster auch sichtbar ist.

8.2.7 Löschen eines Fensters

Hiermit ist das endgültige Löschen eines Fensters gemeint. Das heißt, das Fenster wird nicht mehr benötigt und soll deshalb nicht nur unsichtbar gemacht werden, sondern die Komponente soll komplett auch aus dem Speicher entfernt werden.

`void dispose()`

8.2.8 Die Reaktion auf das Schließen des Fensters festlegen

Der Programmierer kann unterschiedliche Vorgaben machen, welche Aktionen ausgelöst werden sollen, wenn der Anwender ein Fenster z. B. durch Betätigen der Schaltfläche rechts oben in der Titelleiste schließt.

`void setDefaultCloseOperation(int op)`

Für op können Sie eine der folgenden JFrame-Konstanten wählen:

- `DO_NOTHING_ON_CLOSE`
- `HIDE_ON_CLOSE` (Das ist die Voreinstellung, wenn die Methode nicht ausdrücklich verwendet wird.)
- `DISPOSE_ON_CLOSE`
- `EXIT_ON_CLOSE`

Die Bedeutung der Konstanten ist selbsterklärend; Sie können sie aber auch in Tabelle 8.3 aus Abschnitt 8.1.3, »Erstes Beispielprogramm mit Programmfenster«, nachschlagen.

8.2.9 Das Aussehen des Cursors festlegen

Wird der Mauszeiger über ein Fenster bewegt, so kann der Cursor (Mauszeiger) unterschiedliches Aussehen annehmen. Entweder es handelt sich um das Standardaussehen, oder der Programmierer hat über

```
void setCursor(Cursor c)
```

ein ganz bestimmtes Aussehen definiert. Der Parameter c hat den Typ Cursor. Diese Klasse ist in `java.awt` definiert und repräsentiert den Mauszeiger. Als Parameter können Sie nun an die oben genannte Methode eine der folgenden vordefinierten Konstanten übergeben:

- `CROSSHAIR_CURSOR`
- `DEFAULT_CURSOR`
- `HAND_CURSOR`
- `MOVE_CURSOR`
- `TEXT_CURSOR`
- `WAIT_CURSOR`

8.2.10 Container eines Frames ermitteln

Werden weitere GUI-Komponenten in einem Frame platziert, so wird die Position über die x- und y-Koordinate angegeben. Das heißt, dass eine »Arbeitsfläche« benötigt wird, auf der die GUI-Komponenten abgelegt werden und auf deren Position sich diese Koordinaten beziehen. Die einfachste Komponente, die als *Container* dienen kann, und auf der weitere Komponenten abgelegt werden können, ist das Panel `JPanel`. Als Nachfolgeklasse von `javax.swing.JComponent` können Sie ein Panel auch in andere Container-Komponenten einfügen. Sie können Panels auch ineinander verschachteln. Um ein Panel anzuzeigen, müssen Sie es in ein Fenster einfügen.

Die Container-Methode add fügt eine Komponente hinzu. Fenster wie JFrame (und auch die noch zu behandelnden JDialog und JApplet) beinhalten einen eigenen Container (*Content Pane*), der hinzuzufügende Komponenten aufnimmt.

Container getContentPane()

liefert den Container eines Fensters zurück. Damit steht dann fest, welchem Container eine Komponente hinzugefügt werden muss.

8.2.11 Komponenten zu einem Container hinzufügen

Ist frame z. B. eine JFrame-Komponente, so können Sie die Komponente mit dem Namen component mit der Anweisung

frame.getContentPane().add(component)

hinzufügen. Seit der Version JSE 5.0 existiert eine weitere add-Methode, die das explizite Ermitteln des ContentPane überflüssig macht:

frame.add(component)

frame.add(component) fügt die Komponente ebenso in den Frame ein.

8.3 Programmfenster mit weiteren Komponenten

In diesem Abschnitt sollen weitere Komponenten in das Programmfenster eingebunden und auch erste Programmfunktionalitäten selbst definiert werden. Als Beispiel soll ein Programm dienen, das Temperaturen von Grad Fahrenheit in Grad Celsius umrechnet. Erstellen Sie hierzu im Java-Projekt mit dem Namen *JavaUebung08* und im Package *gui* über FILE • NEW • OTHER aus GUI-FORMS • SWING einen JFrame. Als Klassenname verwenden Sie FahrenheitCelsius.

8.3.1 Die Komponentenpalette

Oberhalb der Vorschauansicht des Frames bietet Jigloo eine Komponentenpalette an (siehe Abbildung 8.15).

Abbildung 8.15 Die Komponentenpalette von Jigloo

Die Komponenten sind in sechs Reitern nach Gruppen organisiert. In der Gruppe CONTAINERS sind Komponenten zusammengefasst, die weitere Komponenten aufnehmen können. Sie treten für den Anwender meist nicht in Erscheinung und bleiben für ihn unsichtbar. Dem Programmierer dienen sie als Arbeitsfläche, auf der er zusammengehörige Komponenten ablegt und gemeinsam verwaltet.

Die Gruppe COMPONENTS beinhaltet die Standardkomponenten, die jedem Anwender aus vielen Programmen geläufig sind. Sie finden dort z. B. Schaltflächen, Radiobuttons, Checkboxen, Auswahllisten, Eingabefelder und einiges mehr. Aus diesem Bereich der sichtbaren Komponenten werden wir uns für unsere weiteren Programme hauptsächlich bedienen.

Die dritte Gruppe, MORE COMPONENTS, stellt Ihnen, wie der Name schon sagt, noch einige weitere Komponenten bereit, die häufig benötigt werden. Neben speziellen Eingabefeldern für Passwörter und für formatierte Eingaben stehen Scrollbalken und komplette Standarddialoge für die Farbauswahl oder die Dateiauswahl zur Verfügung.

Aus der Gruppe MENU können Sie Komponenten zum Aufbau von Menüstrukturen auswählen und in die Programmoberfläche einbauen.

In der fünften Gruppe, CUSTOM, finden Sie nur ein Symbol. Diese Gruppe soll benutzerdefinierte Klassen aufnehmen und so die Erweiterung der Komponentenpalette vereinfachen. Das bereits vorhandene Symbol dient als Ausgangsbasis für selbst erstellte Komponenten.

Die letzte Gruppe mit der Bezeichnung LAYOUT fasst Komponenten zusammen, die die Anordnung von sichtbaren Komponenten innerhalb eines Containers beeinflussen. Es handelt sich also um Komponenten, die zwar selbst nicht direkt sichtbar sind, aber dadurch, dass sie die Art und Weise beeinflussen, wie sichtbare Komponenten angeordnet sind, doch irgendwie optisch in Erscheinung treten.

8.3.2 Standardkomponenten in einen Frame einbauen

Für das Programm zur Umrechnung einer Temperatur in Grad Fahrenheit in die entsprechende Temperatur in Grad Celsius benötigen wir ein Textfeld, in das der Anwender eine Fahrenheit-Temperatur einträgt, und ein zweites Textfeld, in dem die umgerechnete Celsius-Temperatur angezeigt wird. Zusätzlich sollen die beiden Textfelder mithilfe von sogenannten Labels eine Überschrift erhalten, damit der Anwender die beiden Zahlenwerte auch richtig zuordnen kann.

Wählen Sie zunächst mit einem Mausklick aus der Gruppe COMPONENTS ein JLabel aus, und fügen Sie es in das Programmfenster durch einen weiteren Mausklick an einer beliebigen Stelle ein. Ein Dialogfenster fragt daraufhin die wichtigsten Eigenschaften der Komponente ab (siehe Abbildung 8.16).

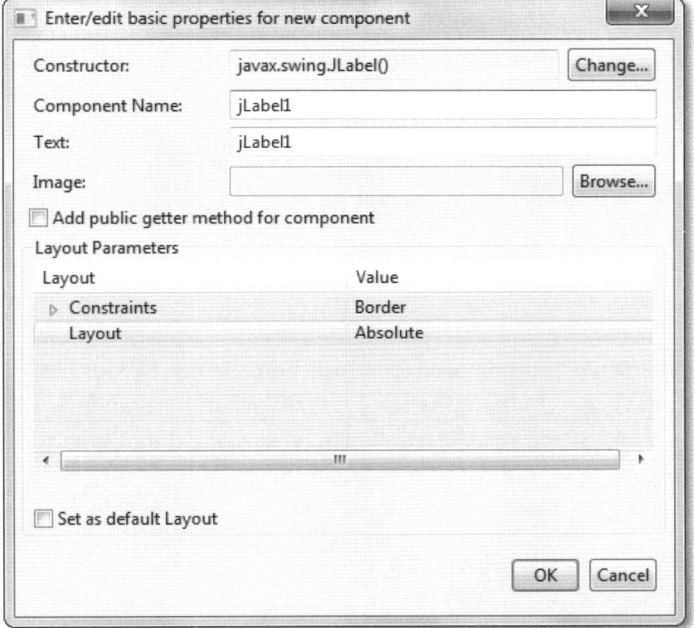

Abbildung 8.16 Basiseigenschaften eines JLabels

Die beiden wichtigsten Eigenschaften sind der NAME und der TEXT. Den Namen können Sie wie einen Variablennamen im Quellcode verwenden, um die Komponente anzusprechen. Der Text ist die Zeichenkette, die an der Stelle im Frame erscheint, an der das Label eingebaut wurde. Es ist sicherlich sehr bequem, zumindest für die Namen einfach die Vorgaben von Jigloo zu übernehmen. Der Quellcode wird dann aber sehr schnell unübersichtlich, und Sie werden sehr viel Zeit damit verbringen, den Komponenten die richtigen Namen zuzuordnen.

Grundsätzlich sind Sie bei der Wahl der Bezeichner frei, solange Sie sich an die Regeln halten, die für Variablennamen gelten (zusammenhängendes Wort, keine Sonderzeichen, keine reservierten Schlüsselwörter etc.). Um sich selbst die Arbeit bei der Pflege eigener Programme zu erleichtern, hat sich die Einhaltung einiger Regeln als sehr hilfreich erwiesen:

▶ Der Name einer Komponente sollte einen Hinweis auf die Art der Komponente enthalten.
▶ Der Name sollte den Verwendungszweck der Komponente beschreiben.

Alle Klassen grafischer Komponenten beginnen mit dem Kleinbuchstaben j. Es bietet sich an, diesen Kleinbuchstaben grundsätzlich voranzustellen. Sie können so im Quellcode bereits erkennen, dass es sich um eine grafische Komponente handelt. Die Art der Komponente sollten Sie, um Schreibarbeit zu sparen, abkürzen und z. B. für ein Label den Anfangsbuchstaben L verwenden. Soll das Label als Beschriftung für ein Textfeld dienen, in dem eine Temperatur in Grad Fahrenheit eingegeben werden soll, könnte als sinnvoller Bezeichner jLFahrenheit verwendet werden. Damit sind dem Namen alle geforderten Informationen zu entnehmen. Das Label soll als Überschrift für das Textfeld zur Eingabe der Fahrenheit-Temperatur verwendet werden. Tragen Sie als Text entsprechend »Grad Fahrenheit« ein.

8.3.3 Layout festlegen

Vom Einsteiger leicht zu übersehen sind die weiteren Angaben, die das Layout betreffen. Lassen Sie die von Jigloo vorgegebenen Einstellungen zunächst unverändert, und beenden Sie den Dialog mit OK. Sie werden feststellen, dass das Label den gesamten Clientbereich des Frames in Anspruch nimmt (siehe Abbildung 8.17). Auch ein Versuch, das Label mit der Maus an eine andere Position zu verschieben, hat keinen Erfolg.

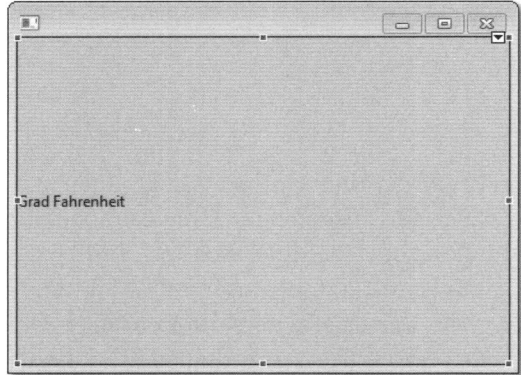

Abbildung 8.17 Ein erstes Label ist in den Frame integriert.

Wie ist dieses etwas ungewöhnliche Verhalten zu erklären? Jeder Container, der sichtbare Komponenten aufnehmen kann, verwendet ein bestimmtes Layout. Das Standard-Layout nennt sich *Border*. Bei diesem Layout werden die Komponenten immer so angeordnet, dass sie den gesamten Clientbereich ausfüllen. Da Sie bislang nur eine Komponente eingefügt haben, wird der gesamte Clientbereich von ihr in Anspruch genommen. Fügen Sie nun wie geplant noch eine TextField-Komponente mit dem Namen jTFFahrenheit und leerem Text, eine weitere jLabel-Komponente mit dem Namen jLCelsius und dem Text »Grad Celsius« und eine jTextField-Komponente mit dem Namen jTFCelsius und ebenfalls leerem Text ein.

Abbildung 8.18 Frame mit vier Komponenten

Wenn Sie die Komponenten in der gleichen Reihenfolge anlegen, die oben angegeben ist, werden Sie das in Abbildung 8.18 dargestellte Aussehen des Frames erhalten. Sie werden sicher zustimmen, wenn ich behaupte, dass dieses Layout für unsere Anwendung nicht geeignet ist. Bevor wir das Layout umgestalten, möchte ich dieses Layout exemplarisch erläutern, denn die meisten Layouts arbeiten nach dem gleichen Prinzip und müssen deshalb nicht detailliert beschrieben werden. Wenn Sie erfahren haben, wie Sie ein Layout umgestalten, dann können Sie die weiteren verfügbaren Layouts selbst testen und ausprobieren.

Sie finden standardmäßig am rechten Rand der IDE von Eclipse eine Ansicht mit dem Namen OUTLINE. Diese Ansicht ändert ihren Inhalt je nachdem, ob Sie im Editor den Quellcode bearbeiten oder ob Sie mit der Vorschauansicht des Frames arbeiten. Ist die Vorschauansicht aktiviert, so zeigt Ihnen die OUTLINE-Ansicht wichtige Informationen, die das Layout des Frames und der darin befindlichen Komponenten betreffen (siehe Abbildung 8.19).

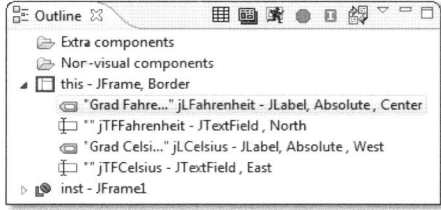

Abbildung 8.19 Outline-Ansicht des Frames mit vier Komponenten

Die OUTLINE-Ansicht zeigt als Baumstruktur den Frame und die darin befindlichen Komponenten. Sie sehen hinter dem Bezeichner des Frames, dass der Frame das Border-Layout verwendet. Als letzte Angabe hinter den Komponenten sehen Sie die Angaben Center, North, West und East. Diese Angaben besagen, wo innerhalb des BorderLayout die jeweilige Komponente platziert ist.

Das BorderLayout kennt innerhalb des betreffenden Containers fünf Positionen mit den Bezeichnungen Center, North, West, South und East (siehe Abbildung 8.20). Wenn Sie in der Komponentenpalette den Reiter LAYOUT auswählen, werden Sie dort auch eine Komponente mit dem Namen BorderLayout finden. Die symbolische Darstellung der Komponente beschreibt exakt die Positionen, die eine Komponente bei diesem Layout annehmen kann.

Abbildung 8.20 Symbol des »BorderLayout«

Die Position North nimmt am oberen Rand die ganze Breite des Containers ein. Für die Position South gilt das Gleiche am unteren Rand. Der Bereich zwischen North und South wird auf die verbleibenden drei Positionen aufgeteilt. Sie haben als Programmierer zur Positionierung einer Komponente nur die Möglichkeit, eine dieser Positionen zuzuweisen. Die Zuweisung der Position können Sie auch direkt in der Vorschau vornehmen. Wenn Sie eine der Komponenten in der Vorschauansicht markieren, erscheint rechts oben ein etwas unscheinbarer nach unten gerichteter Pfeil. Mit einem Mausklick auf diesen Pfeil werden die verfügbaren Positionen und die gerade zugewiesene Position angezeigt, die Sie nun hierüber ändern können (siehe Abbildung 8.21).

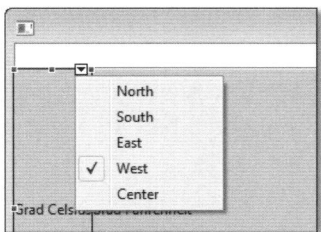

Abbildung 8.21 Auswahl der Position in der Layout-Ansicht

Eine zweite Möglichkeit für die Zuordnung bieten die GUI PROPERTIES. Die mittlere Spalte ist für das Layout zuständig und zeigt unter CONSTRAINTS das Layout des umgebenden Containers und unter DIRECTION den Wert der Position an. Aus der Dropdown-Box können Sie hier auch eine der verfügbaren Positionen auswählen.

Da das `BorderLayout` als Standard vorgegeben ist und ohne eigenes Zutun immer verwendet wird, war es mir wichtig, dieses Layout auch zu erläutern. Obwohl das Verhalten, das sich bei Verwendung des `BorderLayout` gezeigt hat, für den Einsteiger etwas eigentümlich wirken mag, hat es doch auch Vorteile. Position und Größe der Komponenten werden nämlich nicht nur in der Erstellungsphase vom System übernommen, sondern auch während der Laufzeit. Das bedeutet, dass sich die Größe der Komponenten auch dann automatisch verändert, wenn der Anwender einen Frame nach dem Programmstart vergrößert oder verkleinert. Testen Sie dieses Verhalten, indem Sie die Anwendung starten und das Programmfenster anschließend durch Anpacken an einer Ecke vergrößern oder verkleinern. Das `BorderLayout` ist übrigens nicht das einzige Layout, das diesen Automatismus bietet. Allerdings würde eine detaillierte Erläuterung aller Layouts den Rahmen dieses Buches deutlich sprengen. Sie sollten sich einfach einmal die Zeit nehmen und mit den unterschiedlichen Layouts experimentieren.

In den meisten Anwendungen werden Sie vermutlich die Komponenten frei in einem Frame positionieren wollen. Am einfachsten weisen Sie grundsätzlich als ersten Arbeitsschritt einem Frame ein angemessenes Layout zu. Es ist aber auch jederzeit möglich, ein einmal gewähltes Layout nachträglich zu ändern. Stellen Sie also nun das Layout des Frames mit den vier Komponenten nachträglich um.

Wählen Sie den LAYOUT-Reiter aus, und markieren Sie dort das Symbol des `AbsoluteLayout`. Ziehen Sie die Maus in den Frame, zunächst ohne einen Mausklick auszuführen. Beobachten Sie dabei, wie sich – je nachdem, über welcher Komponente sich der Mauszeiger befindet – ein grüner Rahmen um die betreffende Komponente zieht. Sie sollten erst dann den Mausklick zur Zuordnung ausführen, wenn der grüne Rahmen um den Clientbereich des gesamten Frames erscheint. Da der gesamte Clientbereich von den Komponenten verdeckt ist, scheint das gar nicht so einfach möglich zu sein. Bewegen Sie den Mauszeiger auf den äußeren Rand des Frames oder sogar außerhalb des Frames, und der Rahmen sollte sich um den Clientbereich legen. Nach dem Mausklick ändert sich zunächst nichts am Aussehen des Frames und der Komponenten. Sie können nun aber die einzelnen Komponenten an den roten Markierungspunkten anfassen und in ihrer Position und Größe beliebig verändern.

In der OUTLINE-Ansicht können Sie nach diesen Änderungen erkennen, dass hinter dem Frame jetzt der Bezeichner `Absolute` auf das gewählte Layout hinweist. Hinter den Komponenten stehen zwar immer noch die Positionen `North`, `West` usw., sie haben aber in diesem Layout keine Bedeutung mehr.

Komponenten können natürlich auch jederzeit wieder komplett aus einem Frame entfernt werden. Markieren Sie dazu die Komponente in der Vorschau, und löschen Sie sie mit der ⌊Entf⌉-Taste. Löschen Sie nun die vier Komponenten komplett, um den Frame endgültig in der gewünschten Form neu zusammenzustellen.

8.3.4 Erstes Programm mit Label, TextField und Button

Wir werden für die folgenden Programmbeispiele grundsätzlich das `AbsoluteLayout` verwenden, da dieses Layout am intuitivsten eingesetzt werden kann. Stellen Sie also sicher, dass der Frame dieses Layout verwendet. Sie können dies an der Angabe in der Ansicht OUTLINE überprüfen oder es sicherheitshalber ein weiteres Mal auf dem Frame ablegen. Eine dritte Möglichkeit bietet Ihnen der Quellcode. Der Quellcode zeigt in der Methode `initGUI` des Frames mit der Anweisung `getContentPane().setLayout(null);` an, dass das `AbsoluteLayout` verwendet wird. Haben Sie selbst für einen Frame noch kein Layout definiert, so wird das `BorderLayout` verwendet. In diesem Fall fehlt im Quellcode die Anweisung `getContentPane().setLayout` komplett. Bei anspruchsvolleren Layouts mit den beschriebenen Automatismen wird auch der Quellcode etwas umfangreicher. Es wird dann ein entsprechendes Layout-Objekt erzeugt und anstelle von `null` an die `setLayout`-Methode übergeben.

Wenn Sie in der Zwischenzeit mit unterschiedlichen Layouts experimentiert oder Komponenten in den Frame eingebaut und wieder gelöscht haben, sind vielleicht im Quellcode `import`-Anweisungen für Packages eingetragen worden, die nicht mehr benötigt werden. Eclipse weist Sie darauf hin, indem die entsprechenden Einträge markiert werden (siehe Abbildung 8.22). Solche Einträge können Sie dann getrost löschen.

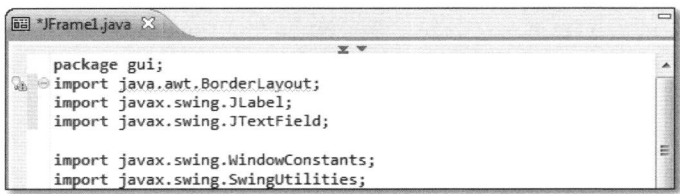

Abbildung 8.22 Hinweis auf überflüssig gewordene »import«-Anweisungen

Mit der Verwendung des `AbsoluteLayout` bestimmen Sie in der Vorschauansicht durch die Position, an der Sie eine Komponente ablegen, wo sie nach dem Programmstart platziert wird. Diese Position wird durch die x- und y-Koordinate (bezogen auf die linke obere Ecke des Frames) festgelegt. Diese Koordinaten können Sie auch sehr leicht überprüfen. Sie werden immer, wenn Sie den Mauszeiger über die Vorschauansicht unseres Frames bewegen, links unten in der Statusleiste angezeigt.

In Abbildung 8.23 befindet sich der Mauszeiger an der Position x = 205, y = 37. Hierbei ist zu beachten, dass sich die Koordinaten nur auf den Clientbereich beziehen. Die Kopfleiste mit ihren Schaltsymbolen liegt als eigener Bereich außerhalb dieser Koordinaten. Dort können Sie aber auch keine Komponenten platzieren.

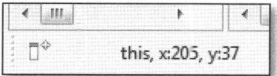

Abbildung 8.23 Anzeige der Mausposition

Erstellen Sie nun das in Abbildung 8.24 dargestellte Programmfenster, und verwenden Sie im zugehörigen Erstellungsdialog jeweils die in Tabelle 8.4 angegebenen Eigenschaftswerte.

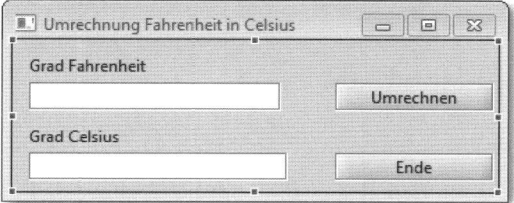

Abbildung 8.24 Programmfenster des Umrechnungsprogramms

Komponententyp	Component Name	Text
JLabel	jLFahrenheit	Grad Fahrenheit
JTextField	jTFFahrenheit	
JLabel	jLCelsius	Grad Celsius
JTextField	jTFCelsius	
JButton	BtnUmrechnen	Umrechnen
JButton	BtnEnde	Ende

Tabelle 8.4 Komponenten und Eigenschaften des Umrechnungsprogramms

Als Positionierungshilfe wird in der Vorschauansicht ein Raster eingeblendet (siehe Abbildung 8.25). Es fällt dadurch wesentlich leichter, die Komponenten aneinander auszurichten.

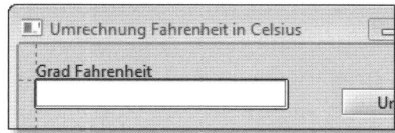

Abbildung 8.25 Positionierungshilfe zum Ausrichten der Komponenten

Nach diesen Aktionen sollten Sie einen Blick auf den Quellcode werfen, denn unsere Erweiterungen hinterlassen dort deutliche Spuren. Alle Komponenten, die in einen Frame eingefügt werden, werden als Eigenschaften des Frames definiert.

```
public class FahrenheitCelsius extends javax.swing.JFrame {
    private JLabel jLFahrenheit;
    private JTextField jTFFahrenheit;
    private JLabel jLCelsius;
    private JTextField jTFCelsius;
    private JButton jBtnEnde;
    private JButton jBtnUmrechnen;
```

Listing 8.4 Definition der Komponenten als Eigenschaften des Frames

Die Vorschauansicht zeigt das Aussehen des Frames beim ersten Erzeugen. Alle Veränderungen, die Sie in der Vorschau vornehmen, wirken sich auch auf den Quellcode der initGUI-Methode aus. Umgekehrt wirken sich Veränderungen im Quellcode der initGUI-Methode auch auf die Vorschauansicht aus.

Label

Ein Label wird in der Regel als statischer Text eingesetzt. »Statisch« bedeutet, dass der angezeigte Text vom Anwender nicht bearbeitet werden kann. Sein typischer Einsatzzweck ist die Beschriftung von anderen Komponenten.

Im Quellcode wurde die Methode initGUI des Frames durch das Einfügen eines Labels um weitere Einträge ergänzt. Für das Label jLFahrenheit wurde der folgende Anweisungsblock eingefügt:

```
{
    jLFahrenheit = new JLabel();
    getContentPane().add(jLFahrenheit);
    jLFahrenheit.setText("Grad Fahrenheit");
    jLFahrenheit.setBounds(12, 12, 116, 14);
}
```

Listing 8.5 Quellcodeergänzung für das Label »jLFahrenheit«

Für jede Komponente, die dem Frame hinzugefügt wird, erzeugt Jigloo einen Anweisungsblock in geschweiften Klammern. Die geschweiften Klammern sind hier nicht erforderlich, verbessern aber durchaus die Übersicht. In jedem Block wird zuerst mit new eine Instanz der jeweiligen Klasse (hier JLabel) erzeugt und an eine entsprechende

Eigenschaft zugewiesen. Der Name der Eigenschaft entspricht jeweils dem Namen, den Sie beim Einfügen in der Vorschau im jeweiligen Dialog angegeben haben. Mit der Methode setText wird bei Bedarf der anzuzeigende Text zugewiesen, und mit der Methode setBounds werden die Koordinaten der linken oberen und der rechten unteren Ecke definiert. Dadurch ist neben der Position innerhalb des Clientbereichs des Frames auch die Größe der Komponente festgelegt.

TextField

Ein TextField dient als Eingabefeld. Der Anwender kann beliebige Texteingaben vornehmen. Dabei unterstützt die Komponente viele Aktionen zum Markieren, Löschen, Ausschneiden und Einfügen mithilfe der Zwischenablage. Aus vielen Standardanwendungen sind diese Features dem Anwender geläufig, und er möchte sie sicher nicht missen. Hier zeigt sich wieder einmal deutlich der Vorteil des objektorientierten Ansatzes, dass wiederverwendbare Klassen verfügbar sind, die mächtige Funktionen bereitstellen, ohne dass Sie eine einzige Codezeile programmieren müssen.

Der in die Methode initGUI eingefügte Anweisungsblock entspricht nahezu dem eines Labels:

```
{
    jTFFahrenheit = new JTextField();
    getContentPane().add(jTFFahrenheit);
    jTFFahrenheit.setBounds(12, 32, 89, 21);
}
```

Listing 8.6 Quellcodeergänzung für das TextField »jTFFahrenheit«

Da das Eingabefeld beim Programmstart noch keinen Text anzeigen soll, wird kein Aufruf der setText-Methode verwendet. Eine wichtige Eigenschaft des TextFields heißt editable. Sie enthält einen booleschen Wert, der standardmäßig auf true gesetzt ist. Nur so kann der Anwender den angezeigten Text beliebig editieren. Da das TextField namens jTFCelsius dazu bestimmt ist, das Umrechnungsergebnis anzuzeigen, und keine Anwendereingaben zulassen soll, sollten Sie diese Eigenschaft in den GUI PROPERTIES auf false umstellen. Entfernen Sie hierzu mit einem Mausklick das Häkchen hinter dem Eigenschaftsnamen (siehe Abbildung 8.26).

Die Darstellung des TextFields verändert sich daraufhin etwas. Das Eingabefeld wird nicht mehr weiß, sondern grau dargestellt und zeigt dem Anwender an, dass er den angezeigten Text nicht editieren kann.

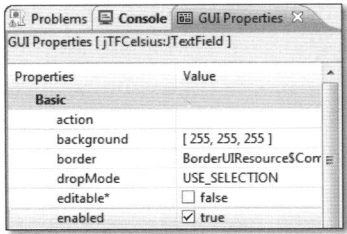

Abbildung 8.26 Eigenschaft »editable« umstellen

Button

Ein Button dient als Schaltfläche, über die der Anwender Aktionen des Programms auslösen kann. In dieser Anwendung soll mit einem Button die Berechnung und Ergebnisausgabe gestartet werden. Der zweite Button soll zur Beendigung des Programms verwendet werden können.

Auch die Ergänzungen zur Erzeugung eines Buttons entsprechen den Anweisungen, die Jigloo für ein Label verwendet.

```
{
    jBtnUmrechnen = new JButton();
    getContentPane().add(jBtnUmrechnen);
    jBtnUmrechnen.setText("Umrechnen");
    jBtnUmrechnen.setBounds(152, 32, 105, 21);
}
```

Listing 8.7 Codeergänzungen für eine Button-Komponente

Zum Test sollten Sie das Programm starten, um das Aussehen des Frames zu überprüfen. Es wird sich häufig zeigen, dass der Beschriftungstext nicht vollständig angezeigt wird, weil die Textgröße nach dem Start nicht mit der Vorschau übereinstimmt (siehe Abbildung 8.27).

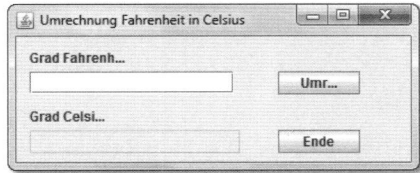

Abbildung 8.27 Unvollständige Beschriftung der Komponenten

Schließen Sie das Programmfenster wieder, und vergrößern Sie die Komponenten etwas, damit der Anwender die gesamte Beschriftung zur Verfügung hat.

8.3 Programmfenster mit weiteren Komponenten

> **Hinweis**
>
> Sollten Sie sich an dieser Diskrepanz zwischen dem Aussehen der Vorschau und dem Aussehen während der Laufzeit stören, so können Sie ein anderes *Look & Feel* für den Frame einstellen. Ein Vorteil der Swing-Komponenten besteht, wie bereits erwähnt wurde, darin, dass Sie sehr einfach zwischen unterschiedlichem Aussehen der Komponenten wechseln können. Es genügt, in der Vorschauansicht einen Rechtsklick auf eine Komponente des Frames auszuführen, und schon können Sie aus dem Kontextmenü unter dem Menüpunkt Set Look and Feel aus mehreren Schemata auswählen (siehe Abbildung 8.28).

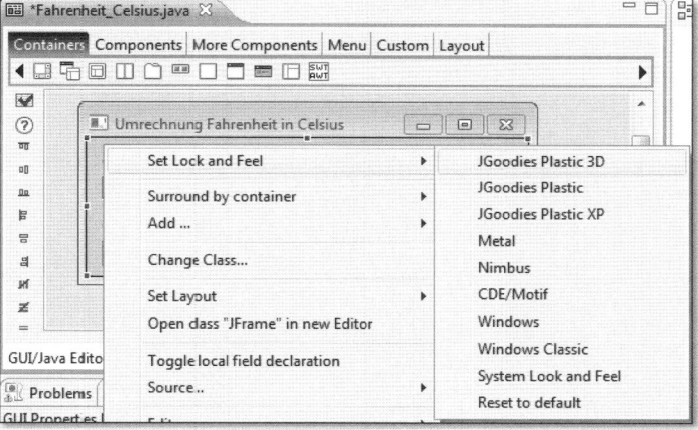

Abbildung 8.28 Kontextmenü zur Auswahl des Look & Feel

Im Quellcode wird daraufhin als erster Anweisungsblock der Frame-Definition die Festlegung des *Look & Feel* eingefügt:

```
{
  //Set Look & Feel
  try {
    javax.swing.UIManager.setLookAndFeel("com.jgoodies.looks.
        plastic.Plastic3DLookAndFeel");
  } catch(Exception e) {
        e.printStackTrace();
  }
}
```

Listing 8.8 Festlegen des Look & Feel

Bei den meisten angebotenen Einstellungen stimmen dann das Aussehen der Vorschau und das Aussehen zur Laufzeit überein. Testen Sie doch einfach die unterschiedlichen Schemata selbst. Unter der Menüoption WINDOW • PREFERENCES • JIGLOO GUI BUILDER • LOOK AND FEEL können Sie auch die Default-Einstellung für das Look & Feel einstellen (siehe Abbildung 8.29). Damit ersparen Sie sich die Umstellung bei jedem weiteren erstellten Frame.

Wenn Sie das Programm weiter testen, zeigt sich, dass die Komponenten auf Eingaben des Anwenders reagieren. Im Textfeld kann z. B. eine Temperatur eingetragen, ausgeschnitten und auch wieder eingefügt werden. Was Ihnen aber noch nicht gelingen wird, ist, mit der Schaltfläche UMRECHNEN eine Berechnung und Ergebnisausgabe auszulösen oder mit dem Button ENDE das Programm zu beenden. Hier sind dem automatischen Erzeugen von Quellcode Grenzen gesetzt. Welche Aktionen ausgelöst werden sollen, müssen Sie als Programmierer selbst codieren. Allerdings nimmt Ihnen auch dabei Jigloo eine Menge an Arbeit ab.

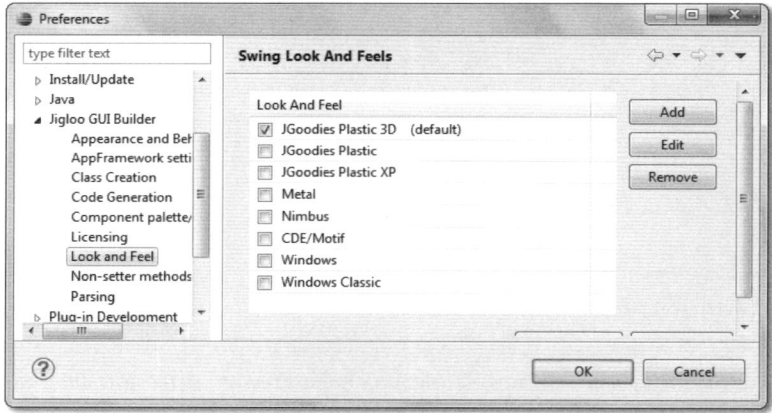

Abbildung 8.29 Festlegen der Default-Einstellung für das Look & Feel

8.3.5 Ereignisbehandlung in aller Kürze

Die Ereignisbehandlung ist das Herzstück jeder grafischen Benutzeroberfläche. Es handelt sich dabei um sehr komplexe Abläufe, deren Programmierung sehr hohe Anforderungen stellt. Sie werden sehen, dass mit der Unterstützung von Jigloo auch dieser Teil der Programmierung für einen Einsteiger gut zu bewältigen ist.

Jede Komponente einer grafischen Oberfläche ist in der Lage, auf Benutzeraktionen zu reagieren. Dazu muss die Komponente ständig prüfen, ob der Benutzer eine Aktion ausgelöst hat, von der die Komponente betroffen ist. Typische Aktionen des Benutzers sind z. B., dass er mit der Maus auf einer Komponente einen Klick auslöst oder dass er eine bestimmte Taste der Tastatur betätigt. Methoden, die auf Anwenderaktionen warten, um darauf zu reagieren, heißen *Listener*.

Wir werden nun einen solchen Listener nutzen, um unser Programm auf das Betätigen der Schaltfläche UMRECHNEN reagieren zu lassen. Auch hierbei leistet uns Jigloo wertvolle Hilfe. Markieren Sie zunächst die Komponente, über die der Anwender eine Aktion auslösen soll. In unserem Fall soll die Aktion über die Schaltfläche (Button) für das Umrechnen ausgelöst werden. Entsprechend markieren Sie im Frame die Schaltfläche UMRECHNEN jBtnUmrechnen. Anschließend wechseln Sie zur Ansicht der GUI PROPERTIES. Falls diese nicht sichtbar sind, lassen Sie sie über das Menü WINDOW • SHOW VIEW • OTHER • JIGLOO • GUI PROPERTIES anzeigen, und vergrößern Sie den Bereich so weit, dass Sie die drei Spalten im Blick haben.

Wenn die Schaltfläche noch markiert ist, sollte links oben unterhalb der Reiter erkennbar sein, dass die Eigenschaften (PROPERTIES) der Komponente jBtnUmrechnen angezeigt werden.

Um auf das Betätigen der Schaltfläche zu reagieren, definieren Sie einen ActionListener. Die bisher noch nicht verwendete dritte Spalte zeigt unter der Überschrift EVENTS eine ganze Reihe unterschiedlicher Listener an. Wie Sie unter der Überschrift VALUE sehen, haben alle Listener noch den Wert <NONE>. Das bedeutet, dass bisher noch kein Listener definiert wurde und deshalb auch auf keinerlei Aktionen reagiert wird.

Erweitern Sie die Ansicht des ACTIONLISTENER durch Betätigen des +-Zeichens vor dem Bezeichner. Sie sehen nun, dass unter ACTIONPERFORMED (»Aktion umgesetzt«) der Wert NOT HANDLED eingetragen ist (siehe Abbildung 8.30). Das bedeutet, dass zurzeit auf diese Aktion nicht reagiert wird. Den Wert NOT HANDLED können Sie nun umstellen auf INLINE oder HANDLER METHOD.

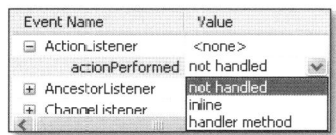

Abbildung 8.30 »ActionListener« definieren

Die beiden Werte unterscheiden sich lediglich in der Art und Weise, wie die Methode in den Quellcode eingefügt wird. Wählen Sie die Variante HANDLER METHOD aus. Jigloo kann Ihnen zwar nicht die Programmierung der Reaktion auf die Anwenderaktion abnehmen, aber es reduziert die erforderliche Programmierung auf ein Minimum. An zwei Stellen im Quellcode wurden durch Ihre Aktionen in den GUI PROPERTIES Ergänzungen vorgenommen.

In der `initGUI`-Methode wurde die Definition des `jBtnUmrechnen` etwas erweitert:

```
{
    jBtnUmrechnen = new JButton();
    getContentPane().add(jBtnUmrechnen);
    jBtnUmrechnen.setText("Umrechnen");
    jBtnUmrechnen.setBounds(152, 32, 96, 21);
    jBtnUmrechnen.addActionListener(new ActionListener() {
        public void actionPerformed(ActionEvent evt) {
            jBtnUmrechnenActionPerformed(evt);
        }
    });
}
```

Listing 8.9 Erweiterung der »initGUI«-Methode

Die Definition der Schaltfläche UMRECHNEN wird um eine Anweisung erweitert, mit der ein `ActionListener` hinzugefügt wird. Dabei wird mit `new ActionListener()` ein neuer `ActionListener` erzeugt, der wiederum eine Methode mit dem Namen `actionPerformed` besitzt. Dieser Methode wird ein sogenanntes `ActionEvent` (Ereignis) mit dem Namen `evt` übergeben. Als einzige Anweisung innerhalb der Methode `actionPerformed` wird eine Methode mit dem Namen `jBtnUmrechnenActionPerformed` aufgerufen, und ihr wird als Parameter das `ActionEvent evt` weitergereicht. All diese Einträge können wir getrost unverändert von Jigloo vornehmen lassen. Wir als Programmierer müssen uns lediglich um die zweite Ergänzung kümmern. Diese zweite Ergänzung betrifft die Implementierung der Methode `jBtnUmrechnenActionPerformed`, in der festgelegt wird, welche Anweisungen nach Betätigung der Schaltfläche ausgeführt werden sollen. Da wir HANDLER METHOD gewählt haben, wird diese als eigenständige `private` Methode unserer Klasse `FahrenheitCelsius` definiert:

```
private void jBtnUmrechnenActionPerformed(ActionEvent evt) {
    System.out.println("jBtnUmrechnen.actionPerformed, event=" + evt);
    // TODO add your code for jBtnUmrechnen.actionPerformed
}
```

Listing 8.10 Vorbereitete Methode »ActionPerformed«

Die Methode enthält nur eine `System.out.println`-Anweisung, damit wir an der Konsolenausgabe erkennen können, dass auf die Aktion reagiert wird. Der Kommentar weist darauf hin, dass wir an dieser Stelle unseren eigenen Programmcode unterbringen können.

Sie sollen nun das Programm ohne eigene Ergänzungen testen und überprüfen, ob tatsächlich auf die Betätigung des Schalters reagiert wird.

Bei einem Klick auf die Schaltfläche UMRECHNEN wird in der Konsole in etwa der folgende Text ausgegeben werden:

```
jBtnUmrechnen.actionPerformed, event=java.awt.event.ActionEvent[ACTION_PERFORMED,
cmd=Umrechnen,when=1311775556203,modifiers=Button1] on javax.swing.JButton[
,152,32,96x21,alignmentX=0.0,alignmentY=0.5,border=javax.swing.plaf.BorderUI-
Resource$CompoundBorderUIResource@1bf6770,flags=296,maximumSize=,minimumSize=,
preferredSize=,defaultIcon=,disabledIcon=,disabledSelectedIcon=,margin=javax.
swing.plaf.InsetsUIResource[top=2,left=14,bottom=2,right=14],paintBorder=true,
paintFocus=true,pressedIcon=,rolloverEnabled=true,rolloverIcon=,rolloverSelected-
Icon=,selectedIcon=,text=Umrechnen,defaultCapable=true]
```

Der erste Teil der Ausgabe ist noch leicht nachzuvollziehen. Es handelt sich um den Text jBtnUmrechnen.actionPerformed, event=, der genauso auch in der System.out.println-Anweisung steht. Der übrige Teil entsteht dadurch, dass an den konstanten Text mit + evt das auslösende ActionEvent (Ereignis) angehängt wird. Dadurch wird eine ausführliche Beschreibung des Ereignisses ausgegeben. Es soll hier nicht näher auf die Details dieser Ausgabe eingegangen werden. Sie sollten nur wissen, dass Sie diese Ausgabe erzeugen und bei Bedarf Details der Ereignisauslösung überprüfen können.

8.3.6 Programmierung der Umrechnung

Für die Umrechnung von Grad Fahrenheit in Grad Celsius gilt die folgende Umrechnungsformel:

$C = (F - 32) \times 5 : 9$

Für die Berechnung legen Sie zwei double-Variablen für die Temperatur in Fahrenheit (tf) und in Grad Celsius (tc) an. Da Sie die Variablen nur für die Berechnung benötigen, legen Sie sie innerhalb der Methode an, in der die Berechnung erfolgt. Die Berechnungsformel kann ebenfalls bereits formuliert werden. Ersetzen Sie also die System.out.println-Anweisung und den TODO-Kommentar durch die Variablendefinitionen und die Berechnungsformel:

```
private void jBtnUmrechnenActionPerformed(ActionEvent evt) {
    double tf, tc;
    tc = (tf-32)*5/9;
}
```

Listing 8.11 Berechnung der Celsius-Temperatur in der Methode »ActionPerformed«

Damit die Berechnung das richtige Ergebnis liefert, muss der eingegebene Zahlenwert der Temperatur in Grad Fahrenheit aus dem Textfeld jTFFahrenheit in die Variable tf übernommen werden. Eclipse weist Sie auch im Quellcode mit dem Hinweis »The local variable tf may not have been initialized« darauf hin, dass die Variable tf bei der Berechnung noch keinen Wert besitzt.

8.3.7 Werte aus einem TextField übernehmen

Der Anwender kann in das TextField namens jTFFahrenheit den umzurechnenden Wert eintragen. Aber wie können Sie den eingetragenen Wert in die Variable tf übernehmen? Sie kennen von den selbst definierten Klassen bereits die Getter- und Setter-Methoden. Auch TextField und Label verfügen über solche Methoden. Wie der Name TextField bereits aussagt, handelt es sich bei den Einträgen in ein solches Feld immer um Text. Das Gleiche gilt auch für das Label. Wenn ein Label die Ziffernfolge 123 anzeigt, handelt es sich demnach nicht um die ganze Zahl 123, sondern um den Text, der aus den Ziffern 1, 2 und 3 zusammengesetzt ist. Sie kennen diesen Sachverhalt auch schon von Eingaben, die Sie mit JOptionPane.showInputDialog gemacht haben. Der InputDialog ist nichts anderes als ein Frame, der ein TextField für die Eingabe bereitstellt. Auch dort liegt die Eingabe zunächst immer als Text vor und muss deshalb umgewandelt werden, wenn die Eingabe als Zahl behandelt und in eine Variable eines Zahlentyps eingelesen werden soll. Entsprechend müssen Sie auch hier verfahren, wenn Sie die im TextField eingetragene Temperatur als Kommazahl entnehmen und in einer Variablen vom Typ double ablegen wollen. Mit der folgenden Anweisung übernehmen Sie die Temperatur in Grad Fahrenheit aus dem TextField jTFFahrenheit in die double-Variable tf:

```
tf = Double.parseDouble(jTFFTemperatur.getText());
```

Die Anweisung müssen Sie natürlich vor der Berechnung einfügen, damit mit der eingegebenen Temperatur gerechnet werden kann:

```
private void jBtnUmrechnenActionPerformed(ActionEvent evt) {
    double tf, tc;
    tf = Double.parseDouble(jTFFahrenheit.getText());
    tc = (tf - 32) * 5 / 9;
}
```

Listing 8.12 Die Methode »ActionPerformed« mit Übernahme der Fahrenheit-Temperatur

Damit das Ergebnis für den Anwender sichtbar wird, muss es nun auf dem umgekehrten Weg aus der double-Variablen tc in einen Text umgewandelt und an das TextField jTFCelsius übergeben werden.

8.3.8 Werte in ein TextField übertragen

Zur Umwandlung von Zahlenwerten in Text können Sie die Klasse String verwenden. Wie Sie bereits wissen, besitzt sie eine Methode valueOf, der Sie einen Zahlenwert als Parameter übergeben und die dann den Zahlenwert als Text zurückliefert. Entsprechend liefert der Aufruf der Klassen-Methode String.valueOf(tc) die berechnete Temperatur in Grad Celsius als Text zurück. Mit der Setter-Methode des TextFields jTF-Celsius lässt sich dieser Text übernehmen. Die folgende Anweisung bildet nach der Berechnung den Abschluss der Methode jBtnUmrechnenActionPerformed:

```
jTFCelsius.setText(String.valueOf(tc));
```

Die komplette Methode sieht dann folgendermaßen aus:

```
private void jBtnUmrechnenActionPerformed(ActionEvent evt) {
    double tf, tc;
    tf = Double.parseDouble(jTFFahrenheit.getText());
    tc = (tf - 32) * 5 / 9;
    jTFCelsius.setText(String.valueOf(tc));
}
```

Listing 8.13 Vollständige Methode zur Temperaturumrechnung

Zum Abschluss tragen Sie als Fenstertitel in den GUI PROPERTIES des Frames »Umrechnung Fahrenheit in Celsius« ein. Jigloo ergänzt den Quellcode der Methode initGUI um die Zeile:

```
this.setTitle("Umrechnung Fahrenheit in Celsius");
```

Die Setter-Methode des Frames (this) setzt den Titel auf den von uns vorgegebenen Wert.

Ein großer Teil des Quellcodes wurde von Jigloo erstellt. Deshalb befindet sich im oberen Bereich unterhalb der ebenfalls von Eclipse und Jigloo automatisch erweiterten import-Anweisungen als Kommentar ein Hinweis auf die Mitwirkung des Plug-ins der Firma CloudGarden mit den entsprechenden Ausführungen zur Lizenzierung:

```
package gui;

import java.awt.event.ActionEvent;
import java.awt.event.ActionListener;
import javax.swing.JButton;
import javax.swing.JLabel;
```

```
import javax.swing.JTextField;
import javax.swing.WindowConstants;
import javax.swing.SwingUtilities;

/**
 * This code was edited or generated using CloudGarden's Jigloo
 * SWT/Swing GUI Builder, which is free for non-commercial
 * use. If Jigloo is being used commercially (ie, by a corporation,
 * company or business for any purpose whatever) then you
 * should purchase a license for each developer using Jigloo.
 * Please visit www.cloudgarden.com for details.
 * Use of Jigloo implies acceptance of these licensing terms.
 * A COMMERCIAL LICENSE HAS NOT BEEN PURCHASED FOR
 * THIS MACHINE, SO JIGLOO OR THIS CODE CANNOT BE USED
 * LEGALLY FOR ANY CORPORATE OR COMMERCIAL PURPOSE.
 */
```

Listing 8.14 Erweiterte »import«-Anweisungen und Lizenzhinweise

Als Übung zur Erstellung eines Listeners sollten Sie nun einen Listener für die Schaltfläche ENDE erstellen. Mit dem Hinweis, dass Sie zum Beenden des Programms als einzige Anweisung

```
System.exit(0);
```

aufrufen müssen, sollten Sie in der Lage sein, das Programm entsprechend zu ergänzen. Der Methode exit wird als Argument eine Fehlernummer übergeben. Die 0 steht für den Fall, dass das Programm regulär ohne Fehler beendet wurde. Setzen Sie in einem Programm diese Anweisung an unterschiedlichen Stellen für den Programmabbruch im Fehlerfall ein, dann können Sie an jeder Stelle einen anderen Fehlercode verwenden, um im Fall eines Abbruchs zu identifizieren, an welcher Stelle das Programm abgebrochen wurde.

8.3.9 Zahlenausgabe mit Formatierung

Für den Fall, dass Ihnen das etwas unschöne Format, in dem das Ergebnis ausgegeben wird (siehe Abbildung 8.31), nicht gefällt, stelle ich Ihnen hier noch eine Möglichkeit vor, das Ausgabeformat zu bestimmen.

8.3 Programmfenster mit weiteren Komponenten

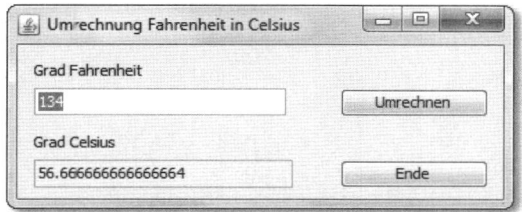

Abbildung 8.31 Unformatierte Ergebnisausgabe

Wenn Sie die Anzahl der Nachkommastellen z. B. auf zwei Stellen festlegen wollen, so können Sie sich der Klasse DecimalFormat bedienen. Beim Erzeugen eines Objekts dieser Klasse können Sie dem Konstruktor als Parameter eine Formatangabe mitgeben. Mit der folgenden Anweisung wird das Objekt f erzeugt, das als Zahlenformat beliebig viele Vorkomma-, aber nur zwei Nachkommastellen verwendet:

```
DecimalFormat f = new DecimalFormat("#0.00");
```

Mit jTCelsius.setText(f.format(tc)) wird die double-Variable tc der Methode format des Objekts f übergeben. Sie liefert Ihnen den Zahlenwert im gewünschten Format als Text zurück und wird als Text in das TextField übernommen.

Der im Konstruktor als Argument übergebene Formatstring kann unterschiedliche Zeichen mit eindeutig festgelegter Bedeutung beinhalten. Tabelle 8.5 zeigt die wichtigsten verwendbaren Zeichen und deren Bedeutung.

Zeichen	Bedeutung
0	Steht für eine Ziffer. Ist die Stelle in der Zahl nicht belegt, wird eine 0 ausgegeben.
#	Steht für eine Ziffer. Ist die Stelle in der Zahl nicht belegt, bleibt sie leer. Dieses Zeichen wird verwendet, um unnötige führende oder abschließende Nullen zu unterdrücken.
.	Dezimaltrennzeichen. Es wird unabhängig von den länderspezifischen Einstellungen verwendet.
,	Gruppiert die Ziffern z. B. als Tausendertrennzeichen in Dreiergruppen. Die Gruppengröße kann durch den Abstand von . und , variiert werden.

Tabelle 8.5 Die wichtigsten Formatierungssymbole für »DecimalFormat«

Zeichen	Bedeutung
;	Trennzeichen für unterschiedliche Formatierung von positiven und negativen Zahlen. Links von ; steht die Formatangabe für positive, rechts die Formatangabe für negative Zahlen.
%	Die Zahl wird mit 100 multipliziert und als Prozentwert ausgegeben.
%%	Die Zahl wird als Promille ausgegeben.
\u00A4	Das €-Symbol wird an der betreffenden Stelle ausgegeben.

Tabelle 8.5 Die wichtigsten Formatierungssymbole für »DecimalFormat« (Forts.)

Die folgenden Beispiele der Tabelle 8.6 verdeutlichen die Bedeutung der Formatstrings.

Formatstring	Zahlenwert	Ausgabe
000	15	015
000	13,8	013
000	2315	2315
##	15	15
##	13.8	13
##	2315	2315
.00	15,0	15,00
.00	0,23	,23
0.00	0,23	0,23
#.000	12,5	12,500
#.000	0,75	,750
#0.000	0,75	0,750
,###	23452654308	23.452.654.308
000%	0,1	010 %

Tabelle 8.6 Formatierungsbeispiele

8.3.10 Maßnahmen zur Erhöhung des Bedienkomforts

Ich möchte Ihnen an dieser Stelle noch zwei Maßnahmen vorstellen, die den Bedienkomfort des Programms deutlich erhöhen. Sie haben sicher vor, Programme zu erstellen, die beim Anwender gut ankommen. Die Anwender stellen heutzutage sehr hohe Ansprüche an eine Programmoberfläche. Werden diese Ansprüche nicht erfüllt, nehmen sie sehr schnell Abstand von einem Programm.

Stellen Sie sich vor, Sie starten Ihr Programm, um mehrere Temperaturen, die in Fahrenheit gemessen wurden, in Grad Celsius umzurechnen. Nachdem Sie die erste Temperatur eingegeben und die Schaltfläche UMRECHNEN betätigt haben, steht das Ergebnis zur Verfügung. Für die nächste umzurechnende Temperatur müssen Sie als Anwender jetzt zuerst den Cursor in das TextField für die Fahrenheit-Temperatur bewegen. Entweder Sie betätigen mehrmals die ⇆-Taste, oder Sie verwenden die Maus. Beides wird der Anwender mit der Zeit als störend empfinden. Es wäre doch deutlich schöner, wenn der Cursor nach der Berechnung und Ergebnisausgabe wieder für die nächste Eingabe im TextField für die Fahrenheit-Temperatur platziert würde. Wie können Sie dieses Verhalten realisieren?

In einer grafischen Oberfläche besitzt immer eine Komponente den sogenannten *Fokus*. Sie kennen diesen Sachverhalt, denn er zeigt sich immer, wenn Sie mit unterschiedlichen Anwendungsfenstern umgehen. Nur ein Anwendungsfenster kann aktiv sein und Anwendereingaben entgegennehmen. Das aktive Anwendungsfenster befindet sich im Vordergrund und ist am Aussehen der Kopfleiste zu erkennen. Innerhalb des aktiven Anwendungsfensters befinden sich in der Regel wiederum mehrere Komponenten. Nur eine kann den Fokus besitzen, und nur diese nimmt die Anwenderaktionen entgegen. Wenn Sie Tastatureingaben machen, dann erscheinen die eingegebenen Zeichen immer in der Komponente, die den Fokus besitzt. Nicht nur TextField-Komponenten können den Fokus besitzen, sondern auch Schaltflächen oder andere Komponenten. In TextFields zeigt sich der Fokus dadurch, dass der Textcursor in der Eingabezeile blinkt. Bei Schaltflächen zeigt sich der Fokus an einem Rahmen um die Beschriftung. Sie können das in Ihrem eigenen Programm leicht testen, wenn Sie nach dem Programmstart die ⇆-Taste mehrmals drücken. Sie können verfolgen, wie der Fokus von einer Komponente zur nächsten Komponente wandert. Sie können den Fokus auch gezielt durch einen Mausklick auf eine Komponente an diese weitergeben. Allerdings müssen Sie dabei bedenken, dass Sie damit unter Umständen schon eine Programmreaktion auslösen, wenn Sie für diese Komponente einen `ActionListener` definiert haben. Passive Komponenten wie Labels oder Komponenten, deren Eigenschaft `editable` auf `false` gesetzt wurde, können keinen Fokus erhalten. Dies gilt z. B. für die Komponente `jTFCelsius`.

Sie wollen nun aber programmieren, dass der Fokus an die Komponente jTFFahrenheit übergeben wird. Sie realisieren das, indem Sie die entsprechende Komponente den Fokus anfordern lassen. Jede von JComponent abgeleitete Klasse erbt eine Methode mit dem Namen requestFocus. Sie besitzt die folgende Schnittstelle:

void requestFocus()

Mit der Anweisung jTFFahrenheit.requestFocus() sorgen Sie dafür, dass diese Komponente den Fokus erhält. Ergänzen Sie diese Anweisung am Ende der Methode jBtnUmrechnenActionPerformed, und testen Sie die Verhaltensänderung des Programms.

Sie werden feststellen, dass der Cursor nach jeder Berechnung für die nächste Eingabe in das TextField jTFFahrenheit gesetzt wird. Allerdings muss die alte Eingabe noch gelöscht werden, bevor die nächste Eingabe erfolgen kann.

Eine weitere Verbesserung erreichen Sie dadurch, dass Sie den alten Eintrag markieren lassen. Dadurch wird der alte Eintrag durch Eingabe des neuen Zahlenwertes direkt überschrieben. Die TextField-Komponente bringt auch dafür eine passende Methode mit. Mit der Schnittstelle void selectAll() liefert sie ebenfalls kein Ergebnis zurück und erwartet keine Argumente. Mit der Ergänzung der Anweisung jTFFahrenheit.selectAll() erreichen Sie eine weitere Verbesserung Ihres Programms.

Ich hoffe, dass ich mit diesen beiden Ergänzungen Ihr Interesse an Programmoptimierungen geweckt habe. Denn vor den Übungsaufgaben zu diesem Kapitel möchte ich Ihnen noch eine weitere Verbesserung vorschlagen. Sie ist zwar nicht durch das Einfügen einer einzelnen Anweisung zu erreichen, der Aufwand ist aber dennoch relativ gering.

Wenn Sie Ihre Anwendung in der jetzigen Fassung für mehrere Umrechnungen nacheinander genutzt haben, werden Sie sicher auch festgestellt haben, dass Sie nach jeder Neueingabe, die jetzt zweifellos sehr komfortabel vonstatten geht, zur Maus greifen müssen, um den Berechnungsvorgang zu starten. Sie kennen von anderen Anwendungen vielleicht die Möglichkeit, eine Eingabe mit der ⏎-Taste abzuschließen und damit auch gleichzeitig den Berechnungsvorgang zu starten. Um dieses Verhalten abzubilden, sind einige Überlegungen erforderlich, und dabei spielt auch der Fokus wieder eine entscheidende Rolle. Das Programm soll auf eine bestimmte Taste reagieren. Die folgenden beiden Fragen müssen Sie beantworten:

- Welche Komponente registriert, dass die betreffende Taste betätigt wurde?
- Wie kann die Komponente die betreffende Taste identifizieren?

Die Antwort auf die erste Frage hängt mit dem Fokus zusammen. Wo befindet sich der Fokus zu dem Zeitpunkt, zu dem Sie den Tastendruck erwarten? Die ⏎-Taste soll die

Eingabe der Fahrenheit-Temperatur abschließen. Den Fokus besitzt also die Komponente jTFFahrenheit. Diese Komponente muss entsprechend einen Listener besitzen, der auf Tastatureingaben lauert und bei Betätigung der ⏎-Taste die Berechnung startet.

In gleicher Weise, wie Sie für die beiden Schaltflächen einen Listener definiert haben, ist das auch für die TextField-Komponente möglich. Markieren Sie in der Vorschauansicht die Komponente jTFFahrenheit. In den GUI PROPERTIES wählen Sie jetzt aber nicht den an erster Stelle aufgeführten ACTIONLISTENER, sondern erweitern über das +-Zeichen den Eintrag KEYLISTENER. Sie haben jetzt die Auswahl zwischen den Ereignissen KEYPRESSED, KEYRELEASED und KEYTYPED.

Die Ereignisse keyPressed und keyReleased werden bei jeder Tastenbetätigung bzw. beim Loslassen jeder beliebigen Taste erzeugt (siehe Tabelle 8.7). Das Ereignis keyTyped wird nicht bei jeder Tastenbetätigung ausgelöst, denn es gibt auch Tasten, die keine Unicode-Zeichen erzeugen. Dazu gehören u. a. die Funktionstasten, Strg oder Alt, die kein keyTyped-Ereignis auslösen.

Ereignis	Erläuterung
keyPressed	Wird ausgelöst, wenn eine Taste niedergedrückt wird.
keyReleased	Wird ausgelöst, wenn eine Taste nach dem Drücken losgelassen wird.
keyTyped	Wird nur ausgelöst, wenn durch den Tastendruck ein Unicode-Zeichen erzeugt wird.

Tabelle 8.7 Erläuterung der KeyListener-Events

Wählen Sie das Ereignis KEYPRESSED, und stellen Sie wie bei den Schaltflächen auch von NOT HANDLED auf HANDLER METHOD um. Wie bei den Schaltflächen auch erstellt Jigloo im Quellcode den Rahmen der entsprechenden Methode. In diesem Fall ist es die Methode:

private void jTFFahrenheitKeyPressed(KeyEvent evt)...

Damit nicht bei jedem beliebigen Tastendruck die Berechnung ausgelöst wird, muss zuvor überprüft werden, ob es sich bei der Taste um die ⏎-Taste gehandelt hat. Der Methode wird ein Parameter vom Typ KeyEvent übergeben. Dieser Parameter enthält eine ganze Reihe von Informationen, die das Ereignis näher beschreiben. Die Klasse KeyEvent bringt die Methode getKeyCode() mit, über die Sie in Erfahrung bringen können, welche Taste betätigt wurde. In einer if-Anweisung können Sie das zurückgelieferte Ergebnis mit dem Tastaturcode der ⏎-Taste vergleichen und nur auf diese Taste reagieren. Die Tastencodes sind ebenfalls in der Klasse KeyEvent definiert. Sie sind dort mit static int als Klassen-Konstanten definiert und können unabhängig von einer Instanz über den Klassenbezeichner KeyEvent angesprochen werden.

```
if(evt.getKeyCode() == KeyEvent.VK_ENTER) {
    double tf, tc;
    tf = Double.parseDouble(jTFFahrenheit.getText());
    tc = (tf - 32) * 5 / 9;
    DecimalFormat f = new DecimalFormat("#0.00");
    jTFCelsius.setText(f.format(tc));
    jTFFahrenheit.requestFocus();
    jTFFahrenheit.selectAll();
}
```

Listing 8.15 »if«-Anweisung zur Überprüfung auf die »Enter«-Taste

Da in der if-Anweisung der gleiche Anweisungsblock benötigt wird, der auch schon bei der Schaltfläche UMRECHNEN verwendet wurde, können Sie den gesamten Anweisungsblock in eine eigene Methode der Klasse FahrenheitCelsius auslagern und an der betreffenden Stelle aufrufen.

```
package gui;
import java.awt.event.ActionEvent;
import java.awt.event.ActionListener;
import java.awt.event.KeyAdapter;
import java.awt.event.KeyEvent;
import java.text.DecimalFormat;
import javax.swing.JButton;
import javax.swing.JLabel;
import javax.swing.JTextField;
import javax.swing.WindowConstants;
import javax.swing.SwingUtilities;
public class FahrenheitCelsius extends javax.swing.JFrame {
    private JLabel jLFahrenheit;
    private JTextField jTFFahrenheit;
    private JLabel jLCelsius;
    private JTextField jTFCelsius;
    private JButton jBtnEnde;
    private JButton jBtnUmrechnen;
    public static void main(String[] args) {
        SwingUtilities.invokeLater(new Runnable() {
            public void run() {
```

```java
            FahrenheitCelsius inst = new FahrenheitCelsius();
            inst.setLocationRelativeTo(null);
            inst.setVisible(true);
        }
    });
}
public FahrenheitCelsius() {
    super();
    initGUI();
}
private void initGUI() {
    try {
        getContentPane().setLayout(null);
        setDefaultCloseOperation(WindowConstants.DISPOSE_ON_CLOSE);
        this.setTitle("Umrechnung Fahrenheit in Celsius");
        {
         jLFahrenheit = new JLabel();
         getContentPane().add(jLFahrenheit);
         jLFahrenheit.setText("Grad Fahrenheit");
        jLFahrenheit.setBounds(12, 12, 111, 14);
        }
        {
         jTFFahrenheit = new JTextField();
         getContentPane().add(jTFFahrenheit);
         jTFFahrenheit.setBounds(12, 32, 182, 21);
         jTFFahrenheit.addKeyListener(new KeyAdapter() {
                public void keyPressed(KeyEvent evt) {
                    jTFFahrenheitKeyPressed(evt);
                }
            });
        }
        {
         jLCelsius = new JLabel();
         getContentPane().add(jLCelsius);
         jLCelsius.setText("Grad Celsius");
         jLCelsius.setBounds(12, 65, 111, 14);
        }
        {
         jTFCelsius = new JTextField();
         getContentPane().add(jTFCelsius);
         jTFCelsius.setBounds(12, 85, 187, 21);
```

```java
          }
          {
            jBtnUmrechnen = new JButton();
            getContentPane().add(jBtnUmrechnen);
            jBtnUmrechnen.setText("Umrechnen");
            jBtnUmrechnen.setBounds(233, 32, 115, 21);
            jBtnUmrechnen.addActionListener(new ActionListener() {
              public void actionPerformed(ActionEvent evt) {
                  jBtnUmrechnenActionPerformed(evt);
              }
                });
          }
          {
              jBtnEnde = new JButton();
              getContentPane().add(jBtnEnde);
              jBtnEnde.setText("Ende");
              jBtnEnde.setBounds(233, 85, 115, 21);
              jBtnEnde.addActionListener(new ActionListener() {
                public void actionPerformed(ActionEvent evt) {
                    jBtnEndeActionPerformed(evt);
                }
              });
          }
          pack();
          this.setSize(367, 152);
      } catch (Exception e) {
        //add your error handling code here
          e.printStackTrace();
      }
  }
  private void jBtnUmrechnenActionPerformed(ActionEvent evt) {
      umrechnen();
  }
  private void jBtnEndeActionPerformed(ActionEvent evt) {
      System.exit(0);
  }
  private void jTFFahrenheitKeyPressed(KeyEvent evt) {
      if(evt.getKeyCode() == KeyEvent.VK_ENTER) {
          umrechnen();
      }
  }
```

8.3 Programmfenster mit weiteren Komponenten

```
    private void umrechnen() {
        double tf, tc;
        tf = Double.parseDouble(jTFFahrenheit.getText());
        tc = (tf - 32) * 5 / 9;
        DecimalFormat f = new DecimalFormat("#0.00");
        jTFCelsius.setText(f.format(tc));
        jTFFahrenheit.requestFocus();
        jTFFahrenheit.selectAll();
    }
}
```

Listing 8.16 Vollständiges Programmlisting von »FahrenheitCelsius«

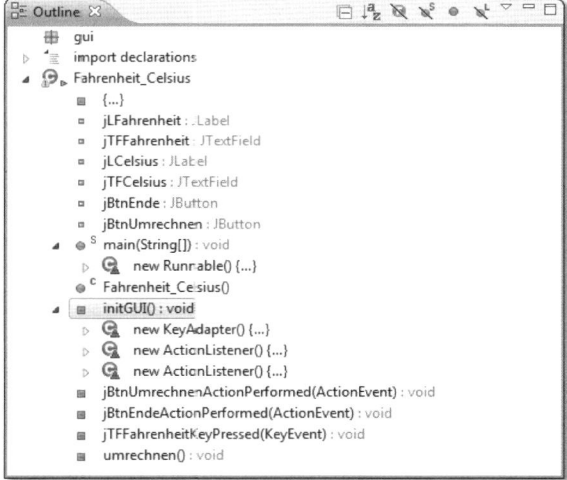

Abbildung 8.32 Outline-Ansicht des Quellcodes

Listing 8.16 zeigt den nun schon etwas umfangreicheren Quellcode des Programms. Immer wenn Sie die Quellcodeansicht gewählt haben, zeigt die Ansicht OUTLINE in einer Baumstruktur die Elemente des Quellcodes. Die Lesbarkeit wird durch kleine Symbole vor den Bezeichnern erleichtert (siehe Abbildung 8.32). Diese Symbole kennzeichnen Eigenschaften, Methoden und Klassen unterschiedlich und geben Hinweise auf Modifier und Rückgabewerte.

Die Ansicht OUTLINE können Sie auch sehr gut zum Navigieren im Quellcode verwenden. Wenn Sie in der Ansicht OUTLINE eine Komponente auswählen, springt der Cursor im Editor zur entsprechenden Quellcodepassage. In mehrseitigen Quellcodes erspart das häufiges Hin- und Herscrollen.

8.4 Übungsaufgaben

Aufgabe 1

Erstellen Sie das in Abbildung 8.33 dargestellte Programmfenster als Frame mit dem Namen *ZollZentimeter*. Das Programm soll nach Eingabe einer Längenangabe in Zoll die Umrechnung in Zentimeter vornehmen und das Ergebnis in einem Label anzeigen. Verwenden Sie möglichst auch die Features zur Vereinfachung der Bedienung aus dem Übungsprogramm *FahrenheitCelsius*, das Sie in diesem Kapitel kennengelernt haben. Für die Umrechnung gilt: 1 Zoll entspricht 2,54 cm.

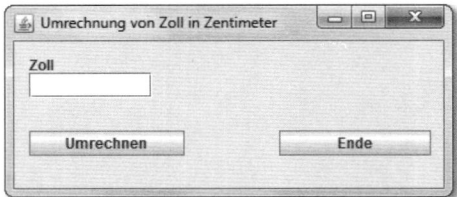

Abbildung 8.33 Frame zu Aufgabe 1

Aufgabe 2

Erstellen Sie das in Abbildung 8.34 gezeigte Programmfenster als Frame *AlteZaehlweise*.

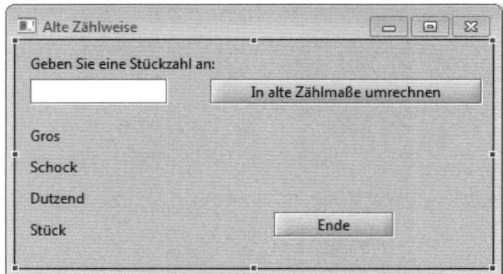

Abbildung 8.34 Frame zu Aufgabe 2

Früher waren Zählmaße üblich, die heute allmählich in Vergessenheit geraten. Diese Zählmaße sind:

- ein Dutzend – besteht aus zwölf Stück.
- ein Schock – besteht aus fünf Dutzend oder 60 Stück.
- ein Gros – besteht aus zwölf Dutzend oder 144 Stück.

Manche kennen vielleicht noch das Dutzend oder den Ausdruck, dass man etwas *en gros* einkauft. Die alten Zählmaße werden hier noch einmal in Erinnerung gerufen. Das Programm soll eine beliebige Stückzahl in diese alten Zählmaße umrechnen. Das Programmfenster in Abbildung 8.35 zeigt das Ergebnis nach der Umrechnung von 100 Stück.

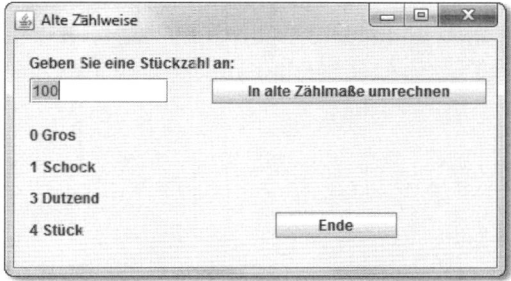

Abbildung 8.35 Berechnungsbeispiel

> **Hinweis**
> Verwenden Sie als Datentyp für die Zahlenwerte den `Integer`. Mit der Ganzzahldivision und der Modulo-Division lassen sich die Ergebnisse am einfachsten ermitteln.

Aufgabe 3

Erstellen Sie das folgende Programm als Frame mit dem Namen *Einkauf* (siehe Abbildung 8.36). Nach der Eingabe von Anzahl, Stückpreis und gewährtem Rabattsatz berechnet das Programm den Einkaufspreis abzüglich des gewährten Rabatts. Da vor der Berechnung alle drei TextField-Komponenten ausgefüllt sein müssen, soll in der Methode zum Berechnen geprüft werden, ob alle drei Felder nicht leer sind. Ist eines der Felder leer, dann soll anstelle des Ergebnisses der Hinweis »Die Eingaben sind unvollständig!« ausgegeben werden.

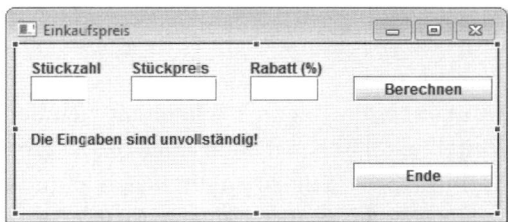

Abbildung 8.36 Frame zu Aufgabe 3

Für Bedienungskomfort können Sie sorgen, wenn Sie die ersten beiden TextField-Komponenten dazu veranlassen, als Reaktion auf die ⏎-Taste den Fokus an die nächste TextField-Komponente weiterzureichen, und die TextField-Komponente für den Rabatt dazu, die Berechnung zu starten.

Aufgabe 4

Erstellen Sie das Programmfenster, das Sie in Abbildung 8.37 sehen, als Frame mit dem Namen *Rechner*. Das Programm soll wie ein Taschenrechner die Grundrechenarten ausführen können.

Abbildung 8.37 Frame zu Aufgabe 4

In die beiden Textfelder sind die Operanden einzutragen, die dann über die vier Schaltflächen mit einem der Operatoren verknüpft werden können. Im Textfeld für das Ergebnis wird die gesamte Rechenoperation mit dem Ergebnis ausgegeben. In das Textfeld für das Ergebnis sollen keine Werte manuell eingetragen werden können. Deshalb soll die Eigenschaft editable von true auf false umgestellt werden.

Aufgabe 5

Wann ist eigentlich Ostern? Warum wird Ostern nicht wie Weihnachten immer am gleichen Datum gefeiert? Auf dem Ersten Konzil von Nicaea im Jahre 325 unter der Leitung von Konstantin dem Großen wurde der Ostertermin verbindlich festgelegt: Ostern fällt immer auf einen Sonntag, und zwar auf den ersten Sonntag nach dem ersten Frühlingsvollmond.

Das klingt zunächst einfach, erweist sich im konkreten Fall aber schnell als ziemlich schwierig. Der erste Vollmond nach dem Winter fällt nämlich nicht immer auf das gleiche Datum. Astronomen können diesen Termin vorherberechnen. Brauchen wir also einen Astronomen, der uns die künftigen Ostertermine vorausberechnet? Ganz so problematisch ist das Ganze dann doch nicht, denn es wurden über die Jahre Regelwerke und dazu passende Algorithmen entwickelt, die eine Berechnung des Datums für den Ostersonntag möglich machen. Für die große gregorianische Kalenderreform im Jahre

1582 wurde von dem Jesuitenpater Christoph Clavius das Regelwerk so erweitert, wie es heute noch für die protestantische und katholische Kirche gilt. Der Algorithmus von Butcher soll erstmals im Jahre 1876 veröffentlicht worden sein. Danach kann für den gregorianischen Kalender, d. h. für die Jahre nach 1583, das Osterdatum folgendermaßen berechnet werden: Man berechnet aus der Jahreszahl y die folgenden, in Abbildung 8.38 mit den zugehörigen Berechnungsformeln dargestellten Werte.

$$g = y \bmod 19$$
$$c = \frac{y}{100}$$
$$h = (c - \frac{c}{4} - \frac{8c + 13}{25} + 19g + 15) \bmod 30$$
$$i = h - \frac{h}{28}(1 - \frac{29}{h+1}(\frac{21-g}{11}))$$
$$j = (y + \frac{y}{4} + i + 2 - c + \frac{c}{4}) \bmod 7$$
$$l = i - j$$
$$m = 3 + \frac{l + 40}{44}$$
$$d = l + 28 - 31\frac{m}{4}$$

Abbildung 8.38 Berechnungsformeln für das Osterdatum

Der berechnete Wert m steht dann für den Monat und d für den Tag. Damit ist das Datum für Ostern in dem betreffenden Jahr bestimmt.

Erstellen Sie ein Programm, das nach Eingabe einer Jahreszahl > 1583 das Datum für den Ostersonntag berechnet. Ist die eingegebene Jahreszahl <= 1583, sollte anstelle des Ergebnisdatums der Hinweis »Berechnung nur für Jahreszahl > 1583« ausgegeben werden, da die Berechnung nur für Jahreszahlen größer als 1583 korrekte Ergebnisse liefert.

Das Programmfenster mit der Bezeichnung *Osterdatum* können Sie nach der Vorlage in Abbildung 8.39 gestalten.

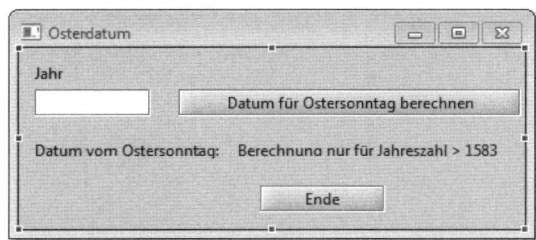

Abbildung 8.39 Frame zu Aufgabe 5

Aufgabe 6

Zur Lösung dieser Aufgabe sollten Sie einen Frame erstellen, der während des Programmablaufs unterschiedliche Komponenten anzeigt. Erstellen Sie den Frame für das folgende Programm zur Erstellung einer Notenbilanz. Nennen Sie den Frame einfach auch *Notenbilanz*. Unmittelbar nach dem Programmstart sollte der Frame das Aussehen wie in Abbildung 8.40 haben und die Anzahl der einzugebenden Noten abfragen.

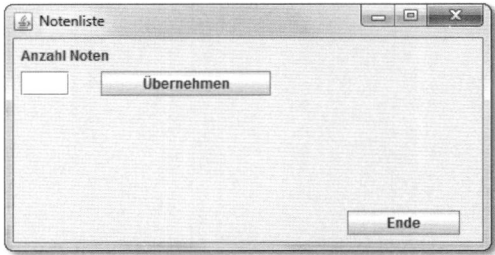

Abbildung 8.40 Anzahl der Noten abfragen

Nach Bestätigen der Eingabe mit der Schaltfläche ÜBERNEHMEN sollte die Schaltfläche ÜBERNEHMEN unsichtbar werden und die Komponenten zur Eingabe einer Note sollten sichtbar werden (siehe Abbildung 8.41).

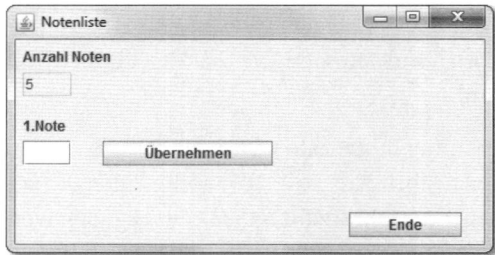

Abbildung 8.41 Notenabfrage

Nach jeder Noteneingabe und Bestätigung mit der Schaltfläche ÜBERNEHMEN sollte im unteren Bereich eine Übersicht mit den folgenden Angaben dargestellt und die Beschriftung des TextFields für die nächste Note vorbereitet werden (siehe Abbildung 8.42):

▶ Anzahl der eingegebenen Noten
▶ Notenschnitt
▶ beste Note
▶ schlechteste Note

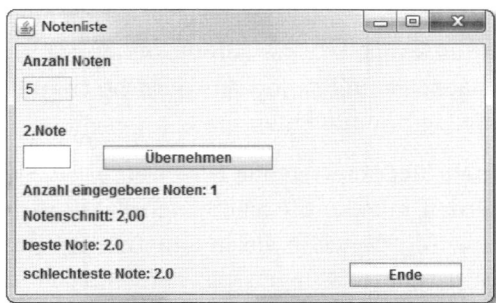

Abbildung 8.42 Anzeige der Bilanzdaten

Nach Eingabe der letzten Note sollte die Schaltfläche ÜBERNEHMEN unsichtbar und eine weitere Schaltfläche sichtbar werden, um den Frame wieder in den Ausgangszustand zurückzuversetzen und eine neue Berechnung zu beginnen (siehe Abbildung 8.43).

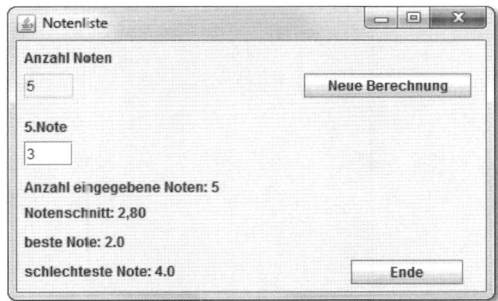

Abbildung 8.43 Frame-Ansicht nach der letzten Noteneingabe

8.5 Ausblick

Mit diesem Kapitel haben Sie mit Unterstützung von Jigloo nun auch die ersten Schritte in der Welt der GUI-Programme hinter sich gebracht. Sie kennen jetzt die grundlegende Vorgehensweise bei der Erstellung der Oberfläche, und Sie wissen, wie Sie die einzelnen Komponenten ansprechen und deren Methoden für die eigenen Zwecke einsetzen können. Sie haben mit den Komponenten JFrame, JLabel, JTextField und JButton grundlegende Komponenten eingesetzt, die in fast jeder Oberfläche zum Einsatz kommen. Auch wenn Sie nicht alle Eigenschaften und Methoden bei den Programmbeispielen verwendet haben, so ist damit doch eine Basis gelegt, die Sie zum weiteren Experimentieren anregt. Mit dem Hilfsmittel Jigloo sollte es auch kein Problem sein, die vielen Eigenschaften der Klassen zu finden und damit zu experimentieren. Gerade für das

8 Grafische Benutzeroberflächen

Weiterexperimentieren möchte ich Ihnen das Swing-Tutorial ans Herz legen. Unter der Adresse *http://docs.oracle.com/javase/tutorial/* können Sie das Tutorial online nutzen oder auch zum Offline-Gebrauch herunterladen. Sie finden dort ausführliche Erläuterungen und Beispielanwendungen zu allen Swing-Komponenten.

Im folgenden Kapitel werden Sie einiges mehr über auftretende Fehler erfahren. Sie werden einen Mechanismus näher kennenlernen, mit dem Sie schon konfrontiert wurden, der aber bislang nicht weiter beachtet wurde. Da Sie in vielen Situationen beim Erstellen grafisch orientierter Programmoberflächen gezwungen sein werden, sich mit *Exceptions* auseinanderzusetzen, wird das folgende Kapitel die Fehlerbehandlung mit Exceptions näher beleuchten.

Kapitel 9
Fehlerbehandlung mit Exceptions

Es ist ein großer Vorteil im Leben, die Fehler, aus denen man lernen kann, möglichst früh zu begehen.
(Winston Churchill, 1874–1965)

Eine wichtige und oft sehr aufwendige Aufgabe beim Programmieren besteht in der Vermeidung von bzw. Reaktion auf Fehler. Gemeint sind hier nicht Fehler, die der Programmierer beim Programmieren macht, sondern Fehler, die zur Laufzeit des Programms auftreten. Sie werden deshalb auch unter dem Begriff *Laufzeitfehler* zusammengefasst. Die meisten Programme sehen einen Dialog zwischen Anwender und Programm vor. In diesem Umstand ist sehr oft die Ursache für Laufzeitfehler zu finden.

9.1 Umgang mit Fehlern

Beim Programmieren nimmt die Behandlung möglicher Fehler breiten Raum ein. Das gilt für den Arbeitsaufwand des Programmierers genauso wie für den zeitlichen Aufwand, der durch viele Testphasen entsteht, die während und nach der Entwicklungszeit von Software notwendig sind. Sie sollen dazu beitragen, dass dem Anwender ein möglichst fehlerfreies Produkt zur Verfügung gestellt werden kann.

9.1.1 Fehlerbehandlung ohne Exceptions

Die Fehlerbehandlung soll am Beispiel von Aufgabe 3 aus Abschnitt 8.4, »Übungsaufgaben«, verdeutlicht werden. Einige Fehler lassen sich vom Programmierer leicht vorhersehen. Nach dem Programmstart wird erwartet, dass der Anwender eine Stückzahl einträgt (siehe Abbildung 9.1).

Exemplarisch sollte das Programm bei einem leeren Textfeld für die Stückzahl im Ergebnislabel eine Fehlermeldung ausgeben. Der folgende Auszug zeigt eine Lösung mit einer if-Anweisung, die prüft, ob das Textfeld leer ist (siehe Listing 9.1).

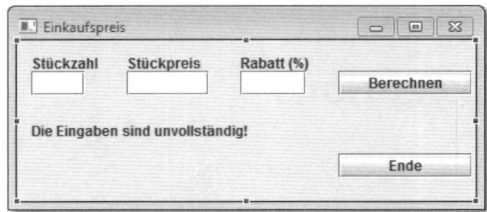

Abbildung 9.1 Frame zur Aufgabe »Einkauf«

```
if (jTFStueckzahl.getText().equals("")) {
  jLErgebnis.setText("Es wurde keine Stückzahl angegeben.");
} else ...
```

Listing 9.1 Fehlerbehandlung mit einer »if«-Anweisung

Selbstverständlich müsste die gleiche Prüfung auch für die anderen Textfelder vorgenommen werden. Aber auch damit wird nur auf den Fehler reagiert, dass ein Textfeld leer ist. Wollen Sie auch noch prüfen, ob eine nicht zulässige Kommazahl eingegeben wurde, dann wären weitere Prüfungen mit if-Anweisungen erforderlich. Aber selbst damit wären nicht alle Fehlermöglichkeiten – wie die Eingabe von unzulässigen Buchstaben – berücksichtigt.

9.1.2 Exception als Reaktion auf Fehler

Wie reagiert nun aber das Programm, wenn Fehler auftreten, die Sie als Programmierer nicht vorhergesehen haben und für die Sie keine entsprechenden Vorkehrungen getroffen haben? Was passiert also, wenn als Stückzahl eine Kommazahl eingegeben wird? Diese Eingabe sollte nicht zulässig sein. In der Musterlösung ist aus diesem Grund als Datentyp für die Stückzahl int gewählt worden. Falls Ihr Programm als Datentyp einen Kommazahltyp verwendet, ändern Sie dies für die folgenden Tests in int ab.

Starten Sie das Programm, und geben Sie als Stückzahl eine Kommazahl ein. Wie reagiert das Programm? Es scheint so, als würde es die Betätigung der Schaltfläche BERECHNEN ignorieren. Es erscheint jedenfalls keine Ausgabe im Ergebnislabel.

Dass die falsche Eingabe keineswegs ignoriert wird, können Sie erkennen, wenn Sie auf die Ansicht CONSOLE achten, während die Schaltfläche BERECHNEN betätigt wird. Dort erscheint eine sehr umfangreiche Ausgabe, die folgendermaßen beginnt:

```
Exception in thread "AWT-EventQueue-0"
  java.lang.NumberFormatException: For input string: "3.2"
    at java.lang.NumberFormatException.forInputString(Unknown Source)
```

```
    at java.lang.Integer.parseInt(Unknown Source)
    at java.lang.Integer.parseInt(Unknown Source)
    at gui10.Einkauf.berechnen(Einkauf.java:179)
    at gui10.Einkauf.jBtnBerechnenActionPerformed(Einkauf.java:204)
    at gui10.Einkauf.access$3(Einkauf.java:202)
    at gui10.Einkauf$5.actionPerformed(Einkauf.java:148)
    at javax.swing.AbstractButton.fireActionPerformed(Unknown Source)
...
```

Listing 9.2 Informationen zur aufgetretenen Exception in der Console

Die Ausgabe soll hier nicht im Detail analysiert werden. Es soll uns eigentlich nur der erste Teil interessieren, der hier auch abgedruckt ist. Dieser Teil der Ausgabe sagt aus, dass eine *Exception* aufgetreten ist. Sie können der Ausgabe noch nähere Informationen entnehmen. Die Ausnahme ist bei der Ereignisbehandlung (AWT-EventQueue-0) aufgetreten, und es handelt sich um die spezielle Art der NumberFormatException. Auslöser war der Eingabestring "3.2", der in diesem Beispiel für die Stückzahl eingegeben wurde und offensichtlich nicht umgewandelt werden konnte. Wie Sie sehen, lohnt es sich durchaus, die Konsolenausgabe zu studieren. Sie erhalten gute Hinweise auf die Ursache des aufgetretenen Fehlers.

Eine Exception ist eine Ausnahmesituation. Das bedeutet, dass kein normaler Programmablauf möglich war. Der normale Programmablauf sah vor, dass nach dem Betätigen der Schaltfläche BERECHNEN die folgende, in Abbildung 9.2 dargestellte if-Anweisung abgearbeitet werden sollte.

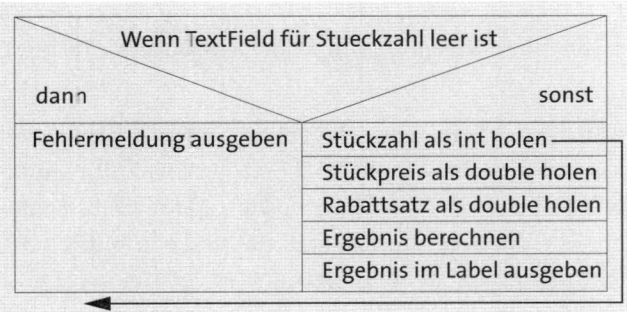

Abbildung 9.2 Auslösen einer Exception

Da die Prüfung, ob das Textfeld für die Stückzahl leer ist, false ergibt, wird die rechte Seite der if-Anweisung durchlaufen. Die erste Anweisung (Stückzahl als int holen) kann nicht ausgeführt werden, wenn dort eine Kommazahl steht. Deshalb wird hier eine Exception ausgelöst, und der weitere Programmablauf wird nicht weiter ausgeführt. Ansonsten müsste nämlich als letzte Anweisung eine Ausgabe im Ergebnislabel erfolgen. Das Programm bricht zwar nicht komplett ab, wie das bei anderen Fehlern durchaus vorkommt, aber die Methode, in der die Exception ausgelöst wurde, wird abgebrochen, weshalb auch keine Ausgabe mehr erfolgt.

Mit den Exceptions stellt Java ein Sprachmittel zur Verfügung, das es dem Programmierer erlaubt, auf viele Laufzeitfehler kontrolliert zu reagieren. Sie werden sich jetzt vielleicht fragen, warum nicht auf alle Laufzeitfehler kontrolliert reagiert werden kann. Stellen Sie sich z. B. vor, dass die Festplatte, der Hauptspeicher oder sonst eine wichtige Computerkomponente ausfällt. Spätestens dann kann eine Anwendung nicht mehr kontrolliert reagieren. Solche Fehler werden im Unterschied zu Ausnahmesituationen (*Exceptions*) als Fehler (*Error*) bezeichnet.

Wir können also festhalten, dass die Laufzeitumgebung von Java im Fehlerfall eine Exception auslöst. Java stellt aber auch Möglichkeiten bereit, auf das Auftreten einer Exception zu reagieren. Man bezeichnet dies auch als *Exception-Handling*.

9.2 Mit Exceptions umgehen

Durch das Exception-Handling von Java wird es möglich, den eigentlichen Programmcode – so wie Sie ihn erstellen würden, wenn Sie keinerlei Fehler berücksichtigen würden – fast unverändert beibehalten zu können. Der Programmcode, der für die Fehlerbehandlung zuständig ist, kann an einer anderen Stelle formuliert werden. Diese Trennung von Fehlerbehandlung und Programmlogik macht die Programme deutlich übersichtlicher.

Wie gehen Sie nun mit einer auftretenden Exception um, und wie realisieren Sie diese Trennung?

Sie kümmern sich zunächst nicht um einzelne spezielle Fehler, sondern verwenden eine allgemeine Formulierung, die auf jeden beliebigen Fehler reagiert und z. B. eine allgemeine Fehlermeldung ausgibt. Nur bei Bedarf reagieren Sie auf ganz spezielle Fehler mit speziellen Fehlermeldungen. Wie der Programmcode dazu aussehen muss, zeigt Ihnen ein genauerer Blick auf den von Jigloo erstellten Quellcode. In der Methode `initGUI()` setzt Jigloo dieses Verfahren ein. Wir haben diesen Code bisher unkommentiert übernommen. Die folgende Methode `initGUI()` wurde von Jigloo für den Aufbau des Frames erstellt:

```
private void initGUI() {
  try
  {
```

```
    ...
  } catch (Exception e) {
   e.printStackTrace();
  }
}
```

Listing 9.3 Von Jigloo erstellter Code zum Exception-Handling

Wie das Schlüsselwort `try` bereits aussagt, wird ein Versuch unternommen. Der Anweisungsblock hinter `try` beinhaltet die Anweisungen zum Aufbau des Frames mit all seinen Komponenten. Es wird also versucht, den Frame aufzubauen. Die `catch`-Anweisung im Anschluss an den `try`-Block ist dazu da, auf dabei eventuell auftretende Fehler der Art `Exception` zu reagieren. (Es gibt auch andere Fehlerarten, auf die auch anders reagiert werden muss bzw. gar nicht reagiert werden kann.) Tritt kein Fehler innerhalb des `try`-Blocks auf, wird der gesamte `catch`-Block übersprungen.

Mit `catch` wird, wie der Name zum Ausdruck bringt, die Exception abgefangen. Damit Sie als Programmierer den Fehler näher auswerten können, brauchen Sie eine Zugriffsmöglichkeit. Durch die Parameterangabe `(Exception e)` wird ein Objekt `e` der Klasse `Exception` definiert. Mit dem Bezeichner `e` haben Sie dann innerhalb des `catch`-Blocks Zugriff auf den aufgetretenen Fehler. Jigloo erstellt standardmäßig den Aufruf der Methode `printStackTrace()` als einzige Anweisung innerhalb des `catch`-Blocks. Selbstverständlich können Sie das jederzeit ändern und damit anders auf einen Fehler reagieren. Die Methode `printStackTrace()` erzeugt in der Konsole die in Abschnitt 9.1.2, »Exception als Reaktion auf Fehler«, abgedruckte Textausgabe, die den Fehler detailliert beschreibt. In Programmen mit grafischer Benutzeroberfläche sind diese Ausgaben nur für den Programmierer sichtbar und interessant. Meldungen, die dem Anwender des Programms Hilfestellung geben, müssen in den sichtbaren Komponenten der Frames oder in eigenen Meldung-Frames dargestellt werden.

Sie können in Ihrer Berechnungsmethode auftretende Fehler mit `try-catch` abfangen. Da Sie in diesem Fall nicht näher prüfen, wo genau die Falscheingabe vorliegt, müssen Sie auch eine recht allgemein gehaltene Fehlermeldung verwenden.

```
private void berechnen() {
  int stueckzahl;
  double stueckpreis, rabattsatz, bruttopreis, rabatt,
        einkaufspreis;
  try {
    stueckzahl = Integer.parseInt(jTFStueckzahl.getText());
    stueckpreis = Double.parseDouble(jTFStueckpreis.getText());
    rabattsatz = Double.parseDouble(jTFRabatt.getText());
```

```
        bruttopreis = stueckzahl * stueckpreis;
        rabatt = bruttopreis * rabattsatz / 100;
        einkaufspreis = bruttopreis - rabatt;
        jLErgebnis.setText("Der Einkaufspreis beträgt "
                   + Double.toString(einkaufspreis) + " €");
        jTFStueckzahl.requestFocus();
        jTFStueckzahl.selectAll();
    } catch (Exception e) {
        jLErgebnis.setText("Fehler bei der Eingabe!");
    }
}
```

Listing 9.4 Die Exception wurde beim Berechnen abgefangen.

Listing 9.4 zeigt am Beispiel der Methode `berechnen()`, wie Sie selbst eine Exception abfangen können. Die `if`-Anweisung kann komplett entfallen. Dadurch, dass hinter `catch` als Typ für `e` der allgemeinste Typbezeichner für eine Exception gewählt wurde, werden hier nahezu alle denkbaren Exceptions abgefangen. Es wird der Hinweis »Fehler bei der Eingabe!« ausgegeben.

9.2.1 Detailliertere Fehlermeldungen

Sollen dem Anwender detailliertere Angaben über den aufgetretenen Fehler gemacht werden, gibt es unterschiedliche Vorgehensweisen. Sie können jede `parse`-Anweisung in eine eigene `try-catch`-Konstruktion einpassen. Im `catch`-Block kann dann eine Fehlermeldung angegeben werden, die dem Anwender exakt Auskunft darüber gibt, in welchem Eingabefeld die fehlerhafte Eingabe vorliegt.

Eine weitere Möglichkeit besteht darin, dass Sie auf einen `try`-Block mehrere `catch`-Blöcke folgen lassen. Dabei reagiert dann jedes `catch` nur auf eine ganz spezielle Art von Exception. Der ersten Zeile der ursprünglichen Fehlermeldung in der Konsole (siehe siehe Abschnitt 9.1.2) war zu entnehmen, dass es sich um eine `NumberFormatException` gehandelt hat. Diese Information können Sie verwenden, um nach einem `try` einen `catch`-Block zu definieren, der nur auf diese Art Exception reagiert.

```
catch (NumberFormatException e) {
    jLErgebnis.setText("Falsches Zahlenformat! ");
}
catch (Exception e) {
    jLErgebnis.setText("Fehler bei der Eingabe!");
}
```

Listing 9.5 Spezialisierte »catch«-Blöcke

Hier ist auf die Reihenfolge zu achten. Trifft der in einem `catch` angegebene Exception-Typ zu, wird der zugehörige Anweisungsblock und werden alle folgenden `catch`-Blöcke übersprungen. Sie sollten bei der Reihenfolge darauf achten, dass die Exception-Typen immer vom speziellsten zum allgemeinsten Typ sortiert angeordnet werden.

Eine dritte Möglichkeit sei noch erwähnt, die darin besteht, die aufgetretene Exception nach näheren Informationen zu befragen. Die Methode `getMessage()` einer Exception liefert einen Fehlertext zum aufgetretenen Fehler, der allerdings in englischer Sprache abgefasst ist. Geben Sie etwa im Textfeld für die Stückzahl die Kommazahl 2,5 ein, dann kann diese nicht mit `Integer.parseInt` umgewandelt werden, und der Aufruf von `e.getMessage()` liefert den String `For input string: "2.5"` zurück.

Nachdem nun die Bedeutung von `try-catch` geklärt ist, soll der Vollständigkeit halber darauf hingewiesen werden, dass Sie dieses Konstrukt um einen `finally`-Teil ergänzen können.

Unter dem Schlüsselwort `finally` können Sie Anweisungen ergänzen, die in jedem Fall ausgeführt werden sollen, egal ob innerhalb von `try` eine Exception aufgetreten ist oder nicht. Dort können Sie z. B. Aufräumarbeiten unterbringen, die dafür sorgen, dass die betreffende Methode mit klar definierten Zuständen aller Objekte verlassen wird.

Damit lautet die vollständige Syntax so:

```
try {
  //zu überwachende Anweisungen
}
catch (NumberFormatException e) {
  //Reaktion auf das Auftreten einer NumberFormatException
}
catch (Exception e) {
  //Reaktion auf alle anderen Exceptions
}
finally {
  //Anweisungen, die in jedem Fall ausgeführt werden sollen
}
```

Listing 9.6 Vollständige Syntax für die Behandlung von Exceptions

Es können auf den `try`-Block beliebig viele `catch`-Blöcke folgen, von denen jeder auf eine andere Art von Exception reagiert. Es wird aber immer nur ein `catch`-Block ausgeführt. Da immer der `catch`-Block abgearbeitet wird, auf den die Exception-Art passt, müssen Sie bei der Reihenfolge beachten, dass wie oben erläutert der Block, der auf jede beliebige Exception passt, als letzter aufgeführt wird. Ansonsten würden die dahinter angeordneten catch-Blöcke nie erreicht werden.

Es gibt eine Vielzahl spezialisierter Exceptions, deren Auflistung hier zu weit führen würde. Es zeigt aber, dass Sie in einem catch-Block die Möglichkeit haben, ganz speziell auf eine bestimmte Ausnahmesituation oder aber recht allgemein gehalten zu reagieren.

Ausgehend von einem konkreten Anwendungsfall wurde bis hierher der Einsatz von try-catch abgehandelt, um Ihnen eine sinnvolle Möglichkeit an die Hand zu geben, auf Programmfehler zu reagieren. Für einen optimalen Einsatz dieses Hilfsmittels ist ein genaueres Verständnis der Java-typischen Fehlerbehandlung erforderlich.

9.2.2 Klassenhierarchie der Exceptions

Eine Exception ist ein Ereignis, das während des Programmablaufs auftritt und dazu führt, dass der normale Programmablauf unterbrochen wird. Das bedeutet also, dass die vom Programmierer vorgesehene Abfolge von Anweisungen nicht eingehalten werden kann. Das wurde auch im obigen Beispiel gezeigt.

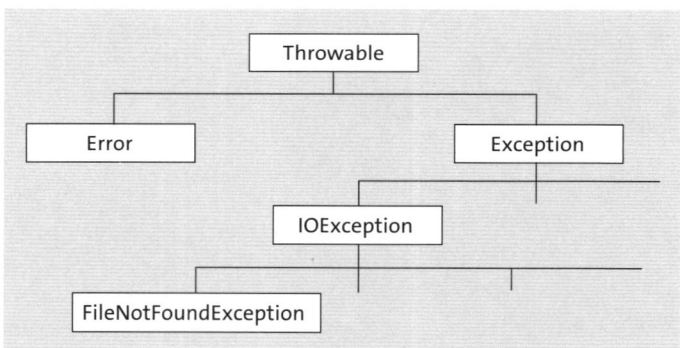

Abbildung 9.3 Abstammungshierarchie der Exceptions

Alle Exceptions stammen von der Klasse Throwable ab (siehe Abbildung 9.3). Neben den Exceptions existiert eine weitere Fehlerklasse mit dem Namen Error. Dabei handelt es sich um schwerwiegende Fehler, die nicht abgefangen werden sollten, weil man z. B. bei einem *OutOfMemory*-Error nie sicher sein kann, dass die folgenden Befehlszeilen überhaupt noch ausgeführt werden können. Es gibt zwar durchaus Situationen, in denen es sinnvoll sein kann, auch Errors mit catch abzufangen, allerdings ist das nicht im Sinne der Java-Entwickler, und weil eine sinnvolle Weiterführung des Programms nicht mehr garantiert werden kann, sollte das Programm eher abgebrochen werden.

Tritt nun eine Ausnahmesituation innerhalb einer Methode auf, dann erzeugt das Programm ein Objekt der Klasse `Exception` oder von Exception abgeleiteter Klassen. Dieses Objekt verfügt über Methoden, um auf nähere Informationen über die aufgetretene Ausnahmesituation zuzugreifen. Das Objekt beschreibt die Art des Fehlers (z. B. NumberFormatException) und es liefert Informationen über die Position innerhalb der Anwendung, an der die Ausnahmesituation aufgetreten ist.

Die von Jigloo in der Methode `initGUI` verwendete `catch`-Anweisung

```
catch (Exception e) {
  e.printStackTrace();
}
```

veranlasst das Objekt, mit der Methode `printStackTrace()` umfangreiche Informationen in der Konsole auszugeben. Der in Abschnitt 9.1.2 abgedruckte Auszug zeigt z. B. die Informationen, dass es sich um eine `NumberFormatException` handelt und dass der Eingabestring "3.2" die Ursache war. Der Fehler ist in der Methode `Einkauf.berechnen` durch die Anweisung in Zeile 179 unseres Quellcodes ausgelöst worden. Über die weiteren Zeilenangaben (202 und 148) können Sie den Weg zurückverfolgen, über den die Methode aufgerufen wurde. Die von Eclipse blau dargestellten Passagen sind als Link ausgeführt und führen direkt zu der Position im Quelltext, auf den der Vermerk hinweist.

9.3 Fortgeschrittene Ausnahmebehandlung

Sie können nun auf auftretende Exceptions reagieren. Ich möchte Ihnen in den folgenden Abschnitten aufzeigen, welche internen Abläufe beim Eintreten einer Exception ausgelöst werden, und dass Sie nicht auf die vorgegebenen Exceptions angewiesen sind. Sie können jederzeit eigene Exceptions definieren und auf die eigenen Bedürfnisse zuschneiden.

9.3.1 Interne Abläufe beim Eintreffen einer Exception

Der Weg, über den eine Anweisung innerhalb einer Methode aufgerufen wurde, ist von großer Bedeutung für den weiteren Ablauf in dem Fall, dass eine Exception auftritt. Wie bereits bekannt, beginnt ein Java-Programm grundsätzlich mit der Abarbeitung der `main`-Methode. In der Regel führt dann der Weg über mehrere Methodenaufrufe zur auslösenden Anweisung.

Abbildung 9.4 zeigt auf der linken Seite, welchen Weg der Programmablauf zurückgelegt hat, bis er auf eine Anweisung trifft, die eine Exception auslöst. Das dabei erzeugte

Objekt wird dem Laufzeitsystem übergeben. Das Laufzeitsystem verfolgt nun den zurückgelegten Weg in umgekehrter Richtung (wie auf der rechten Seite dargestellt), bis es einen Try-Block mit passendem Catch-Block findet. Die Fehlerbehandlung fängt nun mit catch die Exception ab, und es werden die dort vom Programmierer festgelegten Anweisungen ausgeführt.

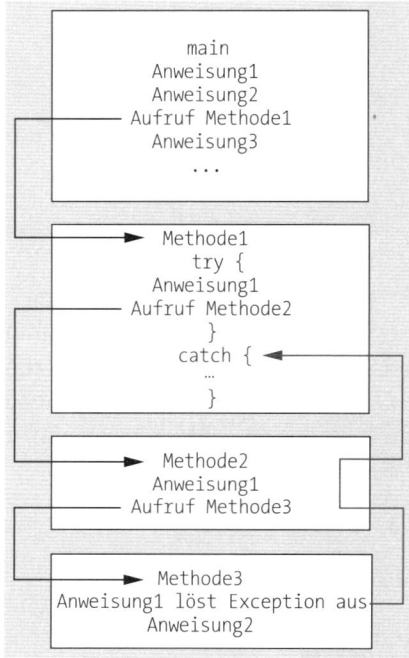

Abbildung 9.4 Interne Abläufe beim Auftreten einer Exception

Abbildung 9.5 zeigt am Quellcode unseres Progamms *Einkauf* die entsprechenden Abläufe.

In unserem Beispiel befindet sich unsere Fehlerbehandlung in der gleichen Methode, in der auch der Methodenaufruf steht, der die Exception auslöst (Integer.parseInt...).

Befindet sich in der Methode, in der die Exception ausgelöst wird, keine Fehlerbehandlung, dann durchläuft das Laufzeitsystem den Aufrufweg in umgekehrter Richtung, bis eine Fehlerbehandlung gefunden wird. Es ist demnach nicht unbedingt erforderlich, in jeder Methode eine eigene Fehlerbehandlung vorzusehen. Dabei ist zu beachten, dass nicht jedes Auslösen einer Exception und nicht jede Fehlerbehandlung im Quelltext des eigenen Programms sichtbar ist. Oft befinden sie sich in eingebundenen Paketen. Möchten Sie selbst die Kontrolle über die Fehlerbehandlung behalten, empfiehlt es sich, eigene Fehlerbehandlungen möglichst in den Methoden vorzusehen, in denen Sie selbst mit Exceptions rechnen, und dort auch nur die speziellen Exceptions abzufangen, die zu erwarten sind.

```java
public static void main(String[] args) {
  SwingUtilities.invokeLater(new Runnable() {
    public void run() {
      Einkauf inst = new Einkauf();
      ...
  public Einkauf() {
    super();
    initGUI();
  }
  private void initGUI() {
    try {
      setDefaultCloseOperation(WindowConstants.DISPOSE_ON_CLOSE);
      getContentPane().setLayout(null);
      ...
      {
        jBtnBerechnen = new JButton();
        getContentPane().add(jBtnBerechnen);
        jBtnBerechnen.setText("Berechnen");
        jBtnBerechnen.setBounds(269, 26, 112, 21);
        jBtnBerechnen.addActionListener(new ActionListener() {
          public void actionPerformed(ActionEvent evt) {
            jBtnBerechnenActionPerformed(evt);    ── bei Klick auf Berechnen-Schaltfläche
            ...
  private void jBtnBerechnenActionPerformed(ActionEvent evt) {
    berechnen();
  }
  private void berechnen() {
    int stueckzahl;
    double stueckpreis, rabattsatz, bruttopreis, rabatt, einkaufspreis;
    try {
      stueckzahl = Integer.parseInt(jTFStueckzahl.getText());
      ...
    catch (NumberFormatException e) {    ── bei NumberFormatException
      jLErgebnis.setText("Falsches Zahlenformat!"+e.getMessage());
    }
    catch (Exception e) {
    }
      jLErgebnis.setText("Fehler bei der Eingabe!");
  }
```

Abbildung 9.5 Abläufe im Beispielprogramm

9.3.2 Benutzerdefinierte Exceptions

Bisher wurde nur besprochen, wie Sie auf Exceptions reagieren. Woher genau kommen nun die Exceptions? In den häufigsten Fällen werden sie in Pogrammteilen erzeugt, die Sie nicht selbst codiert haben. Das kann im Laufzeitsystem der Fall sein oder in irgendwelchen Standardbibliotheken, die Sie einbinden.

In diesem Abschnitt soll erläutert werden, wie Sie auch in Ihrem eigenen Programmcode Exceptions auslösen können. Am Beispiel unseres Programms Einkauf soll eine erste Möglichkeit gezeigt werden. Ursprünglich hatten wir in der Methode zum Berechnen des Nettopreises mit einer `if`-Anweisung auf die fehlende Eingabe der Stückzahl reagiert und direkt eine Fehlerausgabe im Ergebnislabel erzeugt. Anstelle der unmittelbaren Fehlerausgabe im Label können wir dort auch eine Exception »werfen«. Der folgende Quellcodeauszug zeigt, wie als Reaktion auf fehlende Eingaben in den Textfeldern Exceptions ausgelöst werden:

```
private void berechnen() {
  int stueckzahl;
  double stueckpreis, rabattsatz, bruttopreis, rabatt,
         einkaufspreis;
  try {
      if (jTFStueckzahl.getText().equals(""))
            throw newNumberFormatException(
                  "Bitte geben Sie eine Stückzahl an.");
      if (jTFStueckpreis.getText().equals(""))
            throw new NumberFormatException(
                  "Bitte geben Sie einen Stückpreis an.");
      if (jTFRabatt.getText().equals(""))
            throw new NumberFormatException(
                  "Bitte geben Sie einen Rabattsatz an.");
...
```

Listing 9.7 Eigene Exceptions »werfen«

Wie dem Listing zu entnehmen ist, können Sie mit dem Schlüsselwort `throw` Exceptions auslösen. Analog zu dem englischen Ausdruck `throw` spricht man auch vom *Werfen* einer Ausnahme.

Mit der Anweisung

```
throw new NumberFormatException("Bitte geben Sie eine Stückzahl an.");
```

wird mit `new` ein `NumberFormatException`-Objekt erzeugt. Der Konstruktor erwartet als Argument eine Fehlermeldung als String. Diese Fehlermeldung kann dann im `catch`-Block mit der Methode `getMessage()` in die Fehlerausgabe übernommen werden.

Mit

```
catch (NumberFormatException e) {
  jLErgebnis.setText("Falsches Zeichenformat! " + e.getMessage());
}
```

als Reaktion auf eine `NumberFormatException` wird bei fehlender Stückzahl die in Abbildung 9.6 dargestellte Ausgabe im Ergebnislabel erzeugt.

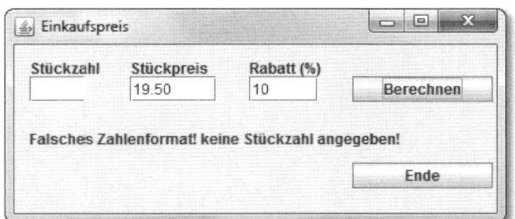

Abbildung 9.6 Reaktion auf geworfene Exception

Wenn Sie eine Methode aufrufen, in der Exceptions ausgelöst werden können, sollten Sie auch eine entsprechende Fehlerbehandlung für diese Exceptions vorsehen. Woher sollen Sie aber wissen, ob eine Methode Exceptions auslösen kann oder nicht? Und woher sollen Sie weiterhin wissen, welche Exceptions ausgelöst werden können?

Für die Verwendung einer Methode ist es nur erforderlich, die Schnittstelle mit Methodenbezeichner und Parametern zu kennen. Was liegt also näher, als die Informationen über Exceptions in die Schnittstelle zu integrieren? Mit dem Schlüsselwort throws eingeleitet, können Sie im Methodenkopf eine Liste der Exceptions angeben, die in der Methode ausgelöst werden können. Die allgemeine Syntax für einen Methodenkopf müssen Sie entsprechend erweitern:

```
Datentyp methodenname(Parameterliste) [throws Exceptionliste]
```

Die eckigen Klammern besagen, dass die Angabe einer Exception-Liste optional ist. Dass eine Schnittstelle auch ohne diese Ergänzung auskommt, haben Sie an den bisher erstellten Methoden gesehen. Die Exception-Liste besteht aus durch Kommata getrennten Exception-Bezeichnern. Die Methode berechnen in unserem Beispiel könnte entsprechend folgendermaßen aussehen:

```
private void berechnen() throws LeereEingabeException, NumberFormatException {
```

Es ist nicht mehr als konsequent, dass die Klassenhierarchie der Exceptions erweiterbar ist. Bei Bedarf können Sie also spezialisierte Exceptions, die auf Ihre Bedürfnisse abgestimmt sind, selbst entwerfen.

9.3.3 Selbst definierte Exception-Klassen

Die Klassenhierarchie der Exception kann jederzeit auch erweitert werden. Sie definieren dazu zwei Konstruktoren mit und ohne Parameter. Mit der folgenden Klassendefinition erstellen Sie innerhalb Ihres Packages eine eigene Exception, die von der bestehenden Klasse NumberFormatException abgeleitet ist:

9 Fehlerbehandlung mit Exceptions

```java
public class LeereEingabeException extends NumberFormatException {
    public LeereEingabeException() {
        super();
    }
  public LeereEingabeException( String s ) {
        super( s );
  }
}
```

Listing 9.8 Selbst definierte Exception

In der Methode berechnen() können Sie nun in einem catch-Block auf Ihre selbst geworfene eigene LeereEingabeException reagieren:

```java
private void berechnen() {
  int stueckzahl;
  double stueckpreis, rabattsatz, bruttopreis, rabatt,
          einkaufspreis;
  try {
    if (jTFStueckzahl.getText().equals(""))
            throw new LeereEingabeException(
                      "Bitte geben Sie eine Stückzahl an.");
    if (jTFStueckpreis.getText().equals(""))
            throw new LeereEingabeException(
                      "Bitte geben Sie einen Stückpreis an.");
    if (jTFRabatt.getText().equals(""))
            throw new LeereEingabeException(
                      "Bitte geben Sie einen Rabattsatz an.");
    stueckzahl = Integer.parseInt(jTFStueckzahl.getText());
    stueckpreis = Double.parseDouble(jTFStueckpreis.getText());
    rabattsatz = Double.parseDouble(jTFRabatt.getText());
    bruttopreis = stueckzahl * stueckpreis;
    rabatt = bruttopreis * rabattsatz / 100;
    einkaufspreis = bruttopreis - rabatt;
    jLErgebnis.setText("Der Einkaufspreis beträgt "
                      + Double.toString(einkaufspreis) + " €");
    jTFStueckzahl.requestFocus();
    jTFStueckzahl.selectAll();
  }
  catch (LeereEingabeException e) {
    JOptionPane.showMessageDialog(null, e.getMessage());
  }
```

```
    catch (Exception e) {
      jLErgebnis.setText("Fehler bei der Eingabe.");
    }
  }
}
```

Listing 9.9 Werfen der selbst definierten Exception

Auf die selbst definierte Exception reagiert die Anwendung mit der Benachrichtigung, die durch `showMessageDialog` erzeugt wurde (siehe Abbildung 9.7).

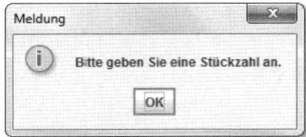

Abbildung 9.7 Fehlermeldung bei fehlender Stückzahl

9.4 Übungsaufgaben

Aufgabe 1

Ergänzen Sie das Programm *FahrenheitCelsius* aus Kapitel 8, »Grafische Benutzeroberflächen«, so, dass auf eine fehlerhafte Zahleneingabe durch Abfangen der `NumberFormatException` reagiert wird. Im Fehlerfall soll im Eingabefeld `jTFCelsius` der Text »Keine korrekte Fahrenheit-Temperatur!« ausgegeben werden.

Aufgabe 2

Erstellen Sie im Package *gui09* des Projekts *JavaUebung09* ein Programm zur Eingabe einer Uhrzeit. Geben Sie dem Frame den Namen *Uhrzeit*.

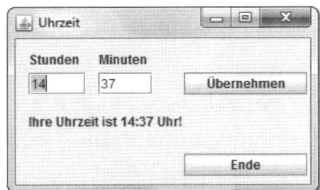

Abbildung 9.8 Programm mit Uhrzeiteingabe

Mit dem Übernehmen der eingetragenen Uhrzeit soll der Text »Ihre Uhrzeit ist xx:yy Uhr!« als Labeltext ausgegeben werden (siehe Abbildung 9.8). Als Reaktion auf eine `NumberFormatException` soll als Labeltext »Ungültige Uhrzeit!« ausgegeben werden.

Aufgabe 3

Erweitern Sie das Programm *Uhrzeit* aus Aufgabe 2 so, dass bei einer Stundenangabe kleiner 0 und größer 23 und bei einer Minutenangabe kleiner 0 und größer 59 ebenfalls eine NumberFormatException ausgelöst wird.

Aufgabe 4

Erweitern Sie das Programm *Uhrzeit* aus Aufgabe 3 so, dass bei einer Stundeneingabe kleiner 0 oder größer 23 und bei einer Minutenangabe kleiner 0 oder größer 59 eine genauere Fehlerangabe gemacht wird. Ist die Stundenangabe nicht im gültigen Wertebereich, soll »Ungültige Stundenangabe!« als Labeltext ausgegeben werden. Bei falscher Minutenangabe soll der Text »Ungültige Minutenangabe!« erscheinen.

> **Hinweis**
>
> Erstellen Sie zunächst im Package *gui09* eine neue Klasse UhrzeitFormatException, die von der Klasse Exception abgeleitet ist. Überschreiben Sie nur die beiden ererbten Konstruktoren mit und ohne Parameter. Anschließend können Sie zwei getrennte catch-Blöcke für Werte außerhalb des gültigen Wertebereichs für Stunden und Minuten und für allgemeinere Fehler (NumberFormatExceptions) definieren.

9.5 Ausblick

Nach diesem Kapitel sollte es für Sie ein Leichtes sein, auf die Aufforderung, eine Exception abzufangen, zu reagieren. Sie werden in vielen Situationen auf Fehlermeldungen stoßen, die von Exceptions ausgelöst werden, oder dazu aufgefordert werden, bestimmte Exceptions abzufangen und darauf zu reagieren. Exceptions stellen ein wichtiges Hilfsmittel bei der Erstellung sicherer Programme dar.

Das folgende Kapitel stellt Containerklassen in den Mittelpunkt. In vielen Situationen wünscht man sich Variablen, in denen man nicht nur einen Wert, sondern eine möglichst große Zahl von Werten speichern kann. Java stellt eine ganze Reihe solcher Container zur Verfügung. Einige davon werden Sie im folgenden Kapitel kennenlernen und in eigenen Programmen einsetzen. Einerseits lassen sich damit Programmfunktionalitäten einfacher realisieren, andererseits eröffnen sie Möglichkeiten, die sonst nicht verfügbar werden. Besonders bei sich wiederholenden Abläufen sind diese Klassen oft unverzichtbar.

Kapitel 10
Containerklassen

Jeder Weg beginnt mit dem ersten Schritt.
(Altes chinesisches Sprichwort)

Containerklassen sind ein ganz wichtiger Baustein in modernen Programmiersprachen. Wie der Name bereits sagt, dienen Containerklassen dazu, andere Elemente aufzunehmen. Ein grundlegender Container in Java ist das *Array*. Diese Klasse ist vordefiniert und steht ohne Einbindung weiterer Bibliotheken zur Verfügung. Sie werden gelegentlich auch auf die gleichwertigen Begriffe *Feld* oder *Reihung* stoßen.

10.1 Array

Zur Erläuterung eines Arrays möchte ich auf das Übungsprogramm Notenbilanz aus Kapitel 8, »Grafische Benutzeroberflächen«, zurückgreifen. Zur Erinnerung: Das Programm erwartet die Eingabe einer bestimmten Anzahl an Noten und erstellt daraus eine Übersicht mit der Anzahl der eingegebenen Noten, dem Notenschnitt, der besten und der schlechtesten Note (siehe Abbildung 10.1).

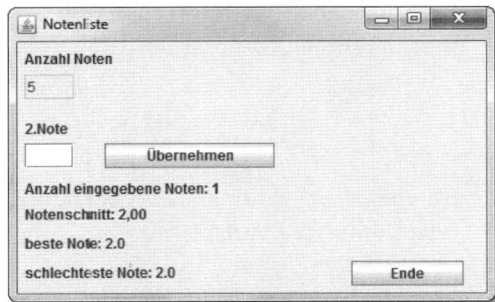

Abbildung 10.1 Frame des Programms »Notenbilanz«

Die fünf Noten wurden in der bisherigen Version aus Kapitel 8 aber nicht gespeichert und stehen somit auch nicht mehr zur Verfügung. Dies soll geändert werden. Die zu Beginn angegebene Anzahl an Noten soll gespeichert werden.

10 Containerklassen

Da die Variable zur Übernahme der aktuellen Note als double definiert ist, benötigen Sie ein Array, in dem eine bestimmte Zahl von double-Werten gespeichert werden kann.

Erstellen Sie als Vorbereitung ein neues Java-Projekt mit dem Namen *JavaUebung10*. In diesem Projekt erstellen Sie im Package *gui10* einen neuen Frame mit dem Namen *Notenbilanz*. Kopieren Sie nun den Quellcode des bisherigen Programms aus Kapitel 8 in das Quellcodefenster. Als einzige Anpassung müssen Sie noch in der ersten Zeile die Package-Angabe anpassen.

Bevor Sie beginnen, das Programm zu erweitern, sollen noch einige wichtige Aspekte für den Umgang mit Arrays aufgeführt werden. Folgende Eigenschaften sind zu beachten:

- Arrays können beliebige primitive Typen oder auch Referenztypen speichern.
- In einem Array können nur Daten gleichen Datentyps gespeichert werden.
- Die gespeicherten Werte der Elemente können jederzeit geändert werden.
- Die Anzahl der Elemente eines Arrays kann nach der Definition nicht mehr verändert werden.

Da es sich beim Array um eine Klasse handelt, können Sie die folgenden Abläufe, die Sie von der Definition von Objekten bereits kennen, auf die Definition von Arrays übertragen.

Wie bei jeder Variablendefinition muss auch bei der Definition einer Array-Variablen ein Datentyp angegeben werden. Sie benötigen also den Array-Typ. Wie oben erwähnt, kann ein Array nur gleichartige Daten eines bestimmten Typs speichern. Diesen Elementtyp müssen Sie bei der Definition angeben. Im Beispiel Notenbilanz sollen double-Werte gespeichert werden. Es wird also ein double-Array benötigt. Array-Typen sind vordefiniert und werden durch den Elementtyp (in unserem Beispiel double), gefolgt von einer leeren eckigen Klammer, angegeben. Die Anweisung

```
double[] a;
```

definiert entsprechend ein Array zum Speichern von double-Werten (siehe Abbildung 10.2). Wie für Objekte allgemein erläutert, steht damit nur eine Variable zur Verfügung, die auf ein Feld mit double-Werten verweisen kann.

Speicher für die Array-Variable bzw. für die darin zu speichernden double-Werte ist noch nicht reserviert (alloziert).

Erst mit der Anweisung

```
a=new double[5];
```

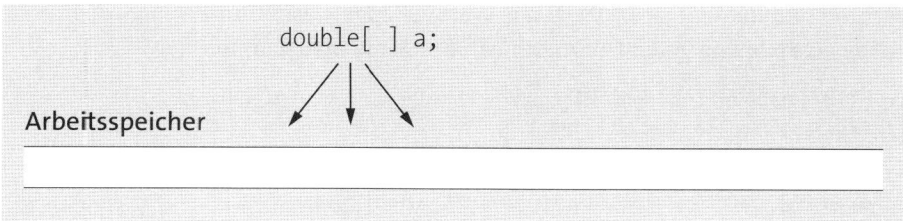

Abbildung 10.2 Definition einer Array-Variablen

werden die entsprechenden Strukturen im Speicher angelegt. Für unser Beispiel können in dem Array fünf double-Werte gespeichert werden. Aus Abbildung 10.3 ist zu entnehmen, dass Sie die einzelnen Elemente des Arrays über den Namen des Arrays ansprechen können – zusammen mit einem Index, der in eckigen Klammern anzugeben ist. Der Index läuft grundsätzlich von 0 bis *Anzahl der Elemente* –1.

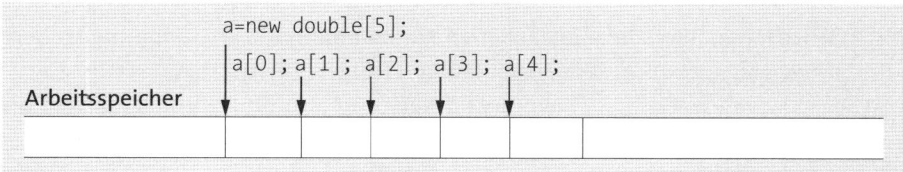

Abbildung 10.3 Erzeugen eines Arrays für fünf »double«-Werte

Bei der Erzeugung des Arrays können Sie die Größe in eckigen Klammern durch einen beliebigen Ausdruck vom Typ int festlegen. Damit können Sie die Größe während der Laufzeit des Programms festlegen, so wie es in unserem Programm auch notwendig sein wird, denn bei der Programmierung steht nicht fest, welche Größenangabe durch den Anwender angegeben wird. Sie übernehmen die eingegebene Notenzahl in die int-Variable notenzahl und können dann das als public definierte Array mit dem Namen noten entsprechend mit

noten = new double[notenzahl];

festlegen. Die Definition der Variablen und das Erzeugen des Objekts können auch zusammengefasst werden:

double [] noten = new double[notenzahl];

Die einzelnen double-Elemente werden über den Bezeichner des Arrays zusammen mit dem in eckigen Klammern angegebenen Index angesprochen. Mit der Anweisung

a[0]=2.3;

wird dem ersten Element des Arrays der Wert 2,3 zugewiesen. Im Beispielprogramm können Sie jede Note nach der Übernahme in das Array übernehmen:

```
private void jBtnNoteUebernehmenActionPerformed(ActionEvent evt){
  if (!jTFNote.getText().equals("")
      && Double.parseDouble(jTFNote.getText()) >= 1
      && Double.parseDouble(jTFNote.getText()) <= 6) {
    summe = summe + Double.parseDouble(jTFNote.getText());
    noten[i-1]=Double.parseDouble(jTFNote.getText());
   ...
```

Listing 10.1 Übernahme der Noten in das Array

In der Variablen i wird die Anzahl der übernommenen Noten mitgezählt. Da die erste Note aber nicht den Index 1, sondern den Index 0 haben muss, ist bei der Übernahme eine Korrektur um –1 vorzunehmen.

Um zu demonstrieren, dass alle eingegebenen Noten am Ende zur Verfügung stehen, sollen die Noten ausgegeben werden, nachdem die festgelegte Anzahl an Noten eingegeben ist. Zu diesem Zweck legen Sie ein weiteres Label mit dem Namen jLNoten im Frame an (siehe Abbildung 10.4).

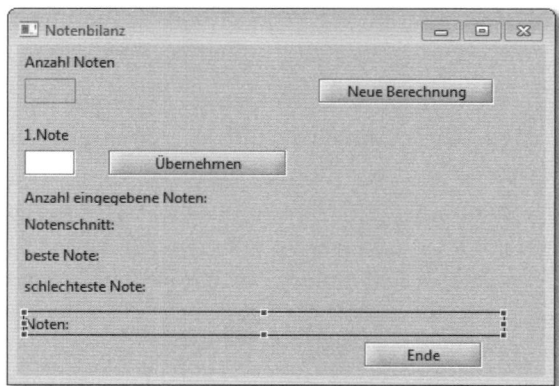

Abbildung 10.4 Erweiterter Notenbilanz-Frame

Ist die angegebene Notenanzahl erreicht, wird bisher folgende Anweisungsfolge abgearbeitet:

```
if (i == notenzahl) {
  notenschnitt = summe / notenzahl;
  jBtnNoteUebernehmen.setVisible(false);
```

```
    jBtnNeu.setVisible(true);
} else {...
```

Ergänzen Sie die drei Anweisungen um folgende Zeile:

```
jLNoter.setText("Noten: " + noten[0] + ", " + noten[1] + ", " + noten[2]);
```

Damit werden die ersten drei Elemente des Arrays im Label ausgegeben. Diese Anweisung passt natürlich nur, wenn genau drei Noten eingegeben werden. Werden mehr Noten eingegeben, dann fehlen bei der Ausgabe einige Noten. Welche Ausgabe ergibt sich aber, wenn nur zwei oder weniger Noten eingegeben werden? Ein Test zeigt, dass keine Noten ausgegeben werden. Wird das Programm aus der Entwicklungsumgebung heraus gestartet, zeigt ein Blick in die Ansicht CONSOLE, dass stattdessen eine Fehlermeldung ausgegeben wird:

```
Exception in thread "AWT-EventQueue-0"
  java.lang.ArrayIndexOutOfBoundsException: 2
```

Beim Versuch, mit a[2] auf ein drittes Array-Element zuzugreifen, tritt eine Exception vom Typ `ArrayIndexOutOfBounds` auf.

Wie können Sie die Ausgabe so gestalten, dass immer genau so viele Array-Elemente ausgegeben werden, wie das Array Elemente besitzt? Jedes Array besitzt ein öffentliches unveränderliches Attribut mit dem Namen `length`. In diesem Attribut finden Sie immer die Anzahl der Elemente des Arrays. Damit kann eine Schleife programmiert werden, die immer exakt die Anzahl der vorliegenden Noten berücksichtigt:

```
jLNoten.setText("Noten: ");
for (int i=0; i<noten.length; i++) {
   jLNoten.setText(jLNoten.getText() + " " + noten[i]);
}
```

Listing 10.2 Schleife zur Ausgabe aller Array-Elemente

Da diese Konstruktion des Abarbeitens aller Elemente eines Arrays häufig gebraucht wird, existiert auch eine verkürzte Schreibweise, die man foreach-Schleife nennt:

```
jLNoten.setText("Noten: ");
for (double ae: a) {
   jLNoten.setText(jLNoten.getText() + " " + ae);
}
```

Listing 10.3 Verkürzte Schreibweise als »foreach«-Schleife

Im Kopf der foreach-Schleife wird eine Variable vom Typ der im Array gespeicherten Elemente definiert, und hinter dem Doppelpunkt wird das Array angegeben. Im Schleifenrumpf wird dann der Reihe nach – mit dem ersten Element beginnend – ein Element nach dem anderen an die lokale Variable übergeben.

Diese Kurzform kann nicht als vollwertiger Ersatz für die for-Schleife angesehen werden, denn es gelten einige Einschränkungen:

- Das Array wird, immer mit dem ersten Element beginnend und mit dem letzten Element endend, durchlaufen. (Die Reihenfolge ist unveränderbar, und es können keine Elemente übersprungen werden.)
- Die Elemente werden nur gelesen, es ist kein schreibender Zugriff auf die Array-Elemente möglich. (Durch Verändern von ae wird immer nur eine Kopie eines Array-Elements verändert.)

Vor einigen ergänzenden Erläuterungen zum Array soll das Augenmerk auf eine kritische Stelle innerhalb unseres Quellcodes gelegt werden. Es geht dabei um die Erzeugung des Arrays in der Methode

jBtnAnzahlUebernehmenActionPerformed...

Wenn wir mehrere Berechnungen nacheinander durchführen, wird mehrmals nacheinander die Anweisung

noten = new double[notenzahl];

ausgeführt. Stellen Sie sich also vor, dass in einem ersten Durchgang drei Noten eingegeben werden sollen und in einem zweiten Durchgang nochmals fünf Noten. Mit dem ersten Erreichen der Anweisung zum Erzeugen des Arrays werden im Speicher die erforderlichen Speicherplätze reserviert (siehe Abbildung 10.5).

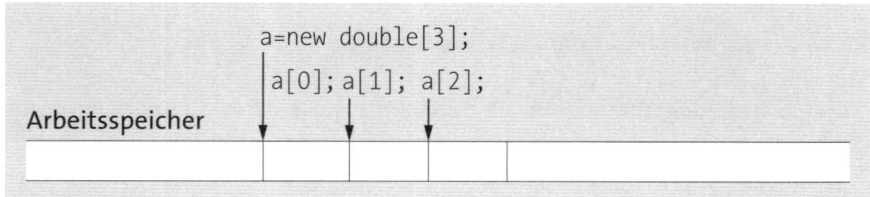

Abbildung 10.5 Erstes Erzeugen eines Arrays

Wird die gleiche Anweisung zum zweiten Mal erreicht, werden dieses Mal fünf Speicherplätze angelegt.

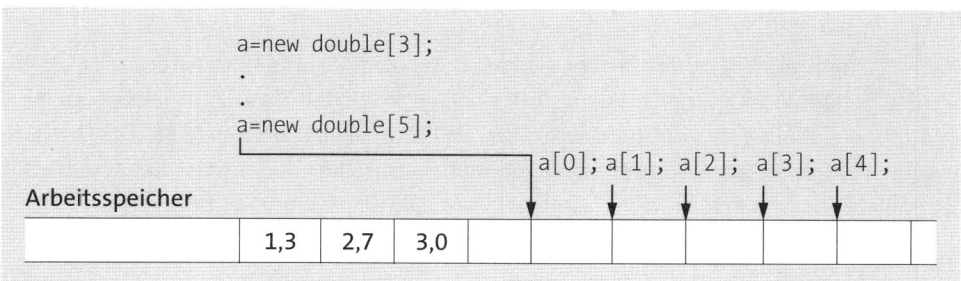

Abbildung 10.6 Zweites Anlegen des Arrays

Abbildung 10.6 zeigt, dass der Bezeichner a nun auf den neuen Speicherbereich verweist. Der ursprünglich reservierte Speicherbereich für das Array mit drei Elementen liegt zwar noch vor, aber es kann nicht mehr zugegriffen werden. Es existiert keine Referenz mehr auf die einzelnen Noten. Sie können sich sicher leicht vorstellen, dass bei mehreren Programmdurchläufen mit eventuell dabei auch sehr großen Arrays sehr viel Speicherplatz verschwendet wird (weil er reserviert wurde, aber nicht mehr nutzbar ist). In anderen Programmiersprachen muss solcher Speicher explizit durch eine entsprechende Anweisung wieder freigegeben werden. In Java muss sich der Programmierer nicht um diese Speicherbereiche kümmern, auf die nicht mehr zugegriffen werden kann. Der *Garbage Collector* von Java sorgt dafür, dass diese Speicherbereiche freigegeben werden. Zu diesem Zweck verfügt jedes Java-Objekt über einen Zähler, der die Referenzen zählt, die auf das Objekt verweisen. Nimmt dieser Zähler den Wert 0 an, bedeutet das für den Garbage Collector, dass der betreffende Speicherbereich freigegeben werden kann. Für den Programmierer ist allerdings nicht vorhersehbar, wann der Garbage Collector aktiv wird. Auf jeden Fall wird er spätestens dann mit seinem Aufräumvorgang beginnen, wenn der Speicher knapp wird. Möchten Sie vorbeugend dafür sorgen, dass es erst gar nicht dazu kommt, dass Speicher durch das eigene Programm knapp wird, so können Sie den Vorgang mit der Anweisung

```
System.gc();
```

jederzeit anstoßen. In zeitkritischen Anwendungen kann das durchaus Sinn machen, denn wenn der Garbage Collector sehr viel zu tun hat, kann es durchaus zu Verzögerungen im Programmablauf kommen. In den meisten, auf jeden Fall aber in unseren hier bearbeiteten Anwendungen können Sie sich getrost auf das Laufzeitsystem verlassen und müssen sich um Speicherfreigaben nicht selbst kümmern.

Nach diesen Erläuterungen zur Problematik der Freigabe von nicht mehr nutzbaren Speicherbereichen folgen nun noch einige Ergänzungen zum Array.

10.1.1 Array-Literale

Wie Variablen primitiver Datentypen können Sie auch Arrays initialisieren. Dabei geben Sie bei der Erzeugung des Arrays mit new die Werte, die Sie zur Initialisierung verwenden wollen, in geschweiften Klammern als kommaseparierte Liste an. Die Größenangabe in den eckigen Klammern kann dabei entfallen, da durch die Anzahl der Listenelemente die Array-Größe festgelegt wird. Die allgemeine Syntax lautet:

```
new type[] {expression, expression, ..., expression}
```

Es handelt sich dabei um eine Array-Konstante, die entsprechend auch als *Array-Literal* bezeichnet wird. Das folgende Beispiel zeigt, wie z. B. ein Array mit sechs Noten angelegt werden könnte:

```
double[] b = new double[] {1.0, 2.3, 1.7, 3.0, 2.7, 2.3};
```

Anstelle der Konstanten-Zahlenwerte können auch beliebige Ausdrücke innerhalb der geschweiften Klammern stehen, die bei der Auswertung einen double-Wert ergeben.

10.1.2 Mehrdimensionale Arrays

Da zu jedem Java-Typ auch ein entsprechender Array-Typ existiert, können Sie auch ein Array anlegen, dessen Elemente wiederum Arrays sind. Ein solches Array ist letztendlich nichts anderes als ein zweidimensionales Array. Mit der Anweisung

```
double [][] n = new double[3][4];
```

wird ein Array definiert, das aus drei Arrays mit jeweils vier double-Elementen besteht. Also bildet Java mehrdimensionale Arrays durch ineinander verschachtelte Arrays ab. In Java legt der jeweils letzte Index die Anzahl der Elemente auf der niedrigsten Ebene fest.

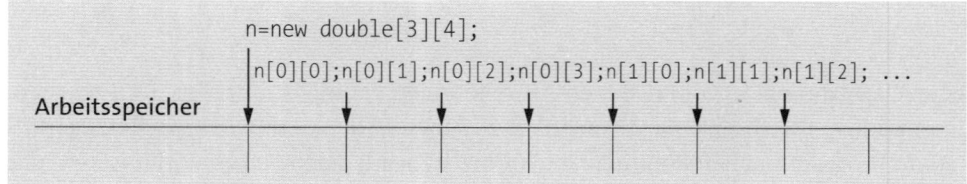

Abbildung 10.7 Mehrdimensionales Array

Abbildung 10.7 zeigt das Ergebnis der Erzeugung eines zweidimensionalen Arrays und verdeutlicht, wie Sie auf die einzelnen Elemente zugreifen können.

Das Durchlaufen aller Elemente dieses Arrays kann mithilfe geschachtelter for-Schleifen

```
double [][] n = new double[3][4];
for (int x = 0; x < n.length; x++)
  for (int y = 0; y < n[x].length; y++)
    System.out.println(n[x][y]);
```

Listing 10.4 Durchlaufen eines mehrdimensionalen Arrays mit »for«-Schleife

ebenso wie mit geschachtelten foreach-Schleifen erfolgen:

```
double [][] n = new double[3][4];
for (double[] a: n)
  for (double b: a)
    System.out.println(b);
```

Listing 10.5 Durchlaufen eines mehrdimensionalen Arrays mit »foreach«-Schleife

In gleicher Weise wie ein zweidimensionales Array können auch Arrays mit beliebig vielen Dimensionen erzeugt werden. Standardmäßig entstehen bei dem bisher verwendeten Verfahren Arrays, die auf einer betrachteten Ebene immer gleich viele Elemente besitzen. Das heißt, dass zweidimensionale Arrays immer rechteckig, dreidimensionale Arrays immer quaderförmig sind usw. Das folgende Beispiel zeigt, wie Sie durchaus auch von diesem Standard abweichen können. Wenn Sie das Array schrittweise aufbauen, dann können in einer Ebene auch unterschiedlich große Elemente erzeugt werden.

```
double[][] n = new double[3][];
n[0] = new double[1];
n[1] = new double[2];
n[2] = new double[3];
```

Listing 10.6 Erzeugen eines dreieckigen Arrays

Auf diese Art entsteht ein dreieckiges Array. Es besteht aus drei unterschiedlich langen Array-Elementen.

10.1.3 Gezielter Zugriff auf Array-Elemente

Wir wollen unser Programm nochmals erweitern, damit einzelne Noten auch nachträglich noch korrigiert werden können. Dazu ergänzen Sie den Frame um ein Textfeld mit Label und einer Schaltfläche nach dem Muster der Abbildung 10.8.

Abbildung 10.8 Frame-Erweiterung zur nachträglichen Notenbearbeitung

Die Komponenten sollen sichtbar werden, wenn die letzte Note eingegeben wurde. Die Eigenschaft visible der drei Komponenten setzen Sie für den Programmstart (d. h. in der Schablonenmethode initGUI()) auf false. Als Bezeichner wählen Sie die folgenden:

▶ jLNotennummer

▶ jTFNotennummer

▶ jBtnNotennummer

Als Reaktion auf die Betätigung der Schaltfläche jBtnNotennummer sollen drei weitere Komponenten eingeblendet werden, die zur Veränderung der ausgewählten Note benötigt werden (siehe Abbildung 10.9):

▶ jLNeuerWert

▶ jTFNeuerWert

▶ jBtnNeuenWertspeichern

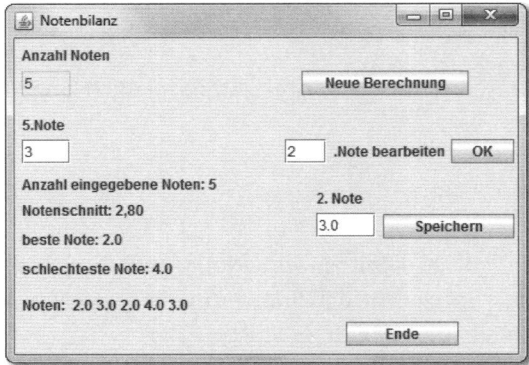

Abbildung 10.9 Editieren eines Array-Elements

Neben dem Einblenden der drei Komponenten soll die im Textfeld angegebene Note aus dem Array ausgewählt und in dem Textfeld jTFNeuerWert angezeigt werden. Damit deutlich wird, welche Note bearbeitet wird, soll das Label zusätzlich die zugehörige Notennummer anzeigen. Als Fehlerbehandlung sollte sichergestellt werden, dass eine gültige Notennummer angegeben wurde. Der folgende Quellcode prüft in einem try-catch-Konstrukt, ob es sich um eine gültige Zahleneingabe handelt. Innerhalb des try-Blocks wird in einer if-Anweisung sichergestellt, dass die Notennummer ein gültiger Array-Index ist:

```
private void jBtnNotennummerActionPerformed(ActionEvent evt) {
  try {
    notennummer = Integer.parseInt(jTFNotennummer.getText())-1;
    if ((notennummer >=0) && (notennummer<notenzahl)) {
      jLNeuerWert.setText(notennummer+1+". Note");
      jLNeuerWert.setVisible(true);
      jTFNeuerWert.setVisible(true);
      jBtnNeuenWertspeichern.setVisible(true);
      jTFNeuerWert.setText(String.valueOf(noten[notennummer]));
      jTFNeuerWert.requestFocus();
    } else {
        JOptionPane.showMessageDialog(null,
              "Notennummer außerhalb des gültigen Bereichs!");
        jTFNotennummer.requestFocus();
    }
  } catch (Exception e) {
     JOptionPane.showMessageDialog(null, "Ungültiges Zahlenformat!");
  }
}
```

Listing 10.7 Auswahl der zu bearbeitenden Notennummer

Nun fehlt noch die Übernahme der Änderung, die mit der Schaltfläche SPEICHERN ausgelöst werden soll. Für das Speichern allein reicht eine einzige Anweisung. Da im Datenelement notennummer der Index des Noten-Arrays gespeichert ist, können Sie direkt auf die entsprechende Note zugreifen und den Wert überschreiben. Die Anweisung Double.parseDouble sollte wieder mit try-catch gegen Fehleingaben abgesichert werden.

Sie müssen aber bedenken, dass durch die Veränderung einer Note alle bisher ausgegebenen Informationen beeinflusst werden können und nun zumindest zum Teil falsch sind. Sie müssen deshalb die Angaben mit dem veränderten Array neu erstellen. Damit ergibt sich eine etwas umfangreichere Anweisungsfolge:

```java
private void jBtnNeuenWertspeichernActionPerformed(ActionEvent evt) {
  try {

    noten[notennummer]=Double.parseDouble(jTFNeuerWert.getText());
    summe = 0;
    besteNote = noten[0];
    schlechtesteNote = noten[0];
    jLNoten.setText("Noten: ");
    for (double x: noten) {
      summe = summe + x;
      if (besteNote > x) besteNote = x;
      if (schlechtesteNote < x) schlechtesteNote = x;
      jLNoten.setText(jLNoten.getText()+" "+x);
    }
    notenschnitt = summe/notenzahl;
    jLBesteNote.setText("beste Note: " +
                        Double.toString(besteNote));
    jLSchlechtesteNote.setText("schlechteste Note: " +
                        Double.toString(schlechtesteNote));
    jLNotenschnitt.setText("Notenschnitt: " +
                        Double.toString(notenschnitt));
  } catch (Exception e) {
      JOptionPane.showMessageDialog(null,
                        "Ungültiges Zahlenformat!");
  }
}
```

Listing 10.8 Erweiterung zur Aktualisierung der berechneten Werte

Zuerst werden alle berechneten Werte zurückgesetzt, und in einer Foreach-Schleife wird die Berechnung neu erstellt, damit zuletzt die aktualisierten Werte in den Ausgabelabels wieder angezeigt werden.

Auch die Aktionen, die mit der Schaltfläche NEUE BERECHNUNG ausgelöst werden, sollten Sie erweitern. Die Komponenten, die nach der Eingabe der letzten Note und eventuell noch durch das Editieren einer Note sichtbar geworden sind, sollten bei Beginn einer neuen Berechnung wieder unsichtbar werden.

```java
private void jBtnNeuActionPerformed(ActionEvent evt) {
  ...
  jBtnNeu.setVisible(false);
  jLNotennummer.setVisible(false);
```

```
jTFNotennummer.setVisible(false);
jBtnNotennummer.setVisible(false);
jLNeuerWert.setVisible(false);
jTFNeuerWert.setVisible(false);
jBtnNeuenWertspeichern.setVisible(false);
jLNoten.setText("");
}
```

Listing 10.9 Verstecken der nachträglich hinzugekommenen Komponenten

Mit diesen Erweiterungen ist Ihre Anwendung wesentlich flexibler geworden. Sie müssen nicht wegen jeder fehlerhaften Eingabe einer Note die gesamte Eingabe wiederholen.

10.1.4 Hilfen für den Umgang mit Arrays

Das Package `java.util` beinhaltet die Klasse `Arrays` und stellt damit einige hilfreiche Methoden für den Umgang mit Arrays bereit. Sie können die Klasse mit

`import java.util.Arrays`

in eigene Klassen einbinden. Einige Methoden der Klasse finden Sie in Tabelle 10.1.

Methode	Beschreibung
static void fill (*Typ*[] a, *Typ* w)	Weist allen Elementen des Arrays a den Wert w zu.
static void fill (*Typ*[] a, int von, int bis, *Typ* w)	Weist allen Elementen ab Index von bis zum Index bis -1 den Wert w zu.
static void sort (*Typ*[] a)	Sortiert die Werte innerhalb des Arrays a in aufsteigender Reihenfolge. *Typ* kann jeder primitive Datentyp außer boolean und alle Klassen, die Comparable implementieren, sein.
static int binarySearch (*Typ*[] a, *Typ* w)	Vorausgesetzt, dass das Array a sortiert vorliegt, durchsucht die Methode das Array nach dem Wert w. Wird w gefunden, so liefert die Methode den Index des Wertes zurück. Wird der Wert nicht gefunden, ist der zurückgelieferte Wert negativ.

Tabelle 10.1 Methoden der Klasse »java.util.Arrays«

10.1.5 Unflexible Array-Größe

Das Beispielprogramm `Notenbilanz` ist sicher schon sehr flexibel gestaltet. Trotzdem sind noch weitere Ausbaustufen denkbar, die die Flexibilität weiter erhöhen würden. Was können Sie z. B. tun, wenn sich nach der Eingabe herausstellt, dass eine Note zu wenig oder eine Note zu viel eingegeben wurde? Können Sie nachträglich auch noch eine Note ergänzen und das Array um eine Note vergrößern? Oder können Sie aus dem Array eine Note löschen und damit das Array verkleinern?

Sie werden sich bestimmt an die einführenden Hinweise erinnern. Dort wurde erläutert, dass eine Eigenschaft des Arrays mit dem folgenden Satz beschrieben wurde:

> »Die Anzahl der Elemente eines Arrays kann nach der Definition nicht mehr verändert werden.«

Für den einfallsreichen Programmierer sollte aber auch diese Einschränkung kein unüberwindliches Hindernis darstellen. Grundsätzlich lässt sich immer ein zweites Array mit der neuen erforderlichen Größe anlegen, dann die Elemente des ersten Arrays in das neue Array kopieren. War das erste Array zu groß, werden beim Kopieren die überflüssigen Elemente übersprungen. War das erste Array kleiner als das neue, können anschließend die zusätzlich erforderlichen Elemente gespeichert werden. Wenn Sie zum Abschluss noch dem Bezeichner des ursprünglichen Arrays die Referenz auf das neue Array zuweisen, verweist der Array-Bezeichner auf ein Array mit veränderter Größe. Dem Anwender bleiben diese Abläufe verborgen, und er hat den Eindruck, dass die ursprüngliche Liste vergrößert bzw. verkleinert wurde. Urteilen Sie selbst, ob Sie diesen Aufwand jedes Mal betreiben wollen.

Java bietet für den Fall, dass Sie Felder mit variabler Größe benötigen, die `ArrayList` als Containerklasse an, die wesentlich einfacher zu behandeln ist. In graphischen Benutzeroberflächen stehen über Swing einige Komponenten zur Verfügung, die bereits Container beinhalten. Diese Behälter verfügen über Methoden zum Vergrößern und Verkleinern ihrer Kapazität.

10.2 »ArrayList« und »JList«

Die Tatsache, dass für ein Array eine einmal festgelegte Größe nachträglich nicht mehr verändert werden kann, stellt in vielen Fällen ein Problem dar. Hier kann die Verwendung der Klasse `ArrayList` Abhilfe schaffen. Die Klasse `JList` ist eine Komponente für graphische Benutzeroberflächen, die einen vergleichbaren Container mit variabler Größe beinhaltet.

10.2.1 Die Klasse »ArrayList«

Die Array-Liste ist sehr eng mit dem Array verwandt. Entsprechend gelten viele Aussagen, die zum Array gemacht wurden, auch für die ArrayList. So sind die Elemente einer ArrayList linear angeordnet und können über ganzzahlige (int) Indexwerte angesprochen werden. Die Indexwerte zählen beginnend mit dem Wert 0 hoch. Ein Objekt der Klasse ArrayList wird durch den Aufruf eines Konstruktors mit new erzeugt.

Die Klasse ArrayList verfügt über drei verschiedene Konstruktoren, die Sie in Tabelle 10.2 sehen.

Konstruktor	Beschreibung
ArrayList()	Erzeugt eine leere Liste mit einer Anfangskapazität von zehn Elementen.
ArrayList(Collection c)	Erzeugt eine Liste, die die Elemente der übergebenen Collection enthält.
ArrayList(int initialCapacity)	Erzeugt eine leere Liste mit der als int übergebenen Anfangskapazität.

Tabelle 10.2 Konstruktoren der Klasse ArrayList

Ein entscheidender Unterschied zum Array besteht darin, dass Sie jederzeit Elemente hinzufügen und entfernen können, ohne dass dadurch erheblicher Programmieraufwand entsteht. Eine ArrayList kann nur Objekte aufnehmen. Sollen primitive Typen (int, double usw.) in einer ArrayList gespeichert werden, müssen als Elementtypen die entsprechenden Wrapper-Klassen verwendet werden. Für jeden Elementtyp wird eine passende ArrayList definiert. Eine ArrayList für Strings ist also ein anderer Typ als eine ArrayList für den Typ Double. Mit der Anweisung

ArrayList<Double> noten;

wird eine ArrayList mit dem Namen noten zur Aufnahme von double-Werten definiert. Der aufzunehmende Datentyp wird in spitzen Klammern an den Bezeichner ArrayList angehängt. Beide sind fester Bestandteil des Typbezeichners. Sie haben nicht die Funktion wie etwa die eckigen Klammern, die zur Angabe der Array-Größe dienen.

noten = new ArrayList<Double>();

erzeugt eine zunächst leere ArrayList<Double>. Eine Größenangabe ist nicht erforderlich, weil die Elemente nach und nach angehängt werden und die ArrayList kontinuierlich wächst.

Die add-Methode fügt ein weiteres Element zur `ArrayList` hinzu (siehe Tabelle 10.3).

Methode	Beschreibung
`void add(int index, Object o)`	Fügt der Liste an der Position `index` das übergebene Objekt als neues Element hinzu.
`boolean add(Object o)`	Fügt der Liste am Ende das übergebene Objekt hinzu.

Tabelle 10.3 Methoden zum Hinzufügen eines einzelnen Elements

Durch das Autoboxing kann der add-Methode neben einem Wrapper-Objekt auch der primitive Datentyp `double` übergeben werden. Mit der Anweisung

`noten.add(Double.parseDouble(jTFNote.getText()));`

können Sie z. B. eine Note aus dem Textfeld `jTFNote` in die `ArrayList` übernehmen.

Tabelle 10.4 gibt einen Überblick über die wichtigsten Methoden von `ArrayList`.

Methode	Beschreibung
`void clear()`	Löscht alle Elemente aus der Liste.
`Object get(int index)`	Liefert das Element an der Position `index` zurück.
`int indexOf(Object e)`	Liefert den Index des übergebenen Elements zurück. Befindet sich das Element mehrfach in der Liste, wird der kleinste Index zurückgeliefert. Befindet sich das Element nicht in der Liste, wird -1 zurückgeliefert.
`boolean isEmpty()`	Liefert `true` zurück, wenn die Liste leer ist.
`Object remove(int index)`	Entfernt das Element an der Position `index` aus der Liste.
`Object set(int index, Object o)`	Ersetzt das Element an der Position `index` durch das übergebene Objekt.
`int size()`	Liefert die Anzahl der Elemente in der Liste zurück.

Tabelle 10.4 Wichtige Methoden der Klasse »ArrayList«

Durch die Flexibilität der `ArrayList` kann beim Programm `Notenbilanz` auf die Eingabe einer Notenanzahl zu Beginn der Eingaben verzichtet werden. Nach jeder Noteneingabe wird die Notenbilanz im Frame aktualisiert, und der Anwender kann jederzeit die Eingabe von Noten fortsetzen. Das aufwendige Erstellen eines neuen Arrays mit anschließendem Umkopieren kann entfallen.

Entsprechend gestaltet sich auch das Verkleinern der Liste mit der Methode remove recht einfach. Sie finden eine Version des Programms Notenbilanz unter dem Namen *Notenbilanz_List* auf der beiliegenden DVD im Ordner *Arbeitsumgebung\Java\Programme\JavaUebung10*. Das Programm wurde gegenüber der Version mit dem Array um das Löschen eines Elements erweitert. Die mehrfach benötigten Anweisungen zur Aktualisierung der Notenbilanz wurden in eine eigene Methode notenbilanzErstellen() ausgelagert.

10.2.2 Die grafische Komponente »JList«

Sie haben nun zwei Containerklassen kennengelernt, mit deren Hilfe Komponenten gleichen Typs gespeichert und verwaltet werden können. Zur Darstellung einer Liste solcher Elemente in einer grafischen Benutzeroberfläche haben Sie sich im Beispiel Notenbilanz der Komponente JLabel bedient. Für eine kleine übersichtliche Anzahl von Elementen mag diese Komponente noch geeignet sein. Wird die Liste allerdings sehr lang oder soll eine Interaktion mit dem Anwender, wie z. B. eine Auswahlmöglichkeit, angeboten werden, brauchen Sie andere Komponenten.

Sie kennen von zahlreichen Anwendungen Listboxen, in denen Einträge markiert und damit ausgewählt werden können und die bei Bedarf auch *Scrollbalken* einblenden, mit deren Hilfe bei überschaubarem Platzbedarf auch durch sehr große Listen gescrollt werden kann. Java stellt Ihnen eine entsprechende Swing-Komponente mit dem Namen JList zur Verfügung. Jigloo hält diese Komponente unter dem Reiter COMPONENTS bereit. Zur Darstellung der Notenliste soll das Label durch eine Listbox ersetzt werden. Abbildung 10.10 zeigt den Notenbilanz-Frame nach dem Einfügen einer JList mit dem Namen jListNoten. Das Label jNoten wird nur noch als statische Überschrift für die Listbox verwendet.

Die JList enthält nach dem Einfügen bereits die beiden Texteinträge »Item One« und »Item Two«. Die Methode initGUI wird automatisch um folgende Sequenz erweitert:

```
{
  ListModel jListNotenModel = new DefaultComboBoxModel(
                    new String[] { "Item One", "Item Two" });
  jListNoten = new JList();
  getContentPane().add(jListNoten);
  jListNoten.setModel(jListNotenModel);
  jListNoten.setBounds(252, 144, 119, 81);
}
```

Listing 10.10 Quelltexterweiterung nach Einfügen einer JList

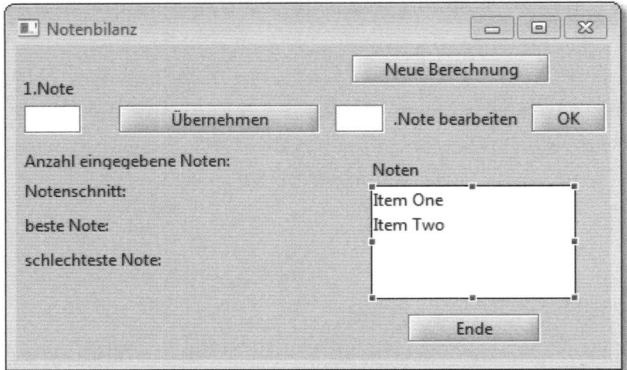

Abbildung 10.10 Frame »Notenbilanz« mit JList

Der von Jigloo ergänzte Quellcode eignet sich so nur für den Fall, dass in einer Anwendung eine Auswahlliste zur Verfügung gestellt werden soll, deren Einträge zum Zeitpunkt der Programmierung bereits feststehen und die sich während des Programmablaufs nicht mehr ändern sollen. Eine Auswahlliste, die die Wochentage Montag bis Sonntag zur Auswahl bereitstellt, erfordert lediglich das Ersetzen des Array-Literals "Item One", "Item Two" durch die Liste der Wochentage "Montag", "Dienstag", "Mittwoch", "Donnerstag", "Freitag", "Samstag", "Sonntag".

Im Programm Notenbilanz soll die Notenliste aber erst zur Laufzeit gefüllt werden, und es soll möglich sein, jederzeit weitere Noten zu ergänzen oder aus der Liste zu entfernen. Für diesen Fall sind an den Vorgaben einige Änderungen vorzunehmen.

Bevor der Quelltext an unsere Bedürfnisse angepasst wird, soll er erläutert werden. Das Listing 10.10 lässt erkennen, dass eine Listbox aus zwei Komponenten besteht. Zunächst wird ein ListModel definiert. Der Name des ListModels wird vom Namen der eingefügten JList abgeleitet, indem Sie an den gewählten Namen (hier jListNoten) den Bezeichner des Models anhängen. Das ListModel ist für die Aufnahme und Verwaltung der Listeneinträge verantwortlich. Die in den Frame eingefügte JList ist dagegen für die Darstellung, also das optische Erscheinungsbild, der Liste zuständig. Damit Sie die beiden Komponenten überhaupt verwenden können, wurden die beiden Klassen javax.swing.ListModel und javax.swing.DefaultComboBoxModel importiert.

Ich kenne nicht den Grund für die Verwendung von DefaultComboBoxModel als Typ für das erzeugte ListModel. Ich kann nur vermuten, dass der Einfachheit halber hier die gleiche Quellcodepassage wie für die Komponente ComboBox verwendet wird. Da dieses DefaultComboBoxModel keine Methode mitbringt, um einen weiteren Eintrag hinzuzufügen, ist es für unsere Zwecke nicht optimal geeignet. Ändern Sie deshalb das ListModel von DefaultComboBoxModel auf DefaultListModel. Außerdem sollten Sie auch die Initialisierung mit dem Array-Literal komplett entfernen und den Konstruktor mit leerer Parameterliste aufrufen, damit die Liste beim Programmstart leer ist.

In der Quellcodevorgabe ist das ListModel als lokale Variable definiert. Wenn Sie nun in anderen Methoden, etwa zum Hinzufügen oder Entfernen einer Note, auf das ListModel zugreifen müssen, ist dort eine neue lokale Variable für das ListModel erforderlich. Der Variablen müssen Sie über die Methode jListNoten.getModel() die Referenz auf das ListModel der Notenliste zuweisen. Bequemer ist der Zugriff von jeder Methode aus möglich, wenn Sie das ListModel von vornherein als Eigenschaft des Frames definieren:

```
...
private JList jListNoten;
private DefaultListModel jListNotenModel;
private JLabel jLNoten;
...
```

Listing 10.11 Definition des ListModels als Eigenschaft der »Frame«-Klasse

Das Einfügen der Listbox in der Methode initGUI stellt sich dann folgendermaßen dar:

```
{
  jListNotenModel = new DefaultListModel();
  jListNoten = new JList();
  getContentPane().add(jListNoten);
  jListNoten.setModel(jListNotenModel);
  jListNoten.setBounds(252, 144, 119, 81);
}
```

Listing 10.12 Erstellen der Listbox in der Methode »initGUI«

Nach diesen Vorarbeiten können Sie nun sehr einfach auf die Methoden des ListModels (siehe Tabelle 10.5) zugreifen, um Einträge in der Notenliste zu ergänzen oder zu entfernen.

Methode	Beschreibung
void add(int index, Object e)	Fügt das Element e an der Stelle index in die Liste ein.
void addElement(Object e)	Fügt das Element e am Ende der Liste hinzu.
void clear()	Löscht alle Einträge aus der Liste.
boolean contains(Object e)	Ermittelt, ob das Element e in der Liste enthalten ist.

Tabelle 10.5 Wichtige Methoden der Klasse »DefaultListModel«

Methode	Beschreibung
Object elementAt(int index)	Liefert das Element mit dem Index index zurück.
int getSize()	Liefert die Anzahl der Einträge zurück.
int indexOf(Object e)	Liefert den Index des ersten Auftretens des Elements e zurück.
int indexOf(Object e, int index)	Liefert den Index des ersten Auftretens des Elements e zurück. Die Suche beginnt erst ab dem Index index.
void insertElementAt(Object e, int index)	Fügt das Element e an der Position index in die Liste ein.
boolean isEmpty()	Prüft, ob die Liste leer ist.
void remove(int index)	Löscht das Element an der Stelle index.
void setElementAt(Object e, int index)	Ersetzt das Element an der Stelle index durch das Element e.

Tabelle 10.5 Wichtige Methoden der Klasse »DefaultListModel« (Forts.)

Das DefaultListModel kann grundsätzlich beliebige Objekte gleichen Typs verwalten. In den meisten Anwendungsfällen wird es sich wie im Beispiel Notenbilanz um Strings handeln. In diesem Fall sind auch für die Darstellung in der JList keine weiteren Anpassungen erforderlich. Sollen andere Klassen in einer JList dargestellt werden, sind eventuell umfangreichere Anpassungen erforderlich.

Als Reaktion auf die Betätigung der Schaltfläche zum Einfügen einer weiteren Note können Sie mit der Anweisung

```
jListNotenModel.addElement(jTFNote.getText());
```

den Eintrag aus dem Textfeld in das ListModel übernehmen. Um die Darstellung in der JList-Komponente müssen Sie sich nicht gesondert kümmern, denn alle Änderungen im zugeordneten ListModel werden automatisch auch in die Darstellung der JList übernommen.

Soll eine neue Notenbilanz erstellt werden, müssen alle Einträge aus der Listbox gelöscht werden. Sie rufen mit der Anweisung

```
jListNotenModel.clear();
```

die clear-Methode des ListModels auf, die alle Einträge aus der Listbox entfernt.

Das nachträgliche Ändern einer Note können Sie mithilfe der Methode setElementAt realisieren. In der Variablen notennummer wurde zuvor der Index der zu bearbeitenden Note festgehalten. Das Speichern des geänderten Wertes ist mit der Anweisung

jListNotenModel.setElementAt(jTFNeuerWert.getText(), notennummer);

zu realisieren. Soll der Wert komplett aus der Liste gelöscht werden, rufen Sie die Methode remove mit

jListNotenModel.remove(notennummer);

auf. Nach diesen Erweiterungen haben Sie das Programm komplett auf die Verwendung einer Listbox umgestellt. Sie finden den kompletten Quellcode des Programms unter dem Namen *NotenbilanzListbox* auf der beiliegenden DVD im Ordner *Arbeitsumgebung\Java\Programme\JavaUebung10*. Sie sollten das Programm ausgiebig testen und die Ergebnisse überprüfen. Geben Sie dabei auch eine größere Notenzahl ein, damit die Notenliste mehr Noten enthält, als in der Listbox dargestellt werden können.

10.2.3 JList mit Scrollbalken ausstatten

In der Listbox lassen sich einzelne Noten markieren, und mit den Cursor-Tasten lässt sich die Markierung durch die Liste bewegen. Durch Drücken der [Strg]- oder der [⇧]-Taste können Sie auch mehrere Einträge markieren. Wird die Notenliste aber länger und können nicht alle Noten im sichtbaren Bereich dargestellt werden, dann werden Sie sicher eine Möglichkeit vermissen, den sichtbaren Bereich mit einem Scrollbalken zu verschieben, damit nicht immer nur die ersten Einträge sichtbar sind.

Die JList ist von sich aus nicht in der Lage, bei Bedarf Scrollbalken einzublenden. Java stellt dafür eine universelle Klasse mit dem Namen JScrollPane zur Verfügung. In der Jigloo-Komponentenpalette finden Sie die Komponente als erstes Symbol in der Gruppe CONTAINERS (siehe Abbildung 10.11).

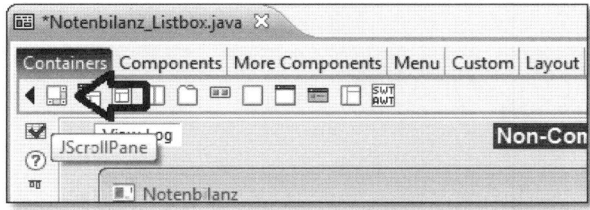

Abbildung 10.11 Die »JScrollPane«-Komponente

Die JScrollPane-Komponente ist ein Container, der dem Inhalt des Containers bei Bedarf einen horizontalen und einen vertikalen Scrollbalken (Scrollbar) zur Verfügung stellt. JScrollPane selbst bleibt im laufenden Programm eigentlich unsichtbar. In unserem Beispiel soll die JList über Scrollbalken verfügen. Sie müssen entsprechend die JList in einem JScrollPane-Container platzieren.

Normalerweise werden Sie zuerst den JScrollPane-Container in den betreffenden Frame einbauen und anschließend auf dem Container die JList ablegen. Da der Clientbereich des Frames ebenfalls einen Container darstellt, wird beim Positionieren der JList mit einem grünen Rahmen angezeigt, in welchen Container die JList beim Loslassen integriert wird. Wird wie in unserem Beispiel der Container nachträglich eingebaut, ist die JList nicht in den JScrollPane-Container integriert. Die beiden Komponenten liegen nebeneinander im Frame-Container (siehe Abbildung 10.12).

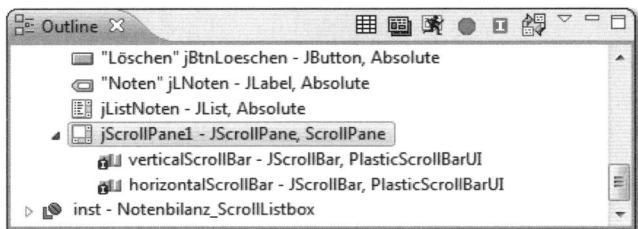

Abbildung 10.12 »JScrollPane« und »JList« nebeneinander im Frame

Die Einordnung kann in der OUTLINE-Ansicht aber nachträglich verändert werden. Verschieben Sie die jListNoten in der OUTLINE-Ansicht auf die JScrollPane-Komponente. Der Container sollte dann neben den beiden JScrollBars die jListNoten als untergeordnete Komponente besitzen (siehe Abbildung 10.13).

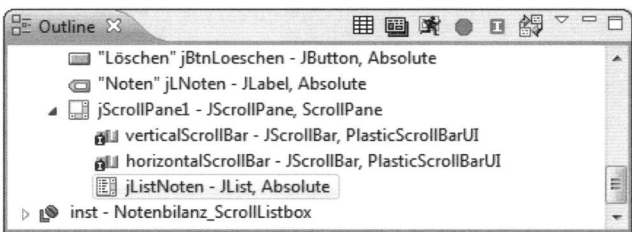

Abbildung 10.13 »jListNoten«, integriert in den »JScrollPane«-Container

Im Quellcode wirkt sich diese Einordnung folgendermaßen aus:

```
{
  jScrollPane1 = new JScrollPane();
  getContentPane().add(jScrollPane1);
```

```
  jScrollPane1.setBounds(252, 144, 126, 77);
  {
    jListNotenModel = new DefaultListModel();
    jListNoten = new JList();
    jScrollPane1.setViewportView(jListNoten);
    jListNoten.setModel(jListNotenModel);
    jListNoten.setBounds(253, 145, 123, 74);
  }
}
```

Listing 10.13 Einordnung der JList in den »JScrollPane«-Container

Zuerst wird jScrollPane1 erzeugt und wie alle anderen Komponenten mit getContentPane().add(jScrollPane1) in den Frame eingefügt. Mit jScrollPane1.setViewportView(jListNoten) erfolgt die Verknüpfung von jScrollPane1 mit der JList, und der Container jScrollPane1 ist ab sofort dafür verantwortlich, dass die JList bei Bedarf die entsprechenden Scrollbalken besitzt (siehe Abbildung 10.14).

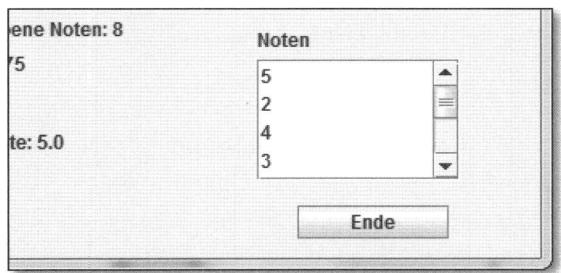

Abbildung 10.14 Listbox mit vertikalem Scrollbalken

10.2.4 Umgang mit markierten Einträgen

Zum nachträglichen Bearbeiten einer Note verwendet das Programm bisher ein Textfeld und ein Label, um die Nummer der zu bearbeitenden Note abzufragen. Bei längeren Notenlisten ist es aber für den Anwender schwierig, abzuzählen, welche Nummer die zu bearbeitende Note hat. Naheliegender ist es, den zu bearbeitenden Eintrag durch Markieren festzulegen.

Sie können über die Eigenschaft selectionMode der JList festlegen, welche Markierungsmöglichkeiten in der Listbox verfügbar sein sollen. Standardmäßig können einzelne Einträge, aber auch mehrere Einträge markiert werden. Es sind zusammenhängende Intervalle durch Drücken der ⇧-Taste ebenso wie beliebige Mehrfachauswahlen durch Halten der ⌈Strg⌋-Taste möglich. Sie können dieses standardmäßige Verhalten jederzeit über die selectionMode-Eigenschaft der JList ändern.

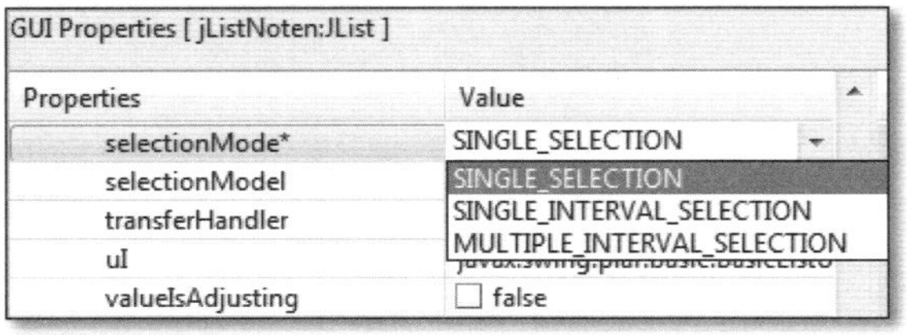

Abbildung 10.15 Die Optionen für »selectionMode«

Die Konstante SINGLE_SELECTION verhindert jede Art der Mehrfachauswahl. SINGLE_INTERVAL_SELECTION lässt nur Einzelmarkierungen und zusammenhängende Intervallmarkierungen zu. MULTIPLE_INTERVAL_SELECTION entspricht der Default-Einstellung, die alle Markierungsmöglichkeiten eröffnet. Da im Programm *Notenbilanz* jeweils nur eine Note bearbeitet werden kann, sollten Sie die Eigenschaft auf SINGLE_SELECTION umstellen (siehe Abbildung 10.15). Jigloo setzt diese Änderung im Quellcode um, indem es in der Methode initGUI beim Erstellen der JList die Anweisung

```
jListNoten.setSelectionMode(ListSelectionModel.SINGLE_SELECTION);
```

ergänzt. Das TextField jTFNotennummer mit dem zugehörigen Label können Sie aus dem Frame löschen. Die Beschriftung der Schaltfläche jBtnNotennummer ändern Sie von »OK« auf »markierte Note bearbeiten«. In der Methode jBtnNotennummerActionPerformed kann der Index der zu bearbeitenden Note mit der Methode getSelectedIndex ermittelt werden:

```
notennummer = jListNoten.getSelectedIndex();
```

Das Programm hat in dieser Form auch keine Probleme, wenn Sie Mehrfachauswahlen zulassen. In diesem Fall wird immer der erste markierte Eintrag als zu bearbeitende Note in das Textfeld zum Bearbeiten übernommen.

Sie finden den kompletten Quellcode des Programms unter dem Namen *NotenbilanzScrollListbox* auf der beiliegenden DVD im Ordner *Arbeitsumgebung\Java\Programme\JavaUebung10*. Außerdem finden Sie dort unter dem Namen *Artikelliste* eine Beispielanwendung, die eine Klasse Artikel verwendet und demonstriert, wie in einer ArrayList Datensätze gespeichert werden können, die aus unterschiedlichen Datentypen zusammengesetzt sind.

Abbildung 10.16 Frame des Programms »Artikelliste«

10.3 Übungsaufgaben

Aufgabe 1

Erstellen Sie ein Programm mit dem Namen *Arrayausgabe*, das zehn ganzzahlige Werte mit einem Textfeld in ein Array einliest und anschließend die Zahlen einmal in der gleichen Reihenfolge ausgibt, in der die Zahlen eingegeben wurden, und ein zweites Mal in umgekehrter Reihenfolge ausgibt. Zur Ausgabe sollen die Zahlenwerte, durch eine Leerstelle getrennt, mithilfe von Schleifen in ein Label geschrieben werden.

Erstellen Sie für das Programm den folgenden Frame aus Abbildung 10.17.

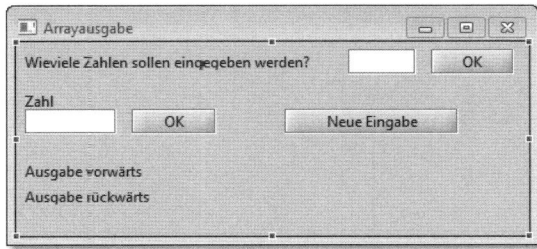

Abbildung 10.17 Frame zu Aufgabe 1

Es sollen zu jedem Zeitpunkt nur die Komponenten sichtbar sein, die für die jeweilige Situation erforderlich sind.

Aufgabe 2

Erstellen Sie ein Programm zur Eingabe und Auswertung von Messwerten. Das Programm soll *Messreihe* heißen.

Programmfunktionalität: Zuerst soll abgefragt werden, wie viele Messwerte eingegeben werden sollen. Anschließend sollen die Messwerte in ein Array eingelesen werden. Sind alle Messwerte eingelesen, sollen sie in einem Label angezeigt werden, und folgende Möglichkeiten sollen verfügbar sein:

- Messwert bearbeiten
- Messreihe auswerten

Zum Bearbeiten eines Messwertes muss die Nummer des Messwertes in einem Textfeld angegeben werden. Der Messwert soll daraufhin in einem Textfeld zur Änderung angezeigt werden und in das Array übernommen werden können. Nach der Änderung soll das korrigierte Array angezeigt werden. Beim Auswerten der Messreihe sollen in Labels der maximale und der minimale Messwert und das arithmetische Mittel angezeigt werden. Das entsprechende Programmfenster könnte das Aussehen von Abbildung 10.18 haben.

Abbildung 10.18 Frame zu Aufgabe 2

Aufgabe 3

Erstellen Sie das Programm von Aufgabe 1, das die Zahlenwerte aber in eine `ArrayList` einliest. Der Frame und die Programmfunktionalität sollen denen aus Aufgabe 1 entsprechen.

Aufgabe 4

Erstellen Sie das Programm von Aufgabe 2 unter Verwendung einer `ArrayList`. Auf die anfängliche Eingabe der Anzahl der Messwerte soll verzichtet werden. Zusätzlich soll auch das Löschen eines Messwertes möglich sein. Der Frame des Programms könnte so aussehen wie in Abbildung 10.19.

Abbildung 10.19 Frame zu Aufgabe 4

Aufgabe 5

Erstellen Sie ein Programm mit dem Namen *Kontaktliste* zur Verwaltung einer Liste von Kontaktdaten. Erstellen Sie dazu den folgenden Frame aus Abbildung 10.20.

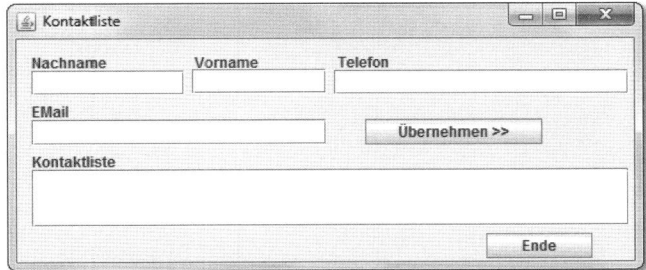

Abbildung 10.20 Frame zu Aufgabe 5

Beim Betätigen der Schaltfläche ENDE soll der Frame geschlossen und damit das Programm beendet werden. Beim Betätigen der Schaltfläche ÜBERNEHMEN sollen die Werte aus den Textfeldern als neue Zeile in die Listbox übernommen werden. Dabei sollen die einzelnen Felder durch ein Semikolon getrennt werden.

Aufgabe 6

Erweitern Sie das Programm aus Aufgabe 5 so, dass eine Schaltfläche zur Verfügung steht, mit deren Hilfe ein markierter Eintrag aus der Listbox gelöscht werden kann (siehe Abbildung 10.21). Stellen Sie die Eigenschaften der JList so ein, dass immer nur ein Eintrag selektiert werden kann.

Sie finden die Musterlösung auf der beiliegenden DVD im Ordner *Arbeitsumgebung\ Java\Programme\JavaUebung10* unter dem Namen *KontaktlisteMitLoeschen*.

Abbildung 10.21 Erweiterung der Frames von Aufgabe 5 um eine Löschmöglichkeit

Aufgabe 7

Erweitern Sie das Programm aus Aufgabe 6 so, dass ein Eintrag der Liste nachträglich bearbeitet werden kann. Dazu soll ein markierter Eintrag aus der Liste entfernt und sollen die Daten wieder zurück in die Textfelder übertragen werden. Nachdem die Daten dort verändert wurden, können sie dann mit der Schaltfläche ÜBERNEHMEN wieder in die Liste übernommen werden (siehe Abbildung 10.22).

Abbildung 10.22 Frame zu Aufgabe 7

Um einen Eintrag aus der Liste zurück in die Textfelder zu übertragen, können Sie den markierten Eintrag in eine Stringvariable übernehmen und den Eintrag aus der Listbox löschen. Mit der Methode substring der Klasse String kann der erste Teilstring vom Anfang bis zum ersten Auftreten eines Semikolons in das Textfeld für den Nachnamen übertragen werden. Löschen Sie nun diesen ersten Teilstring aus der Stringvariablen, und Sie können in gleicher Weise den Vornamen usw. aus der Stringvariablen extrahieren. Sie finden die Musterlösung auf der beiliegenden DVD im Ordner *Arbeitsumgebung\Java\Programme\JavaUebung10* unter dem Namen *KontaktlisteMitBearbeiten*.

10.4 Ausblick

Dieses Kapitel hat Ihnen aus der Vielzahl der Containerklassen die Klassen `Array` und `ArrayList` vorgestellt. Sie stehen nur stellvertretend für viele weitere solche Klassen. Mit dem Grundverständnis der Funktionsweise, das hier vermittelt wurde, sind Sie aber in der Lage, sich auch in andere Containerklassen einzuarbeiten. Container werden in vielen grafischen Komponenten eingebettet. Eine `JList` verwendet z. B. einen Container, um die dargestellten Textzeilen zu speichern.

In einigen Programmbeispielen haben Sie bzw. der Anwender bei der Nutzung des Programms eine größere Anzahl von Eingaben gemacht. Diese wurden in einigen Komponenten gespeichert, aber immer nur so lange, bis das Programm beendet wurde. Nach einem Neustart waren die Eingaben immer wieder gelöscht. Das hat sicher auch bei Ihnen den Wunsch nach einer Möglichkeit geweckt, diese Daten auch nach einem Neustart des Programms wieder zur Verfügung zu haben. Immer wenn es um das dauerhafte Speichern von Daten geht, kommt der Begriff der *Datei* ins Spiel.

Das folgende Kapitel stellt den Umgang mit Dateien in Java-Programmen in den Mittelpunkt. Sie werden erfahren, wie Sie in Java-Programmen mit Dateien auf Datenträgern umgehen. Sie werden auf Dateien und Verzeichnisse von Datenträgern zugreifen, und Sie werden selbst Dateien erstellen und Daten in Dateien schreiben und wieder aus Dateien lesen.

Sie werden Daten auf ihrem Weg in bzw. aus Dateien sogar durch einen Filter schicken, und Sie werden am Ende des Kapitels erfahren, wie Sie in Dateien gespeicherte Bilder laden und in eigenen Programmen anzeigen können.

Kapitel 11
Dateien

*Zwei Dinge sind zu unserer Arbeit nötig: unermüdliche Ausdauer und
die Bereitschaft, etwas, in das man viel Zeit und Arbeit gesteckt hat, wieder
wegzuwerfen.*
(Albert Einstein, 1879–1955)

Nahezu jedes Programm mit grafischer Benutzeroberfläche lebt davon, dass der Anwender Daten eingibt, die vom Programm in irgendeiner Weise verarbeitet werden. Als Beispiel sei unser Programm zur Erstellung einer Notenübersicht genannt. Die Daten gehen dort aber mit Beendigung des Programms verloren und müssen nach einem neuerlichen Programmstart wieder eingegeben werden. Dieser Sachverhalt schreit regelrecht nach einer Möglichkeit, die Daten dauerhaft zu speichern, damit sie auch nach einem Programmende und Neustart wieder zur Verfügung stehen.

Daten werden dauerhaft gespeichert, indem sie auf einen Datenträger (Festplatte, CD, DVD, USB-Stick etc.) geschrieben werden. Die Daten werden in Dateien (Files) organisiert abgelegt. Zur Verbesserung der Übersicht können Ordner- bzw. Verzeichnisstrukturen angelegt werden. Es gilt, den lesenden und schreibenden Zugriff auf das Dateisystem oder – anders ausgedrückt – die Eingabe und die Ausgabe von Daten in das bzw. aus dem Dateisystem zu beherrschen.

11.1 Die Klasse »File«

Java stellt für die Arbeit mit Dateien und Verzeichnissen die Klasse `java.io.File` zur Verfügung. Ein Objekt der Klasse `File` kann demnach sowohl für den Namen einer Datei als auch für den Namen eines Verzeichnisses stehen. Im Zusammenhang mit Ordner- bzw. Verzeichnisstrukturen müssen Sie dabei einige Plattformabhängigkeiten beachten: Die Wurzel einer Verzeichnisstruktur ist unter Windows der *Backslash* (\), der an einen Datenträger gebunden ist (C:\). Unter Linux, BSD und OS X steht der *Slash* (/) allein für das Wurzelverzeichnis. Datenträger werden alle unterhalb dieses gemeinsamen Wurzelverzeichnisses eingebunden. In Pfadangaben dient unter Windows der Backslash, unter Linux der normale Slash als Trennzeichen zwischen Verzeichnisnamen.

Java wäre nicht Java, wenn es mit diesen Plattformabhängigkeiten nicht umgehen könnte. Das bedeutet, dass je nach Plattform, auf der Ihr Java-Programm ausgeführt wird, die Pfadangaben zwar unterschiedlich aussehen, die Funktionalität Ihres Programms aber erhalten bleibt. Es gelten allerdings einige Einschränkungen, da die unterschiedlichen Dateisysteme auf Betriebssystemebene z. B. auch unterschiedlich ausgeprägte Möglichkeiten zur Verwaltung von Zugriffsrechten zur Verfügung stellen. Auch Java kann auf einer Plattform nur die von dieser Verwaltungsebene bereitgestellten Optionen anbieten.

Beim Erzeugen eines Objekts der Klasse File muss dem Konstruktor in irgendeiner Form der Datei- bzw. Verzeichnisname übergeben werden. Die Angabe dieses Namens kann in mehreren Varianten erfolgen, für die die Klasse File jeweils einen geeigneten Konstruktor besitzt (siehe Tabelle 11.1).

Konstruktor	Erläuterung
File(String path)	path ist ein Datei- oder Verzeichnisname.
File(String dir, String name)	dir ist ein Verzeichnisname; name ist ein Datei- oder Verzeichnisname.
File(File dir, String name)	dir ist ein Verzeichnis vom Typ File; name ist ein Datei- oder Verzeichnisname.

Tabelle 11.1 Konstruktoren der Klasse »File«

Die Klasse File stellt zahlreiche Methoden zur Verfügung, z. B. zum Prüfen der Zugriffsrechte und Eigenschaften, zum Umbenennen und Löschen von Dateien sowie zum Lesen von Verzeichnisinhalten. Eine sehr häufig benötigte Methode prüft, ob eine Datei im Dateisystem existiert. Tabelle 11.2 gibt einen Überblick über die wichtigsten Methoden der Klasse File.

Methode	Beschreibung
public boolean canRead()	Prüft auf Leserecht.
public boolean canWrite()	Prüft auf Schreibrecht.
public boolean delete()	Löscht die Datei bzw. das Verzeichnis und liefert true zurück, falls der Löschvorgang erfolgreich war.
public boolean exists()	Liefert true zurück, wenn die Datei im Dateisystem existiert.

Tabelle 11.2 Die wichtigsten Methoden der Klasse »File«

Methode	Beschreibung
public String getName()	Liefert den Dateinamen ohne den Pfad zurück.
public String getParent()	Liefert das übergeordnete Verzeichnis oder null, falls es sich beim Pfadanteil um das Hauptverzeichnis handelt.
public String getPath()	Liefert den Pfadanteil zurück.
public boolean isDirectory()	Liefert true, falls es sich um ein Verzeichnis handelt, sonst false.
public boolean isFile()	Liefert true, falls es sich um eine Datei handelt, sonst false.
public long length()	Liefert die Dateigröße in Bytes.
public String[] list()	Liefert ein String-Array mit allen Einträgen im betreffenden Verzeichnis zurück.
public boolean renameTo(File dest)	Benennt die Datei bzw. das Verzeichnis so um, dass sie bzw. es den Namen des übergebenen File-Objekts erhält, und liefert im Erfolgsfall true zurück.

Tabelle 11.2 Die wichtigsten Methoden der Klasse »File« (Forts.)

Die Anwendung der Klasse File soll jetzt in einem Programmbeispiel eingesetzt werden, um die Verwendung einiger der wichtigsten Methoden zu illustrieren.

11.1.1 Beispielanwendung mit der Klasse »File«

Das Beispielprogramm *Verzeichnisinhalt* soll den Inhalt eines Verzeichnisses, getrennt nach Dateien und Verzeichnissen, in zwei Listboxen ausgeben. Der Name des Verzeichnisses, dessen Inhalt angezeigt werden soll, wird vom Anwender zuvor in ein Textfeld eingetragen (siehe Abbildung 11.1).

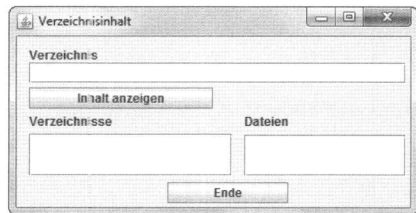

Abbildung 11.1 Frame der Beispielanwendung

Das Erstellen des Frames mit den beiden Listboxen wurde im vorigen Kapitel ausführlich erläutert und muss hier nicht wiederholt werden. Als zusätzliche private-Eigenschaft des Frames wird ein Objekt der Klasse File definiert:

private File verzeichnis;

Die Methode zum Anzeigen des Verzeichnisinhalts ist als Reaktion auf die Betätigung der Schaltfläche INHALT ANZEIGEN implementiert.

```
private void jBtnAnzeigenActionPerformed(ActionEvent evt) {
  jListVerzeichnisseModel.clear();
  jListDateienModel.clear();
  if (jTFVerzeichnis.getText().isEmpty()) {
    JOptionPane.showMessageDialog(null, "Verzeichnisname fehlt!");
  } else {
    verzeichnis = new File(jTFVerzeichnis.getText());
    if (verzeichnis.exists() && verzeichnis.isDirectory()) {
      String[] inhalt = verzeichnis.list();
      for (String eintrag: inhalt) {
        File f=new File(verzeichnis, eintrag);
        if (f.isDirectory()) {
          jListVerzeichnisseModel.addElement(eintrag);
      } else {
            jListDateienModel.addElement(eintrag);
          }
        }
      } else {
      JOptionPane.showMessageDialog(null, "Verzeichnis existiert nicht!");
    }
  }
}
```

Listing 11.1 Methode zum Übertragen eines Verzeichnisinhalts in zwei Listboxen

Mit den ersten beiden Anweisungen werden die beiden ListModels geleert, damit bei mehrmaligem Betätigen der Schaltfläche die Einträge des aktuell auszulesenden Verzeichnisses nicht an die Verzeichnis- bzw. Dateiliste des vorhergehenden Vorgangs angehängt werden.

Nur wenn im Textfeld ein Verzeichnisname eingetragen ist, soll eine Auswertung erfolgen. Dies stellen Sie mit der folgenden if-Anweisung sicher. Ist ein Verzeichnisname angegeben, wird das File-Objekt mit dem Namen verzeichnis erzeugt. Mit der Methode exists() wird geprüft, ob das Verzeichnis im Dateisystem existiert. Ist dies der Fall, kann die Auswertung erfolgen.

Für die Auswertung wird ein lokales String-Array namens `inhalt` durch Aufruf der Methode `list()` des `File`-Objekts mit den Namen der Verzeichnisse und Dateien gefüllt.

```
String[] inhalt = verzeichnis.list();
```

In einer Foreach-Schleife können daraufhin die Einträge abgearbeitet werden. Um überprüfen zu können, ob der jeweilige Eintrag in die Verzeichnis- oder in die Dateiliste eingetragen werden muss, muss zu jedem Eintrag ein `File`-Objekt erstellt werden. Die Methode `isDirectory()` dieses Objekts liefert das Entscheidungskriterium für die korrekte Zuordnung.

```
for (String eintrag: inhalt) {
  File f=new File(verzeichnis, eintrag);
  if (f.isDirectory()) {
    jListVerzeichnisseModel.addElement(eintrag);
  } else {
    jListDateienModel.addElement(eintrag);
  }
}
```

Listing 11.2 Foreach-Schleife zur Prüfung auf Datei oder Verzeichnis

Zu beachten ist, dass das `File`-Objekt in der Foreach-Schleife mit dem Konstruktor erstellt wird, der Verzeichnisname und Dateiname als Parameter erwartet. Nur so entsprechen die erzeugten `File`-Objekte den Einträgen des eingelesenen Verzeichnisses und liefert die Methode `isDirectory()` korrekte Ergebnisse. Werden die `File`-Objekte nur mit den Dateinamen erzeugt, wird als Verzeichnis das aktuelle Arbeitsverzeichnis verwendet. Befinden sich dort keine entsprechenden Einträge, liefern die Methoden `isFile()` und `isDirectory()` immer `false` zurück.

Dies zeigt deutlich, dass in einem Java-Programm erzeugte `File`-Objekte nicht automatisch eine Entsprechung als Datei oder Verzeichnis im Dateisystem haben müssen. Sie können unabhängig vom Dateisystem beliebig `File`-Objekte erstellen.

Sie finden den kompletten Quellcode des Programms unter dem Namen *Verzeichnisinhalt* auf der beiliegenden DVD im Ordner *Arbeitsumgebung\Java\Programme\Java-Uebung11*.

11.1.2 Verzeichnisauswahl mit Dialog

Die Beispielanwendung *Verzeichnisauswahl* erfordert die Eingabe eines Verzeichnispfads in ein Textfeld. Das setzt voraus, dass der Anwender die Verzeichnisstruktur kennt oder aber dass er parallel zur Beispielanwendung den Datei-Explorer öffnet, um den gewünschten Verzeichnispfad zu ermitteln. Der Anwender ist es gewohnt, dass Programme, die die Auswahl eines Verzeichnispfads erfordern, einen entsprechenden Explorer-Dialog mitbringen, über den die Auswahl vorgenommen werden kann. Unser Programm soll um einen solchen Auswahldialog erweitert werden.

Zuerst wird der Frame um eine Schaltfläche erweitert, über die der Auswahldialog geöffnet werden soll (siehe Abbildung 11.2).

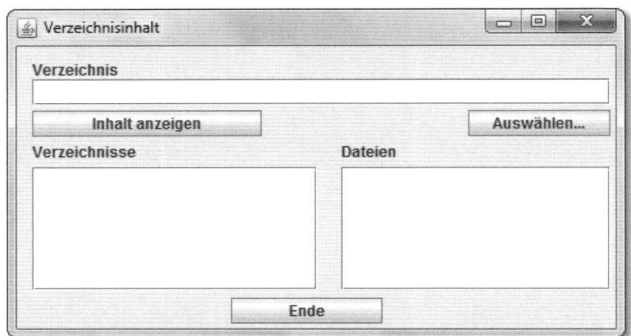

Abbildung 11.2 Schaltfläche zum Öffnen des Verzeichnisauswahldialogs

Mit der import-Anweisung

import javax.swing.JFileChooser;

können Sie aus dem Package javax.swing die sehr universelle Komponente mit dem Namen JFileChooser in den Frame einbinden. Diese Komponente wird auch von Jigloo unter der Rubrik MORE COMPONENTS bereitgestellt. Für den Fall, dass der Auswahldialog nicht als eigenständiges Programmfenster verwendet, sondern zusammen mit anderen Komponenten in einen Frame integriert werden soll, können Sie den JFileChooser von dort in jeden beliebigen Frame einbauen.

Der Dialog zeigt die betriebssystemtypischen Komponenten zum Navigieren, zur Steuerung der Ansicht, zum Editieren des ausgewählten Dateinamens und zur Filterung der Dateianzeige (siehe Abbildung 11.3).

Der Dialog bleibt so lange geöffnet, bis einer der beiden Schaltflächen am rechten unteren Rand betätigt wird. Der Dialog wird durch den Aufruf des Konstruktors erzeugt und durch Aufruf der Methode showOpenDialog oder showSaveDialog angezeigt:

```
JFileChooser fc = new JFileChooser();
int status = fc.showOpenDialog(null);
```

Listing 11.3 Erzeugen und Anzeigen eines Dateiauswahldialogs

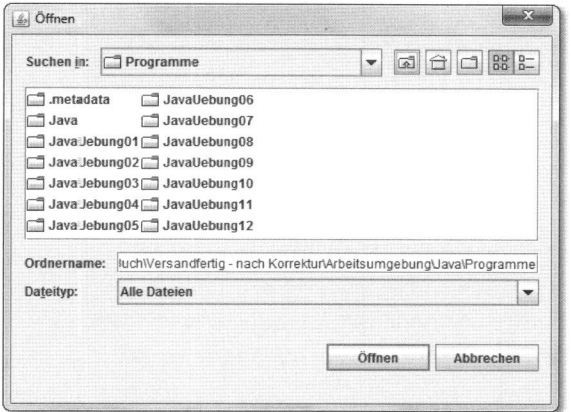

Abbildung 11.3 »JFileChooser«-Dialog

Je nachdem, mit welcher Methode der Dialog angezeigt wird, unterscheidet sich die Beschriftung des Dialogs und der Schaltfläche zur Bestätigung der Auswahl. Der Dialog liefert beim Schließen einen Integer-Wert zurück, der in der lokalen Variablen status gespeichert wird. Dieser Wert erlaubt einen Rückschluss auf die Art und Weise, wie der Dialog geschlossen wurde. JFileChooser definiert entsprechende Konstanten, die zurückgeliefert werden. Über einen Vergleich mit diesen Konstanten können Sie überprüfen, wie der Dialog geschlossen wurde (siehe Tabelle 11.3).

Rückgabewert	Bedeutung
JFileChooser.APPROVE_OPTION	ÖFFNEN bzw. SPEICHERN wurde betätigt.
JFileChooser.CANCEL_OPTION	ABBRECHEN wurde betätigt.
JFileChooser.ERROR_OPTION	Der Dialog wurde mit einem Fehler beendet.

Tabelle 11.3 Vordefinierte Rückgabekonstanten

Mit einer if-Anweisung können Sie sicherstellen, dass nur in dem Fall, dass der Dialog mit der Schaltfläche ÖFFNEN beendet wurde, der ausgewählte Dateiname in das Textfeld übernommen wird. Der ausgewählte Dateiname kann mit der Methode getSelectedFile() vom JFileChooser erfragt werden.

In unserem Fall soll kein Dateiname, sondern nur ein Verzeichnisname als Pfadangabe zurückgeliefert werden. Mit der Methode setFileSelectionMode können Sie aus dem Dateiauswahldialog einen Verzeichnisauswahldialog machen. Die Methode erwartet einen int-Wert. Auch für diesen Zweck sind Konstanten vordefiniert (siehe Tabelle 11.4).

Konstante	Bedeutung
JFileChooser.DIRECTORIES_ONLY	Nur Verzeichnisse anzeigen
JFileChooser.FILES_AND_DIRECTORIES	Dateien und Verzeichnisse anzeigen
JFileChooser.FILES_ONLY	Nur Dateien anzeigen

Tabelle 11.4 Konstanten zur Festlegung der angezeigten Elemente

Das folgende Listing zeigt die vollständige Methode zur Auswahl eines Verzeichnisses und zur Übernahme des ausgewählten Verzeichnispfads in das Textfeld:

```java
private void jBtnAuswaehlenActionPerformed(ActionEvent evt) {
  JFileChooser fc = new JFileChooser();
  fc.setFileSelectionMode(JFileChooser.DIRECTORIES_ONLY);
  int state = fc.showOpenDialog(null);
  if (state == JFileChooser.APPROVE_OPTION ) {
    File selFile = fc.getSelectedFile();
    jTFVerzeichnis.setText(selFile.getPath());
  }
}
```

Listing 11.4 Methode zur Verzeichnisauswahl mit einem »JFileChooser«

Sie finden den kompletten Quellcode des Programms unter dem Namen *VerzeichnisinhaltMitFileChooser* auf der beiliegenden DVD im Ordner *Arbeitsumgebung\Java\ Programme\JavaUebung11*.

11.2 Ein- und Ausgaben in Java

In Java bildet der *Stream* (Datenstrom) die Grundlage für jede Ein- und Ausgabe. Jede Ein- und Ausgabe kann als Kommunikation oder Datenfluss zwischen einem Sender und Empfänger aufgefasst werden. In den bisher von Ihnen erstellten Programmen fanden solche Datenströme von der Tastatur zum Programm und vom Programm zum Bildschirm statt. Sie haben Datenströme bereits intensiv genutzt, indem Sie hauptsächlich den Standardausgabestrom System.out für die Ausgaben an der Konsole verwendet haben. Neben diesem Standardausgabestrom, der standardmäßig auf den Bildschirm schreibt, sind auch der Standardeingabestrom System.in und der Standardfehlerausgabestrom System.err definiert. System.in verfügt über Methoden zum Einlesen (standardmäßig von der Tastatur), und System.err stellt Methoden für die Ausgabe von Fehlermeldungen zur Verfügung. Die Fehlermeldungen werden standardmäßig ebenfalls auf dem Bildschirm bzw. der Konsole ausgegeben. Die Ausgabeströme System.out und System.err sind beide vom Typ PrintStream, während der Eingabestrom System.in vom Typ ein InputStream ist. Damit diese bereits verwendeten Streams richtig eingeordnet werden können, folgen einige allgemeine Erläuterungen zu Datenströmen.

11.2.1 Ein- und Ausgabeströme

Im Package java.io ist eine Vielzahl von Klassen für die Ein- und Ausgabe von Daten zusammengefasst. Ein- und Ausgabeströme können nach verschiedenen Kriterien unterschieden werden. Die wichtigste Unterscheidung betrifft die Dateneinheit, die bei der Übertragung von Daten verwendet wird. In Java werden *byteorientierte* und *zeichenorientierte* Streams unterschieden (siehe Abbildung 11.4).

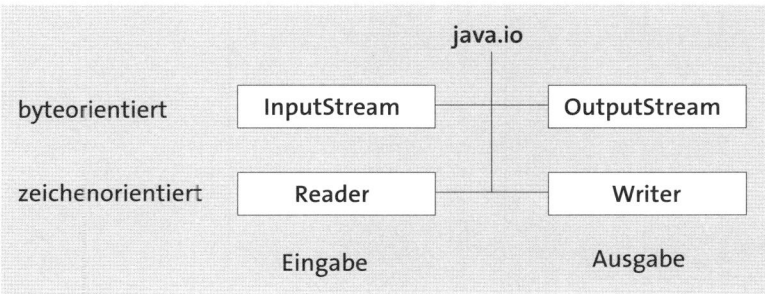

Abbildung 11.4 Datenströme

Ursprünglich gab es in Java nur byteorientierte Streams. Das Byte ist die kleinste direkt zugreifbare Informationseinheit und bietet sich deshalb als Einheit für die Datenübertragung an, weil sich jeder Datenbestand unabhängig davon, ob es sich um Text, Bilder, Videos, Programmdaten oder andere Informationen handelt, als Folge von Bytes darstellen lässt. Unicode verwendet pro Zeichen 32 Bit. Java verwendet UTF-16 zur Zeichendarstellung. Damit wird ein Zeichen mit einer 4-Byte-Sequenz dargestellt. Für die Übertragung von Zeichenfolgen stellt Java spezialisierte Datenströme zur Verfügung. Das sehr häufig benötigte Lesen und Schreiben von Textdaten wird damit wesentlich vereinfacht.

Ein zweites Unterscheidungskriterium ist bei allen Datenströmen die Richtung, in der Daten übertragen werden. Die Richtung wird dabei immer aus der Sicht des Programms angegeben, das den Datenstrom verwendet. Ein Eingabestrom dient dem Programm als Eingabe und liefert dem Programm Daten, während der Ausgabestrom dazu verwendet wird, Daten an ein Ausgabegerät weiterzureichen.

11.2.2 Byteorientierte Datenströme

Byteorientierte Eingabeströme sind immer von der Klasse InputStream bzw. davon abgeleitet, und Ausgabeströme sind von der Klasse OutputStream bzw. davon abgeleitete Klassen.

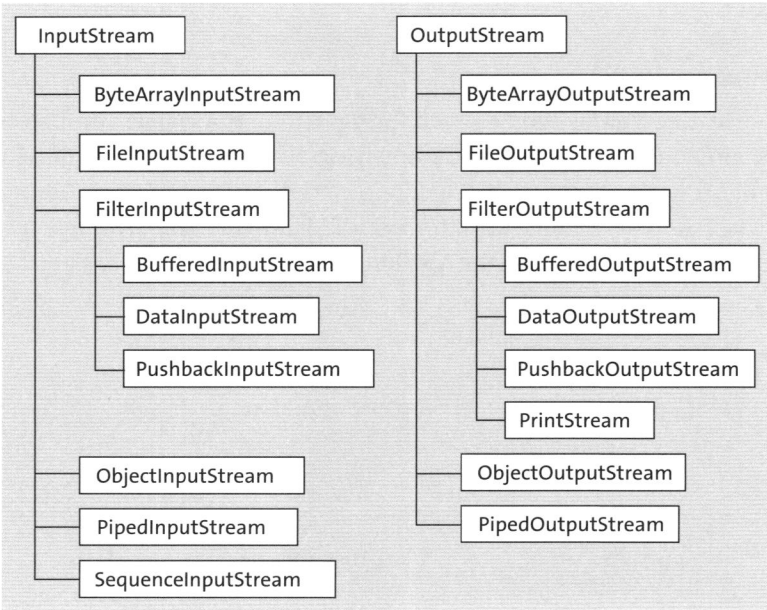

Abbildung 11.5 Byteorientierte Datenströme

Die in Abbildung 11.5 gezeigte Vererbungshierarchie zeigt die beiden Basisklassen InputStream und OutputStream und die davon abgeleiteten spezialisierten Klassen. Tabelle 11.5 erläutert die unterschiedlichen Spezialisierungen der abgeleiteten Klassen.

Klasse	Beschreibung
InputStream/ OutputStream	Superklasse aller byteorientierten Datenströme
ByteArrayInputStream/ ByteArrayOutputStream	Liest aus bzw. schreibt in Byte-Arrays.
FileInputStream/ FileOutputStream	Liest aus bzw. schreibt in Dateien.

Tabelle 11.5 Die unterschiedlichen byteorientierten Streams

11.2 Ein- und Ausgaben in Java

Klasse	Beschreibung
`FilterInputStream`/ `FilterOutputStream`	Basisklassen für die Bearbeitung von Daten beim Einlesen bzw. Ausgeben; z. B. können Daten beim Ausgeben verschlüsselt und beim Einlesen entschlüsselt werden.
`BufferedInputStream`/ `BufferedOutputStream`	Verfügt über einen Lese-/Schreibpuffer.
`DataInputStream`/ `DataOutputStream`	Besitzt Methoden zum Einlesen bzw. Ausgeben von Standarddatentypen.
`PushbackInputStream`	Bietet die Möglichkeit, bereits gelesene Daten zum erneuten Lesen wieder in den Eingabestrom zurückzugeben.
`PrintStream`	Besitzt Methoden zur zeilenorientierten Ausgabe der Standarddatentypen (`print`, `println`).
`ObjectInputStream`/ `ObjectOutputStream`	Stellt Methoden zum Lesen bzw. Ausgeben von Objekten zur Verfügung. Sie bilden die Pendants zu `DataInputStream` bzw. `DataOutputStream` für die primitiven Datentypen.
`PipedInputStream`/ `PipedOutputStream`	Stellt Methoden für den Datenaustausch zwischen voneinander unabhängigen Programmen (Threads) zur Verfügung.
`SequenceInputStream`	Kann mehrere Eingabeströme zu einem Stream zusammenfassen. Wird das Ende eines Eingabestroms erreicht, wird automatisch aus dem nächsten Eingabestrom gelesen.

Tabelle 11.5 Die unterschiedlichen byteorientierten Streams (Forts.)

Die grundlegenden Methoden der Eingabeströme sind in Tabelle 11.6 zusammengefasst. Die Methoden lösen im Fehlerfall Exceptions vom Typ `java.io.IOException` aus. Die Exceptions müssen entsprechend abgefangen oder weitergereicht werden. Beim Einlesen von Daten mit einem `InputStream` wird so lange blockiert, bis Daten im Eingabestrom zur Verfügung stehen oder das Ende des Eingabestroms erreicht wird.

Methode	Beschreibung
`int available()`	Liefert die Anzahl an Bytes zurück, die ohne Blockieren gelesen werden können.

Tabelle 11.6 Methoden der Superklasse »InputStream«

Methode	Beschreibung
abstract int read()	Liest das nächste Byte aus dem Stream. Der zurückgelieferte Wert liegt zwischen 0 und 255. Steht kein Byte mehr zur Verfügung, weil das Ende des Streams erreicht wurde, wird –1 zurückgeliefert. Der Modifier abstract sagt aus, dass abgeleitete Klassen diese Methode implementieren müssen.
int read(byte[] b)	Füllt das Byte-Array b mit den gelesenen Bytes. Es wird bis zu b.length gelesen. Die tatsächliche Anzahl gelesener Bytes wird zurückgeliefert. Stehen keine Bytes zum Lesen zur Verfügung, weil das Stream-Ende bereits erreicht ist, wird –1 zurückgeliefert.
int read(byte[] b, int offset, int count)	Füllt das Byte-Array ab der Position offset mit bis zu count gelesenen Bytes. Stehen keine Bytes zum Lesen zur Verfügung, weil das Stream-Ende bereits erreicht ist, wird –1 zurückgeliefert.
void close()	Schließt den Eingabestrom.

Tabelle 11.6 Methoden der Superklasse »InputStream« (Forts.)

Bei der Ausgabe von Daten mit einem gepufferten Stream werden die Daten nicht zeitgleich mit dem Erreichen der Schreibanweisung ausgeführt. Die Schreibvorgänge werden erst ausgeführt, wenn der Puffer vollständig gefüllt ist oder der Stream geschlossen wird. Dadurch werden Schreibvorgänge optimiert und die Anzahl der Bewegungen der Schreib-/Leseköpfe einer Festplatte wird minimiert. Programme laufen mit diesen Optimierungen wesentlich schneller ab. Sie können aber als Programmierer den Schreibvorgang auch erzwingen, indem Sie die Methode flush aufrufen (siehe Tabelle 11.7).

Methode	Beschreibung
abstract void write(int b)	Schreibt die acht niederwertigen Bits von b in den Ausgabestrom.
void write(byte[] b)	Schreibt die Bytes aus dem Array b in den Ausgabestrom.
void write(byte[] b, int offset, int count)	Schreibt count Bytes aus dem Byte-Array ab Index offset in den Ausgabestrom.

Tabelle 11.7 Methoden der Superklasse »OutputStream«

Methode	Beschreibung
void flush()	Erzwingt das sofortige Schreiben aller in Puffern zwischengespeicherten Daten in den Ausgabestrom.
void close()	Schließt den Ausgabestrom und ruft bei FilterOutputStream-Objekten zuvor die Methode flush auf.

Tabelle 11.7 Methoden der Superklasse »OutputStream« (Forts.)

11.2.3 Zeichenorientierte Datenströme

Zeichenorientierte Datenströme lesen und schreiben Unicode-Zeichen vom Typ char. Die Zeichenlänge hängt von der Kodierung ab (z. B. Latin-1, UTF-8, UTF-16). Die Superklassen der Ein- und Ausgabeströme sind, wie Abbildung 11.6 zeigt, Reader und Writer. Die abgeleiteten Klassen können analog der byteorientierten Datenströme nach den gleichen Kriterien eingeteilt werden.

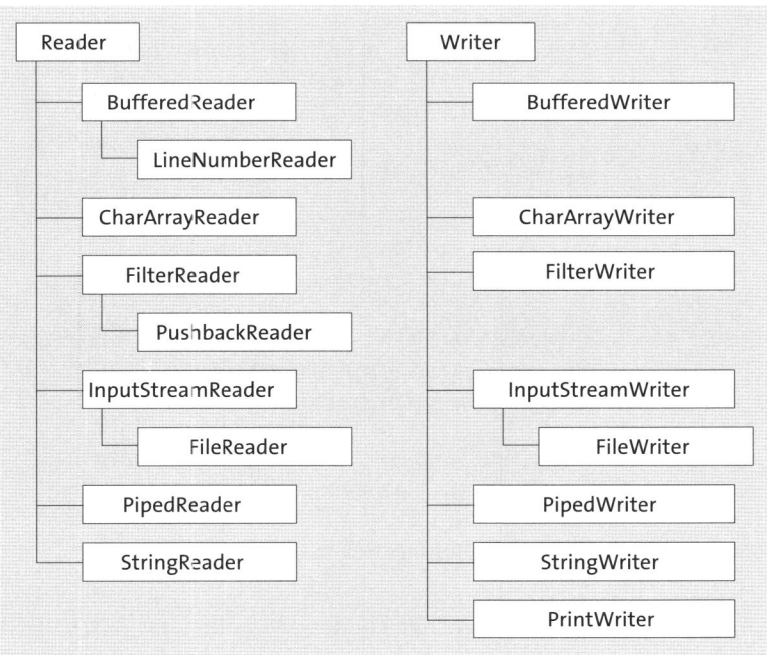

Abbildung 11.6 Zeichenorientierte Datenströme

Die unterschiedlichen Merkmale der in der Klassenhierarchie dargestellten Datenströme werden in Tabelle 11.8 erläutert.

Klasse	Beschreibung
Reader/ Writer	Superklasse aller zeichenorientierten Datenströme
BufferedReader/ BufferedWriter	Verwendet einen Puffer für die Lese- bzw. Schreiboperationen.
LineNumberReader	Führt einen Zähler für die Zeilen mit. Der Zähler kann abgefragt und gesetzt werden.
CharArrayReader/ CharArrayWriter	Kann aus Char-Arrays lesen bzw. in Char-Arrays schreiben.
FilterReader/ FilterWriter	Basisklasse für das Filtern zu lesender bzw. zu schreibender Daten.
PushbackReader	Kann gelesene Daten für weitere Lesevorgänge in den Stream zurückgeben.
InputStreamReader/ InputStreamWriter	Bietet die Möglichkeit, byteorientierte und zeichenorientierte Streams zu koppeln. So können Daten aus byteorientierten Streams in zeichenorientierte Streams und umgekehrt übertragen werden.
FileReader/ FileWriter	Liest aus bzw. schreibt in eine Datei.
PipedReader/ PipedWriter	Bringt Methoden mit, um Datenströme zwischen unabhängigen Programmen (Threads) auszutauschen.
StringReader/ StringWriter	Bietet die Möglichkeit, auf einen String wie auf einen Stream zuzugreifen. Schreibt Zeichen in bzw. liest Zeichen aus einem String.
PrintWriter	Bringt Methoden mit, um primitive Datentypen im Textformat auszugeben.

Tabelle 11.8 Die unterschiedlichen zeichenorientierten Streams

In Tabelle 11.9 und Tabelle 11.10 werden die grundlegenden Methoden der Reader- und der Writer-Klasse zusammengefasst und erläutert.

Methode	Beschreibung
int read()	Liest das nächste Zeichen aus dem Eingabestrom und gibt den Wert vom Datentyp int zurück. Der Wert kann mithilfe der Codetabelle in das entsprechende Zeichen umgesetzt werden.
int read(char[] c)	Liest maximal so viele Zeichen, wie das Char-Array c aufnehmen kann. Die tatsächliche Anzahl gelesener Zeichen wird zurückgeliefert. Wird –1 zurückgeliefert, deutet das darauf hin, dass das Stream-Ende erreicht ist und dass keine Zeichen gelesen wurden.
abstract int read(char[] c, int offset, int count)	Liest maximal count Zeichen aus dem Eingabestrom und speichert sie ab dem Index offset im Char-Array c.
abstract void close()	Schließt den Eingabestrom.

Tabelle 11.9 Methoden der Superklasse »Reader«

Methode	Beschreibung
void write(int c)	Schreibt die 16 niederwertigen Bits von c in den Ausgabestrom.
void write(char[] c)	Schreibt die Zeichen aus dem Array c in den Ausgabestrom.
abstract void write(char[] c, int offset, int count)	Schreibt, beginnend mit dem Zeichen an Position offset, count Zeichen aus dem Array c in den Ausgabestrom.
void write(String s)	Schreibt die Zeichenfolge des Strings s in den Ausgabestrom.
void write(String s, int offset, int count)	Schreibt ab der Position offset count Zeichen aus dem String s in den Ausgabestrom.
abstract void flush()	Erzwingt das sofortige Schreiben der in Puffern befindlichen Zeichen in den Ausgabestrom.
abstract void close()	Erzwingt das sofortige Schreiben der in Puffern befindlichen Zeichen in den Ausgabestrom und schließt den Ausgabestrom.

Tabelle 11.10 Methoden der Superklasse »Writer«

Wir wollen Daten dauerhaft im Dateisystem speichern und darauf zurückgreifen. Nachdem in diesem Abschnitt die Grundlagen zur Klasse File und zu Ein- und Ausgabeströmen erläutert worden sind, soll im folgenden Abschnitt ein Beispielprogramm erstellt werden, das Daten in eine Datei speichert und diese auch wieder aus der Datei einliest.

Es sei vorausgeschickt, dass sich die folgenden Erläuterungen und Beispiele auf das Schreiben und Lesen von Textdaten beschränken. Selbstverständlich stellt Java auch Ein- und Ausgabe-Streams für primitive Datentypen bis hin zu Objekten zur Verfügung. Eine detaillierte Behandlung aller Möglichkeiten würde den Rahmen dieses Buches sprengen, das als Einführung in die Programmierung konzipiert ist. Es sollte aber leicht möglich sein, die hier vorgestellten Grundlagen der Ein- und Ausgabe auf andere Streams anzuwenden. Detaillierte Erläuterungen dieser Streams finden Sie im Internet oder in weiterführender Literatur.

11.3 Das API nutzen

Nachdem Sie kennengelernt haben, welche Komponenten Java für die Ein- und Ausgabe zur Verfügung stellt, ist es nun an der Zeit, dass Sie einige Komponenten auch anwenden.

11.3.1 Daten in eine Datei schreiben

Als Ausgangspunkt für das Programm, das Daten in eine Datei schreibt, soll uns ein Programm dienen, das als Übungsaufgabe in Kapitel 10 erstellt wurde, und das Sie unter dem Namen *KontaktlisteMitBearbeiten* auf der beiliegenden DVD im Ordner *Arbeitsumgebung\Java\Programme\JavaUebung10* finden (siehe Abbildung 11.7).

Abbildung 11.7 Frame des Programms »Kontaktliste«

Das Programm verfügt bereits über eine ganze Reihe nützlicher Features. Kontaktdaten können in eine Liste übernommen werden. Ein Eintrag kann auch nachträglich noch bearbeitet oder auch gelöscht werden. Allerdings gehen die Einträge mit dem Programmende verloren, da sie nicht gespeichert werden. Hier soll die Erweiterung ansetzen, indem beim Beenden des Programms alle Einträge, die sich in der Listbox befinden, in einer Datei gespeichert werden.

Die Methode `jBtnEndeActionPerformed` umfasst bisher nur die Anweisung `System.exit(0)`, um das Programm zu beenden. Vor dieser Anweisung müssen Sie die Ergänzungen zum Speichern der Daten einfügen.

Das Speichern von Daten auf einem Datenträger bedingt immer einen Zugriff auf Hardwarekomponenten. Solche Zugriffe können aus vielerlei Gründen Fehler (Exceptions) auslösen. Datenträger können voll, schreibgeschützt oder auch fehlerhaft sein. Deshalb sollten Sie bei solchen Zugriffen grundsätzlich eine Reaktion auf Exceptions vorsehen.

Für das Speichern der Textdaten greifen Sie auf zeichenorientierte Streams (`Writer`) zurück. Da unter Umständen viele Einträge in der Listbox stehen, die in einer Schleife abgearbeitet werden, wobei viele Schreibvorgänge ausgelöst werden, macht es Sinn, einen gepufferten Stream einzusetzen. Ein `BufferedWriter` übernimmt das Puffern und reicht die Daten zum Schreiben an einen `Writer` weiter. Im vorliegenden Fall wollen Sie in eine Datei schreiben. Deshalb ist hier der `FileWriter` die richtige Wahl. Erweitern Sie die `import`-Liste um folgende Einträge:

```java
import java.io.BufferedWriter;
import java.io.FileWriter;
```

Die Kontaktdaten sollen in der Datei mit dem Namen *Kontakte.dat* gespeichert werden. Die Datei soll im gleichen Ordner gespeichert werden, in dem auch unser Projekt gespeichert ist. Definieren Sie entsprechend als Eigenschaft des Frames eine Stringvariable mit dem Namen `dateiname`, und initialisieren Sie den String mit dem relativen Pfad zum aktuellen Verzeichnis. Wie Sie vielleicht wissen, können Sie mit dem Bezeichner Punkt (.) auf das aktuelle Verzeichnis verweisen. Dieses aktuelle Verzeichnis entspricht für ein gestartetes Programm dem Ordner, aus dem die ausführbare Programmdatei gestartet wurde. Soll die Datei *kontakte.dat* heißen und im gleichen Ordner angelegt werden, in dem auch die Programmdatei liegt, so können Sie unter Windows folgenden Dateinamen definieren:

```java
private String dateiname = ".\\kontakte.dat";
```

Selbstverständlich können Sie auch einen absoluten Pfad verwenden. Der relative Pfad hat den Vorteil, dass der Speicherort unabhängig vom absoluten Pfad des Projekts identisch mit dem Speicherort des Projekts ist.

Hinweis

Um die Plattformunabhängigkeit als einen der wesentlichen Vorteile von Java nutzen zu können, müssen Sie in Pfadangaben plattformabhängige Angaben vermeiden. Windows nutzt als Trennzeichen in Pfadangaben den Backslash (\), während andere Systeme dort den normalen Slash (/) erwarten. Für allgemeingültige Pfadangaben stellt die Klasse File Konstanten zur Verfügung, die plattformabhängig immer das korrekte Zeichen liefern. Die Konstante File.separator liefert plattformabhängig immer das entsprechende Trennzeichen für Pfadangaben.

Es kann nie verkehrt sein, Programme so zu entwerfen, dass sie auch auf anderen Plattformen lauffähig sind. Deshalb sollten Sie als Dateiname mit Pfadangabe

```
private String dateiname = "." + File.separator + "kontakte.dat";
```

verwenden.

Mit der Anweisung

```
BufferedWriter out = new BufferedWriter(new FileWriter(dateiname));
```

wird ein BufferedWriter mit dem Namen out erzeugt. Dem Konstruktor wird ein FileWriter übergeben, der gleichzeitig erzeugt wird. Dem Konstruktor des FileWriter wird als Argument der Name der Zieldatei übergeben.

In einer for-Schleife werden nun zeilenweise die Einträge mit der write-Methode in die Datei geschrieben, und nach jedem Eintrag wird ein Zeilenvorschub ergänzt.

```
for (int i = 0; i < jListKontakteModel.getSize(); i++) {
  out.write(jListKontakteModel.get(i).toString());
  out.newLine();
}
```

Listing 11.5 »for«-Schleife zum Übertragen der Listboxeinträge in die Datei

Die Zählvariable i wird, solange sie kleiner als die von jListKontakteModel.getSize() zurückgelieferte aktuelle Zeilenzahl der Listbox ist, um 1 erhöht. Die Zählvariable i kann innerhalb der Schleife als Zeilen-Index verwendet werden, um mit

```
out.write(jListKontakteModel.get(i).toString());
```

die jeweilige Zeile in den BufferedWriter out zu schreiben.

Die Methode get(int i) des DefaultListModel liefert den Eintrag mit dem Index i als Objekt zurück. Da die write-Methode des BufferedWriter einen String erwartet, wird für das zurückgelieferte Objekt die Methode `toString()` aufgerufen, die das Objekt als String zurückgibt.

Nach dem Verlassen der Schleife wird im `finally`-Zweig des `try-catch`-Konstrukts der Stream mit der `close`-Methode geschlossen. Dadurch wird sichergestellt, dass der Stream auch dann geschlossen wird, wenn beim Schreiben in die Datei Fehler auftreten. Mit dem Schließen des Streams sind dann auch alle eventuell gepufferten Einträge in die Datei geschrieben. Auch beim Schließen der Datei wird auf eventuell auftretende Exceptions reagiert. Sie sollten die Existenz der Datei im Projektordner überprüfen. Sie können die Datei mit einem beliebigen Editor öffnen und so auch den Inhalt der Datei überprüfen.

Das folgende Listing zeigt den kompletten Quellcode der Methode:

```java
private void jBtnEndeActionPerformed(ActionEvent evt) {
  BufferedWriter out = null;
  try {
    out = new BufferedWriter(new FileWriter(dateiname));
    for (int i = 0; i < jListKontakteModel.getSize(); i++) {
      out.write(jListKontakteModel.get(i).toString());
      out.newLine();
    }
  } catch (Exception e) {
      e.printStackTrace();
  } finally {
      if (out != null) {
        try {
          out.close();
        } catch (IOException e) {
            e.printStackTrace();
        }
      }
  }
    System.exit(0);
}
```

Listing 11.6 Quellcode der Methode »jBtnEndeActionPerformed«

11.3.2 Daten aus einer Datei lesen

Die Daten der Listbox werden in der jetzigen Fassung des Programms zwar gespeichert, sie stehen aber nach dem Programmstart noch nicht wieder in der Listbox zur Verfügung. Beim Programmstart sollen die in der Datei gespeicherten Einträge aus der Datei in die Listbox importiert werden. Ein geeigneter Ort für diese Ergänzungen ist das Ende der initGUI. Am Ende dieser Methode ist die Listbox mit dem ListModel bereits erzeugt, und die Einträge können zeilenweise eingetragen werden.

```java
{
  File datei = new File(dateiname);
  BufferedReader in = null;
  if (!datei.exists()) {
      datei.createNewFile();
  } else {
      String adresszeile;
      try {
          in = new BufferedReader(new FileReader(dateiname));
          while ((adresszeile = in.readLine()) != null) {
              jListKontakteModel.addElement(adresszeile);
          }
      } catch (Exception e) {
          e.printStackTrace();
      } finally {
          if (in != null) {
            try {
                in.close();
            } catch (IOException e) {
                e.printStackTrace();
            }
          }
      }
  }
}
```

Listing 11.7 Ergänzung der Methode »initGUI« zum Einlesen der Listboxeinträge

Vor dem allerersten Programmstart existiert noch keine Datei mit Kontaktdaten. Deshalb wird zunächst ein File-Objekt erzeugt. Dieses Erzeugen eines Objekts vom Typ File bedeutet aber noch nicht, dass die Datei im Dateisystem (d. h. auf der Festplatte) damit gleichzeitig erzeugt wird. Mit datei.exists() wird geprüft, ob die Datei auf dem Datenträger existiert. Existiert sie nicht, kann sie mit datei.createNewFile() angelegt werden.

Existiert bereits eine Kontaktdatendatei, wird eine lokale Variable adresszeile vom Typ String angelegt, in der bei den anschließenden Lesevorgängen jeweils die gelesene Zeile zwischengespeichert wird. Analog zum BufferedWriter wird hier ein Eingabe-Stream als

BufferedReader verwendet, dem ebenso analog ein FileReader-Objekt mit dem Dateinamen übergeben wird. Die entsprechenden import-Anweisungen müssen Sie ergänzen:

```
import java.io.File;
import java.io.BufferedReader;
import java.io.FileReader;
```

Da Sie beim Lesen aus einer Datei nicht wissen, wie viele Einträge in der Datei stehen, können Sie hier keine for-Schleife wie beim Schreiben wählen. Es wird daher mit einer while-Schleife so lange aus der Datei gelesen, bis in.readLine() als Ergebnis null liefert. Dies ist der Fall, sobald das Dateiende erreicht ist. Innerhalb der while-Schleife wird mit

```
jListKontakteModel.addElement(adresszeile);
```

der in adresszeile zwischengespeicherte Eintrag in die Listbox übertragen. Nach dem Ende der Schleife wird der BufferedReader und damit die Datei wieder mit

```
in.close();
```

geschlossen. Die Sicherheitsmechanismen mit try-catch entsprechen denen beim Schreiben in die Datei.

Mit diesen Erweiterungen haben Sie ein vollwertiges Programm zur Verwaltung von Kontaktdaten. Die Daten werden dauerhaft gespeichert, und Sie können sie jederzeit erweitern, ändern und löschen.

Mit den Klassen FilterWriter und FilterReader können Daten beim Schreiben in bzw. beim Lesen aus Datenströmen gefiltert werden. Ein einfaches Beispiel für die Anwendung eines solchen Filters könnte das verschlüsselte Speichern eines Textes darstellen. Bei diesem Beispiel geht es nicht darum, eine effektive Verschlüsselung zu verwenden. Vielmehr soll die Verwendung eines FilterWriter bzw. eines FilterReader demonstriert werden. Deshalb wird ganz bewusst ein primitives Verschlüsselungsverfahren verwendet, das mit sehr wenig Quellcode auskommt.

11.3.3 Die Klasse »FilterWriter«

Ein FilterWriter arbeitet immer mit einem anderen Writer-Objekt zusammen. Dieser Writer übernimmt den eigentlichen Schreibvorgang, z. B. in eine Datei. Der FilterWriter manipuliert zuvor die zu schreibenden Unicode-Zeichen.

Der Writer ist das einzige Attribut des Basisklasse FilterWriter. Der einzige Konstruktor erwartet als Argument den Writer, mit dem er zusammenarbeiten soll. Der FilterWriter besitzt die fünf in Tabelle 11.11 aufgelisteten Methoden.

Methode	Beschreibung
void close()	Schließt den Stream.
void flush()	Gepufferte Daten werden geschrieben.
void write(int c)	Schreibt die beiden niederwertigen Bytes als Unicode-Zeichen in den Stream.
void write(char[] c, int offset, int count)	Schreibt count Zeichen des char-Arrays c ab Index offset in den Stream.
void write(String s, int offset, int count)	Schreibt count Zeichen des Strings s ab Index offset in den Stream.

Tabelle 11.11 Methoden der Klasse »FilterWriter«

Einen eigenen FilterWriter müssen Sie von der Basisklasse FilterWriter ableiten. Sie müssen dabei die write-Methoden so implementieren, wie Sie die Manipulation der Zeichen wünschen. Die Basisklasse kennt Methoden zum Schreiben eines einzelnen Zeichens, das als int übergeben wird. Sie kennt weiterhin zwei Methoden write zum Schreiben einer Zeichenfolge aus einem Zeichen-Array bzw. aus einem String. Den Methoden wird als Argument mitgegeben, ab welchem Index die Zeichen des Arrays bzw. des Strings zu schreiben sind und wie viele Zeichen geschrieben werden sollen. Zum Ableiten einer eigenen FilterWriter-Klasse sollten Sie die beschriebenen drei write-Methoden nach Ihren Vorstellungen implementieren. Dabei ist die Methode zum Schreiben eines Zeichens die entscheidende, da alle anderen Methoden auf diese zurückgreifen. Alle weiteren Methoden können so verwendet werden, wie sie vererbt wurden.

```
import java.io.FilterWriter;
import java.io.IOException;
import java.io.Writer;

public class VerschluesseltWriter extends FilterWriter {
  public VerschluesseltWriter(Writer out) {
  super(out);
  }

  public void write(int c) throws IOException {
    super.write(c + 1);
      /* Schreibt anstelle des Zeichens c das um eine Position
       * im Unicode nach hinten verschobene Zeichen
```

         */
    }

    public void write(char[] c, int offset, int count) throws
                                                    IOException {
      for (int i = 0; i < count; i++) {
        write(c[offset + i]);
      }
    }

    public void write(char[] c) throws IOException {
      write(c, 0, c.length);
    }

    public void write(String s, int offset, int count) throws
                                                    IOException {
      for (int i = 0; i < count; i++) {
        write(s.charAt(offset + i));
      }
    }

    public void write(String s) throws IOException {
      write(s, 0, s.length());
    }
}
```

**Listing 11.8** »VerschluesseltWriter«, abgeleitet von »FilterWriter«

Der Konstruktor von VerschluesseltWriter ruft lediglich den Konstruktor der Basisklasse auf. Die Vorgehensweise zum Verschlüsseln des zu schreibenden Textes ist in der write-Methode für ein einzelnes Zeichen abzulesen. Anstelle des übergebenen Zeichens wird das um eine Position in der Unicode-Tabelle nach hinten verschobene Zeichen geschrieben.

Als zusätzliche Methoden wurden zwei Methoden definiert, die ein komplettes Array bzw. einen kompletten String schreiben.

### 11.3.4  Die Klasse »FilterReader«

Die Klasse FilterReader ist analog zu FilterWriter angelegt. Sie arbeitet mit einem Reader zusammen. Von diesem Reader übernimmt der FilterReader Unicode-Zeichen, um sie anschließend zu bearbeiten.
```

Der Reader ist das einzige Attribut der Klasse `FilterReader`. Der Konstruktor erwartet als Argument den Reader, mit dem er zusammenarbeiten soll. Der `FilterReader` verfügt über die folgenden, in Tabelle 11.12 aufgelisteten Methoden.

Methode	Beschreibung
`void close()`	Schließt den Stream.
`void mark(int readAheadLimit)`	Markiert die augenblickliche Position im Stream. Wird danach `reset()` aufgerufen, wird wieder an die markierte Position gesprungen. Dadurch können die gleichen Zeichen mehrfach gelesen werden. Der Parameter gibt an, nach wie vielen gelesenen Bytes die Markierungen verfallen.
`boolean markSupported()`	Liefert zurück, ob die Markierung unterstützt wird.
`int read()`	Liest ein Zeichen aus dem Stream und liefert es als Unicode-Zeichen zurück. Wurde kein Zeichen gelesen, weil das Ende des Streams erreicht wurde, wird −1 zurückgeliefert.
`int read(char[] c, int offset, int count)`	Versucht count Zeichen aus dem Stream zu lesen und im char-Array c abzulegen. Wird kein Zeichen gelesen, weil das Stream-Ende bereits erreicht war, wird −1 zurückgeliefert. Ansonsten wird die Anzahl gelesener Zeichen zurückgeliefert.
`boolean ready()`	Liefert zurück, ob Zeichen zum Lesen im Stream bereitstehen.
`void reset()`	Springt zur Position des Streams, die zuvor markiert wurde.
`long skip(long n)`	Versucht n Zeichen im Stream zu überspringen. Liefert die Zahl der tatsächlich übersprungenen Bytes zurück.

Tabelle 11.12 Methoden der Klasse »FilterReader«

Analog zur Ableitung eines eigenen Writers müssen Sie beim Reader nur die Methoden zum Lesen selbst für Ihre Zwecke implementieren. Alle anderen Methoden können wie vererbt verwendet werden.

Das folgende Listing zeigt, wie die `read`-Methoden überschrieben werden müssen, damit die mit dem `VerschluesseltWriter` geschriebenen Zeichen wieder entschlüsselt werden können:

```java
import java.io.FilterReader;
import java.io.IOException;
import java.io.Reader;

public class VerschluesseltReader extends FilterReader {
    public VerschluesseltReader(Reader in) {
    super(in);
    }

    public int read() throws IOException {
    return super.read() - 1;
    /* verschiebt das gelesene Zeichen wieder um eine Position
    * zurück
    */
    }

    public int read(char[] c, int offset, int length) throws IOException {
    // 1. Orginaldaten einlesen
    int result = super.read(c, offset, length);
    /* Zeichen werden in das char-Array c eingelesen,
    * und in result wird die Anzahl der gelesenen Zeichen
    * gespeichert
    */
    // 2. dekodieren
    for (int i = 0; i < result; i++) {
       c[i + offset] = (char) ((c[i + offset]) - 1);
       /* Der Code jedes Zeichens des char-Arrays
          * wird um 1 reduziert und anschließend wieder in
          * den Datentyp char umgewandelt
       */
    }
    return result;  //Anzahl gelesener Zeichen zurückliefern
    }
}
```

Listing 11.9 »VerschluesseltReader«, abgeleitet von »FilterReader«

Beim Lesen eines Zeichens wird die Verschiebung innerhalb der Unicode-Tabelle wieder rückgängig gemacht. In der Methode zum Einlesen in ein Array werden zuerst die Zeichen mit der geerbten Lese-Methode in das Array eingelesen. Im int result wird festgehalten, wie viele Zeichen gelesen wurden. Anschließend werden die Zeichen im Array so manipuliert, dass die Zeichen wieder unverschlüsselt vorliegen.

11.3.5 Textdatei verschlüsseln und entschlüsseln

Die Verwendung der beiden Komponenten wird in der folgenden Beispielanwendung demonstriert (siehe Abbildung 11.8).

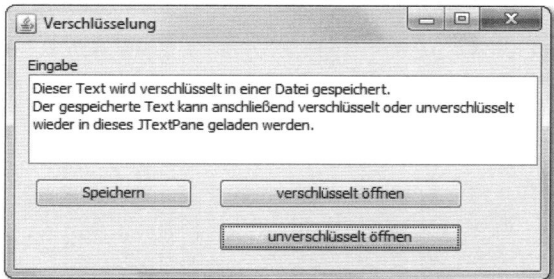

Abbildung 11.8 Beispielanwendung mit »FilterWriter« und »FilterReader«

Der Frame enthält eine `JTextPane`-Komponente. Sie kann im Gegensatz zum `JTextField` mehrzeiligen Text als Eingabe aufnehmen und somit wie ein einfacher Editor verwendet werden. Damit bei Bedarf auch Scrollbalken eingeblendet werden, sollte die Komponente, wie in vorangegangenen Beispielen die JList, mit einem `JScrollPane`-Container verbunden werden.

Beim Speichern wird der Text aus dem `JTextPane` mithilfe des `VerschluesseltWriter` in eine Datei mit dem Namen *verschluesselt.txt* geschrieben. Die Datei wird im Projektordner angelegt. Sie können die Datei dann mit jedem beliebigen Editor öffnen und die gespeicherten Zeichen begutachten. Das Programm bietet aber auch selbst die Möglichkeit, den Text wie gespeichert, also verschlüsselt, wieder in die `JTextPane`-Komponente zu holen oder aber mithilfe des `VerschluesseltReader` die unverschlüsselte Form wiederherzustellen.

Der Dateiname wird mit relativem Pfad definiert, damit die Datei jeweils im Projektordner angelegt wird:

```
private String dateiname = "." + File.separator + "verschluesselt.txt";
```

Zum verschlüsselten Speichern wird die folgende Methode mit der Schaltfläche SPEICHERN verknüpft:

```
private void jBtnSpeichernActionPerformed(ActionEvent evt) {
  VerschluesseltWriter out = null;
```

```
try {
   out = new VerschluesseltWriter(new FileWriter(dateiname));
   out.write(jTextPane.getText());
} catch (Exception e) {
   JOptionPane.showMessageDialog(null, "Fehler beim Speichern!");
} finally {
   if (out != null) {
      try {
         out.close();
      } catch (IOException e) {
         e.printStackTrace();
      }
   }
}
```

Listing 11.10 Methode zum verschlüsselten Speichern

Um auf eventuelle Fehler zu reagieren, wird der Speichern-Vorgang in einen try-catch-Block integriert, der jegliche Art von Exception abfängt. Zuerst wird ein Verschluesselt-Writer-Objekt mit dem Namen out erzeugt. Dem Konstruktor wird als Argument ein FileWriter mitgegeben. Mit diesem arbeitet der VerschluesseltWriter zusammen. Da die Kommunikation zwischen den beiden vollständig gekapselt ist, müssen Sie den FileWriter nicht als lokale Variable definieren. Er wird beim Aufruf des Konstruktors mit new und dem Dateinamen der zu verwendenden Datei erzeugt und dem VerschluesseltWriter übergeben.

Den Text eines JTextPane können Sie in gleicher Weise wie bei einem JTextField mit der Methode getText als String entnehmen und der write-Methode des VerschluesseltWriter übergeben. Dadurch, dass er den Text an den FileWriter weiterreicht und dieser den Schreibvorgang in die Datei abwickelt, ist damit der gesamte Schreibvorgang abgeschlossen, und der Stream kann mit close geschlossen werden.

Um den verschlüsselten Text, ohne ihn zu entschlüsseln, in den Editor zu holen, wird die folgende Methode verwendet:

```
private void jBtnVerschluesseltActionPerformed(ActionEvent evt) {
   BufferedReader in = null;
   try {
      in = new BufferedReader(new FileReader(dateiname));
      int c;
      StringBuffer zeile = new StringBuffer();
      while ((c = in.read()) >= 0) {
```

```
      zeile.append((char) c);
    }
    jTextPane.setText(zeile.toString());
  } catch (Exception e) {
    JOptionPane.showMessageDialog(null, "Fehler beim Lesen!");
  } finally {
    if (in != null) {
      try {
        in.close();
      } catch (IOException e) {
        e.printStackTrace();
      }
    }
  }
}
```

Listing 11.11 Methode zum verschlüsselten Speichern

Ein `BufferedReader` wird zum Lesen aus der Datei verwendet. Auch er arbeitet mit einer weiteren Komponente (`FileReader`) zusammen, die in diesem Fall das Lesen aus der Datei übernimmt. Diese Komponente wird als Argument an den `BufferedReader` übergeben. Sie wird ebenfalls mit der Übergabe erstellt, wobei dem Konstruktor der Dateiname als Argument mitgegeben wird. Zur Aufnahme der Zeichenfolge wird ein `StringBuffer` definiert und in einer Schleife Zeichen für Zeichen eingelesen und an den `StringBuffer` angehängt, bis das Ende des Streams erreicht wird. In diesem Fall liefert die `read`-Methode –1 als Ergebnis zurück.

Die `JTextPane`-Komponente kann mit `setText` einen String als anzuzeigenden Text übernehmen. Da sie einen String erwartet, wird die `StringBuffer`-Methode `toString` bei der Übergabe verwendet.

Die Methode zum Ausgeben des unverschlüsselten Textes muss nicht näher erläutert werden. Sie unterscheidet sich von der eben vorgestellten Methode lediglich dadurch, dass der `BufferedReader` durch den `VerschluesseltReader` ersetzt wird.

```
private void jBtnunverschlüsseltActionPerformed(ActionEvent evt) {
  VerschluesseltReader in = null;
  try {
    in = new VerschluesseltReader(new FileReader(dateiname));
    int c;
    StringBuffer zeile = new StringBuffer();
    while ((c = in.read()) >= 0) {
      zeile.append((char) c);
```

```
        }
        jTextPane.setText(zeile.toString());
      } catch (Exception e) {
        JOptionPane.showMessageDialog(null, "Fehler beim Lesen!");
      } finally {
         if (in != null) {
           try {
              in.close();
           } catch (IOException e) {
              e.printStackTrace();
           }
         }
      }
    }
```

Listing 11.12 Methode zum Anzeigen des unverschlüsselten Textes

11.4 Beispielanwendungen

Das bekannte Sprichwort »Ein Bild sagt mehr als tausend Worte« liefert ein gutes Argument dafür, in Anwendungsfenstern auch bildliche Darstellungen zu verwenden. Bilddateien aus unterschiedlichsten Quellen bieten die einfachste Möglichkeit, seine eigenen Programmfenster zu illustrieren und lebhafter zu gestalten. In den folgenden beiden Beispielprogrammen wird gezeigt, wie Sie solche Bilddateien in einen Frame integrieren können.

11.4.1 Bilder in Labels und Buttons

Das erste Beispiel erfordert keinerlei selbst zu schreibenden Quellcode und verursacht deshalb nur ganz wenig Aufwand. Kopieren Sie zunächst eine Bilddatei im *.jpg*- oder *.tif*-Format in den Package-Quellcodeordner *src\gui11* und in den Binary-Ordner *bin\gui11* des Projekts *JavaUebung11*. Auf der beiliegenden DVD finden Sie im Ordner *Arbeitsumgebung\Java\Programme\JavaUebung11\src\gui11* auch die Bilddateien, die hier verwendet werden. Erstellen Sie dann einen neuen Frame, dem Sie ausnahmsweise kein AbsoluteLayout zuweisen. Sie behalten also das als Standard verwendete BorderLayout bei. Als einzige Komponente legen Sie ein JLabel auf dem Frame ab und behalten den vorgeschlagenen Namen und Labeltext bei. Das Label nimmt den gesamten Clientbereich des Frames ein. Die Eigenschaft icon bietet Ihnen die Möglichkeit, den Dateinamen einer Bilddatei einzutragen oder einfacher mit dem ...-Schalter über einen Öffnen-Dialog eine Bilddatei auszuwählen (siehe Abbildung 11.9).

11 Dateien

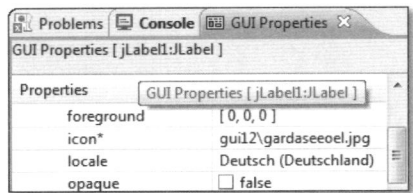

Abbildung 11.9 Auswahl einer Bilddatei als Icon

Sie können hier nur Bilddateien auswählen, die unterhalb des Ordners *src* liegen. Sollten Sie versuchen, aus einem anderen Ordner eine Bilddatei zu wählen, wird Eclipse Sie auf diesen Umstand hinweisen. Für die Anzeige in der Vorschau und für die Verwendung im gestarteten Programm muss die jeweilige Bilddatei im Ordner *bin\gui12* vorliegen. Deshalb muss die Datei für die Verwendung in der Entwicklungsumgebung an zwei Positionen vorliegen. Wollen Sie das fertige Programm weitergeben oder an einen anderen Ort kopieren, müssen Sie auch die so eingebundene Bilddatei entsprechend mitkopieren, damit der relative Pfad zur Bilddatei unverändert gültig bleibt.

Das Bild wird immer in Originalgröße angezeigt (siehe Abbildung 11.10).

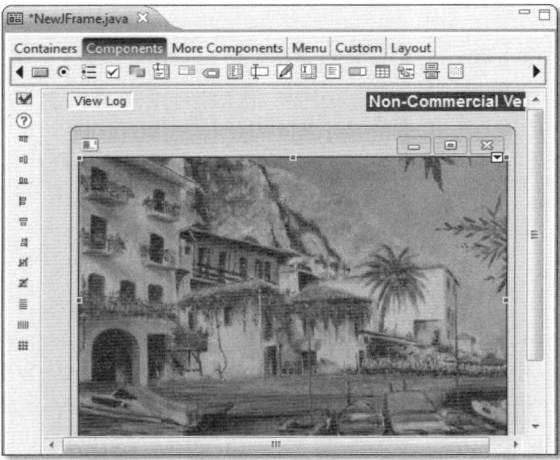

Abbildung 11.10 Vorschau des Frames mit Bild im Label

Wenn Sie das Programm starten und den Frame über die Abmessungen des Bildes hinaus vergrößern, werden Sie feststellen, dass die Beschriftung des Labels erhalten geblieben ist und standardmäßig rechts von der Abbildung zu lesen ist. Sie können diese Grundeinstellung über die Eigenschaften `horizontalTextPosition` bzw. `verticalTextPosition` Ihren eigenen Vorstellungen anpassen und die Beschriftung an dem Bild an unterschiedlichen Positionen ausgerichtet anzeigen lassen.

Die Methode `initGUI` enthält nach solchen Anpassungen z. B. folgende Anweisungen:

```
private void initGUI() {
    try {
        setDefaultCloseOperation(WindowConstants.DISPOSE_ON_CLOSE);
    {
        jLabel1 = new JLabel();
        getContentPane().add(jLabel1, BorderLayout.CENTER);
        jLabel1.setText("jLabel1");
        jLabel1.setIcon(new ImageIcon(getClass().getClassLoader()
                    .getResource("gui12/gardaseeoel.jpg")));
    }
    pack();
    setSize(400, 300);
    } catch (Exception e) {
        // add your error handling code here
        e.printStackTrace();
    }
}
```

Listing 11.13 Die »initGUI«-Methode nach dem Einbinden einer Bilddatei

Die entscheidende Anweisung zum Laden der Bilddatei ist der Aufruf der Methode `setIcon` des Labels. Die Methode erwartet ein Objekt der Klasse `ImageIcon`. Ein solches Objekt wird durch den mehrstufigen Aufruf `getClass().getClassLoader().getResource` aus der Bilddatei erzeugt. Hier zeigen sich wieder einmal deutlich die Vorteile eines Tools wie Jigloo, das dem Programmierer die Formulierung solch komplexer Methodenaufrufe abnimmt. Sie werden vielleicht in anderen Beschreibungen die Möglichkeit finden, dem Konstruktor von `ImageIcon` einen Dateinamen mit Pfad zu übergeben. Diese einfache Art der Erzeugung eines `ImageIcon` funktioniert aber nicht mehr, wenn Sie Ihre Anwendung in ein *.jar*-File packen, um die Anwendung als Applet einzusetzen. Deshalb macht es Sinn, grundsätzlich die hier von Jigloo verwendete Methode einzusetzen. Für die Positionierung des Labeltextes werden Swing-Konstanten an die jeweiligen Methoden übergeben.

Die Klasse `javax.swing.ImageIcon` ist dazu bestimmt, Bilder in Labels, in Buttons oder in Panels auszugeben. Es werden die Bildformate *.gif*, *.jpeg* und *.tif* unterstützt. Ein Bild kann nicht nur über eine Pfadangabe aus einer lokal gespeicherten Datei geladen werden. Sie können als Quelle neben einer Pfadangabe auch eine URL angeben. Damit können Bilder sowohl von einem lokalen Datenträger als auch aus dem Internet bezogen werden. Binden Sie mit einer `import`-Anweisung `java.net.URL` ein, und Sie können mit der Anweisung

```
jLabel1.setIcon(new ImageIcon(new URL("http://www...")));
```

eine Bilddatei aus dem Internet als Label-Icon einbinden.

Häufig werden Schaltflächen (`JButton`) mithilfe von Grafiken aussagekräftiger und lebhafter gestaltet. Die Vorgehensweise mit Jigloo entspricht exakt der Vorgehensweise beim `JLabel`. Allerdings zeigt sich hier ein etwas eigenartiges Verhalten. Unter der Eigenschaft `icon` können wiederum nur Bilddateien gewählt werden, die unterhalb des Ordners *src* im Projektordner liegen. Damit die Bilddatei während der Laufzeit des Programms auch gefunden wird, muss sie im Ordner *bin* abgelegt sein. Für eine reibungslose Funktion in der Entwicklungsumgebung sollten Sie die Bilddateien deshalb in den beiden Ordnern ablegen.

Für die Verwendung mit einer Schaltfläche ist besonders interessant, dass für unterschiedliche Zustände der Schaltfläche auch unterschiedliche Bilder hinterlegt werden können. Sie finden unter den GUI PROPERTIES eines Buttons die in Tabelle 11.13 aufgeführten Zuordnungsmöglichkeiten.

Eigenschaft	Bedeutung
`icon`	Normalzustand
`disabledIcon`	Die Schaltfläche ist deaktiviert.
`disabledSelectedIcon`	Die Schaltfläche ist im gedrückten Zustand deaktiviert.
`pressedIcon`	Die Schaltfläche ist gedrückt.
`rolloverIcon`	Der Mauszeiger befindet sich über der Schaltfläche.
`rolloverSelectedIcon`	Der Mauszeiger befindet sich über der gedrückten Schaltfläche.
`selectedIcon`	Die Schaltfläche ist im gedrückten Zustand.

Tabelle 11.13 Mögliche Schaltflächenzustände

Zu der Liste der Icons, die je nach Zustand der Schaltfläche angezeigt werden, muss gesagt werden, dass die Eigenschaften `disabledSelectedIcon`, `rolloverSelectedIcon` und `selectedIcon` bei den Standard-Buttons wenig Sinn machen. Sie sind eher für `Toggle`-Buttons gedacht, die beim Betätigen im gedrückten Zustand verbleiben, bis sie erneut gedrückt werden. Im dauerhaft gedrückten Zustand wird dann das als `selectedIcon` zugeordnete Bild dargestellt.

Wird kein `disabledIcon` zugeordnet, so wird das Standard-Icon im `disabled`-Zustand grau dargestellt.

Abbildung 11.11 Button mit Icon

Abbildung 11.11 zeigt einen Button mit Icon. Listing 11.14 erläutert die von Jigloo in der `initGUI` vorgenommenen Einträge, die durch das Zuordnen unterschiedlicher Icons für den gedrückten Zustand und für den Fall ergänzt wurden, dass der Mauszeiger sich über dem Button befindet.

```
{
  jButton1 = new JButton();
  getContentPane().add(jButton1, BorderLayout.NORTH);
  jButton1.setText("Ende");
  jButton1.setIcon(new ImageIcon(getClass().getClassLoader()
                    .getResource("gui12/HPH3.GIF")));
  jButton1.setPressedIcon(new ImageIcon(getClass()
          .getClassLoader().getResource("gui12/HPH2.gif")));
  jButton1.setRolloverIcon(new ImageIcon(getClass()
           .getClassLoader().getResource("gui12/HPH.JPG")));
  jButton1.addActionListener(new ActionListener() {
       public void actionPerformed(ActionEvent evt) {
          jButton1ActionPerformed(evt);
       }
  });
}
```

Listing 11.14 Setzen zustandsabhängiger Icons

Abbildung 11.11 zeigt auch, dass der Frame nicht das Standard-Icon links oben im Fensterrahmen darstellt. Das Icon wurde dem Frame unter der Eigenschaft `iconImage` in gleicher Weise wie für den Button bzw. das Label zugewiesen. Im Quellcode wurde durch die Zuweisung die Zeile

```
this.setIconImage(new ImageIcon(getClass().getClassLoader().getResource(
"HPH.JPG")).getImage());
```

gesetzt. Beachten Sie, dass die Pfadangaben von Jigloo so gesetzt werden, dass sie zu der Umgebung passen, unter der die Programme entwickelt werden. Sollen die Programme auf anderen Plattformen lauffähig sein, müssen Sie hier noch Anpassungen vornehmen. Sie finden den Quellcode des Beispielprogramms unter dem Namen *FrameMitBild* im Ordner *Arbeitsumgebung\Java\Programme\JavaUebung11\src\gui11*.

11.4.2 Ein einfacher Bildbetrachter

Im ersten Programmbeispiel haben wir die Klasse `ImageIcon` genutzt. Diese Klasse ist besonders gut dafür geeignet, auf Swing-Komponenten dargestellt zu werden. Genau dafür ist diese Komponente auch genutzt worden. Im zweiten Beispiel greifen wir auf das mit Java 1.4 eingeführte Paket `javax.imageio` zurück. Das Paket wurde eingeführt, um das Lesen und Schreiben von Grafiken zu vereinheitlichen.

Die in diesem Paket definierte Klasse `ImageIO` bringt eine einfache Methode zum Laden von Grafiken mit. Mit der Methode `read` können Bilder der Formate *.gif*, *.jpg* und *.tif* geladen werden. Plattformabhängig können auch andere Formate unterstützt werden. Welche das sind, erfahren Sie über den Aufruf der Methode `ImageIO.getReaderFormatNames()` und der Methode `ImageIO.getReaderMIMETypes()`. Mit der Methode `ImageIO.read()` kann ein Bild aus einer Datei, einer Datenquelle oder einer URL gelesen werden.

Jede Grafik wird als Objekt der Klasse `Image` oder der von dieser abgeleiteten Klasse `BufferedImage` erzeugt. Die `read`-Methode von `ImageIO` erzeugt ein Objekt von letzterer Klasse.

Der Bildbetrachter soll so programmiert werden, dass über einen Dateiauswahldialog beliebige Bilddateien geladen und betrachtet werden können. Bei Bedarf sollen Scrollbalken eingeblendet werden, damit auch große Bilder kein Problem darstellen. Sie haben bereits den Container `JScrollPane` kennengelernt. Er eignet sich für diesen Zweck und wurde in Kapitel 10, »Containerklassen«, zur Darstellung einer wachsenden `JList` verwendet. Die Komponente `JScrollPane` kann Objekte aufnehmen, die von der Klasse `JComponent` abgeleitet sind.

In einem ersten Schritt wird eine Klasse von `JComponent` abgeleitet, die in der Lage ist, ein Bild darzustellen. Diese Klasse können Sie dann in der Anwendung in eine `JScrollPane`-Komponente einbetten.

```
package gui11;

import java.awt.Dimension;
import java.awt.Graphics;
import java.awt.image.BufferedImage;

import javax.swing.JComponent;

public class ImageComponent extends JComponent {
  private BufferedImage image;

  public void setImage(BufferedImage img) {
    this.image = img;
    setPreferredSize(new Dimension(image.getWidth(),
                                   image.getHeight()));
    repaint();
    invalidate();
  }

  @Override
  protected void paintComponent(Graphics g) {
    if (image != null) {
      g.drawImage(image, 0, 0, this);
    }
  }
}
```

Listing 11.15 »ImageComponent«, von »JComponent« abgeleitet

Die abgeleitete Komponente besitzt ein zusätzliches Attribut vom Typ BufferedImage zur Aufnahme eines Bildes. Der Konstruktor ruft lediglich den Konstruktor der Basisklasse auf. Die Setter-Methode setImage übernimmt als Argument ein BufferedImage. Damit lässt sich ein neues Bild zuordnen. Hat sich das Bild geändert, sollte auch die Eigenschaft PreferredSize mit dem entsprechenden Setter angepasst werden. In diesem Attribut wird die Größe festgehalten, die gerade ausreicht, um die Komponente komplett darzustellen. Schließlich wird mit invalidate() der gesamte Bereich der Komponente als ungültig erklärt, damit beim nächsten Neuzeichnen der gesamte Bereich neu gezeichnet wird.

Die Methode paintComponent, die für das Zeichnen der Komponente zuständig ist, muss überschrieben werden. Ihr wird ein Objekt der Klasse Graphics übergeben. Diese Klasse besitzt zahlreiche Methoden zum Zeichnen auf unterschiedlichsten Geräten. Wenn die

Komponente ein Bild enthält, wird es in die Komponente (this) mit dem Ursprung x = 0, y = 0 (also in die linke obere Ecke) gezeichnet. Da PreferredSize auf die Bildgröße gesetzt wurde, füllt das Bild die gesamte Komponente aus.

Die erstellte Komponente ist als Nachkomme von JComponent geeignet, um in einem JScrollPane-Behälter untergebracht zu werden. Der Frame der Anwendung sollte seine Größe an dem darzustellenden Bild ausrichten, und das Bild sollte innerhalb des Frames immer zentral platziert sein. Beim Vergrößern oder Verkleinern des Frames durch den Anwender sollte das Bild seine Größe entsprechend mit ändern. Dadurch wird es dann aber unter Umständen erforderlich, Scrollbalken einzublenden. Die letzte Aufgabe übernimmt automatisch der Container JScrollPane. Damit der Container mit dem Bild immer zentriert dargestellt wird, verwenden Sie für den Frame das AnchorLayout.

Wie der Name schon sagt, kann dieses Layout jede Komponente in irgendeiner Art und Weise auf dem Container verankern. Sie definieren demnach nicht die absolute Größe der Komponente, die auf dem Container abgelegt wird, sondern Sie geben an, wie sich die Ränder der Komponente in Relation zu den Rändern des Containers verhalten sollen. Durch die Verwendung des AnchorLayout werden in der initGUI die beiden Anweisungen

```
AnchorLayout thisLayout = new AnchorLayout();
getContentPane().setLayout(thisLayout);
```

ergänzt. Platzieren Sie nun z. B. einen Button im Frame, so wird die add-Methode für den Clientbereich mit acht Argumenten folgendermaßen aufgerufen:

```
getContentPane().add(jButton1, new AnchorConstraint(10, 150, 20, 100,
    AnchorConstraint.ANCHOR_REL, AnchorConstraint.ANCHOR_REL,
    AnchorConstraint.ANCHOR_REL, AnchorConstraint.ANCHOR_REL));
```

Die Angaben und deren Auswirkungen auf Position und Größe der Komponente erscheinen auf den ersten Blick etwas verwirrend. Sie sollten den Blick zunächst auf die letzten vier Parameterwerte richten. Sie beziehen sich entsprechend der angegebenen Reihenfolge auf die ersten vier Zahlenwerte. Jigloo setzt standardmäßig erst einmal die letzten vier Werte auf die Konstante AnchorConstraint.ANCHOR_REL. Damit sind die vier Zahlenwerte als relative Werte (bezogen auf die Größe des übergeordneten Containers) anzusehen (siehe Abbildung 11.12).

Die vier Zahlenwerte sind in der Reihenfolge Top, Right, Bottom und Left als Abstände zu den Rändern des übergeordneten Containers zu interpretieren. Da sich die Zahlen als Relativangaben auf die absolute Größe des übergeordneten Containers beziehen, müssen Sie die Berechnungsformel kennen, um die Angaben in Pixel umrechnen zu können.

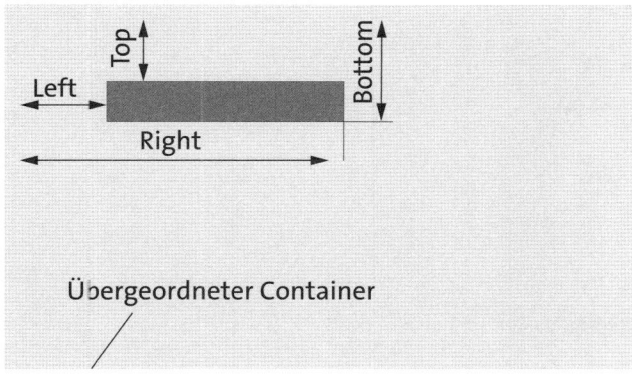

Abbildung 11.12 Angaben zur »ANCHOR_REL«-Position

Die absoluten Zahlenwerte in Pixel ergeben sich aus der Formel:

Ausdehnung übergeordneter Container × Relativangabe : 1.000

Glücklicherweise können Sie neben der Konstanten ANCHOR_REL noch weitere Optionen wählen (siehe Tabelle 11.14).

Verankerung	Bedeutung
ANCHOR_REL	Zahlenangaben relativ zur Größe des übergeordneten Containers
ANCHOR_ABS	Zahlenangaben als Absolutwerte in Pixel
ANCHOR_NONE	keine Verankerung

Tabelle 11.14 Verankerungsarten für das »AnchorLayout«

Geben Sie als Option ANCHOR_NONE für einen Wert an, dann hat der entsprechende Zahlenwert keinerlei Bedeutung, und der tatsächliche Wert ergibt sich aus der in der Anweisung

```
...setPreferredSize(new java.awt.Dimension(107, 23));
```

festgelegten Größe. Geben Sie für alle Parameter ANCHOR_NONE an, dann wird die Komponente mit der linken oberen Ecke an der Position 0,0 positioniert.

Die Festlegung der Verankerung müssen Sie nicht manuell im Quellcode vornehmen. Jigloo blendet beim AnchorLayout in der Vorschau für jede markierte Komponente einen nach unten gerichteten Pfeil ein. Ein Klick auf diesen Pfeil öffnet ein kleines Fenster mit vier Schaltflächen (siehe Abbildung 11.13). Über diese Schaltflächen können Sie die vier Verankerungsoptionen festlegen.

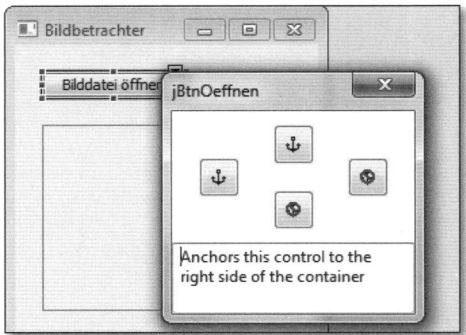

Abbildung 11.13 Zuordnung der Verankerungsoption

Die Symbole auf den Schaltflächen stehen für die aktuell eingestellte Verankerungsoption. Der schräg gestellte Anker steht für `ANCHOR_REL`.

Der Bildbetrachter soll einen Button zum Öffnen eines Dateiauswahldialogs und die in ein `ScrollPane` eingebettete `ImageComponent` beinhalten (siehe Abbildung 11.14).

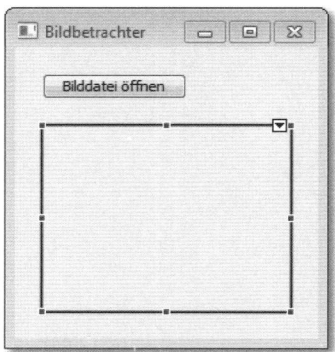

Abbildung 11.14 Frame des Bildbetrachters

Die Verankerung der Schaltfläche soll so erfolgen, dass der Abstand zum oberen und linken Rand des Frames immer gleich bleibt. Dazu wird das Maß für `Top` und `Left` mit einem Abstand von 20 Pixeln als `ANCHOR_ABS` definiert:

```
getContentPane().add(jBtnOeffnen,
     new AnchorConstraint(20, 300, 100, 20,
                         AnchorConstraint.ANCHOR_ABS,
                         AnchorConstraint.ANCHOR_NONE,
                         AnchorConstraint.ANCHOR_NONE,
                         AnchorConstraint.ANCHOR_ABS));
```

Die Maße für `Bottom` und `Right` spielen dabei keine Rolle, weil sie durch die anschließende Größenfestlegung mit `setPreferredSize` wieder überschrieben werden.

Das `ScrollPane` soll unabhängig von der Frame-Größe die Abstände zum Frame-Rand immer gleich groß beibehalten. Die Abstände sollen nach rechts, links und unten 20 Pixel und zum oberen Rand 60 Pixel betragen. Alle Anchor-Angaben werden deshalb als absolut definiert.

Das folgende Listing zeigt die gesamte Definition für das `ScrollPane` mit eingebetteter `ImageComponent`:

```
{
  jScrollPane1 = new JScrollPane();
  getContentPane().add(jScrollPane1,
            new AnchorConstraint(60, 20, 20, 20,
                    AnchorConstraint.ANCHOR_ABS,
                    AnchorConstraint.ANCHOR_ABS,
                    AnchorConstraint.ANCHOR_ABS,
                    AnchorConstraint.ANCHOR_ABS));
  jScrollPane1.setAutoscrolls(true);
  jScrollPane1.setPreferredSize(
                    new java.awt.Dimension(200, 200));
  {
    Bild = new ImageComponent();
    a = ImageIO.read(new File("." + File.separator
                            + "bewblau.jpg"));
    Bild.setImage(a);
    jScrollPane1.setViewportView(Bild);
    jScrollPane1.setSize(a.getWidth() + 2,
                        a.getHeight() + 2);

  }
}
```

Listing 11.16 »Scrol Pane« mit »ImageComponent«

Das `ScrollPane` erhält eine Ausgangsgröße von 202 × 202 Pixel. Diese wird aber nach dem Laden des anzuzeigenden Bildes auf die Größe des Bildes korrigiert. Das Bild wird mit `ImageIO.read` geladen. Der Pfad zu dem Bild wird hier als relativer Pfad angegeben. Der Punkt steht dabei für das aktuelle Verzeichnis. Wenn Sie Programme aus der Entwicklungsumgebung starten, ist dies immer der Projektordner. Es muss also sichergestellt sein, dass sich die entsprechende Bilddatei auch dort befindet. Nach dem Laden wird die Größe des `ScrollPane` an die Bildgröße angepasst.

Die Methode zum Laden einer beliebigen Bilddatei über einen `FileChooser` können Sie folgendermaßen realisieren:

```java
private void jBtnOeffnenActionPerformed(ActionEvent evt) {
  JFileChooser fc = new JFileChooser();
  fc.setFileSelectionMode(JFileChooser.FILES_AND_DIRECTORIES);
  fc.setFileFilter(new FileNameExtensionFilter(
                           "*.jpg; *.gif", "jpg", "gif"));
  fc.setCurrentDirectory(new File("."));
  int status = fc.showOpenDialog(null);
  if (status == JFileChooser.APPROVE_OPTION) {
      String selFile = fc.getSelectedFile().getAbsolutePath();
      try {
        BufferedImage a = ImageIO.read(new File(selFile));
        Bild.setImage(a);
        jScrollPane1.setSize(a.getWidth() + 2,
                             a.getHeight() + 2);
        jScrollPane1.setViewportView(Bild);
            this.setSize(a.getWidth() + 50, a.getHeight() + 120);
      } catch (Exception e) {
        JOptionPane.showMessageDialog(null,
                          "Fehler beim Öffnen der Datei!");
      }
   }
 }
}
```

Listing 11.17 Methode zum Laden einer Bilddatei

Die `FileChooser`-Komponente wird so erzeugt, dass Ordner und Dateien angezeigt werden. Neu ist hier die Verwendung eines Filters, der dafür sorgt, dass im Dialog nur Dateien mit bestimmten Namenserweiterungen angezeigt werden. Hier sollen nur *.jpg*- und *.gif*-Dateien angezeigt werden. Die Methode `setFileFilter` übernimmt für den `FileChooser` einen Filter, der als `FileNameExtensionFilter` erzeugt wird. Als Parameter wird dem Konstruktor der Text übergeben, der im Dialog in der ComboBox DATEITYP angezeigt wird. Als weitere Parameter folgen als kommaseparierte Liste die entsprechenden Dateitypen. Als Ausgangsordner, dessen Inhalt der Dialog beim Öffnen anzeigt, wird der aktuelle Pfad als relative Pfadangabe festgelegt. Wenn Sie das Programm aus der Entwicklungsumgebung starten, ist das, wie oben bereits erwähnt, der Projektordner.

Wird der Dialog FILE ÖFFNEN mit der Schaltfläche ÖFFNEN geschlossen (in der Variablen `status` steht dann der Wert `JFileChooser.APPROVE_OPTION`), dann wird der gewählte

Dateiname als absolute Pfadangabe in die Variable selFile übernommen. Die Bilddatei wird dann wie beim Programmstart geladen, und die Größenanpassungen für das ScrollPane und den Frame werden vorgenommen. Das Bild wird so standardmäßig vollständig im Frame dargestellt. Scrollbalken werden nur erforderlich, wenn der Anwender die Frame-Größe ändert. Für das automatische Einblenden der Scrollbalken sorgt das ScrollPane.

Sie haben mit dieser Anwendung eine kleine, aber schon gut nutzbare Anwendung zum Betrachten von Bilddateien erstellt. Nun folgt noch das Pendant für eine Sounddatei, und dann ist es an der Zeit, dass Sie die neuen Erkenntnisse in einigen Übungsaufgaben anwenden und dabei eigene Ideen umsetzen.

11.4.3 Sounddatei abspielen

Im Vergleich zur Darstellung einer Bilddatei ist das Abspielen recht einfach zu realisieren. Die dafür erforderlichen Komponenten finden Sie im Package javax.sound.samplec. Definieren Sie als Eigenschaft des Programm-Frames einen Clip.

```
private Clip audioClip;
```

Den Clip initialisieren Sie anschließend mithilfe der Klasse AudioSystem und übergeben ihm mit der Methode open einen AudioInputStream, den Sie aus einer Datei erzeugen.

```
audioClip = AudioSystem.getClip();
AudioInputStream ais = AudioSystem.getAudioInputStream(fc.getSelectedFile());
audioClip.open(ais);
```

Listing 11.18 Vorbereitungen für das Abspielen einer Audiodatei

Der Clip stellt Ihnen die Methoden zum Abspielen des Sounds bereit, die Sie in Tabelle 11.15 sehen.

Methode	Beschreibung
void start()	Spielt den Sound einmal ab.
void loop(int anzahl)	Spielt den Sound in einer Schleife anzahl-mal ab.
void stop()	Stoppt einen gestarteten Abspielvorgang.

Tabelle 11.15 Methoden zum Abspielen einer Sounddatei

Clip stellt auch eine int-Konstante LOOP_CONTINUOUSLY bereit. Übergeben Sie der Methode loop diese Konstante, so wird der Sound so lange abgespielt, bis der Abspielvorgang mit `stop()` angehalten wird oder bis der Thread beendet wird, in dem der Abspielvorgang gestartet wurde.

Sie finden auf der DVD das Beispielprogramm *SoundPlayer* im Verzeichnis *Arbeitsumgebung\Java\Programme\JavaUebung11* (siehe Abbildung 11.15).

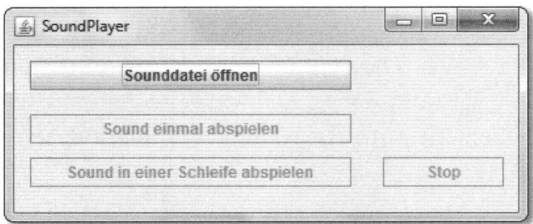

Abbildung 11.15 Das Programm »SoundPlayer«

Mit dem Programm können über einen `JFileChooser` Sounddateien geöffnet und einmalig oder in einer Schleife abgespielt und gestoppt werden.

```java
private void jBtnOeffnenActionPerformed(ActionEvent evt) {
  JFileChooser fc = new JFileChooser();
  fc.setFileSelectionMode(JFileChooser.FILES_AND_DIRECTORIES);
  fc.setFileFilter(new FileNameExtensionFilter("*.wav", "wav"));
  fc.setCurrentDirectory(new File("C:\\Windows\\Media\\"));
  int status = fc.showOpenDialog(null);
  if (status == JFileChooser.APPROVE_OPTION) {
    jBtnSchleife.setEnabled(true);
    jBtnEinmal.setEnabled(true);
    try {
      audioClip = AudioSystem.getClip();
      AudioInputStream ais = AudioSystem.getAudioInputStream(
                                        fc.getSelectedFile());
      audioClip.open(ais);
      jBtnEinmal.setEnabled(true);
      jBtnSchleife.setEnabled(true);
      jBtnStop.setEnabled(false);
    } catch (Exception e) {
      JOptionPane.showMessageDialog(null,
                       "Fehler beim Öffnen der Datei!");
    }
  }
}
```

Listing 11.19 Methode zum Laden einer Sounddatei

Listing 11.20 zeigt die Methoden zum Abspielen und Abbrechen des Abspielvorgangs:

```
private void jBtnEinmalActionPerformed(ActionEvent evt) {
  audioClip.start();
}

private void jBtnSchleifeActionPerformed(ActionEvent evt) {
  jBtnStop.setEnabled(true);
  audioClip.loop(Clip.LOOP_CONTINUOUSLY);
}

private void jBtnStopActionPerformed(ActionEvent evt) {
  audioClip.stop();
  jBtnStop.setEnabled(false);
}
```

Listing 11.20 Methoden zum Abspielen und Abbrechen des Abspielvorgangs

Beim Abspielen werden die Formate *AU*, *AIFF*, *WAV* (nur unkomprimiert), *MIDI TYPE 0* und *1* oder *RMF* unterstützt.

11.5 Übungsaufgaben

Aufgabe 1

Erstellen Sie ein Programm zum Eingeben und zum Speichern einer Messreihe. Die Messwerte sollen als Kommazahlen eingegeben werden können. Sie können sich an dem Frame orientieren, der in Abbildung 11.16 dargestellt ist.

Abbildung 11.16 Frame zu Aufgabe 1

Zum Speichern der Messreihe verwenden Sie einen `JFileChooser` und rufen dessen Methode `showSaveDialog` auf. Sie sollten sicherstellen, dass beim Speichern immer die gleiche Dateiendung (z. B. *.mwd* für »Messwertdatei«) verwendet wird.

Der folgende Quellcode stellt sicher, dass der ausgewählte Dateiname die Erweiterung *.mwd* erhält. Dazu wird geprüft, ob der Dateiname bereits einen Punkt als Trennzeichen für die Erweiterung erhält. In diesem Fall wird die Endung überschrieben. Ist noch keine Erweiterung vorhanden, wird sie angehängt:

```
String selFile = fc.getSelectedFile().getAbsolutePath();
int index = selFile.indexOf('.');
if (index >=0) {
  dateiname = selFile.substring(0,index).concat(".mwd");
} else {
  dateiname = selFile.concat(".mwd");
}
```

Listing 11.21 Anweisungsfolge zum Sicherstellen der Dateiendung ».mwd«

Speichern Sie die Messwerte der Einfachheit halber als Textzeilen, und überprüfen Sie mit einem Editor, ob die Daten korrekt gespeichert wurden. Sie finden eine Musterlösung des Programms unter dem Namen *Messreihe1* auf der beiliegenden DVD im Ordner *Arbeitsumgebung\Java\Programme\JavaUebung11*.

Aufgabe 2

Erweitern Sie das Programm aus Aufgabe 1 so, dass die in einer Datei gespeicherte Messreihe auch wieder in die Listbox geladen werden kann. Verwenden Sie dazu einen JFileChooser, und rufen Sie dessen Methode showOpenDialog auf. Sie finden eine Musterlösung des Programms unter dem Namen *Messreihe2* auf der beiliegenden DVD im Ordner *Arbeitsumgebung\Java\Programme\JavaUebung11*.

> **Hinweis**
>
> In der Musterlösung wurde zur Demonstration die Klasse NumberFormat verwendet, um die deutsche Schreibweise für Dezimalzahlen verwenden zu können. Der NumberFormat-Variablen nf wurde entsprechend der Wert Locale.GERMAN zugewiesen. Falls Sie die Musterlösung testen, müssen Sie das Komma als Dezimaltrennzeichen verwenden. Der Punkt wird als Tausendertrennzeichen interpretiert.
>
> Beachten Sie, dass dadurch die erstellten Datendateien nicht mehr kompatibel zu den Datendateien von *Messreihe1* sind.

Aufgabe 3

Erstellen Sie eine Klasse OhneUmlautWriter, die von FilterWriter abgeleitet ist. Die Klasse soll deutsche Umlaute in *ae* bzw. *Ae*, *oe* bzw. *Oe*, *ue* bzw. *Ue* und *ß* in *ss* umwandeln. Zum Testen der Funktion verwenden Sie einen Frame, wie er für die Beispielanwendung *Textverschluesselung* verwendet wurde. Sie sollte, in einem ScrollPane eingebettet, eine TextPane-Komponente verwenden. In dieser Komponente kann der Anwender seinen Text eingeben und speichern. Beim Speichern wird der Text vom FilterWriter so manipuliert, dass die Umlaute und das ß ersetzt werden.

Sie finden eine Musterlösung der Klasse und des Testprogramms (*TextohneUmlaute1*) auf der beiliegenden DVD im Ordner *Arbeitsumgebung\Java\Programme\JavaUebung11*.

Aufgabe 4
Erweitern Sie das Testprogramm aus Aufgabe 3 so, dass der Text, aus dem die Umlaute entfernt werden sollen, aus einer Datei geholt werden kann. Setzen Sie dazu eine weitere Schaltfläche ein, über die ein Dialog DATEI ÖFFNEN aufgerufen wird.

> **Hinweis**
> Die Musterlösung verwendet im Testprogramm das AnchorLayout mit der standardmäßig vorgegebenen ANCHOR_REL, damit sich alle Komponenten bei einer Frame-Vergrößerung oder Frame-Verkleinerung durch den Anwender relativ zur Größe des Frames ebenfalls ändern.

11.6 Ausblick

Sie können nach diesem Kapitel nun Daten auch dauerhaft speichern. Sie können auch auf dauerhaft gespeicherte Daten zugreifen. Viele Anwendungen machen erst mit diesen Möglichkeiten wirklich Sinn. Oder können Sie sich ein Textverarbeitungsprogramm als Verkaufserfolg vorstellen, mit dem Sie zwar ein Buch mit 500 Seiten Umfang schreiben und ein tolles Layout erstellen können, das aber beim Versuch versagt, den Text zu speichern?

Aber wenn wir schon beim Thema Layout sind: Für Layouts braucht man Grafiken, und Grafiken werden gezeichnet. Wie ist es eigentlich bei Java um das Zeichnen bestellt? Das kommende Kapitel wird sich genau damit auseinandersetzen.

Sie werden auf Komponenten, die als Zeichenunterlage verwendet werden, einfache Zeichnungen erstellen. Sie werden dabei auch einiges darüber erfahren, wie die Einzeichnungen vergänglich, aber auch dauerhaft sein können. Und Sie werden erfahren, warum die Komponenten einer grafischen Oberfläche so oft neu gezeichnet werden müssen.

Sie werden Informationen über Farben erhalten und erfahren, wie Sie dem Anwender einen Farbauswahldialog zur Verfügung stellen. Sie werden die Maus als Zeichengerät verwenden, und Sie werden auch gezeichnete Objekte in Dateien speichern.

Kapitel 12
Zeichnen

Zeichnen ist die Kunst, Striche spazieren zu führen.
(Paul Klee, 1879–1940)

Die Komponenten einer grafischen Benutzeroberfläche müssen vom Betriebssystem gezeichnet werden. Wenn Sie bei der Gestaltung der grafischen Oberflächen für die eigenen Anwendungen nur vordefinierte Komponenten einsetzen, brauchen Sie sich um das Zeichnen nicht zu kümmern. Möchten Sie allerdings eigene grafische Komponenten gestalten oder in das Aussehen von Standardkomponenten eingreifen, kommen Sie nicht umhin, sich selbst um das Zeichnen zu kümmern.

In diesem Kapitel erfahren Sie, welche Hilfsmittel Java Ihnen zur Verfügung stellt und wie Sie diese Hilfsmittel einsetzen.

12.1 In Komponenten zeichnen

In den folgenden Abschnitten werden Sie erfahren, wie Sie als Programmierer das Aussehen von Komponenten verändern können, indem Sie Zeichenfunktionen verwenden.

12.1.1 Grundlagen der Grafikausgabe

Die meisten Anwendungsprogramme sind darauf angewiesen, Ergebnisse von Aktionen oder Berechnungen auf dem Bildschirm darzustellen. Die ersten Betriebssysteme haben den Anwendungsprogrammen grundsätzlich den gesamten Bildschirm für Ausgaben zur Verfügung gestellt. Aus der Sicht des Programmierers hatte dies durchaus Vorteile. Der Anwender musste aber auf den gleichzeitigen Betrieb mehrerer Anwendungen verzichten. Ein Betriebssystem mit grafischer Benutzeroberfläche stellt einer Anwendung ein oder auch mehrere Ausgabefenster zur Verfügung, die der Anwender beliebig positionieren und meist auch in der Größe verändern kann. Ausgaben eines Programms erfolgen deshalb grundsätzlich nicht mehr direkt auf den Bildschirm, sondern in ein Programmfenster oder eine grafische Komponente innerhalb eines Programmfensters.

Letztendlich müssen die Programmfenster aber immer wieder auf dem Bildschirm dargestellt werden. Um diese Darstellung kümmert sich das Betriebssystem. Der Anwender kann sich zum Glück auf die Darstellung des Fensterinhalts seiner Anwendung konzentrieren.

So wie ein Künstler ein Blatt Papier oder eine Leinwand braucht, auf der er seine Zeichnung unterbringt, so benötigen Sie als Programmierer eine Komponente, auf der gezeichnet werden kann. Grundsätzlich können Sie auf jeder sichtbaren Komponente zeichnen. In den meisten Fällen werden Sie aber auf einer leeren Unterlage zeichnen wollen. Dafür bieten sich leere Container wie der Frame oder ein Panel an. Sie werden in vielen Programmbeispielen auch auf eine Komponente mit dem Namen Canvas stoßen. Diese Komponente ist eine AWT-Komponente in Form einer leeren Zeichenfläche. Die grundsätzliche Vorgehensweise ist bei beiden Komponenten gleich. Bei Swing-Komponenten ruft allerdings die paint-Methode selbst die drei Methoden paintComponent(), paintBorder() und paintChildren() auf und erweitert damit ihre Aufgaben. Sie sollten deshalb Ihre Zeichenoperationen, die ja nur die Komponente selbst betreffen, in der Methode paintComponent unterbringen. Wobei es an der Funktionalität nichts ändert, wenn Sie wie bei AWT-Komponenten die paint-Methode selbst überschreiben.

Haben Sie sich für eine Zeichenfläche entschieden, dann benötigen Sie, wie der Künstler auch, noch Farbe und Pinsel oder einen Zeichenstift. Diese Utensilien liefert Ihnen die Klasse Graphics. Graphics ist ein sogenannter *Device-Kontext*. Es handelt sich dabei um ein universelles Ausgabegerät für Grafik und Schrift. Es liefert Ihnen Methoden zur Realisierung von Linienelementen, von Füllelementen für Flächen und von Textelementen. Für diese Elemente verwaltet Graphics auch die jeweilige Zeichenfarbe und die Schriftart für das Zeichnen von Text.

Das eigentliche Zeichnen übernimmt die Methode paint. Jede sichtbare Komponente einer grafischen Oberfläche verfügt über eine Methode mit diesem Namen. Eine Komponente kann z. B. zeitweise von anderen Komponenten verdeckt und dadurch unsichtbar werden. An ihrer Position wird dann eine andere Komponente gezeichnet. Wird die ursprüngliche Komponente wieder sichtbar, muss auch sie wieder neu gezeichnet werden. Sie sehen daran, dass bei der Arbeit mit einer grafischen Benutzeroberfläche sehr häufig das Neuzeichnen von Komponenten am Bildschirm erforderlich ist. Dabei erteilt das Betriebssystem nur die Aufträge zum Zeichnen. Das Zeichnen selbst übernimmt immer die jeweilige paint-Methode der betroffenen Komponente. Sie ist es, die über das Aussehen der Komponente entscheidet.

Gelegentlich wollen Sie das Auslösen des Neuzeichnens nicht dem Betriebssystem überlassen, sondern es selbst in die Hand nehmen. In diesem Fall sollten Sie die paint-

Methode nicht direkt aufrufen. Stattdessen rufen Sie die Methode repaint auf. Diese Methode ruft dann die Methode paint auf. Im Falle von AWT-Komponenten ist sogar noch eine update-Methode zwischengeschaltet, bevor die paint-Methode aufgerufen wird. Die Methode repaint existiert in mehreren Ausführungen. Ohne Parameter fordert die Methode sofortiges Neuzeichnen an. Sie können als Parameter auch eine Zeit in Millisekunden angeben, nach der neu gezeichnet werden soll. Mit weiteren Parametern können Sie zudem den Bereich bestimmen, der neu gezeichnet werden soll. Dabei kann es durchaus mal passieren, dass es zu Inkonsistenzen zwischen dem aktualisierten und dem nicht aktualisierten Bereich kommt. Für diesen Fall können Sie mit der Methode invalidate dafür sorgen, dass der gesamte Bereich, den die Komponente belegt, für ungültig erklärt wird. Damit wird sichergestellt, dass beim nächsten Neuzeichnen auf jeden Fall die gesamte Komponente neu gezeichnet wird.

Da Sie durch das Zeichnen auf eine Komponente das Aussehen der Komponente verändern wollen, bietet die paint-Methode den richtigen Ansatzpunkt. Beim Zeichnen in eine Komponente sollen nun zwei unterschiedliche Ansätze beschrieben werden:

1. Sie wünschen sich eine Komponente, deren Aussehen sich etwas vom Aussehen der Standardkomponente unterscheidet.
2. Sie wollen in einer Anwendung eine Standardkomponente einsetzen und wollen während der Laufzeit in diese Komponente zeichnen lassen. Das Aussehen der Komponente wird sich dadurch während der Laufzeit immer wieder verändern.

Beide Ansätze werden in den folgenden zwei Abschnitten behandelt.

12.1.2 Panel-Komponente mit verändertem Aussehen

Die Vorgehensweise beim Zeichnen in eine Komponente wird nun am Beispiel eines JPanel vorgestellt. Wie bereits erläutert wurde, wird eine Komponente immer wieder durch die paint-Methode neu gezeichnet. Also muss die paint-Methode über das neue Aussehen der Komponente informiert sein. Bei der Verwendung von Swing-Komponenten, die das Neuzeichnen in drei Teilaufgaben aufteilen, sollten Sie die Veränderungen in die paintComponent-Methode verlagern. Damit Sie in die paint- bzw. paintComponent-Methode des JPanel eingreifen können, leiten Sie zuerst eine eigene Klasse JMyPaintPanel von JPanel ab. In dem Dialog, der sich mit dem Aufruf von FILE • NEW • CLASS öffnet, ändern Sie den Eintrag für SUPERCLASS von java.lang.Object in javax.swing.JPanel (siehe Abbildung 12.1). Es schadet zwar nicht, die CONSTRUCTORS FROM SUPERCLASS erstellen zu lassen, sie werden hier aber nicht benötigt.

12 Zeichnen

Abbildung 12.1 Ableiten einer eigenen Panel-Komponente

Ergänzen Sie den vorgegebenen Quellcode um die überschriebene Methode paintComponent folgendermaßen:

```
public void paintComponent(Graphics g) {
  super.paintComponent(g);
  g.setColor(Color.red);
  g.drawLine(0, 0, this.getWidth(), this.getHeight());
}
```

Listing 12.1 Überschriebene »paintComponent«-Methode

Die Methode liefert kein Ergebnis zurück und erwartet eine Graphics-Komponente. Die Verwendung der Klasse Graphics macht eine import-Anweisung erforderlich. Überlassen Sie die Ergänzung doch einfach Eclipse. Bewegen Sie die Maus über das als fehlerhaft markierte Wort Graphics, und Eclipse bietet Ihnen mehrere Quick-Fix-Vorschläge, von denen Sie gleich den ersten durch Doppelklick annehmen sollten (siehe Abbildung 12.2).

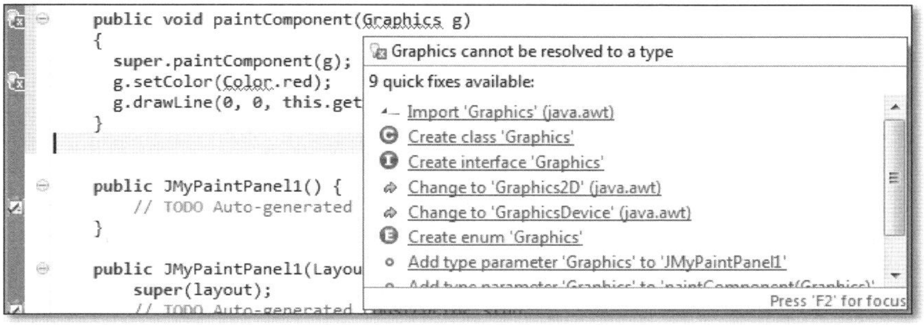

12.1 In Komponenten zeichnen

Abbildung 12.2 Importieren von »java.awt.Graphics« über Quick-Fix

Als erste Anweisung rufen Sie die paint-Methode des Vorgängers auf und ergänzen sie dann um die individuellen Anweisungen zum Zeichnen, die Ihnen die Graphics-Komponente zur Verfügung stellt.

Das Beispiel aus Listing 12.1 zeigt eine paint-Methode, die eine rote Linie diagonal durch das Panel zeichnet. Zuerst wird die Zeichenfarbe mit der Anweisung setColor der Klasse Graphics eingestellt. Die Methode erwartet ein Argument vom Typ Color. Diese Klasse muss aus dem Package java.awt importiert werden. Sie stellt zahlreiche Konstanten zur Angabe von Farbwerten bereit. Die Farbwerte können mit ihren RGB-Werten oder über aussagekräftige Konstantenbezeichner der Klasse Color beschrieben werden. Bei der Angabe als RGB-Werte werden die Anteile von Rot, Grün und Blau angegeben, die für die Mischung der Farbe erforderlich sind. Die einzelnen Werte liegen jeweils zwischen 0 und 255. Mit der eingestellten Farbe wird schließlich eine Linie gezeichnet. Die Parameter der Methode drawLine beschreiben den Anfangs- und den Endpunkt der Linie als Pixel-Koordinaten. Die Linie soll diagonal durch das Panel verlaufen. Die linke obere Ecke besitzt immer die Koordinaten (0|0). Die Koordinaten der rechten unteren Ecke werden über die Panel-Größe bestimmt.

Zum Testen der neuen Komponente erstellen Sie einen neuen Frame mit dem Namen *Zeichnen1*. In dem Frame platzieren Sie eine JPanel-Komponente und z. B. eine Schaltfläche zum Beenden des Programms. Ersetzen Sie anschließend im Quellcode die Bezeichner JPanel durch JMyPanel. Interessanterweise können Sie über die GUI Properties auch nach dieser Änderung auf die von JPanel geerbten Eigenschaften zugreifen und z. B. über die Eigenschaft Background die Hintergrundfarbe auf Weiß ändern. Sie können entweder die RGB-Werte numerisch eintragen oder über die Schaltfläche ... den Farbauswahldialog nutzen (siehe Abbildung 12.3).

Tabelle 12.1 gibt einen Überblick über wichtige Zeichenmethoden der Klasse Graphics.

12   Zeichnen

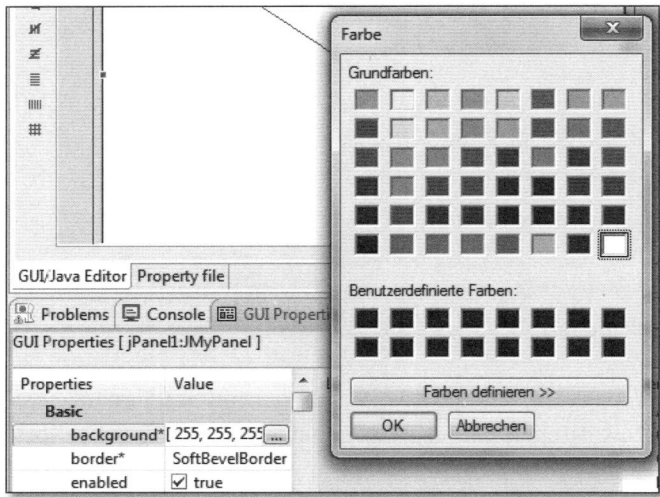

Abbildung 12.3 Farbauswahldialog für die Hintergrundfarbe

Methode	Beschreibung
void clearRect(int x, int y, int width, int height)	Füllt den angegebenen Bereich mit der eingestellten Hintergrundfarbe.

void drawArc(int x, int y,
            int width, int height,
    int startAngle, int arcAngle)
	Zeichnet einen Bogen der angegebenen Position und Größe. startAngle gibt an, bei welchem Winkel der Bogen beginnt (0 steht für die 3-Uhr-Richtung). arcAngle gibt den zu überdeckenden Bereich (entgegen dem Uhrzeigersinn) an.

void drawLine(int x1, int y1, int x2, int y2)	Zeichnet eine Linie von x1, y1 nach x2, y2.
void drawOval(int x, int y, int width, int height)	Zeichnet eine Ellipse an der Position x, y mit den angegebenen Abmessungen.
void drawPolygon(int[] xPoints, int[] yPoints, int nPoints)	Zeichnet ein Polygon.
void drawPolyline(int[] xPoints, int[] yPoints, int nPoints)	Zeichnet einen Linienzug mit den als Arrays angegebenen Stützpunkten.
void drawRect(int x, int y, int width, int height)	Zeichnet ein Rechteck mit der angegebenen Position und Größe.

Tabelle 12.1 Die wichtigsten Zeichenmethoden der Klasse »Graphics«

Methode	Beschreibung
void drawRoundRect(int x, int y, int width, int height, int arcWidth, int arcHeight)	Zeichnet ein Rechteck mit abgerundeten Ecken. Die Rundungen werden mit arcWidth und arcHeight vorgegeben.
void drawString(String str, int x, int y)	Zeichnet Text mit der aktuellen Zeichenfarbe und Schriftart an der Position x, y.
void fillArc(int x, int y, int width, int height, int startAngle, int arcAngle)	Ist wie drawArc mit der aktuellen Zeichenfarbe ausgefüllt.
void fillOval(int x, int y, int width, int height)	Ist wie drawOval mit der aktuellen Zeichenfarbe ausgefüllt.
void fillPolygonfillPolygon(int[] xPoints, int[] yPoints, int nPoints)	Ist wie drawPolygon mit der aktuellen Zeichenfarbe ausgefüllt.
void fillRect(int x, int y, int width, int height)	Ist wie drawRect mit der aktuellen Zeichenfarbe ausgefüllt.
void fillRoundRect(int x, int y, int width, int height, int arcWidth, int arcHeight)	Ist wie drawRoundRect mit der aktuellen Zeichenfarbe ausgefüllt.
Rectangle getClipBounds()	Liefert den aktuellen Clipping-Bereich zurück.
void setClip(int x, int y, int width, int height)	Setzt den neuen Clipping-Bereich.
Color getColor()	Liefert die aktuelle Zeichenfarbe zurück.
void setColor(Color c)	Setzt die aktuelle Zeichenfarbe.
Font getFont()	Liefert die aktuelle Schriftart.
void setFont(Font font)	Setzt die aktuelle Schriftart.

Tabelle 12.1 Die wichtigsten Zeichenmethoden der Klasse »Graphics« (Forts.)

In den Zeichenmethoden beschreiben Positionsangaben grundsätzlich die linke obere Ecke des zu zeichnenden Objekts. Bei runden bzw. abgerundeten Objekten entspricht die Position der linken oberen Ecke des umschließenden Rechtecks. Mithilfe des Clipping-Bereichs können Sie den Zeichenbereich einschränken. Objekte werden nur im aktuellen Clipping-Bereich sichtbar.

12.1.3 Zeichnen in Standardkomponenten

Der zweite Ansatz soll am Beispiel einer Anwendung demonstriert werden, die dem Anwender die Möglichkeit gibt, interaktiv auf einer Standardkomponente zu zeichnen. Dem Anwender werden einige Zeichenmethoden angeboten, und er kann die dafür erforderlichen Parameterwerte selbst festlegen. Dabei wird auch der Umgang mit weiteren Standardkomponenten (JRadioButton, JButtonGroup und JCheckBox) aus der Palette von Jigloo erläutert.

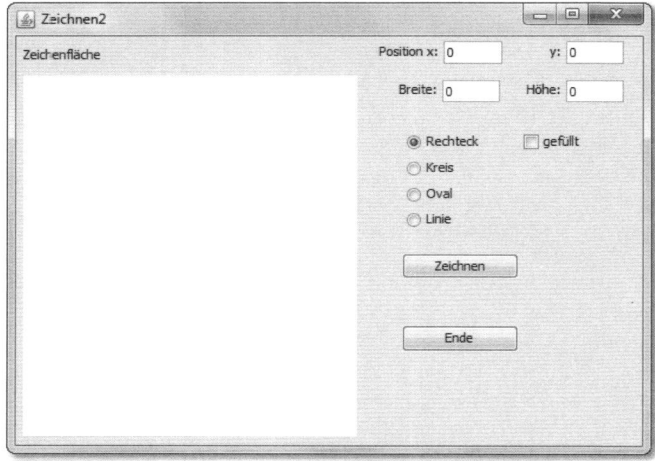

Abbildung 12.4 Frame des Beispielprogramms »Zeichnen2«

Erstellen Sie zuerst einen Frame nach dem Vorbild von Abbildung 12.4. Der Frame verwendet die in Tabelle 12.2 aufgeführten Komponenten.

Komponente	Name
JLabel	jLZeichenflaeche
JPanel	jPanelZeichenflaeche
JLabel	jLPositionx1
JTextField	jTFPositionx1
JLabel	jLPositiony1
JTextField	jTFPositiony1
JLabel	jLPositionx2

Tabelle 12.2 Komponenten des Frames von Beispielprogramm »Zeichnen2«

Komponente	Name
JTextField	jTFPositionx2
JLabel	jLPositiony2
JTextField	jTFPositiony2
ButtonGroup	BtnGrpFigur
JRadioButton	jRBtnRechteck
JRadioButton	jRBtnKreis
JRadioButton	jRBtnOval
JRadioButton	jRBtnLinie
JCheckBox	jCheckBgefuellt
JButton	jBtnZeichnen
JButton	jBtnEnde

Tabelle 12.2 Komponenten des Frames von Beispielprogramm »Zeichnen2« (Forts.)

»JCheckBox«, »JRadioButton« und »ButtonGroup«

Das Beispielprogramm soll dem Anwender einige Optionen anbieten, die recht einfach mit Checkboxen und Radiobuttons abgefragt werden können. Eine Checkbox eignet sich sehr gut zur Abfrage von Wahrheitswerten. Die Zeichenmethoden für flächige Formen stehen in zwei Varianten zur Verfügung. Entweder werden nur die Umrisse der Form gezeichnet oder die Form wird mit der Zeichenfarbe vollständig ausgefüllt. Über eine Checkbox kann entsprechend abgefragt werden, ob die Form ausgefüllt gezeichnet werden soll oder nicht. Mit der Methode getSelected der JCheckBox-Komponente kann geprüft werden, ob der Anwender das Häkchen in der Checkbox gesetzt hat.

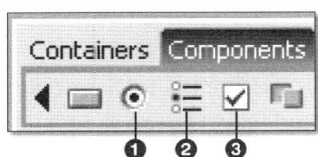

Abbildung 12.5 Auswahlschaltflächen

Der JRadioButton ❶ unterscheidet sich von der JCheckBox ❸ zunächst nur durch sein Aussehen. Er kann auch in gleicher Weise wie die JCheckBox verwendet werden. Er wird in der Regel aber eher für eine Auswahl aus mehreren Alternativen eingesetzt, von denen nur eine ausgewählt werden darf (siehe Abbildung 12.5). In diesem Fall müssen die Radiobuttons zu einer Schaltergruppe (RadioGroup ❷) zusammengefasst werden.

Zum Erstellen einer Schaltergruppe platzieren Sie zuerst eine RadioGroup auf dem betreffenden Frame. Da es sich bei dieser Komponente um eine unsichtbare Komponente handelt, spielt es keine Rolle, wo Sie die Gruppe positionieren. In der Ansicht OUTLINE wird die Komponente unter dem Ordnersymbol NON-VISUAL COMPONENTS eingeordnet. Im Quellcode wird in diesem Fall auch keine Ergänzung in der initGUI vorgenommen. Es wird neben der Deklaration der entsprechenden Variablen lediglich eine Getter-Methode getBtnGrpFigur erstellt. Der Name wird aus dem von Ihnen vergebenen Komponentennamen mit der Vorsilbe get gebildet. Die Methode liefert eine Referenz auf die ButtonGroup zurück. Sie prüft jeweils, ob bereits ein Objekt erzeugt wurde. Ist das nicht der Fall, wird der Konstruktor aufgerufen und anschließend die Referenz auf das Objekt zurückgeliefert:

```
private ButtonGroup getBtnGrpFigur() {
  if (jBtnGrpFigur == null) {
    jBtnGrpFigur = new ButtonGroup();
  }
  return jBtnGrpFigur;
}
```

Listing 12.2 Quellcodeergänzung durch Einfügen einer »ButtonGroup«

Die Zuordnung einzelner Schaltflächen zu dieser Gruppe geschieht über die Eigenschaft buttonGroup der einzelnen Schaltflächen. Positionieren Sie also Ihre JRadioButtons zunächst im Frame, und wählen Sie dann in den GUI PROPERTIES unter der Eigenschaft buttonGroup jedes JRadioButtons die RadioGroup aus. Die RadioGroup sorgt dann automatisch dafür, dass immer nur ein Radiobutton ausgewählt sein kann.

Im Quellcode wird durch diese Zuordnung bei der Erstellung der Schaltfläche in der initGUI der Aufruf der add-Methode der RadioGroup um

```
getBtnGrpFigur().add(jRBtnLinie);
```

ergänzt. Mit der oben erläuterten Getter-Methode verschafft sich der Frame Zugriff auf die RadioGroup. Durch diesen Umweg über die Getter-Methode können Sie sicherstellen, dass ein Button zu einer Gruppe hinzugefügt wird, die noch nicht oder nicht mehr existiert.

Die wichtigste Eigenschaft von Auswahlschaltflächen heißt selected. Der boolesche Wert dieser Eigenschaft ist true, wenn die Schaltfläche aktiviert ist. Mit den Methoden setSelected und isSelected haben Sie Zugriff auf den Zustand der Schaltfläche.

Nach dem Einfügen der `RadioGroup` und der Zuordnung der Radiobuttons können Sie schon einmal die Funktion der Gruppe testen. Starten Sie die Anwendung, und prüfen Sie, ob beim Auswählen eines Radiobuttons der Gruppe alle anderen Radiobuttons zurückgesetzt werden.

Auf eine Auswahl reagieren

Sollen direkt mit dem Auswählen eines Auswahlschalters Aktionen im Programm ausgelöst werden, dann können Sie, wie bei den Standardschaltflächen auch, einen `ActionListener` erstellen und Ihre Anweisungen in der von Jigloo angelegten Methode hinterlegen. In unserem Beispielprogramm soll die Beschriftung der Textfelder an die ausgewählte geometrische Figur angepasst werden.

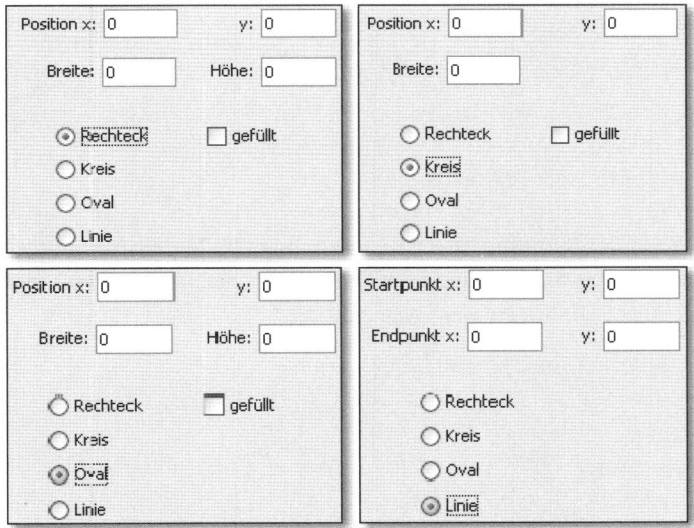

Abbildung 12.6 Beschriftung der Textfelder

Die Bedeutung der Parameter ändert sich je nach gewählter geometrischer Figur. Außerdem sind nicht alle Optionen sinnvoll oder erforderlich. Die Option GEFÜLLT ist bei einer Linie nicht sinnvoll. Deshalb soll sie bei der Auswahl von LINIE unsichtbar gemacht werden. Ein Kreis wird mit der Methode `drawOval` gezeichnet. Dabei ist die Breite gleich der Höhe. Die Eingabemöglichkeit für die Breite reicht hier aus.

Abbildung 12.6 zeigt, wie sich die Beschriftung der Textfelder und die Sichtbarkeit der Komponenten mit der Auswahl der geometrischen Figur ändern sollen.

Da ein Mausklick auf einen Radiobutton immer bewirkt, dass dieser ausgewählt wird, können mit einem `ActionListener` die Anpassungen im Frame ausgelöst werden. Die

Linie ist die einzige eindimensionale Figur und erfordert anstelle von Position, Breite und Höhe die Eingabe von Startpunkt und Endpunkt. Sie können eine allgemeingültige Methode (siehe Listing 12.3) zum Beschriften der Komponenten erstellen, die prüft, ob die Linie gewählt wurde, und davon abhängig die Beschriftungen vornimmt. Diese Methode kann dann von jedem ActionListener verwendet werden:

```
private void setzeBeschriftungen() {
  if (jRBtnLinie.isSelected()) {
    jLPositionx1.setText("Startpunkt x:");
    jLPositionx2.setText("Endpunkt x:");
    jLPositiony2.setText("y:");
  } else {
    jLPositionx1.setText("Position x:");
    jLPositionx2.setText("Breite:");
    jLPositiony2.setText("Höhe:");
  }
}
```

Listing 12.3 Methode zum Beschriften der Textfelder

Die ActionListener-Methoden der Radiobuttons rufen dann alle die Methode setzeBeschriftungen auf und steuern die Sichtbarkeit der Komponenten. Listing 12.4 zeigt exemplarisch die Methode des Radiobuttons zur Auswahl der Linie:

```
private void jRBtnLinieActionPerformed(ActionEvent evt) {
  setzeBeschriftungen();
  jCheckBgefuellt.setVisible(false);
  jLPositiony2.setVisible(true);
  jTFPositiony2.setVisible(true);
  figur = 'L';
}
```

Listing 12.4 »ActionListener«-Methode von »jRBtnLinie«

In der char-Variablen figur wird durch Zuweisung des Anfangsbuchstabens festgehalten, welche geometrische Figur aktuell ausgewählt ist. Sie liefert das Auswahlkriterium für eine switch-case-Anweisung in der Zeichenmethode.

Auf das JPanel zeichnen

Nach diesen Vorarbeiten können Sie sich nun dem Kern der Aufgabe stellen und auf einer Standardkomponente zeichnen. Im Beispielprogramm wurde ein JPanel mit der Bezeichnung jPanelZeichenflaeche als Zeichenunterlage eingebaut. In den GUI PROP-

ERTIES können Sie zuerst die Hintergrundfarbe über die Eigenschaft background einstellen. Ich bevorzuge hier Weiß mit den RGB-Werten 255, 255, 255.

Sie haben in Abschnitt 12.1.2, »Panel-Komponente mit verändertem Aussehen«, erfahren, dass die Zeichenmethoden durch eine Graphics-Komponente zur Verfügung gestellt werden. Was Sie nun benötigen, ist eben die Graphics-Komponente, die für die Komponente zuständig ist, auf der gezeichnet werden soll. Jede Komponente stammt von der Klasse Component ab. Und diese Klasse vererbt allen Nachfahren die Methode getGraphics. Sie erstellt beim ersten Zeichnen einer Komponente den erforderlichen Kontext und liefert die Referenz darauf zurück, ähnlich wie Sie es im Abschnitt »JCheckBox, JRadioButton und ButtonGroup« für die ButtonGroup kennengelernt haben. Existiert Graphics bereits, liefert die Methode nur die Referenz darauf zurück.

Sie können sich also mithilfe der Methode getGraphics() den jeweiligen Kontext für das Zeichnen auf einer Komponente besorgen. Damit ist es ein Leichtes, auf der Komponente zu zeichnen. Ein Aufruf der Form

```
jPanelZeichenflaeche.getGraphics().drawLine(x1, y1, x2, y2);
```

zeichnet z. B. eine Linie auf das Panel, das als Zeichenfläche dient. Die mit der Schaltfläche ZEICHNEN ausgelöste Zeichenmethode muss eigentlich nur noch unterscheiden, welche geometrische Figur gezeichnet werden soll und wie die Parameter zugeordnet werden müssen.

```
private void jBtnZeichnenActionPerformed(ActionEvent evt) {
  try {
    x1 = Integer.parseInt(jTFPositionx1.getText());
    y1 = Integer.parseInt(jTFPositiony1.getText());
    x2 = Integer.parseInt(jTFPositionx2.getText());
    y2 = Integer.parseInt(jTFPositiony2.getText());
    switch (figur) {
    case 'R':
        if (jCheckBgefuellt.isSelected()) {
          jPanelZeichenflaeche.getGraphics().fillRect(
                                    x1, y1, x2, y2);
        } else {
            jPanelZeichenflaeche.getGraphics().drawRect(
                                    x1, y1, x2, y2);
        }
        break;
    case 'K':
        if (jCheckBgefuellt.isSelected()) {
```

```
                jPanelZeichenflaeche.getGraphics().fillOval(
                                       x1, y1, x2, x2);
            } else {
                jPanelZeichenflaeche.getGraphics().drawOval(
                                       x1, y1, x2, x2);
            }
              break;
        case 'O':
            if (jCheckBgefuellt.isSelected()) {
                jPanelZeichenflaeche.getGraphics().fillOval(
                                       x1, y1, x2, y2);
            } else {
                jPanelZeichenflaeche.getGraphics().drawOval(
                                       x1, y1, x2, y2);
            }
            break;
        case 'L':
            jPanelZeichenflaeche.getGraphics().drawLine(
                                       x1, y1, x2, y2);
            break;
        }
    } catch (Exception e) {
        JOptionPane.showMessageDialog(this,
                            "Die Eingaben sind ungültig.");
    }
}
```

Listing 12.5 Die Zeichenmethode

Damit Falscheingaben abgefangen werden, ist der gesamte Anweisungsblock in ein try-catch eingebettet. Zuerst werden die eingegebenen Parameterwerte aus den Textfeldern entnommen und in int-Variablen (x1, y1, x2, y2) abgelegt. Die switch-case-Anweisung nutzt die char-Variable figur, um zu entscheiden, welche Zeichenmethode erforderlich ist. Bei zweidimensionalen geometrischen Figuren wird zusätzlich noch anhand des CheckBox-Status geprüft, ob nur die Umrisse der Figur gewünscht sind oder ob die Figur ausgefüllt gezeichnet werden soll.

Den kompletten Quellcode der Beispielanwendung finden Sie unter dem Namen *Zeichnen2* auf der beiliegenden DVD im Ordner *Arbeitsumgebung\Java\Programme\ JavaUebung12*.

Zeichnen mit dem Java 2D-API

Die von Graphics abgeleitete Subklasse Graphics2D ermöglicht u. a. das Zeichnen beliebig geformter Objekte, die Verwendung unterschiedlicher Strichstärken und Linienenden und die Verwendung von Füllmustern.

Sowohl die paint- als auch die paintComponent-Methode erhalten ein solches Graphics2D-Objekt. Damit Sie dieses Objekt verwenden können, rufen Sie die gleiche Getter-Methode getGraphics auf, führen aber einen Typecast auf Graphics2D aus:

Graphics2D g2d = (Graphics2D) jPanelZeichenflaeche.getGraphics();

So weit ist das noch keine gravierende Veränderung. Die Liste der verfügbaren Zeichenmethoden hat sich aber deutlich verkleinert. Gab es bisher für jede geometrische Form eine eigene draw- und fill-Methode, so werden hier nur noch zwei Methoden für alle diese Fälle angeboten (siehe Tabelle 12.3).

Methode	Beschreibung
void draw(shape s)	Zeichnet die Umrisse der Form s.
void fill(shape s)	Zeichnet die Form s ausgefüllt.

Tabelle 12.3 Zeichenmethoden von »Graphics2D« für geometrische Formen

Der übergebene Parameterwert entscheidet jetzt über die zu zeichnende Form. Es handelt sich dabei um ein Objekt, das auf dem Interface shape aufbaut. Die verfügbaren Objekte sind im Package java.awt.geom definiert. Tabelle 12.4 zeigt die wichtigsten dort definierten geometrischen Formen.

Klasse	Beschreibung
Ellipse2D.Float	Ellipse, definiert durch die linke obere Ecke des umschließenden Rechtecks, Breite und Höhe
GeneralPath.Float	Polygon, definiert durch die Stützpunkte
Line2D.Float	Linie, definiert durch Anfangs- und Endpunkt
Rectangle2D.Float	Rechteck, definiert durch die linke obere Ecke, Breite und Höhe
RoundRectangle2D.Float	Abgerundetes Rechteck, definiert durch die linke obere Ecke, Breite und Höhe

Tabelle 12.4 Einige Klassen geometrischer Formen aus »java.awt.geom«

Zu jeder der in Tabelle 12.4 aufgeführten Klassen existiert auch eine Klasse mit `double`-Genauigkeit. Das bedeutet, dass die dem Konstruktor übergebenen Parameter mit `double`-Genauigkeit übergeben werden können. Im Namen ist entsprechend `float` durch `double` zu ersetzen.

Bis hierher stellt die Verwendung von `Graphics2D` nur eine gleichwertige Alternative zu `Graphics` dar. Die höhere Leistungsfähigkeit zeigt sich beim Vergleich der Einflussmöglichkeiten auf die Linien und Füllungen. Mit `Graphics` können Sie nur die Farbe der Linien über `setColor` verändern. Für die Füllung flächiger Formen steht auch nur die Wahl der Farbe frei und ob die Form überhaupt gefüllt werden soll. Mit `Graphics2D` werden die Möglichkeiten deutlich erweitert. Sie können zusätzlich Folgendes beeinflussen (siehe Tabelle 12.5):

- Strichstärke
- Linienenden
- Kreuzungspunkte
- Füllmuster

Methode	Beschreibung
void setColor(Color c)	Setzt die Zeichenfarbe auf den Farbwert c.
void setStroke(BasicStroke bs)	Setzt die Linienart auf den Linienstil s.
void setPaint(Color c)	Setzt das Füllmuster auf die Farbe c.
void setPaint(GradientPaint gp)	Setzt das Füllmuster auf das Gradientenfüllmuster gp.

Tabelle 12.5 Methoden zur Veränderung von Linienstil und Füllmuster

Die beiden Methoden, die als Parameter Farbwerte erwarten, müssen nicht weiter erläutert werden. Die Methode `setStroke` zur Veränderung des Linienstils erwartet ein Objekt der Klasse `BasicStroke` als Parameterwert. Diese Klasse beschreibt durch ihre Eigenschaften einen Linienstil. Die wichtigsten Stilelemente sind die Linienstärke `width` vom Typ `float` und die beiden `int`-Werte `cap` für das Linienende und `join` für das Aussehen von Kreuzungspunkten. Zur Festlegung der Linienenden und Kreuzungspunkte sind in der Klasse `BasicStroke` die Konstanten definiert, die Sie in Tabelle 12.6 sehen.

Konstante	Bedeutung
CAP_BUTT	Keine Endpunkte
CAP_ROUND	Runde Endpunkte
CAP_SQUARE	Quadratische Endpunkte
JOIN_MITER	Die äußeren Kanten werden bis zum Schnittpunkt verlängert.
JOIN_ROUND	Die äußeren Kanten werden abgerundet.
JOIN_BEVEL	Die äußeren Ecken werden abgerundet.

Tabelle 12.6 Konstanten zur Beschreibung von End- und Schnittpunkten

Die Methode setPaint erwartet für die Festlegung des Füllmusters ein Objekt der Klasse Color oder der Klasse GradientPaint. Wird eine Farbe angegeben, wird die Fläche einfarbig gefüllt. Die Klasse GradientPaint beschreibt einen allmählichen Farbübergang. Der Konstruktor der Klasse erwartet dazu die Koordinaten zweier Punkte und zu jedem Punkt eine Farbe. Über den Abstand und die Richtung der gedachten Verbindungslinie ermittelt der Gradient den Farbverlauf, der für die Füllung verwendet werden soll.

Die beiden Punkte müssen nicht innerhalb der zu füllenden Fläche liegen. Über einen fünften booleschen Parameter kann festgelegt werden, ob sich der Farbwechsel wiederholen soll, wenn die Ausdehnung der zu füllenden Fläche in Richtung des Farbverlaufs größer ist, als ein Übergang erfordert.

Sie finden unter dem Namen *Zeichnen3* auf der beiliegenden DVD im Ordner *Arbeitsumgebung\Java\Programme\JavaUebung12* eine Version des Zeichenprogramms *Zeichnen2*, das die Klasse Graphics durch die Klasse Graphics2D mit ihren Zeichenmethoden ersetzt.

Eine lernfähige »paint«-Methode

Es ist an der Zeit, Sie auf einen ganz gravierenden Unterschied zwischen den beiden Programmen *Zeichnen1* und *Zeichnen2* bzw. *Zeichnen3* hinzuweisen. Vielleicht ist es Ihnen ja auch schon selbst aufgefallen, dass die Beständigkeit der gezeichneten Objekte in den beiden Anwendungen nicht gleich ist. Falls es Ihnen noch nicht aufgefallen ist, dann sollten Sie jetzt einmal das Programm *Zeichnen1* starten und anschließend das Programmfenster beliebig vergrößern und verkleinern. Oder Sie minimieren das Programmfenster, um es anschließend wieder von der Taskleiste auf den Bildschirm zu holen. Das Verhalten des Panels wird Sie wahrscheinlich nicht überraschen. Wiederholen Sie nun das Gleiche mit dem Programm *Zeichnen2* oder *Zeichnen3*, nachdem Sie einige Objekte in das Panel gezeichnet haben.

Falls Sie nicht schon früher über dieses Verhalten gestolpert sind, wird es Sie überraschen, dass die Zeichnungen durch das Verändern der Größe des Programmfensters verschwinden. Für ein Zeichenprogramm ist dieses Verhalten absolut inakzeptabel. Es stellen sich nun drei zentrale Fragen: Gibt es überhaupt Programme, für die ein solches Verhalten kein Problem darstellt? Wie ist dieses Verhalten des Programms *Zeichnen2* zu erklären? Und wie können die gezeichneten Figuren dauerhaft erhalten werden?

Die erste Frage ist eindeutig mit Ja zu beantworten. Es gibt durchaus Programme, die die gezeichneten Figuren nicht erhalten müssen! Stellen Sie sich ein Programm vor, das, ähnlich wie bei einem Video, einen mehrmals pro Sekunde sich verändernden Inhalt darstellen soll. In diesem Fall müssen die gezeichneten Inhalte nicht dauerhaft erhalten bleiben.

Die Antwort auf die zweite Frage wurde durch die Erläuterungen in Abschnitt 12.1.1, »Grundlagen der Grafikausgabe«, bereits gegeben. Der Inhalt einer Komponente muss in vielen Situationen neu gezeichnet werden. Für dieses Zeichnen sind die Methoden paint bzw. paintComponent verantwortlich. Beim Neuzeichnen einer Komponente wird nur das gezeichnet, was in diesen beiden Methoden hinterlegt ist. Die beiden Methoden können von sich aus nicht erkennen, ob Zeichnungen, die zwischenzeitlich auf der Komponente ausgeführt werden, zum festen Bestandteil der Komponente werden sollen oder ob sie als vergängliche kurzzeitige Veränderungen anzusehen sind. Ihre Aufgabe ist es, wie bei kurzzeitigen Überdeckungen durch andere Programmfenster, den ursprünglichen Zustand der Komponente wiederherzustellen.

Mit der Antwort auf die zweite Frage kommen wir auch der Antwort auf die die dritte Frage auf die Spur. Wir müssen eine paint-Methode für die Zeichenfläche erstellen, die in der Lage ist, nachträgliche Veränderungen am Aussehen der Komponente als dauerhafte Veränderungen in ihre Anweisungsfolge zu übernehmen. Es bleibt aber die Frage, wie Sie das realisieren können. Zum Zeitpunkt der Programmierung können Sie schließlich noch nicht wissen, welche Veränderungen der Anwender am Aussehen der Zeichenfläche vornimmt.

In diesem Abschnitt wird erläutert, wie Sie eine Standardkomponente mit einer lernfähigen paint- oder paintComponent-Methode ausstatten. Die Standardkomponente muss dazu einen Behälter bereitstellen, in dem Informationen über die vom Anwender eingezeichneten geometrischen Figuren gesammelt werden. Die paint-Methode kann dann beim Zeichnen diesen Behälter abarbeiten und alle Figuren einzeichnen.

Damit die paint-Methode Zugriff auf den Behälter hat, muss er innerhalb der Standardkomponente angelegt werden, die als Zeichenfläche dient. Die Zeichenmethode im Zeichenprogramm erstellt nun nicht mehr selbst Zeichnungen. Sie übergibt der Zeichenfläche die zu zeichnenden Objekte zum Befüllen des Behälters. Aus dem Behälter bedient sich dann die `paint`- bzw. `paintComponent`-Methode, wenn die Zeichenfläche gezeichnet werden soll (siehe Abbildung 12.7).

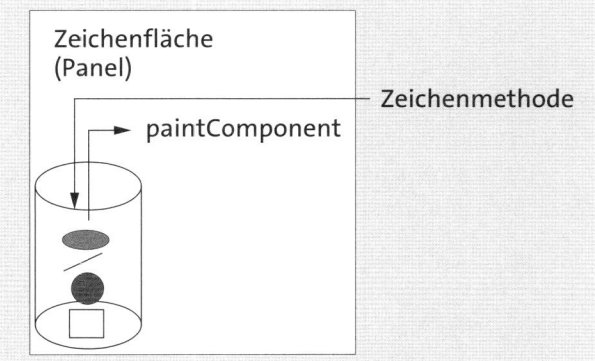

Abbildung 12.7 Aufgabenverteilung im Zeichenprogramm (Frame)

Aus diesen Überlegungen folgt, dass Sie für das Zeichenprogramm drei Klassen erstellen müssen:

- eine Klasse zur Speicherung der Informationen zu einer geometrischen Figur
- eine von `JPanel` abgeleitete Klasse mit einem Behälter für geometrische Figuren und mit überschriebener `paintComponent`-Methode
- eine von `JFrame` abgeleitete Klasse als Zeichenprogramm

Als Behälter für die geometrischen Figuren bietet sich die Klasse `ArrayList` an, die in Abschnitt 10.2.1, »Die Klasse ›ArrayList‹«, vorgestellt wurde. Sie kann beliebige Objekte speichern, und ihre Größe kann dynamisch wachsen. Zur Beschreibung einer geometrischen Figur können Sie eine Klasse `Zeichenobjekt` mit den folgenden Eigenschaften definieren:

```
protected int x1, y1, x2, y2;
protected Color col;
protected float lbreite;
```

Listing 12.6 Eigenschaften der Klasse »Zeichenobjekt«

In den ganzzahligen x- und y-Werten werden die bis zu vier Koordinatenangaben abgelegt. Die letzten beiden Eigenschaften bereiten die Klasse darauf vor, später auch die Farbe und Linienbreite festzuhalten. Die Klasse `Zeichenobjekt` soll als Basisklasse zur Ableitung der vier Figuren Rechteck, Ellipse, Kreis und Linie dienen. Da jede dieser vier

Figuren anders zu zeichnen ist und deshalb eine andere paint-Methode erfordert, soll diese als abstract-Methode angelegt und erst in den abgeleiteten Klassen implementiert werden. Aus diesem Grund muss auch die gesamte Klasse als abstract definiert werden:

```
public abstract class Zeichenobjekt {
```

Die Klasse sollten Sie auf jeden Fall mit einem Konstruktor ausstatten, dem Sie Werte für die sechs Eigenschaften übergeben können. Außerdem sollten Sie Getter- und Setter-Methoden für die einzelnen Eigenschaften erstellen. Als letzte Methode wird die abstrakte paint-Methode angelegt. Dadurch wird sichergestellt, dass für jede abgeleitete Klasse eine paint-Methode implementiert werden muss.

```
Zeichenobjekt(int x, int y, int v, int w, Color c, float lb) {

  x1 = x;
  y1 = y;
  x2 = v;
  y2 = w;
  col = c;
  lbreite = lb;
}

public int getX1(){    return x1;}
public void setX1(int x){x1 = x;}
public int getY1(){    return y1;}
public void setY1(int y){y1 = y;}
public int getX2(){return x2;}
public void setX2(int x){x2 = x;}
public int getY2(){return y2;}
public void setY2(int y){y2 = y;}
public Color getColor(){return col;}
public void setColor(Color c){col = c;}
public float getLinienbreite(){return lbreite;}
public void setLinienbreite(float lb){lbreite = lb;}
abstract void paint(Graphics g);
```

Listing 12.7 Konstruktor sowie Getter- und Setter-Methoden und die abstrakte »paint«-Methode der Klasse »Zeichenobjekt«

Im zweiten Schritt werden von der Basisklasse die abgeleiteten Klassen für die vier Figuren erstellt:

```
public class LinieZeichenobjekt extends Zeichenobjekt {

  LinieZeichenobjekt(int x, int y, int v, int w, Color c, float lb) {
    super(x, y, v, w, c, lb);
  }
  @Override
  public void paint(Graphics g) {
    Graphics2D g2d=(Graphics2D)g;
    Line2D.Float linie=new Line2D.Float(getX1(), getY1(), getX2(), getY2());
    g2d.draw(linie);
  }
}

public class RechteckZeichenobjekt extends Zeichenobjekt {
  private boolean gefuellt;

  RechteckZeichenobjekt(boolean f, int x, int y,
                        int v, int w, Color c, float lb) {
    super(f, x, y, v, w, c, lb);
    gefuellt = f;
  }
  public boolean getGefuellt() {
    return gefuellt;
  }
  public void setGefuellt(boolean f) {
    gefuellt=f;
  }
  @Override
  void paint(Graphics g) {
    Graphics2D g2d=(Graphics2D)g;
    Rectangle2D.Float rechteck=
                  new Rectangle2D.Float(getX1(), getY1(), getX2(), getY2());
    if (getGefuellt()) {
      g2d.fill(rechteck);
    } else {
        g2d.draw(rechteck);
    }
  }
}
```

```java
public class OvalZeichenobjekt extends Zeichenobjekt {
  private boolean gefuellt;

  OvalZeichenobjekt(boolean f, int x, int y, int v, int w, Color c, float lb) {
    super(f, x, y, v, w, c, lb);
    gefuellt = f;
  }
  public boolean getGefuellt() {
    return gefuellt;
  }
  public void setGefuellt(boolean f) {
    gefuellt=f;
  }
  @Override
  void paint(Graphics g) {
    Graphics2D g2d=(Graphics2D)g;
    Ellipse2D.Float oval=new Ellipse2D.Float(getX1(),
                                   getY1(), getX2(), getY2()));
    if (getGefuellt()) {
      g2d.fill(oval);
    } else {
        g2d.draw(oval);
    }
  }
}

public class KreisZeichenobjekt extends Zeichenobjekt {
  private boolean gefuellt;

  KreisZeichenobjekt(boolean f, int x, int y,
                     int v, int w, Color c, float lb) {
    super(f, x, y, v, w, c, lb);
    gefuellt = f;
  }
  public boolean getGefuellt() {
    return gefuellt;
  }
  public void setGefuellt(boolean f) {
    gefuellt=f;
  }
  @Override
```

```
  void paint(Graphics g) {
    Graphics2D g2d=(Graphics2D)g;
    Ellipse2D.Float kreis=new Ellipse2D.Float(
                      getX1(), getY1(), getX2(), getX2());
    if (getGefuellt()) {
      g2d.fill(kreis);
    } else {
        g2d.draw(kreis);
    }
  }
}
```

Listing 12.8 Von »Zeichenobjekt« abgeleitete Klassen

Im dritten Schritt können Sie nun die von `JPanel` abgeleitete Klasse erstellen. Sie sollte eine `ArrayList` zum Speichern der Zeichenobjekte erhalten und eine `paintComponent`-Methode, die diesen Behälter beim Zeichnen abarbeitet.

Geben Sie bei der Erstellung der neuen Klasse im Erstellungsdialog von Eclipse als Superclass `javax.swing.JPanel` an, und lassen Sie die CONSTRUCTORS FROM SUPERCLASS erstellen. Als Namen für die abgeleitete Klasse wurde in der Musterlösung `JMyPaintPanel` gewählt. Sie erhalten so einen Rumpf für die neue Klasse mit allen in der Superklasse definierten Konstruktoren. Die Eigenschaften der neuen Klasse müssen Sie um die `ArrayList` zur Aufnahme der Zeichenobjekte erweitern. Die Anweisung

```
private ArrayList figuren;
```

ergänzt eine ArrayList mit dem Namen Figuren.

Eclipse gibt Ihnen an dieser Zeile eine Warnung aus. Warnungen sind keine Fehler und ändern nichts an der Lauffähigkeit eines Programms. Wenn Sie die Warnung mit dem Wortlaut

```
ArrayList is a raw type.
References to generic type ArrayList<E> should be parameterized
```

dennoch gerne beseitigt hätten, hier eine kurze Erläuterung: Die Klasse `ArrayList` ist nicht auf die Speicherung bestimmter Objekte festgelegt (*raw type*). Eclipse kann bei Ihrer Quellcodeeingabe nicht überprüfen, ob Sie die Objekte, für die Sie die `ArrayList` vorsehen, darin ablegen. Eclipse wird Ihnen auch bei jedem Einfügen eines Objekts in den Behälter eine Warnung anzeigen. Sie haben aber die Möglichkeit, durch Angabe einer Klasse in spitzen Klammern hinter dem Bezeichner `ArrayList` anzugeben, für welche Klasse die `ArrayList` verwendet werden soll. Dies erleichtert die Fehlererkennung und erhöht die Typsicherheit. Erweitern Sie also die Anweisung zu

```
private ArrayList<Zeichenobjekt> figuren;
```

und die Warnung ist beseitigt. Sie erhalten dann einerseits Fehlerhinweise, wenn Sie versuchen, falsche Objekte in die `ArrayList` einzufügen. Andererseits vermeiden Sie eine Vielzahl von Warnungen bei jedem Hinzufügen von Objekten. Sie können in der `ArrayList` nun neben Objekten der Klasse `Zeichenobjekt` auch alle von dieser Klasse abgeleiteten Figuren ablegen. Abgeleitete Klassen sind in dieser Beziehung immer kompatibel zu ihren Vorgängern.

In jedem Konstruktor, den die abgeleitete Komponente geerbt hat, ergänzen Sie unter dem Aufruf des Superkonstruktors die Erzeugung der `ArrayList`:

```
public JMyPaintPanel() {
  figuren = new ArrayList<Zeichenobjekt>();
}
```

Listing 12.9 Erzeugen des »ArrayList«-Objekts im Standardkonstruktor

Sie sehen, dass auch hier nochmals die Typangabe verwendet wird, um Warnungen zu vermeiden.

Als Schnittstelle zwischen Zeichenprogramm und Zeichenfläche müssen Sie eine Methode zur Übergabe eines Zeichenobjekts erstellen. Dieser Methode werden die Eigenschaften eines Zeichenobjekts übergeben. Die Methode selbst erstellt mit diesen Angaben ein neues Objekt und legt es in der `ArrayList` ab.

```
public void addZeichenobjekt(Zeichenobjekt obj) {
    figuren.add(obj);
}
```

Listing 12.10 Übergabemethode als Schnittstelle zwischen Zeichenprogramm und -fläche

Nach diesen Vorarbeiten kann jetzt die `paintComponent`-Methode überschrieben werden. Nach der Ausführung der geerbten Anweisungen muss sie ein Zeichenobjekt nach dem anderen aus dem Behälter entnehmen und zeichnen.

```
public void paintComponent(Graphics g) {
  super.paintComponent(g);
  Graphics2D g2d=(Graphics2D)g;
  for (int i=0; i<figuren.size(); i++) {
    Zeichenobjekt zo=figuren.get(i);
```

```
    g2d.setColor(zo.getColor());
    BasicStroke stil = new BasicStroke(
                        zo.getLinienbreite(),
                        BasicStroke.CAP_BUTT,
                        BasicStroke.JOIN_MITER);
    g2d.setStroke(stil);
    zo.paint(g2d);
  }
}
```

Listing 12.11 Überschriebene »paintComponent«-Methode

Nach dem Aufruf der geerbten Methode wird ein Graphics2D-Kontext erstellt. Damit stehen für das Zeichnen Erweiterungen wie unterschiedliche Strichstärken für Programmerweiterungen zur Verfügung. In der anschließenden for-Schleife werden nacheinander alle Einträge aus dem Behälter geholt, dem lokal definierten Zeichenobjekt zo zugewiesen und abgearbeitet. Der Ablauf innerhalb der for-Schleife entspricht weitgehend dem Ablauf der bisher im Zeichenprogramm angesiedelt war. Die Angaben werden hier aber nicht mehr aus den Komponenten, die dem Anwender zur Eingabe zur Verfügung stehen, sondern aus den im Behälter gespeicherten Eigenschaftswerten der Zeichenobjekte genommen.

Die ersten Anweisungen ermitteln die Zeichenfarbe und die Strichstärke von zo und übernehmen sie in den Graphics2D-Kontext als aktuelle Farbe und aktuellen Linienstil. Anschließend wird das jeweilige Zeichenobjekt durch Aufruf seiner paint-Methode aufgefordert, sich zu zeichnen.

Als Basis für das Zeichenprogramm können Sie den Quellcode von *Zeichnen2* oder *Zeichnen3* verwenden. Es sind insgesamt nur sehr geringe Änderungen erforderlich. Ändern Sie zuerst bei den Eigenschaften den Typ des jPanelZeichenflaeche vom Standard-Panel JPanel in JMyPaintPanel, damit das soeben abgeleitete Panel auch verwendet wird. In der initGJI müssen Sie den Konstruktoraufruf für das JPanel ebenfalls in JMyPaintPanel ändern. Verwenden Sie einfach unter EDIT die Funktion FIND/REPLACE, und lassen Sie überall JPanel durch JMyPaintPanel ersetzen. Die weiteren Änderungen beziehen sich alle auf die bei dem Button jBtnZeichnen hinterlegte Methode.

```
private void jBtnZeichnenActionPerformed(ActionEvent evt) {
  try {
    x1 = Integer.parseInt(jTFPositionx1.getText());
    y1 = Integer.parseInt(jTFPositiony1.getText());
    x2 = Integer.parseInt(jTFPositionx2.getText());
```

```
            y2 = Integer.parseInt(jTFPositiony2.getText());

            switch (figur) {
            case 'L': zo = new LinieZeichenobjekt(
                                    x1,y1,x2,y2,farbe,1.0f);
                    break;
            case 'R': zo = new RechteckZeichenobjekt(
                                    jCheckBgefuellt.isSelected(),
                                    x1,y1,x2,y2,farbe,1.0f);
                    break;
            case 'O': zo = new OvalZeichenobjekt(
                                    jCheckBgefuellt.isSelected(),
                                    x1,y1,x2,y2,farbe,1.0f);
                    break;
            case 'K': zo = new KreisZeichenobjekt(
                                    jCheckBgefuellt.isSelected(),
                                    x1,y1,x2,y2,farbe,1.0f);
                    break;
            }
            jPanelZeichenflaeche.addZeichenobjekt(zo);
            jPanelZeichenflaeche.repaint();
        } catch (Exception e) {
            JOptionPane.showMessageDialog(this,
                            "Die Angaben sind ungültig.");
        }
    }
}
```

Listing 12.12 Zeichenmethode des Programms »Zeichnen4«

Wie Sie sehen, sind alle Anweisungen zum Zeichnen weggefallen. Je nachdem, welche Figur gewählt wurde, wird in der switch-case-Anweisung ein entsprechendes Zeichenobjekt erstellt. Die Eigenschaften werden aus den Textfeldern und Optionsfeldern entnommen. Als Farbe wird die als Eigenschaft des Frames definierte Farbe (Color.black) und als Strichstärke der float-Wert 1.0f übergeben. Das erzeugte Zeichenobjekt wird dann dem Panel hinzugefügt, und durch den Aufruf der repaint-Methode wird das Panel neu gezeichnet. Damit wird das übergebene Zeichenobjekt auch unmittelbar dargestellt.

Sie finden eine Version des Programms unter dem Namen *Zeichnen4* und die dazugehörigen Komponenten *JMyPaintPanel* und *Zeichenobjekt* auf der beiliegenden DVD im Ordner *Arbeitsumgebung\Java\Programme\JavaUebung12*.

12.2 Farben verwenden

Bis auf eine Ausnahme haben Sie bisher grundsätzlich in Schwarz gezeichnet. Sicher würden Sie dem Anwender gerne die Möglichkeit eröffnen, die Zeichenfarbe selbst zu wählen Die Klasse Zeichenobjekt und die Zeichenfläche wurden auch schon darauf vorbereitet, mit unterschiedlichen Farben umzugehen.

12.2.1 Die Klasse »Color«

Java stellt für den Umgang mit Farben die Klasse Color bereit. Sie können sie mit dem Package java.awt.Color importieren. Die Klasse definiert Farben über das *RGB-Modell*. Eine Farbe ergibt sich dabei durch Mischung aus den Rot-, Grün- und Blauanteilen, die in einer Farbe vorhanden sind. Jeder Anteil kann Werte von 0 bis 255 annehmen. Daneben gibt es auch die Möglichkeit, den Farbwert über einen Grundton (*Hue*), seine Sättigung (*Saturation*) und seine Helligkeit (*Brightness*) zu definieren. Man nennt das hierbei zugrunde liegende Modell *HSB-Modell*. Die Klasse Color bringt auch Methoden mit, um HSB-Angaben in RGB-Angaben umzurechnen und umgekehrt. Seit der Version 1.2 kann die Klasse auch mit *Alphawerten* umgehen. Mit dem Alphawert kann die *Transparenz* einer Farbe festgelegt werden. Auch der Alphawert kann im Bereich von 0 bis 255 liegen. Dabei bedeutet 0 »höchste Transparenz«. In der Klasse sind auch 13 Objekte für Grundfarben definiert (siehe Tabelle 12.7). Über Farbnamen lassen sie sich so sehr einfach ansprechen. Im Programm *Zeichnen1* haben Sie auf diese Weise bereits die Farbe Rot als Objekt mit dem Bezeichner Color.red angesprochen.

Vordefinierte Farbobjekte	Vordefinierte Farbobjekte
public final static Color white	public final static Color orange
public final static Color lightGray	public final static Color yellow
public final static Color gray	public final static Color green
public final static Color darkGray	public final static Color magenta
public final static Color black	public final static Color cyan
public final static Color red	public final static Color blue
public final static Color pink	

Tabelle 12.7 In »java.awt.Color« vordefinierte Farbobjekte

Ein Farbobjekt kann auch über verschiedene Konstruktoren erzeugt werden (siehe Tabelle 12.8). Allen gemeinsam ist, dass sie die RGB-Werte erwarten. Die Werte können Sie aber in unterschiedlichen Formaten und eventuell mit Zusatzangaben wie dem Alphawert angeben.

Konstruktor	Beschreibung
public Color(int rgb)	Die RGB-Werte liegen in einem Integer. Der Blauwert steht im niederwertigsten Byte, der Grünwert im zweiten und der Rotwert im dritten Byte. Das vierte Byte wird ignoriert (Alpha = 255).
public Color(int rgba, boolean hasalpha)	Wie oben; je nach hasalpha wird das vierte Byte als Alphawert interpretiert.
public Color(int r, int g, int b)	Jeder Anteil wird in einem eigenen Integer-Wert angegeben (Alpha = 255).
public Color(int r, int g, int b, int alpha)	Der Alphawert wird als vierter Integer-Wert übergeben.
Public Color(float r, float g, float b)	Die Anteile werden als Dezimalzahlen von 0.0 bis 1.0 angegeben. Intern erfolgt eine Umrechnung in Werte von 0 bis 255.
Public Color(float r, float g, float b, float alpha)	Wie oben, mit zusätzlicher Angabe des Alphawertes

Tabelle 12.8 Die wichtigsten Konstruktoren der Klasse »Color«

Tabelle 12.9 gibt einen Überblick über die wichtigsten Methoden der Klasse Color.

Methode	Beschreibung
public static int HSBtoRGB(float g, float s, float h)	Liefert einen RGB-Farbwert zurück, der dem HSB-Wert mit dem Grundton g, der Sättigung s und der Helligkeit h entspricht.
public static float[] RGBtoHSB(int r, int g, int b, float[] hsbvals)	Rechnet die RGB-Farbwerte in die entsprechenden HSB-Werte um. Es wird eine Referenz auf ein float-Array mit den Ergebniswerten zurückgeliefert.
public Color brighter()	Liefert ein etwas helleres Farbobjekt zurück.

Tabelle 12.9 Einige wichtige Methoden der Klasse »Color«

Methode	Beschreibung
public Color darker()	Liefert ein etwas dunkleres Farbobjekt zurück.
public int getAlpha()	Liefert den Alphawert zurück.
public int getBlue()	Liefert den Blauanteil zurück.
public int getGreen()	Liefert den Grünanteil zurück.
public int getRed()	Liefert den Rotanteil zurück.

Tabelle 12.9 Einige wichtige Methoden der Klasse »Color« (Forts.)

Der Anwender sollte möglichst nicht mit der Beschreibung eines Farbwertes durch numerische Angaben behelligt werden. Er ist es gewohnt, eine Farbe über einen Farbauswahldialog auszuwählen. Er erhält so direkt bei der Auswahl einen Eindruck vom Aussehen der gewählten Farbe.

12.2.2 Ein Farbauswahldialog für den Anwender

Die Farbauswahl innerhalb eines Programms gehört ebenso wie die Dateiauswahl zu den Standardaufgaben, die ein Anwendungsprogramm bieten muss. Es liegt also nahe, dass Java für die Farbauswahl wie für die Dateiauswahl eine vorgefertigte Komponente bereithält. Der JColorChooser aus javax.swing.JColorChooser ist eine solche Komponente mit umfangreichen Features. Die Komponente bietet über fünf Reiter unterschiedliche Ansichten für die Farbauswahl an (siehe Abbildung 12.8).

Es kann zwischen einer SWATCHES-Ansicht (Muster-Ansicht), einer HSB-, einer HSL-, einer RGB- und einer CMYK-Ansicht gewählt werden. Die Musteransicht eignet sich für Anwender, die sich nur vom farblichen Eindruck leiten lassen. Wer einen Farbwert exakt nach den RGB-, HSB-, HSL- oder CMYK-Werten auswählen oder verändern möchte, entscheidet sich eher für eine dieser vier Ansichten. Im unteren Bereich zeigen alle Ansichten eine Vorschau, die einen Eindruck von der Verwendung für unterschiedliche Komponenten vermitteln soll.

Die Klasse JColorChooser besitzt eine Klassenmethode showDialog:

```
public static Color showDialog(Component component,
                               String title, Color initialColor)
```

Die Methode erwartet als Parameter die Elternkomponente, der der Dialog zugeordnet werden soll (kann auch null sein), einen Text als Titel und eine Anfangsfarbe, die beim Öffnen des Dialogs als ausgewählte Farbe vorgewählt ist.

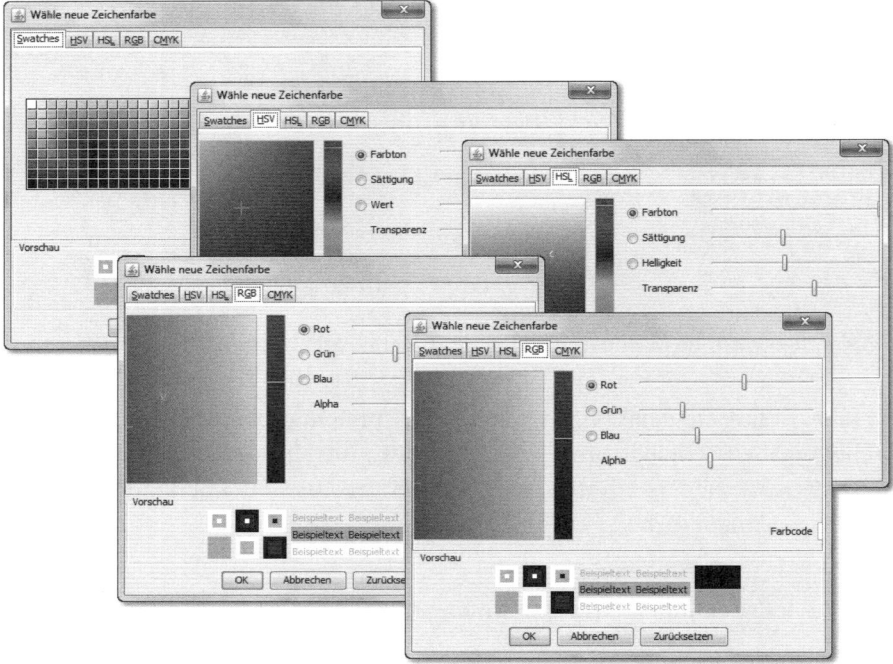

Abbildung 12.8 Die fünf Ansichten des »JColorChooser«

Damit kann ein Farbauswahldialog angezeigt werden, ohne dass eine Instanz des JColor-Chooser erzeugt werden muss. Die Methode erzeugt einen Farbauswahldialog und zeigt ihn als *modalen Dialog* an. Dadurch wird das laufende Programm so lange blockiert, bis der Dialog vom Anwender wieder geschlossen wird. Schließt der Anwender den Dialog mit OK, liefert der Dialog die ausgewählte Farbe zurück. Wird der Dialog auf eine andere Art geschlossen, liefert er als Ergebnis null zurück.

Ergänzen Sie den Programm-Frame um eine Farbauswahl-Schaltfläche, und Sie können mit einer einzigen Codezeile in der entsprechenden Ereignisbehandlungsmethode dem Anwender den Farbauswahldialog zur Verfügung stellen. Mit einem kleinen JPanel neben dem Farbauswahl-Button können Sie durch Setzen der Hintergrundfarbe auf die aktuell ausgewählte Zeichenfarbe immer anzeigen, mit welcher Farbe sein ausgewähltes Objekt gezeichnet wird.

```
private void jBtnFarbwahlActionPerformed(ActionEvent evt) {
  farbe=JColorChooser.showDialog(null, "Wähle neue Zeichenfarbe", Color.black);
  jColorPanel.setBackground(Farbe);
}
```

Listing 12.13 Aufruf des Farbauswahldialogs und Anzeigen der gewählten Farbe

Die Nutzung von farblichen Gestaltungsmöglichkeiten macht Ihre Anwendungen viel lebhafter und interessanter. Dabei ist der Einsatz dieser Gestaltungselemente mit Java doch sehr einfach zu realisieren.

12.3 Auswerten von Mausereignissen

In der bisherigen Ausführung des Programms muss der Anwender die Position der zu zeichnenden Objekte numerisch in den ersten beiden Textfeldern eintragen. Sie haben vermutlich selbst bereits festgestellt, dass es nicht ganz einfach ist, die Positionen im Panel mit numerischen Angaben abzuschätzen. Eine letzte Ergänzung des Zeichenprogramms soll durch die Auswertung von Mausereignissen den Bedienkomfort weiter erhöhen.

In den bisherigen Programmbeispielen wurde nur auf das Anklicken von Schaltflächen reagiert, indem ein `ActionListener` für die jeweilige Schaltfläche registriert wurde. Die Maus stellt einem Programm aber wesentlich mehr Informationen zur Verfügung.

Ein Mausereignis hat immer einen Empfänger. Dieser Empfänger ist zunächst einmal die Komponente, auf der sich zum Zeitpunkt der Auslösung des Ereignisses der Mauszeiger befindet. Ohne weiteres Zutun Ihrerseits verpuffen die Mausereignisse und werden vom Empfänger quasi ignoriert. Das müssen Sie aber verhindern, wenn Sie auf solche Mausereignisse reagieren wollen. Sie verhindern es, indem Sie für die jeweilige Komponente einen `Listener` erstellen. Mit Jigloo ist das in den GUI PROPERTIES recht einfach gelöst. Sie kennen das bereits auch von den ActionListenern, die Sie für Schaltflächen erstellt haben. Sie wählen dort unter EVENT NAME einen Listener aus, der auf bestimmte Ereignisse spezialisiert ist, und lassen den Quellcode dafür erstellen.

Im Quellcode, den Jigloo erzeugt, wird eine Methode `addListener` aufgerufen. Diese erstellt einen `Adapter`, der wiederum für jedes Ereignis eine Methode erstellt, in der die Anweisungen zur Reaktion auf das Ereignis untergebracht werden können (siehe Abbildung 12.9).

```
Komponente
    └─ addMouseListener ──► MouseAdapter
                                └─ public void mouseExited(MouseEvent evt);
                                └─ public void mouseEntered(MouseEvent evt);
```

Abbildung 12.9 Mausereignisbehandlung einrichten

Mit der Wahl zwischen INLINE und HANDLER METHOD legen Sie für Jigloo fest, ob die Anweisungen zur Reaktion auf das Ereignis direkt in die vom Adapter erstellte Methode eingetragen werden oder ob dort nur ein Aufruf einer ausgelagerten Methode steht. In diese ausgelagerte Methode tragen Sie dann Ihre Anweisungen ein.

12.3.1 Listener zur Erfassung von Mausereignissen

Speziell für Mausereignisse stehen Ihnen drei Listener zur Auswahl (siehe Tabelle 12.10).

Listener	Beschreibung
MouseListener	Erfasst die Betätigung der Maustasten und das Betreten und Verlassen des Mauszeigers.
MouseMotionListener	Erfasst Mausbewegungen mit und ohne Maustastenbetätigung.
MouseWheelListener	Erfasst Bewegungen des Mausrades.

Tabelle 12.10 Die verschiedenen »MouseListener«

Mit der Registrierung eines Listener werden die Ereignisse erfasst und wird ein Objekt der Klasse MouseEvent erzeugt, das nähere Informationen zu dem Ereignis festhält. Dieses Objekt steht dann zur weiteren Auswertung zur Verfügung.

Ein MouseListener bringt die in Tabelle 12.11 aufgeführten Methoden zur Ereignisbehandlung mit.

Methode	Beschreibung
void mousePressed(MouseEvent evt)	Wird beim Drücken der Maustaste aufgerufen.
void mouseReleased(MouseEvent evt)	Wird beim Loslassen der Maustaste aufgerufen.
void mouseClicked(MouseEvent evt)	Wird aufgerufen, nachdem die Maustaste gedrückt und wieder losgelassen wurde (nach mouseReleased).
void mouseEntered(MouseEvent evt)	Wird aufgerufen, wenn der Mauszeiger die betreffende Komponente betritt.

Tabelle 12.11 Methoden des »MouseListener«

Methode	Beschreibung
void mouseExited(MouseEvent evt)	Wird aufgerufen, wenn der Mauszeiger die betreffende Komponente verlässt.

Tabelle 12.11 Methoden des »MouseListener« (Forts.)

Soll auf Bewegungen des Mauszeigers reagiert werden, dann ist ein MouseMotionListener gefragt. Der MouseMotionListener stellt zur Reaktion auf Mausbewegungen die Methoden aus Tabelle 12.12 bereit.

Methode	Beschreibung
void mouseMoved(MouseEvent evt)	Wird aufgerufen, wenn der Mauszeiger ohne Tastenbetätigung bewegt wurde.
void mouseDragged(MouseEvent evt)	Wird aufgerufen, wenn der Mauszeiger mit gedrückter Maustaste bewegt wurde.

Tabelle 12.12 Methoden des »MouseMotionListener«

Der MouseWheelListener stellt nur eine Methode zur Verfügung (siehe Tabelle 12.13).

Methode	Beschreibung
void mouseWheelMoved(MouseWheelEvent evt)	Wird aufgerufen, wenn das Mausrad bewegt wurde.

Tabelle 12.13 Methode des »MouseWheelListener«

Die Methode löst im Gegensatz zu den beiden anderen Listenern ein Ereignis der Klasse MouseWheelEvent aus.

12.3.2 »MouseEvent« und »MouseWheelEvent«

Wenn ein Listener ein Mausereignis erfasst, wird ein Objekt erstellt, das das Ereignis näher beschreibt. Dabei sind zwei Klassen zu unterscheiden. Ein MouseListener und ein MouseMotionListener erstellt ein Objekt der Klasse MouseEvent, während ein MouseWheelListener ein Objekt der Klasse MouseWheelEvent erstellt.

Die Klasse MouseEvent besitzt die in Tabelle 12.14 genannten Methoden, die Auskunft über das eingetretene Ereignis geben.

Methode	Beschreibung
int getButton()	Liefert zurück, auf welchen Button sich das Ereignis bezieht.
Point getPoint()	Liefert ein Objekt der Klasse Point mit den Koordinaten der Mausposition, bezogen auf die auslösende Komponente, zurück.
Point getLocationOnScreen()	Liefert ein Objekt der Klasse Point mit den Koordinaten der Mausposition auf dem Bildschirm, zurück.
int getX()	Liefert die x-Koordinate der Mausposition, bezogen auf die auslösende Komponente, zurück.
int getXOnScreen()	Liefert die x-Koordinate der Mausposition, bezogen auf den Bildschirm, zurück.
int getY()	Liefert die y-Koordinate der Mausposition, bezogen auf die auslösende Komponente, zurück.
int getYOnScreen()	Liefert die y-Koordinate der Mausposition, bezogen auf den Bildschirm, zurück.
int getClickCount()	Liefert die Anzahl der hintereinander ausgeführten Mausklicks zurück.
boolean isAltDown() boolean isShiftDown() boolean isControlDown()	Liefern als Wahrheitswert zurück, ob die jeweilige Steuertaste beim Betätigen der Maustaste gedrückt war.
boolean isMetaDown()	Liefert true, wenn die rechte Maustaste gedrückt wurde.

Tabelle 12.14 Methoden der Klasse »MouseEvent«

Die Klasse MouseWheelEvent ist von MouseEvent abgeleitet und verfügt zusätzlich über die in Tabelle 12.15 genannten Methoden.

Methode	Beschreibung
int getScrollAmount()	Liefert die Anzahl der Einheiten zurück, um die gescrollt werden soll.

Tabelle 12.15 Methoden der Klasse »MouseWheelEvent«

Methode	Beschreibung
int getScrollType()	Liefert zurück, wie gescrollt werden soll (seitenweise oder in kleinen Schritten).
int getWheelRotation()	Liefert zurück, um wie viele »Klicks« das Rad gedreht wurde.

Tabelle 12.15 Methoden der Klasse »MouseWheelEvent« (Forts.)

Ereignisse der Klasse MouseWheelEvent sind etwas schwieriger zu handhaben als Mouse-Events, denn sie beziehen sich häufig nicht auf die Komponente, auf der sich zum Zeitpunkt der Betätigung des Mausrades der Mauszeiger befindet, sondern auf die Scrollbalken der Komponente oder sogar auf die Scrollbalken einer übergeordneten Komponente.

Nach diesen theoretischen Erläuterungen zu Mausereignissen ist es an der Zeit, einiges davon in die Praxis umzusetzen. Sie werden sehen, dass sich die Umsetzung mithilfe von Jigloo recht einfach gestaltet.

12.3.3 Mauskoordinaten anzeigen

Verwenden Sie als Ausgangsbasis für die folgenden Programmerweiterungen das Programm *Zeichnen5*. Als Orientierungshilfe für den Anwender sollen die Koordinaten, an denen sich der Mauszeiger befindet, im Frame angezeigt werden. Zur Anzeige platzieren Sie ein Label jLMausposition im unteren Bereich des Frames. Als Labeltext können Sie die Vorgabe von Jigloo übernehmen. Ändern Sie in den GUI Properties die Eigenschaft visible auf den Wert false. Die Mauskoordinaten sollen nur sichtbar sein, wenn sich der Mauszeiger auch innerhalb des jPanelZeichenflaeche befindet.

Zum Überwachen, ob sich der Mauszeiger in die Komponente hinein- oder aus ihr herausbewegt, eignet sich der MouseListener. Den Listener erstellen Sie, indem Sie das jPanelZeichenflaeche in der Vorschau markieren und in den GUI Properties unter Event Name die Ansicht des MouseListener mit dem Pfeilsymbol erweitern (siehe Abbildung 12.10).

Sie sehen nun die Methoden des MouseListener und können in gleicher Weise, wie Sie es vom ActionListener her kennen, durch Umstellen auf Handler Method einen Methodenrumpf erstellen lassen. In diesen Methodenrumpf tragen Sie die Anweisungen zur Reaktion auf dieses Ereignis ein. In unserem Fall machen wir dort nur das Label jLMausposition sichtbar:

```
jLMausposition.setVisible(true);
```

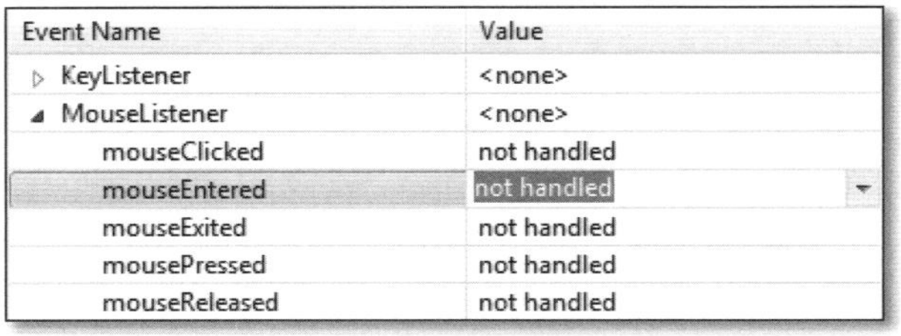

Event Name	Value
▷ KeyListener	<none>
▲ MouseListener	<none>
mouseClicked	not handled
mouseEntered	not handled
mouseExited	not handled
mousePressed	not handled
mouseReleased	not handled

Abbildung 12.10 Die Methode »mouseEntered« aktivieren

Entsprechend aktivieren Sie für das Verlassen des Mauszeigers die Methode `mouseExited` und setzen dort die Eigenschaft `visible` des Labels auf `false`. Der Labeltext ist somit nur noch sichtbar, solange sich der Mauszeiger auf der Zeichenfläche befindet.

Das Label zeigt jetzt noch nicht die Koordinaten der Mausposition an. Da diese sich bei jeder Mausbewegung ändern, muss der Labeltext nach jeder Bewegung aktualisiert werden. Sie benötigen dazu die Methode `mouseMoved` des `MouseMotionListener`. Wie nicht anders zu erwarten, finden Sie auch diese Methode in der GUI PROPERTIES unter dem EVENT NAME `MouseMotionListener`. Nachdem Sie die Methode aktiviert haben, können Sie im erstellten Methodenrumpf den Labeltext aktualisieren. Für den Labeltext benötigen Sie aber die Angaben über die aktuelle Mausposition. Bei den bisherigen Ereignisbehandlungen war nur von Bedeutung, ob das Ereignis eingetreten ist. Jetzt werden zum ersten Mal nähere Informationen zu dem Ereignis benötigt. Diese Informationen können Sie dem der jeweiligen Methode als Parameter übergebenen Ereignisobjekt entnehmen.

```
private void jPanelZeichenflaecheMouseMoved(MouseEvent evt) {
  jLMausposition.setText("x: " + evt.getX()
                    + " y: " + evt.getY());
}
```

Listing 12.14 Positionsangaben in den Labeltext übernehmen

In der von Jigloo erstellten Handler-Methode wird ein `MouseEvent`-Objekt mit dem Namen `evt` übergeben. Wie Sie aus Tabelle 12.14 entnehmen können, bringt dieses Objekt eine ganze Reihe von Methoden zur Analyse des Ereignisses mit. Unter anderem können Sie mit `getX()` und `getY()` die Koordinaten der Mausposition erfragen. Jetzt sollte ein Test des Programms zeigen, dass das Label immer dann, wenn sich der Mauszeiger auf der Zeichenfläche befindet, die Koordinaten anzeigt.

12.3.4 Die Maus als Zeichengerät

Die Eingabe numerischer Werte soll nun noch gänzlich durch Mausoperationen ersetzt werden. Im jetzigen Stadium wird jede grafische Figur durch die Koordinaten der linken oberen Ecke und bei flächigen Figuren zusätzlich durch Angaben zu ihrer Breite und Höhe gezeichnet. Bei Linien werden die Koordinaten des Endpunktes durch Eingabe der numerischen Werte festgelegt. Die vier erforderlichen Angaben können ebenso gut durch Mausaktionen beschrieben werden.

Die linke obere Ecke soll nun durch Drücken der Maustaste an dieser Position festgehalten werden. Wird die Maus bei gedrückter Maustaste nach links unten verschoben und an einer zweiten Position die Maustaste losgelassen, soll auch diese Position festgehalten werden. Diese zweiten Koordinaten sollen den Endpunkt der zu zeichnenden Linie bzw. die linke untere Ecke der zu zeichnenden Fläche beschreiben.

Es soll auf drei unterschiedliche Mausereignisse reagiert werden (siehe Tabelle 12.16).

Mausereignis	Auszulösende Aktion
Maustaste gedrückt	Koordinaten der linken oberen Ecke feststellen und in die Textfelder übernehmen.
Ziehen der Maus bei gedrückter Maustaste	Koordinaten der Breite und Höhe des aufgezogenen Rechtecks bzw. des Linienendpunktes feststellen und in die Textfelder übertragen.
Maustaste loslassen	Wenn die Maus zuvor gezogen wurde, die entsprechende Figur zeichnen.

Tabelle 12.16 Erweiterte Reaktionen auf Mausereignisse

Aktivieren Sie zuerst die beiden `MouseListener`-Methoden `mousePressed` und `mouseReleased` und die `MouseMoveListener`-Methode `mouseDragged`. Das kleine Problem, dass auf das Loslassen der Maustaste nur mit dem Zeichnen einer Figur reagiert werden soll, wenn zuvor die Maus mit gedrückter Maustaste gezogen wurde, lösen Sie so, dass Sie eine boolesche Variable `zeichnen` mit dem Wert `false` initialisieren. Sie wird in der `mouseDragged`-Methode auf `true` gesetzt und nach jedem Zeichnen direkt wieder auf `false` umgestellt. Anhand des Status dieser Variablen können Sie in `mouseDragged` prüfen, ob gezeichnet werden muss.

Die folgende Methode reagiert auf das Drücken der Maustaste mit dem Speichern der Koordinaten und der Übernahme der Werte in die Textfelder:

```java
private void jPanelZeichenflaecheMousePressed(MouseEvent evt) {
  x1 = evt.getX();
  y1 = evt.getY();
  jTFPositionx1.setText(String.valueOf(x1));
  jTFPositiony1.setText(String.valueOf(y1));
 }
```

Listing 12.15 Reaktion auf »mousePressed«

Die Methode bedient sich für die Übernahme der Koordinaten der Wrapper-Klasse `Integer` zur Umwandlung des ganzzahligen Zahlenwertes in einen String.

```java
private void jPanelZeichenflaecheMouseReleased(MouseEvent evt) {
  if (zeichnen) {
    xabs = evt.getX();
    yabs = evt.getY();
    x2 = evt.getX() - x1;
    y2 = evt.getY() - y1;
    switch (figur) {
    case 'L': zo = new LinieZeichenobjekt(x1, y1,
                                xend, yend, farbe, 1.0f);
            break;
    case 'R': zo = new RechteckZeichenobjekt(
                    jCheckBgefuellt.isSelected(), x1, y1,
                                    x2, y2, farbe, 1.0f);
            break;
    case 'O': zo = new OvalZeichenobjekt(
                    jCheckBgefuellt.isSelected(), x1, y1,
                                    x2, y2, farbe, 1.0f);
            break;
    case 'K': zo = new KreisZeichenobjekt(
                    jCheckBgefuellt.isSelected(), x1, y1,
                                    x2, y2, farbe, 1.0f);
            break;
    }
    jPanelZeichenflaeche.addZeichenobjekt(zo);
    jPanelZeichenflaeche.repaint();
    zeichnen = false;
  }
}
```

Listing 12.16 Reaktion auf »mouseReleased«

12.3 Auswerten von Mausereignissen

Am Wert der booleschen Variable zeichnen ist feststellbar, ob zuvor das Ereignis mouseDragged ausgelöst wurde. Nur dann soll auch gezeichnet werden. Ist dies der Fall, werden die Koordinaten, an denen die Maustaste losgelassen wurde, aus dem MouseEvent evt ermittelt. Sie werden in den Eigenschaften xabs und yabs gespeichert. Soll eine Linie gezeichnet werden, stellen sie die Koordinaten des Endpunktes dar. Für flächige Figuren werden aus den Koordinaten die Breite und die Höhe der Figur berechnet.

Zuletzt wird die vom Anwender gewählte Figur der ArrayList mit der add-Methode hinzugefügt und mit repaint ein Neuzeichnen der Zeichenfläche ausgelöst. Das Zurücksetzen der booleschen Variablen zeichnen verhindert, dass bei einem folgenden Mausklick (ohne Ziehen) das Loslassen der Maustaste einen neuen Zeichenvorgang auslöst.

```
private void jPanelZeichenflaecheMouseDragged(MouseEvent evt) {
  xabs = evt.getX();
  yabs = evt.getY();
  x2 = evt.getX() - x1;
  y2 = evt.getY() - y1;
  jPanelZeichenflaeche.repaint();
  Graphics2D g2d =
            (Graphics2D) jPanelZeichenflaeche.getGraphics();
  g2d.setColor(Color.black);
  BasicStroke stil = new BasicStroke(
                    0.5f, BasicStroke.CAP_BUTT,
                        BasicStroke.JOIN_MITER);
  g2d.setStroke(stil);
  Rectangle2D.Float rechteck = new Rectangle2D.Float(
                                    x1, y1, x2, y2);
  g2d.draw(rechteck);
  if (figur=='L') {
    jTFPositionx2.setText(new Integer(xabs).toString());
    jTFPositiony2.setText(new Integer(yabs).toString());
  } else {
     jTFPositionx2.setText(new Integer(x2).toString());
     jTFPositiony2.setText(new Integer(y2).toString());
  }
  zeichnen = true;
}
```

Listing 12.17 Reaktion auf das Ereignis »mouseDragged«

Die Methode bestimmt zunächst wieder die absoluten Koordinaten der aktuellen Mausposition und berechnet die Breite und Höhe des aufgezogenen Rechtecks.

Um einen Eindruck von der Größe des aufgezogenen Rechtecks zu vermitteln, wird auf der Zeichenfläche ein Rechteck gezeichnet, das aber nicht an die Methode paintComponent übermittelt wird. Damit beim Aufziehen des Rechtecks keine ausgefüllte schwarze Fläche entsteht, wird bei jedem Auftreten von mouseDragged die Methode repaint des Panels aufgerufen. Sie löscht gewissermaßen das zuvor gezeichnete Rechteck, bevor ein Neues gezeichnet wird.

Zuletzt werden abhängig davon, ob eine Linie gezeichnet werden soll, entweder die Koordinaten des Linienendpunktes oder die Breite und Höhe der Figur in die entsprechenden Textfelder übernommen.

Sie finden den kompletten Quellcode des Programms unter dem Namen *Zeichnen6* auf der beiliegenden DVD im Ordner *Arbeitsumgebung\Java\Programme\JavaUebung12*. Das Aufziehen eines Rechtecks funktioniert in dieser Version nur, wenn Sie beim Aufziehen mit der linken oberen Ecke beginnen. Eine Version, die unabhängig von der Anfangsecke funktioniert, finden Sie im gleichen Ordner unter dem Namen *Zeichnen7*.

12.3.5 Die Klasse »Font«

Der Vollständigkeit halber soll vor den Übungsaufgaben noch die Klasse Font vorgestellt werden. Die Methoden zum Zeichnen von Texten wurden bereits bei der Beschreibung der Graphics-Komponente genannt. Auch Methoden zum Abfragen und Festlegen der Schriftart wurden dort erwähnt. Die Klasse Font verfügt über eine ganze Reihe von Eigenschaften zur Beschreibung der Schrift. In den meisten Fällen reichen drei Merkmale zur Beschreibung aus:

- Name der Schriftart
- Schriftstil (normal, fett, kursiv)
- Schriftgrad (Größe)

Entsprechend kann mit dem Konstruktoraufruf

Font(String name, int style, int size)

ein Objekt der Klasse Font erstellt werden.

Die zur Verfügung stehenden Schriftarten sind systemabhängig. Es stehen auf einem Computersystem also nicht immer die gleichen Schriftarten zur Verfügung. Es hängt z. B. davon ab, welche Anwendungen auf dem System installiert wurden. Viele Anwendungen bringen eigene Schriftarten mit, die bei der Softwareinstallation mit installiert werden.

Wird versucht, eine Schriftart zu verwenden, die auf dem System nicht vorhanden ist, wird ausweichend eine Standardschriftart verwendet. Wollen Sie in einer Anwendung unterschiedliche Schriftarten anbieten, dann sollten Sie diese aus einem FontDialog auswählen lassen, der zuvor die auf dem System vorhandenen Schriftarten ermittelt. Die Methode

String[] *getAvailableFontFamilyNames*()

der Klasse GraphicsEnvironment liefert ein String-Array mit allen auf dem System verfügbaren Schriftnamen zurück. Zur Angabe des Schriftstils stellt die Klasse die Konstanten Font.PLAIN (normal), Font.ITALIC (kursiv) und Font.BOLD (fett) bereit. Die Schriftgröße ist unproblematisch, denn sie wird als int-Wert angegeben. Sie werden nun vielleicht erwarten, dass Java ähnlich wie schon den JColorChooser und den JFile-Chooser auch einen »JFontChooser« für Sie bereit hält. Dem ist aber leider nicht so. Sie finden aber auf der DVD im Ordner *Arbeitsumgebung\Java\Programme\JavaUebung12* eine Komponente mit dem Namen JMyFontChooser, den Sie in gleicher Weise wie die Datei- und Farbauswahl-Komponenten verwenden können.

Sie sollten nun für das Zeichnen und den Umgang mit Farben und Mausaktionen gewappnet sein und auf diese Funktionen in eigenen Programmen zurückgreifen können. In den folgenden Übungsaufgaben können Sie sich selbst überprüfen und den Einsatz der neuen Funktionalitäten üben.

12.4 Übungsaufgaben

Aufgabe 1
Leiten Sie von JButton einen Button mit dem Namen JMyButton durch Überschreiben der Methode paintComponent ab. Der neue Button soll im Abstand von 3 Pixeln eine grüne Linie als zusätzlichen Rahmen erhalten. Testen Sie den Button, indem Sie ihn in einem Programm-Frame *Testframe* zum Schließen des Frames verwenden.

Aufgabe 2
Leiten Sie von JPanel eine neue Komponente JZielPanel durch Überschreiben der Methode paintComponent ab. Das Panel soll ein Fadenkreuz und drei konzentrische Kreise zeigen (siehe Abbildung 12.11).

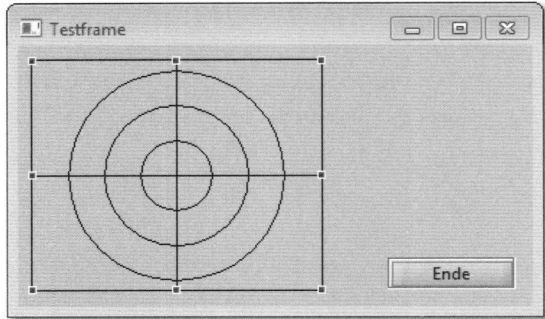

Abbildung 12.11 »Testframe« mit »JMyButton« und »JZielPanel«

Aufgabe 3

Erstellen Sie ein Programm *Textzeichner1*, das es Ihnen ermöglicht, Text an einer beliebigen Position in ein Standard-Panel zu zeichnen. Mithilfe von Radiobuttons soll die Auswahl zwischen der Textfarbe Rot und Schwarz gewählt werden können (siehe Abbildung 12.12). Die Position des zu zeichnenden Textes soll durch einen Mausklick festgelegt werden. Der gezeichnete Text muss nicht dauerhaft durch Ableiten einer eigenen Panel-Komponente übernommen werden. Zum Zeichnen von Text verwenden Sie die Methode drawString der Klasse Graphics2D.

```
void drawString(String s, float x, float y)
```

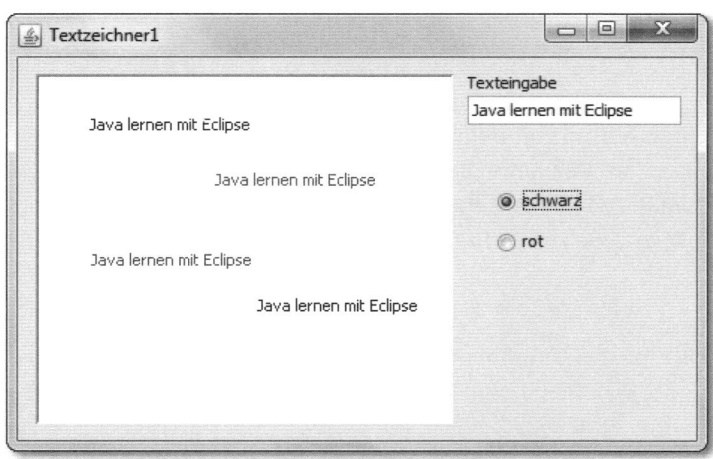

Abbildung 12.12 Frame zu Aufgabe 3

Aufgabe 4

Ergänzen Sie den Frame aus Aufgabe 3 um eine Schaltfläche zur Auswahl einer Schriftart. Java bringt für die Auswahl einer Schrift keinen Standarddialog wie JFileChooser oder JColorChooser mit. Sie finden aber auf der DVD im Ordner *Arbeitsumgebung\Java\Programme\JavaUebung12* eine Komponente mit dem Namen JMyFontChooser, die Sie in gleicher Weise verwenden können, wie Sie es von den beiden anderen Standarddialogen her kennen. Kopieren Sie die Datei in Ihrer Arbeitsumgebung in den Projektordner, und Sie können sie in Ihre Programme einbinden.

Die Methode showDialog der Komponente erwartet wie die anderen Standarddialoge eine Komponente, der der Dialog zugeordnet ist (kann auch null sein) und einen Font-Wert, den der Dialog als Ausgangswert benutzt (kann ebenfalls null sein). Wird der Dialog mit OK beendet, liefert er die gewählte Schrift zurück. Wird der Dialog auf andere Art geschlossen, liefert er null zurück.

Mit der folgenden Anweisung rufen Sie den Dialog auf und erhalten in der Variablen nf die gewählte Schrift zurück, die Sie dann zum Zeichnen von Text verwenden können:

```
Font nf = JMyFontChooser.showDialog(this, f);
```

Sie finden eine Musterlösung zu der Aufgabe auf der DVD im Ordner *Arbeitsumgebung\Java\Programme\JavaUebung12* unter dem Namen *Textzeichner2*.

Aufgabe 5

Erweitern Sie das Programm *Textzeichner1* zur Version *Textzeichner3*. In dieser Version sollen die Ausgaben von der paintComponent-Methode einer von JPanel abgeleiteten Komponente namens JMyTextPanel gezeichnet werden. Erstellen Sie in einem ersten Schritt eine Klasse Textausgabe, die die zu zeichnenden Textzeilen speichern kann. Leiten Sie in einem zweiten Schritt die Komponente JMyTextPanel ab, und stellen Sie ihr eine ArrayList zum Speichern der Textausgaben zur Verfügung. Die ArrayList soll die Position als Koordinaten, den Text als String und die Farbe als Objekt der Klasse Color speichern. In einem dritten Schritt erstellen Sie dann die Anwendung *Textzeichner3*, die Ihre Komponente nutzt. Sie finden eine Musterlösung zu der Aufgabe auf der DVD im Ordner *Arbeitsumgebung\Java\Programme\JavaUebung12* unter dem Namen *Textzeichner3*. Zusätzlich finden Sie dort auch unter dem Namen *Textzeichner4* eine Version, die alle Textzeilen beim Beenden des Programms speichert und beim Programmstart wieder aus der Datei einliest. Es muss nur die ArrayList gespeichert werden. Deshalb reicht ein einziger Schreib- bzw. Lesevorgang.

12.5 Ausblick

Das Zeichnen erlaubt Ihnen, individuelle Veränderungen an Standardkomponenten vorzunehmen. Sie können aber auch dem Anwender die Möglichkeit eröffnen, sich in Ihren Programmen grafisch zu betätigen. Das Rüstzeug hierfür hat Ihnen dieses Kapitel zur Verfügung gestellt.

Das kommende Kapitel wird auch auf grafische Elemente setzen. Es wird aber darum gehen, ihnen Dynamik zu verleihen. Sie sollen entweder ihr Aussehen quasi selbsttätig verändern oder einfach ihre Position ändern und damit Bewegungen ausführen. Dieses Vorhaben wird aber nur zufriedenstellend gelingen, wenn Sie Ihren Programmen die Möglichkeit mitgeben, mehrere Dinge quasi gleichzeitig zu erledigen. Sie werden etwas über Multitasking und Multithreading erfahren und Letzteres zur Realisierung von Animationen einsetzen. Die letzte Übungsaufgabe wird Sie dazu animieren, ein kleines Geschicklichkeitsspiel zu realisieren.

Kapitel 13
Animationen und Threads

Wo immer wir an eine Grenze zu geraten und festen Fuß zu fassen vermeinen, gerät sie in Bewegung und entgleitet uns.
(Blaise Pascal, 1623–1662)

Die Komponenten, die in den Programmen bis hierher verwendet wurden, waren eher statisch. Sie haben gewiss auf Anwenderaktionen reagiert und etwa ihr Aussehen etwas verändert. Bewegungen, wie sie beim Rollen durch eine Listbox entstehen, waren aber immer unmittelbar an Aktionen gekoppelt, die der Anwender ausführt. Sie haben bereits einen Bildbetrachter programmiert, der unterschiedliche Bilder zur Anzeige in ein Panel holt. Das nächste Bild wird aber erst geholt, wenn der Anwender über eine Schaltfläche einen Ladevorgang startet. Animation geht darüber hinaus.

Animation bedeutet vom Wortursprung her, dass etwas zum Leben erweckt werden soll. Auch wenn es sich dabei letztendlich nur um eine Illusion handelt, weil wie bei jedem Film, den man betrachtet, durch das schnelle Hintereinanderschalten von Einzelbildern nur der Eindruck einer flüssigen Bewegung erzeugt wird. Programmiertechnisch bedeutet die Realisierung von Animationen, dass Abläufe, einmal angestoßen, zeitlich koordiniert und selbstständig ablaufen müssen. Gleichzeitig dürfen sie sich aber nicht so verselbstständigen, dass sie für den Anwender unkontrollierbar werden.

Bevor wir uns mit der Realisierung solcher Programmabläufe praktisch befassen, sollen einige Begriffe geklärt werden, die im Zusammenhang mit Animationen von Bedeutung sind.

13.1 Multitasking und Multithreading

Die Zeiten, in denen ein einziges Programm den gesamten Computerbildschirm belegt und damit blockiert hat, gehören schon lange der Vergangenheit an. Moderne Prozessoren sind so leistungsfähig, dass sie problemlos mehrere Prozesse gleichzeitig bearbeiten können.

13.1.1 Was bedeutet Multitasking?

Für die Entwicklung von grafischen Benutzeroberflächen mit mehreren gleichzeitig aktiven Programmen war die Fähigkeit zum *Multitasking* von großer Bedeutung. Sie erkennen den Multitasking-Betrieb u. a. daran, dass Sie mit mehreren Anwendungen gleichzeitig arbeiten können. Sie haben z. B. die Anwendungsfenster zweier Programme auf dem Bildschirm vor sich und können, während ein Programm eine größere Datei kopiert, zur gleichen Zeit in einem Zeichenprogramm eine Zeichnung bearbeiten.

Verfügt ein Computersystem nur über einen Prozessor, so handelt es sich bei dieser Gleichzeitigkeit ähnlich wie bei einer Animation aber nur um eine Illusion. Tatsächlich wird zu einem Zeitpunkt immer nur ein Programm vom Prozessor abgearbeitet. Der Prozessor stellt seine Rechenzeit aber in schnellem Wechsel immer wieder dem einen oder dem anderen Programm zur Verfügung. Für diesen schnellen Wechsel zwischen verschiedenen Anwendungen ist das Betriebssystem zuständig und verantwortlich. Die sequenzielle Abarbeitung von Anweisungen eines Programms wird als ein *Prozess* oder *Task* bezeichnet. Für jeden Prozess ist vom Betriebssystem ein eigener Speicherbereich reserviert. Für den quasi gleichzeitigen Ablauf mehrerer Prozesse muss das Betriebssystem die einzelnen Prozesse immer wieder anhalten und starten. Bei neueren Mehrprozessorsystemen ist heutzutage auch ein tatsächlich gleichzeitiges Bearbeiten mehrerer Programme bzw. Prozesse möglich. Diese sehr komplexe und anspruchsvolle Thematik kann hier nur grob angerissen werden. Für detailliertere Erläuterungen möchte ich auf die zahlreich verfügbare Fachliteratur verweisen. Sie finden z. B. in dem Buch »Java ist auch eine Insel«, das auch auf der DVD beigefügt ist, ein sehr umfangreiches Kapitel »Threads und nebenläufige Programmierung«.

13.1.2 Was sind Threads?

Auch innerhalb eines Prozesses können in sich geschlossene Abläufe existieren. Ein Prozess wird dadurch weiter in sogenannte *Threads* untergliedert. Im Gegensatz zu den Prozessen verfügen die einzelnen Threads über keine eigenen Speicherbereiche. Threads teilen sich also den Speicherbereich des jeweiligen Prozesses, zu dem sie gehören. Für die Verwaltung der Threads ist nicht das Betriebssystem, sondern das Anwendungsprogramm selbst zuständig. Was die Multitasking-Fähigkeiten im Großen für das gesamte Computersystem darstellen, finden Sie also quasi im Kleinen in der Multithreading-Fähigkeit einzelner Anwendungsprogramme wieder.

Selbstverständlich stellt Java die Möglichkeit zur Verfügung, ein Programm mit mehreren Threads auszustatten. Ein Anwendungsprogramm besteht immer aus mindestens einem Thread. Dieser wird durch die `main`-Methode gestartet. Sie haben es als Programmierer in der Hand, zusätzliche Threads zu erzeugen. In welchen Situationen Threads

Sinn ergeben oder vielleicht sogar unbedingt erforderlich sind, sollen Sie in einem ersten Beispiel erfahren.

13.2 Zeitlich gesteuerte Abläufe programmieren

Ein häufig auftretender Fall, für den Threads sinnvoll oder unumgänglich sind, ist die Programmierung zeitlicher Abläufe. Es geht dabei um Abläufe, die sich in einem bestimmten Rhythmus immer wiederholen und automatisch ablaufen. In bestimmten Situationen soll in diese Abläufe aber immer noch eingegriffen werden können, um den Ablauf zu unterbrechen oder den Rhythmus zu verändern.

13.2.1 Eine einfache Ampelsteuerung

In diesem ersten Beispiel geht es darum, eine einfache Ampelsteuerung zu programmieren. Sie kennen als Verkehrsteilnehmer die verschiedenen Phasen einer Ampelsteuerung. Es sollen zunächst nur die Phasen einer einzelnen Ampel programmiert werden. Im Allgemeinen laufen die einzelnen Phasen automatisch nach einem bestimmten zeitlich gesteuerten Schema ab. Für den Notfall sollte aber auch eine Steuerung von Hand möglich sein.

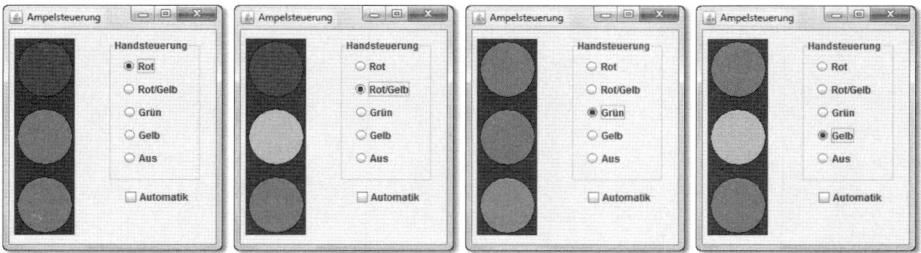

Abbildung 13.1 Programm-Frame mit den vier Ampelphasen

In den meisten europäischen Ländern werden die Ampeln in vier Phasen geschaltet. In Abbildung 13.1 ist der Programm-Frame mit einer Ampel in diesen vier Phasen dargestellt.

Der Frame beinhaltet neben der Ampel eine Gruppe von Radiobuttons, mit denen die Ampel in einer der Phasen oder aber auch ganz ausgeschaltet werden kann. In diesem Zustand werden alle drei Lampen grau dargestellt. Eine Checkbox zum Umschalten von manueller Steuerung in eine Automatik vervollständigt den Frame.

Zur Darstellung der Ampel kann ein Panel verwendet werden, auf das drei Kreise bzw. Ovale gezeichnet sind. Der folgende Quellcode leitet eine neue Komponente JAmpel-

Panel vom Standard-Panel ab. Die paintComponent-Methode wird so überschrieben, dass das Panel einen dunkelgrünen Hintergrund erhält. Drei Kreise bzw. Ovale, deren Größe abhängig von der Panel-Größe berechnet wird, stellen die Lampen dar.

```java
package gui13;
import java.awt.Color;
import java.awt.Graphics;
import javax.swing.JPanel;

public class JAmpelPanel extends JPanel {
  int phase = 0;
  Color coben, cmitte, cunten;

  JAmpelPanel() {
    super();
  }

  public void paintComponent(Graphics g) {
    super.paintComponent(g);
    setBackground(new Color(0,80,0));
    switch (phase) {
    case 0:
      coben = Color.gray;
      cmitte = Color.gray;
      cunten = Color.gray;
      break;
    case 1:
      coben = Color.red;
      cmitte = Color.gray;
      cunten = Color.gray;
      break;
    case 2:
      coben = Color.red;
      cmitte = Color.orange;
      cunten = Color.gray;
      break;
    case 3:
      coben = Color.gray;
      cmitte = Color.gray;
      cunten = Color.green;
      break;
    case 4:
```

```
        coben = Color.gray;
        cmitte = Color.orange;
        cunten = Color.gray;
        break;
    }
    int h=getHeight()/3-12;
    int b=getWidth()-6;
    g.setColor(coben);
    g.fillOval(3, 3, b, h);
    g.setColor(cmitte);
    g.fillOval(3, getHeight()/3+6, b, h);
    g.setColor(cunten);
    g.fillOval(3, 2*getHeight()/3+9, b, h);
    g.setColor(Color.black);
    g.drawOval(3, 3, b, h);
    g.drawOval(3, getHeight()/3+6, b, h);
    g.drawOval(3, 2*getHeight()/3+9, b, h);
  }

  public void setPhase(int i) {
    phase=i;
    repaint();
  }
}
```

Listing 13.1 Von »JPanel« abgeleitetes »JAmpelPanel«

Das Panel verwendet einen int-Wert zur Beschreibung der Phase, in der sich die Ampel befindet, und drei Farbwerte für oben, Mitte und unten. Die Methode paintComponent wird überschrieben und zeichnet die Ampel abhängig von der Phase, in der sie sich befindet. Als Schnittstelle nach außen erhält sie eine Methode, um die Ampel in die jeweilige Phase versetzen zu können.

Erstellen Sie einen Programm-Frame mit dem Namen *Ampelsteuerung* nach der Vorlage von Abbildung 13.1. Setzen Sie in der Vorschauansicht von Jigloo zuerst ein JPanel an die betreffende Position der Ampel, und ersetzen Sie anschließend im Quellcode den Typ JPanel durch JAmpelPanel. Die Radiobuttons für die Handsteuerung sind einer ButtonGroup zugeordnet und auf einem eigenen Standard-Panel abgelegt. Das hat den Vorteil, dass sie nur einmal innerhalb des Panels platziert werden müssen. Verschiebungen des Panels machen die Buttons dann alle gemeinsam mit. Über die Eigenschaft border des Panels haben Sie dann auch noch einige Gestaltungsmöglichkeiten und können den Rahmen z. B. mit einem Titel versehen.

Jeder Radiobutton versetzt in seiner `ActionListener`-Methode die Ampel in die entsprechende Ampelphase:

```
private void jRBtnAusActionPerformed(ActionEvent evt) {
  jAmpel.setPhase(0);
}
```

Listing 13.2 Reaktion auf die Betätigung eines Radiobuttons

Das Listing 13.2 zeigt exemplarisch den Methodenaufruf für das Ausschalten der Ampel. Da die Schnittstellenmethode zum Setzen der Phase die `repaint`-Methode aufruft, ist der zusätzliche Aufruf hier überflüssig. Bis jetzt beinhaltet das Programm noch keine Besonderheiten. Die Handsteuerung sollte damit eigentlich so weit auch schon funktionieren.

Das eigentlich Spannende an der Anwendung besteht in der Realisierung der automatischen Zeitablaufsteuerung (siehe Abbildung 13.2). Bei der Automatik sollte jede Ampelphase für einen vorgegebenen Zeitraum bestehen bleiben und dann automatisch in die nächste Phase wechseln.

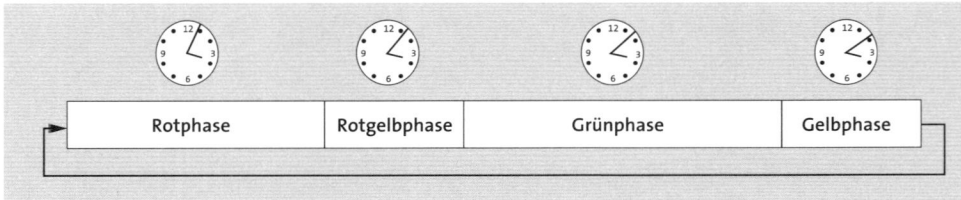

Abbildung 13.2 Automatische Ampelsteuerung

Nach dem Durchlaufen aller vier Ampelphasen beginnt der Ablauf von vorne. Der Ablauf lässt sich mit einer Schleife beschreiben, die so lange durchlaufen werden soll, bis der Anwender die Automatik über die Checkbox wieder deaktiviert. Gestartet wird die Schleife ebenfalls über die Checkbox.

Bleibt jedoch noch zu klären, wie Sie es erreichen, dass eine Phase für eine gewisse Zeit bestehen bleibt, bevor die nächste Phase ausgelöst wird. Wie Abbildung 13.2 verdeutlicht, muss der Programmablauf für eine bestimmte Zeit unterbrochen werden. Erst nach dieser Wartezeit darf die Anweisung zum Umschalten in die nächste Phase ausgeführt werden.

Java stellt Ihnen für diesen Zweck die Methode `sleep` der Klasse `Thread` zur Verfügung. Und schon nehmen wir den ersten Kontakt mit der Klasse `Thread` auf. Die Methode erwartet als Parameterwert eine ganze Zahl. Mit diesem Zahlenwert geben Sie der

Methode an, wie viele Millisekunden die Unterbrechung dauern soll. Sie können sich bei dieser Zeitangabe aber nicht darauf verlassen, dass sie exakt eingehalten wird. Betrachten Sie den Wert eher als Richtwert. Der Name der Methode deutet schon darauf hin, dass sie den Programmablauf gewissermaßen in einen Schlafzustand versetzt. Genau genommen versetzt sie aber nur einen Thread in diesen Zustand. Besteht Ihr Programm nur aus einem einzigen durch main gestarteten Thread, dann ist auch Ihr gesamter Programmablauf in den Wartezustand versetzt.

Sind mehrere Threads im Spiel, dann können diese sich gegenseitig auch unterbrechen. Der unterbrochene Thread löst dann eine InterruptedException aus. Wenn Sie Threads einsetzen – und sei es nur, um die Methode sleep zu verwenden –, wird Eclipse Sie aus diesem Grund darauf aufmerksam machen, dass Sie auf diese Interrupts in irgendeiner Weise reagieren müssen.

Nach diesen Erläuterungen können Sie einen ersten Versuch unternehmen und einen ActionListener für die Checkbox nach dem Muster von Listing 13.3 erstellen. Als zeitliche Richtwerte wurden der Eigenschaftsliste des Frames folgende Definitionen hinzugefügt:

```
private int rotPhase = 3000;
private int rotgelbPhase = 500;
private int gruenPhase = 3000;
private int gelbPhase = 500;
```

Damit ein Durchlauf nicht zu lange dauert, wurden für die Rot- und Grünphasen 3 Sekunden und für die beiden Übergangsphasen eine halbe Sekunde festgelegt.

Über die CheckBox jCBAutomatik kann der Automatikmodus ein- bzw. ausgeschaltet werden. Das folgende Listing erläutert, welche Aktionen beim Umschalten ausgelöst werden:

```
private void jCBAutomatikActionPerformed(ActionEvent evt) {
  if (jCBAutomatik.isSelected()) {
    jRBtnRot.setEnabled(false);
    jRBtnRotGelb.setEnabled(false);
    jRBtnGruen.setEnabled(false);
    jRBtnGelb.setEnabled(false);
    jRBtnAus.setEnabled(false);
    while (jCBAutomatik.isSelected()) {
      try {
        jAmpel.setPhase(1);
        Thread.sleep(rotPhase);
        jAmpel.setPhase(2);
```

```
            Thread.sleep(rotgelbPhase);
            jAmpel.setPhase(3);
            Thread.sleep(gruenPhase);
            jAmpel.setPhase(4);
            Thread.sleep(gelbPhase);
          } catch (InterruptedException e) {
            e.printStackTrace();
          }
        }
      } else {
        jRBtnAus.setSelected(true);
        jRBtnRot.setEnabled(true);
        jRBtnRotGelb.setEnabled(true);
        jRBtnGruen.setEnabled(true);
        jRBtnGelb.setEnabled(true);
        jRBtnAus.setEnabled(true);
        jAmpel.setPhase(0);
      }
    }
```

Listing 13.3 Zeitsteuerung der Ampelphasen

Wird der Automatikmodus eingeschaltet, werden zuerst alle Radiobuttons inaktiv gesetzt, bevor in einer while-Schleife immer wieder die vier Ampelphasen durchlaufen werden. Der Aufruf der sleep-Methode nach jedem Phasenwechsel soll dafür sorgen, dass die jeweilige Phase für den vorgesehenen Zeitraum bestehen bleibt. Der Block mit den sleep-Anweisungen ist in einen try-catch-Block eingeschlossen, der auf eine eventuell auftretende InterruptedException reagiert. Die Schleife soll enden, wenn der Automatikmodus wieder deaktiviert wird. So weit die Theorie. Sie sollten die Methode erstellen und anschließend das Programm in der Praxis testen.

Hat Sie das Verhalten der Anwendung im Automatikmodus überrascht? Es scheint, als sei die Anwendung so im Tiefschlaf versunken, dass sie sich nicht mehr aufwecken lässt. Sie scheint sogar so fest eingeschlafen zu sein, dass sie nicht einmal die einzelnen Ampelphasen durchschaltet. Ist sie etwa schon vor der ersten Phase eingeschlafen? Sie erinnern sich sicher noch, dass in der Ansicht CONSOLE eine kleine quadratische Schaltfläche zur Verfügung steht, mit deren Hilfe Sie ein Programm stoppen können, das nicht mehr reagiert.

Sie finden diese Programmversion auf der DVD im Ordner *Arbeitsumgebung\Java\Programme\JavaUebung13* unter dem Namen *Ampelsteuerung1*.

13.2 Zeitlich gesteuerte Abläufe programmieren

Sie sollten jetzt erst einmal die `while`-Konstruktion um die Phasensteuerung auskommentieren und überprüfen, wie sich das Programm verhält, wenn es die vier Phasen nur einmalig durchlaufen soll. Auch hier verhält sich das Programm sonderbar. Es scheint die einzelnen Phasen zu ignorieren und nur die `sleep`-Anweisungen auszuführen, um dann irgendwann in die letzte Phase (Gelbphase) zu wechseln.

Auch für die überraschendsten Effekte gibt es eine Erklärung. Nicht umsonst hat sich das letzte Kapitel sehr ausführlich mit dem Zeichnen und dem Neuzeichnen von Komponenten auseinandergesetzt. Sie erinnern sich, dass beim Zeichnen auf Komponenten plötzlich Linien wieder verschwunden sind, weil sie in bestimmten Situationen einfach wieder mit dem Standardaussehen der Komponente überzeichnet worden sind. Auch die jetzigen Erscheinungen sind mit den Abläufen bei der Darstellung und Aktualisierung der bildlichen Darstellungen zu erklären.

Wenn Sie die Schaltfläche der Checkbox betätigen, wird die Eigenschaft `selected` auf `true` gesetzt. Auch wenn es in den meisten Fällen den Anschein hat, dass gleichzeitig auch das Häkchen in der Darstellung gesetzt wird, so trifft das doch nicht zu. Die bildliche Darstellung wird erst beim nächsten Neuzeichnen aktualisiert. Und das kann deutlich später sein. Sie können auch versuchen, durch zusätzliche `repaint`-Aufrufe die Aktualisierung zu beschleunigen. Es wird in diesem Beispiel keine Verbesserung bringen.

Auch `repaint`-Aufrufe dürfen Sie nur als Aufforderungen auffassen, die Komponente bei nächster Gelegenheit neu zu zeichnen. Die Aktualisierung der Ampel nach dem Aktivieren einer neuen Phase ist vorgemerkt, wird aber nicht sofort ausgeführt. Wir können deshalb nicht davon ausgehen, dass die bildliche Darstellung schon vor dem Erreichen der ersten `sleep`-Anweisung erfolgt ist. Das Anhalten des Threads erfolgt sofort, wenn die Anweisung erreicht wird. Da die zu aktualisierenden Komponenten aber Bestandteile des Threads sind, werden während der Wartezeit auch keine Vorgänge wie das Neuzeichnen dieser Komponenten ausgeführt. Wir haben hier also eine Situation erzeugt, die besonders deutlich macht, dass die Aktualisierung von bildlichen Darstellungen zeitlich versetzt erfolgt.

Die Erklärung für ein Phänomen zu finden ist zwar durchaus interessant, Abhilfe für das Problem zu finden, ist aber sicher noch wichtiger. Java stellt für solche Fälle eine Methode bereit, die ein Neuzeichnen unmittelbar auslöst.

```
public void paintImmediately(int x, int y, int b, int h);
```

Die Methode wird von `JComponent` weitervererbt und erwartet vier `int`-Werte, die den rechteckigen Bereich der betreffenden Komponente beschreiben, der sofort neu gezeichnet werden soll. Fügen Sie die Anweisung für alle Komponenten ein, die nicht korrekt dargestellt werden, und geben Sie die gesamte Komponentengröße an. Die Anweisung

jAmpel.paintImmediately(0, 0, jAmpel.getWidth(), jAmpel.getHeight());

zeichnet z. B. die gesamte Ampel. Sollen die Radiobuttons neu gezeichnet werden, reicht es aus, das Panel darstellen zu lassen, in dem sich die Buttons befinden.

Nach diesen Ergänzungen sollte die Darstellung der Ampelphasen exakt der Anweisungsfolge entsprechen. An der Tatsache, dass die while-Schleife vom Anwender nicht mehr abgebrochen werden kann, hat sich mit dieser Ergänzung nichts geändert. Mit diesem Teilerfolg sollten Sie sich noch nicht zufriedengeben. Allerdings erfordern die Gegenmaßnahmen etwas mehr Aufwand, als das eben der Fall war. Ohne einen eigenen Thread zu erstellen, wird sich dieses Problem nicht lösen lassen. Sie finden diese Programmversion auf der DVD im Ordner *Arbeitsumgebung\Java\Programme\Java-Uebung13* unter dem Namen *Ampelsteuerung2*.

13.2.2 Ampelsteuerung mit Thread

Ein Thread ist ein Programmteil, der quasi parallel zum übrigen Programm abläuft. Sie können einen Thread auch als Miniprogramm innerhalb eines Programms auffassen. Es muss entsprechend lauffähig sein und gestartet und beendet werden können. Ein Programmteil wird durch eine Methode mit dem Namen run() und die Implementierung der Schnittstelle Runnable lauffähig. Schauen Sie sich die von Eclipse erstellte main-Methode an, und Sie werden auch dort eine Methode run() vorfinden, die z. B. für die Ampelsteuerung folgendermaßen aussieht:

```
public void run() {
  Ampelsteuerung inst = new Ampelsteuerung();
  inst.setLocationRelativeTo(null);
  inst.setVisible(true);
}
```

Listing 13.4 Die »run«-Methode des Programms »Ampelsteuerung«

Sie können daran erkennen, dass innerhalb der main-Methode ein lauffähiger Programmteil, also ein Thread, erstellt wird. Sie können nun jederzeit zusätzliche Threads innerhalb eines Programms erstellen. Grundsätzlich sind zwei Möglichkeiten für die Erstellung von Threads zu unterscheiden:

▶ Sie leiten eine eigene Klasse von der Klasse Thread ab.
▶ Sie implementieren das Interface Runnable.

Die erste Möglichkeit ist aber nur anwendbar, wenn die zu erzeugende eigene Klasse nicht bereits von einer anderen Klasse abgeleitet wurde. Diese Einschränkung führt dazu, dass in vielen Situationen nur die zweite Möglichkeit infrage kommt. Wenn Sie GUI-Programme erstellen, werden Sie die meisten eigenen Klassen von Standardkomponenten ableiten und dann nur die zweite Variante nutzen können.

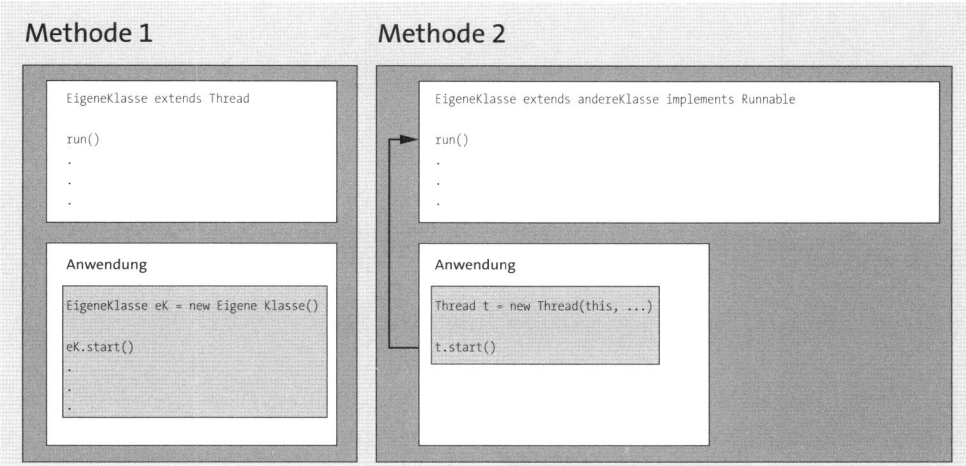

Abbildung 13.3 Zwei Methoden der Thread-Erstellung

Abbildung 13.3 zeigt, dass der wesentliche Unterschied darin besteht, dass bei der ersten Methode bei der Verwendung des Threads eine Klasse erzeugt wird, die ihre run-Methode mitbringt. Bei der zweiten Methode wird ein Objekt der allgemeinen Klasse Thread erzeugt, deren run-Methode auf eine run-Methode verweist, die in einer anderen Komponente implementiert ist. Die erste Möglichkeit soll an einem kleinen Beispiel gezeigt werden, bevor wir einen Thread für unsere Ampelsteuerung nach der zweiten Methode erstellen.

Die Klasse Thread ist in java.lang.Thread definiert. Sie besitzt die in Tabelle 13.1 genannten Eigenschaften.

Eigenschaft	Beschreibung
static int MAX_PRIORITY	Maximal mögliche Priorität
static int MIN_PRIORITY	Minimal mögliche Priorität
static int NORM_PRIORITY	Standardpriorität

Tabelle 13.1 Eigenschaften der Klasse »Thread«

Einige Konstruktoren zum Erzeugen eines Threads finden Sie in Tabelle 13.2.

Konstruktor	Beschreibung
public Thread()	Erzeugt einen Thread ohne spezielle Gruppenzugehörigkeit und ohne externe Zielangabe für eine run-Methode. Er erhält einen automatisch vergebenen Namen.
public Thread(Runnable target)	Erzeugt einen Thread, der die run-Methode von target ausführen soll. Der Name wird automatisch vergeben.
public Thread(ThreadGroup group, Runnable target, String name)	Erzeugt einen Thread, der zur Gruppe ThreadGroup gehört. Er führt die run-Methode von target aus und heißt name.

Tabelle 13.2 Einige Konstruktoren der Klasse »Thread«

Der Konstruktor kann maximal drei Parameterwerte erhalten. Es existieren aber Konstruktoren für alle denkbaren Konstellationen von einem bis zu drei Parameterwerten. Die nicht angegebenen Parameter werden dann mit Standardwerten belegt.

Tabelle 13.3 zeigt die wichtigsten Methoden der Klasse Thread.

Methode	Beschreibung
String getName()	Liefert den Namen des Threads.
static setName(String name)	Setzt den Namen des Threads auf name.
Static Thread currentThread()	Liefert eine Referenz auf den laufenden Thread.
boolean isInterrupted()	Liefert zurück, ob der Thread unterbrochen ist.
void getPriority()	Liefert die Priorität eines Threads.
void setPriority(int p)	Setzt die Priorität des Threads auf den Wert p.
void join()	Wartet, bis der Thread, dessen join-Methode aufgerufen wird, beendet ist.

Tabelle 13.3 Die wichtigsten Methoden der Klasse »Thread«

Methode	Beschreibung
void run()	Ruft die run-Methode des im Konstruktor angegebenen externen runnable-Objekts auf. Wurde keines übergeben, führt sie nichts aus (außer sie wird überschrieben). Diese Methode sollte von einem Programm nicht aufgerufen werden.
void yield()	Erzwingt eine Pause, damit andere Threads Gelegenheit zur Ausführung erhalten. (Das kann je nach Betriebssystem erforderlich sein.)
void sleep(long m)	Erzwingt eine Pause in der Ausführung des Threads von m Millisekunden.

Tabelle 13.3 Die wichtigsten Methoden der Klasse »Thread« (Forts.)

Um eine eigene Klasse von der Klasse Thread abzuleiten, müssen Sie lediglich die Methode run überschreiben. Im folgenden Beispiel wird die run-Methode so überschrieben, dass der Thread als Stoppuhr die Sekunden an der Konsole ausgibt, die seit dem Start des Threads vergangen sind:

```
public class Stoppuhr extends Thread {
  public void run() {
    long zeit;
    long startzeit = System.currentTimeMillis() / 1000;
    while (true) {
      try {
          Thread.sleep(1000);
      }
      catch (InterruptedException e) {
          break;
      }
      zeit=System.currentTimeMillis() / 1000-startzeit;
      System.out.println(zeit);
    }
  }
}
```

Listing 13.5 Thread als Stoppuhr

Damit die Zeitausgaben nicht unnötig häufig erfolgen, wird der Thread vor jeder Ausgabe für ca. 1 Sekunde mit sleep angehalten.

Sie können den Stoppuhr-Thread in jedes Programm einbauen. In einem Konsolenprogramm wird er Ihnen jede Sekunde eine Ausgabe zwischen die eigenen Ausgaben setzen. Sie können die Stoppuhr aber auch in einem GUI-Programm verwenden, wenn Sie ihn aus der Entwicklungsumgebung starten. Die Stoppuhr wird die vergangenen Sekunden, solange das Programm läuft, in der Ansicht CONSOLE ausgeben. Sie sollten dann aber beachten, dass der Thread zur Entwicklungsumgebung gehört und wegen der Endlosschleife nicht automatisch mit dem Schließen des Programm-Frames endet. Sie müssen ihn über die Schaltfläche STOP in der Ansicht CONSOLE stoppen oder explizit beim Schließen des Frames beenden lassen. Im Übrigen existiert ein einmal erzeugter Thread immer so lange, bis die run-Methode beendet ist.

Zur Verwendung des Stoppuhr-Threads erzeugen Sie ihn durch Aufruf des Konstruktors und starten ihn mit der Methode start:

```
Stoppuhr stoppuhr = new Stoppuhr();
stoppuhr.start();
```

Listing 13.6 Aktivieren des Stoppuhr-Threads

Nach diesen doch etwas längeren Ausführungen ist es an der Zeit, unsere Ampelsteuerung mit einem Thread auszustatten. Der Thread soll in dem Programm-Frame gestartet werden, der von der Klasse JFrame abgeleitet ist. Sie müssen aus diesem Grund auf die zweite Methode zurückgreifen. Der Programm-Frame muss zuerst das Interface Runnable implementieren. Dadurch wird er in die Lage versetzt, eine run-Methode für einen Thread bereitzustellen.

```
public class Ampelsteuerung extends javax.swing.JFrame implements Runnable
```

Eclipse wird Sie nun mit einem Fehlerhinweis direkt darauf aufmerksam machen, dass diese Erweiterung eine run-Methode erforderlich macht. Wählen Sie aus dem Quick-Fix-Fenster die Option zum Erstellen dieser Methode. Eclipse bereitet Ihnen den Rumpf der Methode am Ende des Quellcodes vor. Sie verschieben als Anweisungsfolge die gesamte while-Schleife aus der ActionListener-Methode, die mit der Checkbox zum Umschalten auf Automatik verbunden ist.

```
public void run() {
  while (jCBAutomatik.isSelected()) {
    try {
      jAmpel.setPhase(1);
      Thread.sleep(rotPhase);
      jAmpel.setPhase(2);
      Thread.sleep(rotgelbPhase);
      jAmpel.setPhase(3);
```

```
        jAmpel.getHeight());
        Thread.sleep(gruenPhase);
        jAmpel.setPhase(4);
        Thread.sleep(gelbPhase);
     } catch (InterruptedException e) {
        e.printStackTrace();
     }
   }
 }
}
```

Listing 13.7 Die »run«-Methode für den Thread

Sie können bei der Gelegenheit auch schon einmal sämtliche `paintImmediately`-Anweisungen löschen. Die sind beim Einsatz eines Threads nicht mehr erforderlich.

Es fehlt jetzt nur noch die Erzeugung des Threads. An der Stelle, an der bisher die `while`-Schleife stand, tragen Sie die folgenden beiden Anweisungen ein:

```
Thread t = new Thread(this, "Automatik");
t.start();
```

Listing 13.8 Erzeugung des Threads

Sie erzeugen damit zuerst ein Objekt der allgemeinen Klasse `Thread` und geben mit `this` im Konstruktor an, dass die `run`-Methode in der aufrufenden Komponente selbst (Ampelsteuerung) zu finden ist. Ein Test des Programms sollte zeigen, dass der Durchlauf der Ampelphasen die Bedienung des Programms nicht mehr blockiert. Die Anweisungen werden parallel zum normalen Programmablauf abgearbeitet. Sie können jetzt jederzeit die Automatik wieder abschalten.

Sollte es Sie stören, dass beim Abschalten der Automatik die Ampelphasen immer bis zur vierten Phase abgearbeitet werden, dann sollten Sie noch folgende Verbesserungen vornehmen. Definieren Sie die Dauer der Ampelphasen statt in vier Variablen in einem Array:

```
private int[] phasendauer = {3000, 500, 3000, 500};
```

Ändern Sie die `while`-Schleife in der `run`-Methode nach folgendem Muster:

```
public void run() {
  int i=1;
  while (jCBAutomatik.isSelected()) {
    try {
      jAmpel.setPhase(i);
```

```
      Thread.sleep(phasendauer[i-1]);
      i++;
      if (i > 4) {
        i=1;
      }
    } catch (InterruptedException e) {
        e.printStackTrace();
    }
  }
}
```

Listing 13.9 Verbesserte »while«-Schleife mit nur einem Phasenwechsel

Dadurch, dass nur noch ein Phasenwechsel in der Schleife steht, endet die Automatik unmittelbar mit dem Ausschalten. Sie finden auf der DVD im Ordner *Arbeitsumgebung\Java\Programme\JavaUebung13* vier Versionen der Ampelsteuerung als Musterlösung. Die Versionen *Ampelsteuerung1* (ohne `paintImmediately`) und *Ampelsteuerung2* (mit `paintImmediately`) nutzen keinen Thread und blockieren dadurch die Bedienung des Programms. Die Version *Ampelsteuerung3* verwendet einen Thread, durchläuft aber nach dem Abschalten der Automatik noch die Phasen bis zur Gelbphase. Die Version *Ampelsteuerung4* nutzt die verbesserte `while`-Schleife und ist voll funktionsfähig.

13.2.3 Gefahren bei der Nutzung von Threads

Die Gleichzeitigkeit des Ablaufs von Anweisungen beim Einsatz von Threads birgt auch einige Risiken. Stellen Sie sich z. B. vor, dass zwei oder mehr Threads die gleiche Datei bearbeiten sollen. Zur gleichen Zeit, zu der ein Thread in die Datei schreiben möchte, versucht ein anderer Thread, die Datei zu löschen. Sie können sich leicht vorstellen, dass solche Situationen zu Konflikten führen müssen. Oder stellen Sie sich vor, dass zwei Threads auf die gleiche boolesche Variable zugreifen. Der eine Thread schreibt `true` in die Variable und geht davon aus, dass ab sofort `true` in der Variablen steht. Kurz darauf überschreibt der andere Thread den Wert aber mit `false`. Es wäre in diesem Fall nicht schlecht, wenn der eine Thread den anderen Thread darüber informieren würde.

Keine Sorge, Java stellt selbstverständlich auch für diese Fälle Möglichkeiten zur Vorbeugung zur Verfügung. Unter dem Stichwort »Synchronisation von Threads« werden Sie dazu jede Menge Informationen finden. In dieser Einführung in die Programmierung können diese Möglichkeiten nicht detailliert behandelt werden, aber in einem letzten Beispiel soll zumindest eine Möglichkeit zur Anwendung kommen.

13.2.4 Bewegungsabläufe programmieren (Synchronisation)

In einem letzten Beispiel zu diesem Abschnitt soll gezeigt werden, wie Sie einen Bewegungsablauf realisieren können. Bewegungsabläufe sind ganz typische Animationen. Die Ampelsteuerung stellt zwar auch eine Animation dar, allerdings besteht die Dynamik der Ampel nicht in einer Bewegung, sondern in einer Veränderung der farblichen Gestaltung einzelner Elemente. Die Realisierung eines Bewegungsablaufs stellt grundsätzlich nichts anderes dar. Der Unterschied besteht darin, dass Sie anstelle der Farbwerte die Positionsdaten der betreffenden Komponente kontinuierlich verändern.

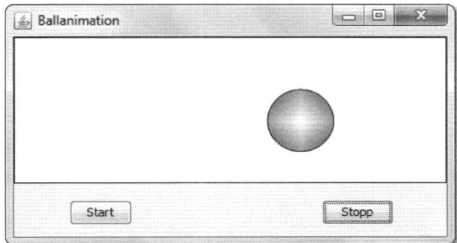

Abbildung 13.4 Frame der Ballanimation

In einem Panel soll sich ein Ball kontinuierlich hin- und herbewegen (siehe Abbildung 13.4). Erreicht er den rechten oder linken Rand des Panels, soll er eigenständig die Flugrichtung umkehren. Die Animation soll beliebig angehalten und fortgesetzt werden können. Der Ball soll in diesem Beispiel nicht mit den Zeichenroutinen gezeichnet werden, sondern als Bild aus einer Datei geladen werden. Sie haben damit viel mehr gestalterische Möglichkeiten und können anstelle eines einfachen geometrischen Körpers auch komplexe Zeichnungen in Bewegung versetzen. Sie können das hier verwendete Bild *Ball.jpg* von der DVD verwenden oder auch selbst eine andere Zeichnung erstellen.

Leiten Sie zuerst eine neue Klasse JBallPanel von der Klasse JPanel ab. Da wir für die Animation wieder einen Thread anlegen müssen, erweitern Sie die Kopfzeile um das Implementieren von Runnable und die Eigenschaften um:

```
public int x=0;
private Image img;
private boolean vor=true;
```

Listing 13.10 Attribute der Klasse »JBallPanel«

Die Eigenschaften legen den Anfangszustand fest. Die Eigenschaft x beschreibt die aktuelle Position des Balls (bei Programmstart ganz links im Panel). Das zu ladende Bild wird in der Image-Variablen img abgelegt, und der boolesche Wert vor beschreibt die aktuelle

Bewegungsrichtung (true steht für »von links nach rechts«). Überschreiben Sie den Konstruktor so, dass er die gleiche Hintergrundfarbe für das Panel verwendet, wie sie im Bild verwendet wurde. Im Fall der Datei *Ball.jpg* ist das die Farbe Weiß. Als zweite Anweisung wird das Bild aus der Datei in die Image-Variable eingelesen. Hier wird die Methode getImage der Komponente Toolkit verwendet.

```
JBallPanel() {
  setBackground(Color.white);
  img = Toolkit.getDefaultToolkit().getImage(
                 "." + File.separator + "Ball.jpg" );
}
```

Listing 13.11 Überschriebener Konstruktor der Klasse »JBallPanel«

Die Methode paintComponent muss überschrieben werden, damit auf dem Panel unser Bild gezeichnet wird:

```
public synchronized void paintComponent(Graphics g) {
  super.paintComponent(g);
  g.drawImage(img, x,
           getHeight() / 2 - img.getHeight(this) / 2,
              img.getWidth(this), img.getHeight(this), this);
}
```

Listing 13.12 Überschriebene Methode »paintComponent«

Hier wird nur die drawImage-Methode von Graphics aufgerufen. Sie erwartet als Parameterwerte die Image-Variable und die Positionskoordinaten der linken oberen Ecke sowie die Breite und Höhe. Für die Positionsangabe wird der Inhalt von x und vertikal die Mitte des Panels angegeben. Breite und Höhe werden vom Image abgefragt, damit das Bild in Originalgröße dargestellt wird. Sie können hier auch andere Werte angeben, um das Bild in ein vorgegebenes Rechteck einzupassen. Der letzte Parameter verweist auf ein ImageObserver-Objekt, das den Aufbereitungsvorgang von Bildern überwacht. Es verfügt damit immer über alle Bildinformationen. Es handelt sich dabei um einen Nachfolger von Component. Da unser Panel davon abgeleitet ist, kann es hier mit this angegeben werden. Entsprechendes gilt für die Abfragen der Bildgrößen mit getWidth und getHeight, wo mit this das Panel als ImageObserver angegeben wird.

Nun bleibt noch die run-Methode, auf die dann der Thread zurückgreifen wird. Sie sorgt dafür, dass die paintComponent-Methode für die Zeichenvorgänge ständig neue Positionskoordinaten erhält. Da wir die Bewegung rein in *x*-Richtung vorsehen, bleibt die *y*-Koordinate unverändert die Mitte des Panels.

```
public void run() {
  while (true) {
    synchronized (this) {
      if (x > getWidth() - img.getWidth(this)) {
        vor = false;
      } else if (x <= 0)
        vor = true;
      if (vor) {
        x += 2;
      } else {
        x -= 2;
      }
    }
    repaint();
    try {
      Thread.sleep(20);
    } catch (InterruptedException e) {
      break;
    }
  }
}
```

Listing 13.13 »run()«-Methode zur Aktualisierung der x-Koordinate

In der Endlosschleife wird geprüft, ob der rechte oder linke Rand des Panels erreicht wurde. Je nachdem wird dann die Bewegungsrichtung umgestellt. Abhängig von der Bewegungsrichtung wird die *x*-Koordinate um 2 Pixel erhöht oder verringert. Zur Steuerung der Geschwindigkeit wird der Thread anschließend für 20 Millisekunden angehalten. Nicht bei allen Werten ergeben sich flüssige Bewegungsabläufe. Sie sollten mit diesen Werten durchaus etwas experimentieren und sich die Auswirkungen ansehen.

Das `JBallPanel` können Sie jetzt in einem Programm-Frame einsetzen. Erstellen Sie einen Frame *Ballanimation*, und fügen Sie ein Panel (jPanel1) und die beiden Buttons (jBtnStart und jBtnStop) in den Frame ein. Im Quellcode ersetzen Sie dann überall den Bezeichner `JPanel` durch `JBallPanel`. Sie ergänzen noch die beiden ActionListener für die Buttons und ergänzen dort den Quellcode zum Starten und Anhalten des Threads:

```
private void jBtnStartActionPerformed(ActionEvent evt) {
  t=new Thread(jPanel1);
  t.start();
}
```

```
private void jBtnStopActionPerformed(ActionEvent evt) {
  t.interrupt();
}
```
Listing 13.14 Starten und Anhalten des Animations-Threads

Sie können nun die Animation starten und anhalten und ausgiebig testen. Sie sollten den Programm-Frame auch einmal schließen, während die Animation läuft. Achten Sie dabei auf die Ansicht CONSOLE. Normalerweise erscheint dort der Hinweis TERMINATED, und die Schaltfläche STOP geht vom roten in den grauen Zustand über. Das Programmfenster ist zwar geschlossen, aber das reicht offensichtlich nicht aus, um auch den Thread zu beenden. Wenn Sie keinen eigenen Button zum Beenden des Programms vorsehen wollen, dann können Sie die erforderlichen Aufräumarbeiten so hinterlegen, dass sie beim Schließen des Frames abgearbeitet werden.

Markieren Sie dazu den Frame in der Ansicht OUTLINE oder in der Vorschauansicht, damit die GUI PROPERTIES die Eigenschaften des Frames zeigen. Erstellen Sie unter WindowListener einen Listener für windowClosed. In der erstellten Methode ergänzen Sie dann noch das Unterbrechen des Threads.

```
private void thisWindowClosed(WindowEvent evt) {
    t.interrupt();
}
```
Listing 13.15 Aufräumaktion beim Schließen des Frames

Damit wird auch der Thread beim Schließen des Frames beendet.

Wenn Sie die Listings der abgeleiteten Komponente JBallPanel aufmerksam lesen, wird Ihnen an zwei Stellen der Modifier synchronized auffallen. Er wird einmal innerhalb der run-Methode vor einem einfachen Anweisungsblock und einmal für die gesamte paintComponent-Methode verwendet. Dieser Modifier stellt eine der Gegenmaßnahmen von Java gegen Probleme bei parallel ablaufenden Anweisungsfolgen dar.

In den beiden betroffenen Bereichen wird auf die gleiche Variable x zugegriffen. Es könnte nun durchaus passieren, dass die paintComponent mit dem Zeichnen beginnt, während x den Wert 18 hat. Kurz danach ändert die run-Methode x auf den Wert 20. Da paintComponent zu diesem Zeitpunkt mit dem Zeichnen noch nicht fertig war, würde der Rest der Zeichnung mit dem Wert x = 20 fertiggestellt. Wie Sie sich leicht vorstellen können, würde dadurch eine verzerrte Zeichnung entstehen. Diesem Fall beugt der Modifier synchronized vor.

Mit synchronized können Sie sicherstellen, dass die dadurch geschützten Bereiche zu einem Zeitpunkt nur von einem Thread ausgeführt werden können. Dies gilt aber nur, wenn sie für das gleiche Objekt aufgerufen werden sollen. Der erste Thread, der den Zugriff erhalten hat, setzt dabei eine Sperre, die dafür sorgt, dass der zweite Thread warten muss, bis die Sperre wieder aufgehoben wurde. Sie müssen immer darauf achten, dass beide (oder auch mehrere) Bereiche, die nicht gleichzeitig bearbeitet werden dürfen, mit synchronized geschützt sind.

Innerhalb von Anweisungsblöcken, die mit synchronized geschützt sind, können Threads mithilfe der Methoden wait() und notify() bzw. notifyAll() über Sperrzustände kommunizieren, um Konflikte zu lösen. wait(), notify() und notifyAll() werden von der Klasse Object geerbt. Auf diese Möglichkeiten soll an dieser Stelle aber nur hingewiesen werden, um Sie für Konfliktsituationen zu sensibilisieren und Lösungsmöglichkeiten anzudeuten.

Mit Threads steht Ihnen ein sehr mächtiges Hilfsmittel zur Verfügung, um Programme effektiv zu gestalten. Sie haben die Threads jetzt im Zusammenhang mit Animationen kennengelernt, weil sie dort oft unvermeidlich sind. Threads können aber auch in vielen anderen Situationen sehr nützlich oder sogar unabdingbar sein. Denken Sie etwa an Serverdienste, die gleichzeitig viele Anfragen von Clients bearbeiten sollen. Gerade dort kann Java sehr viele seiner Qualitäten ausspielen.

13.3 Übungsaufgaben

Aufgabe 1

Erstellen Sie eine neue Komponente JAmpelPanel2, die Sie von JPanel ableiten. Die Komponente soll einen Konstruktor verwenden, dem die Werte für die Dauer der einzelnen Phasen übergeben werden. Der Konstruktor soll die Werte in einem Array ablegen. Neben der überschriebenen Methode paintComponent und der Methode setPhase soll die Komponente selbst auch eine run-Methode für Threads bereitstellen.

Aufgabe 2

Erstellen Sie einen Programm-Frame *Zweiampelsteuerung*, der zwei Objekte der Klasse JAmpelPanel nebeneinander darstellt (siehe Abbildung 13.5). Jede Ampel soll andere Phasenzeiten verwenden. Mit einer Schaltfläche START sollen beide Ampeln gleichzeitig, beginnend mit der Rotphase, ihre Ampelphasen durchlaufen. Eine Schaltfläche STOPP soll den Ablauf anhalten.

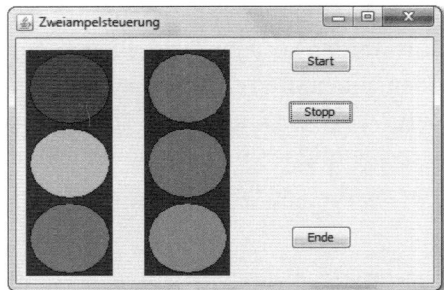

Abbildung 13.5 Frame der Zweiampelsteuerung

Aufgabe 3

Erstellen Sie eine neue Komponente JUhrLabel, die Sie von JLabel ableiten. Die Komponente soll die aktuelle Uhrzeit in Stunden, Minuten und Sekunden anzeigen und jede Sekunde die Anzeige aktualisieren. Die aktuelle Uhrzeit als String im Format erhalten Sie mit:

```
SimpleDateFormat sdf = new SimpleDateFormat("HH:mm:ss");
String uhrzeit = sdf.format(System.currentTimeMillis());
```

Listing 13.16 Erstellt einen String mit der aktuellen Uhrzeit im Format »HH:mm:ss«

Testen Sie das Label in einem Programm-Frame *Uhrzeit*, indem Sie dort einen Thread starten, der die run-Methode von JUhrLabel nutzt.

> **Hinweis**
>
> Denken Sie daran, dass beim Schließen des Frames auch der Thread gestoppt werden muss.

Aufgabe 4

Leiten Sie eine neue Komponente JUhrzeitPanel von JPanel ab. Implementieren Sie *nicht* das Interface Runnable, und überschreiben Sie nur die Methode paintComponent so, dass sie die aktuelle Uhrzeit mit der Graphics-Methode drawString links oben in das Panel zeichnet. Erstellen Sie anschließend einen Programm-Frame *Uhrzeit2*, und bauen Sie dort die neue Komponente ein.

Sie werden feststellen, dass die paintComponent-Methode so oft aufgerufen wird, dass Sie keinen Thread benötigen, um eine laufende Uhr zu erhalten. Testen Sie auch die JUhrLabel-Komponente ohne Thread. Sie funktioniert offensichtlich nur mit einem eigenen Thread.

Aufgabe 5

Erstellen Sie als Grundlage für ein kleines Spiel eine neue Komponente JBallonPanel, die von JPanel abgeleitet ist. Sie können sich dabei an der Komponente JBallPanel orientieren. Das Panel soll einen Ballon an zufälligen Positionen innerhalb des Panels zeichnen. Die Komponente soll das Interface Runnable implementieren und eine run-Methode bereitstellen, die von einem Thread genutzt werden kann. Die run-Methode soll in einem einstellbaren Zeitintervall die Position des Ballons nach dem Zufallsprinzip ändern.

Hinweis zu Zufallszahlen

Die Klasse java.util.Random kann Pseudozufallszahlen erzeugen. Sie hat folgende Konstruktoren:

Random()
Random(long seed)

Der Wert von seed gibt die Startbedingungen vor. Werden zwei Objekte mit dem gleichen seed-Wert erzeugt, liefern sie die gleichen zufälligen Zahlenfolgen. Wird der Konstruktor ohne Parameter verwendet, wird die Systemzeit zur Initialisierung verwendet.

Die Methoden

int nextInt()
long nextLong()
float nextFloat()
double nextDouble()

liefern jeweils Zufallszahlen des angegebenen Typs. Die letzten beiden Methoden liefern Zahlenwerte >= 0 und < 1.

Der Methode nextInt kann ein int-Wert als Parameter übergeben werden. Sie liefert Werte von 0 bis n−1.

Aufgabe 6

Erstellen Sie mit der Komponente aus Aufgabe 5 einen Programm-Frame *Ballonfangen* nach dem Muster aus Abbildung 13.6.

Der Frame verwendet das *JBallonPanel* und startet die run-Methode als Thread. Schafft es der Anwender, den an zufälligen Positionen gezeichneten Ballon anzuklicken, wird ein Treffer im Label hochgezählt. Über die Schaltfläche Stopp kann das Spiel gestoppt werden. Beim Start eines neuen Spiels wird die Trefferzahl zurückgesetzt.

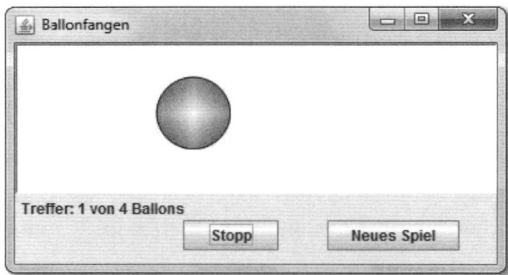

Abbildung 13.6 Programm-Frame zu Aufgabe 6

Sie finden die Musterlösungen der Aufgabenstellungen 1 bis 6 auf der beiliegenden DVD im Ordner *Arbeitsumgebung\Java\Programme\JavaUebung13* unter den Namen, die in der jeweiligen Aufgabenstellung vorgeschlagen sind.

13.4 Ausblick

Sie haben in diesem Kapitel erfahren, dass Threads und das Multithreading die Grundlage für die Darstellung von Animationen in einer Anwendung sind. Sie können solche Threads erstellen oder durch das Implementieren des Interfaces Runnable Klassen die Fähigkeit verleihen, einen Thread zu starten. Sie können damit dynamische Prozesse innerhalb eigener Anwendungen initiieren.

Im nächsten Kapitel werden Sie erfahren, wie Sie Daten aus einer Datenbank abfragen und in Ihren Anwendungen anzeigen können. Datenbanken nehmen eine zentrale Stellung ein, wenn es darum geht, große Datenmengen zu speichern. Einzelne Dateien werden dann sehr schnell unhandlich. Da solche Daten am übersichtlichsten in Tabellenform dargestellt werden können, wird zum Einstieg in das Kapitel der Umgang mit der Komponente JTable vorgestellt. Diese sehr leistungsfähige Komponente erfordert einiges Hintergrundwissen. Dass es sich lohnt, sich dieses Hintergrundwissen anzueignen, wird Ihnen das letzte Anwendungsbeispiel vorführen. Am Ende des Kapitels werden Sie erfahren, wie Sie eine Verbindung zu einer MySQL-Datenbank herstellen und Daten zur Darstellung in einer Tabelle abfragen können.

Kapitel 14
Tabellen und Datenbanken

Wer glaubt, etwas zu sein, hat aufgehört, etwas zu werden.
(Sokrates, 469–399 v. Chr.)

Wenn es darum geht, größere Datenmengen zu verwalten, führt kein Weg an Datenbanken vorbei. Die Verwaltung in normalen Dateien eignet sich für überschaubare Datenmengen. Sollen Programmeinstellungen für den nächsten Programmstart konserviert werden, ist der Aufwand, dafür eine eigene Datenbank vorzuhalten, mit Sicherheit zu groß. In solchen Fällen sind die Daten nur einmal beim Programmstart seriell einzulesen und beim Programmende in gleicher Weise wieder einmalig zurückzuschreiben. Wird der Datenbestand aber häufig nach bestimmten Informationen durchsucht und werden die Suchergebnisse dann auch noch in unterschiedlicher Form dargestellt, bieten Datenbanken deutliche Vorteile. Oft werden die Daten auch zentral auf einem Server bereitgestellt, damit von vielen Orten aus darauf zugegriffen werden kann.

In diesem Kapitel soll die Vorgehensweise beim Zugriff auf Datenbankinhalte vorgestellt werden. Ein weit verbreiteter Standard sind die *relationalen Datenbanken*, auf die mit der Datenbanksprache *SQL* zugegriffen wird. Grundlage jeder relationalen Datenbank ist die Tabelle. Alle Daten werden in Tabellen organisiert gespeichert. Bevor wir mit dem Zugriff auf Datenbankinhalte beginnen, soll der Umgang mit der Komponente JTable im Mittelpunkt stehen. Diese Komponente bietet sich an, wenn es darum geht, tabellarische Daten in einem GUI-Programm abzubilden.

14.1 Die Klasse »JTable«

Die in javax.swing.JTable definierte Komponente ist darauf spezialisiert, Daten in tabellarischer Form darzustellen. Die dargestellten Daten können aber auch editiert werden. Die Komponente bringt eine ganze Fülle von Methoden zur Bearbeitung und Präsentation der Daten mit. Diese Methoden können hier nur anhand eines Beispiels behandelt werden. Weil sich diese Komponente für sehr viele Anwendungen anbietet, soll aber nicht gänzlich auf eine Vorstellung verzichtet werden. Es können allerdings

14 Tabellen und Datenbanken

nur grundlegende Mechanismen detailliert erläutert werden, damit der grundsätzliche Einsatz in eigenen Programmen möglich wird.

Das Konzept, das Sie schon von der Komponente JList her kennen – also die Anzeigekomponente von den angezeigten Daten und deren Struktur strikt zu trennen –, wurde auch bei der Klasse JTable konsequent umgesetzt. Während JTable für die Darstellung der Daten zuständig ist, stellt ein TableModel die Methoden zur Verfügung, die von der JTable zur Anzeige und Bearbeitung der Daten genutzt werden. Jigloo stellt die Komponente JTable in der Komponentenpalette zur Verfügung. Zunächst sollten Sie ausloten, was die Komponente zu bieten hat, wenn Sie sie mit minimalem Aufwand in einen Programm-Frame einbauen.

14.1.1 Tabelle mit konstanter Zellenzahl

Erstellen Sie im Projekt *JavaUebung14* einen Programm-Frame *Stundenplan*, und fügen Sie als einzige Komponente eine JTable mit dem Namen jTableStundenplan ein.

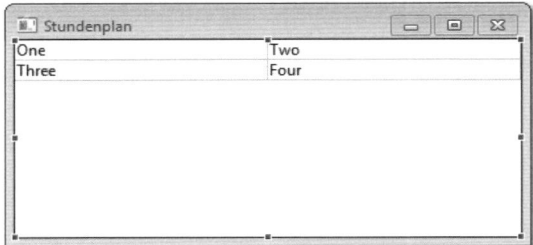

Abbildung 14.1 Frame mit »JTable« in der Vorschau

Die Vorschau zeigt bereits eine Tabelle mit zwei Spalten und zwei Zeilen (siehe Abbildung 14.1). Ein Blick in den Quellcode erklärt, wie diese Tabelle erzeugt wurde:

```
{
  TableModel jTable1Model =
    new DefaultTableModel(
    new String[][] { { "One", "Two" }, { "Three", "Four" } },
    new String[] { "Column 1", "Column 2" });
  jTable1 = new JTable();
  getContentPane().add(jTable1, BorderLayout.CENTER);
  jTable1.setModel(jTable1Model);
  jTable1.setPreferredSize(new java.awt.Dimension(273, 109));
}
```

Listing 14.1 Jigloos Quellcode zur Erzeugung der »JTable«

Wie gewohnt wird die Tabelle in der `initGUI` erstellt. Die Trennung von optischer Darstellung und Datenhaltung erkennen Sie daran, dass zuerst ein `TableModel` erzeugt wird, das die Daten bereithält. Anschließend wird die `JTable` erzeugt, in den Frame eingefügt, und das `TableModel` wird an die Tabelle übergeben.

Das `TableModel` wird als `DefaultTableModel` erzeugt. Dieses `TableModel` ist so konzipiert, dass es mit Daten umgehen kann, die als `Vector` oder als `Array` vorliegen, und dass es die dafür geeigneten Methoden bereitstellt. Für viele Anwendungen ist dieses Modell vollkommen ausreichend. Für spezielle Anforderungen können Sie an die eigenen Anforderungen angepasste Modelle von der Klasse `AbstractTableModel` ableiten.

Die Klasse `Vector` kann wie die neuere Klasse `ArrayList` verwendet werden, die in Abschnitt 10.2 erläutert wurde. Die Klasse `Vector` war früher gebräuchlicher und wird deshalb in `DefaultTableModel` noch verwendet. Die folgenden Beispiele zeigen, dass Sie häufig mit einem einfachen `Array` auskommen.

Dem Konstruktor des `DefaultTableModel` werden zwei Arrays übergeben, die dabei auch gleich erzeugt werden. In dem ersten zweidimensionalen Array werden die Tabellendaten gespeichert, während das zweite Array die Spaltennamen aufnimmt. Ihnen ist sicher aufgefallen, dass die Spaltenüberschriften in der Vorschau nicht angezeigt werden. Das sollten wir gleich ändern. Was die dafür erforderliche Veränderung mit der Darstellung der Spaltenüberschriften zu tun hat, ist vielleicht nicht ganz einsichtig, aber da sie sowieso sinnvoll ist, soll Sie das nicht weiter stören. Damit bei größeren Tabellen Scrollbalken eingeblendet werden, betten Sie die Tabelle in eine `ScrollPane`-Komponente ein. Sie können das `ScrollPane` nachträglich in den Frame einbauen und in der Ansicht OUTLINE die Tabelle auf das `ScrollPane` ziehen, oder Sie löschen die Tabelle noch mal und fügen zuerst das `ScrollPane` ein, um darauf dann die Tabelle abzulegen.

Die Vorschau zeigt nun neben den Tabellendaten auch die Spaltenüberschriften an. Ändern Sie nun das Array-Literal für die Spaltenbeschriftungen im Quellcode so ab, dass die Tabelle auf die Aufnahme von Stundenplandaten vorbereitet ist:

```
new String[] { "Stunde","Montag","Dienstag","Mittwoch","Donnerstag","Freitag" }
```

Sie können in der Vorschau verfolgen, dass die Tabellengröße der Anzahl der Spaltenüberschriften angepasst wird. Es stellt auch kein Problem dar, dass das Daten-Array kleiner ist. Passen Sie nun noch das Daten-Array so an, dass für jeden Tag zehn Unterrichtsstunden in die Tabelle passen:

```
new String[][] { { "1" }, { "2" }, { "3" }, { "4" }, { "5" }, { "6" },
{ "7" }, { "8" }, { "9" }, { "10" } }
```

Vergrößern Sie noch in der Vorschau die Tabelle so weit nach unten, dass alle vorbereiteten Zeilen sichtbar sind (siehe Abbildung 14.2). Sie sollten die Anwendung testen und überprüfen, was mit der Tabelle möglich ist.

Abbildung 14.2 Frame mit Stundenplantabelle

Der Anwender hat, ohne dass Sie eine einzige Zeile Quellcode schreiben mussten, die folgenden Möglichkeiten:

- Spaltenbreiten verändern
- Zeilen und Zellen markieren
- Zelleninhalte editieren (nach Doppelklick)
- Zelleninhalte in die Zwischenablage kopieren (Strg + C)
- Zelleninhalte aus der Zwischenablage einfügen (Strg + V)
- Zelleinhalte ausschneiden (Strg + X)

Diese Funktionalität haben Sie der gelungenen Kommunikation zwischen der JTable und Ihrem TableModel zu verdanken. Das Einzige, was Ihrem Programm jetzt noch fehlt, ist das Speichern der Stundenplandaten, damit die Daten beim nächsten Programmstart wieder zur Verfügung stehen. Die grundsätzliche Vorgehensweise kennen Sie bereits vom Programm *KontaktlisteMitSpeichern* aus Kapitel 11, »Dateien«. Dort haben Sie die Daten einer Listbox beim Programmende in eine Datei geschrieben und beim Neustart wieder eingelesen.

Für die Umsetzung im Zusammenhang mit einer Tabelle müssen Sie wissen, wie Sie an die Daten in den einzelnen Zellen herankommen. Da die Daten vom TableModel verwaltet werden, sind deren Methoden die wichtigsten. Die JTable selbst mit ihren Eigenschaften und Methoden müssen Sie nur ansprechen, wenn es um die Darstellung der Tabelle geht.

Das Interface `javax.swing.table.TableModel` beschreibt Methoden, die von der `JTable`-Komponente für die Anzeige und die Änderung der Daten genutzt werden. Nicht alle werden vom `AbstractTableModel` implementiert, von dem eigene `TableModel`s bei Bedarf abgeleitet werden. Jedes `TableModel` muss aber immer zumindest die Methoden aus Tabelle 14.1 zur Verfügung stellen.

Methode	Beschreibung
`int getColumnCount()`	Liefert die aktuelle Anzahl der Spalten zurück.
`int getRowCount()`	Liefert die aktuelle Anzahl der Zeilen zurück.
`Object getValueAt(int r, int c)`	Liefert den aktuellen Wert der Zelle an der Position »Zeile r, Spalte c« zurück.

Tabelle 14.1 Methoden, die jedes TableModel zur Verfügung stellen muss

Tabelle 14.2 listet eine Auswahl weiterer nützlicher Methoden auf, die von den `TableModel`-Komponenten zur Verfügung gestellt werden.

Methode	Beschreibung
`String getColumnName(int c)`	Liefert den Namen der Spalte c.
`Class getColumnClass(int c)`	Liefert das `Class`-Objekt der Klasse, zu der alle Objekte der Spalte c gehören.
`boolean isCellEditable(int r, int c)`	Liefert zurück, ob eine Zelle editiert werden kann.
`void setValueAt(Object value, int r, int c)`	Überschreibt den Wert in der Zelle »Zeile r, Spalte c« mit value.
`void fireTableDataChanged()`	Informiert alle `TableListener` darüber, dass sich Tabellendaten geändert haben.

Tabelle 14.2 Weitere Methoden von »TableModels«

Wie Sie an der Methode `setValueAt` ablesen können, ist das `TableModel` universell einsetzbar gestaltet. Als Datentyp für den Wert der Daten ist `Object` angegeben. Damit können alle Typen, die von `Object` abgeleitet werden, in einer Tabelle gespeichert werden. Für die primitiven Datentypen müssen Sie dann ihre Entsprechung als Wrapper-Typ verwenden. Ist `getColumnClass` nicht überschrieben, geht die Table-Komponente davon aus, dass es sich um Strings handelt, und formatiert sie entsprechend. Deshalb werden z. B. alle Daten standardmäßig linksbündig in den Zellen ausgegeben. Über die Methode getColumnClass können Sie also der Table-Komponente mitteilen, welche Datentypen in einer Spalte tatsächlich stehen.

Diese Informationen reichen aus, damit Sie das Programm mit Funktionen zum Speichern und Laden der Stundenplandaten erweitern können. Der Einfachheit halber sollen die Werte in einer Textdatei gespeichert werden. Erweitern Sie die Eigenschaftsliste des Frames zuerst um eine Stringvariable für den Dateinamen:

```
private String dateiname =
                "." + File.separator + " stundenplan.dat";
```

Ergänzen Sie dann für den Frame einen WindowListener, der auf das Schließen des Frames (windowClosed) reagiert, und ergänzen Sie dort die folgenden Anweisungen zum Speichern des Tabelleninhalts:

```java
private void thisWindowClosed(WindowEvent evt) {
   BufferedWriter out = null;
   try {
      out = new BufferedWriter(new FileWriter(dateiname));
      for (int i = 0; i < jTable1.getModel().getRowCount(); i++) {
         for (int j = 1;
               j < jTable1.getModel().getColumnCount(); j++) {
            if (jTable1.getModel().getValueAt(i, j) != null) {
               out.write(jTable1.getModel().getValueAt(i, j).toString());
            } else {
               out.write("");
            }
            out.newLine();
         }
      }
   } catch (Exception e) {
      e.printStackTrace();
   } finally {
      if (out != null) {
         try {
            out.close();
         } catch (IOException e) {
            e.printStackTrace();
         }
```

         }
      }
}

Listing 14.2 Methode zum Speichern des Tabelleninhalts

Da das `TableModel` nicht als globale Eigenschaft des Frames erstellt wurde, sondern nur lokal in der `initGUI`, können Sie nicht über einen Bezeichner direkt darauf zugreifen. Deshalb wird für den Zugriff die Table-Komponente nach ihrem `TableModel` befragt (`jTable1.getModel()`). Die Methode liefert Ihnen das Model zurück, und Sie können mit `getValueAt` auf den Wert in einer Zelle zugreifen. Der zurückgelieferte Wert ist aber immer vom Typ `Object`. Soll er in einer Textdatei gespeichert werden, müssen Sie ihn mit der Methode `toString` umwandeln, die jede von `Object` abgeleitete Klasse besitzt. Diesen leicht verschmerzbaren Umweg zollen Sie dem Umstand, dass die Tabellen mit jedem beliebigen Objekt-Datentyp umgehen können. In eine verschachtelte for-Schleife eingebettet, greift die Methode nacheinander auf jede Zelle zu, in der ein Unterrichtsfach steht. Die erste Spalte und die Überschriften werden ausgespart, da dort immer die gleichen Einträge stehen.

```java
{
    BufferedReader in = null;
    File datei = new File(dateiname);
    if (!datei.exists()) {
        datei.createNewFile();
        try {
            String eintrag;
            in = new BufferedReader(new FileReader(dateiname));
            for (int i = 0;
                    i < jTable1.getModel().getRowCount(); i++) {
                for (int j = 1;
                    j < jTable1.getModel().getColumnCount(); j++) {
                    eintrag = in.readLine();
                    jTable1.getModel().setValueAt(eintrag, i, j);
                }
            }
        } catch (Exception e) {
            e.printStackTrace();
        } finally {
            if (in != null) {
                try {
                    in.close();
                } catch (IOException e) {
```

```
                    e.printStackTrace();
                }
            }
        }
    }
}
```

Listing 14.3 Anweisungsblock zum Einlesen der Stundenplandaten

Das Einlesen der Stundenplandaten kann am Ende der initGui eingefügt werden, nachdem die leere Stundenplantabelle aufgebaut wurde. Es wird zuerst geprüft, ob bereits eine Stundenplandatei vorliegt. Ist das der Fall, werden mit der gleichen Schleifenkonstruktion die Stundenplaneinträge aus der Datei eingelesen und in das TableModel übertragen. Sie finden den vollständigen Quellcode der Programme *Stundenplan* (ohne Speichern) und *Stundenplan2* (mit Speichern) auf der DVD im Ordner *Arbeitsumgebung\Java\Programme\JavaUebung14*.

Damit ist das erste Programmbeispiel auch schon abgeschlossen. Sie haben gesehen, dass es unter bestimmten Voraussetzungen ein Kinderspiel ist, eine Table-Komponente zu verwenden. Welches sind aber diese Voraussetzungen? Sie haben eine Tabelle verwendet, die nur Texteinträge verwendet hat. Auch Zahleneinträge können als Text vorgenommen werden. Das stellt so lange kein Problem dar, wie Sie mit den Werten nicht rechnen wollen. Sie haben außerdem eine Tabelle verwendet, deren Größe sich nie geändert hat. Sie hatte immer zehn Zeilen und sechs Spalten, wenn wir die Überschriftenzeile außer Acht lassen. Aber wie sieht der Einsatz einer Tabelle aus, wenn diese Einschränkungen nicht gelten?

14.1.2 Tabelle mit variabler Zeilen- und Spaltenzahl

Im folgenden Beispiel wird das Programm *Stundenplan* in einer weiteren Version erstellt. Da im gleichen Ordner eine veränderte Datendatei verwendet wird, die ein anderes Datenformat enthält, wird als Dateiname für die Stundenplandaten hier *stundenplanV2.dat* verwendet. Die neue Version soll mit einer leeren Tabelle starten. Der Anwender kann nach Belieben Zeilen ergänzen, und die Stundenplantabelle kann so auf die benötigten Zeilen erweitert werden. Damit die Tabelle beim Programmstart keine Datenzeilen enthält, wird das Array-Literal für das Datenstring-Array geleert. Das Literal mit den Spaltennamen kann unverändert bleiben:

```
new DefaultTableModel(new String[][] {  },
    new String[] { "Stunde", "Montag", "Dienstag","Mittwoch","Donnerstag",
      "Freitag" });
```

Der Programm-Frame erhält zwei Buttons. Mit dem ersten Button jBtnNeueZeile wird eine zusätzliche Datenzeile für die Tabelle erstellt. Der zweite Button jBtnSamstag kann verwendet werden, wenn eine zusätzliche Datenspalte für den Samstag benötigt wird.

```
private void jBtnNeueZeileActionPerformed(ActionEvent evt) {
    int neuezeilenzahl = jTable1.getModel().getRowCount()+1;
    DefaultTableModel model = (DefaultTableModel)jTable1.getModel();
    model.addRow(new String[]{String.valueOf(neuezeilenzahl)});

// ((DefaultTableModel) jTable1.getModel()).addRow(new
// String[]{String.valueOf(neuezeilenzahl)});
}
```

Listing 14.4 Methode zum Hinzufügen einer Datenzeile

Die Methode zum Hinzufügen einer weiteren Zeile bedarf einiger Erläuterungen. Das DefaultTableModel, das von Jigloo standardmäßig beim Erstellen einer Tabelle verwendet wird, ist sehr gut ausgestattet und deshalb sehr universell einsetzbar. Es bringt so auch Methoden wie addRow und addColumn mit. Wenn Sie versuchen, die Methode mit jTable1.getModel().addRow aufzurufen, erhalten Sie von Eclipse den Hinweis, dass die Klasse TableModel keine Methode addRow besitzt. Die Methode getModel liefert grundsätzlich ein Objekt der allgemeinen Klasse TableModel zurück. Wenn Sie zuvor der Tabelle ein davon abgeleitetes Objekt wie DefaultTableModel zuweisen, müssen Sie einen TypeCast verwenden, der aus dem zurückgelieferten Objekt TableModel ein DefaultTableModel macht.

In Listing 14.4 wird mit dem Typecast eine neue lokale Variable model erstellt. Deren Methode addRow kann dann aufgerufen werden. Die auskommentierte Anweisung zeigt, wie Sie alternativ die beiden Anweisungen zu einer einzigen Anweisung zusammenfassen können. Als Tabelleneinträge der neuen Zeile wird der addRow-Methode ein neu erzeugtes String-Array übergeben. Das Array besitzt nur ein Element mit der Stundennummer in der ersten Spalte.

```
private void jBtnSamstagActionPerformed(ActionEvent evt) {
    ((DefaultTableModel) jTable1.getModel()).addColumn(new String("Samstag"));
    jBtnSamstag.setEnabled(false);
}
```

Listing 14.5 Methode zum Ergänzen der Spalte für Samstag

Die Methode nutzt addColumn und macht den Schalter anschließend inaktiv.

Da die Spalten- und Zeilenzahl jetzt variieren kann, müssen Sie auch die Methoden bzw. Anweisungsblöcke zum Laden der Tabellendaten anpassen:

```java
private void thisWindowClosed(WindowEvent evt) {
    BufferedWriter out = null;
    try {
        out = new BufferedWriter(new FileWriter(dateiname));
        out.write(String.valueOf(jTable1.getModel().getRowCount()));
        out.newLine();
        out.write(String.valueOf(jTable1.getModel().getColumnCount() - 1));
        out.newLine();
        for (int i = 0;
                i < jTable1.getModel().getRowCount(); i++) {
            for (int j = 1;
                    j < jTable1.getModel().getColumnCount(); j++) {
                if (jTable1.getModel().getValueAt(i, j) != null) {
                    out.write(jTable1.getModel().getValueAt(i, j).toString());
                } else {
                    out.write("");
                }
                out.newLine();
            }
        }
    } catch (Exception e) {
        e.printStackTrace();
    } finally {
        if (out != null) {
            try {
                out.close();
            } catch (IOException e) {
                e.printStackTrace();
            }
        }
    }
}
```

Listing 14.6 Neue Methode zum Speichern der Tabellendaten

In die Datei werden nun vor den eigentlichen Tabellendaten die Zeilen und die Spaltenzahl geschrieben. Somit können beim Einlesen die entsprechenden Zeilen und Spalten wieder erzeugt werden.

```java
{
    BufferedReader in = null;
    File datei = new File(dateiname);
    if (datei.exists()) {
        try {
            String eintrag;
            in = new BufferedReader(new FileReader(dateiname));
            eintrag = in.readLine();
            int zeilen = Integer.parseInt(eintrag);
            eintrag = in.readLine();
            int spalten = Integer.parseInt(eintrag);
            DefaultTableModel m = new DefaultTableModel();
            m = (DefaultTableModel) jTable1.getModel();
            if (spalten == 6) {
                m.addColumn(new String("Samstag"));
                jBtnSamstag.setEnabled(false);
            }
            for (int i = 0; i < zeilen; i++) {
                m.addRow(new String[] { String.valueOf(i + 1) });
                for (int j = 1; j < spalten; j++) {
                    eintrag = in.readLine();
                    jTable1.getModel().setValueAt(eintrag, i, j);
                }
            }
        } catch (Exception e) {
            e.printStackTrace();
        } finally {
            if (in != null) {
                try {
                    in.close();
                } catch (IOException e) {
                    e.printStackTrace();
                }
            }
        }
    } else {
        datei.createNewFile();
    }
}
```

Listing 14.7 Neuer Anweisungsblock zum Laden der Tabellendaten

Selbstverständlich können Spalten und Zeilen auch entfernt werden. Zum Entfernen besitzt das `DefaultTableModel` selbst die Methode `removeRow`. Sie erwartet als Parameterwert den Index der zu entfernenden Zeile. Das Entfernen einer Spalte ist über das `ColumnModel` der Table-Komponente möglich. Das `ColumnModel` liefert wieder die Table selbst. Da die Methode nicht die Nummer der Spalte, sondern ein Spaltenobjekt erwartet, müsste z. B. die vierte Spalte mit folgender Anweisung gelöscht werden:

`jTable1.getColumnModel().removeColumn( jTable1.getColumnModel().getColumn( 4));`

Mit diesen Hinweisen sollten Sie auch für das Entfernen von Zeilen und Spalten gewappnet sein.

Das Beispiel zeigt, dass Ihnen mit der `JTable` im Verbund mit dem `DefaultTableModel` eine Komponente zur Verfügung steht, mit der Sie die meisten Anwendungen schreiben können, in denen Daten in tabellarischer Form dargestellt werden sollen.

Den kompletten Quellcode dieser Programmversion finden Sie unter dem Namen *Stundenplan3* auf der beiliegenden DVD im Ordner *Arbeitsumgebung\Java\Programme\JavaUebung14*.

14.1.3 Tabelle mit unterschiedlichen Datentypen

Zumindest ein Beispiel soll Ihnen zeigen, wie Sie ein eigenes `TableModel` ableiten können, das unterschiedliche Datentypen unterstützt, sodass Sie ein Gespür dafür entwickeln, welche Möglichkeiten damit verbunden sind.

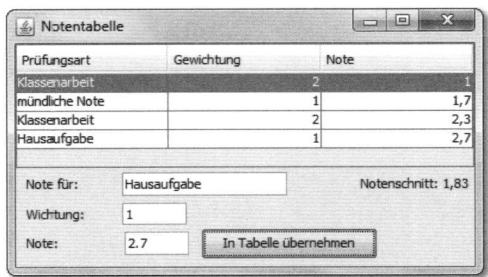

Abbildung 14.3 Frame des Programms »Notentabelle«

Der Programm-Frame (siehe Abbildung 14.3) verwendet eine in einem `ScrollPane` eingebettete `JTable` mit dem Namen `jTableNoten` und die in Listing 14.8 dargestellten Komponenten zur Eingabe weiterer Notendaten:

```
private JLabel jLNotenschnitt;
private JLabel jLSelectedNotenschnitt;
```

```
private JTextField jTFPruefungsart;
private JTextField jTFNote;
private JTextField jTFWichtung;
private JButton jBtnNeu;
private JTable jTableNoten;
```

Listing 14.8 Komponenten zur Eingabe und Anzeige von Ergebniswerten

Im `TableModel` sollen die Noten als `double`-Werte und die Gewichtungen als `Integer`-Werte gespeichert werden. Das `TableModel` soll vom `DefaultTableModel` abgeleitet werden. Erstellen Sie dazu eine neue Klasse, und geben Sie im Dialog JAVA NEW CLASS als Namen `MyDefaultTableModel` und als Superclass `javax.swing.table.DefaultTableModel` an.

```java
package gui15;
import javax.swing.table.DefaultTableModel;

public class MyDefaultTableModel extends DefaultTableModel {
    MyDefaultTableModel() {
        super();
    }

    MyDefaultTableModel(Object[][] d, Object[] n) {
        super(d,n);
    }

    public Class getColumnClass(int col) {
        if (col==0)
            return String.class;
        else if (col==1)
            return Integer.class;
        else
            return Double.class;
    }

    public double getNotegewichtet(int row) {
        int gewichtung=((Integer)getValueAt(row, 1)).intValue();
        double note = ((Double)getValueAt(row, 2)).doubleValue();
        return gewichtung*note;
    }

    public int getGewichtung(int row) {
        int gewichtung=((Integer)getValueAt(row, 1)).intValue();
```

```java
        return gewichtung;
    }

    public double getNotengewichtet(int[] rows) {
        double gesamt=0;
        for (int i = 0; i < rows.length; i++) {
            gesamt += getNotegewichtet(rows[i]);
        }
        return gesamt;
    }

    public int getGewichtung(int[] rows) {
        int gewichtung = 0;
        for (int i = 0; i < rows.length; i++) {
            gewichtung += getGewichtung(rows[i]);
        }
        return gewichtung;
    }

    public double getNotengewichtet() {
        int max = getRowCount();
        double gesamt = 0;
        for (int i = 0; i < max; i++)
        {
            gesamt += getNotegewichtet(i);
        }
        return gesamt;
    }

    public double getGewichtung() {
        int max = getRowCount();
        double gewichtung = 0;
        for (int i = 0; i < max; i++) {
          gewichtung += getGewichtung(i);
        }
        return gewichtung;
    }
}
```

Listing 14.9 Von »DefaultTableModel« abgeleitetes »MyDefaultTableModel«

Ganz entscheidend ist, dass das neue `TableModel` die Methode `getColumnClass` überschreibt. Die zugehörige Table kann damit ermitteln, dass in der Spalte 0 `String`-Werte, in der Spalte 1 `Integer`-Werte und in der Spalte 2 `double`-Werte stehen.

Die restlichen Methoden statten das neue Model mit der Fähigkeit aus, den Gesamtnotenschnitt aus den gewichteten Einzelnoten zu berechnen. Es wurden Methoden implementiert, die sowohl den Notenschnitt über die gesamte Tabelle als auch über einen markierten Bereich berechnen können. Mit den entsprechenden Listenern im Programm-Frame erfolgt die Berechnung und Ausgabe dann bei jeder Veränderung von Tabellendaten. Nach dieser Vorarbeit können die Anpassungen am Programm-Frame vorgenommen werden.

Durch zwei Ergänzungen in der Kopfzeile

```
public class Notentabelle extends javax.swing.JFrame implements
    TableModelListener, ListSelectionListener
```

implementiert der Frame die beiden Interfaces `TableModelListener` und `ListSelectionListener`.

Der folgende Block zeigt die Erstellung der Table mit dem neuen `TableModel`:

```
{
  MyDefaultTableModel jTableNotenModel =
          new MyDefaultTableModel(new Object[][]{{
              "Klassenarbeit", new Integer(1),
              new Double(1.0)}}, new String[] {"Prüfungsart",
                                  "Gewichtung", "Note"});
  jTableNotenModel.addTableModelListener(this);
  jTableNoten = new JTable();
  jScrollPane1.setViewportView(jTableNoten);
  jTableNoten.setModel(jTableNotenModel);
  jTableNoten.getSelectionModel().addListSelectionListener(this);
}
```

Listing 14.10 Erstellung der »JTable« mit dem »TableModel«

Das abgeleitete `MyDefaultTableModel` mit dem ersten Datensatz und den Spaltennamen wird initialisiert. Außerdem wird für das `TableModel` der `TableModelListener` registriert. Für die Tabelle selbst wird außerdem ein `ListSelectionListener` registriert. Damit sind die Voraussetzungen geschaffen, auf Änderungen der Tabellendaten und auf das Markieren von Tabellenzeilen zu reagieren. Zur Vervollständigung fehlen nur noch drei kleine Methoden:

```java
private void jBtnNeuActionPerformed(ActionEvent evt) {
  try {
    String t=jTFPruefungsart.getText();
    int w = Integer.parseInt(jTFWichtung.getText());
    double n = Double.parseDouble(jTFNote.getText());
    MyDefaultTableModel m =
               (MyDefaultTableModel)jTableNoten.getModel();
    m.addRow(new Object[]{t,new Integer(w),new Double(n)});
  } catch (Exception e) {
    e.printStackTrace();
  }
}
```

Listing 14.11 Methode zum Hinzufügen einer neuen Note

```java
public void tableChanged(TableModelEvent e) {
    MyDefaultTableModel m = (MyDefaultTableModel) jTableNoten.getModel();
    double schnitt = m.getNotengewichtet() / m.getGewichtung();
    jLNotenschnitt.setText("Notenschnitt: " + df.format(schnitt));
    jLSelectedNotenschnitt.setText("");
}
```

Listing 14.12 Methode als Reaktion auf eine Datenänderung

```java
public void valueChanged(ListSelectionEvent arg0) {
    int[] rows=jTableNoten.getSelectedRows();
    if (rows.length > 0) {
    MyDefaultTableModel m = (MyDefaultTableModel) jTableNoten.getModel();
    double schnitt = m.getNotengewichtet(rows) / m.getGewichtung(rows);
    jLSelectedNotenschnitt.setText("Notenschnitt der Auswahl: "
                               +df.format(schnitt));
    }
}
```

Listing 14.13 Methode als Reaktion auf das Markieren von Tabellenzeilen

Die erste Methode ist selbsterklärend. Sie entnimmt die Werte aus den Textfeldern und ergänzt eine neue Tabellenzeile mit den entnommenen Daten. Die zweite Methode nutzt die im neuen TableModel implementierten Methoden zur Berechnung der Durchschnittsnote über die gesamte Tabelle. Die dritte Methode wird immer ausgeführt, wenn Zeilen in der Tabelle markiert werden.

Wenn Sie das Programm testen, werden Sie feststellen, dass die zweite und dritte Spalte rechtsbündig dargestellt werden. Die Table erkennt, dass es sich um Zahlentypen handelt. Es werden dort auch keine beliebigen Texteingaben mehr akzeptiert. Der am unteren Rand ausgegebene Notenschnitt aktualisiert sich bei jeder Änderung an den Tabellendaten, und sobald Sie einen Tabellenbereich markieren, wird zusätzlich der Notenschnitt über den markierten Bereich ausgegeben. Das Beispiel zeigt, dass Sie mit relativ geringem Aufwand sehr mächtige Anwendungen erstellen können.

Nachdem Sie nun an einigen Beispielen Möglichkeiten zur Verwaltung und Präsentation von tabellarischen Daten kennengelernt haben, soll im folgenden Abschnitt aufgezeigt werden, wie Sie Daten auch aus Datenbanken beziehen können.

14.2 Datenbankzugriff

Dieser Abschnitt richtet sich an all diejenigen, die bereits mit Datenbanken und dabei speziell mit der Standarddatenbanksprache SQL zu tun hatten. Es ist im Rahmen dieser Einführung in das Programmieren nicht möglich, die Grundlagen von Datenbanken und der Sprache SQL zu vermitteln. Wer mit den Grundlagen bereits vertraut ist, wird sich aber sicher sehr dafür interessieren, diese Kenntnisse bei der Erstellung eigener Anwendungsprogramme zu nutzen. Bei allen anderen Lesern wird vielleicht das Interesse geweckt, sich näher mit Datenbanken zu beschäftigen.

Viele Informationen werden im Internet in SQL-Datenbanken verfügbar gehalten. Mithilfe von Scriptsprachen werden die Inhalte in Webseiten dargestellt. Auch mit Java-Applets können entsprechende Datenbankzugriffe und die Integration der Abfrageergebnisse in Webseiten realisiert werden. Entsprechend können auch in Java-Anwendungsprogrammen die Daten von lokalen oder über das Internet oder Intranet zugänglichen Datenbanken integriert werden.

14.2.1 Datenbankzugriff mit JDBC

Kurz nachdem die Version 1.0 des *Java Development Kit* (JDK) vorlag, begann Sun mit der Entwicklung einer einheitlichen Datenbankschnittstelle für Java. Anstelle des von vielen Entwicklern erwarteten objektorientierten Ansatzes verfolgten die Designer dabei das Ziel, die große Zahl vorhandener relationaler Datenbankmanagementsysteme (DBMS) problemlos anbinden zu können. In Anlehnung an Microsofts weit verbreitete ODBC-Schnittstelle wurde daraufhin mit JDBC ein standardisiertes Java-Datenbank-Interface entwickelt, das mit der Version 1.1 fester Bestandteil des JDK wurde. ODBC ist eine von Microsoft definierte Datenbankschnittstelle (*Open Database Connectivity*). Es handelt sich dabei um eine standardisierte Datenbankschnittstelle. Sie verwendet die Datenbanksprache SQL und erlaubt es Anwendungen, auf unterschiedliche SQL-Datenbanken zuzugreifen. Ohne Verwendung eines ODBC-Treibers muss die Anwendung direkt die Schnittstelle des jeweiligen Datenbankmanagementsystems ansprechen. Dies erfordert dann für jede unterschiedliche Datenbank auch unterschiedlichen Quellcode. Die Verwendung eines ODBC-Treibers ermöglicht die Verwendung einheitlichen Quellcodes. Lediglich der passende Treiber muss eingebunden werden. Dieser übernimmt dann die Anpassung des einheitlichen Quellcodes an die unterschiedlichen Datenbankmanagementsysteme.

JDBC ist ein Call-Level-Interface zu einem relationalen DBMS. Bei einer solchen Schnittstelle werden die SQL-Statements im Programm als Strings bearbeitet und zur Ausführung an parametrisierbare JDBC-Methoden übergeben. Rückgabewerte und Ergebnismengen von Abfragen werden ebenfalls über Methodenaufrufe ermittelt und im Programm weiterverarbeitet. Eine Datenbankanbindung wird über einen *JDBC-Treiber* hergestellt. Ein solcher Treiber ist immer datenbankspezifisch.

In den folgenden Beispielen wird auf eine *MySQL-Datenbank* zugegriffen. Der dafür erforderliche Treiber ist der *MySQL-Connector/J*. Sie können ihn kostenlos von *www.mysql.de* als *tar.gz*-Archiv oder als *.zip*-Datei herunterladen. Der Treiber selbst befindet sich in einer *.jar*-Datei mit dem Namen *mysql-connector-java-5.1.18-bin.jar*. Die Versionsnummer kann dabei natürlich abweichen. Den Treiber müssen Sie in den Klassenpfad CLASSPATH einbinden oder in das Verzeichnis \jre\lib\ext des Java-Installationsverzeichnisses kopieren. Für einige Windows-Datenbanken gibt es nur ODBC-Treiber. Für den Zugriff auf solche Datenbanken können Sie mit Java 7 eine *JDBC-ODBC-Bridge* verwenden. Eine JDBC-ODBC-Bridge übersetzt JDBC-Befehle so, dass sie an einen ODBC-Treiber weitergegeben werden können. Es wird aber allgemein empfohlen, mit reinen JDBC-Treibern der entsprechenden Datenbank zu arbeiten, deshalb ist die JDBC-ODBC-Bridge in Java 8 nicht mehr enthalten. Ob für eine bestimmte Datenbank ein solcher Treiber vorliegt, erfahren Sie beim Anbieter der betreffenden Datenbank. Eine ausführliche Anleitung zur Installation eines JDBC-Treibers und zum Zugriff auf Datenbanken mithilfe eines JDBC-Treibers finden Sie unter der Adresse *http://docs.oracle.com/javase/tutorial/jdbc/index.html*.

14.2.2 Aufbau der Datenbankverbindung

Den folgenden Quellcode können Sie als Rahmen für eigene Programme verwenden. Er zeigt am Beispiel des Zugriffs auf eine Bibliotheksdatenbank, wie eine Verbindung zur

Datenbank aufgebaut werden kann. Für den Zugriff auf eine Datenbank benötigen Sie selbstverständlich die entsprechenden Zugriffsrechte. Für die Anmeldung müssen Sie die Serveradresse, den Datenbanknamen, einen Benutzernamen und ein Passwort angeben. Im folgenden Listing werden Platzhalter verwendet:

- SERVERADRESSE für die Internet- oder IP-Adresse des Servers
- xxx für den Bezeichner der Datenbank
- yyy für den Benutzernamen
- zzz für das Passwort des Benutzers

```java
package gui14;

import java.sql.Connection;
import java.sql.DriverManager;
import java.sql.ResultSet;
import java.sql.SQLException;
import java.sql.Statement;

public class DBZugriff1 {
    static String ConnectURL = "jdbc:mysql://SERVERADRESSE/xxx";
    static String user = "yyy";
    static String pw = "zzz";
    static Connection conn;

    public static void main(String args[]) {
        try {
            Class.forName("com.mysql.jdbc.Driver").newInstance();
        } catch (Exception e) {
            System.err.println("Treiber konnte nicht geladen werden!");
            System.err.println(e);
            e.printStackTrace();
            System.exit(-1);
        }
        System.out.println("Treiber wurde geladen!");
        try {
            conn = DriverManager.getConnection(ConnectURL, user, pw);
// hier können Abfragen erfolgen
            rs.close();
            stmt.close();
        } catch (SQLException e) {
            System.err.println("Keine Verbindung möglich!");
```

```
            e.printStackTrace();
            System.err.println("SQLExecption: " + e.getMessage());
            System.err.println("SQLState: " + e.getSQLState());
            System.err.println("VendorError: " + e.getErrorCode());
            System.exit(-1);
        }
    }
}
```

Listing 14.14 Listing zum Aufbau einer Datenbankverbindung

Im Folgenden wird der Quellcode erläutert:

Sämtliche Klassen des JDBC befinden sich im Package `java.sql`. Zuerst werden drei statische Strings definiert, die für den Verbindungsaufbau benötigt werden. Das sind:

- die Verbindungs-URL mit dem Namen `ConnectURL`
- der Benutzername
- das Passwort des Benutzers

Da die Methodenaufrufe der JDBC-Objekte im Fehlerfall Exceptions erzeugen, werden die Methodenaufrufe in `try-catch`-Blöcke eingeschlossen und Fehlermeldungen ausgegeben, die für die Fehlersuche hilfreich sind.

Zu Beginn jeder Datenabfrage über JDBC ist die Registrierung des JDBC-Datenbank-Treibers mit

`Class.forName("Treibername").newInstance();`

erforderlich. Wie der Treibername lautet, müssen Sie der Dokumentation des Herstellers entnehmen. Wird der Treiber nicht gefunden, wird durch diesen Aufruf eine `Exception` erzeugt, die in einem `catch`-Block abgefangen werden muss. Wir verwenden hier zur Registrierung unseres Typ-4-Treibers zum Zugriff auf MySQL folgenden Aufruf:

`Class.forName("com.mysql.jdbc.Driver").newInstance();`

Tritt beim Laden des Treibers bereits ein Fehler auf, so wird die Fehlermeldung »Treiber konnte nicht geladen werden!« und anschließend der Originalfehlercode der `Exception` ausgegeben. Das Programm wird dann sofort mit dem Fehlercode -1 beendet. War das Laden des Treibers erfolgreich, so wird dies mit der Meldung »Treiber wurde geladen!« bestätigt. Die Verbindung wird in einem weiteren `try-catch`-Block mit

`Connection conn=DriverManager.getConnection(ConnectURL, user, pw);`

hergestellt. Die drei Parameter wurden bei der Deklaration bereits mit den entsprechenden Werten vorbelegt. Im Fehlerfall wird die Meldung »Keine Verbindung möglich!« angezeigt. Anschließend werden noch drei weitere Fehlerinformationen (SQLException, SQLState und Vendor-Error) ausgegeben, und das Programm endet mit dem Exit-Code -1. War der Verbindungsaufbau erfolgreich, wird die Meldung »Verbindung aufgebaut!« ausgegeben, und das Programm endet ohne Fehlercode.

In der vorliegenden Form testet das Programm also, ob das Laden des erforderlichen Treibers funktioniert. Das heißt, dass die Installation des Treibers korrekt vorgenommen wurde. In einem zweiten Schritt wird getestet, ob der Datenbankserver erreichbar ist und eine Verbindung zur Datenbank hergestellt werden kann. Es liegen also keine Probleme mit der Erreichbarkeit des Servers (Netzwerkprobleme) und auch keine Probleme mit dem Zugriff auf die Datenbank vor (der Benutzername hat Berechtigung und das Passwort wird akzeptiert).

14.2.3 Datenbankabfrage

Für die folgenden Beispiele wird davon ausgegangen, dass die Datenbank über eine Tabelle *Buecher* und eine Tabelle *Autoren* verfügt. Ein Datensatz der Tabelle *Buecher* besteht aus den Feldern *ID*, *Titel* und *AutorId*. *AutorId* verweist als Fremdschlüssel auf einen Datensatz aus der Tabelle *Autoren*. Ein Datensatz der Tabelle *Autoren* besteht aus den Feldern *ID*, *Name* und *Vorname*. Sollen nun z. B. die Daten *ID* und *Titel* aus der Tabelle *Buecher* von der Datenbank abgefragt werden, so ergänzen Sie den try-Block um die folgenden Anweisungen:

```
Statement stmt = conn.createStatement();
// Datenabfrage aufbereiten
String query = "select ID, Titel from Buecher";
// Schritt 3: Datenabfrage ausführen
ResultSet rs = stmt.executeQuery(query);
// Schritt 4: Ergebnismenge verarbeiten
System.out.println("ID\t\tTitel");
System.out.println("-----------------------------------------");
while (rs.next()) {
    System.out.println(rs.getString("ID") + "\t" + rs.getString("Titel"));
}
// Verbindung schließen
rs.close();
stmt.close();
```

Listing 14.15 Datenbankabfrage mit Ausgabe in der Konsole

Mit dem Statement `stmt=con.createStatement();` wird ein Statement-Objekt erzeugt, das zur Übermittlung einer SQL-Anweisung benötigt wird.

Der String `query` nimmt die SQL-Abfrage auf, in unserem Beispiel also die `Select`-Anweisung zur Abfrage aller Bücher mit Nummer.

Mit `ResultSet rs=stmt.executeQuery(query);` wird der Query-String an das `stmt`-Objekt zur Übermittlung und Ausführung übergeben. Die Abfrage liefert das Ergebnis in Form eines `ResultSet` zurück. Das `ResultSet rs` können Sie sich wie eine Tabelle vorstellen, die die Datensätze zeilenweise enthält. Diese »Tabelle« wird nun mithilfe einer kopfgesteuerten Schleife abgearbeitet. In unserem Fall geben wir vor Beginn der Schleife eine Textzeile mit den Spaltenüberschriften und einer Trennlinie aus. Danach werden beginnend mit dem ersten Datensatz die Attribute mit `rs.getString("Attribut")` abgeholt und ausgegeben. Mit `rs.next()` wird jeweils zum nächsten Datensatz gewechselt. Sobald kein weiterer Datensatz mehr vorhanden ist, liefert der Aufruf `rs.next()` das Ergebnis `false` zurück, womit die Schleife beendet wird.

Nach Beendigung der Schleife werden die Objekte `rs`, `stmt` und `conn` in umgekehrter Reihenfolge ihrer Erzeugung wieder geschlossen. Diese Aufräumarbeiten sind am Ende des Programms nicht unbedingt erforderlich, da sie beim Beenden des Programms automatisch erfolgen. Ist der Verbindungsaufbau mit der Abfrage in einem komplexen Programm mehrfach notwendig, so können Sie durch das explizite Schließen der Objekte Ressourcen einsparen. Abbildung 14.4 zeigt, wie das Abfrageergebnis in der Konsole dargestellt wird. Falls SQL-Anweisungen verwendet werden sollen, die Veränderungen am Datenbestand vornehmen (wie z. B. das Einfügen oder Löschen von Datensätzen), dann verwenden Sie anstelle der Methode `executeQuery` die Methode `executeUpdate`. Diese Methode liefert kein `ResultSet`, sondern einen einfachen `int`-Wert zurück, der anzeigt, wie viele Datensätze von der Änderung betroffen waren.

Nachdem Sie bereits einige Programme mit der Komponente `JTable` erstellt haben, werden Sie die Ergebnisse sicher gern auch in eine solche Komponente übernehmen wollen:

```
{
  TableModel jTable1Model = new DefaultTableModel(
                    new String[][] { },
                    new String[] { "ID", "Titel" });
  jTable1 = new JTable();
  jScrollPane1.setViewportView(jTable1);
  jTable1.setModel(jTable1Model);
  jTable1.setAutoResizeMode(JTable.AUTO_RESIZE_NEXT_COLUMN);
  jTable1.setAutoCreateRowSorter(true);
}
```

Listing 14.16 »JTable«-Komponente für die Aufnahme der Abfrageergebnisse

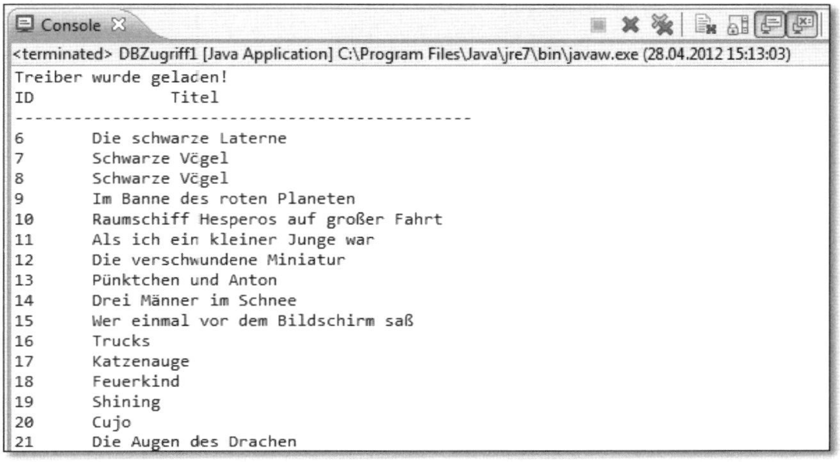

14.2 Datenbankzugriff

```
Console
<terminated> DBZugriff1 [Java Application] C:\Program Files\Java\jre7\bin\javaw.exe (28.04.2012 15:13:03)
Treiber wurde geladen!
ID         Titel
------------------------------------------------
6          Die schwarze Laterne
7          Schwarze Vögel
8          Schwarze Vögel
9          Im Banne des roten Planeten
10         Raumschiff Hesperos auf großer Fahrt
11         Als ich ein kleiner Junge war
12         Die verschwundene Miniatur
13         Pünktchen und Anton
14         Drei Männer im Schnee
15         Wer einmal vor dem Bildschirm saß
16         Trucks
17         Katzenauge
18         Feuerkind
19         Shining
20         Cujo
21         Die Augen des Drachen
```

Abbildung 14.4 Abfrageergebnis in der Konsole

Listing 14.16 zeigt, wie Sie eine Table-Komponente für die Aufnahme der abgefragten Buchdaten vorbereiten. Um, durch eine Schaltfläche ausgelöst, die Daten aus der Datenbank in die Table-Komponente zu übertragen, müssen Sie die Werte des ResultSets nur in neu erzeugte Zeilen der Tabelle übertragen. Den übrigen Quellcode können Sie 1:1 aus der Konsolenanwendung übernehmen:

```java
private void jBtnDatenholenActionPerformed(ActionEvent evt) {
    try {
        Class.forName("com.mysql.jdbc.Driver").newInstance();
    } catch (Exception e) {
        System.err.println("Treiber konnte nicht geladen werden!");
        System.err.println(e);
        e.printStackTrace();
        System.exit(-1);
    }
    System.out.println("Treiber wurde geladen!");
    try {
        Connection conn = DriverManager.getConnection(ConnectURL, user, pw);
        Statement stmt = conn.createStatement();
        System.out.println("Verbindung zur Datenbank aufgebaut!");
// Datenabfrage aufbereiten
        String query = "select ID, Titel from Buecher";
// Schritt 3: Datenabfrage ausführen
        ResultSet rs = stmt.executeQuery(query);
```

```java
// Schritt 4: Ergebnismenge verarbeiten
      DefaultTableModel model = (DefaultTableModel)
                                          jTable1.getModel();
      while (rs.next()) {
         model.addRow(new String[] {
                  rs.getString("ID"),
                  rs.getString("Titel")});
      }
      jTable1.sizeColumnsToFit(0);
// Verbindung schließen
      rs.close();
      stmt.close();
   } catch (SQLException e) {
      System.err.println("Driver can't get a connection.");
      e.printStackTrace();
      System.err.println("SQLExecption: " + e.getMessage());
      System.err.println("SQLState: " + e.getSQLState());
      System.err.println("VendorError: " + e.getErrorCode());
      System.exit(-1);
   } finally {
      if (conn != null) {
      try {
         conn.close();
         System.out.println("Verbindung zur Datenbank geschlossen!");
      } catch (SQLException e) {
         e.printStackTrace();
      }
      }
   }
}
```

Listing 14.17 Übertragen der Abfrageergebnisse in die »JTable«-Komponente

Wie das Abfrageergebnis mithilfe der JTable-Komponente ausgegeben wird, sehen Sie in Abbildung 14.5. Der Anwender kann die Vorzüge der Komponente nutzen und Einträge auch editieren. Sie sollten jedoch bedenken, dass durch das Editieren nicht die Daten in der Datenbank verändert werden. Hierzu müssten die Veränderungen noch mit entsprechenden SQL-Anweisungen in die Datenbank zurückübertragen werden.

Sie finden die Beispielprogramme in der Konsolenversion als *DBZugriff1* und als GUI-Version unter dem Namen *DBZugriff2* auf der DVD im Verzeichnis *Arbeitsumgebung\ Java\Programme\JavaUebung14*.

14.2 Datenbankzugriff

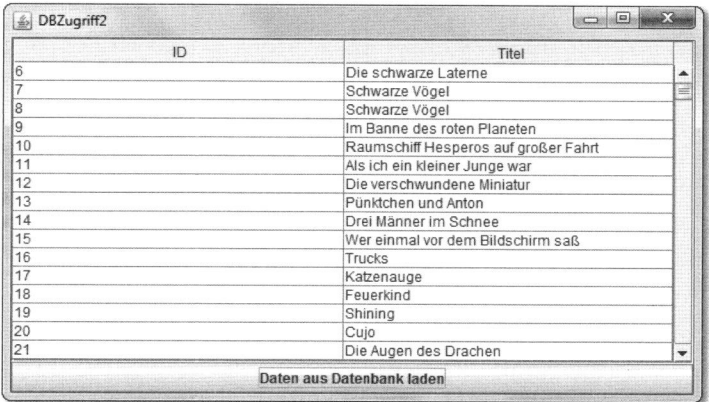

Abbildung 14.5 Abfrageergebnis in einer »JTable«-Komponente

Sie müssen aber bedenken, dass Sie die statischen Variablen mit den Zugangsdaten durch Daten für eine Datenbank ersetzen müssen, auf die Sie Zugriff haben:

```
static String ConnectURL = "jdbc:mysql://SERVERADRESSE/xxx";
static String user = "yyy";
static String pw = "zzz";
```

Listing 14.18 Zu ändernde Zugangsdaten

Entsprechendes gilt auch für die Feldbezeichnungen, die Sie aus der jeweiligen Tabelle abfragen wollen.

Der Datenbankzugriff wurde hier für MySQL erläutert. Da aber nicht jeder Zugriff auf einen MySQL-Server hat, steht Ihnen die oben beschriebene Datenbank auf der DVD im Verzeichnis *Arbeitsumgebung\Java\Programme\JavaUebung14* als Access-Datenbank unter dem Namen *Buecherei.mdb* zur Verfügung. Sie finden dort ebenfalls die Beispielprogramme *DBZugriffAccess1* und *DBZugriffAccess2*. Die Programme entsprechen den oben für MySQL beschriebenen Programmen. Sie können dort entnehmen, wie Sie den entsprechenden Treiber für Access verwenden. Alle weiteren Programmanweisungen sind für alle SQL-Datenbanken identisch. Das Programm *DBZugriffAccess3* demonstriert zusätzlich die Verwendung von executeUpdate. Beim Experimentieren mit diesen Programmen müssen Sie darauf achten, dass die Datei *Buecherei.mdb* im gleichen Ordner liegt wie das Programm, mit dem Sie darauf zugreifen. Andernfalls müssen Sie die Pfadangabe im Quellcode anpassen.

Achtung: Mit Java 8 wurde der Treiber zum Zugriff auf *Microsoft Access* (JdbcOdbc-Bridge) aus dem jdk entfernt. Wenn Sie auf *Microsoft Access* zugreifen wollen, müssen

Sie ein älteres jdk verwenden (z. B. jdk1.7.x), den *ODBC*-Treiber von *Microsoft* verwenden oder nach einem Treiber von einem anderen Anbieter suchen. Da die Verwendung von *Access* eine reine *Windows*-Lösung darstellt, sollten Sie auf andere Datenbanklösungen zurückgreifen, wie sie im Folgenden dargestellt wird. Als dritte Variante finden Sie auf der DVD im Verzeichnis *Arbeitsumgebung\Java\Programme\JavaUebung14* noch die Beispielprogramme *DBZugriffDerby1*, *DBZugriffDerby2* und *DBZugriffDerby3*. Sie zeigen, wie das gleiche Beispiel mit der in Java integrierten Datenbank *Derby* realisiert werden kann. Soll keine externe Datenbank verwendet werden, sondern eine Datenbank, die speziell für eine selbst erstellte Java-Anwendung bestimmt ist, so stellt diese Datenbank die einfachste Möglichkeit dar. Bevor Sie die drei Beispielprogramme verwenden können, müssen Sie allerdings mit den beiden Beispielprogrammen *CreateDerbyBuechereiDB* die Datenbank erstellen und mit *Write2DerbyBuechereiDB* einige Daten in die Datenbank schreiben. Mit diesen Beispielen sollten Sie genügend Handwerkzeug zur Verfügung haben, um beliebige eigene Datenbanken erstellen und verwenden zu können.

Sie können übrigens auch Eclipse selbst als Oberfläche nutzen, um auf SQL-Datenbanken zuzugreifen. Installieren Sie z. B. das Plug-in *SQL Explorer* von der Adresse *http://eclipsesql.sourceforge.net/* über den Menüpunkt HELP • INSTALL NEW SOFTWARE, und wählen Sie im anschließenden Dialog die Schaltfläche ADD aus. Im Dialog tragen Sie für das neu zu installierende Plug-in einen Namen und die URL ein (siehe Abbildung 14.6).

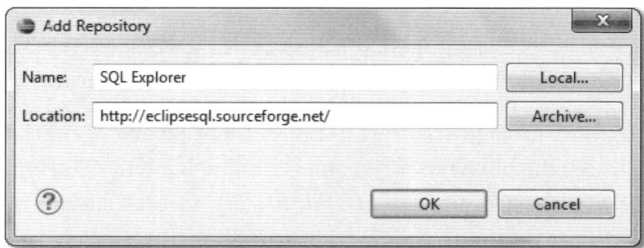

Abbildung 14.6 Das Plug-in »SQL Explorer« installieren

Sie verfügen damit über eine sehr leistungsfähige Oberfläche für den Zugriff auf SQL-Datenbanken. Über das Menü WINDOW • SHOW VIEW • OTHER können Sie die Werkzeuge des SQL Explorers für den Zugriff auf Ihre Datenbanken öffnen (siehe Abbildung 14.7).

Unter der Adresse *http://www.sqlexplorer.org/features.php* finden Sie detailliertere Erläuterungen zu den Features des SQL Explorers.

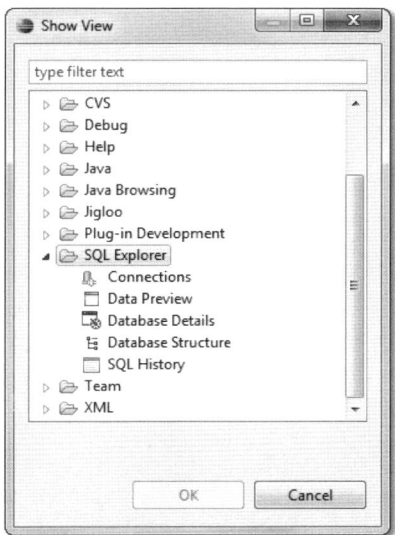

Abbildung 14.7 Views des SQL Explorers

14.3 Übungsaufgaben

Aufgabe 1

Erstellen Sie das Programm *Kontaktliste* aus Kapitel 10, »Containerklassen«, im Projekt *JavaUebung14* unter dem Namen *Kontakttabelle* nochmals neu, ohne die Tabellendaten zu speichern. Verwenden Sie zur Aufnahme der Kontaktdaten anstelle der `JList` eine `JTable`. Die Schaltfläche zum Bearbeiten eines Eintrags kann entfallen, da die Daten in der Tabelle direkt editiert werden können (siehe Abbildung 14.8).

Abbildung 14.8 Frame zu Aufgabe 1

Hinweis zur Löschfunktion
Die JTable besitzt eine Methode getSelected(), die den Index der markierten Zeile zurückliefert. Wenn keine Zeile markiert ist, liefert sie den Wert -1 zurück. Sie sollten das ausnutzen, damit keine unnötige Exception ausgelöst wird, wenn keine Zeile markiert ist.

Aufgabe 2
Erweitern Sie das Programm aus Aufgabe 1 zur Version *Kontakttabelle2* so, dass die Tabellendaten beim Beenden des Programms in der Datei *Kontaktdaten.dat* gespeichert und beim Starten geladen werden.

Aufgabe 3
Erstellen Sie einen Programm-Frame *Bestellannahme* mit einer JTable-Komponente. Der Frame soll für die Bestellannahme einer Firma gedacht sein. In der Tabelle sollen Artikelbezeichnung, Anzahl und Netto-Einzelpreis erfasst werden. Bei jeder Datenänderung in der Tabelle sollen automatisch die aktuelle Mehrwertsteuer und der Wert der Gesamtbestellung inklusive Mehrwertsteuer in zwei Labels dargestellt werden (siehe Abbildung 14.9).

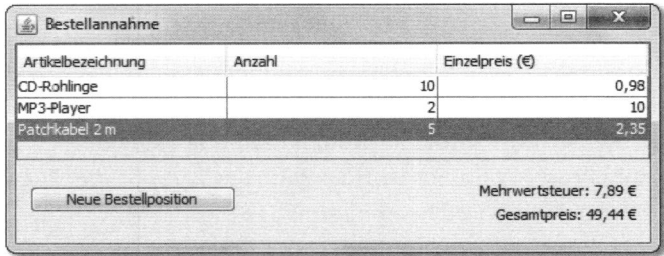

Abbildung 14.9 Frame-Vorlage für die Bestellannahme

Erstellen Sie dazu ein von DefaultTableModel abgeleitetes BestellTableModel. Es soll Methoden für die erforderlichen Berechnungen der aktuellen Mehrwertsteuer und des Gesamtbestellwertes inklusive Mehrwertsteuer bereitstellen.

Hinweis
Beachten Sie, dass beim Erzeugen einer neuen Tabellenzeile die Felder für *Anzahl* und *Einzelpreis* nicht leer sein dürfen. Die automatischen Berechnungen verursachen dann Fehler! Tragen Sie deshalb immer gleich 0-Werte ein, die der Anwender dann überschreibt.

Den erforderlichen Listener für `tableChanged` finden Sie in den GUI PROPERTIES, wenn Sie die unsichtbare Komponente `tableModel` in der Ansicht OUTLINE markieren.

Es lohnt sich übrigens durchaus, mit den Eigenschaften der Komponenten in den GUI PROPERTIES zu experimentieren. Sie finden dort u. a. für die JTable-Komponente die Eigenschaft `autoCreateRowSorter`. Wenn Sie diese Eigenschaft auf `true` umstellen, kann der Anwender durch Anklicken der Spaltenüberschrift den Tabelleninhalt nach dieser Spalte sortieren – eine nette Erweiterung der Funktionalität, ohne selbst eine Zeile Quellcode zu schreiben. Auch Jigloo muss übrigens nur eine Zeile (`jTable1.setAutoCreateRowSorter(true);`) erzeugen. Die Fähigkeit bringt die Komponente – wie so oft – schon mit.

14.4 Ausblick

Mit diesen letzten Übungen sind Sie am Ende dieser Einführung in die Java-Programmierung mit Eclipse angekommen. Ich hoffe, ich konnte Sie für die Programmiersprache Java begeistern. Es ist sicher nicht möglich, mit einem Einführungsbuch eine Programmiersprache wie Java umfassend aufzuarbeiten. Deshalb habe ich versucht, mich auf die wesentlichen Dinge zu beschränken, die den Einstieg erleichtern sollen. Gleichzeitig sollten aber auch interessante Aspekte aufgegriffen werden, damit nicht zu viel trockene Theorie die Freude am Programmieren vermiest. Eine professionelle Entwicklungsumgebung sollte die Arbeit erleichtern, ohne zum zentralen Thema der Abhandlungen zu werden. Es sollten nur die Aspekte angesprochen werden, die für den Einstieg hilfreich und sinnvoll sind. Sie haben beim Selbsterkunden bestimmt auch das ein oder andere Feature entdeckt, über das Sie sich mehr Informationen erhofft hätten. Da bitte ich um Verständnis, dass ich hier viele Lücken offenlassen musste, um den vorgegebenen Rahmen einzuhalten. Ich wünsche Ihnen noch viel Freude am sicher nie endenden Erkunden der Tiefen der Programmiersprache Java.

Anhang A
Inhalt der DVD

Arbeitsumgebung

Der Ordner enthält als Verzeichnis *Java\Programme* den gesamten Workspace mit allen Übungsprogrammen und Musterlösungen, wie er im Buch verwendet wird.

Eclipse

In diesem Ordner sind Versionen der IDE Eclipse als 32- und 64-Bit-Versionen für Windows, Linux und OS X zusammengestellt.

JAR Files

Hier sind zu jedem Kapitel die Übungsprogramme und Musterlösungen als *.jar*-Files zusammengestellt. Programme, die eine grafische Oberfläche verwenden, können Sie aus dem Datei-Explorer mit Doppelklick starten. Programme, die die Konsole für Ein- und/oder Ausgaben verwenden, können Sie aus der Konsole mit `java -jar Dateiname.jar`, gefolgt von eventuell erforderlichen Startparametern, starten.

Java JDK

Für Windows, Linux und OS X finden Sie hier die passenden Java Development Kits (JDKs) für 32- und 64-Bit.

Jigloo

Hierin steht Ihnen das Eclipse-Plugin Jigloo zur Unterstützung bei der Entwicklung von Anwendungen mit grafischer Oberfläche zur Verfügung.

Quellcodes

Sie finden hier nochmals zu jedem Kapitel alle Quellcodes der Übungsprogramme und der Musterlösungen als Textdateien.

Java ist auch eine Insel

Der Ordner enthält die 10. Auflage des Buchs »Java ist auch eine Insel« zur Java-Version 7.

Anhang B
Ein Programm mit Eclipse als ».jar«-File speichern

Ein Java-.jar-File wird auch als *Java-Archiv* bezeichnet. Es wurde ursprünglich verwendet, um für Java-Applets das Nachladen von Klassen aus dem Netz zu vereinfachen. Die zu ladenden Klassen befinden sich dann allesamt in einer einzigen Datei, die zudem noch gepackt vorliegen kann.

Ein Java-Programm kann als ein solches Archiv quasi wie zu einem durch Doppelklick startbaren Programm gemacht werden. Man hat dann den Eindruck, als sei ein kompiliertes Programm entstanden. Tatsächlich ist es so, dass die *.jar*-Datei lediglich alle Komponenten beinhaltet, die zum Ausführen des Programms erforderlich sind. Dennoch handelt es sich nicht wie bei einer *.exe*-Datei unter Windows um Maschinencode.

Beachten Sie, dass Sie Konsolenprogramme, die als ausführbare *.jar*-Datei vorliegen, mit java -jar Dateiname.jar starten müssen.

.jar-Archive können gepackt und auch ungepackt vorliegen. Die Java-Plattform bringt in den Paketen java.util.jar und java.util.zip Klassen mit, um *.jar*- und *.zip*-Archive auszulesen und zu erstellen. Zum Beispiel können Sie mit dem Kommando

jar tvf dateiname.jar

den Inhalt eines *.jar*-Archivs in der Eingabeaufforderung anzeigen. Dabei steht t für »Inhaltsverzeichnis anzeigen«, v steht für »ausführliche Anzeige«, und f steht für das Lesen aus einer Datei. Ersetzen Sie das t durch x (extract), so wird das Archiv entpackt. Einfacher ist es, Sie wählen im Explorer mit einem Rechtsklick HIER ENTPACKEN.

Das Archiv enthält einen Ordner mit der Bezeichnung *META-INF*. Im Ordner gibt es eine Datei mit dem Namen *MANIFEST.MF* und, wie hier z. B. im Ordner *gui15*, etliche Bytecodedateien, die dem Interpreter zur Ausführung übergeben werden können. Sie sehen hieran noch mal deutlich den Unterschied zu einer *.exe*-Datei, die als Maschinencode vorliegt.

In der Datei *MANIFEST.MF* werden einige Informationen über den Inhalt des Archivs aufgelistet. Da es sich um eine einfache Textdatei handelt, können Sie sich den Inhalt einfach mit einem Editor oder auf der Konsole mit dem Type-Kommando anzeigen lassen.

B Ein Programm mit Eclipse als ».jar«-File speichern

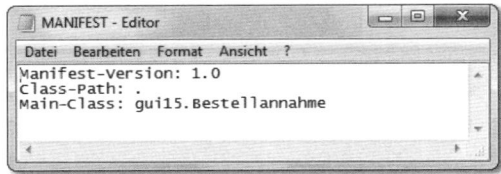

Abbildung B.1 Inhalt der Datei »MANIFEST.MF«

Eine der wichtigsten Informationen in der Datei ist der Name der Hauptklasse in einer Java-Anwendung. Im Beispiel in Abbildung B.1 ist er an dem Eintrag Main-Class: gui15.Bestellannahme zu erkennen. Der Eintrag besagt, dass es sich um ein *Runnable .jar-Archiv* handelt. Bei einem Doppelklick auf das Archiv wird die main-Methode der Klasse Bestellannahme ausgeführt. Sie können das selbst testen und auch selbst solche *.jar*-Files und Runnable *.jar*-Files erstellen.

Starten Sie in Eclipse FILE • EXPORT den Exportvorgang.

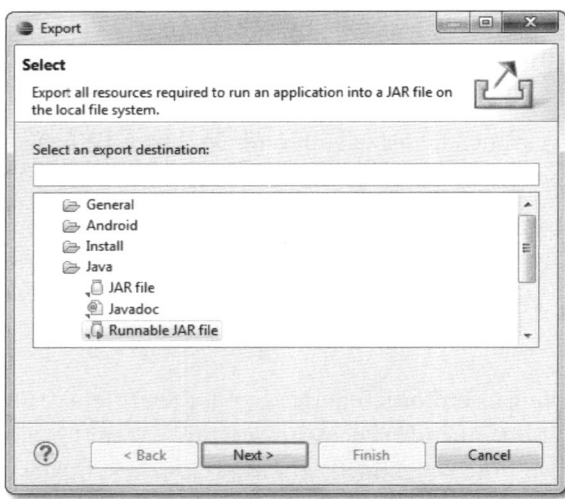

Abbildung B.2 Export-Dialog von Eclipse

Sie erhalten in dem Dialog aus Abbildung B.2 u. a. die Auswahl zwischen JAR FILE und RUNNABLE JAR FILE. Die Option JAR FILE ist selbsterklärend. Sie können in einer Art Dateibrowser festlegen, welche Ordner und Dateien in ein *.jar*-Archiv gepackt werden sollen. Wählen Sie RUNNABLE JAR FILE, so legen Sie im darauffolgenden Dialog mit LAUNCH CONFIGURATION fest, welche Klasse mit ihrer main-Methode gestartet werden soll. EXPORT DESTINATION bestimmt, wo die Datei abgelegt werden soll (siehe Abbildung B.3).

B Ein Programm mit Eclipse als ».jar«-File speichern

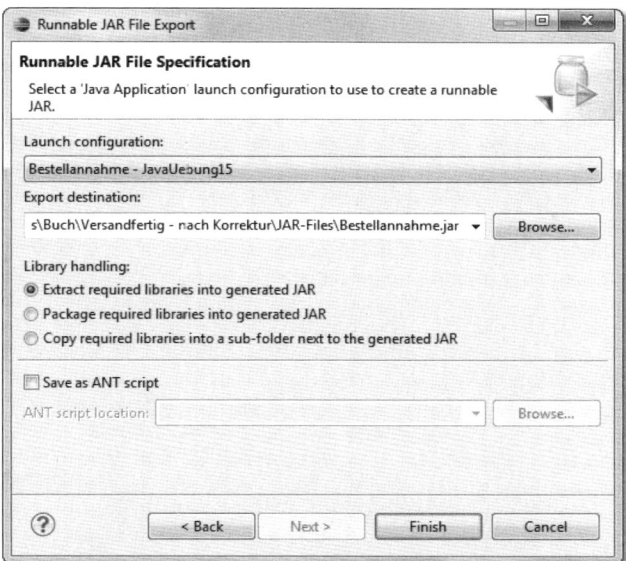

Abbildung B.3 Festlegen von Startprogramm und Speicherort

Damit erhalten Sie ein *.jar*-Archiv, das sich für den Anwender wie eine *.exe*-Datei verhält. Es wird dabei immer der gesamte Inhalt des Projektordners zusammengepackt. Damit ist sichergestellt, dass alle Klassen zur Verfügung stehen, die von der main-Methode benötigt werden.

Anhang C
Musterlösungen

Hier finden Sie die Musterlösungen zu den Aufgaben, für die kein Programm erstellt werden muss. Musterlösungen für Programme finden Sie auf der beiliegenden DVD-ROM.

C.1 Musterlösungen zu den Aufgaben aus Abschnitt 2.3.9

Musterlösung zu Aufgabe 1

1. richtig und sinnvoll
2. richtig und sinnvoll
3. richtig und sinnvoll
4. Richtig, aber nicht sinnvoll, da eine Postleitzahl keine Zahl ist. Als Zahlentyp sollten Sie Variablen nur definieren, wenn tatsächlich mit dem Wert gerechnet werden soll. Eine Postleitzahl kann auch eine Länderkennung beinhalten. Dann kann der Wert nicht mehr in einer Zahlvariablen gespeichert werden.
5. Richtig, aber nur sinnvoll, wenn sicher ist, dass keine Kommazahl als Kantenlänge gespeichert werden soll.
6. Falsch, da `byte` nicht als Variablenname zulässig ist. Es gehört zu den reservierten Schlüsselwörtern.
7. richtig und sinnvoll
8. Falsch, da die beiden Variablennamen mit Komma getrennt werden müssen; nicht sinnvoll, da Telefonnummer und Hausnummer keine Zahlen sind, mit denen gerechnet wird. Außerdem kann eine Telefonnummer Sonderzeichen, wie z.B. Klammern, enthalten. Diese Sonderzeichen können in einer Zahlenvariablen nicht gespeichert werden.
9. Falsch, da Reihenfolge von Datentyp und Variablenname falsch ist.
10. richtig und sinnvoll
11. Falsch, da `false` als Variablenname nicht zulässig ist (reserviertes Schlüsselwort).
12. richtig und sinnvoll

13. richtig und sinnvoll
14. Falsch, da `long` als Variablenname nicht zulässig ist (reserviertes Schlüsselwort).
15. Richtig und sinnvoll, vorausgesetzt `laenge`, `breite` und `hoehe` sind immer ganzzahlig.
16. Falsch, da Reihenfolge von Datentyp und Variablenname falsch ist.
17. richtig und sinnvoll
18. Falsch, da das Zeichen / im Variablennamen unzulässig ist.
19. Falsch, da Reihenfolge von Datentyp und Variablenname falsch ist.
20. Richtig; sinnvoll nur, wenn `zaehler` und `durchschnitt` immer ganzzahlig sind. Bei `durchschnitt` ist eher zu vermuten, dass der Wert eine Kommazahl werden kann.

Musterlösung zu Aufgabe 2

1. richtig
2. Falsch, da das Literal durch das Währungszeichen ungültig wird.
3. richtig
4. Falsch, da Reihenfolge von Datentyp und Name falsch ist.
5. Falsch, da 324 den Wertebereich von `byte` übersteigt.
6. richtig
7. richtig
8. Richtig, wenn hoehe und breite zuvor deklariert wurden.
9. Falsch; erzeugt zwar keinen Fehler für den Compiler, ist aber nicht sinnvoll, da die führende Null den Wert zu einem Oktalwert macht. Dieser entspricht in diesem Fall der Dezimalzahl `1269`, diese wird dann bei der Ausgabe angezeigt.
10. Falsch; das Literal wird als `double` interpretiert, und dieser Wert kann nicht in einem `float` gespeichert werden.
11. richtig
12. Falsch, die führende Null geht bei Ausgaben verloren. Beim Wählen der Telefonnummer ist diese Null aber wichtig. Außerdem ist der Dezimalpunkt als Trennzeichen zwischen Vorwahl und Rufnummer nicht allgemein üblich.
13. Falsch, da Reihenfolge von Datentyp und Name falsch ist.
14. richtig
15. richtig
16. richtig

17. richtig
18. Falsch, da Reihenfolge von Datentyp und Name falsch ist.
19. Falsch, der Variablenname darf nicht mit einer Ziffer beginnen.
20. Falsch, als Dezimaltrennzeichen muss der Punkt verwendet werden.
21. richtig
22. richtig
23. Falsch, da es keine gültige ESCAPE-Sequenz ist.
24. richtig
25. richtig
26. Falsch, da vor oder nach dem Dezimalpunkt eine Ziffernfolge stehen muss.
27. Falsch, `float` kann nicht in einen `short` umgewandelt werden (zu groß).
28. richtig

C.2 Musterlösungen zu den Aufgaben aus Abschnitt 2.5

Musterlösung zu Aufgabe 1

```
21
21
-3
2
1
3
1.0
```

Eigentlich ein falsches Ergebnis für 5/6. Es entsteht, weil bei der Division zweier `int`-Werte als Ergebnis wieder ein `int`-Wert entsteht. Das heißt, dass die Nachkommastellen abgeschnitten werden. Wenn das Ergebnis nach der Berechnung an eine `double`-Variable zugewiesen wird, bleibt der Nachkommawert verloren. Soll der Dezimalwert korrekt mit Nachkommastellen berechnet werden, müssen Sie mindestens einen der Operanden zu einem Fließkommawert machen:

```
double_ergebnis = (double) c / b;
```

```
6.0
```

Eigentlich ein falsches Ergebnis (siehe oben). Mögliche Formulierung für eine korrektes Ergebnis:

```
double_ergebnis = c + (double) a / b;
```

13.0

19.0

-5.2

Musterlösung zu Aufgabe 2

b - c * 6 = 536

Fehler, der Compiler kann die Anweisung

```
System.out.println("b - c * 6 = " + b - c * 6);
```

nicht übersetzen. Der Klammerausdruck wird nach den Prioritäten der Operatoren folgendermaßen ausgewertet:

Höchste Priorität hat *: Aus c * 6 wird das Zwischenergebnis 36 berechnet.

Die verbleibenden Operatoren (+ und –) haben die gleiche Priorität und werden deshalb von links nach rechts ausgewertet. Zuerst wird also die Zeichenkette "b - c * 6 = " und der int-Wert b mit dem +-Operator verkettet. Dabei entsteht immer eine neue Zeichenkette, bei der an die erste Zeichenkette der Wert der Variablen b als Text angehängt wird. Dabei entsteht als zweites Zwischenergebnis die Zeichenkette "b - c * 6 = 5" mit dem verbleibenden Operator – müssten nun die beiden Zwischenergebnisse Zeichenkette und int-Wert 36 verknüpft werden. Von einer Zeichenkette kann aber kein int-Wert subtrahiert werden. Eine einfache Möglichkeit, diesen Fehler zu beheben, besteht darin, durch Klammern die Reihenfolge der Auswertung festzulegen:

```
System.out.println("b - c * 6 = " + (b - c * 6));
```

(x * c - a) = 6.0

x + c * 6 = 1.536

y - c / a = 0.2999999999999998

b + a * x + y = 54.52.3

b + a * x * y = 510.35

Fehler

Musterlösung zu Aufgabe 3

a++: 3

a: 4

```
++a: 5
a: 5
b + a--: 55
a: 4 b: 5
b + a--: 9
a: 3 b: 5
b + --a: 7
a: 2 b: 5
```

Fehler: Es gibt zwar die Operatoren ++ und --, aber keinen Operator **.

Musterlösung zu Aufgabe 4

Fehler: System.out.println("c > b = " + c > b);

Aufgrund der Prioritäten wird zuerst die Addition "c > b = " + c ausgewertet. Die Addition liefert als Ergebnis eine Zeichenkette. Auf die Zeichenkette und den zweiten Operand b kann der Vergleichsoperator > nicht angewandt werden.

```
c > b = true
b < a = false
c == b = false
```

Fehler: System.out.println("c > a < b = " + (c > a < b));

Zuerst wird die innere Klammer ausgewertet. Da > und < gleiche Prioritäten haben, wird von links nach rechts ausgewertet. Der Ausdruck c > a ergibt einen boolschen Wert. Dieser müsste nun mit dem <-Operator mit dem int-Wert von b verglichen werden. Ein Vergleich auf kleiner oder größer zwischen einem Wahrheitswert und einem int-Wert ist aber nicht zulässig.

```
a = b = 5
a = 5 b = 5
x > y = false
y == 2.5 = true
y = 2.5
z == 1.2 = false
z = 1.2000000000000002
```

Musterlösung zu Aufgabe 5

a == b = false

false

true

a == b && c > b = false

b < c & a++ == 4 = false

b < c & ++a == 5 = true

b < c & ++a == 4 = true

a > b & c++ == 6 = false

c = 6

keine Ausgabe - Fehler: System.out.println("!y > x = " + !y > x);

Der Operator ! verneint boolsche Werte. Er kann nicht auf den double-Wert der Variablen y angewandt werden.

!(y > x) = false

a > b & c++ == 6 = false

c = 7

a < b || c++ == 6 = true

c = 6

a < b | c++ == 6 = true

c = 7

keine Ausgabe - Fehler:
b_wert = a > b | c++;
System.out.println("a > b | c++ = " + b_wert);

Die Wertzuweisung b_wert = a > b | c++; scheitert, weil das boolsche Ergebnis des Vergleichs a > b nicht über den ODER-Operator mit einem int-Wert der Variablen c verknüpft werden kann. Deshalb kann b_wert auch nicht ausgegeben werden.

C.3 Musterlösungen zu den Aufgaben aus Abschnitt 3.3.5

Musterlösung zu Aufgabe 3

Das Programm bestimmt den größten gemeinsamen Teiler (ggT) der beiden eingegebenen Zahlenwerte. Der ggT steht am Ende in der Variablen m, die auch ausgegeben wird.

Musterlösung zu Aufgabe 4

```java
import javax.swing.JOptionPane;
public class WasSollDas {
  public static void main(String[] args) {
    int m, n;
    String eingabe;

    eingabe = JOptionPane.showInputDialog(
                "Geben Sie eine ganze Zahl für m ein: ");
    m = Integer.parseInt(eingabe);
    eingabe = JOptionPane.showInputDialog(
                "Geben Sie eine ganze Zahl für n ein: ");
    n = Integer.parseInt(eingabe);
    while (m != n) {
      if (m > n) {
        m = m - n;
      } else {
        n = n - m;
      }
    }
    System.out.println("m = " + m);
  }
}
```

Musterlösung zu Aufgabe 7a)

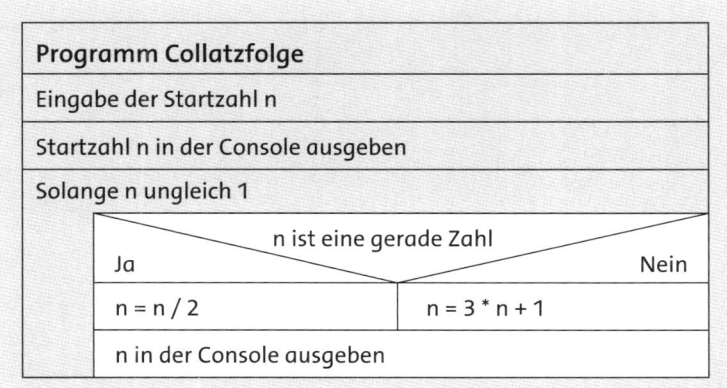

Abbildung C.1 Struktogramm zum Programm Collatzfolge

Musterlösung zu Aufgabe 8a)

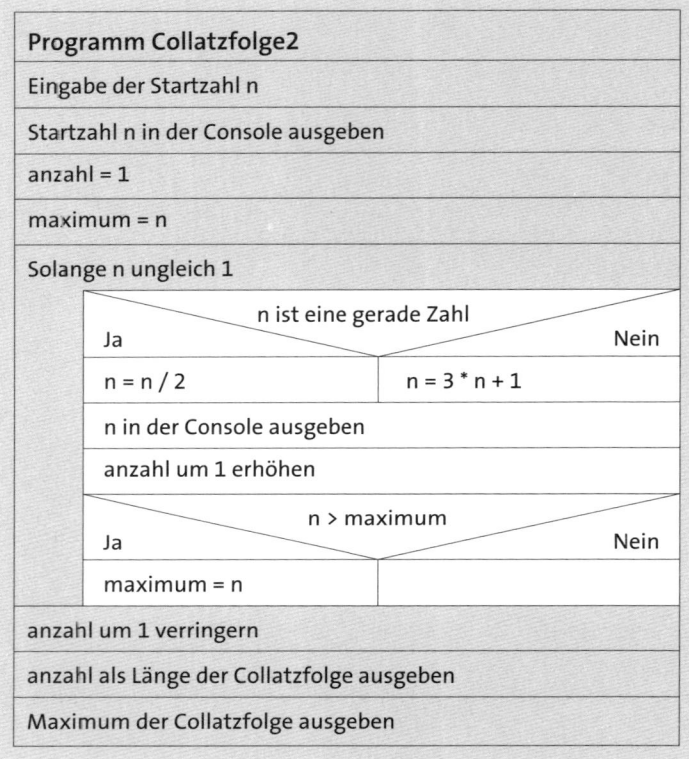

Abbildung C.2 Struktogramm zum Programm Collatzfolge2

Anhang D
Quellen

- Abts, Dietmar: *Grundkurs Java. Von den Grundlagen bis zu Datenbank- und Netzanwendungen*, Vieweg, 4. Auflage, 2004
- Cuber, Ulrich: *Eclipse 3*, Herdt, 2006
- *J2SETM Platform at a Glance*
  http://download.oracle.com/javase/1,5.0/docs
- Krüger, Guido: *GoTo Java 2. Handbuch der Java-Programmierung*, Addison-Wesley, 2. Auflage, 2004
- Künneth, Thomas/Wolf, Yvonne: *Einstieg in Eclipse 3.7*, Galileo Computing, 2012
- Lahres, Bernhard/Rayman, Gregor: *Objektorientierte Programmierung*, Galileo <openbook>, Galileo Computing
  http://openbook.galileocomputing.de/oop/
- Louis, Dirk/Müller, Peter: *Jetzt lerne ich Java*, Markt und Technik, 2003
- Schiedermeier, Reinhard: *Programmieren mit Java. Eine methodische Einführung*, Pearson Studium, 2005
- *The JavaTM Tutorials*
  http://download.oracle.com/javase/tutorial/
- Ullenboom, Christian: *Java ist auch eine Insel. Programmieren für die Java 2-Plattform in der Version 5*, Galileo <openbook>, Galileo Computing
  http://dev.usw.at/manual/java/javainsel/

Index

*7 (Star Seven)   31
.class   32, 40
.java   40
.metadata   137

A

AbsoluteLayout   287
abstract   218
Abstract Windowing Toolkit
   → AWT
AbstractTableModel   479, 481
ActionListener   295, 439
Adapter   439
addColumn   485
addListener   439
addRow   485
Algorithmus   18
Aliasing   172
Alphawert   435
Analytical Engine   16
ANCHOR_ABS   399
ANCHOR_NONE   399
ANCHOR_REL   399
AnchorConstraint.
   ANCHOR_REL   398
AnchorLayout   398
Andreessen, Marc   32
Animation   453
ANSI-Code   86
Anweisungsfolge   103
API   32
Applets   32
Application Programming
   Interface → API
Argument   181
Array   333
Array-Literale   340
ASCII-Code   86
ASCII-Code-Tabelle   86
Assembler   25
Attribut   159, 161, 168
   statisches   199
AudioSystem   405

Ausdrücke   88
Auswahlstruktur   104
   mehrseitige   114
   zweiseitige   105
Auswertung
   kurze   97
   vollständige   97
Autoboxing   243
Automatische Umwand-
   lung   89
AWT   268

B

Babbage, Charles   16
Backslash   363
BasicStroke   424
Basisklasse   210
Bedingung   105
Befehlsprompt   48
Benutzeraktionen   269, 294
Bezeichner   61, 63
Block   103, 126
boolean   68
Border   284
BorderLayout   286, 391
break   115, 121
Breakpoints   153
BufferedImage   396
BufferedReader   83
ButtonGroup   416, 417, 418
Bytecode   32, 40

C

Canvas   410
cap   424
catch   321
char   68
charAt   112
CheckBox   416
ChronoUnit   249
Clip   403
CloudGarden   265

Cobol   30
Color   413, 435
Compiler   27
Component   268, 282
Constraints   286
Container   268, 280, 282
Containerklassen   333
continue   121
currentThread()   464
Custom   282

D

Dateien   363
Datenbanken   477
   relationale   477
Datenelement   161, 168
Datenkapselung   204
Datentypen
   primitive   65
Debuggen   153
Debugger   153
DecimalFormat   301
default   115
default package   136, 162
DefaultTableModel   479, 485
Dekrement   92
Delphi   30
Device-Kontext   410
Dialog
   modaler   438
Direction   286
disabledIcon   394
disabledSelectedIcon   394
DISPOSE_ON_CLOSE   274
DO_NOTHING_ON_
   CLOSE   274
do-Schleife   119
DOS-Kommando   48
Double.parseDouble   84, 108
draw   423
drawLine   413
Duke   31
Duration   250

523

Index

E

Eclipse 31, 130
  .classpath 137
  .metadata 137
  .project 137
  .settings 139
  Code Assist 143
  Code Completion 143
  Codevervollständigung 143
  Console-Ansicht 145
  default package 136
  formatieren 142
  Formatter 142, 143
  GUI Properties-Ansicht 275
  Java-Settings-Dialog 139
  JRE System Library 136
  main-Methode 141
  New Java Class 141
  Oberfläche 133
  Open Perspektive 134
  Package Explorer 134
  Perspektiven 133
  Preferences 142
  Projekt öffnen 134
  Run As 144
  Run-Menü 144
  Show View 145
  starten 133
  Startfenster 134
  Syntax-Highlighting 143
  Tutorials 133
  Variables-Ansicht 157
  Willkommensfenster 133
Eigenschaften 275
emacs 129
equals 231
Ereignisbehandlung 294
Ereignisse 275
Ergebnisrückgabe 186
Ergebnistyp 92
Error 324
Escape-Sequenz 68
EVA-Prinzip 82
Events 295
Exception 274, 317, 319, 328
  werfen 328
Exception-Handling 320
Exemplar 166
EXIT_ON_CLOSE 274
Exklusives ODER 96

F

false 61, 68
Farben 435
Fehlerbehandlung 317
Feld 333
File 363
FileNameExtensionFilter 402
fill 423
FilterReader 383
FilterWriter 383
final 202
fireTableDataChanged 481
First Person Inc. 31
Fließkommazahlentypen 69
Fokus 303
Form 269
Formular 269
for-Schleife 120
Fortran 30
Füllmuster 424

G

Ganzzahlentypen 69
Garbage Collector 339
getButton() 442
getClickCount() 442
getColumnClass 481
getColumnCount 481
getColumnName 481
getGraphics 421
getLocationOnScreen() 442
getName() 464
getPoint() 442
getPriority() 464
getRowCount 481
getScrollAmount() 442
getScrollType() 443
getSelected 417, 418
getSelectedFile() 369
Getter 205
Getter-Methode 205
getValueAt 481, 483
getWheelRotation() 443
getX() 442
getXOnScreen() 442
getY() 442
getYOnScreen() 442
Gosling, James 31
GradientPaint 424
Grafikausgabe 409
Graphical User Interface → GUI
Graphics 397, 410
Graphics2D 423
Green Project 31
GUI 263, 268
GUI Properties-Ansicht 275
GUI-Forms 269
Gültigkeitsbereich 126

H

Haltepunkte 153
handler method 295, 440
HIDE_ON_CLOSE 274
horizontalTextPosition 392
HotJava 32
HSB-Modell 435

I

icon 394
iconImage 395
if-Anweisung 105
Image 396
ImageIO 396
ImageIO.getReaderFormatNames() 396
ImageIO.getReaderMIMETypes() 396
ImageIO.read() 396
Imperativer Ansatz 30
Implementierung 23, 215
implements 219
initGUI 273
Initialisierung 67
Inkrement 92
inline 295, 440
InputStream 371, 372
Instant 247

Index

Instanz 166
Instanzenzähler 199
Interfaces 219
Internet Explorer 32
Interpreter 27
invalidate 411
isAltDown() 442
isCellEditable 481
isControlDown() 442
isInterrupted() 464
isMetaDown() 442
isShiftDown() 442
Iterationen 117

J

JAmpelPanel 456
Java 15
Java 2D-API 423
Java Development Kit → JDK
Java Foundation Classes → JFC
Java Runtime Environment
 → JRE
java.awt.Color 435
java.awt.geom 423
java.io 371
java.lang.Thread 463
javac.exe 37
Java-Swing-API 264
javax.imageio 396
javax.sound.sampled 403
javax.swing 108
javax.swing.ImageIcon 393
javax.swing.table.TableModel 481
JCheckBox 417
JColorChooser 437
JDBC 493
 Treiber 494
JDBC-ODBC-Bridge 494
JDK 32, 35
JFC 263
JFileChooser 368
JFrame 269
Jigloo 261, 265
JList 349
joe 129
join 424

join() 464
JRadioButton 417
JRE 33, 35
JRE System Library 136
JScrollPane 353
JTable 477
JTextPane 388

K

KeyEvent 305
Klasse 140, 159
 abstrakte 218, 268
Klassen- und Interface-
 namen 63
Kommentar 63
 Dokumentations- 64
 einzeiliger 63
 mehrzeiliger 64
Komponentenpalette 281
Konkatenation 93, 228
Konstruktor 188
 Custom- 190
 Default- 189
 verketten 191
Kontrollstrukturen 103, 159, 333
Kreuzungspunkte 424

L

Lastenheft 21
Laufzeitfehler 317
Laufzeitumgebung 35
Launch configuration 510
Layout 275
length 231
Linienart 424
Linienenden 424
LISP 30
Listener 295
ListModel 350
Literale 61, 66
LocalDate 254
LocalDateTime 258
LocalTime 256
Logische Verknüpfungen 97

Look & Feel 293
Lovelace, Ada 16

M

main-Methode 141
MANIFEST.MF 509
Mausereignisse 439
MAX_PRIORITY 463
Menu 282
META-INF 509
MIN_PRIORITY 463
Modal 438
Modifier 199
Modula 30
Modulo 93
MonthDay 256
More Components 282
mouseClicked 440
mouseDragged 441, 445
mouseEntered 440
MouseEvent 440, 441
mouseExited 441
MouseListener 440
MouseMotionListener 441
mouseMoved 441
mousePressed 440, 445
mouseReleased 440, 445
MouseWheelEvent 441, 442
mouseWheelMoved 441
Multitasking 453, 454
Multithreading 453
MySQL-Connector 494
MySQL-Datenbank 494

N

Namenskonventionen 63
Naming Conventions 63
Nassi-Shneiderman-
 Struktogramm 19
Netscape 32
Netscape Navigator 32
NICHT 96
NORM_PRIORITY 463
notify() 473
notifyAll() 473

525

Index

null 61, 85
NumberFormatException 108

O

Oak 31
Object 483
Object Application Kernel
 → Oak
Objekt 159, 166
Objektorientierung 159, 333
ODBC 494
ODER 96
open 403
Open Database Connectivity
 → ODBC
Open Source 130
Operationen
 arithmetische 88
Operatoren 67, 88
 arithmetische 92
 logische 96
 relationale 90
 Vergleichs- 90
 Zuweisungs- 88, 89
Oracle 35
OutputStream 372

P

pack 274
Package 161
Package Explorer 134
Packages 136
paint 410
paintBorder() 410
paintChildren() 410
paintComponent 397
paintComponent() 410
Paketsichtbarkeit 207
Panel 263, 278
PAP → Programmablaufplan
Parameter 181
Pascal 30
Perl 30
Perspektive 133
 Debug- 154
 default 133

PHP 30
Plattformunabhängigkeit 34
Plug-in 130, 265
Portierung 26
Postfix 92
Präfix 92
preferredSize 274
pressedIcon 394
PrintStream 371
Priorität 88, 92, 94
Produktdefinition 21
Programmablauf 103
Programmablaufplan 19, 103
Programmfenster 268
Programmierschnittstelle 32
Projekt 40
PROLOG 30
Properties-Ansicht 275
Prozess 454
Prozessor 26
Pseudo-Typ 188

Q

Quellcode 40
Quick-Fix 187

R

Radiobutton 416
RadioGroup 418
raw type 431
Reader 375
readLine() 83
Referenzvariable 167
Reihung 333
removeRow 488
repaint 411
requestFocus 304
return 186
RGB 413
RGB-Modell 435
RGB-Wert 435
rolloverIcon 394
rolloverSelectedIcon 394
run() 465
Rundungsfehler 90, 91

Runnable 462
Runnable .jar-Archiv 510

S

Schleifen 117
Schlüsselwörter 61
Schnittstelle 215
Schreibtischtest 152
Scope 126
Scrollbalken 349, 353
Selbstreferenz 179
selectAll 304
selected 418
selectedIcon 394
selectionMode 355
Selektion 104
Sequenz 103
setColor 413, 424
setDefaultClose-
 Operation 274
setFileFilter 402
setIcon 393
setLocationRelativeTo 273
setPaint 424, 425
setPriority(int p) 464
setSelected 418
setSize 274
setStroke 424
Setter-Methode 205
setValueAt 481
shape 423
showDialog 437
showMessageDialog 84, 85
showOpenDialog 368
showSaveDialog 368
Slash 363
sleep(long m) 465
Sprunganweisungen 121
SQL 130, 477
Standard-Layout 284
static 199
Statische Methoden 201
Stream 370
 byteorientiert 371
 zeichenorientiert 371
StreamInputReader 83
Strichstärke 424

String 227
StringBuffer 236
StringBuilder 236
Stringlänge 231
Stringliterale 71
Struktogramm 103
Subklasse 210
Sun Microsystems 35
Superklasse 210
Swing 263
switch-case-Anweisung 114
synchronized 472
System.err 370
System.in 83, 370
System.out.print 71
System.out.println 71

T

TableModel 479
Task 454
Tastatureingabe 83
Textkonsole 48
this 179
Thread 273, 453, 454
Thread() 464
Throwable 324
Toggle 394
toString 483
Transparenz 435
true 61, 68

try 321
try-catch 274
Typumwandlung 92
　explizite 89
　implizite 89

U

Überladen 184
UND 96
Unicode-Zeichensatz 68
update 411

V

Value 295
valueOf 234
Variablen 64
Variablennamen 63
Vererbung 210
Vergleichsoperatoren 88
Verketten 228
　Konstruktoren 191
Verkettung 93
Verschachtelung 111
　von if-Anweisungen 114
verticalTextPosition 392
vi 129
Virtuelle Maschine → VM
Visual C# 30
Visual C++ 30

VM 33, 35
void 188

W

Wahrheitswert 68
wait() 473
WebRunner 32
Wertzuweisung 67
while-Schleife 118
Wiederholungs-
　strukturen 117
windowClosed 482
WindowListener 482
Windows 8 39
Wizards 269
Workbench 40
Workspace 133
World Wide Web 30
Wrapper-Klassen 108, 239
Writer 375

Y

Year 256
YearMonth 255
yield() 465

Z

Zeichentyp 68

- Einführung, Praxis, Referenz

- Von Klassen und Objekten zu Datenstrukturen und Algorithmen

- Java verstehen und anwenden

Christian Ullenboom

Java ist auch eine Insel
Einführung, Ausbildung, Praxis

Java 8 und die neue Insel sind da! Unser Handbuch ist die erste Wahl, wenn es um aktuelles und praktisches Java-Wissen geht. Java-Einsteiger, Studenten und Umsteiger profitieren seit mehr als einem Jahrzehnt von diesem Lehrwerk. Neben der Behandlung der Sprachgrundlagen von Java (Ganz neu: Lambda-Ausdrücke!) gibt es kompakte Einführungen in Spezialthemen. So erfahren Sie einiges über Threads, Swing, Netzwerkprogrammierung, NetBeans, RMI, XML und Java, Servlets und Java Server Pages. Dieses Buch gehört in das Regal eines jeden Java-Programmierers.

1.300 Seiten, gebunden, 49,90 Euro
ISBN 978-3-8362-2873-2
11. Auflage 2014
www.galileocomputing.de/3606

- Java programmieren lernen für Studium und Praxiseinsatz

- Alle Neuerungen von Java 8 direkt im Einsatz erklärt

- Mit einem Einstieg in die Java Enterprise Edition

Alexander Salvanos

Java 8
Das umfassende Training

Das Video-Training zu Java 8! Ihr Trainer erklärt Ihnen anhand praktischer Beispiele alle Konzepte von Java, inklusive der Objektorientierten Programmierung. Lernen Sie Film für Film, wie Sie mit Java 8 Datenbanken, Servlets und moderne Web-Oberflächen programmieren. Alexander Salvanos ist erfahrener Berater, Trainer und Spezialist für Java EE.

DVD, 14 Stunden Spielzeit, 39,90 Euro
ISBN 978-3-8362-2881-7
erscheint Juli 2014
www.galileocomputing.de/3610

Videos im Web!

- Von „Hallo Schrödinger" über Multithreading zur komplexen GUI-Anwendung

- Nutze die Schwerter aller Versionen: Generics, New File I/O und Java 8

- Perfekt zum Durchblicken und Hand anlegen, fantastisch illustriert

Philip Ackermanr

Schrödinger programmiert Java
Das etwas andere Fachbuch

Vom Feinsten! Die Java-Einführung, die Dir den vollen Durchblick verschafft. Schreibe von Anfang an auf Profi-Art, objektorientiert, mit Interfaces, Generics und auf dem neuesten Stand. Mit Schrödinger und seinen witzigen Fragen macht guter Code richtig Spaß. Von einfachen Schleifen bis zur fertigen Anwendung löst ihr Probleme wie die Frage, ob Schrödingers Freundin »solche Schuhe« nicht schon hat. Oder ob es wirklich schon wieder Dinkel-pfannkuchen geben muss. Spitzen-Beispielcode, fantastisch illustriert. Für Einsteiger, Umsteiger und Fans.

704 Seiten, broschiert, in Farbe, 44,90 Euro
ISBN 978-3-8362-1740-8
erschienen Dezember 2013
www.galileocomputing.de/2565

- Swing, XML, RMI und Webservices, JSP, Servlets

- Reflection und Annotationen, Logging, Monitoring

- Netzwerk- und Grafikprogrammierung, Sicherheit

Christian Ullenboom

Java SE 8 Standard-Bibliothek
Das Handbuch für Java-Entwickler

Java 8 ist da und viele Themen neu dabei! Ganz frisch an Bord sind: Stream-API, Date-time-API, noch mehr JavaFX und JUnit und Testen. Alte Hasen sind fehlerbereinigt und auf den neuesten Stand gebracht, wie Swing, XML, RMI und Webservices, JSP, Servlets, Applets, JDBC, Reflection und Annotationen oder Logging und Monitoring. Dieses Handbuch gehört an jeden Arbeitsplatz eines Java-Entwicklers. Zum Lernen und Nachschlagen bei allen Fragen rund um Bibliotheken und Technologien von Java.

1.400 Seiten, gebunden, 49,90 Euro
ISBN 978-3-8362-2874-9
2. Auflage, erscheint Juli 2014
www.galileocomputing.de/3607

Das gesamte Buchprogramm: www.galileo-press.de